Entscheidungen

des

Reichsgerichts.

Herausgegeben

von

den Mitgliedern des Gerichtshofes und der Reichsanwaltschaft.

Entscheidungen in Zivilsachen.

106. Band.

Berlin und Leipzig 1923

Walter de Gruyter & Co.

vormals G. J. Göschen'sche Verlagshandlung - J. Guttentag, Verlagsbuchhandlung - Georg Reimer - Karl J. Trübner - Veit & Comp.

Entscheidungen

des

Reichsgerichts

in

Zivilsachen.

---

106. Band.

Mit Anhang: Entscheidung des Staatsgerichtshofs.

Berlin und Leipzig 1923

Walter de Gruyter & Co.

vormals G. J. Göschen'sche Verlagshandlung - J. Guttentag, Verlagsbuchhandlung - Georg Reimer - Karl J. Trübner - Veit & Comp.

Druck von Metzger & Wittig in Leipzig.

Inhalt.

I. Bürgerliches Recht.

a. Reichsrecht.

b. Landesrecht.

II. Öffentliches Recht.

III. Gerichtliches Verfahren.

IV. Anhang: Entscheidung des Staatsgerichtshofs.

1. Ist die bei der Einzahlung eines Sparguthabens mit der Sparkasse getroffene formlose Vereinbarung, es solle nach dem Tode des Einzahlenden einem Dritten ein unmittelbarer Anspruch auf Auszahlung des Guthabens gegen die Sparkasse zustehen, rechtswirksam?

IV. Zivilsenat. Urt. v. 8. Februar 1923 i. S. M. (Kl.) w. E. (Bekl.). IV 86/22.

I. Landgericht Kiel. — II. Oberlandesgericht daselbst.

Die Klägerin verlangt als testamentarische Alleinerbin der 1918 verstorbenen H. E. von der Beklagten die Herausgabe mehrerer angeblich zum Nachlaß gehöriger Sparkassenbücher. Die Erblasserin hatte die Einzahlung der Sparbeträge seinerzeit selbst bewirkt und die Bücher auf den Namen ihrer Geschwister, darunter der Beklagten, ausstellen lassen. Jedes Buch enthielt einen von der Sparkasse auf Verlangen der Erblasserin eingetragenen Vermerk, wonach diese, solange sie lebe, berechtigt sein soll, Kapital und Zinsen ohne Zustimmung der „Bucheigentümer" abzuheben oder über Kapital und Zinsen zu verfügen. Die Bücher sind später von der Erblasserin der Beklagten übergeben worden und befinden sich in deren Besitz. Das Landgericht gab der Klage statt, das Oberlandesgericht wies sie ab.

Die Revision der Klägerin hatte keinen Erfolg.

Gründe:

Das Urteil wird durch die Feststellung getragen, daß zwischen der Erblasserin und der Verwaltung der Sparkasse ein Abkommen zustande gekommen ist, wonach dem „buchmäßig Berechtigten" beim Tode der Erblasserin, bzw. in den in den Büchern bezeichneten späteren Zeitpunkten, ein unmittelbarer Anspruch gegen die Sparkasse auf Auszahlung des Sparguthabens zustehen solle. Infolge des Abkommens wurden die Beklagte und ihre Geschwister (oder Geschwisterkinder) nach §§ 328, 331 BGB. Gläubiger der auf ihren Namen ausgestellten Sparguthaben zu den in den Büchern bezeichneten Zeitpunkten, womit ihnen auch gemäß § 952 BGB. das Eigentum an den Büchern zufiel. Das Abkommen ersetzte zugleich die Abtretung der Sparguthaben, welche durch die Ausstellung und Umschreibung der Bücher auf ihren

Namen allein noch nicht bewirkt war (RGZ. Bd. 60 S. 143, Bd. 73 S. 221, Bd. 89 S. 402).

Die Rechtsgültigkeit des Abkommens kann nach dem angezogenen § 331 BGB. nicht in Frage gestellt werden. Der Beobachtung besonderer Formvorschriften bedurfte es nicht, auch wenn die Leistung an den Dritten unentgeltlich erfolgen sollte. Denn bei Verträgen zugunsten Dritter kann für die Frage einer etwa in Betracht kommenden Formvorschrift immer nur das Verhältnis zwischen dem Versprechenden und dem Versprechensempfänger von Bedeutung sein (vgl. Warn. 1914 Nr. 243 S. 341; Urteil v. 22. Januar 1920 IV 397/19). Ein dem Dritten gegenüber abgegebenes oder an diesen gerichtetes Schenkungsversprechen liegt nicht vor, sodaß weder die Formvorschrift des § 518 noch diejenige des § 2301 zur Anwendung kommen kann. In dem Verhältnis zwischen der Erblasserin und der Sparkasse aber handelt es sich um ein verzinsliches Darlehn, das einer besonderen Form zu seiner Gültigkeit nicht bedarf.

Bedenken gegen die Rechtsgültigkeit von Vereinbarungen der vorausgesetzten Art können sich allein daraus ergeben, daß mit ihnen die — allerdings nicht zu verkennende — Gefahr einer Umgehung der für letztwillige Verfügungen bestehenden Formvorschriften gegeben ist. Allein von einer unzulässigen Umgehung kann nicht die Rede sein, wenn das Gesetz selbst durch die in keiner Weise eingeschränkte Vorschrift des § 331 ein zulässiges Mittel an die Hand gibt, die für letztwillige Verfügungen gegebenen Formvorschriften zu ersparen. Im übrigen sind die Bedenken nicht so schwerwiegend, wie es zunächst den Anschein hat. Das Erbschaftssteuergesetz vom 20. Juli 1922 (RGBl. S. 695) § 2 Abs. 1 Nr. 4 trifft für die steuerliche Erfassung auch derartiger Geschäfte Vorsorge. Die Nachlaßgläubiger können sie im Rahmen der §§ 214flg., 32 KO. anfechten. Ob Pflichtteilsberechtigte in der Lage sind, sich ihnen gegenüber gemäß § 2329 BGB. zu wehren, mag hier dahingestellt bleiben. Die Bedenken müssen auch zurücktreten gegenüber den Bedürfnissen des Verkehrs, der sich in steigendem Maße derartiger Geschäfte bedient, um damit auch einem beachtlichen wirtschaftlichen Interesse der Beteiligten gerecht zu werden. Schrifttum und Rechtsprechung (vgl. bes. Hellwig, Verträge auf Leistung an Dritte, S. 350flg., 623flg.; Endemann, Bürg. Recht, 8. Aufl. Bd. 3 § 30, Bd. 4 § 87 IV Nr. 6) stehen überwiegend auf dem Standpunkt der Anerkennung solcher Verträge und auch das Reichsgericht hat sich durch die Entscheidung des III. Senats RGZ. Bd. 88 S. 137 in einem dem vorliegenden wesentlich gleichgelagerten Falle auf den Boden dieser Auffassung gestellt. Ebenso schon der II. Senat in der Entscheidung Bd. 80 S. 177. Entgegenstehende Entscheidungen des Reichsgerichts sind nicht ersichtlich. Das gilt besonders von der Entscheidung Bd. 83 S. 223. In dem dort entschiedenen Falle lag kein Vertrag zugunsten Dritter vor, weil der Vertragsgegner des Erblassers lediglich die Rechtsstellung eines von diesem beauftragten Boten hatte. In Widerspruch steht endlich auch nicht die von der Revision angezogene Entscheidung des erkennenden Senats Bd. 98 S. 279. Die im gegenwärtigen Rechtsstreit zur Entscheidung stehende Frage ist vielmehr dort ausdrücklich dahingestellt worden und nicht entschieden. Es ist dort lediglich auf die oben hervorgehobenen Bedenken gegen die Rechtsgültigkeit von Vereinbarungen der vorausgesetzten Art hingewiesen, denen aber, wie dargelegt, bei wiederholter Nachprüfung ein ausschlaggebendes Gewicht nicht beigelegt werden kann. In jener Entscheidung handelte es sich um ein Abkommen der Erblasserin mit ihrer Bank dahingehend, daß das Verfügungsrecht über die bei der Bank hinterlegten Wertpapiere mit dem Zeitpunkt des Todes der Erblasserin auf bestimmte dritte Personen übergehen sollte. Der Klage der Erben gegen die Dritten auf Einwilligung in die Herausgabe der Papiere zum Nachlaß wurde stattgegeben, weil — woran auch festzuhalten ist — durch den mit der Bank etwa zugunsten der Dritten geschlossenen schuldrechtlichen Vertrag das Eigentum auf den Dritten nicht übertragen werden konnte. Eine wiederholte Nachprüfung, ob der damalige Entscheidungsgrund ausreichte, das Urteil zu tragen, oder ob nicht vielmehr trotz mangelnden Eigentumsübergangs an den Wertpapieren eine dingliche Gebundenheit der Erben anzunehmen war, die der Geltendmachung des Eigentumsanspruchs hindernd entgegenstand, bedarf es für den vorliegenden Fall nicht (vgl. hierzu besonders Kipp in Festschrift für Luitpold: „Wer kann mit Vermächtnissen beschwert werden?" S. 141).

Die Revision macht weiter geltend, die Erblasserin habe in Ausübung des ihr lebenslänglich vorbehaltenen Verfügungsrechts über die Guthaben durch Einsetzung der Klägerin als alleiniger Erbin dieser die Forderungen gegen die Sparkasse rechtswirksam zugewendet. Aus den Vermerken in den Sparbüchern folgt aber, daß die Erblasserin nur der Sparkasse gegenüber sich das Recht vorbehalten hat, die Auszahlung von Kapital und Zinsen an sich selbst zu verlangen. In dieser Weise, also durch Erklärung gegenüber der Vertragspartei (Sparkasse), konnte der Vertrag von ihr jederzeit ganz oder teilweise aufgehoben werden. Ein einseitiger Widerruf durch testamentarische Erbeinsetzung einer anderen Person war nicht vorgesehen und nicht zulässig.

Schließlich nimmt das Berufungsgericht mit Recht an, daß die Klägerin auch auf Grund des zwischen der Erblasserin und der Beklagten angeblich geschlossenen Verwahrungsvertrags die Herausgabe der Bücher als Erbin nicht fordern kann. Der Vertrag sollte nach den Feststellungen des Berufungsgerichts den Sinn und Inhalt haben, daß die Bücher nach dem Tode der Erblasserin von der Verwahrerin den buchmäßig Berechtigten herauszugeben waren. Soweit es sich um das für die Beklagte selbst bestimmte Sparbuch handelt, ist ein etwaiger Herausgabeanspruch der Klägerin aus dem Verwahrungsvertrag dadurch untergegangen, daß die Beklagte nach dem oben Gesagten Gläubigerin des Guthabens und damit gemäß § 952 BGB. Eigentümerin des in ihrem Besitz befindlichen Buchs geworden ist. Ebensowenig besteht bezüglich der übrigen Bücher ein Rückforderungsrecht der Klägerin aus dem Verwahrungsvertrag. Denn er ist insoweit nach den Feststellungen des Berufungsgerichts zugunsten der übrigen Verwandten geschlossen, gewährt ihnen also in Gemäßheit des hier ebenfalls zur Anwendung kommenden § 331 BGB. einen unmittelbaren schuldrechtlichen Anspruch auf den Besitz der Bücher unter Ausschluß der Erbin.

---

2. 1. Sind zur Beförderung bestimmte Waren dem Eigentümer abhanden gekommen, wenn dessen Angestellte gefälschte Frachtbriefe unterschieben, die Eisenbahnwagen, in denen sich die Ware befindet, mit falscher Adresse versehen und die Wagen so der Eisenbahn übergeben?

2. Kann der Erwerber einer abhanden gekommenen Sache, wenn er durch Verarbeitung Eigentümer geworden ist und der frühere Eigentümer die Herausgabe der Bereicherung verlangt, den Kaufpreis, den er für die Sache gezahlt hat, in Abzug bringen?

IV. Zivilsenat. Urt. v. 15. Februar 1923 i. S. Fr. Kr. A.-G. (Kl.) w. K. u. Gen. (Bekl.). IV 514/22.

I. Landgericht Duisburg — II. Oberlandesgericht Düsseldorf.

Am 29. Dezember 1918 ließ die Klägerin auf ihrer Güterabfertigungsstelle in Essen zwei Eisenbahnwagen mit Rundstahl im Gesamtwerte von 74264,63 ℳ zum Versand bereitstellen. Einer der Wagen war für die Firma Thyssen & Co. in Mühlheim, der andere für die Phönix-A.-G. in Düsseldorf bestimmt. In der Nacht versahen zwei ungetreue Angestellte der Klägerin die Wagen nach Entfernung der richtigen Beklebezettel mit falschen und schoben gefälschte Frachtbriefe unter, in denen der Kaufmann S. in Duisburg als Empfänger bezeichnet war. Die Wagen wurden dann von den Angestellten der Klägerin der Eisenbahnverwaltung übergeben; von dieser wurde der Rundstahl an S. ausgehändigt. S. verkaufte den Stahl an die

Nebenintervenientin zu 3, diese verkaufte ihn weiter an die Nebenintervenientin zu 2, diese endlich verkaufte ihn für 97338,50 *M* an die Beklagte. Die Beklagte verarbeitete den Stahl in ihrem Betriebe. Die Klägerin verlangt von der Beklagten die Erstattung des Wertes des Stahls im Betrage von 74264,63 *M*. Sie ist der Ansicht, die Beklagte habe, auch wenn sie beim Erwerbe des Stahls gutgläubig gewesen sei, gemäß § 935 BGB. kein Eigentum erworben. Eigentümerin sei sie erst durch die Verarbeitung geworden. Sie hafte daher nach § 951 Abs. 1 BGB. aus ungerechtfertigter Bereicherung. Beide Vorinstanzen haben die Klage abgewiesen. Die Klägerin hat mit Erfolg Revision eingelegt.

Gründe:

Das Berufungsgericht legt seiner Entscheidung die Darstellung zugrunde, die die Klägerin ... über den Vorgang gegeben hat. Danach hat die Güterabfertigungsstelle der Klägerin von dem zuständigen Bureau der Klägerin den Auftrag erhalten, die beiden Waggons Rundstahl zur Versendung an Thyssen & Co. und an die Phönix-A.-G. bereit zu stellen. Die entsprechende Bezettelung der Wagen war bereits in der Werkstatt bewirkt. Die Güterabfertigungsstelle der Klägerin stellte der Anweisung gemäß zwei Frachtbriefe mit den angegebenen Adressen aus und übergab diese der ebenfalls auf Kr.schem Terrain befindlichen Güterabfertigungsstelle der Reichseisenbahn. Diese versah die Frachtbriefe mit dem Tagesstempel und gab sie alsdann dem Zugabfertiger der Klägerin zurück. Der Zugabfertiger stellte die beiden Wagen mit anderen zum Transport bestimmten Wagen zu einem Zuge zusammen. Bei dieser Gelegenheit ersetzten Angestellte der Klägerin die Frachtbriefe an Thyssen und Phönix durch gefälschte, auf den Namen des S. in Duisburg lautende, und brachten an den Wagen entsprechende Zettel an. Demnächst holte der Zugführer der Reichsbahn den zusammengestellten Zug mit einer Lokomotive ab. Dabei wurden ihm sämtliche Frachtbriefe einschließlich der gefälschten übergeben.

Bei dieser Sachlage nimmt das Berufungsgericht an, daß die Beklagte, die unstreitig bei dem Erwerb in gutem Glauben war, Eigentümerin des Stahls geworden sei. Die Ausnahme des § 935 BGB. treffe nicht zu, weil der Stahl der Klägerin weder gestohlen worden noch abhanden gekommen sei. Ein Eigentumserwerb durch Verarbeitung komme deshalb nicht in Frage. Für den Bereicherungsanspruch fehle daher die rechtliche Grundlage. Die Revision greift das Urteil an, soweit die Anwendbarkeit des § 935 verneint ist. In dieser Beziehung führt das Berufungsgericht aus: Ein Abhandenkommen im Sinne des § 935 BGB. liege nur vor, wenn dem unmittelbaren Besitzer ohne seinen Willen der Besitz entzogen werde. Die beiden Wagen mit Stahl hätten sich bis zur Übergabe an den Zugführer der Staatsbahn im unmittelbaren Besitz der Klägerin befunden. Durch die vorher von ihren Angestellten bewirkte Vertauschung der Beklebezettel und der Frachtbriefe sei ihr Besitz nicht berührt worden. Die Klägerin habe den unmittelbaren Besitz erst in dem Zeitpunkte verloren, in dem der Zugabfertiger der Klägerin dem Zugführer der Staatsbahn die Güter mit den Frachtbriefen übergeben, und dieser die Wagen mit der Lokomotive weggeführt habe. Diese Besitzübertragung sei aber mit Wissen und Willen der Klägerin geschehen. Sie selbst habe die Wagen zum Versand und zur Übergabe an die Staatsbahn bereitstellen lassen. Die Angestellten der Klägerin hätten durchaus ihrem Willen entsprechend gehandelt, als sie die Wagen der Staatsbahn übergeben hätten. Daß die Wagen zur Zeit der Übergabe tatsächlich nicht mehr an die bezeichneten Empfänger, sondern an eine andere Person adressiert gewesen seien, sei ohne Bedeutung für die Frage, ob die Klägerin den unmittelbaren Besitz habe aufgeben wollen oder nicht.

Die von der Revision gegen diese Ausführungen gerichteten Angriffe sind begründet. Die ungetreuen Angestellten der Klägerin waren lediglich mit der Übergabe der bezettelten Wagen und der von der Klägerin ausgestellten Frachtbriefe an die Staatsbahn beauftragt. Diesen Auftrag haben sie nicht ausgeführt. Sie haben vielmehr die Frachtbriefe durch gefälschte ersetzt und die Aufschrift der Wagen entsprechend geändert. Damit verfügten sie wie ein Eigentümer über die Ware und sicherten sich deren Verwertung zu ihrem Vorteil. Sie entzogen die Ware der Verfügung der Klägerin, brachten sie ihr abhanden und eigneten sie sich rechtswidrig an. Sie waren zwar nur Besitzdiener der Klägerin, hatten aber, als sie die Tat begingen, den Gewahrsam der Sache im Sinne des § 246 StGB., begingen also eine Unterschlagung (vgl. JW. 1922 S. 585 Nr. 1; RGZ. Bd. 71 S. 253). Nimmt man an, daß die Ware zur Zeit der Tat sich noch im Gewahrsam oder Mitgewahrsam der Klägerin befand, so machten die Angestellten sich des Diebstahls schuldig. In einem wie in dem anderen Falle waren sie diejenigen, die der Staatsbahn den Besitz der Sache behufs Beförderung an S. verschafft haben; nicht die Klägerin hat den Besitz auf die Staatsbahn übertragen. Die Einräumung des Besitzes erfolgte nicht mit Wissen und Willen der Klägerin. Dagegen läßt sich auch nicht einwenden, daß für die Frage, ob freiwilliger oder unfreiwilliger Besitzverlust vorliegt, das zugrunde liegende Rechtsgeschäft ohne Bedeutung ist. Denn das Rechtsgeschäftliche ist hier nur zur Entscheidung der Frage herangezogen, ob die Ware der Bahn von der Klägerin oder von den ungetreuen Angestellten übergeben worden ist. Die Beklagte ist also nach § 935 BGB. nicht Eigentümerin des Stahls geworden, und es fragt sich, ob der Anspruch der Klägerin nach § 951 Abs. 1 BGB. begründet ist. Das Landgericht hat die Bereicherung der Beklagten verneint, weil sie für den Stahl mehr bezahlt habe, als er wert gewesen sei. Nur dann würde die Beklagte — so führt es aus — noch bereichert sein, wenn zwischen dem Nachteil und dem Vorteil, den sie bei dem Geschäft gehabt habe, d. h. zwischen der Zahlung des Kaufpreises und dem Eigentumserwerb durch Verarbeitung, ein ersichtlicher Zusammenhang nicht bestünde (§ 818 Abs. 3). Im vorliegenden Falle bestehe aber ein solcher Zusammenhang, weil der Kaufpreis in Erwartung und zum Zwecke der Verarbeitung von der Beklagten bezahlt worden sei. Daß die Zahlung vor der Verarbeitung geleistet worden sei, sei für die Frage des Zusammenhanges ohne Bedeutung. Auch das Berufungsgericht scheint diesen Standpunkt zu teilen. Diese Ansicht kann jedoch nicht für zutreffend erachtet werden. Es ist richtig, daß die Nachteile, die der Bereicherungsbeklagte erlitten hat, von den durch die Bereicherung erlangten Vorteilen abzuziehen sind, wenn sie in ursächlichem Zusammenhang stehen mit denjenigen Tatsachen, die die Grundlage des Bereicherungsanspruchs bilden (RGZ. Bd. 60 S. 293, Bd. 72 S. 3, Bd. 86 S. 343). Das würde aber im vorliegenden Falle nur dann zutreffen, wenn der Kaufpreis das Entgelt für den durch die Verarbeitung erlangten Eigentumserwerb wäre. Das ist aber nicht der Fall. Der Kaufpreis war das Entgelt für die käufliche Überlassung des Stahls. Diese löste aber nicht den Bereicherungsanspruch der Klägerin, sondern ihren Eigentumsanspruch aus, demgegenüber die Beklagte den Anspruch auf Erstattung des Kaufpreises (Lösungsanspruch) nicht hatte. Die beabsichtigte Verarbeitung war vielleicht der Beweggrund für den Erwerb, aber das genügt nicht, um die für den Erwerb gemachten Aufwendungen von der durch die Verarbeitung nach § 950 Abs. 1 BGB. bewirkten Vermögensvermehrung in Abzug zu bringen (vgl. Seuff. Arch. Bd. 66 Nr. 132 S. 261). Man kann auch nicht, wie die Beklagte will, eine Minderung der Bereicherung der Beklagten um deswillen annehmen, weil die Beklagte infolge des Eigentumserwerbs ihren Erstattungsanspruch gegen ihren Vormann verloren habe. Denn vorher hatte sie einen solchen Anspruch nicht. Er wäre vielmehr erst entstanden, wenn sie den Stahl der Klägerin hätte herausgeben müssen (§ 440 Abs. 2 BGB.). Abziehen kann die Beklagte nur die ihr durch die Verarbeitung des Stahls entstandenen Kosten. . . .

---

3. Rechtfertigt auch eine infolge der Geldentwertung eingetretene erhebliche Verschiebung des Wertverhältnisses zwischen Leistung und Gegenleistung den Einwand der veränderten Umstände?

V. Zivilsenat. Urt. v. 6. Januar 1923 i. S. St. (Bekl.) w. Deutsches Reich (Kl.). V 246/22.

I. Landgericht Elbing. — II. Oberlandesgericht Marienwerder.

Durch Vertrag vom 10. März 1917 vermietete der Beklagte dem Kläger sein Grundstück vom 1. April 1917 ab für einen jährlichen Mietzins von 2800 ℳ. In § 6 des Vertrags war dem Kläger das Recht eingeräumt, das Grundstück bis zum 1. April 1922 für den Preis von 41500 ℳ käuflich zu erwerben. Der Vertrag war gemäß Art. 12 § 2 Pr. AusfGes. zum BGB. beurkundet worden. Da der Beklagte es ablehnte, den vom Kläger in den Jahren 1920 und 1921 verlangten Verkauf vorzunehmen, klagte der Kläger mit dem Antrage, den Beklagten zu verurteilen, ihm das Grundstück für 41500 ℳ zu verkaufen und Zug um Zug gegen Zahlung dieses Kaufpreises unter Anrechnung der eingetragenen Hypotheken aufzulassen. Das Landgericht gab der Klage statt. Die Berufung des Beklagten wurde mit der Maßgabe zurückgewiesen, daß die Verurteilung „zur Auflassung nach Zustandekommen des Vertrags" erfolge. Die Revision des Beklagten hatte Erfolg.

Gründe:

Das Berufungsgericht führt aus, die Entscheidung hänge lediglich davon ab, ob der Beklagte sich infolge der veränderten Verhältnisse vom Vertrage lossagen könne. Es verneint diese Frage im Anschluß an die Entscheidung des Reichsgerichts RGZ. Bd. 102 S. 98.

Die Revision rügt Verletzung der §§ 157, 242 BGB. und des § 286 ZPO. Sie wendet sich gegen die vom Berufungsgericht angezogene Entscheidung des Reichsgerichts, der auch ein etwas anders gelagerter Fall zugrunde gelegen habe, insofern als dort der Eintritt einer Wertsteigerung des Grundstücks bereits vorgesehen und ihm, wenn auch nur in beschränktem Maße, Rechnung getragen war. Aus der hier in § 6 getroffenen Bestimmung, welche laute: „Als Kaufpreis wird beiderseits der Wert von 41500 ℳ angenommen, den das Grundstück nach der Abschätzung des Postbaurats vom 18. Juli 1916 hat", ergebe sich klar und deutlich, daß der Beklagte den angemessenen Preis für das Grundstück erzielen sollte. Den gegenwärtigen Wert des Grundstücks habe der Beklagte schon in der Klagebeantwortung auf 150000 ℳ angegeben. Das Berufungsgericht sei aber hierauf nicht eingegangen.

Der Revision war der Erfolg nicht zu versagen. In der Entscheidung RGZ. Bd. 102 S. 98 hat der Senat allerdings in einem ähnlich liegenden Fall ausgesprochen, daß die bloße Verschiebung des Wertverhältnisses zwischen Leistung und Gegenleistung bei einem langfristigen Angebot eines Grundstücksverkaufs die Partei, die das Angebot gemacht hat, nicht ohne weiteres ermächtige, sich vom Vertrage loszusagen. Die Rechtsprechung des Reichsgerichts hatte sich bis dahin in der Streitfrage, ob bei völliger, zur Zeit des Vertragsschlusses nicht voraussehbarer Veränderung der Verhältnisse Erfüllung eines Vertrags noch gefordert werden könne, nur mit Fällen zu beschäftigen gehabt, in denen es sich um noch ausstehende Lieferungen oder Leistungen handelte, die nicht mehr unter den beim Vertragsschluß vorhandenen Voraussetzungen, sondern nur mit unvergleichlich höheren Kosten und Aufwendungen zu beschaffen waren. Eine derartige Erschwerung der Leistung lag in dem RGZ. Bd. 102 S. 98 entschiedenen Falle nicht vor, wohl aber hatte die Gegenleistung, wenn sie auch den alten Nennwert behalten hatte, infolge des Sinkens des Geldwertes an innerem Wert erheblich verloren. Dieser Umstand allein erschien damals dem Senat nicht ausreichend, um auszusprechen, daß dem Schuldner die Erfüllung nicht mehr zuzumuten sei, zumal da er sich in jenem Fall nach dem Inhalt des Vertrags über die erhebliche Gefahr, die mit einem derartigen langfristigen Angebot verbunden war, klar gewesen war und sich mindestens bis zu einem gewissen Grade durch Erhöhung des Kaufpreises beim Steigen der Grundstückswerte dagegen geschützt hatte. Inzwischen hat aber die durch Krieg und Revolution hervorgerufene Geldentwertung derartige ungeahnte Fortschritte gemacht, daß auch die in Geld bedungene Gegenleistung für die Entscheidung der Frage des Erfüllungszwanges bei völlig veränderten wirtschaftlichen Verhältnissen eine ganz andere Bedeutung gewonnen hat. Infolge des Sturzes der Mark stellen die Geldleistungen heute wirtschaftlich nur noch einen geringen Bruchteil des Wertes dar, der vor Jahren bei ihrer Vereinbarung der Bemessung der Gegenleistung zugrunde gelegt wurde. Geht man nun davon aus, daß beim gegenseitigen Vertrage Leistung und Gegenleistung regelmäßig von den Vertragschließenden als gleichwertig oder mindestens doch als in einem bestimmten Verhältnis stehend betrachtet und dementsprechend festgesetzt werden, so ist klar, daß das beim Vertragsschluß vorhanden gewesene Gleichgewicht zwischen Sachleistung und Geldleistung durch den inzwischen eingetretenen Verfall der deutschen Währung auf das empfindlichste gestört und ein starkes Mißverhältnis zwischen ihren beiden Werten hervorgerufen worden ist. Mit der grundstürzenden Verschlechterung der Valuta, deren Eintritt in diesen Ausmaßen für niemand vorhersehbar war, ist die Geschäftsgrundlage, auf der die Vereinbarungen getroffen und die beiderseitigen Leistungen bestimmt worden sind, weggefallen; es kann dem Schuldner unter diesen veränderten Verhältnissen nicht mehr zugemutet werden, seine Vertragspflichten schlechthin zu erfüllen. Denn es würde kein gerechter Austausch von Gütern, wie er beabsichtigt war, mehr stattfinden, sondern der Schuldner würde gezwungen werden, sich für eine vollwertige Sachleistung mit einer gänzlich minderwertigen Geldleistung zu begnügen. Nach Treu und Glauben mit Rücksicht auf die Verkehrssitte ist der Schuldner aber nur verpflichtet, seine Leistung gegen eine entsprechende Gegenleistung zu bewirken. Der Gläubiger, der die veränderte Sachlage dazu ausnützen wollte, sich die versprochene Leistung für einen geringen Teil ihres Wertes zu verschaffen, würde wider Treu und Glauben handeln. Er darf den Schuldner nicht unter allen Umständen am Vertrage festhalten und nicht auf unveränderter Vertragserfüllung bestehen. Anders wäre die Sachlage nur zu beurteilen, wenn das Geschäft von vornherein die Eigenschaft eines auf Gewinn abzielenden gewagten Geschäfts an sich getragen hätte oder das Mißverhältnis zwischen Leistung und Gegenleistung erst durch Verschulden des Schuldners, z. B. durch seinen Verzug mit der Leistung, hervorgerufen wäre. In diesem Sinne hat sich auch schon der II. Zivilsenat des Reichsgerichts in der Entscheidung RGZ. Bd. 103 S. 328 ausgesprochen und sich dort im Anschluß an die Oertmannschen Ausführungen über die Geschäftsgrundlage auf den Standpunkt gestellt, daß es darauf ankomme, ob die Grundlage des Geschäfts im Sinne einer beim Geschäftsschluß zutage getretenen Vorstellung der Beteiligten über den Bestand gewisser maßgebender Verhältnisse hinfällig geworden sei, und daß letzteres an sich auch als Folge einer bloßen Valutaverschiebung möglich sei, wenn die Fortdauer der Gleichwertigkeit von Leistung und Gegenleistung bei Vertragsschluß vorausgesetzt wurde. In solchem Falle müsse der Schuldner das Recht haben, vom Vertrage zurückzutreten oder den Vertrag zu kündigen, sofern sich nicht etwa der Gläubiger auf die Aufforderung des Schuldners zur Erhöhung der Gegenleistung bereit erkläre. Diesen Ausführungen ist beizutreten. Allerdings wird es in jedem einzelnen Fall vorsichtiger Prüfung bedürfen, ob die Voraussetzungen für eine Lossagung des Schuldners vom Vertrage gegeben sind. Namentlich müssen diese Grundsätze auch zur Anwendung gelangen, wenn es sich, wie hier, nur um einen Vorvertrag handelt, der erst zum Abschluß des eigentlichen Kaufvertrags führen sollte. Hier würde es in noch höherem Maße als eine Verletzung von Treu und Glauben erscheinen, wenn der Gläubiger den Schuldner zum Abschluß des für diesen durch die Veränderung der Verhältnisse überaus ungünstig gewordenen Vertrags zwingen wollte.

Ein spekulativer Einschlag kommt im vorliegenden Falle nicht in Frage. Im Vertrage ist sogar noch besonders hervorgehoben, daß der vorgesehene Kaufpreis dem damaligen durch einen Sachverständigen festgestellten Wert des Grundstücks entsprach. Die Vertragsparteien gingen also davon aus, daß der Beklagte im Fall des Ankaufs eine dem Grundstück völlig gleichwertige Gegenleistung erhalten sollte. Ein durchgreifendes Bedenken gegen die Anwendung der entwickelten Grundsätze im vorliegenden Falle kann auch nicht etwa aus dem vom Kläger in der Berufungsinstanz hervorgehobenen Umstande hergeleitet werden, daß das Grundstück bereits bei Abschluß des Mietvertrags mit 41000 ℳ, also fast in Höhe des vollen Kaufpreises, belastet war. Denn wenn auch der Kaufpreis infolge dessen beinahe zum vollen Betrage durch Übernahme von Hypotheken beglichen werden sollte, so bliebe doch immer das durch die Geldentwertung eingetretene auffällige Mißverhältnis zwischen Kaufpreis und Grundstück, dessen derzeitigen Wert der Beklagte in der Berufungsinstanz auf 150000 ℳ angegeben hatte, bestehen. Hiernach ist der Beklagte zum Abschluß eines Kaufvertrags zum Preise von 41500 ℳ, wie ihn der Kläger verlangt, nicht mehr verpflichtet, sofern infolge der Geldentwertung der Grundstückswert in der vom Beklagten angegebenen Weise gestiegen und dadurch ein starkes Mißverhältnis zwischen dem Kaufpreis und dem Wert des Grundstücks hervorgerufen worden ist, was vom Kläger bestritten und bisher nicht festgestellt worden ist.

Das angefochtene Urteil war daher aufzuheben und die Sache an das Berufungsgericht zurückzuverweisen.

Sollte sich bei der neuen Verhandlung der Sache eine wesentliche Verschiebung des Wertverhältnisses zwischen Leistung und Gegenleistung ergeben, so wird weiter in Betracht kommen, daß der Beklagte, wenn er auch nicht zu dem Preise von 41500 ℳ einen Kaufvertrag über das Grundstück abzuschließen braucht, dem Kläger doch Gelegenheit geben muß, sich der neuen Sachlage anzupassen und den Kaufpreis angemessen zu erhöhen, sofern nicht etwa der Kläger schon unzweideutig erklärt hat, sich auf eine Erhöhung des Kaufpreises nicht einzulassen. Lehnt der Kläger die Erhöhung ab, so wird der Beklagte die Erfüllung der durch den Vorvertrag begründeten Verpflichtung zum Verkauf des Grundstücks verweigern können (vgl. RGZ. Bd. 103 S. 333, 334). Auch nach dieser Richtung werden sich die weiteren tatsächlichen Feststellungen und Erwägungen zu bewegen haben.

---

4. Rechtfertigt eine infolge der Geldentwertung eingetretene erhebliche Verschiebung des Wertverhältnisses zwischen Leistung und Gegenleistung den Einwand der veränderten Umstände auch dann noch, wenn nach Eintritt des wirtschaftlichen Umschwunges der Vertrag noch zu einem wesentlichen Teil erfüllt wurde?

V. Zivilsenat. Urt. v. 6. Januar 1923 i. S. H. (Bekl.) w. M. (Kl.).
V 183/22.

I. Landgericht Altona. — II. Oberlandesgericht Kiel.

In der notariellen Verhandlung vom 13. Juli 1917 machte die Beklagte dem Kläger ein Kaufangebot hinsichtlich mehrerer ihr gehöriger Grundstücke, u. a. hinsichtlich des im Grundbuch von Sch. Bd. I Bl. Nr. 11 eingetragenen Grundstücks. Die Annahme des Angebots und die Übernahme des Grundstücks mußte längstens ein Jahr nach Friedensschluß erfolgt sein.

Der Kaufpreis betrug für dieses und noch ein anderes Grundstück zusammen 520000 ℳ. Der Kläger hat das Kaufangebot hinsichtlich des Grundstücks Sch. Nr. 11 in notarieller Verhandlung vom 15. Dezember 1920 angenommen. Die Übergabe hat am 1. März 1921 stattgefunden; dabei ist die Anzahlung von 260000 ℳ geleistet worden. Der Kläger hat u. a. auf Auflassung des Grundstücks Sch. Nr. 11 geklagt. Das Landgericht verurteilte die Beklagte zur Auflassung an den Kläger.

Die Berufung der Beklagten wurde mit der Maßgabe zurückgewiesen, daß die Beklagte verurteilt wurde, das Grundstück gegen Eintragung einer Restkaufgeldhypothek von 66000 ℳ für die Beklagte aufzulassen. Die Revision der Beklagten wurde zurückgewiesen.

Aus den Gründen:

... Endlich greift die Revision auch die Ausführung des Berufungsgerichts an, daß ein langfristiges Angebot nicht durch Eintritt einer Währungsverschlechterung ohne weiteres hinfällig werde. Gegenüber der vom Berufungsgericht angeführten Entscheidung RGZ. Bd. 102 S. 98 nimmt die Revision auf die Entscheidung RGZ. Bd. 103 S. 328 Bezug und macht geltend, in der Zeit vom 13. Juli 1917 bis zum 10. Januar 1921 und erst recht bis zum 26. Januar 1922, dem Tage der letzten mündlichen Verhandlung vor dem Berufungsgericht, sei eine solche Geldentwertung eingetreten, daß der Beklagten nicht mehr zugemutet werden könne, das Grundstück zu dem am 13. Juli 1917 vorgesehenen Kaufpreise aus der Hand zu geben.

Auch diesem Revisionsangriff war der Erfolg zu versagen. Es ist allerdings richtig, daß es bei einem langfristigen Angebot eines Grundstückskaufs unter Umständen wider Treu und Glauben verstoßen kann, wenn der Antragsgegner, der das Angebot rechtzeitig angenommen hat, auf unveränderter Vertragserfüllung noch besteht, nachdem inzwischen die allgemeinen wirtschaftlichen Verhältnisse sich völlig geändert haben, namentlich auch infolge einer eingetretenen Geldentwertung das Verhältnis zwischen der im Angebot vorgesehenen Leistung und Gegenleistung sich wesentlich verschoben hat. Denn in der Regel wird beim gegenseitigen Vertrage davon auszugehen sein, daß die Parteien ein redliches Umsatzgeschäft schließen wollen und die Gegenleistung einen entsprechenden Gegenwert für die Leistung gewähren soll. Tritt nun durch ungewöhnliche Ereignisse, wie den Weltkrieg und die Revolution, ein Umsturz in den wirtschaftlichen Verhältnissen ein, der die Beschaffung der Leistung weit schwieriger oder kostspieliger macht oder die Gegenleistung infolge einer Verschlechterung der Valuta in starkem Maße entwertet, so ist die Geschäftsgrundlage weggefallen, auf der die Parteien ihre Vereinbarungen getroffen haben, und es kann dem Schuldner nicht zugemutet werden, seine Leistung noch unter völlig veränderten Verhältnissen zu gewähren. Der Gläubiger, der bei solcher Sachlage noch auf Erfüllung gegen die vereinbarte Gegenleistung bestehen wollte, würde wider Treu und Glauben handeln. Deshalb kann sich der Schuldner in solchen Fällen von dem Vertrage lossagen, sofern nicht der Gegner sich auf Verlangen des Schuldners zu einer entsprechenden Erhöhung seiner Gegenleistung versteht. Von diesen in RGZ. Bd. 103 S. 328 ausgesprochenen Grundsätzen ist auch hier auszugehen. Soweit in der Entscheidung RGZ. Bd. 102 S. 98 bei einer ähnlichen Sachlage, als die Entwicklung der Verhältnisse noch nicht derartige Mißstände hervorgerufen hatte, vom erkennenden Senat ein anderer Standpunkt eingenommen worden ist, kann dieser nicht aufrecht erhalten werden und ist vom Senat bereits in dem vorstehend abgedruckten Urteil vom 6. Januar 1923 verlassen. Gleichwohl stellt die vom Berufungsgericht getroffene Entscheidung sich im Ergebnis als richtig dar. Denn die in der Rechtslehre und Rechtsprechung entwickelten Grundsätze über den Rücktritt von einem gegenseitigen Vertrage wegen veränderter Umstände können nur auf solche Verträge Anwendung finden, die noch nicht erfüllt sind. Es handelt sich gerade um die Frage, ob gegen den Schuldner trotz der veränderten Verhältnisse noch ein Erfüllungszwang ausgeübt werden darf und ob ihm die Leistung noch zugemutet werden darf. Hat er selbst schon in Kenntnis der veränderten Sachlage freiwillig seine fällige Verpflichtung in einem wesentlichen Teile erfüllt und die vom Gegner geschuldete Gegenleistung zum großen Teil angenommen, so hat er damit den Nachteil der Geldentwertung nachträglich auf sich genommen; die vollzogenen Leistungen sind aus dem synallagmatischen Verhältnis bereits herausgetreten und können die Entwicklung des Vertragsverhältnisses nicht mehr beeinflussen. Hier war das Angebot am 13. Juli 1917 erklärt mit Bindung bis auf ein Jahr nach Friedensschluß. Am 15. Dezember 1920 war die Annahme erfolgt. Wenn die Beklagte nach Annahme des Angebots und nach Eintritt des für die Übernahme der Grundstücke vorgesehenen Zeitpunktes, sowie nach dem Umschwung aller wirtschaftlichen Verhältnisse die Übergabe des Grundstücks an den Kläger bewirkt und die Anzahlung von 260000 ℳ vorbehaltlos angenommen hat, so hat sie dadurch unzweideutig zu erkennen gegeben, daß sie in der Veränderung der wirtschaftlichen Verhältnisse, insbesondere in der damals eingetretenen Geldentwertung keinen Grund erblickte, die Erfüllung des Vertrags zu verweigern oder eine Erhöhung der Gegenleistung zu verlangen. Sie hat sich damit vielmehr auch nach der Änderung der Verhältnisse zu dem Vertrage bekannt. Nach solchem Verhalten ist die Beklagte aber nicht berechtigt, nachträglich wegen des entstandenen Mißverhältnisses zwischen Kaufpreis und Grundstückswert die weitere Erfüllung des Kaufvertrags abzulehnen. Da sie selbst an dem Vertrage trotz der veränderten Umstände festgehalten und die Erfüllung zum wesentlichen Teil geleistet und angenommen hat, hat sie das Recht verwirkt, sich vom Vertrage loszusagen, und kann deshalb die verlangte Auflassung nicht mehr verweigern.

---

5. Zur Frage der Vertretung des Preußischen Staates gegenüber Ansprüchen aus dem Staatshaftungsgesetze vom 1. August 1909.

III. Zivilsenat. Urt. v. 3. November 1922 i. S. S. (Kl.) w. den Preuß. Staat (Bekl.). III 304/22.

I. Landgericht Essen. — II. Oberlandesgericht Hamm.

Der Ehemann und Vater der Kläger wurde im Frühjahr 1920 anläßlich der damaligen Unruhen in Altenessen (Rheinprovinz) von Angehörigen der grünen Sicherheitspolizei verhaftet und während der Fortführung erschossen. Die Kläger behaupten, daß Verhaftung und Erschießung ohne rechtfertigenden Grund geschehen seien, und verlangen nach Art. 131 der Reichsverfassung in Verbindung mit dem preußischen Staatshaftungsgesetze vom 1. August 1909 Schadensersatz. Die gegen den preußischen Staat, vertreten durch den Regierungspräsidenten in Düsseldorf, erhobene Klage wurde abgewiesen, die Berufung der Kläger zurückgewiesen. Auf die Revision der Kläger wurde das Berufungsurteil aufgehoben und die Sache an das Berufungsgericht zurückverwiesen.

Gründe:

Das Landgericht hatte die Klage in erster Linie mangels Sachlegitimation des Beklagten, in zweiter Linie mangels rechtswidrigen Verhaltens der beteiligten Angehörigen der Sicherheitspolizei abgewiesen. Das Berufungsgericht unterscheidet: Soweit es sich um die Erschießung handelt, sei der Regierungspräsident in Düsseldorf nicht der richtige gesetzliche Vertreter des Beklagten. Die Verhaftung aber sei nach dem Grundsatze des adäquaten Zusammenhanges nicht als Ursache der Tötung anzusehen. Die letztere Annahme entspricht dem in der Rechtsprechung anerkannten Grundsatze, daß rechtlich als Ursache eines Erfolges nicht jede Bedingung seines Eintritts, sondern nur ein solches Verhalten zu betrachten ist, das erfahrungsgemäß geeignet ist, einen Erfolg der fraglichen Art herbeizuführen. In diesem Sinne kann man aber eine Verhaftung als Ursache der späteren Erschießung des Verhafteten auch dann nicht bezeichnen, wenn die Verhaftung, wie hier, in unruhiger Zeit und morgens vor 4 Uhr stattgefunden hat. Als ursächlich kann hier nur das Verhalten der Sicherheitspolizeimannschaft bei der Fortführung des Verhafteten in Betracht kommen. Mit Unrecht nimmt aber das Berufungsgericht an, daß, soweit in dieser Beziehung die Haftung des Beklagten in Anspruch genommen werde, der Regierungspräsident in Düsseldorf nicht der richtige Vertreter des Beklagten sei. Das Berufungsgericht entnimmt einer Auskunft des Oberpräsidenten der Provinz Westfalen, daß die fragliche Abteilung der Sicherheitspolizei, die aus Westfalen gekommen war und dort ihren dienstlichen Sitz hatte, dem erwähnten Oberpräsidenten, nicht dem Regierungspräsidenten in Düsseldorf, unterstanden habe, und folgert hieraus weiter, daß letzterer auch nicht zur Vertretung des Beklagten berufen sei, wenn dessen Haftung auf Dienstpflichtverletzungen von Angehörigen dieser auswärtigen Sicherheitspolizeitruppe gestützt werde. Nun ist allerdings bei Haftungsstreitigkeiten der fraglichen Art im allgemeinen davon auszugehen, daß der Staat durch die Behörde vertreten wird, in deren Bezirk der schuldige Beamte bei Entstehung des Anspruchs seinen dienstlichen Wohnsitz hat. Diese Behörde wird meistens auch am besten in der Lage sein, sich über den Sachverhalt zuverlässig zu unterrichten. Dabei wird aber immer der regelmäßige Fall vorausgesetzt, daß ein Beamter, wenn auch vielleicht nicht innerhalb seines Dienstbezirks, so doch im Interesse dieses Dienstbezirks tätig geworden ist. Hier aber liegt die Besonderheit vor, daß Angehörige der der Provinz Westfalen zugeteilten Sicherheitspolizei nicht nur außerhalb dieses Dienstbezirks, sondern auch im Interesse eines fremden Dienstbezirks verwendet wurden. In Fällen dieser Art müssen die Behörden des letzteren Bezirks, soweit eine Angelegenheit überhaupt in ihr Geschäftsbereich fällt, sei es ausschließlich, sei es wenigstens neben den im allgemeinen zuständigen Behörden, als zur Vertretung des Staates berufen angesehen werden. Aus der schon erwähnten Auskunft des Oberpräsidenten der Provinz Westfalen kann entnommen werden, daß die fragliche Sicherheitspolizeiabteilung in bezug auf ihre Verwendung im Industriegebiet dem Befehlshaber des Wehrkreises VI als dem Inhaber der vollziehenden Gewalt unterstellt war. Ob daraus mit der ersten Instanz gefolgert werden muß, daß für Dienstpflichtverletzungen das Deutsche Reich hafte, ist hier, wo es sich nur um die Frage der gesetzlichen Vertretung handelt, nicht zu untersuchen. Soweit aber eine Haftung des Beklagten überhaupt denkbar ist, wird er durch den Regierungspräsidenten in Düsseldorf als denjenigen, zu dessen Geschäftsbereich die polizeilichen Angelegenheiten seines Dienstbezirks ganz allgemein gehören, richtig vertreten, weil die auswärtige Sicherheitspolizei gerade in diesem Bezirk und im Interesse der Sicherheit dieses Bezirks tätig war, als es zur Erschießung des Ehemannes und Vaters der Kläger kam. Die Vertretungsbefugnis des Regierungspräsidenten in Düsseldorf ist um so weniger zu beanstanden, als die Klage ausdrücklich auch darauf gestützt worden ist, daß die Sicherheitspolizei im vorliegenden Falle auf Anordnung der Alteneffener Polizei tätig geworden sei.

---

6. Finden, wenn die Ware während ihrer Übersendung an den Käufer beschlagnahmt wird, die Regeln von der Gefahrtragung oder die Bestimmungen über die Unmöglichkeit der Erfüllung Anwendung?

I. Zivilsenat. Urt. v. 23. November 1922 i. S. J. H. (Bekl.) w. U. (Kl.). I 682/21.

I. Landgericht Hannover, Kammer f. Handelssachen. — II. Oberlandesgericht Celle.

Die Klägerin hatte der Beklagten 200 Zentner Hafer, lieferbar prompt nach Wagenstellung, waggonfrei ab Braunschweiger Station zum Preise von 200 ℳ für den Zentner verkauft. Sie brachte, nachdem ihr die Beklagte am 7. April 1920 Versandauftrag erteilt hatte, den Hafer am 13. April 1920 durch ihre Lieferantin, die Firma R. in Br., zur Versendung. Der Hafer wurde jedoch von der Reichsgetreidestelle beschlagnahmt, weil ihm angeblich Brotgetreide beigemischt war. Auf Betreiben der Klägerin wurde die Beschlagnahme am 1. Mai 1920 aufgehoben; der Hafer ging der Beklagten Anfang Mai zu. Die Beklagte ist jedoch am 1. Mai 1920 unter Widerspruch der Klägerin vom Vertrage zurückgetreten, da sie am 12. April der Klägerin unter Androhung des Rücktritts Frist zur Verladung bis zum 17. April gestellt hatte und bis zum 1. Mai nicht in den Besitz des Hafers gelangt war. Die Klägerin fordert Zahlung des Vertragspreises. Beide Vorinstanzen erkannten zugunsten der Klägerin. Die Revision der Beklagten wurde zurückgewiesen.

Aus den Gründen:

Die Beklagte stützt ihr Recht, die Zahlung des Vertragspreises und die Abnahme der Ware zu verweigern, auf § 326 BGB. Der Berufungsrichter nimmt an, die für den Verzug der Klägerin beweispflichtige Beklagte habe den Beweis nicht geführt, daß das Mahnschreiben der Beklagten vom 12. April 1920 vor der am 13. April 1920 erfolgten Absendung des Hafers in den Besitz der Klägerin gelangt sei. Trifft dies zu, so hatte die Klägerin am 13. April 1920, also noch ehe ihr das Schreiben vom 12. April 1920 zugegangen war, alles getan, was von ihr geschehen konnte, sodaß sie von der Beklagten überhaupt nicht in Verzug gesetzt worden ist. Hieran ändert auch der Umstand nichts, daß der Hafer vorübergehend beschlagnahmt gewesen ist, wobei es ganz auf sich beruhen kann, ob die Beschlagnahme zu Recht erfolgt war oder nicht. Allerdings ist dem Berufungsrichter darin nicht beizupflichten, daß sich die Beschlagnahme als Transportgefahr darstelle, die beim Übersendungskauf (§ 447 BGB.) zu Lasten des Käufers gehe (Staub, Anhang zu § 382 Anm. 50). Denn wenn auch die Beschlagnahme tatsächlich während der Beförderung eingetreten ist, so hat sie doch an sich mit der Beförderung und ihren Gefahren nichts zu tun. Die Haftung für Gefahr betrifft auch nur die Haftung für den zufälligen Untergang und die zufällige Verschlechterung der Ware (Planck, BGB. § 446 Anm. 2a). Beides kommt bei der Beschlagnahme nicht in Frage. Durch sie werden nur die an der Kaufsache bestehenden Rechte betroffen, ohne daß dadurch zugleich eine körperliche Veränderung der Sache selbst eintritt. Man kann deshalb auf die Beschlagnahme überhaupt nicht die Regeln von der Gefahrtragung anwenden, vielmehr greifen die Grundsätze von der Unmöglichkeit der Leistung Platz. Ist die Beschlagnahme zu Unrecht erfolgt — und bis zum Nachweise des Gegenteils wird dies angenommen werden müssen, weil sonst schwerlich die Aufhebung der Beschlagnahme von der Reichsgetreidestelle veranlaßt worden wäre —, so hatte sich bereits durch die Ausscheidung des Hafers und seine Übergabe an die Eisenbahn zur Beförderung die Leistungspflicht der Klägerin gemäß § 243 Abs. 2 BGB. auf den nachher beschlagnahmten Hafer konkretisiert; durch die zu Unrecht erfolgte Beschlagnahme wurde der Klägerin nachträglich ohne ihr Verschulden die Leistung unmöglich. Wäre diese Unmöglichkeit eine dauernde gewesen, so hätte sich die Beklagte auf § 323 BGB. berufen können. Im vorliegenden Falle war aber die Unmöglichkeit eine nur vorübergehende, die nur während ihrer Dauer den Anspruch der Verkäuferin auf die Gegenleistung aufschob (Planck, § 323 Nr. 3) und bereits am 1. Mai 1920 beseitigt war....

---

7. Findet das preußische Gesetz betr. die Fürsorge für Beamte infolge von Betriebsunfällen vom 2. Juni 1902 Anwendung auf die in privatrechtlichem Vertragsverhältnis beschäftigten Eisenbahnhilfsbeamten?

III. Zivilsenat. Urt. v. 24. November 1922 i. S. K. (Kl.) w. Deutsches Reich (Bekl.). III 82/22.

I. Landgericht I Berlin. — II. Kammergericht daselbst.

Der Kläger stand seit dem 10. Oktober 1905, zunächst als Schlosser, dann vom 10. Oktober 1906 ab als Hilfsheizer und vom 1. April 1909 ab als Lokomotivheizer im Eisenbahndienst. Mit Ablauf des Jahres 1913 wurde er, als wegen eines Nervenleidens dienstunfähig, unter Bewilligung einer Pension für drei Jahre entlassen. Er behauptet, daß seine Dienstunfähigkeit durch mehrere Unfälle verursacht worden sei, die er im Eisenbahnbetrieb erlitten habe, und erhebt Pensionsansprüche in erster Reihe nach Maßgabe des Beamten-Unfallfürsorgegesetzes, hilfsweise gemäß dem Pensionsgesetze. In beiden Vorinstanzen wurde die Klage abgewiesen. Auch die Revision blieb erfolglos.

Aus den Gründen:

Das Landgericht wie das Berufungsgericht erachten für erwiesen, daß der Kläger infolge eines Unfalls, den er am 9. Januar 1907 im Eisenbahnbetrieb erlitten hatte, von einem schweren Nervenleiden befallen worden ist und daß dieses Leiden seine Dienstunfähigkeit verursacht hat. Sie erklären aber diesen Unfall für nicht geeignet, die Ansprüche des Klägers zu begründen, weil er zur Zeit des Unfalls noch nicht Beamter gewesen sei, sondern in einem privatrechtlichen Dienst-(Arbeits-)Verhältnis zum Beklagten gestanden habe.

Die Revision führt aus, das Berufungsgericht habe zu Unrecht verneint, daß der Kläger bereits zur Zeit dieses Unfalls die Eigenschaft eines Beamten im Sinn des Unfallfürsorgegesetzes besessen habe. Dem Berufungsgericht ist jedoch hinsichtlich dieser Frage im Ergebnis, wenn auch nicht überall in der Begründung, beizutreten. Das Berufungsgericht stellt unangefochten fest, daß der Kläger nach dem Wortlaut der Annahmeverhandlung vom 15. Oktober 1906 als Hilfsheizer außerhalb des Beamtenverhältnisses für Lokomotivzwecke im Staatseisenbahndienst angenommen und dementsprechend in der amtlichen Standesliste bis zu dem Zeitpunkt seiner Ernennung zum etatsmäßigen Lokomotivheizer, dem 31. März 1909, als im Staatseisenbahndienst außerhalb des Staatsbeamtenverhältnisses beschäftigt aufgeführt worden ist. Es erklärt den hierin kundgegebenen Willen der Eisenbahnverwaltung, nur ein Arbeits-, nicht ein Beamtenverhältnis zu schaffen, für entscheidend, weil dafür, daß dem Kläger eine bahnpolizeiliche Befugnis beigelegt worden wäre — was zu einer anderen rechtlichen Beurteilung führen könnte —, nichts vorgebracht worden sei. Gegenüber dieser letzteren Erwägung weist die Revision mit Recht darauf hin, daß nach den Bestimmungen der Eisenbahn-Bau-

und Betriebsordnung vom 4. November 1904 (RGBl. S. 387) — vgl. § 45 Abs. 1 Nr. 10, § 74 — die Lokomotivheizer und deren Vertreter gleich andern im Eisenbahndienst beschäftigten Personen, auch wenn sie nur als Arbeiter angenommen sind, Eisenbahnbetriebsbeamte und als solche Eisenbahnpolizeibeamte sind. Diese Übertragung polizeilicher Funktionen hat nun nach der Rechtsprechung des erkennenden Senats — vgl. außer dem vom Berufungsgericht angeführten Urteil vom 6. Mai 1910 III 281/09 (JW. 1910 S. 663 Nr. 33) besonders RGZ. Bd. 84 S. 368, Bd. 89 S. 297, Bd. 99 S. 267, Bd. 104 S. 261, Urteil vom 12. Mai 1916 III 25/16 (JW. 1916 S. 1020 Nr. 8), vom 12. März 1920 III 381/19 (JW. 1920 S. 556 Nr. 9), vgl. ferner auch RGZ. Bd. 6 S. 108, Bd. 26 S. 28 — im allgemeinen die Bedeutung, daß sie dem mit der Ausübung der öffentlichen Gewalt Betrauten die Eigenschaft eines Beamten verleiht, und zwar nicht nur nach außen hin, sondern auch im Innenverhältnis zwischen dem Angestellten und der Körperschaft, welche ihn angestellt hat. Bei den sog. Eisenbahnunterbeamten, zu denen auch die Lokomotivhilfsheizer gehören, gebietet jedoch die positive gesetzliche Regelung, welche in der Eigenart des Beschäftigungskreises dieser Personen ihren inneren Grund hat, eine abweichende Beurteilung.

Die regelmäßige Tätigkeit dieser Personen, der Heizer, Bremser, Schaffner usw., ist eine mechanische, untergeordnete; sie dient den Zwecken der Eisenbahnverwaltung als einer Verkehrsanstalt. Sie wurde und wird in gleicher Weise auch von Angestellten der Privateisenbahnen ausgeübt. Sie wurden und werden herkömmlicherweise auch im Staatseisenbahndienst zunächst als Arbeiter, also im privatrechtlichen Dienstverhältnis angenommen und erst nach längerer Bewährungsfrist, nach Erlangung der für ihren Dienst, besonders in gehobener Stellung, erforderlichen Kenntnisse und Fähigkeiten als Beamte angestellt. Die regelmäßige Art ihrer Tätigkeit steht ihrer Beschäftigung außerhalb des Beamtenverhältnisses nicht entgegen. Im Interesse der Verkehrssicherheit aber sind sie zu Bahnpolizeibeamten bestellt; es sind ihnen damit obrigkeitliche Befugnisse übertragen, von denen sie je nach der Art ihrer Tätigkeit mehr (wie z. B. die Schaffner) oder weniger (wie die Hilfsheizer) Gebrauch zu machen in die Lage kommen. Die Eisenbahnverwaltung sah sich jedoch hierdurch nicht veranlaßt, die Anstellungsverhältnisse dieser Personen zu ändern, ihnen mit der Übertragung dieser polizeilichen Aufgaben und Befugnisse ohne weiteres die Rechtsstellung als Beamte zu verleihen. Diese Regelung der Verhältnisse, welche den bahnpolizeilichen Dienst dieser Personen als etwas neben ihrer Haupttätigkeit Einhergehendes, für ihre dienstliche Stellung nicht Entscheidendes hinstellt, und welche nach der Begründung zu den nachfolgend zu erwähnenden Gesetzesvorschriften zum Teil auch durch die Rücksichtnahme auf die wirtschaftlichen Verhältnisse dieser Personen bestimmt wurde, hat nun ihre Billigung durch Art. V des Abänderungsgesetzes vom 27. Mai 1907 zum preußischen Pensionsgesetze vom 27. März 1872 erhalten.

Dieser Art. V bestimmt in Erweiterung des § 19 des Gesetzes vom 27. März 1872/20. März 1890, daß mit königlicher Genehmigung nach Maßgabe der §§ 13—18 auf die pensionsfähige Dienstzeit auch angerechnet werden kann „die Zeit, während welcher ein Beamter vor seiner Anstellung ununterbrochen im privatrechtlichen Vertragsverhältnis eines Dienstverpflichteten dem Staate gegen unmittelbare Bezahlung aus der Staatskasse Dienste geleistet hat, insofern er mit Aussicht auf dauernde Verwendung ständig und hauptsächlich mit den Dienstverrichtungen eines Beamten betraut gewesen ist und diese Beschäftigung zu seiner Anstellung geführt hat". Die Begründung zu diesem Artikel — Herrenhaus, Session 1907, Drucks. Nr. 29 S. 11 — sagt, daß er eine insbesondere für die Eisenbahnverwaltung als Bedürfnis anerkannte Ergänzung des § 19 bezwecke, daß ohne die in § 19 vorgesehene Anrechnung mit königlicher Genehmigung, abgesehen von den in den §§ 14—17 des Pensionsgesetzes behandelten Fällen, nur diejenige Dienstzeit zur Anrechnung komme, während welcher der Pensionär zum Staat im öffentlichrechtlichen Verhältnis eines unmittelbaren Staatsbeamten gestanden habe, und daß nach den dienstpragmatischen Bestimmungen zu entscheiden sei, ob ein Beamtenverhältnis vorliege, die Ablehnung des Staatsdienereides hierfür aber kein sicheres Merkmal sei. Sie fährt dann wörtlich fort: „In der Staatsverwaltung gibt es nun zahlreiche Personen, welche — nach oder ohne Vereidigung — zwar im wesentlichen mit gleichen Funktionen, wie sie in demselben Verwaltungszweig ständig von Beamten wahrgenommen werden, betraut sind, gleichwohl aber zum Staat nicht im Verhältnis eines Beamten, sondern im privatrechtlichen Vertragsverhältnis eines Dienstverpflichteten stehen. Hierzu gehören insbesondere die Hilfsfunktionäre der Eisenbahnverwaltung, wie Hilfsheizer, -bremser, -weichensteller, -schaffner usw., welche — zum Teil nach Ableistung des Staatsdienereides mit Rücksicht auf ihre Verwendung als Bahnpolizeibeamte — teils vorübergehend oder nebenbei, teils ständig und hauptsächlich Beamtenfunktionen wahrzunehmen haben und zum großen Teil nach Jahren in gleichartige Beamtenstellungen einrücken." Der Artikel ist in der ungeänderten Fassung des Entwurfs in das Gesetz aufgenommen worden. Weder im Herrenhause noch im Abgeordnetenhause ist gegen ihn oder seine Begründung Widerspruch erhoben worden. Aus der Bestimmung des Art. V, der dadurch geschaffenen Fassung des § 19 Abs. 1 des Pensionsgesetzes, ergibt sich zweifellos, daß die dort bezeichneten Personen, obwohl sie „ständig und hauptsächlich mit den Dienstverrichtungen eines Beamten betraut gewesen sind", doch nur als im privatrechtlichen Vertragsverhältnis stehend behandelt werden, daß sie also nicht als Beamte im Sinn des Pensionsgesetzes gelten sollen. Denn wenn sie dies wären, dann müßte gemäß § 13 des Gesetzes diese ihre Dienstzeit kraft Gesetzes bei der Berechnung der pensionsfähigen Dienstzeit angerechnet werden, die Anrechnung könnte dann nicht, wie es in Art. V geschehen ist, von der königlichen Genehmigung abhängig gemacht werden. Nach der Begründung — die auch bei der gebotenen vorsichtigsten Wertung der Gesetzesmaterialien hier nicht unberücksichtigt bleiben kann — müssen zu den in der Bestimmung bezeichneten Beamten notwendig auch die hier in Betracht kommenden Eisenbahnangestellten gerechnet werden; ihre dienstlichen Verhältnisse sind es gerade gewesen, die den besonderen Anlaß zur Aufnahme der Bestimmung in § 19 des Pensionsgesetzes gegeben haben. Auch diese Angestellten fallen also, auch wenn sie als Bahnpolizeibeamte verwendet werden und mit Rücksicht hierauf den Staatsdienereid geleistet haben, nicht unter den Begriff des Beamten im Sinne des Pensionsgesetzes, vgl. RGZ. Bd. 51 S. 290 (295), Bd. 78 S. 95, Urteil vom 29. Dezember 1911 III 65/11 (JW. 1912 S. 313 Nr. 36).

Der Begriff des Beamten als solcher ist aber im Unfallfürsorgegesetz kein anderer als im Pensionsgesetze. Das preußische Unfallfürsorgegesetz vom 2. Juni 1902 gibt ebenso wie das Reichsunfallfürsorgegesetz vom 18. Juni 1901 einen Pensionsanspruch besonderer Art und verweist in § 9, soweit es nicht selbst ein anderes bestimmt, auf das allgemeine Pensionsgesetz, wie das Reichsgesetz auf das Reichsbeamtengesetz. Der Kreis der vom Unfallfürsorgegesetz berücksichtigten Personen ist zwar weiter gezogen als der der Ruhegehaltsberechtigten nach dem Pensionsgesetz — vgl. RGZ. Bd. 72 S. 70 —, aber nur insofern, als Beamten, denen ein Anspruch auf die allgemeine Pension nur unter bestimmten Voraussetzungen zusteht, der Unfallfürsorgeanspruch auch ohne diese Voraussetzungen gegeben ist, und als der Wegfall des allgemeinen Pensionsanspruchs infolge disziplinarer Entlassung nicht auch den Verlust der Unfallpension nach sich zieht. Ein Sonderfall, der eine Abweichung von den Normen des allgemeinen Pensionsrechts rechtfertigen könnte, wie er in RGZ. Bd. 97 S. 347 behandelt ist, liegt hier nicht vor; vgl. im übrigen RGZ. Bd. 39 S. 354, Bd. 60 S. 216, Bd. 82 S. 259, Bd. 85 S. 192, Bd. 86 S. 375.

Hiernach kann, wenn auch grundsätzlich daran festzuhalten ist, daß die Übertragung der Ausübung obrigkeitlicher Gewalt ein Beamtenverhältnis nicht nur nach außen, sondern auch zwischen dem Angestellten und dem Staate schafft, das Unfallfürsorgegesetz auf Personen des Eisenbahndienstes, welche, wie dies beim Kläger im Jahre 1907 der Fall war, außerhalb des Beamtenverhältnisses beschäftigt werden, im allgemeinen auch dann keine Anwendung finden, wenn ihnen bahnpolizeiliche Obliegenheiten übertragen worden sind. Eine Ausnahme gilt jedoch dann, wenn sie einen Unfall im Betriebe erleiden, während sie in ihrer besonderen Eigenschaft als Bahnpolizeibeamte tätig sind. In solchen Fällen sind sie — nach außen wie im Innenverhältnis zum Staat — als unmittelbare Staatsbeamte, zugleich aber auch im Eisenbahnbetriebe als in einem reichsgesetzlich der Unfallversicherung unterliegenden Betriebe beschäftigt. In diesen Fällen muß deshalb das Unfallfürsorgegesetz auch auf sie Anwendung finden. Hier liegt ein solcher Ausnahmefall nicht vor. Bei dem Unfall vom 9. Januar 1907 kam eine Betätigung des Klägers als Bahnpolizeibeamter nicht in Frage. Aus diesem Unfall kann daher der Kläger einen Anspruch aus dem Unfallfürsorgegesetz nicht herleiten.

---

8. Wird der Schuldner durch schuldhafte Verletzung einer Vertragspflicht ohne weiteres dem Gläubiger zum Ersatze des diesem dadurch entstandenen Schadens verpflichtet?

V. Zivilsenat. Urt. v. 29. November 1922 i. S. B. (Kl.) w. E. (Bekl.). V 271/22.

I. Landgericht Duisburg. — II. Oberlandesgericht Düsseldorf.

Die Ehefrau des Klägers kaufte durch Vertrag vom 10. Oktober 1911 von dem Beklagten eine Baustelle zum Preise von 8300 *M*. Der Kaufpreis wurde gestundet und die Käuferin verpflichtete sich, ihn spätestens am 1. April 1912 zu zahlen. Die Käuferin sollte nach Erteilung der Bauerlaubnis unverzüglich mit dem Bau beginnen. Zur Sicherheit des Verkäufers verpfändete die Käuferin das gekaufte Grundstück und beantragte die Eintragung des Restkaufpreises im Grundbuche. Dagegen verpflichtete sich der Verkäufer, einer von der Ankäuferin aufzunehmenden Baugelderhypothek in Höhe von 140 *M* pro qm bebauter Fläche den Vorrang einzuräumen, wenn die Ankäuferin die mit dem Baugeldgeber vereinbarten Bedingungen bezüglich der Hergabe der Baugelder annähme und einen diesbezüglichen Vertrag vorlege.

Die Auflassung und die Eintragung der Käuferin als Eigentümerin in das Grundbuch ist erfolgt. Die Ehefrau des Klägers trat die ihr angeblich gegen den Beklagten zustehenden Ansprüche aus dem Kaufvertrage sowie aus unerlaubter Handlung an den Kläger ab. Dieser klagte auf Zahlung von 8000 *M*. Er behauptete, der Beklagte habe es hintertrieben, daß die Sparkasse in W. die Baustelle mit 25000 ℳ belieh und habe seine Mitwirkung bei der Ausführung der Beleihung versagt; jedenfalls habe er geduldet, daß sein Bevollmächtigter K. noch weitere 1000 ℳ, die er für sich habe behalten wollen, verlangt habe. Infolge dieses Verhaltens des Beklagten sei die Beleihung gescheitert; es sei sodann zur Zwangsversteigerung gekommen und dadurch der Ehefrau des Klägers ein Schaden in Höhe von 8000 ℳ entstanden, für welchen der Beklagte vertraglich und außervertraglich ersatzpflichtig sei. Das Landgericht wies die Klage ab. Die Berufung des Klägers wurde zurückgewiesen. Auf seine Revision wurde das Berufungsurteil aufgehoben und die Sache an das Berufungsgericht zurückverwiesen.

Aus den Gründen:

... Während das Landgericht die Klage um deswillen abgewiesen hat, weil ein ursächlicher Zusammenhang zwischen den angeblichen vertragswidrigen Handlungen bzw. Unterlassungen des Beklagten und dem angeblich der Zedentin des Klägers entstandenen Schaden nicht nachgewiesen sei, gelangt das Berufungsgericht zu dem gleichen Ergebnisse der Klagabweisung aus anderen und zwar wesentlich auf rechtlichem Gebiete liegenden Gründen. Es geht davon aus, daß auf Grund des Kaufvertrags für den Beklagten eine Verpflichtung bestand, wenn die Sparkasse in W. zur Hergabe einer Hypothek von 25000 ℳ an die Käuferin bereit war, sich seinerseits bereit zu erklären, dieser Hypothek vor der seinigen den Vorrang einzuräumen. Es unterstellt auch, daß der Beklagte dies nicht getan oder die Erhöhung der Hypothek auf 26000 ℳ verlangt oder doch geduldet habe, daß sein Bevollmächtigter K. ein solches Verlangen stellte, und daß Beklagter dadurch vertragswidrig gehandelt habe. Es meint aber, aus diesem vertragswidrigen Verhalten ergebe sich nicht ohne weiteres eine Verpflichtung des Beklagten zum Schadensersatze. Denn die Gläubigerin hätte dem Schuldner gemäß § 326 BGB. eine angemessene Frist zur Bewirkung der Leistung (nämlich der Vorrangseinräumung oder der Erklärung der Bereitwilligkeit zu ihr) mit der Erklärung bestimmen müssen, daß sie die Annahme der Leistung nach dem Ablaufe der Frist ablehne; blieb diese Fristsetzung erfolglos, so hätte sie alsdann Schadensersatz wegen Nichterfüllung verlangen können; da sie aber diesen Weg nicht gegangen sei, sondern sich darauf beschränkt habe, den Beklagten um den Abschluß des Vertrags mit der Sparkasse zu ersuchen, so fehle es an der nach § 326 notwendigen Voraussetzung für die Geltendmachung eines Schadensersatzanspruchs. Der § 326 finde Anwendung, weil die Vorrangseinräumung eine Hauptleistung gebildet habe. Es liege auch kein Fall vor, in dem die Fristsetzung wegen erfolgter ernstlicher und endgültiger Weigerung der Vertragserfüllung oder wegen nicht mehr vorhandenen Interesses des Gläubigers an der Erfüllung unterbleiben durfte. Die Fristsetzung habe aber auch nicht unterbleiben dürfen, weil in dem Verhalten des Beklagten eine sog. „positive Vertragsverletzung“ zu erblicken wäre. Eine positive Vertragsverletzung, die unmittelbar zum Schadensersatze verpflichte, würde vorliegen, wenn der Beklagte sich durch Vereitelung der Leistung überhaupt als vertragsuntreu erwiesen hätte. Eine solche Vertragsuntreue könne in dem unterstellten Verhalten des Beklagten nicht gefunden werden, denn dafür daß er beabsichtigt habe, durch sein Verhalten die Erreichung des Vertragszwecks zu gefährden, oder damit einverstanden gewesen sei, daß sein Bevollmächtigter K. dies erstrebte, liege nichts vor; auch nicht einmal dafür, daß er sich der Gefährdung des Vertragszwecks bewußt geworden sei. Gleiches, wie hinsichtlich des eigenen Verhaltens des Beklagten, gelte aber auch hinsichtlich des Verhaltens des K., dessen er sich allerdings als Erfüllungsgehilfen bedient habe und dessen Verschulden er deshalb gemäß § 278 BGB. in gleichem Umfange, wie sein eigenes Verschulden, zu vertreten habe. Dahingestellt läßt der Berufungsrichter, ob K. durch eine Mehrforderung von 1000 ℳ das Beleihungsgeschäft mit der Sparkasse W. zum Scheitern gebracht habe.

Diese Ausführungen sind in mehrfacher Beziehung rechtsirrig. Sie legen zunächst für die Beantwortung der Frage, ob und unter welchen Voraussetzungen der Schuldner durch Verletzung ihm obliegender Vertragspflichten schadensersatzpflichtig wird, den § 326 BGB. zugrunde und verkennen damit die Bedeutung dieser Vorschrift, die ebenso wie die übrigen Vorschriften des Titels: „Gegenseitiger Vertrag“, insbesondere die Vorschriften über die Folgen der Unmöglichkeit der einem Teile obliegenden Leistung (§§ 323 bis 325), lediglich für gegenseitige Verträge in Ergänzung der für Schuldverhältnisse überhaupt in dem Titel: „Verpflichtung zur Leistung“ (§§ 241 bis 292) gegebenen Vorschriften, aber keineswegs unter Ausschluß der letzteren, die Folgen regelt, welche die Nichterfüllung der dem einen Teile obliegenden Leistung auf die Leistungsverpflichtung auch des anderen Teiles hat, indem diesem unter bestimmten Voraussetzungen das Recht gegeben wird, von dem ganzen Vertrage abzugehen, also die eigene Leistung nicht zu machen und Schadensersatz wegen Nichterfüllung zu fordern oder ohne das vom Vertrage zurückzutreten. Dagegen ergibt sich die Verpflichtung des Schuldners, wegen Verzugs mit der Erfüllung einer einzelnen ihm obliegenden (positiven) Vertragsleistung Schadensersatz zu leisten, unmittelbar aus § 286 BGB.; zum Eintritt des Verzugs aber bedarf es nicht der Erfüllung der in § 326 vorgeschriebenen Formalitäten, sondern nur der Mahnung nach Eintritt der Fälligkeit (§ 284). Daß eine Mahnung erfolgt ist, ergibt sich aus der Feststellung des Berufungsrichters, daß die Gläubigerin den

Beklagten um Abschluß des Vertrags mit der Sparkasse ersucht hat. Soweit der Schadensersatzanspruch darauf gegründet wird, daß der Beklagte es vertragswidrig unterlassen habe, mit seiner Hypothek gegenüber der für die Sparkasse einzutragenden Hypothek im Range zurückzutreten oder seine Bereitwilligkeit dazu zu erklären, würde er sonach durch § 286 BGB. rechtlich begründet sein. Aber auch soweit eine positive Vertragsverletzung behauptet wird, die darin bestanden haben soll, daß der Beklagte oder K., für dessen Handlungen der Berufungsrichter den Beklagten auf Grund des § 278 BGB. als verantwortlich erklärt, durch das Verlangen einer Erhöhung der Hypothek um weitere 1000 M das Zustandekommen der Beleihung verhindert habe, würde der Schadensersatzanspruch nicht den Nachweis einer Gefährdung des Vertragszwecks erfordern, vielmehr ohne weiteres begründet sein. Das Erfordernis der Gefährdung des Vertragszwecks durch positive Vertragsverletzungen besteht nur für die Geltendmachung der aus § 326 sich ergebenden besonderen Rechte zum Abgehen von einem gegenseitigen Vertrage. Dagegen ist in der gesamten Rechtslehre und Rechtsprechung anerkannt, daß ein allgemeiner Rechtssatz besteht, wonach der Schuldner durch schuldhafte Verletzung einer ihm obliegenden Verpflichtung dem Gläubiger und zwar ohne weiteres (soweit nicht für Unterlassungen das in § 286 aufgestellte Erfordernis des Verzugs in Betracht kommt) zum Schadensersatze verpflichtet wird. Eine Meinungsverschiedenheit besteht nur darüber, aus welchen gesetzlichen Vorschriften dieser Rechtssatz zu entnehmen ist. Das Reichsgericht hat in ständiger Rechtsprechung die Ansicht vertreten, daß er sich unmittelbar aus § 276 ergebe, der bestimmt, daß der Schuldner, sofern nicht ein anderes bestimmt sei, Vorsatz und Fahrlässigkeit zu vertreten habe; es erblickt hierin nicht die Aufstellung einer Regel bloß darüber, welche Umstände dem Schuldner, sofern ihm durch anderweite gesetzliche Vorschriften eine Haftung irgendwelcher Art auferlegt ist, zuzurechnen sind, sondern den Ausspruch einer Verpflichtung des Schuldners zum Schadensersatze für vorsätzlich oder fahrlässig begangene Verletzung von Vertragspflichten.

Vgl. RGZ. Bd. 52 S. 19, Bd. 53 S. 201, Bd. 62 S. 120, Bd. 66 S. 291; nicht entgegenstehend Urteil vom 20. Dezember 1907 II 399/07, und RGZ. Bd. 68 S. 192, wo es sich um das Erfordernis des Verzugs bei der bloßen Verspätung mit einer Leistung handelt.

Von dieser Ansicht weicht Staub (Positive Vertragsverletzungen S. 7 flg.) insofern ab, als er den auch von ihm anerkannten Rechtssatz nicht aus § 276, sei es unmittelbar oder durch entsprechende Anwendung, herleiten zu können glaubt, sondern ihn durch entsprechende Anwendung anderer Vorschriften, insbesondere des § 286, rechtfertigt. Der Staubschen Ansicht haben sich mehrere Schriftsteller, insbesondere

E. Müller in der zweiten Auflage von Staubs positiven Vertragsverletzungen; Siber in Iherings Jahrbüchern Bd. 50 S. 195 und in Plancks Komm. § 276 Erl. 1 a, angeschlossen. Andere, so namentlich Goldmann-Lilienthal, BGB. Bd. 1 S. 331 und 333, suchen die Bestimmungen über Schadensersatz bei zu vertretender Unmöglichkeit der Leistung (§ 280) heranzuziehen. Der überwiegende Teil der Rechtslehre aber folgt der Ansicht des Reichsgerichts[1], von der abzuweichen für den erkennenden Senat keine Veranlassung besteht. Übrigens bieten die von den Vertretern der verschiedenen Meinungen herangezogenen gesetzlichen Bestimmungen im Zusammenhange mit dem das Bürgerliche Gesetzbuch, namentlich in seinem Vertragsrechte, beherrschenden Grundsatze von Treu und Glauben auf alle Fälle eine hinreichende positiv-gesetzliche Grundlage, die den Satz, daß ein Schuldner, der seine Vertragspflicht schuldhaft verletzt, dem Gläubiger den dadurch entstehenden Schaden zu ersetzen verpflichtet ist, auch ohne ausdrücklichen Ausspruch als Gesetzesinhalt erkennen läßt (vgl. in diesem Sinne besonders E. Müller im Recht 1902 S. 541 flg.; Lehmann, Arch. Z. Pr. Bd. 96 S. 80 flg.; Breit in Iherings Jahrb. Bd. 53 S. 225, 231 [unter 3b], 246 [§ b]). . . .

---

9. Inwieweit darf die Bank, bei der durch Vermittelung einer anderen Bank ein Akkreditiv gestellt ist, bei der Ausführung des Akkreditivauftrags von den Weisungen ihrer Auftraggeberin abweichen?

III. Zivilsenat. Urt. v. 12. Dezember 1922 i. S. Bank für Handel u. Ind. (Kl.) w. Commerz- und Privatb. (Bekl.) und Z. (Nebeninterv.).
III 126/22.

I. Landgericht I Berlin, Kammer für Handelssachen. — II. Kammergericht daselbst.

Am 14. September 1920 akkreditierte die Beklagte für Rechnung des Nebenintervenienten Z. bei der Klägerin den O., Oppeln, mit 41 000 ℳ gegen Übergabe eines bahnamtlich abgestempelten Duplikat-

---

[1] Vgl. namentlich Krückmann, Arch. Z. Pr. Bd. 101 S. 109 flg.; derselbe, Anfechtung usw. beim Viehkauf S. 110 flg. in Iherings Jahrb. Bd 59 S. 352 flg. (wo er ausspricht, daß auf alle Fälle durch die ständige Rechtsprechung des Reichsgerichts der § 276 den ihm darin beigelegten Sinn erhalten habe), und in DJZ. 1905 S. 205; ferner Dernburg, DJZ. 1903 S. 2; Düringer-Hachenburg, HGB. Bd. 2 S. 265; Leonhard zu Ecks Vorträgen Bd. 1 § 55 Anm. 2 und § 56 Anm. 2 (S. 271, 281); A. S. Schultze im Arch. B. R. Bd. 30 S. 145; Kipp, DJZ. 1903 S. 254; Weyl, System der Verschuldungsbegriffe § 71 I 2 u. Anm. 2 (S. 540).

frachtbriefs über einen an den Spediteur A. in Berlin, Lehrter Bahnhof, zur Verfügung des Nebenintervenienten verladenen Waggon = 10000 kg Kalziumkarbid. Das Akkreditiv war gültig bis zum 27. September 1920. O. ersuchte die Klägerin, das ihm eröffnete Akkreditiv unter den gleichen Bedingungen an T. in München in Höhe von 35000 *M*, auszahlbar gegen bahnamtlich abgestempelten Duplikatfrachtbrief über an den Nebenintervenienten verladene 10000 kg Kalziumkarbid an die Deutsche Bank in München weiterzugeben. Dem Ersuchen des O. entsprechend, hat die Klägerin ihre Zweigniederlassung München, den T. in München bei der Deutschen Bank daselbst mit 35000 *M* zu akkreditieren gegen Einlieferung eines bahnamtlich abgestempelten Duplikatfrachtbriefs über an den Nebenintervenienten verladene 10000 kg Kalziumkarbid. Am 27. September 1920 übersandte die Klägerin der Beklagten den eingelösten Frachtbrief mit dem Bemerken, sie habe die Beklagte mit 41000 *M* und zuzüglich 83,90 *M* Provision und Porto, mit insgesamt 41083,90 *M* belastet. Der Schlußsatz des Schreibens bemerkt: „Die Verladeadresse stimmt mit Ihren Instruktionen nicht überein und bitten wir um gefl. Mitteilung, ob die Angelegenheit in Ordnung geht.“ Außerdem enthält das Schreiben den anscheinend mit Stempelaufdruck angebrachten Satz: „Die aufzunehmenden Dokumente werden einer möglichst sorgfältigen Prüfung unterzogen, jedoch können wir eine Verbindlichkeit für Echtheit, Ordnungsmäßigkeit und Vollgültigkeit der Papiere, sowie für Art, Menge und Beschaffenheit der darin erwähnten Waren nicht übernehmen.“ Der in München eingelöste Frachtbrief erwies sich als verfälscht. Er hatte nur über eine Trommel Karbid mit 108 kg gelautet, war aber in 100 Trommeln im Gewicht von 10850 kg abgeändert worden.

Mit der Klage verlangt die Klägerin von der Beklagten die oben berechneten 41083,90 *M* nebst Zinsen erstattet. Beide Vorinstanzen wiesen die Klage ab. Auch die Revision wurde zurückgewiesen.

Gründe:

Die Parteien gehen übereinstimmend davon aus, daß die klagende Bank durch die Übernahme des Akkreditivauftrags in ein unmittelbares Vertragsverhältnis zu der beklagten Bank, nicht etwa zu deren Kunden Z. getreten sei (vgl. RGZ. Bd. 105 S. 49). Zutreffend hat der Berufungsrichter dieses Rechtsverhältnis als einen Geschäftsbesorgungsvertrag im Sinn des § 675 BGB. aufgefaßt. Ob der Geschäftsbesorgung, wie das Kammergericht annimmt, ein Dienstvertrag, oder, wie meist angenommen wird (vgl. z. B. Warneyer 1910 Nr. 108), ein Werkvertrag zugrunde lag, mag auf sich beruhen. Die Klage geht, von dem geringfügigen Provisionsanspruch abgesehen, auf Erstattung der Aufwendungen, die die Klägerin aus dem Vollzug des Auftrags gehabt haben will, indem sie die Akkreditivsumme bezahlte, § 670 BGB. Die Beklagte wendet ein, sie brauche die Handlungen der Klägerin nicht als Erfüllung des aufgetragenen Geschäfts gegen sich gelten zu lassen, weil die Klägerin von dem Inhalt des Akkreditivauftrags unbefugt abgewichen sei, § 665 BGB. Daß die Klägerin in der Tat von den Weisungen der Beklagten in gewissen Richtungen abgewichen ist, steht außer Streit. Sie war beauftragt, in Oppeln an O. 41000 ℳ zu zahlen gegen Aushändigung eines Duplikatfrachtbriefs über Kalziumkarbid, das an den Spediteur A. in Berlin, Lehrter Bahnhof, zur Verfügung des Nebenintervenienten Z. verladen war. Statt dessen hat die Klägerin auf Wunsch des O. das Akkreditiv in Höhe von 35000 ℳ auf T. in München in der Art übertragen, daß diese Summe an den letztgenannten zu zahlen war gegen einen Duplikatfrachtbrief, der an den Nebenintervenienten selbst in Berlin, Ostbahnhof, adressiert war. Diese Abweichungen hat die Klägerin selbst, nicht etwa die in München mit der ferneren Abwickelung des Geschäfts betrauten Bankstellen, gewissermaßen in einer Handlung begangen, indem sie den Auftrag mit der abgeänderten Adresse nach München weitergab.

Daß die Klägerin das Akkreditiv nur in Höhe von 35000 ℳ nach München weitergegeben hat, ist unerheblich. Offenbar hat die Klägerin die überschießenden 6000 ℳ an O. bezahlt, während die 35000 ℳ den Kaufpreis bildeten, den O. seinem Verkäufer in München zu bezahlen hatte. Diesem Umstand kommt für den Rechtsstreit keine Bedeutung zu. Der Berufungsrichter hat sich nun damit begnügt, festzustellen, daß der Klägerin die erwähnten Abweichungen von dem Inhalt des Auftrags zur Last fallen. Er hat diese Abweichungen für so erheblich erklärt, daß die Beklagte infolge ihrer das Geschäft nicht als Erfüllung hinzunehmen brauche, und er hat die Klage aus diesem Grunde abgewiesen. Die Revision rügt das. Sie macht geltend, die Abänderung der Adresse sei eine so geringfügige Abweichung von dem Auftrag, daß sie höchstens dazu führen könne, der Klägerin die etwaigen Mehrkosten aufzuerlegen, die aus der Umleitung der Sendung erwachsen konnten, daß sie aber nicht die völlige Ablehnung der Ausführung des Auftrags rechtfertige; zudem würde die Ablehnung noch die weitere Folge mit sich bringen, daß die Klägerin den aus der in München untergelaufenen Frachtbrieffälschung erwachsenen Schaden tragen müsse. Dagegen hat die Beklagte und der Nebenintervenient gegen die Weiterübertragung des Akkreditivs von O., Oppeln, auf T.-München, soviel ersichtlich, weder in den Instanzen überhaupt Einwendungen erhoben, noch hat der Vertreter der Revisionsbeklagten in der mündlichen Verhandlung der Revisionsinstanz das getan. Bei dieser Sachlage muß es allerdings als ein Mangel des Berufungsurteils bezeichnet werden, daß es zwischen den einzelnen Bestandteilen der Abweichung nicht unterschieden hat. In Ermangelung einer solchen Unterscheidung bleibt unersichtlich, ob nicht der Berufungsrichter auch in der Weiterübertragung des Akkreditivs nach München eine unstatthafte Abweichung vom Auftrag erblickt und sich dadurch zur Abweisung der Klage hat bestimmen lassen, obwohl dieser Umstand gar nicht gerügt und die Weiterübertragung vielleicht von der Beklagten selbst für zulässig erachtet worden war; wie denn auch die Rechtslehre eine solche Weiterübertragung meist ohne weiteres für zulässig hält.[1]

Indessen nötigt dieser Mangel nicht zur Aufhebung des angefochtenen Urteils. Denn es ist dem Berufungsrichter darin beizutreten, daß schon die Abweichung, die in der abgeänderten Adresse gelegen ist, zur Rechtfertigung der Entscheidung hinreicht.

Mit Unrecht macht die Klägerin zunächst geltend, es habe lediglich eine Unklarheit in dem Inhalt des Auftrags vorgelegen, die sie nach eigenem Ermessen zu berichtigen oder zu ergänzen befugt gewesen sei. Davon kann nicht die Rede sein. Die Akkreditivbedingungen lauteten klar und unzweideutig auf den Spediteur A. in Berlin, Lehrter Bahnhof, zur Verfügung des Z.; wenn die Klägerin statt dessen Zahlung veranlaßt hat auf einen Frachtbrief, wonach die Ware an Z. selbst, Berlin, Ostbahnhof, verladen war, so ist sie von der erteilten Weisung unbestreitbar und unentschuldigt abgewichen. Ein Grund des Zweifels oder eine Unklarheit in den Weisungen der Beklagten ist nirgends ersichtlich. Im Gegenteil ist sich die Klägerin der Abweichung bewußt gewesen. Das beweist ihr Brief an die Beklagte vom 27. September, worin sie schreibt: „Die Verladeadresse stimmt mit Ihren Instruktionen nicht überein und wir bitten um Mitteilung, ob die Angelegenheit in Ordnung geht. — Die Entscheidung RGZ. Bd. 56 S. 149 läßt sich daher für den gegenwärtigen Fall nicht verwerten.

Verfehlt ist auch die Berufung der Klägerin auf eine Genehmigung. Daß die Beklagte oder deren Kunde Z. die Abweichung tatsächlich genehmigt habe, vermag die Klägerin selbst nicht zu behaupten. Sie trägt nur vor, daß Z. genehmigt haben würde, wenn nicht die Fälschung dazwischen gekommen wäre. Diese Erwägung liegt neben der Sache.

Den Kern der Sache trifft dagegen der Einwand der Klägerin, die in Rede stehende Abweichung sei dergestalt geringfügig und unbedeutend, daß sie nach Treu und Glauben (§ 242 BGB.; vgl. auch RGZ. Bd. 57 S. 392) nicht die Zurückweisung des Geschäfts durch

---

[1] Vgl. Jakoby, Bank-Arch. Bd. 20 S. 246; Wolff, JW. 1922 S. 771; Jacobsohn, Gruchot Bd. 66 S. 22. D. E.

die Beklagte rechtfertige, sondern mit der Erstattung etwaiger Umleitungskosten hinreichend abgegolten sei. — Diese von der Klägerin vertretene, nachsichtige Auffassung würde indessen dem Sachverhalt nicht gerecht. Sie läßt schon im Verhältnis zu dem Nebenintervenienten den Umstand außer acht, daß die notwendig werdende Umleitung der Sendung vom Berliner Ostbahnhof nach dem Lehrter Bahnhof für Z. nicht bloß einen Mehraufwand an Geld, sondern auch einen Zeitverlust zur Folge gehabt hat, der doch immer auf einen oder mehrere Tage geschätzt werden darf. Ob dieser Zeitverlust nach den Umständen des Falles für Z. von geringerem oder von größerem, vielleicht sogar recht erheblichem Belang war, das war eine Frage, über die die Klägerin schlechthin nichts wissen konnte, die sich ihrer Beurteilung vollkommen entzog. Nun stand die Klägerin aber gar nicht mit Z. in einem Vertragsverhältnis, sondern mit der Beklagten, die, wie die Klägerin selbstverständlich wußte, ihrerseits die Beauftragte des Z. war. Mit der eigenmächtigen Abweichung vom Auftrag brachte die Klägerin die Beklagte in die Lage, sich mit Z. in Auseinandersetzungen über die Tragweite und Bedeutung der Abweichung einlassen zu müssen; ja sie setzte die Beklagte der Gefahr aus, daß Z. das Geschäft als für ihn unverbindlich zurückwies. Schon in dem Urteil vom 14. November 1919, RGZ. Bd. 97 S. 144, hat der Senat ausgesprochen, daß es im Akkreditivverkehr, und zumal im Verhältnis mehrerer an der Abwickelung des einzelnen Akkreditivgeschäfts beteiligten Banken unter sich, geboten sei, daß die einzelne beteiligte Bank sich streng innerhalb der Grenzen des erteilten, formalen und präzisen, bankmäßigen Auftrags halte, und zwar eben deshalb, weil das unterliegende Kaufgeschäft zwischen dem Akkreditivbesteller und dem Akkreditierten sich der Kenntnis und Beurteilung der Bank regelmäßig entzieht. Hieran ist festzuhalten. Auch im gegenwärtigen Fall konnte die Klägerin schlechterdings nicht wissen, von welcher Bedeutung es für Z. war, daß die Sendung nicht an ihn selbst, sondern zu seiner Verfügung an den Spediteur A. nach dem Lehrter Bahnhof geleitet wurde, und von welcher Bedeutung für Z. der Zeitverlust werden konnte, der mit der Umleitung der Sendung vom Ostbahnhof, wohin die Sendung auftragswidrig zunächst geleitet worden war, nach dem Lehrter Bahnhof verbunden war. Nicht ohne Grund ist vom Nebenintervenienten im Lauf des Rechtsstreits bemerkt worden, daß dieser Zeitverlust möglicherweise sogar in bezug auf die in München untergelaufene Fälschung von einer gewissen ursächlichen Bedeutung sein konnte, insofern ohne die notwendige Umleitung der Sendung die Fälschung vielleicht um einen oder einige Tage früher bemerkt werden konnte und dann die Aussichten für die strafrechtliche Verfolgung der Täter und für die Wiederbeibringung des Geldes günstiger gewesen wären. Auch hierdurch wird wieder die allgemeine Erwägung erhärtet, daß jede, auch eine scheinbar unbedeutende Abweichung von den Weisungen des Auftraggebers in ihrer Tragweite von der Bank gar nicht beurteilt und überblickt werden kann, und daß die Bank, die von den Einzelheiten des unterliegenden Kaufgeschäfts nur bruchstückweise Kenntnis hat, Gefahr läuft, selbst mit anscheinend geringen und unverfänglichen Abweichungen unübersehbare Nachteile herbeizuführen. Gefahren dieser Art wird begegnet, wenn der Beauftragte die Vorschrift des § 665 BGB. gebührend beachtet. Nach dem klaren Inhalt dieser Vorschrift war die Klägerin verpflichtet, selbst von einer nach ihrer Ansicht statthaften und unverfänglichen Abweichung vom Auftrag doch immer zuvor der Beklagten Mitteilung zu machen und ihre Entschließung abzuwarten. Dieser Pflicht ist die Klägerin nicht nachgekommen. Daß mit dem Aufschub irgendwelche Gefahr verbunden war, behauptet die Klägerin selbst nicht, und das trifft auch offenbar nicht zu; das Akkreditiv lief vom 14. bis zum 27. September, ließ also genügend Zeit zu einer Rückfrage. Schon die Verletzung dieser in § 665 BGB. bestimmten Pflicht genügte, um die Beklagte zur Zurückweisung des auftragswidrig Geschehenen zu ermächtigen. Aber auch von diesem Gesichtspunkt abgesehen, müssen die Abweichungen in der Adressierung der Sendung nach den Umständen des Falls als so wichtig und bedeutend angesehen werden, daß die Beklagte befugt war, das, was die Klägerin zur Erfüllung des Auftrags getan hatte, als nicht vertragsgemäß zurückzuweisen und demzufolge auch die Erstattung der Auslagen der Klägerin und die Bezahlung ihrer Provision abzulehnen.

Dieses Ergebnis hat allerdings zur weiteren Folge, daß der Schaden, der infolge der Fälschung in München eingetreten ist, im Enderfolg von der Klägerin zu tragen ist. Von der Haftung für diesen Schaden hatte sich die Klägerin in ihrem Abrechnungsschreiben vom 27. September freigezeichnet; auch würde sie, wie in der Rechtsprechung anerkannt ist (Warneyer 1910 Nr. 108, OLG. Stuttgart Bankarch. 1920 S. 688), für die vermögensrechtlichen Folgen einer Fälschung des Duplikatfrachtbriefs jedenfalls dann nicht aufzukommen haben, wenn die Fälschung auch bei Anwendung der im Verkehr erforderlichen Sorgfalt für sie nicht erkennbar war. Auf diese rechtlichen Gesichtspunkte kommt es aber nicht an. Es handelt sich nicht um die Frage, ob die Klägerin nach den allgemeinen Rechtsgrundsätzen oder nach den besonderen Vertragsabreden für die Fälschung einzustehen habe oder nicht. Entscheidend ist, daß die Klägerin ohne hinreichenden Grund von den für die Vollziehung des Auftrags maßgebenden Weisungen des Auftraggebers abgewichen ist. Dieses außerhalb des Auftrags gelegene Verhalten der Klägerin braucht die Beklagte nicht als Erfüllung des aufgetragenen Geschäfts gegen sich gelten zu lassen; nur die abgeleitete Folge hiervon ist es, daß der Klägerin Anspruch auf Erstattung desjenigen versagt bleibt, was sie zwar in vermeintlicher Vollziehung des Auftrags, in Wirklichkeit aber für eine nicht auftragsgemäße Tätigkeit aufgewendet hat.

---

10. Sind die Kaufmannsgerichte zur Entscheidung von Streitigkeiten aus dem Dienstverhältnis auch dann ausschließlich zuständig, wenn mit dem Vertragsanspruch ein Anspruch aus unerlaubter Handlung zusammentrifft?

III. Zivilsenat. Urt. v. 15. Dezember 1922 i. S. A. D. & Co. G. m. b. H. (Kl.) w. B. (Bekl.). III 131/22.

I. Landgericht Stettin. — II. Oberlandesgericht daselbst.

Die Beklagte war vom Jahre 1914 bis zum 1. Februar 1919 als kaufmännische Angestellte bei der Klägerin tätig. Die Klägerin behauptet, der Beklagten habe als Buchhalterin und Kassiererin die alleinige und selbständige Führung der Bücher und der Kasse obgelegen. Sie habe die Kasse unter ihrem eigenen Verschlusse gehabt. Bei ihrem Ausscheiden aus dem Dienste der Klägerin sei ein Fehlbetrag in Höhe von 16268,08 *M* vorhanden gewesen, der ihr zur Last falle. Seine Erstattung wird mit der Klage gefordert. Das Landgericht hat die Beklagte antragsgemäß verurteilt, das Oberlandesgericht dagegen die Klage wegen Unzuständigkeit der ordentlichen Gerichte abgewiesen. Die Revision hatte keinen Erfolg.

Gründe:

Die Klägerin verlangt von der Beklagten Zahlung derjenigen Beträge, die diese als Kassiererin der Klägerin eingenommen, ihr aber nicht abgeliefert habe. Hierzu ist, die Richtigkeit der Klagbehauptungen vorausgesetzt, die Beklagte auf Grund des Dienstverhältnisses verpflichtet, das zwischen ihr als Handlungsgehilfin und der Klägerin als Kaufmann bestanden hat. Der Rechtsstreit betrifft also eine Leistung aus diesem Dienstverhältnis. Daraus ergibt sich die ausschließliche Zuständigkeit der Kaufmannsgerichte für ihn (§ 1 Abs. 1, § 5 Nr. 2, § 6 Abs. 1 KfmGG.).

Zuzugeben ist der Klägerin, daß der in der Klage behauptete Sachverhalt auch den Tatbestand einer unerlaubten Handlung der Beklagten erfüllt. . . . Indessen ist dem Berufungsgericht darin beizupflichten, daß dieser Umstand die Zuständigkeit des Kaufmannsgerichts nicht berührt. Für die Zuständigkeit des Kaufmannsgerichts kommt es nicht auf den bürgerlichrechtlichen Charakter des geltend gemachten

Anspruchs als vielmehr darauf an, ob und inwieweit seine Entstehung mit dem Dienstverhältnisse zusammenhängt. Er muß aus ihm unmittelbar hervorgehen, nicht nur in ihm seinen Anlaß haben. Eine solche enge Verknüpfung zwischen dem Klaganspruch und dem Dienstverhältnis liegt hier vor, auch wenn man die Klagbehauptungen von dem rechtlichen Gesichtspunkt der unerlaubten Handlung aus betrachtet. Die Gelder, deren Erstattung die Klägerin von der Beklagten verlangt, hat diese auf Grund des mit der Klägerin geschlossenen Dienstvertrags in die Hände bekommen. Auf ihren Vertragsbeziehungen zur Klägerin beruhte der Gewahrsam, der ihr die ihr zur Last gelegte Zueignung ermöglicht hat. Die Rechtswidrigkeit der letzteren ergibt sich gerade aus dem Dienstvertrage. Den ihr durch diesen auferlegten Verpflichtungen ist die Beklagte, wie die Klägerin behauptet, deshalb nicht nachgekommen, weil sie das für diese einkassierte Geld im eigenen Nutzen verwandt hat. Die Unterschlagung bildet lediglich den Grund für die Nichterfüllung des Vertrags. Sie tritt daher an rechtlicher Bedeutsamkeit hinter letztere durchaus zurück. Wollte man anders entscheiden, so müßte man entweder den ganzen Anspruch dem ordentlichen Gerichte zuweisen oder es müßte eine Trennung des Anspruchs nach den beiden in Betracht kommenden rechtlichen Gesichtspunkten eintreten. Die erste Möglichkeit scheidet aus, da sie mit den Zwecken des KfmGG. nicht vereinbar wäre. Die ausschließliche Zuständigkeit des Kaufmannsgerichts würde wesentlich geschmälert werden, wollte man sie bei dem Zusammentreffen vertraglicher und außervertraglicher Rechtsbeziehungen stets verneinen. Für die zweite Möglichkeit kann man sich nicht darauf berufen, daß nach der Rechtsprechung des Reichsgerichts (RGZ. Bd. 27 S. 385) eine solche Scheidung zwischen der Vertragsklage und der aus unerlaubter Handlung dann zu erfolgen hat, wenn beide in dem Gerichtsstande des § 32 ZPO. erhoben worden sind. Die a. a. O. von den Ver. Zivilsenaten angestellten Erwägungen treffen zwar dann zu, wenn nur ordentliche Gerichte als zuständig in Frage kommen, nicht aber dann, wenn, wie im vorliegenden Falle, das eine der Gerichte ein ausschließlich zuständiges Sondergericht ist. Auf die Verschiedenheit beider Fälle weist schon die Schlußerwägung der angeführten Entscheidung (S. 391, 392) hin, die verneint, daß aus dem dort eingenommenen Standpunkt Unzuträglichkeiten für den Kläger erwüchsen, da er in der Lage sei, beide Klagen in dem allgemeinen Gerichtsstande des Beklagten zu erheben. Das wäre hier bei der ausschließlichen Zuständigkeit des Kaufmannsgerichts nicht möglich. Würde man ihm die Befugnis absprechen, über den neben dem vertraglichen Anspruch in Betracht kommenden außervertraglichen zu entscheiden, so wäre eine Zerreißung des einheitlichen Tatbestands, seine Prüfung durch zwei Gerichte die notwendige Folge. Ein solches Ergebnis kann nicht als mit den Bestimmungen des KfmGG. vereinbar angesehen werden.

Dem Oberlandesgericht ist also darin beizustimmen, daß dem ordentlichen Gericht die Entscheidung des vorliegenden Falles auch insoweit entzogen ist, als mit der Nichterfüllung vertraglicher Verpflichtungen durch die Beklagte eine durch sie begangene unerlaubte Handlung im Zusammenhange steht. Die wegen Unzuständigkeit ausgesprochene Klagabweisung ist mit Recht erfolgt.

---

11. Sind die Vorschriften

1. des § 2 des preußischen Gesetzes, betr. die Beseitigung der Konfliktserhebung usw., vom 16. November 1920, insoweit er sich auf solche Konflikte bezieht, die aus Anlaß von Schadensersatzansprüchen gegen den Preußischen Staat oder preußische Körperschaften des öffentlichen Rechts wegen schuldhafter Amtspflichtverletzung eines Beamten gemäß §§ 2, 4 des Staatshaftungsgesetzes vom 1. August 1909 erhoben worden sind, und

2. des § 5 des preußischen Staatshaftungsgesetzes vom 1. August 1909 mit Art. 131 Abs. 1 Satz 3 der Reichsverfassung vereinbar?

III. Zivilsenat. Beschl. v. 20. Februar 1923. III T.B. 117/22.

Die obigen, auf Antrag des preußischen Staatsministeriums gemäß Art. 13 Abs. 2 RVerf. und des Ausführungsgesetzes vom 8. April 1920 dem Reichsgerichte vorgelegten Fragen sind verneint worden.

Gründe:

Der Antrag des preußischen Staatsministeriums ist gemäß Art. 13 Abs. 2 RVerf. zulässig, obwohl die Reichsminister des Innern und der Justiz in ihrer gemäß § 2 des AusfGes. vom 8. April 1920 abgegebenen Erklärung sich der Ansicht des preußischen Staatsministeriums angeschlossen und wie dieses beantragt haben, die Frage, ob die beiden in der obigen Entscheidung angeführten Bestimmungen mit Art. 131 Abs. 1 Satz 3 RVerf. vereinbar seien, zu bejahen. Der Art. 13 Abs. 2 erfordert als Voraussetzung der Anrufung der Entscheidung des obersten Gerichtshofs das Bestehen von „Zweifeln oder Meinungsverschiedenheiten darüber, ob eine landesrechtliche Vorschrift mit dem Reichsrecht vereinbar ist". Er setzt demnach (abweichend von dem Art. 19 RVerf.) nach seinem klaren Wortlaute nicht voraus, daß Meinungsverschiedenheiten zwischen einer Reichs- und einer Landesbehörde bestehen, und läßt auch schon bei bloßen Zweifeln, nicht nur bei Meinungsverschiedenheiten die Anrufung des zuständigen obersten Gerichtshofs zu. Dieser Wortlaut ist, wie sich aus den Verhandlungen des Verfassungsausschusses ergibt (Verhandl. der verfassunggebenden deutschen Nationalversammlung, Aktenst. Nr. 391, Bd. 336 S. 38 flg., 113 flg., 408 flg.), gerade deshalb gewählt worden, um auch Fälle zu decken, in denen Meinungsverschiedenheiten zwischen der Reichs- und einer Landesregierung nicht bestehen; es sollte genügen, daß die zuständige Reichs- oder Landeszentralbehörde es mit Rücksicht auf irgendwie hervorgetretene Meinungsverschiedenheiten oder Zweifel für angezeigt halte, die Rechtsfrage zur Entscheidung des obersten Gerichtshofs zu bringen.

Meinungsverschiedenheiten und Zweifel sind nun hinsichtlich der vorgelegten Fragen gegeben. Der erkennende Senat hat wiederholt (z. B. RGZ. Bd. 102 S. 392, Bd. 104 S. 243, 291) ausgesprochen, daß der Art. 131 Abs. 1 Satz 3 RVerf. die Bestimmung des § 5 des preußischen Staatshaftungsgesetzes vom 1. August 1909 beseitigt habe, und zwar, da ihm als einer prozeßrechtlichen Vorschrift sofort Geltung zukomme, mit rückwirkender Kraft für bereits zur Zeit der Verkündung der Reichsverfassung begründete Ansprüche, und der VII. Zivilsenat des Reichsgerichts hat sich dem in einem Urteile vom 20. Januar 1922, VII 433/21 (Recht 1922 Beil. Nr. 1104) angeschlossen. Der preußische Gerichtshof zur Entscheidung der Kompetenzkonflikte hat dagegen den § 5 für fortdauernd gültig erklärt und an dieser Auffassung auch gegenüber den Ausführungen des erkennenden Senats in den Urteilen RGZ. Bd. 102 S. 166 und 391 festgehalten (Erk. Nr. 2754 vom 12. März 1921 und Nr. 2782 vom 10. Dezember 1921, Pr. VerwBl. Bd. 42 S. 525, Bd. 43 S. 310, letzteres auch JW. 1922 S. 612 Nr. 1). Darüber, ob mit Art. 131 Abs. 1 Satz 3 auch die Erhebung eines Konflikts bei Schadensersatzklagen wegen Amtspflichtverletzungen gegen den Staat oder die Körperschaft, in deren Dienste der schuldige Beamte steht, unvereinbar ist, hat sich das Reichsgericht noch nicht ausgesprochen. Diese Frage ist aber von dem Standpunkt aus, den das Reichsgericht in jenen Entscheidungen eingenommen hat, nicht anders zu beurteilen als die der Aufhebung des § 5 des Staatshaftungsgesetzes, während anderseits der bayerische Gerichtshof für Kompetenzkonflikte (Erk. v. 18. Mai 1921, LZ. 1921 Sp. 422, und vom 7. Oktober 1922, BayZ. 1922, S. 288), der badische Verwaltungsgerichtshof (Entsch. v. 25. Oktober 1921, Zschr. für bad. Verwaltung und Verwaltungsrechtspflege 53. Jahrg. Nr. 26 S. 202 flg., auch JW. 1922 S. 1361 Nr. 1) und der hessische Verwaltungsgerichtshof (Urt. v. 2. Oktober 1920, Entsch. dieses Gerichtshofs Jahrg. 9 Bd. 5 S. 63; s. auch dessen Urt. v. 24. Sept. 1921, daselbst Jahrg. 10 Bd. 5 S. 114) die auf Grund des § 11 Abs. 2 EG. z. GVG. durch ihre Landesgesetze angeordnete Vorentscheidung des Verwaltungsgerichtshofs über die Frage, ob der Beamte sich einer Überschreitung seiner Amtsbefugnisse oder der Unterlassung einer ihm obliegenden Amtshandlung schuldig gemacht habe, für vereinbar mit Art. 131 Abs. 1 Satz 3 erklärt haben (vgl. auch Urteil des Obersten Landesgerichts für Bayern vom 13. April 1921, BayObLGZ. Bd. 21 S. 179). Demnach bestehen erhebliche Zweifel an der Gültigkeit des § 2 des preußischen Gesetzes, betreffend die Beseitigung der Konfliktserhebung usw. vom 16. November 1920. Im Anschluß an den § 1 dieses Gesetzes, nach dem die in den Gesetzen vom 13. Februar 1854 und vom 1. August 1909 zugelassene Erhebung von Konflikten bei gerichtlichen Verfolgungen wegen Amts- und Diensthandlungen nicht mehr stattfindet, bestimmt § 2: „Auf Konflikte, die beim Zeitpunkte des Inkrafttretens dieses Gesetzes bereits erhoben, aber noch nicht erledigt sind, finden die bisher geltenden Vorschriften Anwendung." Wie das preußische Staatsministerium mitteilt, erachtet das Oberverwaltungsgericht diese Bestimmung für gültig und hat daraufhin eine Anzahl von Konfliktsfällen entschieden und wird voraussichtlich auch die noch anhängigen zahlreichen Konfliktserhebungen entscheiden. Mit Recht erklärt das Staatsministerium einen derartigen Zwiespalt zwischen der Rechtsprechung des Oberverwaltungsgerichts und des Reichsgerichts für geeignet, die Anrufung der Entscheidung des obersten Gerichtshofs auf Grund des § 13 Abs. 2 RVerf. zu rechtfertigen.

Die Entscheidung über die vorgelegten Fragen hängt in erster Linie davon ab, ob man die Vorschrift des Art. 131 Abs. 1 Satz 3 RVerf. für unmittelbar anwendbares Recht hält oder in ihr nur eine Richtschnur für die Gesetzgebung sieht. Der erkennende Senat ist der ersteren Ansicht. Er hat sie in dem Urteile RGZ. Bd. 102 S. 166 nicht nur für den dritten Satz des Art. 131 Abs. 1 („Der ordentliche Rechtsweg darf nicht ausgeschlossen werden") vertreten, sondern auch für dessen ersten Satz („Verletzt ein Beamter in Ausübung der ihm anvertrauten öffentlichen Gewalt die ihm einem Dritten gegenüber obliegende Amtspflicht, so trifft die Verantwortlichkeit grundsätzlich den Staat oder die Körperschaft, in deren Dienste der Beamte steht"). Das steht im Widerspruche mit der herrschenden Meinung. Die von deren Anhängern gegen die unmittelbare Anwendbarkeit vorgebrachten Gründe haben für die Entscheidung der vorgelegten Fragen, für die lediglich die Vorschrift des dritten Satzes in Betracht kommt, nur zum Teil Bedeutung. Die Gegner berufen sich vor allem auf das Wort „grundsätzlich" im ersten Satze in Verbindung mit der Bestimmung des zweiten Absatzes: „Die nähere Regelung liegt der zuständigen Gesetzgebung ob"; sie glauben hieraus allein schon folgern zu können, daß kein unmittelbar anwendbares Recht geschaffen, sondern nur Richtlinien für die zuständige Gesetzgebung, der im Abs. 2 die nähere Regelung überlassen ist, gegeben werden sollen, während nach der in dem Urteil RGZ. Bd. 102 S. 166 vertretenen Ansicht dadurch nur zum Ausdruck gebracht ist, daß die Haftung des Staates oder der Körperschaft als grundsätzliche Regel gelten soll, unbeschadet der Ausnahmen und Einzelheiten, die die Reichs- oder Landesgesetze, denen die nähere Regelung überlassen ist, bereits bestimmt haben oder künftig bestimmen werden. Für ihre Ansicht glauben sich die Vertreter der herrschenden Meinung auch auf die Entstehungsgeschichte des Artikels 131, insbesondere auf die Äußerungen des Antragstellers Abg. Burlage und des Abg. Waldstein (Verh. der deutschen Nationalvers. Bd. 328 S. 1637 flg., 1639 flg., 1641) stützen zu können, obwohl die Äußerungen des letzteren als eines Gegners des Antrags bedeutungslos sein dürften und ersterer nur betont hat, daß durch seinen Antrag etwas „grundsätzlich geregelt" werden solle und es sich nicht um die von dem Abg. Waldstein vorgebrachten oder in dem Reichshaftungsgesetz und dem preußischen Staatshaftungsgesetz enthaltenen „Einzelheiten" handele, also lediglich das, was in dem Gesetze selbst zum Ausdrucke gebracht ist, wiederholt, aber nicht ausgesprochen hat, daß eine Richtschnur für eine Regelung durch die zuständige Gesetzgebung aufgestellt werden solle. Gewichtiger ist, wie schon in dem Urteile RGZ. Bd. 102 S. 170 nicht verkannt wird, die weitere Erwägung der Anhänger der herrschenden Meinung, daß die unmittelbare Geltung der grundsätzlichen Bestimmung für diejenigen Staaten, welche die Staatshaftung noch nicht gesetzlich geregelt haben, die bedenkliche Folge haben würde, daß der Staat für die vor dieser gesetzlichen Regelung begangenen Amtspflichtverletzungen aller Beamten, auch der auf den Bezug von Gebühren angewiesenen, insbesondere der Notare, haften müsse, wogegen der erkennende Senat in jenem Urteil auf die nicht minder bedenkliche Folge der herrschenden Meinung hingewiesen hat, daß es nach ihr dem einzelnen Lande überlassen bleibe, wann es dem Grundsatze des Art. 131 praktische Bedeutung geben wolle, ein Bedenken, das sich inzwischen infolge der Tatsache verstärkt hat, daß in einer Reihe von Ländern auch jetzt noch keine oder wenigstens keine den Vorschriften des Art. 131 entsprechende Staatshaftungsgesetze bestehen.

Alle diese für die herrschende Meinung geltend gemachten Gründe verlieren hier, wo es sich allein um den dritten Satz des Art. 131 Abs. 1 handelt, an Bedeutung. Denn die Zulässigkeit des ordentlichen Rechtswegs ist durch Art. 131 als ein nicht abänderbarer Grundsatz festgelegt, sein Ausschluß durch die zuständige Gesetzgebung ausdrücklich verboten worden, so daß die im Abs. 2 vorgesehene nähere Regelung seine Wirksamkeit nicht bedingt, und in den Verhandlungen der Nationalversammlung ist von dieser Bestimmung überhaupt keine Rede gewesen, aus der Entstehungsgeschichte also nichts gegen deren unmittelbare Geltung zu folgern. Sie steht auch nicht etwa in einem so engen Zusammenhange mit der Vorschrift des ersten Satzes des Art. 131, daß man sagen müßte, wenn letztere erst mit der in Abs. 2 vorgesehenen näheren Regelung Geltung erlange, könne auch jene erst mit dieser in Kraft treten. Allerdings kann sie, wie sich von selbst versteht, für diejenigen Länder, die eine Staatshaftung für Amtspflichtverletzungen zur Zeit der Verkündung der Verfassung nicht kannten, nach der herrschenden Meinung vor deren Einführung keine Anwendung finden, da es vorher in ihnen keine von dem Art. 131 betroffenen Ansprüche gibt. Das schließt aber nicht aus, daß die Bestimmung des dritten Satzes für diejenigen Länder, in denen zu jener Zeit eine solche Haftung bereits bestand, sofort Geltung erlangt hat. Nach der Ansicht des erkennenden Senats kann von Art. 131 Abs. 1 Satz 3 nichts anderes gelten, als von der Vorschrift des Art. 129 Abs. 1 Satz 4: „Für die vermögensrechtlichen Ansprüche der Beamten steht der Rechtsweg offen"; daß diese aber einen sofort anwendbaren Grundsatz für die Beamten und gemäß Abs. 4 des Art. 129 auch für die Berufssoldaten aufstellt, obwohl der Inhalt der davon betroffenen Ansprüche der Regelung durch andere Gesetze bedarf, hat nicht nur der erkennende Senat wiederholt (z. B. RGZ. Bd. 99 S. 261, Bd. 101 S. 287, Bd. 103 S. 291) ausgesprochen, sondern wird auch sonst, insbesondere auch von den Reichsministern des Innern und der Justiz anerkannt. Aus der von Art. 129 Abs. 1 Satz 4 abweichenden Fassung des Art. 131 Abs. 1 Satz 3 läßt sich nichts gegen die hier vertretene Meinung herleiten; sie erklärt sich daraus, daß nicht nur die Offenhaltung des ordentlichen Rechtswegs als Grundsatz aufgestellt, sondern auch dessen Unabänderbarkeit durch die im Abs. 2 zugelassene nähere Regelung festgelegt werden sollte. Hätte die Bestimmung nur der zuständigen Gesetzgebung bei der näheren Regelung Schranken setzen und erst mit dieser in Kraft treten sollen, wäre ihr Platz im zweiten Absatze gewesen; ihre Aufnahme in den ersten Absatz spricht also für die hier vertretene Ansicht.

Hat aber die Vorschrift des Abs. 1 Satz 3 mit dem Inkrafttreten der Reichsverfassung unmittelbar Geltung erlangt, so findet sie als prozeßrechtliche auch Anwendung auf die bereits vorher auf Grund der damals geltenden Staatshaftungsgesetze begründeten Ansprüche wegen Amtspflichtverletzungen gegen den Staat oder die Körperschaft, in deren Dienste der schuldige Beamte steht, wie der erkennende Senat wiederholt (z. B. RGZ. Bd. 102 S. 393, Bd. 104 S. 243, 291) und auch der VII. Zivilsenat in dem oben erwähnten Urteil ausgesprochen hat. Da der Grundsatz von der sofortigen Anwendbarkeit neuer

Prozeßgesetze auch von dem preußischen Staatsministerium und den Reichsministern des Innern und der Justiz anerkannt wird, bedarf es hier keines näheren Eingehens auf ihn.

Demnach sind die vorgelegten Fragen zu verneinen, wenn durch die in dem preußischen Staatshaftungsgesetze §§ 2, 4 in Verbindung mit dem Gesetze vom 13. Februar 1854 zugelassene Konfliktserhebung und durch die Vorschrift des § 5 jenes Gesetzes der ordentliche Rechtsweg ausgeschlossen wird. Das wird bezüglich des Konflikts von dem Staatsministerium anerkannt und nur hinsichtlich des § 5 bestritten. Es besteht aber keineswegs, wie das Staatsministerium meint, Einverständnis darüber, daß die Rechtseinrichtung des Konflikts mit Art. 131 Abs. 1 Satz 3 in dessen Bereiche sachlich nicht vereinbar sei; in der Rechtsprechung und im Schrifttum ist vielmehr auch die Gegenmeinung vertreten, und diese wird anscheinend auch von den Reichsministern des Innern und der Justiz geteilt. Es bedarf daher einer Prüfung auch dieser Frage.

Daß es sich bei den beiden preußischen Bestimmungen um Verfahrensvorschriften und nicht etwa um materiellrechtliche handelt, wird von dem Staatsministerium und den Reichsministern nicht bezweifelt. Völlig außer Streit ist dies aber bezüglich des im § 5 des Staatshaftungsgesetzes auf die Staats- und Körperschaftshaftung für anwendbar erklärten § 6 des Gesetzes über die Zulässigkeit des Rechtswegs in Beziehung auf polizeiliche Verfügungen vom 11. Mai 1842 nicht. Die auch jetzt noch vereinzelt vertretene Meinung, der § 6 gehöre dem materiellen Rechte an, steht jedoch im Widerspruche mit der (von dem Urteil vom 26. April 1887, JW. 1887, 270, abgesehen) ständigen Rechtsprechung des Reichsgerichts (z. B. RGZ. Bd. 18 S. 124, Bd. 20 S. 302, Bd. 27 S. 179, Bd. 51 S. 327, Bd. 59 S. 171, Bd. 88 S. 419, Bd. 91 S. 186, Bd. 97 S. 233, Bd. 101 S. 24, Bd. 102 S. 393, JW. 1901 S. 175, 1902 S. 391, 1915 S. 932; Gruchot Bd. 39 S. 1023, Bd. 57 S. 184; Warneyer Bd. 8 S. 334 Nr. 219) sowie mit den Entscheidungen des Oberverwaltungsgerichts (Bd. 8 S. 408) und des Kompetenzgerichtshofs (s. Stölzel, Rechtsweg und Kompetenzkonflikt S. 225 Anm. 30, S. 228 Anm. 42), nach denen beim Fehlen der Voraussetzung des § 6 der Rechtsweg unzulässig ist. Nur diese Ansicht wird in der Tat den Bestimmungen des Gesetzes vom 11. Mai 1842, wenn man sie in ihrem Zusammenhange betrachtet, gerecht. Der § 1 Abs. 2 erklärt klar und deutlich, daß der Rechtsweg in Beziehung auf polizeiliche Verfügungen „nur unter den nachfolgenden näheren Bestimmungen" zulässig sei, und zu diesem gehört auch die des § 6. Übrigens würde letztere, wenn sie dem materiellen Rechte zuzurechnen wäre, bereits durch § 839 BGB. beseitigt sein.

Hinsichtlich beider Bestimmungen ist ferner die Ansicht vertreten, daß durch sie der Rechtsweg nicht ausgeschlossen, sondern in durch Art. 131 Abs. 1 Satz 3 nicht verbotener Weise nur beschränkt werde. Dem kann nicht beigepflichtet werden. Kommt auf den erhobenen Konflikt hin das Oberverwaltungsgericht zu der Entscheidung, daß der Beamte sich einer Überschreitung seiner Amtsbefugnisse oder der Unterlassung einer ihm obliegenden Amtshandlung nicht schuldig gemacht habe, so kann der Schadensersatzanspruch wegen Amtspflichtverletzung nicht mehr im Rechtswege verfolgt werden, und nach § 6 des Gesetzes vom 11. Mai 1842 ist der Rechtsweg nicht eröffnet, wenn die polizeiliche Verfügung nicht aufgehoben ist; durch beide Bestimmungen wird also der Rechtsweg ausgeschlossen. Die Vorentscheidung des Oberverwaltungsgerichts über den Konflikt und die Entscheidung der Verwaltungsbehörde oder des Verwaltungsgerichts (§ 131 des Landesverwaltungsgesetzes vom 30. Juli 1883) über die Zulässigkeit und Gesetzmäßigkeit der polizeilichen Verfügung haben eine ganz andere Bedeutung, als die in den Urteilen RGZ. Bd. 99 S. 262, Bd. 102 S. 170, 393 erwähnten Vorentscheidungen der Verwaltungsbehörden gemäß § 150 RBG., § 2 des preuß. Gesetzes betr. die Erweiterung des Rechtswegs vom 24. Mai 1861 und ähnlicher Bestimmungen, die die Einholung eines solchen Vorbescheids und die Einhaltung einer Ausschlußfrist nach dessen Bekanntmachung als Voraussetzung der Beschreitung des Rechtswegs fordern; bei ihnen handelt es sich nur um die von dem Willen des Beamten abhängige Wahrung einer Form vor der Erhebung der Klage. Wenn die Reichsminister des Innern und der Justiz unter Berufung auf RGSt. Bd. 15 S. 325 meinen, unter Ausschließung des Rechtswegs sei nach dem juristischen Sprachgebrauch nur die vollständige Fernhaltung der ordentlichen Gerichte von der fraglichen Rechtsstreitigkeit und ihre gänzliche Übertragung auf Verwaltungsbehörden und Verwaltungsgerichte zu verstehen, nicht aber auch die Übertragung der Entscheidung einer Vorfrage, so kann dem jedenfalls für den Fall, daß diese Entscheidung unter Umständen, je nach ihrem Ausfalle, den Anspruch völlig erledigt und für die Entscheidung der ordentlichen Gerichte keinen Raum mehr läßt, nicht zugestimmt werden. Sollte das angeführte Urteil des III. Strafsenats vom 31. Januar 1887 (RGSt. Bd. 15 S. 323) wirklich dahin zu verstehen sein, so würde das nicht als richtig anerkannt werden können; es spricht dies übrigens keineswegs unzweideutig aus und bezieht sich außerdem nur auf den § 4 EG. z. ZPO., und zwar auf die — von dem III. Strafsenat bejahte — Frage, ob mit dieser Vorschrift die zwangsweise Einziehung staatlicher Gefälle (Holzkaufgelder) im Verwaltungsverfahren vorbehaltlich des Rechtswegs vereinbar sei.

Das preußische Staatsministerium will ferner die Vorschrift des Art. 131 Abs. 1 Satz 3 mit Rücksicht auf die des Art. 107 RVerf.

einschränkend auslegen. Der Art. 107 („Im Reiche und in den Ländern müssen nach Maßgabe der Gesetze Verwaltungsgerichte zum Schutze der einzelnen gegen Anordnungen und Verfügungen der Verwaltungsbehörden bestehen") gibt aber keinen Anhalt für die Annahme des Staatsministeriums, daß der Schutz der Staatsbürger gegen Anordnungen und Verfügungen der Verwaltungsbehörden ausschließlich den Verwaltungsgerichten übertragen und die Prüfung der objektiven Gesetzmäßigkeit der Maßnahmen der Verwaltungsbehörden den ordentlichen Gerichten entzogen sei. Er überläßt die Bestimmung der Grenzen der Zuständigkeit der Verwaltungsgerichte durch die Worte „nach Maßgabe der Gesetze" den bestehenden oder noch zu erlassenden Gesetzen. Aber selbst, wenn aus Art. 107 der Grundsatz hergeleitet werden könnte, daß der Schutz der einzelnen gegen Anordnungen und Verfügungen der Verwaltungsbehörden und die Prüfung von deren objektiven Gesetzmäßigkeiten Sache der Verwaltungsgerichte und nicht der ordentlichen Gerichte sei, würde dieser durch Art. 131 Abs. 1 Satz 3 eine Einschränkung erfahren haben. Denn Art. 131 spricht den Satz, daß der Rechtsweg für Ansprüche wegen Amtspflichtverletzungen gegen den Staat oder die Körperschaft nicht ausgeschlossen werden darf, uneingeschränkt aus und entzieht dadurch der Gesetzgebung die Befugnis, den Rechtsweg durch Übertragung der Entscheidung auf Verwaltungsbehörden und Verwaltungsgerichte auszuschließen, und zwar ohne Unterschied, ob der Ausschluß des Rechtswegs dadurch erfolgt, daß jenen die Entscheidung über die Ansprüche im vollen Umfang übertragen wird, oder ob dies nur hinsichtlich einer einzelnen Frage geschieht, vorausgesetzt, daß der Verletzte im Falle einer ihm ungünstigen Beantwortung dieser Frage seinen Anspruch nicht bei den ordentlichen Gerichten verfolgen kann.

Das Staatsministerium beruft sich auch zu Unrecht auf die Rechtsprechung des Reichsgerichts (RGZ. Bd. 18 S. 123, Bd. 20 S. 295, Bd. 59 S. 170) zu § 11 EG. z. GVG., nach der durch diese Bestimmung nicht, wie in der Rechtslehre vielfach behauptet war und auch jetzt noch behauptet wird, der § 6 des Gesetzes vom 11. Mai 1842 aufgehoben ist. Diese Entscheidungen beruhen auf der Fassung und der Entstehungsgeschichte des § 11 Abs. 1, aus denen geschlossen wird, daß dieser es nur mit der Beseitigung solcher Voraussetzungen der Rechtsverfolgung gegen Beamte zu tun hat, welche, ohne sich als Folgen der Regelung sachlicher Zuständigkeit darzustellen, den Schutz der Beamten gegen eine sonst zulässige gerichtliche Inanspruchnahme zum besonderen Zwecke und Inhalte haben (vgl. insbesondere RGZ. Bd. 20 S. 300). Für die Auslegung des ganz anders lautenden Art. 131 Abs. 1 Satz 3 RVerf. kann daraus nichts hergeleitet werden. Das letztere gilt auch von den Ausführungen des von den Reichsministern angezogenen Urteils RGZ. Bd. 87 S. 114, mit denen der erkennende Senat die Zulässigkeit eines Konflikts gemäß § 11 Abs. 2 EG. z. GVG. auch für den Fall der Inanspruchnahme des Staates, nicht nur für die des Beamten selbst, begründet hat.

Ebenso versagt die Bezugnahme des Staatsministeriums auf den in der Rechtsprechung des Reichsgerichts anerkannten Grundsatz, daß eine vor den ordentlichen Richter nicht gehörende Rechtsfrage auch nicht dadurch vor ihn gebracht werden kann, daß die von ihr abhängige Rechtsfolge in das Gewand einer Schadensersatzklage gekleidet wird. Dieser Satz findet auf Schadensersatzklagen wegen in Ausübung öffentlicher Gewalt begangener Amtspflichtverletzungen keine Anwendung. Denn bei ihnen handelt es sich regelmäßig um Ausübung von Hoheitsrechten, die an sich der Beurteilung der ordentlichen Gerichte entzogen sind. Die Anwendung jenes Grundsatzes würde also solche Klagen allgemein der ordentlichen Gerichtsbarkeit entziehen. Das steht aber in Widerspruch mit den ausdrücklichen Vorschriften des früheren Rechts (EG. z. GVG. § 11, Reichshaftungsgesetz vom 22. Mai 1910 § 3, preuß. Staatshaftungsges. §§ 2, 5), welche die Zulässigkeit des Rechtswegs ergeben, und des Art. 131 Abs. 1 Satz 3 RVerf. Deshalb hat der erkennende Senat in ständiger Rechtsprechung für Schadensersatzansprüche wegen Amtspflichtverletzungen den Rechtsweg für zulässig erklärt, ohne Rücksicht auf die Natur des Rechtsverhältnisses, um das es sich bei der Amtshandlung handelte, insbesondere auch wenn Akte staatlicher Hoheitsrechte oder sonstige an sich der richterlichen Nachprüfung nicht unterliegende Rechtsfragen in Betracht kamen (vgl. RGZ. Bd. 87 S. 119, Bd. 92 S. 240, 304, Bd. 93 S. 200, Bd. 97 S. 180, Bd. 103 S. 429, Bd. 104 S. 159, Bd. 105 S. 196; Warneyer Bd. 12 S. 284 Nr. 181, S. 285 Nr. 182; JW. 1922 S. 584 Nr. 8 = Pr. VerwBl. Bd. 43 S. 37; ebenso der VI. ZS. JW. 1921 S. 742 Nr. 4), es sei denn, daß durch rechtsgültige Sondervorschriften für bestimmte Fälle auch solche Schadensersatzklagen dem Rechtsweg entzogen waren (vgl. RGZ. Bd. 97 S. 232, Bd. 104 S. 161); derartige Sondervorschriften würden aber seit dem Inkrafttreten der Reichsverfassung wegen der Bestimmung des Art. 131 Abs. 1 Satz 3 eines verfassungändernden Reichsgesetzes bedürfen. Mit dieser ständigen Rechtsprechung steht es nicht in Widerspruch, wenn der erkennende Senat Schadensersatzansprüchen wegen schuldhafter Nichtverleihung oder verspäteter Verleihung einer Beamtenstelle, auch wenn sie auf Amtspflichtverletzungen gegründet waren, den Rechtsweg versagt hat. Denn dies beruht auf dem Grundsatze des Beamtenrechts, daß es einen Anspruch auf Verleihung einer Beamtenstelle nicht gibt, dem Beamten vielmehr nur Rechte aus einer erfolgten Anstellung zustehen, ein Grundsatz, der als auch noch nach Art. 129 Abs. 1 RVerf. gültig erachtet ist (vgl. RGZ.

Bd. 103 S. 430). Indessen bedarf es keines näheren Eingehens auf diese Entscheidungen und auf das in dem Antrage des Staatsministeriums erwähnte Urteil RGZ. Bd. 103 S. 291, das die Entscheidungen der Verwaltungsbehörden über die Festsetzung des Besoldungsdienstalters als die Gerichte bindend erklärt; und ebensowenig ist die fortdauernde Gültigkeit der Vorschriften des § 155 RBG. und des § 5 des preuß. Gesetzes vom 24. Mai 1861 hier zu untersuchen, da daraus Schlüsse auf die Beantwortung der vorgelegten Fragen nicht zu ziehen sind. In dem in dem Antrage gleichfalls erwähnten Urteile RGZ. Bd. 97 S. 179, das schon vor den Entscheidungen RGZ. Bd. 102 S. 166, 392 ergangen ist, ist die Reichsverfassung nicht erörtert worden, und in dem Urteile III 62/21 vom 16. Dezember 1921, JW. 1922 S. 584 Nr. 8 = Pr. VerwBl. Bd. 43 S. 371, hat der erkennende Senat die Zulässigkeit des Rechtswegs für Schadensersatzansprüche wegen Amtspflichtverletzungen gegen den Staat ausdrücklich anerkannt und den Rechtsweg nur deshalb für unzulässig erklärt, weil nach der Lage des Falles in Wahrheit nicht ein solcher Anspruch, sondern ein der ordentlichen Gerichtsbarkeit entzogener öffentlichrechtlicher Herausgabeanspruch in Frage stehe.

Das Staatsministerium macht ferner noch geltend, durch die hier vertretene Auslegung des Art. 131 Abs. 1 Satz 3 würde nicht nur der § 5 des preußischen Staatshaftungsgesetzes, sondern noch eine Reihe anderer grundsätzlicher Vorschriften des öffentlichen Rechts des Reichs und der Länder in Mitleidenschaft gezogen werden, und führt als Beispiel den § 227 der Reichsabgabenordnung vom 13. Dezember 1919 an: „In Steuersachen ist der Rechtsweg vor den ordentlichen Gerichten ausgeschlossen. Dies gilt auch für die Rückforderung bezahlter Steuern und anderer Leistungen." Weshalb aber gegenüber dem § 227, anders als gegenüber den entsprechenden preußisch-rechtlichen Bestimmungen gemäß RGZ. Bd. 87 S. 119, der Rechtsweg für Schadensersatzansprüche wegen Amtspflichtverletzungen bei Steuerbescheiden unzulässig sein soll, ist nicht dargetan.

Schließlich ist gegen die hier vertretene Meinung von der Unvereinbarkeit des § 5 des Staatshaftungsgesetzes mit dem Grundsatze des Art. 131 Abs. 1 Satz 3 auch nichts aus der von dem Staatsministerium und den Reichsministern in bezug genommenen Entstehungsgeschichte zu entnehmen, insbesondere nicht aus den Äußerungen des Abg. Burlage, daß durch die von ihm vorgeschlagene Bestimmung die Haftung des Beamten gegenüber der bisher bestehenden nicht erweitert werden sollte. Da über den Grundsatz der Offenhaltung des Rechtswegs, wie bereits erwähnt, überhaupt nicht verhandelt worden ist, kann diese Äußerung auf ihn nicht bezogen werden. Das Staatsministerium erkennt ja auch selbst an, daß die Einrichtung des Konflikts mit Art. 131 Abs. 1 Satz 3 sachlich unvereinbar sei, obwohl auch in deren Wegfall eine Beschwerung des Beamten zu finden ist (vgl. RGZ. Bd. 87 S. 116.

---

12. 1. Genügt es zur Anwendung des § 816 Abs. 1 Satz 1 BGB., wenn die Verfügung des Nichtberechtigten dem Berechtigten gegenüber zwar zunächst unwirksam ist, aber durch Genehmigung wirksam wird?

2. Ist eine solche Genehmigung in der Klage des Berechtigten auf das Verfügungsentgelt enthalten?

IV. Zivilsenat. Urt. v. 12. März 1923 i. S. Reichsfiskus (Kl.) w. G. (Bekl.). IV 596/22.

I. Landgericht Gießen. — II. Oberlandesgericht Darmstadt.

Im Dezember 1918 ließ ein auf dem Rückmarsche begriffenes Feldlazarett in Unter-S. ein marschunfähig gewordenes Pferd zurück. Dieses Pferd wurde im Januar 1919 durch den Futtermeister des Lazaretts auf der Bürgermeisterei des Ortes versteigert. Der Beklagte erhielt für ein Gebot von 165 *M* den Zuschlag und führte den Steigpreis alsbald an den Futtermeister ab. Im Januar 1920 veräußerte er das Pferd für 6000 *M* weiter. Der Kläger macht geltend, der Beklagte sei zur Herausgabe der ihm durch den Erwerb und die Weiterveräußerung zugeflossenen ungerechtfertigten Bereicherung verpflichtet, die selbst bei Berücksichtigung der, übrigens durch den Nutzen des Pferdes vergoltenen, Fütterungskosten mindestens 4100 *M* ausmache. Mit der Klage verlangt er deshalb vom Beklagten Zahlung dieses Betrags nebst Prozeßzinsen.

Die Vorinstanzen wiesen die Klage ab. Die Revision hatte Erfolg.

Gründe:

Der Futtermeister des Lazaretts war zur Veräußerung des Pferdes für den Reichsfiskus nicht befugt; nach den im Dezember 1918 ergangenen Demobilmachungsvorschriften hätte die Erlaubnis des Reichsverwertungsamts eingeholt werden müssen. Daraus folgt, daß der Beklagte durch die Versteigerung vom Januar 1919 nicht Eigentümer des Pferdes geworden ist. Die irrige Annahme, der Vertreter des Fiskus habe Vertretungsmacht, konnte daran nichts ändern, denn nur der Glaube an das Eigentum des Veräußerers wird durch § 932 BGB. geschützt. Wenn bei dieser Sachlage das Berufungsgericht die §§ 812, 818 Abs. 2 BGB. der Entscheidung zugrunde legt, so beruht das auf Rechtsirrtum. Da die Versteigerung dem Beklagten nur den Besitz des Pferdes verschafft hatte, würde er gemäß §§ 812, 818 nach dessen Verlust nur auf Ersatz der während der Besitzzeit genossenen Gebrauchsvorteile haften. Auf einen solchen Ersatz aber ist die Klage nicht gerichtet; sie erstrebt die Herausgabe des Erlöses der Weiterveräußerung. Es ist mithin der § 816 Abs. 1 Satz 1, von dem das Schicksal der Klage abhängen muß.

Auf den ersten Blick scheinen die Voraussetzungen dieser Vorschrift nicht vorzuliegen. Auch der Dritte, an den der Beklagte das Pferd im Januar 1920 veräußert hat, ist hierdurch nicht Eigentümer geworden. Mag auch bei ihm der gute Glaube des § 932 Abs. 2 vorhanden gewesen sein, so war doch inzwischen die Verordnung vom 23. Mai 1919 (RGBl. S. 477) ergangen, die, von einer nicht in Betracht kommenden Ausnahme abgesehen, den gutgläubigen Eigentumserwerb an Militärgut aus der Hand eines zur Veräußerung nicht Berechtigten ausschloß (vgl. RGZ. Bd. 105 S. 295). Die Verfügung, die der Beklagte über das Pferd getroffen hatte, war daher dem Kläger gegenüber unwirksam.

Allein sie konnte wirksam werden durch Genehmigung seitens des Klägers, und diese Genehmigung ist durch die Klage erteilt. Der § 185 Abs. 2 BGB. bestimmt, daß die Verfügung eines Nichtberechtigten über einen Gegenstand wirksam wird, wenn der Berechtigte sie genehmigt. Nach § 184 hat die Genehmigung rückwirkende Kraft, sodaß es dann auch im Sinne des § 816 so anzusehen ist, wie wenn die Wirksamkeit schon zur Zeit der Verfügung bestanden hätte. Da ferner eine Form nicht vonnöten ist und § 182 Abs. 1 die Erklärung an den Verfügenden zuläßt, unterliegt es keinem Zweifel, daß eine Genehmigung in der Klage auf den Verfügungserlös gefunden werden kann. Sie muß darin aber auch gefunden werden, denn es wäre sinnlos und nicht zu dulden, wollte der Berechtigte das Entgelt beanspruchen, das er nur bei Wirksamkeit der Verfügung fordern kann, und sich gleichzeitig vorbehalten, mittels Geltendmachung ihrer Unwirksamkeit die Sache vom Dritten zu vindizieren. Indem er daher das Entgelt mit der Klage in Anspruch nimmt, genehmigt er die Verfügung und verzichtet auf die Vindikation; eine andere Auslegung seines Verhaltens ist mit Treu und Glauben nicht vereinbar. Durch diese Auslegung wird aber auch den Interessen der Beteiligten am besten gedient. Ist es dem Eigentümer nicht sowohl um die Sache als um den darin steckenden Wert zu tun, so wird er lieber das Entgelt vom Verfügenden herausverlangen, als daß er vindiziert, um selbst zu veräußern. Anderseits schützt den Verfügenden die Herausgabe des Erlöses an den bisherigen Eigentümer vor den weitergehenden Schadensersatzansprüchen des Dritten aus §§ 440, 325 flg., während sie für seinen eigenen Rückgriff den Tatbeständen des § 440 Abs. 2 offenbar gleichsteht. Der gerade Weg ist also auch hier der richtige. Gewiesen wird er durch die §§ 184, 185, 816; der Anspruch aus unbeauftragter Geschäftsführung führt überall da nicht zum Ziele, wo der Verfügende in dem Glauben, berechtigt zu sein, gehandelt hat (vgl. § 687 Abs. 1). In der Literatur ist dies denn auch längst vertreten worden (vgl. Oertmann Komm. zu § 816 Anm. 1a, v. Tuhr Allg. Teil II 2 S. 227, 239, RGR. Komm. § 816 Anm. 1).

Hiernach mußte das Berufungsurteil aufgehoben und der Klaganspruch dem Grunde nach für berechtigt erklärt werden. Über den Betrag hat zunächst das Landgericht zu verhandeln (ZPO. §§ 565 Nr. 1, 538 Nr. 3).

---

13. Kann derjenige, der Erbe zu sein behauptet, gegen den Nachlaßpfleger auf Feststellung seines Erbrechts klagen?

IV. Zivilsenat. Urt. v. 27. November 1922 i. S. S. (Bekl.) w. D. (Kl.). IV 750/21.

I. Landgericht III Berlin. — II. Kammergericht daselbst.

Am 20. Juli 1918 starb zu Ch. der praktische Arzt Dr. L. D., ohne eine letztwillige Verfügung hinterlassen zu haben. Seine gesetzlichen Erben waren seine Witwe und seine beiden Töchter, die Klägerinnen. Beide Töchter haben die Erbschaft ausgeschlagen, später aber die Ausschlagung wegen Irrtums angefochten. Aus Anlaß der Anfechtungserklärung ist der Beklagte „als Pfleger für die unbekannten Erben des Dr. L. D. bestellt worden, um sie zu ermitteln und bis zur Annahme der Erbschaft hinsichtlich des Nachlasses zu vertreten." Gegen ihn haben die Klägerinnen Klage erhoben mit dem Antrage, zu erkennen, daß die Erbausschlagungserklärung bezüglich des Nachlasses ihres Vaters rechtsunwirksam sei, und sie daher neben ihrer Mutter an diesem Nachlaß als Miterbinnen beteiligt seien.

Das Landgericht wies die Klage ab, das Kammergericht erkannte nach dem Klagantrage. Die Revision des Beklagten hatte keinen Erfolg.

Aus den Gründen:

Das Berufungsgericht hat die Passivlegitimation des Beklagten in seiner Eigenschaft als Nachlaßpfleger bejaht. Die Revision bekämpft diese Ansicht. Dem Berufungsgericht ist aber, wenn auch nicht in allen Einzelheiten der Begründung, so doch im Ergebnis beizutreten. Nach § 1960 Abs. 2 BGB. kann das Nachlaßgericht, wenn die Voraussetzungen des § 1960 Abs. 1 gegeben sind, für denjenigen, welcher Erbe wird, einen Pfleger (Nachlaßpfleger) bestellen. Aufgabe des Nachlaßpflegers ist es, bei der Ermittlung des oder der unbekannten Erben mitzuwirken und bis zur Ermittlung den Nachlaß zu erhalten und zu verwalten. Innerhalb des Bereichs dieser Aufgaben ist er also der gesetzliche Vertreter der unbekannten Erben, und zwar, wenn mehrere vorhanden sind, der sämtlichen unbekannten Erben, nicht aber eines einzelnen Miterben. Er ist, wie es im Urteil RGZ. Bd. 76 S. 125 ausgedrückt ist, der gesetzliche Vertreter der Erben hinsichtlich der Erhaltung und Verwaltung des Nachlasses. Der Nachlaßpfleger ist deshalb für alle Rechtsstreitigkeiten, die sich auf die Erhaltung und Verwaltung des Nachlasses beziehen, der richtige Beklagte, wobei es ganz gleichgültig ist, wer der wirkliche Erbe ist. Es kann also auch nicht seines Amtes sein, die Erben oder gar einen von ihnen bei einem Streit über das Erbrecht zu vertreten. Die Ansicht des Berufungsgerichts, daß der Nachlaßpfleger, da er nicht Real-, sondern Personalpfleger sei, die Erben in allen Beziehungen und deshalb auch in Ansehung eines streitigen Erbrechts zu vertreten habe, kann hiernach nicht gebilligt werden. Daß auch eine Personalpflegschaft eine beschränkte sein kann oder vielmehr regelmäßig ist, ergeben die §§ 1909 Abs. 1, 1910 Abs. 2, 1911, 1913 BGB. Dagegen ist es, wie dem Berufungsgericht zuzugeben ist, unrichtig, wenn die Motive Bd. 5 S. 551 zu § 2063 Entw. I sagen, der Nachlaßpfleger könne um deswillen nicht Rechtsstreitigkeiten über das Erbrecht führen, weil sich ein solcher Streit als Streit zwischen dem Vertreter und dem Vertretenen darstellen würde, ein solcher aber ausgeschlossen sei, da niemand mit sich selbst prozessieren könne. An sich ist es schon nicht richtig, daß ein Streit zwischen dem Vertreter und dem Vertretenen rechtlich unmöglich sei. Es sind z. B. Streitigkeiten zwischen beiden aus dem zugrunde liegenden Rechtsverhältnis möglich. Es kann ferner der Vollmachtgeber gegen den Bevollmächtigten auf Feststellung des Erlöschens der Vertretungsmacht und Rückgabe der Vollmachtsurkunde klagen (§§ 168 flg., 175 BGB.). Vor allem aber ist jener Satz der Motive um deswillen unrichtig, weil der Nachlaßpfleger, wie oben dargelegt, bei einem Streit über das Erbrecht nicht Vertreter der Erben ist. Die Motive setzen sich an der angegebenen Stelle in Widerspruch mit der sich kurz vorher (S. 550 letzter Absatz) findenden Bemerkung, daß der Nachlaßpfleger nicht ermächtigt sei, über das Erbrecht Rechtsstreitigkeiten zu führen. Ist er dazu „nicht ermächtigt", so ist er insoweit auch nicht Vertreter.

Kraft seines Amtes ist danach allerdings der Nachlaßpfleger zur Führung von Rechtsstreitigkeiten über das Erbrecht mit denjenigen, die Erben zu sein behaupten, nicht berufen. Letztere müssen vielmehr den Streit um das Erbrecht grundsätzlich unter sich ausmachen. Daraus folgt aber noch nicht, daß das Erbrecht niemals Gegenstand eines Rechtsstreits zwischen dem Nachlaßpfleger und demjenigen, der das Erbrecht für sich in Anspruch nimmt, sein kann. Wie ein solcher gegen jeden Dritten, insbesondere den Testamentsvollstrecker (JW. 1909 S. 52

Nr. 18, Warneyer 1912 Nr. 174 unter 3, Gruchot Bd. 62 S. 631), auf Feststellung seines Erbrechts klagen kann, wenn die Voraussetzungen des § 256 ZPO. vorliegen, kann ihm dies unter den gleichen Voraussetzungen dem Nachlaßpfleger gegenüber nicht verwehrt sein. Denn wenn die Erfordernisse der Feststellungsklage gegeben sind, ist damit ohne weiteres die Sachlegitimation der Parteien begründet (RGZ. Bd. 27 S. 346). Sie sind aber im vorliegenden Falle gegeben. Die Klägerinnen wollen festgestellt wissen, daß sie neben ihrer Mutter Miterbinnen ihres Vaters sind. Ist die Behauptung richtig, so besteht zwischen ihnen und dem Nachlaßpfleger ein Rechtsverhältnis. Die Motive erkennen das selbst an, indem sie a. a. O. S. 551 sagen: der wirkliche Erbe habe gegen den Nachlaßpfleger die Ansprüche aus der geführten Pflegschaft (actio tutelae). Nach §§ 1915, 1890, 1893 BGB. haben die Klägerinnen, wenn sie Erbinnen sind, gegen den Beklagten den Anspruch auf Herausgabe des verwalteten Vermögens und Rechnungslegung. Würde die Pflegschaft kraft Gesetzes mit der Feststellung des Erbrechts endigen, so könnte das rechtliche Interesse der Klägerinnen an der alsbaldigen Feststellung ihres Erbrechts sicher nicht zweifelhaft sein. Diese Ansicht, die von Dernburg, Das Bürgerliche Recht, Bd. 5 § 129 V vertreten wird, ist aber nicht zutreffend. Sie wäre es nur, wenn es sich um die Besorgung einer einzelnen Angelegenheit handelte (§ 1918 Abs. 3): Das ist aber nicht der Fall. Die Pflegschaft besteht also nach § 1919 bis zur Aufhebung durch das Nachlaßgericht fort. Trotzdem kann ein rechtliches Interesse an der alsbaldigen Feststellung gegeben sein. Ob ein solches anzunehmen ist, ist Sache der Beurteilung des einzelnen Falls. Für den vorliegenden Fall hat das Berufungsgericht die Frage bejaht, weil die Person der wirklichen Erben noch völlig im Ungewissen sei und die Feststellung der Erbeneigenschaft der Klägerinnen von der durch den Beklagten ausdrücklich bestrittenen Unwirksamkeit ihrer Erbausschlagung abhänge. Diese Begründung ist rechtlich nicht zu beanstanden. Schon das Bestreiten des Anspruchs allein kann geeignet sein, das Interesse zu begründen (JW. 1915 S. 591 Nr. 25), es sei denn, daß das Verhalten des Bestreitenden ohne praktischen Einfluß auf das Recht des Klägers ist. Letzteres trifft aber hier nicht zu. Die Klägerinnen können nicht voraussehen, ob der Beklagte nach Aufhebung der Pflegschaft sein Bestreiten ihrer Erbeneigenschaft aufgeben wird. Sie könnten sich also in die Lage versetzt sehen, erst dann im Wege des Prozesses ihren Erbanspruch gegen den Beklagten zur Geltung bringen zu müssen. Dadurch würde die baldige Verwirklichung ihres Rechtes, an der sie ein Interesse haben, verzögert, vielleicht gefährdet werden. Weil die Klage der Durchsetzung des Anspruchs gerade gegen den beklagten Nachlaßpfleger dient, kann den Klägerinnen auch nicht entgegengehalten werden, daß sie gegen die Erbprätendenten selbst den Anspruch geltend machen könnten. Denn ganz abgesehen von der vom Berufungsgericht festgestellten Schwierigkeit ihrer Ermittlung würde ein zwischen den Klägerinnen und den sonstigen Erbprätendenten ergehendes Urteil dem Beklagten gegenüber keine Rechtskraftwirkung haben, und zwar um deswillen nicht, weil er eben insoweit nicht Vertreter der Erben ist. Anderseits würden die Rechte der anderen Erbprätendenten durch die Entscheidung des vorliegenden Prozesses zugunsten der Klägerinnen nicht berührt werden. Sie könnten ihr besseres Recht gegen die Klägerinnen selbst nach Ausantwortung des Nachlasses an sie gemäß § 2018 BGB. geltend machen (vgl. RGZ. Bd. 28 S. 354).

Noch aus einem weiteren Gesichtspunkte ließe sich im vorliegenden Falle ein rechtliches Interesse der Klägerinnen an der alsbaldigen Feststellung begründen. Ein solches Interesse kann nämlich schon dann vorliegen, wenn zu erwarten steht, daß ein Dritter, insbesondere eine Behörde, die Entscheidung auch ohne den Zwang der Rechtskraft anerkennen und sie zum Anlaß von Maßnahmen nehmen wird, die im Interesse des Feststellungsklägers liegen (Warn. 1912 Nr. 74 S. 192/93, 1915 Nr. 189, RGZ. Bd. 92 S. 8). So liegt die Sache hier. Es darf damit gerechnet werden, daß das im Prozeß zwischen den Erbprätendenten und dem Nachlaßpfleger ergehende Urteil für den Nachlaßrichter bei Prüfung der Frage, wer Erbe geworden ist, eine entscheidende Rolle spielen und ihm zur Aufhebung der Pflegschaft Anlaß geben wird.

Aus diesen Gründen ist die Passivlegitimation des Nachlaßpflegers bejaht worden. Soweit das Urteil des Senats vom 14. Januar 1915 IV 375/14 (Recht Nr. 566) auf einem anderen Standpunkt steht, wird es nicht aufrecht erhalten. . . .

---

14. Wird eine Sache, die der Nießbraucher eines Grundstücks mit diesem verbindet, zum Bestandteile des Grundstücks?

V. Zivilsenat. Urt. v. 2. Dezember 1922 i. S. K. (Bekl.) w. C. (Kl.). V 162/22.

I. Landgericht III Berlin. — II. Kammergericht daselbst.

Auf Betreiben des Erstbeklagten ist die Zwangsversteigerung des dem K. gehörigen Grundstücks Charlottenburg, S.-Str. 31 eingeleitet worden. Der Kläger behauptet, daß er vor der Einleitung der Zwangsvollstreckung an den damaligen Nießbraucher des Grundstücks 24 Badewannen mit dazu gehörigen Öfen und einen Wasserkessel verkauft habe, die zwar mit dem auf dem Grundstück befindlichen Gebäude verbunden, aber doch sein Eigentum geblieben seien, weil er sich das Eigentum an den verkauften Gegenständen bis zur Bezahlung des Kaufpreises vorbehalten habe und der Kaufpreis noch nicht voll bezahlt sei. Er will deshalb diese Gegenstände von der Zwangsversteigerung ausgeschlossen wissen und hat die Widerspruchsklage erhoben. Die Beklagten haben den Widerspruch gegen die Zulässigkeit der Zwangsvollstreckung für unbegründet gehalten, weil die Gegenstände zufolge ihres Einbaus Bestandteile des Grundstücks geworden seien und damit der Kläger sein Eigentum an ihnen verloren habe.

Das Landgericht hat die Klage abgewiesen, das Berufungsgericht aber nach dem Klagantrage erkannt. Die Revision ist zurückgewiesen worden.

Gründe:

Das Berufungsgericht stellt fest, daß die vom Kläger gelieferten Wannen nebst Öfen sowie der Kessel mit dem auf dem Grundstück errichteten Gebäude verbunden worden sind, hält sie trotz der Verbindung aber nicht zum Bestandteil des Grundstücks geworden, weil sie dem Nießbraucher des Grundstücks geliefert sind und von diesem nur in Ausübung eines Rechts an fremder Sache mit dem Grundstück verbunden worden sind. Die Revision meint, daß diese Ansicht zu wirtschaftlich unannehmbaren Ergebnissen führe, weil, wenn man ihr folge, es dem Lieferanten von Baumaterialien und Einrichtungsstücken für ein Grundstück ermöglicht sein würde, sich das Eigentum an den eingebauten Stücken dadurch zu sichern, daß sie sich den Nießbrauch am Grundstück einräumen ließen, hiermit aber der bisher in der Rechtsprechung festgehaltene Grundsatz, daß es nicht möglich sei, sich das Eigentum an den in ein Grundstück verbauten Materialien vorzubehalten und so die Hypothekengläubiger über den Umfang der Pfandhaftung im Unklaren zu lassen, umgestoßen sein würde.

Hierbei wird übersehen, daß der Grundstückseigentümer sich in der Regel nicht ohne weiteres entschließen wird, einem oder mehreren Lieferanten den Nießbrauch an seinem Grundstück zu bestellen, bloß damit diesen das Eigentum an den verbauten Gegenständen bis zur Bezahlung des Kaufpreises vorbehalten bleibt, umgekehrt aber auch die Lieferanten die Nießbrauchbestellung für sich um dieses Zweckes willen nicht leicht erstreben werden, weil mit dem Nießbrauch auch Lasten verbunden sind (§ 1047 BGB.). Würde aber der Nießbrauch für einen oder eine Mehrzahl von Lieferanten wirklich bestellt sein, so läßt sich die Folge, daß die von dem Nießbraucher eingebauten Stücke nicht Bestandteile des Grundstücks werden, weder rechtlich noch wirtschaftlich bekämpfen. Zum Nachteil der Hypothekengläubiger schlägt ein solches Ergebnis nicht aus. Denn, wenn diese sehen, daß ein Nießbrauch an dem Grundstücke bestellt ist, müssen sie auch mit den sich daraus ergebenden Folgen rechnen und Erkundigungen einziehen, sobald sie das Grundstück beleihen oder aus sonstigem Grunde belasten.

Ohne Rechtsirrtum hat das Berufungsgericht auch angenommen, daß es für die Anwendung des § 95 Abs. 1 Satz 2 BGB. nicht darauf ankommt, ob die Verbindung mit dem Grund und Boden oder mit einem auf dem Grundstücke befindlichen Gebäude stattgefunden hat (Komm. der RGR. Anm. 6 zu § 95 BGB., JW. 1908 S. 295 Nr. 1). Diese Annahme bekämpft die Revision auch nicht. Sie wendet sich nur dagegen, daß das Berufungsgericht die Anwendbarkeit des § 95 Abs. 1 Satz 2 BGB. auch schon dann für gegeben erachtet, wenn derjenige, der eine Sache mit einem Grundstück verbindet, gleichzeitig damit ein Recht an einem fremden Grundstücke ausübt. Sie will dieser Vorschrift nur Raum geben, wenn das Wesen des Rechts an einem fremden Grundstücke gerade darin besteht, die Verbindung eines dem Berechtigten gehörigen Gebäudes oder anderen Werkes mit dem fremden Grundstücke herbeizuführen, was nach ihrer Meinung beim Nießbrauch nicht zutrifft. Allein diese Einschränkung ergibt sich aus dem Gesetze nicht. Das Gesetz schreibt zwar vor, daß die Verbindung in Ausübung des Rechts am fremden Grundstücke erfolgt sein müsse. Aber damit ist nichts anderes gemeint, als daß die Verbindung durch den Inhaber des Rechts am fremden Grundstücke geschehen sein muß. Würde anzunehmen sein, daß sich die Verbindung aus dem Wesen des Rechts an dem fremden Grundstück ergeben müsse, so hieße dies nichts anderes, als daß der Inhalt und der Zweck des Rechts auf die Herbeiführung der Verbindung abgestellt sein müßten. Solche dinglichen Rechte ließen sich aber nur spärlich finden. Zum mindesten würde dadurch die Zahl der in Betracht kommenden Rechte wesentlich eingeschränkt werden, was der Absicht des Gesetzes nicht entspräche. Denn der Gesichtspunkt, aus dem die Vorschrift des § 95 Abs. 1 Satz 2 BGB. getroffen ist, ist der gleiche, wie im Satz 1. Wer in Ausübung eines Rechts am fremden Grundstücke eine Sache mit dem Grundstück oder einem wesentlichen Bestandteile des Grundstücks verbindet, will in der Regel am Grundstücke keine dauernde Verbesserung machen, sondern nur seinem Rechte dienen. Dazu aber kommt es nicht auf den Inhalt und das Wesen des Rechts an. Erforderlich ist nur, daß die Verbindung in Betätigung dieses Rechts geschieht. Diese Voraussetzung ist gegeben, wenn der Nießbraucher eines Grundstücks dieses durch Einbauen von Wannen und Kesseln verbessert. Denn diese Verbindungen liegen in seinem Interesse und dienen seinem Recht, weil er durch sie das auf dem Grundstück errichtete Gebäude gebrauchsfähig oder doch ertragsfähiger macht und damit die Früchte seines Rechts vergrößert. Daß er solchenfalls die

Geschäfte des Grundstückseigentümers besorgt und deshalb nicht in Ausübung des Nießbrauchs, sondern als Geschäftsführer des Grundstückseigentümers handelt, wird sich nicht sagen lassen. Schon daß er die eingebauten Stücke bezahlt, beweist, daß er seine und nicht des Grundstückseigentümers Interessen verfolgt. Richtig ist nur, daß er für das Grundstück handelt, aber diese Tätigkeit ist nicht gleichbedeutend mit einem Handeln für den Grundstückseigentümer.

Es bedarf aber nicht einmal der Anwendung des § 95 Abs. 1 Satz 2 BGB., um zu dem Ergebnis zu gelangen, daß die strittigen Gegenstände durch die Verbindung mit dem Gebäude nicht Bestandteile des Grundstücks geworden sind. Denn dies ergibt sich auch aus dem § 95 Abs. 2 BGB. Es ist nicht anzunehmen, daß der Nießbraucher Gegenstände, die er für das Grundstück aus eigenen Mitteln anschafft, dem Grundstück auch über die Dauer seines Nießbrauchs einverleibt lassen will. Dies geht schon daraus hervor, daß der § 1049 Abs. 2 BGB. den Nießbraucher für berechtigt erklärt, eine Einrichtung, mit der er die Sache versehen hat, wegzunehmen. Deshalb muß davon ausgegangen werden, daß, wenn der Nießbraucher eines Grundstücks während seines Nießbrauchs Gegenstände mit dem Grundstücke verbindet, er dies nur zu einem vorübergehenden Zwecke tut, um damit während seines Nießbrauchs die Ausnutzung des Grundstücks besser zu gestalten. Auch schon aus diesem Grunde sind die Wannen, Öfen, und der Kessel trotz der Verbindung nicht Bestandteile des Grundstücks geworden (vgl. auch RGZ. Bd. 97 S. 105).

---

15. Liegt nach § 3 preuß. Tumultschadengesetzes die Entschädigungspflicht der Gemeinde, auf deren Gebiete die Ansammlung oder von deren Bezirk aus der Überfall stattgehabt hat, nur dann ob, wenn die Gemeinde des Tatorts nach § 2 haftungsfrei ist oder können beide Gemeinden gesamtschuldnerisch haften?

VI. Zivilsenat. Urt. v. 11. Dezember 1922 i. S. der Landgemeinden Skr. und G. (Bekl.) w. R. (Kl.). VI 676/21.

I. Landgericht Ratibor. — II. Oberlandesgericht Breslau.

Am 11. November 1918 wurde das in G. belegene Geschäft des Klägers von einer größeren Menschenmenge geplündert. Für den Schaden erachtet er die Landgemeinden Skr. und G. auf Grund des Preußischen Tumultschadengesetzes vom 11. März 1850 für haftbar, hat ihn auch am 16. November 1918 bei den beiden Beklagten angemeldet. Von der Gemeinde G. hat er am 27. November 1918 einen ablehnenden, vom 25. desselben Monats datierten Bescheid erhalten, die Gemeinde Skr. aber erteilte keine Antwort. Nunmehr hat der Kläger die vorliegende Klage erhoben, mit der er die Verurteilung beider Beklagten als Gesamtschuldner zur Zahlung von 47691,05 ℳ nebst Prozeßzinsen verlangt. Das Landgericht Ratibor entsprach der Klage dem Grunde nach, die Berufungen der beiden Beklagten aber wurden zurückgewiesen. Sie haben beide Revision eingelegt. Die Revision der Beklagten G. wurde als unzulässig verworfen, die der Beklagten Skr. zurückgewiesen.

Aus den Gründen:

... Über den Hergang bei der Schädigung des Klägers stellt das Berufungsgericht fest, daß sich eine Plündererschar in Skr. sammelte, dann nach G. zog und mit einer dort zusammengerotteten anderen Plündererschar zusammentraf, daß sich beide Haufen vereinigten und gemeinsam bei dem Kläger plünderten. Danach steht fest, daß auch in G. eine Zusammenrottung stattgefunden hat und daß der Schaden nicht allein durch die von Skr. gekommenen Leute verursacht worden ist. Die Zusammenrottung in G. ist auch keineswegs unbeträchtlich gewesen. Bei einer solchen Sachlage kann die im § 2 preuß. TG. zugelassene Ausnahme von der im § 1 geregelten Haftung der Gemeinde des Tatortes nicht zugunsten von G. Platz greifen. In diesem Sinne hat der Senat bereits in einem JW. 1921 S. 110 Nr. 8 abgedruckten Urteile vom 25. Oktober 1920 entschieden. Es fehlt aber auch das weitere, im § 2 aufgestellte Erfordernis, daß die Einwohner von G. zur Abwehr des Schadens erweislich außerstande gewesen seien.

Aus der Haftung der Gemeinde G. will nun die Beklagte zu 1 und mit ihr die Revision folgern, daß die Haftung der Gemeinde Skr. von den Vorinstanzen zu Unrecht angenommen sei. Sie beruft sich hierfür auf § 3 a. a. O., nach dessen Vorschrift den Gemeinden, auf deren Gebiete die Ansammlung oder von deren Bezirk aus der Überfall stattgehabt hat, „im Falle des § 2" die Entschädigungspflicht obliegt, es sei denn, daß auch sie erweislich nicht imstande gewesen wären, den verursachten Schaden zu verhindern. Die Worte „im Falle des § 2" legt sie dahin aus, daß nur dann, wenn die Gemeinde des Tatortes gemäß § 2 haftungsfrei sei, eine Haftung der im § 3 Abs. 1 genannten Gemeinden, der „Ursprungsgemeinden", stattfinde; neben G. könne Skr. nicht gleichzeitig haften. Das Berufungsgericht hingegen hält die Haftung der Beklagten zu 1 für gegeben, weil sich auch auf ihrem Gebiete eine Ansammlung gebildet und der Überfall von ihrem Gebiete aus stattgefunden habe; eine Haftung aus § 3 sei möglich, auch wenn die Voraussetzungen des § 2 nicht gegeben seien. Das folge aus § 3 Abs. 2, wo eine solidarische Haftung mehrerer Gemeinden nach §§ 1 und 3 nebeneinander erwähnt werde, und entspreche auch der Zweckmäßigkeit und dem Billigkeitsgefühle.

Der Ansicht des Berufungsgerichts ist im Ergebnis zuzustimmen. Das Gesetz stellt im § 1 den Grundsatz auf, daß für den bei öffentlichen Aufläufen verursachten Schaden diejenige Gemeinde haftet, in deren Bezirk der Schaden zugefügt ist. Hiervon wird eine Ausnahme im § 2 für den Fall gemacht, daß die Beschädigung durch eine von außen her eingedrungene Menschenmenge verursacht ist und die Einwohner des Tatorts zur Abwehr des Schadens erweislich außerstande waren. Sofern diese Bedingungen gegeben sind, kann somit der Geschädigte einen Ersatzanspruch nicht auf § 1 gründen. Hier greift nun der § 3 Abs. 1 ein und legt „im Falle des § 2 die Entschädigungspflicht der Gemeinde oder den Gemeinden auf, auf deren Gebiete die Ansammlung oder von deren Bezirk aus der Überfall stattgehabt hat, sofern nicht auch sie den weiter nachgelassenen Entlastungsbeweis führen. Daß die Fassung dieser Vorschrift für die Ansicht der Revision zu sprechen scheint, ist zuzugeben, denn der Fall des § 2 ist streng genommen nur vorhanden, wenn die Haftung der Gemeinde des Tatortes gemäß § 2 ausgeschlossen ist. Demgemäß bezieht auch Liebrecht, Pr. Tumultschadengesetz S. 33, die Vorschrift des § 3 Abs. 1 nur auf den Fall, daß der nach § 1 an sich verpflichteten Gemeinde der Nachweis nach § 2 gelungen ist. Alsdann macht aber die Vorschrift des § 3 Abs. 2 Schwierigkeiten, nach der mehrere nach den vorstehenden Bestimmungen verpflichtete Gemeinden (§§ 1 und 3) solidarisch haften sollen, die Anführung der §§ 1 und 3 aber darauf hinweist, daß eine solidarische Haftung aus diesen Vorschriften nebeneinander als möglich gedacht war. Daß eine solche Haftung der Tatgemeinde neben der auswärtigen Gemeinde möglich sei, erkennt übrigens auch Liebrecht an, indem er S. 31 zu § 2 bemerkt, daß die Tatgemeinde, wenn ihr der Nachweis nicht gelinge, daß ihre Einwohner den Schaden nicht hätten abwehren können, neben der auswärtigen Gemeinde nach § 3 Abs. 2 solidarisch hafte, ferner, wenn er S. 34 in dem Falle, daß sich eine von außen her gekommene Menge mit einer anderen vereinigt, die sich im Bezirke des Tatortes gebildet hat, beide Gemeinden gesamtschuldnerisch haften läßt, sofern der Schaden nicht erweislich durch die eingedrungene Menge verursacht und die Haftung der Tatortsgemeinde nicht nach § 2 ausgeschlossen ist. Daß die Tatgemeinde neben der Gemeinde, in der die Zusammenrottung ihren Ursprung hatte oder von der aus der Überfall erfolgte, gesamtschuldnerisch haftet, wenn ihr nicht der Entlastungsbeweis nach § 2 gelingt, ist auch die Ansicht von Richter, Reichstumultschadengesetz S. 96—97, und Friedländer, Pr. Tumultschadengesetz S. 39. Aus der Entstehungsgeschichte des Gesetzes sind keine durchgreifenden Gründe für die Entscheidung der erörterten Frage zu entnehmen. In dem von dem Abgeordneten Wallach verlesenen Berichte, Stenographische Berichte über die Verhandlungen der durch das Patent vom 5. Dezember 1848 einberufenen Kammern; Erste Kammer, Bd. 5 S. 2434, wird zunächst die Annahme des § 2 in der Gesetz gewordenen Fassung empfohlen, dann heißt es S. 2435, der § 3 lege „folgerecht" die Entschädigungsverbindlichkeit im Falle des § 2 derjenigen Gemeinde zur Last, auf deren Gebiete die Ansammlung oder von deren Bezirk aus der Überfall stattgefunden habe. Weiter wird erwogen, daß bei Anwendung der in den §§ 2 und 3 — von denen der letztere nach dem ursprünglichen Entwurfe des Abgeordneten Wilde, Stenogr. Berichte, Bd. 1 S. 400, keinen Abs. 2 hatte — enthaltenen Bestimmungen mehreren Gemeinden gleichzeitig die Entschädigungsverbindlichkeit obliegen könne und nun eine Bestimmung fehle, ob eine solidarische Verpflichtung stattfinden solle; dies auszusprechen, sei aber notwendig und daher werde beantragt, den § 3 in der jetzt geltenden Fassung, also mit dem Abs. 2, anzunehmen. Das ist dann auch geschehen. Ob man sich hierbei darüber klar war, daß eine Haftung der Gemeinden aus §§ 1 und 3 nebeneinander dann nicht möglich sei, wenn die im § 3 Abs. 1 bestimmte Haftung erst nach Führung des Entlastungsbeweises nach § 2 Platz greift, ferner, ob man vielleicht eine Gesamthaft aus § 1 allein für denkbar hielt, so wie eine solche allein aus § 3 Abs. 1 möglich ist, muß dahingestellt bleiben.

Bei dieser Sachlage muß entscheidendes Gewicht darauf gelegt werden, daß die Ansicht der Revision zu einem Ergebnis führt, das der Billigkeit nicht genügt. Nach ihr würde die Ursprungsgemeinde, § 3 Abs. 1, auch dann nicht haften, wenn sie imstande war, die Ansammlung auf ihrem Gebiete oder den Überfall aus ihrem Bezirke und damit den später in der überfallenen Gemeinde angerichteten Schaden zu verhindern, sofern nur die Gemeinde des Tatortes den häufig nicht einfachen Entlastungsbeweis des § 2 nicht zu führen vermag. Daß dies der Wille des Gesetzgebers gewesen sei, läßt sich nicht annehmen, vielmehr muß der entgegengesetzten, nach dem Wortlaute des Gesetzes ebenfalls möglichen Auslegung der Vorzug gegeben werden.

Den Entlastungsbeweis nach § 3 Abs. 1 hat die Gemeinde Skr. nicht geführt. Daß sich eine Plündererschar auf ihrem Gebiete gesammelt hat, dann nach G. gezogen ist und dort gemeinsam mit einem anderen in G. zusammengerotteten Haufen geplündert hat, wurde bereits erwähnt, daß aber die Gemeinde Skr. nicht imstande gewesen sei, den verursachten Schaden zu verhindern, ist nicht erwiesen. Ein besonderer Angriff ist von der Revision weder insoweit noch gegen die sonstigen Ausführungen des angefochtenen Urteils erhoben. Danach ist die Haftung der Beklagten zu 1 mit Recht angenommen worden....

---

16. Sind die deutschen Gerichte auf Anrufen eines deutschen Klägers zuständig in dessen Rechtsstreit mit einem polnischen Staatsangehörigen aus einem Vertrag, der vor dem Inkrafttreten des Versailler Vertrags geschlossen worden ist?

VI. Zivilsenat. Urt. v. 11. Dezember 1922 i. S. P. (Kl.) w. Stadt F. (Bekl.). VI 133/22.

I. Landgericht Schneidemühl. — II. Oberlandesgericht Marienwerder.

Gründe:

Die beiden Vorinstanzen haben untersucht, ob das dem polnischen Staat in Art. 297 des Versailler Vertrags (V. V.) gewährte Recht zur Liquidierung des deutschen Eigentums oder das in Vollzug des Art. 297 erlassene polnische Gesetz über die Registrierung und Sicherstellung des deutschen Eigentums vom 4. März 1920, das die Bezahlung der der Anmeldungspflicht unterliegenden deutschen Geldforderungen verbietet, hier anwendbar sei und der Klage entgegenstehe.

Die Erwägungen, aus denen das Berufungsgericht, abweichend vom Landgericht dies bejaht, mögen an sich zutreffen. Zuvor hätte aber geprüft werden müssen, ob überhaupt die deutschen Gerichte zur Entscheidung zuständig seien. Und dies ist zu verneinen.

Der V. V. ist als deutsches Gesetz verkündet und bindet den deutschen Richter. Nach Art. 304b Abs. 2 des Vertrags sind alle Streitigkeiten, gleichviel welcher Art, aus Verträgen zwischen Staatsangehörigen der alliierten und assoziierten Mächte und Reichsangehörigen, die vor dem Inkrafttreten des V.V. geschlossen wurden, dem Gemischten Schiedsgerichtshof zur Entscheidung zugewiesen, es sei denn, daß das Gericht einer alliierten oder assoziierten Macht zuständig ist, in welchem Fall der Staatsangehörige dieser Macht das Recht hat, nach seiner Wahl die Sache vor dem Gericht seines Landes oder, sofern dem sein Landesrecht nicht entgegensteht, vor dem Gemischten Schiedsgerichtshof zu verfolgen. Zu den Staatsangehörigen der alliierten und assoziierten Mächte sind auch die früheren Reichsangehörigen zu rechnen, die in einem von dem Deutschen Reich an eine alliierte oder assoziierte Macht abgetretenen Gebiete wohnen und Staatsangehörige dieser Macht geworden sind. Die Ausnahme in Art. 299d zugunsten der Aufrechterhaltung von Verträgen zwischen solchen Personen und Reichsangehörigen ist in Art. 304 nicht wiederholt und läßt sich nicht ausdehnen. Nach dem — hier nicht näher zu kennzeichnenden — Geist und Willen des V. V. ist aber niemals auf Anrufen eines deutschen Klägers ein deutsches Gericht für einen solchen Rechtsstreit zuständig. Ob der Staatsangehörige einer alliierten oder assoziierten Macht etwa im Weg einer negativen Feststellungsklage den Streit vor ein deutsches Gericht ziehen kann, ist hier nicht zu entscheiden.

Unstreitig entstammt das eingeklagte Sparkassenguthaben einem zwischen den Parteien vor dem Inkrafttreten des V. V. geschlossenen Vertrag.

Zur Zeit der Klagerhebung — Dezember 1920 — war der deutsch-polnische Gemischte Schiedsgerichtshof noch nicht in Tätigkeit. Ob der Kläger mit seiner Klage bis zur Einrichtung des Schiedsgerichtshofs warten mußte, oder ob er sie vor dem zuständigen polnischen Gericht anhängig machen konnte, steht nicht in Frage. Keinesfalls war das angegangene deutsche Gericht zuständig und konnte es kraft des zwingenden öffentlichrechtlichen Gebots des V. V. auch nicht dadurch werden, daß die Beklagte sich der deutschen Gerichtsbarkeit unterworfen hat.

---

17. Ist ein Rechtsmittel zulässig, wenn das Berufungsgericht über die Berechtigung der Zeugnisverweigerung nicht durch Zwischenurteil, sondern in den Gründen des Endurteils entschieden hat?

IV. Zivilsenat. Urt. v. 14. Dezember 1922 i. S. L. (Bekl.) w. V. u. Gen. (Kl.). IV 166/22.

I. Landgericht Dresden. — II. Oberlandesgericht daselbst.

Der Beklagte hat von den Erben der M.'schen Eheleute in S. durch notarielle Verträge ihre Erbteile gekauft. Die Kläger behaupten, daß sie vom Beklagten beim Verkauf durch falsche Angaben über verschiedene wesentliche Punkte arglistig getäuscht worden seien, und haben den Verkauf ihrer Erbteile angefochten. Das Landgericht gab der Klage statt, das Oberlandesgericht wies die Berufung des Beklagten zurück. Die Revision des letzteren blieb erfolglos.

Gründe:

Der Beklagte hatte den Notar, vor dem die angefochtenen Verträge abgeschlossen worden sind, als Zeugen zur Widerlegung der gegnerischen Behauptung benannt, daß der Beklagte die Erben durch falsche Angaben zum Abschluß jener Verträge bestimmt habe. Das Landgericht hatte die Vernehmung des Zeugen beschlossen, dieser aber hat das Zeugnis verweigert, nachdem die Kläger erklärt hatten, daß sie ihn nicht von der Pflicht zur Amtsverschwiegenheit entbänden. Der Beklagte hat dann sowohl in der ersten als in der zweiten Instanz neuerdings Antrag auf Vernehmung des Zeugen gestellt mit der Behauptung, daß die von ihm zu bekundenden Vertragsverhandlungen nicht zu den in § 383 Nr. 5 ZPO. erwähnten Tatsachen zu rechnen seien, und daß deshalb die Kläger mit Unrecht die Entbindung des Zeugen von der Amtsverschwiegenheit verweigert hätten. Beide Instanzen haben die neuerliche Anordnung der Vernehmung abgelehnt; das Berufungsurteil führt dazu aus, daß der Notar zur Geheimhaltung aller Tatsachen verpflichtet sei, die er innerhalb seines Berufes im Verkehr mit den auf ihre Geheimhaltung vertrauenden Personen wahrgenommen habe, und daß hiernach, da die Kläger sich weigerten, den Zeugen von seiner Schweigepflicht zu entbinden, seine Vernehmung nicht erfolgen könne.

Die Revision macht geltend, diese Ausführungen verletzten den § 383 Nr. 5 ZPO. in Verbindung mit § 300 StGB.; es handle sich nicht um geheimzuhaltende, sondern um solche Tatsachen, die zwischen den Parteien offenkundig seien.

Über die Frage, ob dem Zeugen das von ihm in Anspruch genommene Zeugnisverweigerungsrecht zusteht, hätte die Entscheidung nach §§ 387, 389 ZPO. durch Zwischenurteil erfolgen sollen. Gegen eine in dieser Weise vom Oberlandesgericht getroffene Entscheidung wäre kein Rechtsmittel zulässig gewesen (§ 387 Abs. 3 mit § 567 Abs. 2 ZPO.). Der Umstand, daß die Entscheidung unrichtigerweise nicht durch Zwischenurteil, sondern erst in den Gründen des Endurteils getroffen wurde, kann nicht zur Folge haben, daß die bezeichnete Frage entgegen den erwähnten Vorschriften der Nachprüfung des Revisionsgerichts unterbreitet werden darf. Die Erwägungen, aus denen für den früheren Rechtszustand in derartigen Fällen die Revision zugelassen wurde (vgl. z. B. RGZ. Bd. 60 S. 110), treffen nicht mehr zu, seitdem durch die Novelle von 1910 zur Zivilprozeßordnung die Beschwerde gegen oberlandesgerichtliche Entscheidungen ausgeschlossen ist. Das ist für Zwischenstreitigkeiten sonstiger Art schon wiederholt ausgesprochen worden (z. B. JW. 1915 S. 592 Nr. 27); es muß erst recht gelten für ein Zwischenurteil über das Zeugnisverweigerungsrecht, bei dem der Streit sich richtig betrachtet gar nicht zwischen den Parteien des Prozesses abspielt, sondern gegen den die Aussage verweigernden Zeugen zu führen ist. Die von der Revision angestrebte sachliche Nachprüfung, ob das Zeugnisverweigerungsrecht des Notars besteht, kann deshalb nicht erfolgen. ...

---

18. 1. Auslegung der Bedingung in einem Transportversicherungsvertrage, daß die Geltendmachung des Versicherungsanspruchs von der Vorlage einer eisenbahnamtlichen Verlustbescheinigung abhängig sein solle.

2. Verlor mit dem Abschluß des Waffenstillstandsvertrags die Kriegsklausel ihre Geltung?

3. Muß der deutsche Versicherer, der zur Zeit der Besetzung Belgiens durch die deutsche Heeresmacht in Belgien einen auf Francs lautenden Transportversicherungsvertrag abgeschlossen hat, die Versicherungssumme in Francs zahlen?

4. Sind die während der Besetzung Belgiens vom deutschen Generalgouverneur für Belgien erlassenen Verordnungen deutsches oder irrevisibles belgisches Recht?

VII. Zivilsenat. Urt. v. 15. Dezember 1922 i. S. Düsseldorfer Allg. Vers.-A.-G. (Bekl.) w. L. (Kl.). VII 714/21.

I. Landgericht Düsseldorf. — II. Oberlandesgericht daselbst.

Der Kläger hatte am 2. November 1918 einen Waggon mit Honiggläsern (leer) in Brüssel der Eisenbahn zum Transport nach Köln übergeben. Der Waggon ist in Köln nicht angekommen, sondern am 28. November 1918 entleert in Herbesthal eingelaufen. Da die Sendung laut der in Brüssel ausgestellten, in französischer Sprache abgefaßten Police vom 2. November 1918 mit 13750 Frs. versichert worden war, nimmt der Kläger den Versicherer, die Beklagte, auf Zahlung von 13750 Frs. wegen des Transportverlustes in Anspruch. Die Beklagte hat den Anspruch nach Grund und Betrag bestritten. Das Landgericht hat die Beklagte unter Abweisung der weiteren Klageforderung zur Zahlung von 11110 *M* verurteilt, das Oberlandesgericht hat dagegen dem Klagantrage stattgebend zur Zahlung von 13750 Frs. verurteilt. Die Revision der Beklagten wurde zurückgewiesen aus folgenden

Gründen:

1. Gegenüber der Feststellung des Berufungsrichters, daß der Wagen mit Honiggläsern in Belgien entladen und der Inhalt von der Entente als Kriegsbeute verwendet worden ist, erhebt die Revision die Rüge, diese Feststellung hätte auf Grund der Bescheinigung des Abwickelungsamtes des Feldeisenbahnwesens vom 11. Juli 1919 nicht getroffen werden können; denn diese Bescheinigung bezeuge nur, daß der Wagen am 28. November 1918 leer in Herbesthal angekommen sei, und füge die Erklärung bei, daß anzunehmen sei, der Wagen sei in Belgien entladen und der Inhalt von der Entente als Kriegsbeute verwendet worden. Einen sicheren Beweis dieser Tatsache liefere die Bescheinigung also nicht. Nach den Versicherungsbedingungen müsse aber der volle Beweis, daß ein Versicherungsfall vorliege, durch ein Zeugnis der Eisenbahnverwaltung geführt werden.

Die Rüge ist unbegründet. Unter den besonderen Versicherungsbedingungen heißt es: „Pour mettre une réclamation à charge de la Cie d'assurances il est nécessaire de produire un certificat de l'administration du chemin de fer constatant la perte ou l'avarie ainsi que les conditions, dans lesquelles cette perte ou cette avarie a eu lieu.“ Es ist schon fraglich, ob nach der bisherigen Rechtsprechung des Senats die Auslegung, die das Berufungsgericht dieser besonderen Versicherungsbedingung stillschweigend gegeben hat, überhaupt in dieser Instanz der Nachprüfung unterliegt. Wenn man aber auch mit Rücksicht darauf, daß die besondere Bedingung sich im wesentlichen mit der allgemeinen Versicherungsbedingung unter § 14 Abs. 3 deckt, in eine Nachprüfung eintritt, so kann die Auslegung nicht als rechtsirrtümlich erachtet werden. Die Versicherungsbedingung kann nicht, wie die Revision will, so ausgelegt werden, als ob die Bescheinigung der Eisenbahnverwaltung das einzige zulässige Beweismittel für den Schadensfall und seine Ursache sein solle. Eine solche Auslegung würde gegen Treu und Glauben verstoßen; denn sie würde, wenn die Eisenbahnverwaltung von sich aus nicht in der Lage wäre, den Fall völlig aufzuklären, der Versicherungsnehmer aber mit anderen Beweismitteln den Beweis zu führen vermöchte, daß ein Versicherungsfall vorliegt, den Versicherten rechtlos stellen. Die Bescheinigung der Eisenbahnbehörde soll vielmehr nur die erste Grundlage für die Aufklärung des Sachverhaltes bilden. Reicht sie für sich allein zur völligen Klarstellung nicht aus und ist es auch der Eisenbahnverwaltung nicht möglich, eine weitere Aufklärung zu verschaffen, so kann es dem Versicherungsnehmer nicht verwehrt sein, mittels anderer Beweismittel den ihm obliegenden Beweis, daß ein Versicherungsfall eingetreten ist, zu führen. Es ist dann Sache der freien richterlichen Beweiswürdigung, ob die Bescheinigung der Eisenbahnverwaltung unter Mitberücksichtigung des sonstigen Beweisergebnisses und aller Umstände des Falles ausreicht, um den Beweis als geführt zu erachten. Dazu genügt auch die an Sicherheit grenzende Wahrscheinlichkeit, daß der Verlust der Ware auf dem Transport als Folge eines Ereignisses eingetreten ist, das von der Versicherung gedeckt wird. In diesem Sinn hat das Berufungsgericht die Versicherungsbedingung aufgefaßt und auf Grund der gesamten Umstände für bewiesen erachtet, daß die Honiggläser auf dem Transport von der Entente weggenommen worden sind. Mit ihrem Angriff gegen die Beweiswürdigung selbst kann die Revision nicht gehört werden.

2. Unbegründet ist ferner die Ansicht der Revision, das Berufungsgericht habe in eine Prüfung eintreten müssen, ob die Wegnahme der Gläser vor oder nach dem Tage des Abschlusses des Waffenstillstandsvertrages — 11. November 1918 — stattgefunden hat. Sie meint, wenn dies erst nach dem bezeichneten Tage geschehen sei, so komme die Kriegsklausel nicht mehr in Betracht.

Dem Vorderrichter ist darin beizutreten, daß der Waffenstillstand den Kriegszustand nicht beendete, sondern nur die einstweilige Aussetzung der kriegerischen Tätigkeit der feindlichen Parteien bezweckte. Bestand aber der Kriegszustand fort, so waren kriegerische Handlungen auch während der Dauer des Waffenstillstands keineswegs ausgeschlossen. Deshalb behielt auch die Kriegsklausel ihre Geltung. Daß aber die Wegnahme der Gläser eine kriegerische und nicht eine durch den Waffenstillstandsvertrag gestattete vertragliche Handlung der Entente war, wie die Revision meint, ergibt sich daraus, daß nach Art. VI des Waffenstillstandsvertrages die Entente nicht berechtigt war, Privatgut — und um solches handelt es sich hier — wegzunehmen. Das muß die Revision selbst zugeben.

Der Verlust der Gläser war daher, auch wenn die Wegnahme nach dem 11. November 1918 erfolgt sein sollte, die unmittelbare Folge dieser Wegnahme seitens einer feindlichen Macht und fällt somit nach Abs. 2 der Kriegsklausel unter die Versicherung.

3. Der in französischer Sprache abgefaßte Versicherungsvertrag ist am 2. November 1918, zu einer Zeit, als Belgien noch von den Deutschen besetzt war, in Brüssel zwischen der Brüsseler Agentur der Beklagten und dem daselbst wohnenden Kläger abgeschlossen worden und ist auch gemäß § 21 der allgemeinen Versicherungsbedingungen in Brüssel zu erfüllen. Versicherungssumme und Prämienbetrag sind in Francs angegeben. Im Einklang mit der ständigen Rechtsprechung des Reichsgerichts hat daher das Berufungsgericht angenommen, daß für das Versicherungsverhältnis das Recht des Erfüllungsortes, also belgisches Recht anzuwenden und daß mangels anderer Vereinbarung auch in belgischer Währung zu erfüllen ist (RGZ. Bd. 96 S. 272). Die Revision ist aber der Meinung, der Vertrag sei unter der Geltung der Verordnungen des deutschen Generalgouverneurs über Belgien vom 3. Oktober und 15. November 1914 abgeschlossen worden, wonach ein Zwangskurs von 1 ℳ = 1,25 Frs. festgesetzt worden war und die Verpflichtung, deutsches Geld in Zahlung zu nehmen, durch Parteivereinbarung nicht beseitigt werden konnte. Die Revision glaubt daraus die Folgerung ziehen zu können, daß auch nach Wegfall der genannten Verordnungen, wenn diese in der Tat mit der Aufgabe der Besetzung Belgiens ihre Kraft verloren haben sollten, was sie bestreitet, dennoch die Verordnungen für die Erfüllung des Vertrags maßgebend geblieben seien. Die Beklagte sei deshalb auch heute noch berechtigt, die Schadenssumme in Mark nach dem Valutaverhältnis von 1 ℳ = 1,25 Frs. zu begleichen. Diese Ansicht ist rechtsirrig.

Zunächst ist dem Berufungsgericht darin beizutreten, daß mit der Aufgabe Belgiens die genannten Verordnungen des deutschen Generalgouverneurs ohne weiteres ihre Kraft verloren haben. Sie waren schon ihrer Natur nach nur bestimmt, den einstweiligen Zustand während der Dauer der Besetzung Belgiens durch die deutsche Militärmacht zu regeln. Übrigens waren auch diese Verordnungen belgisches Recht. Sie hatten nur in Belgien Gesetzeskraft. Sie waren zwar von einer deutschen Behörde erlassen worden, aber die deutsche Behörde übte nur die belgische Gesetzgebungsgewalt aus an Stelle der durch den Kriegszustand daran gehinderten belgischen Behörden. Da es sich somit um irrevisibeles Recht handelt, wäre das Reichsgericht nicht einmal befugt, das Urteil wegen Gesetzesverletzung aufzuheben, wenn die Rechtsansicht des Vorderrichters unrichtig wäre.

Des weiteren hat das Berufungsgericht ausgeführt, daß auch während der deutschen Besetzung Belgien ein Land mit eigener Währung, der Frankenwährung, gewesen sei. Der belgische Kriegsfrank sei ein Frank gewesen, wie es der heutige ist. Nur um den Verkehr in dem besetztem Gebiet zu erleichtern und zu vereinfachen, und um den Frank auf niedriger Höhe zu halten, sei er zwangsweise in ein festes Valutaverhältnis zur deutschen Mark gesetzt worden. Während des Bestehens der Besetzung hätte zwar die Beklagte infolge des Annahmezwanges ihre Schuld in Mark begleichen können, nach Aufhebung der Besetzung sei sie aber zur Zahlung in Francs verpflichtet. Auch diese Ausführungen sind der Nachprüfung auf ihre Richtigkeit entzogen, weil sie sich auf irrevisibeles belgisches Recht stützen. Dadurch wird aber die Ansicht der Revision, daß die Beklagte auch heute noch die Versicherungssumme in deutscher Mark nach dem Verhältnis von 1 ℳ = 1,25 Frs. zahlen könne, widerlegt. Eine solche Zahlungsweise würde nur dann statthaft sein, wenn der Versicherungsvertrag die Auslegung zuließe, daß es die Absicht beider Vertragsteile gewesen sei, es solle, wie sich auch die Verhältnisse ändern möchten, unter allen Umständen der Frank nach dem damals geltenden Zwangskurs von 1 ℳ = 1,25 Frs. zwischen den Parteien berechnet werden und der Beklagten gestattet sein, den so berechneten Betrag in Mark zu begleichen. Das hat aber das Berufungsgericht nicht angenommen und eine solche Auslegung lassen auch die Versicherungsbedingungen in der Tat nicht zu.

4. Schließlich beschwert die Revision sich noch darüber, daß der Berufungsrichter die Behauptung der Beklagten für unerheblich erklärt hat, der Kläger hätte die Gläser für 11110 ℳ verkauft und diesen Betrag auch vom Käufer erhalten. Sie meint, wenn das richtig sei, so habe der Kläger überhaupt keinen Schaden erlitten; es sei aber nicht ersichtlich, aus welchem Rechtsgrunde der Käufer, der in Mark abgeschlossen hätte, einen Anspruch auf Zahlung der Versicherungssumme in Franken haben sollte. Auch dieser Angriff ist unberechtigt.

Der Vorderrichter durfte mit Recht die Behauptung des Beklagten für unerheblich erklären. Unterstellt man ihre Richtigkeit, so fordert der Kläger auf Grund des Versicherungsvertrags als Versicherungsnehmer den Schaden, der dem Käufer erwachsen ist. Es handelt sich um eine Versicherung für fremde Rechnung, der Versicherungsschein besagt ausdrücklich, daß die Versicherung „pour compte de qui il appartient“ abgeschlossen ist. Der Versicherte ist also der Käufer, auf dessen Gefahr der Transport ging und der den Verlust erlitten hat. Nach deutschem Rechte (§§ 74 flg. VVG.) würde der Kläger fraglos berechtigt sein, die Ansprüche des Versicherten gegen den Versicherer geltend zu machen. Das Gleiche nimmt offensichtlich das Berufungsgericht auch für das belgische Recht an; ob dies zutreffend ist, kann wiederum wegen der Irrevisibilität des belgischen Rechts nicht nachgeprüft werden. Unstreitig belief sich der Wert der Gläser zur Zeit der Transportaufgabe auf 13750 Frs. Der Versicherte hat also Anspruch darauf, daß ihm sein Verlust in Höhe dieses Betrages entschädigt wird. Von einer Überversicherung kann gar keine Rede sein; ebensowenig von einer Bereicherung des Versicherten, wenn er jetzt 13750 Frs. erhält, wenn auch die Beklagte infolge der zwischenzeitlich eingetretenen Markentwertung eine weit größere Summe an Mark zur Beschaffung der 13750 Frs. aufwenden muß, als es im November oder Dezember 1918 erforderlich gewesen wäre. Es ist sogar sehr fraglich, ob der Versicherte heute noch für diesen Betrag Gläser derselben Art in gleicher Menge und Güte zu beschaffen in der Lage ist, da auch der belgische Frank heute nicht mehr die gleiche Kaufkraft hat, wie damals.

Es ist also für die Zahlungspflicht der Beklagten ohne Bedeutung, ob der Kläger bereits im November 1918 von seinem Käufer den Kaufpreis mit 11110 ℳ erhalten hat. Gleichgültig ist es auch, was er mit dem Gelde macht, ob er es alsbald in Franken umgewechselt und dann noch einen Gewinn erzielt hat. Er hat keinesfalls mehr erhalten, als den Kaufpreis, auf den er seinem Käufer gegenüber Anspruch hatte. Die Sache war dadurch für ihn erledigt. Selbstverständlich müßte er deshalb aber den ganzen Betrag, den die Beklagte als Entschädigung des Verlustes zu zahlen hat, an seinen Käufer, als den Versicherten, dem dann allein noch der Anspruch auf die Entschädigung zusteht, abführen.

---

19. 1. Kann, nachdem eine Kommanditgesellschaft infolge des Todes ihres einzigen persönlich haftenden Gesellschafters in den Stand der Auflösung getreten ist, die Abwicklungsgesellschaft, bestehend aus den Erben des verstorbenen Komplementars und den Kommanditisten, durch Aufnahme eines Dritten als neuen Komplementars die alte Kommanditgesellschaft wiederherstellen?

2. Welche Wirkung hat solche Wiederherstellung bei gleichzeitiger Änderung der Gesellschaftsfirma durch Einfügung des Namens

des neuen statt des verstorbenen Komplementars für die grundbuchmäßige Behandlung der Grundstücke der Kommanditgesellschaft?

VII. Zivilsenat. Urt. v. 15. Dezember 1922 i. S. Kommanditgesellschaft Zuckerraffinerie Hamburg-Schulau von E. B. & Co. (Kl.) w. Preuß. Staat (Bekl.). VII 13/22.

I. Landgericht Kiel. — II. Oberlandesgericht daselbst.

Die Klägerin ist auf Grund einer Auflassung im Grundbuche als Eigentümerin verschiedener Grundstücke eingetragen worden, als deren Eigentümerin vorher die Kommanditgesellschaft in Firma Zuckerraffinerie Hamburg-Schulau von M. & Co. in Hamburg eingetragen war. Die Gerichtskasse in Bl. forderte darauf gemäß Tarifstelle 8 preuß. StempStG. einen Auflassungsstempel von 8750 *M*. Diesen von ihr gezahlten Stempel verlangte die Klägerin mit der Klage zurück. Sie machte namentlich geltend: sie stelle nur eine Fortsetzung der früher im Grundbuch eingetragenen Gesellschaft und nicht ein neues Rechtssubjekt dar. Dies folgerte sie aus Verträgen, die nach dem am 10. August 1915 erfolgten Tode des einzigen persönlich haftenden Gesellschafters der genannten Firma, des Senators A. M., von den bisherigen Kommanditisten mit außerhalb der Gesellschaft stehenden Personen, nämlich dem Kaufmann B. als neuem persönlich haftenden Gesellschafter und mit mehreren neu hinzutretenden Kommanditisten abgeschlossen sind. Nach Ansicht der Klägerin hat es sich bei ihrer Eintragung im Grundbuche nicht um den Fall einer freiwilligen Veräußerung, sondern nur um eine Grundbuchberichtigung gehandelt. Der Beklagte vertrat dagegen den Standpunkt, daß die Klägerin nicht die alte Gesellschaft fortsetze, sondern eine neu gegründete Gesellschaft sei.

Die Vorinstanzen wiesen die Klage ab. Die Revision der Klägerin hatte Erfolg.

Gründe:

Der mit der Klage zurückgeforderte Stempel ist innerhalb des preußischen Staatsgebietes für eine am 19. Juni 1919 vollzogene Auflassung erhoben worden. Für die steuerrechtliche Behandlung der Auflassung war daher noch das preußische Stempelsteuergesetz in der Fassung vom 30. Juni 1909 maßgebend (vgl. Grunderwerbsteuergesetz vom 12. September 1919 — RGBl. S. 1617 — § 37). Der Stempel der Tarifst. 8 preuß. StempStG. wäre zu Unrecht zum Ansatz gelangt, wenn es sich bei der Auflassung in Wirklichkeit nicht um einen Fall freiwilliger Grundstücksveräußerung, sondern darum gehandelt hätte, den Inhalt des Grundbuches mit einem außerhalb des Grundbuchverkehrs zustande gebrachten Rechtsbestande in Einklang zu setzen, und letzterer Fall wäre gegeben, wenn die klagende Gesellschaft rechtlich nur eine Fortsetzung der früher im Grundbuch unter der Firma Zuckerraffinerie Hamburg-Schulau von M. & Co. eingetragenen Kommanditgesellschaft darstellte, also mit dieser identisch wäre.

Im Berufungsurteil ist auf die durch Verträge vom März 1916 vorgenommene Ordnung der gesellschaftlichen Verhältnisse nicht näher eingegangen. Das Urteil verneint die Frage, ob eine Fortsetzung der alten, durch den Tod des einzigen persönlich haftenden Gesellschafters M. aufgelösten Kommanditgesellschaft zustande gekommen ist, und nimmt Bildung einer neuen Gesellschaft an, weil der neu eingetretene Komplementar — E. B. — nicht aus der Zahl der bisherigen Gesellschafter oder der Erben des verstorbenen Gesellschafters entnommen wurde, sondern außerhalb der alten Gesellschaft stand. Diesem Entscheidungsgrunde kann, wie darzulegen sein wird, nicht beigepflichtet werden. Indes ist gegenwärtig eine den Rechtsstreit abschließende Entscheidung nicht möglich, weil der erhebliche Sachverhalt noch nicht genügend geklärt ist. Nach Inhalt der Abschriften der Verträge vom März 1916 gewinnt es den Anschein, daß lediglich seitens der Kommanditisten der in der Auflösung begriffenen alten Gesellschaft ohne Mitwirkung der Erben des verstorbenen Komplementars Vereinbarungen mit fünf bisher der Gesellschaft nicht angehörigen Personen über den Eintritt einer dieser Personen als neuen Komplementars und von vier dieser Personen als neuer Kommanditisten getroffen worden sind. Nach Anführung der Klägerin in zweiter Instanz sollen dagegen bei den Vereinbarungen die Erben des Senators M. durch eine Kommanditistin der alten Gesellschaft, die Witwe M., vertreten worden sein. Beide Fälle unterscheiden sich untereinander wesentlich und sind verschieden zu beurteilen.

Als der Senator M. starb, trat die Kommanditgesellschaft in den Stand der Auflösung, da im Gesellschaftsvertrage eine Fortsetzung der Gesellschaft mit den Erben des persönlich haftenden Gesellschafters nicht vorgesehen war. Die Gesellschaft ging aber noch nicht unter, sondern blieb als Abwicklungsgesellschaft zum Zwecke der Verteilung ihres Vermögens nach Tilgung ihrer Schulden erhalten. An dieser Abwicklungsgesellschaft waren neben den Kommanditisten auch die Erben des Komplementars beteiligt, die, unter sich durch das Band der Erbengemeinschaft zusammengehalten, die gesellschaftliche Mitgliedschaft ihres Erblassers zwar nicht in den personenrechtlichen, wohl aber in den vermögensrechtlichen Beziehungen vertraten und fortsetzten (vgl. auch § 146 Abs. 1 HGB.). Die Einheit und Selbständigkeit des Gesellschaftsvermögens blieb erhalten. Dies Vermögen stand den an der Abwicklungsgesellschaft Beteiligten in der gleichen Rechtsform „zur gesamten Hand" zu, in der bis zum Tode des Senators M. die Anteilsrechte der Gesellschafter bestanden hatten.

An der Hand der Vorschriften der §§ 130, 134, 137, 139, 144, 161 HGB. ist in Rechtslehre und Rechtsprechung anerkannt, daß die Abwicklungsgemeinschaft einer aufgelösten offenen Handelsgesellschaft oder Kommanditgesellschaft sich im Laufe der Liquidation wieder in eine produktive Gesellschaft, und zwar der einen oder anderen soeben bezeichneten Art zurückverwandeln und damit die Fortsetzung der aufgelösten Gesellschaft in ihrer alten oder in ähnlicher Form herbeiführen kann (vgl. Staub-Koenige HGB. § 105 Anm. 48 flg., § 131 Anm. 2, Anh. zu § 177 Anm. 9, 10; Düringer-Hachenburg HGB. Bd. 4, Einl. Anm. 183 flg., § 131 Anm. 7, § 156 Anm. 10, 11, § 177 Anm. 11 flg., RGZ. Bd. 55 S. 126; Warneyer 1915 Nr. 154; KGJ. Bd. 25 A S. 78, Bd. 26 A S. 219, Bd. 27 B S. 36, Bd. 44 A S. 128; Entsch. d. RFH. Bd. 1 S. 261). Auch das Berufungsurteil gedenkt dieses Grundsatzes, es stellt auch fest, daß im vorliegenden Falle im März 1916 die Geschäfte der alten Gesellschaft noch nicht abgewickelt waren, sodaß eine Zurückverwandlung der Abwicklungsgesellschaft in eine Kommanditgesellschaft noch möglich war. Als bedeutungslos für die Frage, ob solche Zurückverwandlung wirksam erfolgt ist, bezeichnet das Urteil die Tatsachen, daß neue Kommanditisten der Gesellschaft beigetreten sind und eine bisherige Kommanditistin ausgeschieden ist. Ein entscheidendes Hindernis, die Frage zu bejahen, erblickt aber das Urteil in dem Umstande, daß hier der neue persönlich haftende Gesellschafter, „der eigentliche Träger der gesellschaftlichen Haftung," „das Rückgrat der Gesellschaft," ein außerhalb des Kreises der Abwicklungsgesellschaft stehender Dritter war. Allein so unbedenklich der Komplementar wegen der Unbeschränktheit seiner Haftung grundsätzlich als Hauptperson, als Rückgrat der Kommanditgesellschaft betrachtet werden darf, kann doch aus diesem Gesichtspunkte die Frage nicht gelöst werden, ob vorliegend durch die Vereinbarungen vom März 1916 die alte Gesellschaft wieder hergestellt und fortgesetzt oder eine neue Gesellschaft gegründet wurde. Von maßgeblicher Bedeutung für diese Frage ist vielmehr die Rechtsform des Beteiligungsverhältnisses der Mitglieder der Abwicklungsgesellschaft. Wie keinem Zweifel unterliegt, sind bei einer produktiven offenen Handelsgesellschaft oder Kommanditgesellschaft Änderungen im Personenbestande durch Ausscheiden bisheriger Mitglieder oder durch Eintritt neuer Mitglieder zulässig, ohne daß dadurch die Identität der Handelsgesellschaft berührt wird. Dies ist mit Sicherheit aus den Vorschriften der §§ 24, 107, 138 flg., 159, 130, 161 HGB. nachweisbar (vgl. auch Düringer-Hachenburg § 130 Anm. 1) und läßt sich innerlich als Ausfluß eines für die gesellschaftliche Gesamthand allgemein geltenden Grundsatzes erklären. Das Rechtsverhältnis der Gesellschaft gestattet einen Wechsel im Bestand der Mitgliedschaft. Im Falle solchen Wechsels tritt eine Änderung der dinglichen Mitberechtigung an den Gegenständen des Gesellschaftsvermögens auf dem Wege der An- und Abwachsung ein (vgl. Düringer-Hachenburg: Einl. Anm. 165). Da nun bei Auflösung der Kommanditgesellschaft durch den Tod des Komplementars die alte Gesellschaft, wenn auch mit gewissen Änderungsmaßgaben, in der Abwicklungsgesellschaft noch fortbesteht, und da vor allem auch noch die Abwicklungsgesellschaft von der Rechtsform der Gesamthand beherrscht wird, ist nicht abzusehen, warum nicht die im Abwicklungsstadium noch zulässige Zurückverwandlung in die alte produktive Kommanditgesellschaft durch Aufnahme und Eintritt eines außenstehenden Dritten als Komplementars vollzogen werden darf. Begrifflich ist nicht auszuschließen, daß der Gesellschaft noch im Stande der Abwicklung ein neues Mitglied beitritt (Staub-Koenige § 156 Anm. 22; Wimpfheimer, Die Gesellschaften des Handelsrechts im Stadium der Liquidation S. 65). Rechtlich ist der hier betretene Weg namentlich durch den Fortbestand der Gesamthand zu begründen, und praktisch spricht für ihn, daß damit ein der inneren Notwendigkeit entbehrender Umweg vermieden wird. Das gleiche Ziel könnte nämlich von der Abwicklungsgesellschaft dadurch erreicht werden, daß eines ihrer Mitglieder Komplementar wird, und sodann unter Wiederausscheidung dieses ein außerhalb der Gesellschaft Stehender als Komplementar aufgenommen wird. Die im vorliegenden Falle erfolgte Firmenänderung ist für die Frage der Gesellschaftsidentität belanglos (vgl. § 24 HGB.). Unbedenklich und im Einklang mit dem Berufungsurteil ist endlich anzunehmen, daß durch den hier vorgekommenen Beitritt neuer Kommanditisten die Identität der Gesellschaft nicht berührt wurde.

Immerhin läßt sich die Deutung, daß durch die Verträge vom März 1916 die alte Kommanditgesellschaft wieder ins Leben gerufen und fortgesetzt wurde, nur rechtfertigen, wenn die Aufnahme des neuen Komplementars B. und neuer Kommanditisten auf eine Willensentschließung aller Mitglieder der Abwicklungsgesellschaft zurückzuführen wäre. Die Kommanditisten der alten Gesellschaft waren ohne Zuziehung der Erben des Senators M. zur wirksamen Vertretung der Abwicklungsgesellschaft nicht legitimiert. Sollten sich lediglich diese Kommanditisten mit B. und vier weiteren Personen gesellschaftlich zusammengeschlossen haben, so würde darin nicht eine Zurückwandlung in die alte Gesellschaft, sondern die Bildung einer neuen Gesellschaft gefunden werden müssen.

---

20. Haftet der Liquidator einer Gewerkschaft Gothaischen Rechts, der mit einem Dritten einen über den Liquidationszweck hinausgehenden Vertrag abschließt, ohne daß ihn dabei ein Verschulden trifft, dem Dritten, sei es auf Erfüllung oder auf Schadensersatz?

V. Zivilsenat. Urt. v. 16. Dezember 1922 i. S. G. (Kl.) w. D. u. W. (Bekl.). V 21/22.

I. Landgericht Hannover. — II. Oberlandesgericht Celle.

Am 14. November 1910 wurde in einer Gewerkenversammlung der Gothaischen Gewerkschaft „L." die Auflösung der Gewerkschaft und die Ernennung des Beklagten W., des Bankiers Gustav D. und des Senators a. D. Julius Fr. zu Liquidatoren der aufgelösten Gewerkschaft beschlossen. Dieser Beschluß wurde in einer zweiten Gewerkenversammlung vom 6. Dezember 1910 dahin abgeändert, daß die Liquidation der Gewerkschaft wieder aufgehoben und der Bankier D. zum Vorsitzenden und der Beklagte W. zum stellvertretenden Vorsitzenden bestellt wurden. Beide Beschlüsse wurden durch das Bergamt in Gotha in der Gothaer Zeitung veröffentlicht. Am 29. März 1911 schlossen D. und W. handelnd als Grubenvorstand der Gewerkschaft „L." namens dieser mit dem Kläger einen notariellen Vertrag, wonach der Kläger seinen Geschäftsanteil an einer anderen Bergbaugesellschaft für 20000 ℳ an die Gewerkschaft „L." abtrat und diese sich außer zur Zahlung des Kaufpreises verpflichtete, eine Fundprämie von 35000 ℳ an ihn zu zahlen, wenn in dem Gebiete jener Gesellschaft durch Bohrung Kali angetroffen würde, welches bezüglich der angetroffenen Salze und des vorhandenen Deckgebirges abbauwürdig wäre.

Der Kläger machte geltend, daß die Bedingungen für die Zahlung dieser Fundprämien an sich eingetreten seien, die Gewerkschaft „L." dafür aber nicht in Anspruch genommen werden könne, da der Beschluß, durch den ihre Auflösung wieder rückgängig gemacht worden sei, ungültig gewesen sei, sie sich daher bei Abschluß des Vertrags noch im Zustande der Liquidation befunden habe und als Liquidationsgewerkschaft zum Abschluß eines solchen über den Rahmen des Liquidationszwecks hinausgehenden Vertrags rechtlich nicht in der Lage gewesen sei. Der Kläger nahm infolgedessen den Beklagten W. und die beklagte Witwe D., diese als alleinige testamentarische Erbin ihres verstorbenen Ehemannes, auf Erfüllung des Vertrags oder Schadensersatz in Anspruch, indem er anführte, D. und W. seien infolge Ungültigkeit des Beschlusses vom 6. Dezember 1910 tatsächlich nicht Vorstandsmitglieder der Gewerkschaft „L." gewesen, hätten also bei Abschluß des Vertrags als Vertreter ohne Vertretungsmacht gehandelt, hafteten aber für Schadensersatz auch deswegen, weil sie ihren Auftrag als

Liquidatoren überschritten hätten, auf Grund des § 140 des Gothaischen Berggesetzes, eventuell auf Grund unerlaubter Handlung. Die Beklagten haben ihre Verpflichtung aus rechtlichen Gründen bestritten, aber auch in Abrede gestellt, daß die im Vertrage vorgesehene tatsächliche Bedingung für die Zahlung der Fundprämie gegeben sei. Das Landgericht hat die Klage abgewiesen. Die Berufung ist zurückgewiesen worden. Die Revision des Klägers hatte Erfolg.

Gründe:

Der Berufungsrichter läßt dahingestellt, ob der Vertrag vom 29. März 1911, den D. und W. als angeblicher Grubenvorstand der Gewerkschaft „L." in deren Namen mit dem Kläger abgeschlossen haben, gegenüber der genannten Gesellschaft wirksam war oder ob er dieser Wirksamkeit um deswillen entbehrte, weil die Gewerkschaft sich im Liquidationszustande befand und deshalb nicht durch ihre früheren Vorstandsmitglieder, sondern durch die Gesamtheit der Liquidatoren, zu denen außer D. und W. noch ein Dritter gehörte, gesetzlich vertreten wurde, und auch diese Liquidatoren neue Geschäfte nur zur Beendigung schwebender Geschäfte eingehen konnten (§ 149 Gothaisches Berggesetz vom 23. Oktober 1899, GS. S. 125 flg.). Er gelangt bei Unterstellung sowohl des einen wie des anderen Falles zur Abweisung der Klage, und zwar im ersten Falle um deswillen, weil aus einem im Namen eines anderen mit Rechtswirksamkeit für diesen abgeschlossenen Vertrage nur der Vertretene, nicht aber der Vertreter berechtigt und verpflichtet wird (§ 164 BGB.), auch eine Gewähr für die Zahlungsfähigkeit der Gewerkschaft von den Vertretern nicht übernommen worden sei; im anderen Falle, weil die §§ 149, 140 Goth. Berggeſ., sowie die Vorschriften des BGB. über unerlaubte Handlungen, auf welche die Klage in erster und zweiter Linie gestützt werde, ein Verschulden voraussetzten, das, wie der Berufungsrichter näher darlegt, nicht dargetan sei, während für die Haftung aus § 179 BGB. die gesetzlichen Voraussetzungen nicht gegeben seien.

Soweit diese Ausführungen dahin gehen, daß die §§ 149, 140 Goth. Berggeſ. ein Verschulden der Liquidatoren voraussetzen, können sie in dieser Instanz nicht nachgeprüft werden, da, wie der Senat wiederholt ausgesprochen hat (zuletzt in JW. 1920 S. 54) das genannte Landesgesetz, im Gegensatze zu dem älteren Gothaischen Landesgesetze, nicht revisibel ist. Soweit ferner vom Berufungsrichter die Anwendbarkeit der Vorschriften des BGB. über unerlaubte Handlungen mit der Begründung verneint wird, daß ein Verschulden von D. und W. darin, daß sie als Vertreter der Gewerkschaft aufgetreten seien, nicht gefunden werden könne, liegen die Ausführungen auf tatsächlichem Gebiete und unterliegen deshalb nicht der Nachprüfung in der Revisionsinstanz.

Die Anwendbarkeit des § 179 BGB., auf welche die Haftbarkeit von D. und W. für den vom Berufungsrichter unterstellten Fall, daß der Vertrag gegenüber der Gewerkschaft nicht wirksam war, in letzter Linie gegründet wird, verneint der Berufungsrichter mit der Begründung, daß zwar D. und W. in diesem Falle als Vertreter ohne Vertretungsmacht gehandelt hätten, daß aber das weitere Tatbestandsmerkmal des § 179, die Verweigerung der Genehmigung von seiten der vertretenen Gewerkschaft, nicht vorliege. Es gehe nicht an, dieser Verweigerung der Genehmigung den Umstand gleichzusetzen, daß der Vertrag durch eine Genehmigung überhaupt nicht geheilt werden konnte, weil es sich um einen Vertrag handelte, der von einer Liquidationsgesellschaft gar nicht abgeschlossen werden konnte. Haftungsgrund des § 179 sei, daß das Vertrauen des Dritten, mit dem der Vertrag abgeschlossen werde, in die Vertretungsmacht des sich als Vertreter Ausgebenden getäuscht sei und er durch diese Täuschung Schaden erleide. Die Täuschung müsse die Ursache des Schadens, und zwar die alleinige, gewesen sein. Dies treffe dann nicht zu, wenn, wie hier, die Ursache der Schädigung des Dritten nicht allein der Mangel der Vertretungsmacht, sondern auch der Inhalt des mit ihm abgeschlossenen Vertrags bilde, sodaß der Dritte auch dann geschädigt worden wäre, wenn der Vertreter Vertretungsmacht besessen hätte. Eine Ausdehnung der Haftung auf nicht genehmigungsfähige Verträge würde zu einer unbilligen Beschwerung des schuldlosen Vertreters führen, während bei schuldhaftem Verhalten des falschen Vertreters es der Anwendung des § 179 in den meisten Fällen nicht bedürfen würde, weil er schon aus anderen Rechtsgründen haften würde. Aus diesen Gründen erachtet der Berufungsrichter eine Haftung des D. und des W. auch dann nicht für begründet, wenn man annehme, daß diese nicht im Namen der Liquidationsgewerkschaft, sondern im Namen der nach ihrer Ansicht durch den Beschluß vom 6. Dezember 1910 wieder ins Leben gerufenen werbenden Gewerkschaft gehandelt hätten, also im Falle der Ungültigkeit dieses Beschlusses im Namen einer in Wirklichkeit gar nicht existierenden Rechtspersönlichkeit. Denn der in der Literatur vertretenen Ansicht, daß in solchem Falle der falsche Vertreter dem Dritten nach § 179 hafte, erklärt der Berufungsrichter sich nicht anschließen zu können; auch hier treffe die Erwägung zu, daß eine solche Haftung für den schuldlosen Vertreter eine unbillige Härte bedeuten würde, die auch durch das Interesse des Dritten nicht geboten erscheine.

Daß eine unmittelbare Anwendung des § 179 BGB. dann nicht in Frage kommen kann, wenn der von dem Vertreter ohne Vertretungsmacht abgeschlossene Vertrag schon aus anderen Gründen, als wegen des Mangels der Vertretungsmacht, insbesondere wegen mangelnder Rechtsfähigkeit des Vertretenen, für den Vertretenen unverbindlich sein würde, hat bereits der VII. Zivilsenat des Reichsgerichts in dem Urteile vom 30. April 1909 (Recht 1909 Nr. 1841) ausgesprochen und mit der Stellung des Paragraphen im Zusammenhange des BGB. sowie mit seinem Wortlaute begründet. Daran ist festzuhalten. § 179 schließt sich an die §§ 177, 178 an, welche die Wirksamkeit eines von einem Vertreter ohne Vertretungsmacht im Namen eines anderen abgeschlossenen Vertrags für den Vertretenen regeln und diese Wirksamkeit lediglich von der Genehmigung des Vertretenen abhängig machen, also Verträge voraussetzen, die durch diese Genehmigung rechtswirksam zustande kommen, sodaß bis zur Entscheidung über die Erteilung oder Verweigerung der Genehmigung ein Schwebezustand besteht, während dessen es ungewiß ist, ob der Vertrag nicht noch wirksam zustande kommen wird. Ganz im Einklange damit stellt der § 179, der den gleichen Fall eines von einem Vertreter ohne Vertretungsmacht abgeschlossenen Vertrags, aber hinsichtlich der Haftung des Vertreters regelt, für diese Haftung die Voraussetzung auf, daß der Vertretene die Genehmigung des Vertrags verweigert hat und dadurch festgestellt worden ist, daß der Vertrag für ihn nicht rechtswirksam zustande kommt. Das Gesetz begründet also unmittelbar eine Gewährleistung des vollmachtlosen Vertreters nur dafür, daß der Mangel der Vollmacht durch die nachträgliche Genehmigung des Vertretenen behoben wird, nicht dagegen für andere Mängel, die das Zustandekommen des Vertrags hindern, insbesondere für die Rechtsfähigkeit des Vertretenen. Dabei hat jedoch das erwähnte reichsgerichtliche Urteil die Frage ausdrücklich offen gelassen und dem Tatrichter zur Beantwortung überwiesen, ob nicht „unter den besonderen Umständen des Falles das Verkehrsinteresse in folgerichtiger Durchführung der in § 179 zum Ausdruck gebrachten Rechtsgedanken eine analoge Anwendung dieser gesetzlichen Bestimmung auch im Falle des Nichtbestehens der angeblich vertretenen Person" — es handelte sich damals darum, daß die vertretene Gewerkschaft infolge Versagung der landesherrlichen Genehmigung nicht zur Entstehung gelangt war — „fordere". Auch in RGZ. Bd. 73 S. 98 ist die Frage dahingestellt gelassen. Von anderer Seite wird die entsprechende Anwendung des § 179 auf den Fall des Vertragsabschlusses im Namen einer „nicht existierenden Person" grundsätzlich befürwortet; so im Komm. v. RGRäten zu § 179 A. 1 Abs. 2; Meyer im Recht 1910 S. 695; Strucksberg in L. Zeitschr. 1912 S. 378; auch Flad bei Planck zu § 179 Erl. 6 c α; während Hupka, Die Haftung des Vertreters ohne Vertretungsmacht, S. 173 unter c, und Staudinger zu § 179 Erl. 3a Abs. 3, sowie OLG. Celle in Seuff. Arch. Bd. 64 S. 218 die Anwendung des § 179 auf einen solchen Fall für ausgeschlossen erklären.

Was nun den hier vorliegenden Fall angeht, so ist für die Revisionsinstanz zu unterstellen, daß der Vertrag vom 29. März 1911 für die Gewerkschaft „L." unverbindlich war, weil diese Gewerkschaft sich damals — ungeachtet des den Eintritt in die Liquidation rückgängig machenden, aber unwirksamen Beschlusses vom 6. Dez. 1910 — im Liquidationszustande befand und in diesem Zustande einmal nicht durch ihre früheren Vorstandsmitglieder D. und W. als solche, sondern nur durch sie als Liquidatoren in Gemeinschaft mit einem Dritten vertreten wurde, ferner aber ein über den Liquidationszweck hinaus gehendes Geschäft, wie es in dem Vertrage vorgesehen war, nicht abschließen konnte. Von diesen beiden Mängeln hätte der zuerst genannte durch die Genehmigung des dritten Liquidators, der bei dem Abschlusse des Vertrags nicht mitgewirkt hatte, geheilt werden können und würde, falls lediglich infolge der Verweigerung dieser Genehmigung der Vertrag für die Gewerkschaft nicht wirksam geworden wäre, der unmittelbaren Anwendung des § 179 nichts entgegengestanden haben. Dagegen muß für die Revisionsinstanz davon ausgegangen werden, daß wegen des an zweiter Stelle genannten Mangels das Geschäft für die Gewerkschaft überhaupt nicht, insbesondere nicht durch eine Genehmigung von seiten der Gewerkenversammlung, wirksam werden konnte. Zwar wird, soweit reichsrechtliche Vorschriften in Betracht kommen, im Schrifttum die Ansicht vertreten, daß durch die Bestimmungen, welche den Abschluß von Geschäften für Vereine und Gesellschaften des bürgerlichen wie des Handelsrechts, die sich im Stadium der Liquidation befinden, einschränken (§§ 49 Abs. 1 Satz 2, 730 Abs. 2 BGB., §§ 149, 298 HGB., § 70 GmbHG.), nicht die Rechts- oder Geschäftsfähigkeit der Vereine und Gesellschaften in diesem Stadium beschränkt, sondern nur eine Grenze für die Vertretungsmacht der Liquidatoren gezogen werde und daß deshalb auch solche Geschäfte, welche durch die Liquidatoren in Überschreitung dieser Grenze abgeschlossen worden sind, wirksam werden durch Genehmigung der ordentlichen Gesellschaftsorgane, die den Geschäftskreis der Liquidatoren erweitern können. Vgl. darüber Wimpfheimer, Die Gesellschaften des Handels- und des bürg. Rechts im Stadium der Liquidation (Fischers Abhandlgn. Bd. 17 Heft 2) Kap. 5 S. 135 flg., besonders 163 flg. u. 195; ferner Staub-Koenige HGB. zu § 149 A. 16a; 151 A. 5; 298 A. 7; Düringer-Hachenburg zu § 149 A. 26; Staub-Hachenburg GmbHG. § 60 A. 4; 70 A. 19. Hierauf beruht es auch, daß sowohl Staub-Koenige (zu § 149 A. 37), wie Staub-Hachenburg (zu § 70 A. 19) den § 179 ohne weiteres auf Geschäfte anwenden, die von den Liquidatoren unter Überschreitung ihrer gesetzlichen Vollmacht getätigt sind, falls die Gesellschaftsorgane die Genehmigung verweigern. Auch für die Gewerkschaften des Preußischen ABG. vertritt Isay (zu § 134 A. 2a, S. 769 u. A. 16 Abs. 5, S. 771) die Ansicht, daß

Geschäfte der Liquidatoren, die den Liquidationszweck überschreiten, nicht absolut nichtig sind, sondern nach §§ 177 flg. BGB. von der Zustimmung der Gewerkenversammlung abhängen.

Im vorliegenden Falle handelt es sich indessen, wie oben schon hervorgehoben ist, um eine Gewerkschaft Gothaischen Rechts und für diese hat der Berufungsrichter auf Grund einer in der Revisionsinstanz nicht nachprüfbaren Auslegung des Gothaischen Berggesetzes von 1899 ausdrücklich festgestellt, daß D. und W. zum Abschlusse des Vertrags nicht nur in ihrer Eigenschaft als Liquidatoren auf Grund des § 149 des Gesetzes nicht ermächtigt waren, sondern auch nicht ermächtigt werden konnten und daß deshalb der Vertrag von vornherein unheilbar nichtig gewesen ist, also ein genehmigungspflichtiger Vertrag nicht vorlag.

Ist sonach dem Berufungsrichter insoweit zuzustimmen, als er die unmittelbare Anwendung des § 179 auf den vorliegenden Fall ablehnt, so ist doch der erkennende Senat der Ansicht, daß der dieser Gesetzesvorschrift zugrunde liegende Rechtsgedanke ihre entsprechende Anwendung auf rechtsähnliche Fälle im Wege der Analogie zuläßt und daß ein solcher rechtsähnlicher Fall auch hier vorliegt. Dieser Rechtsgedanke geht dahin, daß derjenige, der im geschäftlichen Verkehr als Vertreter eines Anderen einem Dritten gegenübertritt, Beziehungen zu diesem Anderen kundgibt, auf Grund deren in dem Dritten das Vertrauen erweckt wird, daß durch den Abschluß mit dem Vertreter das Geschäft für den Vertretenen wirksam zustande komme, und daß, wenn dieses Vertrauen, wiewohl ohne subjektives Verschulden des als Vertreter Aufgetretenen, getäuscht wird, dieser wegen der durch sein Auftreten entstandenen Gefährdung des Dritten haftbar sein muß, sei es für das Erfüllungs- oder wenigstens für das negative Vertragsinteresse (sog. „culpa in contrahendo", vgl. Motive zum I. Entwurfe eines BGB. Bd. 1 S. 243 zu §§ 123—125 des Entwurfs unter 2b; RGZ. Bd. 6 S. 258). Dieser Gedanke des im Verkehrsinteresse erforderlichen Vertrauensschutzes gegenüber demjenigen, der im Namen einer anderen Person ein Rechtsgeschäft abschließt, ist im BGB. und in sonstigen Reichsgesetzen nicht nur für den einzelnen Fall des Handelns ohne Vertretungsmacht (§ 179), sondern auch in solchen Fällen anerkannt, in denen das Vertrauen des Dritten fälschlich in der Richtung erweckt wird, daß hinter dem als Vertreter Handelnden eine zum Abschlusse des Geschäfts als Vertragspartei rechtlich befähigte Person stehe. So erklärt § 54 BGB. denjenigen für persönlich haftbar, der im Namen eines nicht rechtsfähigen Vereins einem Dritten gegenüber ein Rechtsgeschäft vornimmt; ferner § 200 HGB. denjenigen, der für eine Aktiengesellschaft vor ihrer Eintragung in das Handelsregister handelt, ebenso § 11 GmbHG. für eine Gesellschaft m. b. H. vor deren

Eintragung. Mit diesen Vorschriften zusammengehalten erscheint auch der § 179 BGB. nicht als eine vereinzelte Vorschrift, die auf den darin ausdrücklich geregelten Fall zu beschränken wäre, sondern als Ausfluß eines allgemeinen, in dem inneren Zusammenhange der Einzelvorschriften des Gesetzes begründeten Rechtsgedankens.

Dieser Gedanke trifft aber nicht nur in dem schon durch die bisherige Rechtslehre und Rechtsprechung für die entsprechende Anwendung ins Auge gefaßten Falle zu, daß die angeblich vertretene Person nicht existiert, — ein Fall der hier nicht, wie der Berufungsrichter annimmt, vorliegt, da die Gewerkschaft, in deren Namen gehandelt wurde, durch den Eintritt in die Liquidation nicht untergegangen ist — sondern ebensowohl in dem hier vorliegenden Falle, wo die vertretene Person zwar existiert, aber zum Abschlusse eines derartigen Geschäfts, wie es in ihrem Namen vorgenommen worden, rechtlich nicht befähigt ist. Es ist kein innerer Grund ersichtlich, warum der als Vertreter Aufgetretene, der durch sein Auftreten das Bestehen näherer Beziehungen zwischen ihm und der vertretenen Person kundgegeben hat, dem außenstehenden Dritten nicht hierfür ebenso haftbar sein sollte, wie für die Verweigerung der Genehmigung durch die vertretene Person im Falle eines genehmigungsfähigen Vertrags. Diese Haftung kann, in entsprechender Anwendung des § 179, im vorliegenden Falle zwar, da der Berufungsrichter festgestellt hat, daß D. und W. den Mangel ohne Verschulden nicht gekannt haben, nicht nach Abs. 1 zu der mit der Klage in erster Linie geltend gemachten Verurteilung zur Erfüllung, wohl aber zu der in zweiter Linie beantragten Verurteilung zum Schadensersatze in Geld, wenn auch nur in dem in Abs. 2 bestimmten beschränkten Umfange, führen.

---

21. Kann wegen einer vollstreckbaren Forderung auf Zahlung einer in ausländischer Währung ausgedrückten Geldschuld eine Sicherungshypothek gemäß § 866 ZPO. eingetragen werden?

V. Zivilsenat. Beschl. v. 16. Dezember 1922 in der W.'schen Grundbuchsache München. V 3/22.

I. Grundbuchamt München. — II. Landgericht daselbst.

Gründe:

In einem Rechtsstreit der Beschwerdeführerin, der Eidgenössischen Bank AGes. in Z., gegen den Fabrikanten M. in M. war vor dem Prozeßgericht ein Vergleich dahin geschlossen, daß der Beklagte sich zur Zahlung von 13651 Schweizer Franken nebst Zinsen am 1. Mai 1922 verpflichtete. Auf Grund dieses Vergleichs beantragte die Beschwerdeführerin in einem am 2. August 1922 eingegangenen Antrage vom 1. desselben Monats unter der Angabe, daß der Beklagte ihr noch 11 200,20 Schweizer Franken schulde und daß der Auszahlungswert von 100 solcher Franken am 31. Juli 1922 sich auf 12 715,90 ℳ belaufen habe, auf zwei Anwesen des M. je eine Zwangshypothek in Höhe von 643 379 ℳ für sie einzutragen. Das Grundbuchamt beanstandete diesen Antrag, da der Umrechnung gemäß § 244 Abs. 2 BGB. der auf den 1. Mai 1922 im Vergleich vereinbarte Zahlungstag zugrunde zu legen sei. Die Beschwerde der Gläubigerin wurde aus dem gleichen Grunde zurückgewiesen. Die Gläubigerin hat hiergegen unter Berufung auf den Beschluß der Vereinigten Zivilsenate des Reichsgerichts vom 24. Januar 1921 (RGZ. Bd. 101 S. 312) weitere Beschwerde eingelegt. Das Oberste Landesgericht in München war geneigt, der weiteren Beschwerde stattzugeben, sah sich aber hieran durch den Beschluß des Kammergerichts vom 4. Mai 1922 (OLG. Bd. 42 S. 163) gehindert und hat die Sache daher gemäß § 79 Abs. 2 GBO. dem Reichsgericht vorgelegt.

Dem Rechtsmittel kann nicht stattgegeben werden, da eine dem Antrage der Beschwerdeführerin entsprechende Eintragung in das Grundbuch auf Grund des vorliegenden Schuldtitels nicht erfolgen kann. Im einzelnen gilt folgendes:

1. Die Voraussetzungen des § 79 Abs. 2 GBO. sind gegeben. Das Oberste Landesgericht in München und das Kammergericht (I. Zivilsenat) in dem Beschlusse vom 4. Mai 1922 sind zwar übereinstimmend der Ansicht, daß eine Forderung auf Zahlung einer in ausländischer Währung ausgedrückten Geldschuld eine „Geldforderung" im Sinne des 2. Abschnittes des 8. Buchs der ZPO. darstellt, die Zwangsvollstreckung ihretwegen sich also nach den Vorschriften der §§ 803 flg. das. bestimmt. Während aber das Oberste Landesgericht hieraus den Schluß zieht, daß danach die Eintragung einer Sicherungshypothek gemäß §§ 866 flg. ebenda auf den einseitigen Antrag des Gläubigers erfolgen kann, nimmt das Kammergericht an, daß die an sich zulässige Eintragung einer solchen Hypothek sich nur verwirklichen lasse, wenn für die von dem antragstellenden Gläubiger vorzunehmende Umrechnung der Forderung in inländische Währung kraft besonderer Vereinbarung ein Zeitpunkt zugrunde gelegt werden kann, der mit der Eintragung zusammenfällt oder vor ihr liegt. Der Streit betrifft die Auslegung einer das Grundbuchrecht betreffenden reichsgesetzlichen Vorschrift. Denn wenn es sich bei der Eintragung einer Sicherungshypothek gemäß §§ 866 flg. ZPO. auch um eine Zwangsvollstreckungsmaßregel handelt, so wird doch das Grundbuchamt, soweit es hierbei in Tätigkeit tritt, als Grundbuchbehörde tätig; das Verfahren von der Ein-

bringung des Eintragungsantrags an richtet sich nach den Vorschriften der GBO. und die von ihm ergehenden Entscheidungen sind solche des Grundbuchamts im Sinne von § 79 GBO. (RGZ. Bd. 48 S. 242, 248; Bd. 78 S. 398, 406; KGJ. Bd. 24 S. A 214, Bd. 27 S. A 138, 140, Bd. 30 S. A 246, 248, Bd. 32 S. 273, 278, Bd. 43 S. 246, 247, Bd. 46 S. 18, 21).

2. Für die hiernach vom Reichsgericht zu treffende Entscheidung über die weitere Beschwerde bedarf es zunächst einer Erörterung, ob die Vollstreckung wegen einer Forderung der vorbezeichneten Art in der Tat nach Maßgabe des 2. Abschnittes des 8. Buches der ZPO. sich vollzieht oder nach anderen Vorschriften, insbesondere nach Bestimmungen des 3. Abschnittes (§§ 883 flg. das.). Im letzteren Falle wäre für die hier beantragte Eintragung einer Sicherungshypothek überhaupt kein Raum. Die Frage ist streitig. Sie wird grundsätzlich außer vom Obersten Landesgericht in München und dem Kammergericht (I. Zivilsenat) auch in den sonstigen veröffentlichten Entscheidungen anderer Oberlandesgerichte bejaht: vom Kammergericht (XXI. Zivilsenat) in JW. 1920 S. 657 Nr. 2, vom Oberlandesgericht Köln das. S. 910 und vom Oberlandesgericht Frankfurt ebenda 1921 S. 1328 (von denen das letztere allerdings nur eine entsprechende Anwendung der §§ 803 flg. für gegeben und die Eintragung einer Sicherungshypothek wegen einer Valutaforderung nicht für zulässig erachtet). Auf demselben Standpunkte stehen Brodmann in JW. 1921 S. 442 und Staudinger BGB. Gesamtnachtrag zur 7./8. Aufl. S. 73 Anm. 35. Von ihm gehen weiter aus Güthe GBO. 3. Aufl. Anm. 101 zu § 19 und Anm. 13 zu § 28, Turnau-Foerster Liegenschaftsrecht 3. Aufl. Bd. 1 S. 1049, Achilles-Strecker GBO. S. 96 und Anm. 2b zu § 28, Meikel GBO. 2. Aufl. Anm. 4b zu § 28, Arnheim GBO. 2. Aufl. Anm. 12 zu § 28, Gaupp-Stein ZPO. 10. Aufl. Anm. I 1 vor § 803, Seuffert ZPO. 11. Aufl. Vorbem. 1a vor § 803 für den Fall, daß der Gläubiger, der einen auf ausländische Währung lautenden Schuldtitel hat, Zahlung in Reichswährung mit der Zwangsvollstreckung erreichen will. Anderer Ansicht sind Nußbaum in JW. 1920 S. 16, 657, 891, 910 und 1921 S. 1328 sowie Weinhagen das. 1920 S. 595, die nur eine Zwangsvollstreckung gemäß § 887 ZPO. zulassen wollen. Wieder anderer Auffassung ist Wach ebenda 1920 S. 658, nach welchem die Vollstreckung gemäß § 884, nötigenfalls in Verbindung mit § 893 ZPO. zu erfolgen hat; ebenso Struckmann-Koch ZPO. 9. Aufl. Anm. 1 vor § 803, ferner Seuffert a. a. O., falls im Schuldtitel ausdrücklich Zahlung in ausländischer Währung bedungen ist oder der Gläubiger sonst Zahlung in ausländischer Währung zwangsweise herbeiführen will; ähnlich auch Turnau-Foerster a. a. O. Hirsch in der Zeitschrift für Handels-

recht Bd. 85 S. 220 erachtet „genau genommen" eine Vollstreckung gemäß § 884, zur Erzielung einer befriedigenden Lösung aber auch gemäß § 887 ZPO. für zulässig. Gegen die Anwendbarkeit der §§ 803 flg. ZPO. sprechen sich auch aus Förster-Kann ZPO. Anm. 3 vor § 803, während Marquardt in Leipziger Zeitschrift 1922 S. 277 die Vollstreckung gemäß § 884 für zunächst gegeben, daneben aber auch das Verfahren nach § 887 sowie nach §§ 803 flg. ZPO. für zulässig erklärt, letzteres sofern die Geldsorte, auf die der Vollstreckungstitel lautet, in Deutschland amtlich notiert ist.

Die Frage hat eine ausdrückliche gesetzliche Regelung nicht gefunden, da man bei der Schaffung der ZPO. noch keine Veranlassung hatte, der Zwangsvollstreckung wegen Valutaforderungen besondere Aufmerksamkeit zuzuwenden (RGZ. Bd. 101 S. 312, 320).

Bei ihrer Entscheidung ist davon auszugehen, daß im vorliegenden Falle der Schuldtitel nicht auf Verschaffung genau (individuell) bestimmter ausländischer Geldstücke oder auf Zahlung in einer bestimmten ausländischen Geldsorte (Geldsortenschuld, § 245 BGB.) gerichtet ist, vielmehr auf Zahlung eines in ausländischer Währung berechneten Geldbetrags. In einem solchen Falle ist Gegenstand der Zwangsvollstrellung nicht die Leistung vertretbarer Sachen durch den Schuldner (§§ 883, 884 ZPO.), auch nicht die Vornahme einer Handlung durch diesen (§ 887 das.), sondern die Zwangsvollstreckung wegen einer Geldforderung im Sinne der §§ 803 flg. a. a. O. (vgl. Falkmann-Mugdan Zwangsvollstreckung 2. Aufl. S. 597, RGRKomm. Anm. 1 zu § 244 BGB.). Die Verpflichtung des Schuldners, eine in ausländischer Währung ausgedrückte Geldschuld im Inlande zu zahlen, bei welcher — wie im vorliegenden Falle — die Zahlung in ausländischer Währung nicht ausdrücklich bedungen ist, also die Zahlung auch in Reichswährung gemäß § 244 BGB. erfolgen kann, stellt, wie in dem Beschlusse der vereinigten Zivilsenate (RGZ. Bd. 101 S. 312 flg.) näher dargelegt ist, eine Geldschuld im Sinne der reinen Wertschuld dar; der Schuldner schuldet Geld im Werte des im Schuldtitel bezeichneten Betrages mit der Maßgabe, daß er nach seinem Belieben in fremder oder in deutscher Währung leisten darf. Dementsprechend steht dem Gläubiger ein Anspruch auf Geld im Werte des ausländischen Währungsbetrags zu, und zwar nach dem Belieben des Schuldners in ausländischer oder in Reichswährung, der im Sinne des Gesetzes — übrigens auch, wie das Oberste Landesgericht zutreffend hervorhebt, nach dem Sprachgebrauch und der Verkehrsanschauung, vgl. Planck BGB. 4. Aufl. Anm. 1 vor §§ 244, 245 und Staudinger BGB. Gesamtnachtrag zur 7./8. Aufl. S. 73 Anm. 35 zu § 244 — eine Geldforderung bildet, jedenfalls soweit es sich (wie hier um Schweizer Franken) um eine im deutschen

Geschäftsverkehr gangbare und amtlich notierte ausländische Währung handelt.

Kommt aber eine Zwangsvollstreckung wegen einer Geldforderung in Betracht, so muß sie dem Gläubiger in dem gesamten im 2. Abschnitt des 8. Buchs der ZPO. vorgesehenen Umfange, sowohl in das bewegliche Vermögen (§§ 803 flg.) wie in das unbewegliche Vermögen des Schuldners (§§ 864 flg.), sonach gemäß § 866 durch Zwangsversteigerung, durch Zwangsverwaltung wie auch durch Eintragung einer Sicherungshypothek offen stehen, soweit sich nicht aus dem Zusammenhange der Bestimmungen ein anderes ergibt, insbesondere unlösbare Schwierigkeiten entstehen. Das ist aber für die hier in Frage kommende Eintragung einer Sicherungshypothek nicht der Fall. Die Schwierigkeiten, die infolge des Fehlens ausdrücklicher Vorschriften für Valutaforderungen sich erheben, können und müssen überwunden werden, um Schädigungen auf seiten sowohl des Gläubigers wie des Schuldners vorzubeugen (vgl. RGZ. Bd. 101 S. 320). Die Vollstreckung durch Eintragung einer Sicherungshypothek soll (vgl. Begründung zu § 757b — jetzt § 866 — der Novelle zur ZPO. von 1898) dem Gläubiger, der zur schonenden Behandlung des Schuldners geneigt ist, die Möglichkeit geben, diese Schonung ohne Gefährdung seiner eigenen Interessen zu üben; nicht selten wird dadurch der Schuldner vor dem wirtschaftlichen Untergang bewahrt. Sie soll anderseits dem Gläubiger, der von der Durchführung der Zwangsversteigerung zunächst absehen will — etwa weil er sich von ihr vorerst keinen Erfolg verspricht, aber auf eine Steigerung des Grundstückswerts und damit seine Befriedigung in späterer Zeit rechnet — schon alsbald ausreichende Sicherheit gewähren. Es geht nicht an, ohne zwingenden Grund dem Gläubiger oder dem Schuldner durch Versagung der Möglichkeit der Eintragung einer Sicherungshypothek diese vom Gesetz gewollten Vorteile zu entziehen, zumal der Gläubiger nach Abs. 2 des § 866 verlangen kann, daß jede der zulässigen Vollstreckungsmaßregeln allein oder neben den übrigen ausgeführt werde (Begründung a. a. O.). In Übereinstimmung hiermit führen auch die Motive zum Entwurf einer GBO. von 1889 S. 64 zu § 29 des Entwurfs (§ 28 des Gesetzes) aus, daß die Begründung von Sicherungshypotheken für Forderungen eines Betrages fremder Währung zulässig sei; ebenso Turnau-Foerster Liegenschaftsrecht 3. Aufl. Anm. 1b zu § 1115 BGB., Arnheim GBO. 2. Aufl. Anm. 12 zu § 28, auch Güthe GBO. 3. Aufl. Anm. 13 zu § 28. Die Motive zum BGB. (Bd. 3 S. 769, 770) gehen gleichfalls davon aus, daß alle Schuldtitel, aus welchen nach der ZPO. die gerichtliche Zwangsvollstreckung zulässig ist, an sich eine geeignete Voraussetzung der Zwangshypothek sind.

Der Eintragung einer Sicherungshypothek für eine derartige

Forderung steht auch die Vorschrift des § 28 Satz 2 GBO. nicht entgegen, nach welcher einzutragende Geldbeträge in Reichswährung anzugeben sind; denn diese Bestimmung betrifft lediglich den Betrag der Belastung des Grundstücks, nicht auch denjenigen der zu sichernden Forderung (Arnheim a. a. O.). Das Gesetz gestattet vielmehr die Eintragung einer Sicherungshypothek für eine in ausländischer Währung bezeichnete vollstreckbare Geldforderung und erfordert in § 28 GBO. nur, daß die Höhe der dinglichen Belastung, wie in der Eintragungsbewilligung oder dem Eintragungsantrage, so auch bei der Eintragung im Grundbuch (KGJ. Bd. 21 S. A 322, 323) in Reichswährung angegeben wird. Der Umstand, daß der Schuldner gemäß § 244 BGB. die Befugnis hat, nach seinem Belieben in der Währung des Reichs oder in der des Auslandes zu zahlen, und daß bei der Zahlung in Reichswährung die Umrechnung nach dem Kurswerte zu erfolgen hat, der für die Zeit der tatsächlichen Zahlung maßgebend ist (RGZ. Bd. 101 S. 312), bringt es allerdings mit sich, daß bei der Eintragung der Sicherungshypothek wegen der möglichen fortgesetzten Kursschwankungen der Betrag der Forderung noch nicht mit auch nur annähernder Sicherheit festgestellt, somit eine Belastung des Grundstücks in Höhe eines endgültig bestimmten Betrages, daher auch eine Sicherungshypothek gewöhnlicher Art, die eine solche bestimmte Forderung voraussetzt (KGJ. Bd. 40 S. A 314, 316), nicht eingetragen werden kann. Er führt aber nicht dazu, um deswillen die Eintragung einer dinglichen Sicherung für eine solche Forderung des Gläubigers überhaupt auszuschließen; er rechtfertigt es vielmehr nur, der zahlenmäßigen Bezeichnung der dinglichen Belastung in Reichswährung den Höchstbetrag der Forderung so, wie er sich zur Zeit der dinglichen Sicherung der Forderung durch Umrechnung ermitteln läßt, zugrunde zu legen, d. h. in Höhe dieses Betrages eine Höchstbetragshypothek einzutragen und diesen Höchstbetrag der dinglichen Belastung in Reichswährung anzugeben (Güthe Anm. 13 zu § 28; ähnlich § 932 ZPO bei der Arresthypothek).

Nach alledem wäre die Beschwerdeführerin im vorliegenden Falle berechtigt gewesen, die Eintragung je einer „Sicherungshypothek für eine Forderung von ... Schweizer Franken, die nach dem Kurse am Tage der Zahlung in Reichswährung gezahlt werden kann, zum Höchstbetrage von ... ℳ“ zu beantragen. Nach § 1190 Abs. 2 BGB. wären dabei die Zinsen in den Höchstbetrag einzurechnen gewesen. Einen solchen Antrag hat sie aber nicht gestellt, vielmehr die Eintragung von Zwangshypotheken in Höhe bestimmter, in deutscher Währung angegebener Beträge begehrt. Dieses Verlangen war nach dem Gesetze nicht begründet. Maßgebend für die Zwangsvollstreckung überhaupt, somit auch für die Eintragung einer Sicherungshypothek ist der Inhalt des vollstreckbaren Schuldtitels. Dieser lautete hier auf Zahlung eines bestimmten Betrages Schweizer Franken, nicht auf Zahlung einer bestimmten Summe in deutscher Währung. Der Begriff der Wahlschuld (§ 262 BGB). ist vorliegendenfalls nicht verwertbar, weil eine Leistung in Reichswährung überhaupt nicht geschuldet ist, die Verpflichtung des Schuldners nach wie vor nur den von Anfang an allein geschuldeten Betrag ausländischer Währung umfaßt (RGZ. Bd. 101 S. 313, auch RG. in JW. 1903 Beilage S. 77 Nr. 176). Damit entfällt die Möglichkeit einer Anwendung des § 264 BGB. und der in ihm dem Gläubiger eingeräumten Befugnis, die Zwangsvollstreckung nach seiner Wahl auf die Leistung in ausländischer oder, wie es die Beschwerdeführerin hier getan hat, in Reichswährung zu richten. Der von ihr gestellte Antrag ist sonach unbegründet; nur ein Antrag des vorbezeichneten, also eines wesentlich anderen Inhalts könnte Erfolg haben. Die Bestimmungen in § 18 GBO. lassen es nicht zu, dem Antragsteller durch eine Zwischenverfügung Gelegenheit zu geben, an Stelle eines seinem Inhalte nach dauernd und unheilbar unbegründeten einen begründeten Antrag anderen Inhalts zu stellen. Der von der Beschwerdeführerin geltend gemachte Antrag hätte von vornherein abgewiesen werden müssen; dadurch, daß das Grundbuchamt dies nicht sogleich getan, ihr vielmehr aufgegeben hat, ihren Antrag in einer, wenn auch dem Gesetze nicht entsprechenden, Richtung zu berichtigen, ist sie im Ergebnis nicht beschwert. Die weitere Beschwerde mußte daher zurückgewiesen werden.

Inwieweit die Beschwerdeführerin nach der Verordnung über die Eintragung von Hypotheken in ausländischer Währung vom 13. Februar 1920 (RGBl. S. 231) berechtigt gewesen wäre, für ihre Forderung die Eintragung von Sicherungshypotheken in ausländischer Währung zu verlangen, ist hier nicht zu untersuchen, da sie einen dahingehenden Antrag nicht gestellt hat....

3. Für den Fall, daß die Beschwerdeführerin einen den vorstehend entwickelten Rechtsgrundsätzen entsprechenden anderweiten Antrag stellt, sei zur Hebung etwaiger künftiger Bedenken folgendes bemerkt:

Für die Bemessung der Höhe der dinglichen Belastung des Grundstücks bzw. der Grundstücke in deutscher Währung kann der Tag der Fälligkeit der Forderung aus den in RGZ. Bd. 98 S. 160 und Bd. 101 S. 312 dargelegten Gründen nicht maßgebend sein. Andererseits scheidet der Tag der Zahlung aus, da eine solche bei der Eintragung einer bloßen dinglichen Sicherung in das Grundbuch noch nicht in Betracht kommt. Da die letztere indessen die künftige Zahlung sichern soll, so kann die dingliche Belastung jedenfalls so hoch bemessen werden, daß sie die Erlangung eines zur Beschaffung der fremden Valuta hinreichenden Äquivalents in deutscher Währung gewährleistet.

Dies kann, da der künftige Kurswert zur Zeit der Zahlung mit Gewißheit auch nicht annähernd vorauszusehen ist, anderseits der Gläubiger aber jedenfalls zur Zeit der Sicherung einen Anspruch in Höhe seiner Forderung hat, nur in der Art geschehen, daß der zu jener Zeit geltende Kurswert zugrunde gelegt wird. Dabei scheidet weiter die Möglichkeit aus, den Tag der Eintragung der Sicherungshypothek für die Kursberechnung maßgebend sein zu lassen. Hiergegen spricht zwar nicht die Rücksicht auf die Schwierigkeiten (etwa für ein nicht am Sitze einer Börse befindliches Grundbuchamt), den Kurswert des Eintragungstags schon an diesem mit Gewißheit festzustellen; denn sie bestehen auch für den Gerichtsvollzieher eines solchen Amtsgerichts, schließen aber für diesen die Vollstreckung in das bewegliche Vermögen gleichfalls nicht aus, vgl. § 821 ZPO. Wohl aber steht ihr der schon im Eingang hervorgehobene Grundsatz entgegen, daß das Verfahren bei der Eintragung sich nach den Vorschriften der GBO. regelt, und die GBO. — von den hier nicht in Betracht kommenden besonderen Bestimmungen über eine Eintragung von Amts wegen (§§ 7, 8 Abs. 2, 18 Abs. 2, 23, 49, 52, 53, 54, 76) abgesehen — für Eintragungen in das Grundbuch einen entsprechenden Antrag voraussetzt (§ 13 das.) sowie in § 28 Satz 2 erfordert, daß, falls dieses nicht schon in der — hier fehlenden — Eintragungsbewilligung geschehen ist, die einzutragenden Geldbeträge in dem Eintragungsantrag in Reichswährung anzugeben sind. Danach muß der Gläubiger bereits in dem Eintragungsantrage die Kursberechnung vornehmen. Das Grundbuchamt hat zwar, ebenso wie die übrigen Eintragungsvoraussetzungen, so auch die Richtigkeit der vom Gläubiger für den Zeitpunkt seines Antrags vorgenommenen Berechnung nachzuprüfen, nicht aber selbst eine solche auf Grund eigener Ermittelungen und namentlich nicht für einen späteren Zeitpunkt als den des Eintragungsantrags zu bewirken (Motive zu § 29 des Entwurfs der GBO.; Güthe Anm. 101 zu § 19, Anm. 13 zu § 28 GBO.; Achilles-Strecker S. 96 und Anm. 2b zu § 28 GBO.; Meikel Anm. 4b zu § 28 GBO.; Predari GBO. 2. Aufl. Anm. 5 zu § 28; abweichend Turnau-Foerster Bd. 1 S. 1049). Muß hiernach die Kursberechnung bereits in dem Eintragungsantrag erfolgen und ist sie für die Eintragung der dinglichen Belastung in das Grundbuch derart bestimmend, daß das Grundbuchamt zur Eintragung eines höheren als des beantragten Betrages nicht befugt ist, so ergibt sich mit Notwendigkeit, daß der am Tage des Eintragungsantrags geltende Kurswert für die Bemessung der dinglichen Belastung ausschlaggebend ist.

Das Bedenken des Kammergerichts, eine Eintragung auf Grund einer über einen Betrag in ausländischer Währung lautenden vollstreckbaren Urkunde lasse sich nur verwirklichen, wenn für die Kursberechnung kraft besonderer Vereinbarung ein Zeitpunkt zugrunde gelegt werden kann, der mit der Eintragung zusammenfällt oder vor ihr liegt, kann nicht für gerechtfertigt erachtet werden. Eine gesetzliche Grundlage für sein Verlangen nach einer solchen besonderen Vereinbarung führt das Kammergericht, soweit seine Gründe in OLG. Bd. 42 S. 163, 164 abgedruckt sind, nicht an. Eine solche ist auch nicht ersichtlich. Es ist ferner mit dem Wesen einer Zwangsvollstreckung, die gegen den Willen des Schuldners durchführbar sein muß, schwer vereinbar, sie von einer solchen Vereinbarung, also einem freiwilligen Mitwirken des Schuldners, zu dem dieser häufig nicht bereit sein wird, abhängig zu machen. Einer solchen Vereinbarung bedarf es dagegen nicht, wenn aus den oben dargelegten Gründen nicht der Tag der Eintragung oder gar der völlig ungewisse Tag der späteren Zahlung, sondern der Tag des Antrags des Gläubigers als der Berechnung zugrunde zu legen erachtet wird. Dauernde oder unerträgliche Nachteile hierdurch sind weder für den Gläubiger noch den Schuldner zu befürchten. Inwieweit es dem Gläubiger freisteht, wenn sich infolge Steigens der ausländischen Valuta ergibt, daß die dingliche Belastung auf eine zu geringe, seine Forderung nicht deckende Summe lautet, neue Eintragungen bezüglich des höheren Betrags zu beantragen, bedarf zur Zeit keiner Untersuchung. Anderseits gilt die eingetragene Hypothek gemäß § 1190 Abs. 3 BGB. als Sicherungshypothek; demgemäß bestimmt das Recht des Gläubigers sich lediglich nach der Höhe seiner Forderung und der Schuldner bleibt in der Lage, die ihm gegen die Forderungen zustehenden Einreden dem Gläubiger wie auch einem dritten, selbst gutgläubigen Erwerber der Hypothek gegenüber geltend zu machen (§ 1184 BGB.). Da ferner die dingliche Belastung nicht mit einem festbestimmten, sondern nur zu einem Höchstbetrag eingetragen wird und der Vorbehalt der Feststellung der Forderung gerade zum Wesen einer Höchstbetragshypothek gehört, so ergibt sich bei der endgültigen Feststellung der Forderung zur Zeit der Zahlung oder zwangsweisen Befriedigung des Gläubigers, in welcher Höhe für diesen eine endgültige Hypothek erwachsen war, anderseits ob und zu welchem Betrage die Eintragung, weil eine den Höchstbetrag erreichende Forderung nicht besteht, dem Eigentümer als Eigentümergrundschuld zugestanden hat und zusteht (vgl. die in RGRKomm. Anm. 1 zu § 1190 BGB. — 3. Aufl. S. 593 — angeführten Entscheidungen, auch RGZ. Bd. 78 S. 398, 406 flg.).

---

22. Verstößt die Anwendung eines ausländischen Gesetzes, wonach forderungsrechtliche Ansprüche unter gewissen Umständen unverjährbar sind, gegen den Zweck eines deutschen Gesetzes?

III. Zivilsenat. Urt. v. 19. Dezember 1922 i. S. R. (Kl.) w. M. (Bekl.). III 137/22.

I. Landgericht Konstanz. — II. Oberlandesgericht Karlsruhe.

Im Jahre 1909 hat die Firma Robert J. in Winterthur gegen den damals in der Schweiz ansässigen Beklagten wegen einer Warenlieferungsforderung zwei Zahlungsbefehle über insgesamt 507,15 Frs., und, nachdem sie die Zwangsvollstreckung fruchtlos betrieben hatte, bei dem Beitreibungsamt B. einen „Verlustschein infolge Pfändung" über den genannten Betrag erwirkt. Als angebliche Rechtsnachfolgerin der Firma J. macht die Klägerin die Forderung gegen den Beklagten geltend; sie verlangt Zahlung von 507,15 Frs. Schweizer Währung oder des entsprechenden Betrags in Mark zum Kurse des Zahlungstags. Beide Vorinstanzen wiesen die Klage ab. Die Revision hatte Erfolg.

Gründe:

Zugunsten der Klägerin hat der Berufungsrichter erwogen: die Klage sei durch die Berufung der Klägerin auf die unterliegenden Kaufpreisforderungen schlüssig begründet und insoweit auch unbestritten; das Rechtsverhältnis sei nach schweizer Recht zu beurteilen; die Klagberechtigung der Klägerin sei nach diesem Recht gegeben; auch der Verjährungseinwand des Beklagten unterstehe dem schweizer Recht und wäre nach diesem Recht begründet, wenn ihm nicht die Vorschrift des Art. 149 Abs. 5 des schweizer Gesetzes über Schuldbetreibung und Konkurs entgegenstünde; diese Vorschrift sei nicht ausschließlich prozeßrechtlicher, sondern zugleich sachlichrechtlicher Natur; sie sei deshalb auch von dem deutschen Richter zu beachten, und sie würde an sich zugunsten der Klägerin durchgreifen. Dessenungeachtet gelangt der Berufungsrichter zur Abweisung der Klage. Er hält dafür, daß die in der genannten Vorschrift vorgesehene Unverjährbarkeit solcher Ansprüche, über die nach schweizer Recht ein Verlustschein ausgestellt sei, dem deutschen Recht dergestalt zuwiderlaufe, daß der deutsche Richter sie auf Grund des Art. 30 EGzBGB. nicht berücksichtigen dürfe. An Stelle der hiernach unanwendbaren schweizer Vorschrift bringt der Berufungsrichter die deutschen Verjährungsvorschriften, und zwar die §§ 196, 197 BGB. zur Anwendung. Demzufolge erachtet er — da die Klage erst im September 1920 erhoben ist — die Klageforderung für verjährt.

Ihren Hauptangriff richtet die Revision dagegen, daß der Berufungsrichter der Vorschrift des Art. 149 Abs. 5 des schweiz. Schuldbetreibungsgesetzes, die an sich zugunsten der Klägerin durchgreifen würde, auf Grund des Art. 30 EGzBGB. die Anerkennung im Inland versagt. Der Angriff ist nicht begründet. Die Ausführungen des Berufungsrichters lassen in diesem Stück keinen Rechtsirrtum erkennen, und seinem Ergebnis ist beizutreten.

Die Anwendung der schweizer Vorschrift würde zwar nicht gegen die guten Sitten, wohl aber in hohem Grade gegen den Zweck des deutschen Gesetzes verstoßen. Abgesehen von einigen besonders beschaffenen Fällen, die hier nicht in Frage stehen (Gestaltungsrechte, Feststellungsklagen, gewisse familienrechtliche Ansprüche, Rechte, die im Grundbuch eingetragen sind), kennt das deutsche Recht keine Ansprüche, die der Verjährung entzogen wären. Namentlich die einfachen Geldzahlungsansprüche forderungsrechtlicher Natur, wie hier einer in Frage steht, hat das deutsche Recht durchweg der Verjährung, zum Teil einer sehr kurzen Verjährung, unterworfen. Diese Stellungnahme des deutschen Gesetzes ist grundsätzlicher Natur. Sie entspringt der Auffassung, daß die Rechtseinrichtung der Verjährung keineswegs bloß dem Vorteil des einzelnen Schuldners, sondern dem öffentlichen Wohl dient; sie soll den Rechtsfrieden und die Rechtssicherheit befördern, indem sie dem Gläubiger unmöglich macht, nach einer geraumen Zeit der Untätigkeit mit bisher verschwiegenen Ansprüchen hervorzutreten und damit dem Schuldner zu einer Zeit, zu der dessen Entlastungsbeweise verdunkelt sind, die Verteidigung zu erschweren. Die Verjährung kann auch durch Rechtsgeschäft weder ausgeschlossen noch erschwert werden (§ 225 BGB.). Mögen auch bei diesem Verbot gerade des rechtsgeschäftlichen, auf Parteiwillkür beruhenden Ausschlusses der Verjährung teilweise andere Gesichtspunkte mitbestimmend gewesen sein, so ist doch auch dieser Vorschrift des deutschen Gesetzes ein starker Anhalt dafür zu entnehmen, daß der deutsche Gesetzgeber den gänzlichen Ausschluß der Verjährung rechtsgrundsätzlich mißbilligt hat.

Diese Gesichtspunkte würden ohne weiteres hinreichen, die Annahme zu rechtfertigen, daß auf Grund des Art. 30 die inländische Anerkennung jedenfalls solchen ausländischen Gesetzen versagt werden muß, welche die Verjährung entweder ganz allgemein oder doch für einen größeren Kreis von Forderungen ausschließen. Dieser Fall liegt nicht vor. Art. 149 Abs. 5 schw. SchuldbetrGes. sieht die Unverjährbarkeit nicht als Regel vor, sondern als Ausnahme für einen besonderen Fall mit fest umschriebenen, eng begrenzten Voraussetzungen, nämlich nur für den Fall, daß dem Gläubiger für seine Forderung ein „Verlustschein" ausgestellt worden war; und dies hat wiederum zur Voraussetzung, daß der Gläubiger zuvor die Zwangsvollstreckung gegen den Schuldner fruchtlos betrieben hatte. Eine Vorschrift solchen Inhalts verstößt auch nach deutscher Auffassung nicht ohne weiteres gegen das Rechtsempfinden. Sie kommt sogar dem Schuldner selbst zugute; denn sie enthebt den Gläubiger der Nötigung, zu dem Zweck der Verjährungsunterbrechung von Zeit zu Zeit wieder gegen den

Schuldner vorzugehen, und sie gewährt damit dem Schuldner eine Zeit der Ruhe und der Erholung. Die Vorschrift ist auch nicht ohne Seitenstück im deutschen Recht, insofern rechtskräftig festgestellte oder auf Grund gewisser anderer Titel vollstreckbar gewordene Ansprüche auch dann erst in 30 Jahren verjähren, wenn sie an sich einer kürzeren Verjährung unterliegen würden (§ 218 BGB.). Allein auch diese Erwägungen reichen nicht aus, das oben gewonnene Ergebnis zu erschüttern. Maßgebend muß bleiben, daß der deutsche Gesetzgeber den gänzlichen Ausschluß der Verjährung rechtsgrundsätzlich nicht gewollt hat. Dies leuchtet ein, wenn man sich den Fall so gestaltet denkt, daß der Gläubiger noch nach Ablauf von etwa 35 Jahren, mithin nach dem Ablauf auch der längsten nach deutschem Recht überhaupt zulässigen Verjährungsfrist, seinen Anspruch geltend gemacht hätte, zu einer Zeit, bis zu welcher der inländische Schuldner auf die fernere Erhaltung seiner etwaigen Belege oder sonstigen Verteidigungs- oder Beweismittel vom inländischen Standpunkt aus mit Recht kein Gewicht mehr gelegt hätte.

Hiernach hat der erkennende Senat kein Bedenken getragen, die in seinem Urteil vom 22. November 1912, LZ. 1913 Sp. 550, offen gelassene Frage bejahend zu entscheiden, daß die Anwendung eines ausländischen Gesetzes, das die Unverjährbarkeit eines forderungsrechtlichen Anspruchs vorsieht, im Sinn des Art. 30 EGzBGB. gegen den Zweck des deutschen Gesetzes verstieße (vgl. RGZ. Bd. 60 S. 299, Bd. 73 S. 366).

Dagegen ist dem hilfsweise erhobenen zweiten Revisionsangriff die Berechtigung nicht ohne weiteres abzusprechen. An Stelle des ausgeschalteten Art. 149 Abs. 5 schw. SchuldbetrGes. hat der Berufungsrichter die deutschen Verjährungsvorschriften, und zwar die §§ 196, 197 BGB. zur Anwendung gebracht, und auf Grund ihrer die Verjährungseinrede des Beklagten für durchgreifend erachtet und die Klage abgewiesen. Die Revision sagt, der Berufungsrichter hätte die dreißigjährige Verjährungsfrist zugrundelegen müssen. In der Tat ist ein Mangel des Berufungsurteils darin zu erblicken, daß es für die Anwendung der kurzfristigen Verjährung keine Gründe gibt. Nach der Feststellung des Berufungsrichters unterstand das im Streit befindliche Rechtsverhältnis dem schweizer Recht. Nachdem der Berufungsrichter diejenige Einzelvorschrift des schweizer Rechts, die an sich maßgebend gewesen wäre, auf Grund des Art. 30 EGzBGB. für unanwendbar erklärt hat, mußte er sich in erster Linie die Frage vorlegen, ob mit der Ausschaltung der zunächst maßgebenden Einzelvorschrift zugleich die Maßgeblichkeit des schweizer Rechts im allgemeinen beseitigt, und nicht vielmehr die Ausfüllung der entstehenden Lücke wiederum dem schweizer Recht zu entnehmen sei (RGU II 245/21 vom 21. Oktober

1921, Gruchot Bd. 66 S. 105). Erst wenn der Berufungsrichter fand, daß die Lücke nicht aus dem schweizer Recht ergänzt werden könne, durfte er deutsches Recht zu Anwendung bringen. Auch dann aber blieb er verpflichtet, innerhalb der deutschen Bestimmungen diejenige Einzelvorschrift zu ermitteln, die dem Rechtsgedanken des fremden Rechts am nächsten kommt. Die Revision vertritt die Meinung, der Berufungsrichter habe — gewissermaßen im Wege des Schlusses vom Größeren auf das Geringe — an die Stelle der vom schweizer Gesetz befohlenen Unverjährbarkeit die längste nach deutschem Recht statthafte Verjährungsfrist von 30 Jahren setzen müssen. Dasselbe Ergebnis ließe sich auch auf dem Weg des § 218 BGB. gewinnen, welche Vorschrift schon oben als ein Seitenstück zu der schweizer Vorschrift bezeichnet worden ist und unverkennbar eine gewisse Verwandtschaft mit ihr aufweist. Zur Entscheidung über diese Fragen war die Sache, unter Aufhebung des Berufungsurteils, an den Berufungsrichter zurückzuverweisen. Die Fragen von hier aus zu entscheiden, kann schon deshalb nicht Aufgabe des Revisionsrichters sein, weil dabei die Auslegung des schweizer. Rechts in Frage kommt.

---

23. 1. Gegenüberstehende einseitige Ansprüche aus einem Vergleich oder gegenseitiger Vertrag?

2. Worauf muß die Klage gerichtet werden, wenn der Ersatzpflichtige den Verlust vertretbarer Sachen verschuldet hat?

II. Zivilsenat. Urt. v. 19. Dezember 1922 i. S. B. u. R. (Bekl.) w. K. (Kl.). II 56/22.

I. Landgericht I Berlin. — II. Kammergericht daselbst.

Die Firma K. hatte von der Firma B. und R. 500 qm gesperrter Holzplatten gewisser Art gekauft. In einem hierwegen entstandenen Rechtsstreit kam es im Juli 1915 zu einem Vergleich, wonach die Platten bis zum Friedensschluß bei der Verkäuferin, der jetzigen Beklagten, auf Lager bleiben, die Klägerin aber die Hälfte des Kaufpreises sofort, die andere Hälfte 6 Wochen nach Friedensschluß zahlen sollte; soweit die Hölzer bezahlt sein würden, sollten sie der Klägerin herausgegeben werden; auf Lagerkosten wurde verzichtet. Bald nach Abschließung des Vergleichs zahlte die Klägerin den halben Kaufpreis und erhielt 250 qm Platten. Im Jahre 1917 versuchte die Beklagte die Klägerin zur Zahlung und Abnahme des Restes zu bestimmen, jedoch ohne Erfolg. Im Dezember 1919 verlangte die Klägerin gegen Angebot der zweiten Kaufpreishälfte (von 1287,58 ℳ) die restlichen

Platten. Die Beklagte erklärte sich außerstande sie herauszugeben. Eine Vollstreckung aus dem Vergleich war fruchtlos. Jetzt verlangt die Klägerin 250 qm Platten gleicher Art und Güte gegen Zahlung des Kaufpreisrestes. Die Beklagte beantragt die Klagabweisung; sie macht geltend, die Platten hätten während des Lagerns Schaden genommen und deshalb von ihr anderweit verwertet werden müssen. Das Landgericht gab der Klage statt, die Berufung der Beklagten wurde zurückgewiesen. Die Revision hatte Erfolg.

Gründe:

Für die rechtliche Beurteilung des Anspruchs ist grundlegend die Auffassung des durch den Prozeßvergleich vom 14. Juli 1915 geschaffenen Rechtsverhältnisses. Der Berufungsrichter hat angenommen, hierdurch sei ein Verwahrungsvertrag über eine bestimmte ausgeschiedene Warenmenge geschlossen worden, und hat die von der Beklagten vertretene Auffassung zurückgewiesen, daß durch den Vergleich nur die Lieferungspflicht der Beklagten aus dem Kaufvertrag bis nach Friedensschluß hinausgeschoben worden wäre. Diese Auslegung unterliegt keinem rechtlichen Bedenken. Dann aber war die Rechtslage die, daß die Beklagte, indem sie auf Grund des Vergleichs eine bestimmte Warenmenge ausschied und für die Klägerin — als deren Eigentum — in Verwahrung nahm, dieser nach § 930 BGB. das Eigentum übertragen und damit ihrer Vertragspflicht aus § 433 BGB. genügt, zugleich aber der Klägerin die Kaufpreiszahlung zur Hälfte gestundet hat.

Der Berufungsrichter hat dieses Rechtsverhältnis als einen gegenseitigen Vertrag aufgefaßt und auf die in der Folgezeit eingetretene Rechtslage den § 325 BGB. für anwendbar erachtet. Dem kann nicht beigetreten werden. Wenn auch nach dem Vergleiche jeder Teil gegen den andern einen Anspruch hatte, so lag doch kein gegenseitiger Vertrag im Sinne der §§ 320flg. BGB. vor; denn insoweit, als die Beklagte die Verpflichtung übernommen hat, die Platten für die Klägerin zu verwahren, stand dieser Verpflichtung keine Gegenpflicht der Klägerin gegenüber; sie und die aus dem Kaufvertrag zurückgebliebene Verpflichtung der Klägerin, seinerzeit den gestundeten Kaufpreisteil zu zahlen, standen vielmehr in keinem anderen Zusammenhange, als daß die Beklagte die Herausgabe der Platten zurückhalten konnte, wenn ihr nicht vorher der Kaufpreis bezahlt würde (§ 273 BGB.).

Daraus folgt, daß der von der Klägerin wegen der Unmöglichkeit der Herausgabe der Platten erhobene Schadensersatzanspruch nicht nach § 325 BGB. zu beurteilen ist, und es ist daher der Revisionsangriff hinfällig, daß ein Schadensersatzanspruch aus gegenseitigen

Verträgen nur als Geldanspruch geltend gemacht werden könne. Die Voraussetzungen und die Art des Ersatzanspruchs bestimmen sich vielmehr nach § 280 BGB. Die Herausgabe der Platten war unbestrittenermaßen nicht mehr möglich; eine Haftungspflicht der Beklagten unterstellt, hatte diese also den durch die Nichterfüllung entstandenen Schaden zu ersetzen. Dieser bestimmt sich nach den §§ 249 flg. BGB. Der Anspruch geht auf Herstellung des Zustandes, der bestehen würde, wenn der zum Ersatz verpflichtende Umstand nicht eingetreten wäre. In erster Linie ist der Ersatz in Natur zu leisten. Hierauf ist der Anspruch des Ersatzberechtigten zu richten. Ein Anspruch auf Geldentschädigung tritt nur ersatzweise unter den im Gesetze vorgesehenen Umständen ein. Daß bei einem durch den Ersatzpflichtigen verschuldeten Verluste von Sachen, die regelrechte Handelsware sind, der Ersatz durch Leistung derselben Menge gleicher Ware geleistet werden kann, ist außer Zweifel. Dann geht aber regelrecht der Anspruch des Berechtigten in erster Linie auf eine Leistung solcher Ware. Insoweit ist also dem angefochtenen Urteil auch hier beizutreten, und der Revisionsangriff, daß nur Ersatz in Geld gefordert werden könne, unbegründet (vgl. auch RGZ. Bd. 93 S. 284). Wenn aber der Anspruch auf Lieferung einer gleichen Menge derselben Sperrholzplatten ging, dann ist dem Berufungsrichter auch darin beizutreten, daß er die Voraussetzungen des § 251 Abs. 2 BGB. nicht für gegeben erachtet hat.

Gleichwohl ist das angefochtene Urteil der Sachlage nicht gerecht geworden. Es wäre nur dann richtig, wenn die der Klägerin durch die unberechtigte Verfügung der Beklagten abhandengekommenen Platten vertretbare Sachen, regelrechtes Handelsgut, gewesen wären. Der Berufungsrichter hat aber angenommen, der durch den gerichtlichen Vergleich abgeschlossene Verwahrungsvertrag sei ein unentgeltlicher Vertrag gewesen, und hat daher auf die Haftung der Beklagten den § 690 BGB. für anwendbar erklärt. Diese Beurteilung ist rechtlich nicht zu beanstanden; für sie spricht, daß der nach § 354 HGB. im Zweifel bestehende Anspruch auf Lagergeld im Vergleiche ausgeschlossen worden ist. Da nun aber, wie die Beklagte geltend macht, die Platten während der Lagerung ohne ihr Verschulden Schaden gelitten haben, ging die Beschädigung zum Nachteil der Klägerin, und dann konnte sie die Herausgabe der Platten nur in dem beschädigten Zustande fordern und daher den Schadensersatz nur in der jener neuen Sachlage angemessenen Weise geltend machen. Dann war also die Klägerin nicht befugt, als Ersatz neue unbeschädigte Platten zu fordern, und es kann bei dieser Sachlage ein Anspruch der Klägerin auf Ersatzleistung in Natur möglicherweise ganz oder zum Teil ausgeschlossen sein. Über die Behauptung aber, daß die Platten in solcher Weise beschädigt worden seien, ist von beiden Seiten Beweis angeboten worden. Eine Entscheidung des Rechtsstreits konnte nicht ergehen, ohne daß dieser Punkt geklärt war.

---

24. Wie ist die Rechtslage, wenn bei zu kurz bemessener Nachfrist der Verkäufer nach Ablauf der gesetzten aber noch innerhalb der angemessenen Frist einen Teil der Ware anbietet und der Käufer Annahme jeder Leistung ablehnt?

II. Zivilsenat. Urt. v. 19. Dezember 1922 i. S. H. (Kl.) w. Bremer Vulkan (Bekl.). II 185/22.

I. Landgericht Hamburg, Kammer f. Handelssachen. — II. Oberlandesgericht daselbst.

Die Klägerin hat Anfang April 1920 an die Beklagte verkauft: 2—3 Waggon Gußbruch . . . frei Waggon Station . . . lieferbar April. Sie hat im Monat April nicht geliefert. Am 14. Mai setzte die Beklagte Nachfrist bis 21. Mai unter Androhung der Annahmeverweigerung. Diese Mitteilung erhielt die Klägerin am 17. Mai. Sie legte sofort gegen die Frist als zu kurz bemessen Verwahrung ein und lieferte einen Waggon, der am 22. Mai bei der Beklagten eintraf. Die Beklagte lehnte die Annahme ab. Im Einverständnis beider Parteien ist die Ladung versteigert und der Erlös an die Klägerin abgeführt worden, die mit gegenwärtiger Klage den Rest des Vertragspreises fordert.

Das Landgericht gab der Klage statt, das Oberlandesgericht wies sie ab. Die Revision der Klägerin ist zurückgewiesen worden.

Gründe:

Die Revision ist nicht begründet. Es kann keinem Zweifel unterliegen, daß, als die Beklagte den Brief vom 14. Mai an die Klägerin richtete, die Voraussetzungen des § 326 BGB. vorgelegen haben. Seit dem 1. Mai war die Klägerin in Leistungsverzug. Zwar war Leistung auf einen bestimmten Kalendertag nicht vereinbart, wohl aber hatte die Beklagte sich ausbedungen, daß das Gekaufte noch innerhalb des Monats April geliefert werden müsse, und darauf war die Klägerin eingegangen. Insofern war allerdings für die Leistung eine Zeit nach dem Kalender bestimmt, und die Klägerin hatte zu der bestimmten Zeit nicht geleistet. Das Reichsgericht hat bereits wiederholt den § 284 Abs. 2 BGB. in diesem Sinne angewendet (LZ. 1911 Sp. 774 Nr. 13; 1912 Sp. 312 Nr. 12). Holdh. MSchr. 21. Jahrg. S. 77. Namentlich in einem Falle wie dem vorliegenden, wo es sich nicht um ein eigentliches Sukzessivlieferungsgeschäft handelt, ist das ganz unbedenklich anzunehmen. Übrigens ist auch in der Rechtsprechung anerkannt, daß, wenn der § 326 BGB. Leistungsverzug des Gegners als Voraussetzung aufstellt, das nicht im Sinne der Zeitfolge zu verstehen ist, so daß mit der Mahnung, welche den Verzug begründet, die Bestimmung der Nachfrist und das weitere verbunden werden kann; RGZ. Bd. 50 S. 261.

Der erste Richter hat angenommen, der Berufungsrichter hat unterstellt, daß die Frist bis 21. Mai zu kurz gewesen ist und daß eine Frist von 10 Tagen, nämlich bis 24. Mai, angemessen war. Innerhalb dieser Frist ist das geschuldete Quantum nicht geliefert worden und damit erscheint der Standpunkt der Beklagten gerechtfertigt. Daran ändert der Umstand nichts, daß die Klägerin nach Ablauf der gesetzten, aber innerhalb der angemessenen Frist eine Waggonladung auf den Weg gebracht und angeboten hat. Verfährt der Gläubiger nach § 326 BGB. und ist die Frist, die er bestimmt, zu kurz, so sind deshalb, wofern nicht aus den Umständen etwas anderes sich ergibt (wofür hier nichts vorliegt), seine Erklärungen nicht wirkungslos, vielmehr läuft die, nötigenfalls durch richterliches Ermessen festzusetzende, angemessene Frist. Innerhalb dieser Frist muß der Schuldner leisten, widrigenfalls der Anspruch auf Erfüllung ausgeschlossen ist. Und zwar muß er vollständig leisten. Mit teilweiser Lieferung ist es nicht getan. Diese kommt nur in Frage, wenn Lieferung des Restes unmöglich ist. Dann kommt es nach § 326 Abs. 1 Satz 3 darauf an, ob teilweise Erfüllung für den Gläubiger kein Interesse hat. Davon ist hier nicht die Rede. Die Leistung ist zu keinem Teil unmöglich gewesen. Allerdings hatte bis zum 14. Mai die Beklagte kein anzuerkennendes Interesse daran, daß die mehreren Waggons zu einer und derselben Zeit eintrafen. Insofern konnte die Klägerin, wenn auch kein eigentliches Sukzessivlieferungsgeschäft vorlag, ratenweise erfüllen, was die Beklagte auch gar nicht bestreitet. Durfte diese daher auch an und für sich den ersten einzelnen Wagen, der eintraf, nicht ablehnen, ohne in Verzug zu kommen, so änderte sich doch die Rechtslage mit dem Augenblick, wo sie unter Nachfristsetzung die Ablehnung der Leistung angedroht hatte. Denn nunmehr war in Frage gestellt, ob es überhaupt noch zur Durchführung des Vertrags, zur Erfüllung, kommen sollte. Das hing davon ab, ob innerhalb der laufenden Frist alles geliefert wurde oder nicht. Und solange das ungewiß war, mit andern Worten solange nicht alles angeboten wurde, war die Beklagte nicht nur berechtigt, die Annahme zu verweigern, sondern sie mußte auch bedenken, ob sie nicht ihrem Rechte etwas vergab, wenn sie die Teillieferung entgegennahm.

Es scheint die Beklagte — der Brief vom 22. Mai ist seinem Wortlaut nach nicht mitgeteilt worden — nach Ablauf der gesetzten Frist, aber vor Ablauf der angemessenen Frist bereits erklärt zu haben, daß sie nicht nur die angebotene, sondern jede Lieferung ablehne, und die Klägerin meint damit rechtfertigen zu können, daß sie von weiteren Lieferungen gänzlich Abstand genommen hat. Damit ist sie mit Recht nicht gehört worden. Durch eine solche Weigerung widerfuhr der Klägerin nichts, worauf sie nicht ohnehin gefaßt sein mußte. Sie kannte den Standpunkt der Beklagten, welche die Frist von einer Woche gesetzt hatte, und innerhalb dieser Woche hatte sie nicht geliefert. Rechtsgestaltende Wirkung hatte jene Erklärung nicht. Sie war im Grunde nur Wiederholung, Bestätigung dessen, was die Beklagte glauben mußte, rechtsgeschäftlich bereits festgelegt zu haben. Lief, wie es Rechtens ist, trotz des Fehlgriffs in der Fristbestimmung eine angemessene Frist, so mußte die Klägerin nach wie vor sich vergegenwärtigen, daß die Frist in Gang gesetzt war, und sie mußte nach wie vor darauf bedacht sein, vor deren Ablauf vollständig zu leisten. Man wird ihr ohne weiteres zugestehen, daß sie gegenüber der Haltung der Beklagten davon hätte Abstand nehmen können, die Wagen abrollen zu lassen und die damit verbundenen Kosten und Schäden zu riskieren. Aber sie durfte nicht unterlassen, die Ware vollständig anzubieten, tatsächlich anzubieten, so wie es § 294 BGB. vorschreibt, damit der Gläubiger in Annahmeverzug gerate.

---

25. 1. Inwieweit schließt die Abgeltungsverordnung vom 4. Dezember 1919 den Rechtsweg vor den ordentlichen Gerichten aus?
2. Wann entsteht der Anspruch auf Schadensersatz wegen Nichterfüllung aus positiver Vertragsverletzung?

VII. Zivilsenat. Urt. v. 19. Dezember 1922 i. S. Gebr. B. (Kl.) w. Deutsches Reich (Bekl.). VII 819/21.

I. Landgericht I Berlin. — II. Kammergericht daselbst.

Im Februar 1917 bestellte die Artilleriewerkstatt in Dr. bei der Klägerin 200 fahrbare Backöfen. Ende April 1917 schlossen die Beteiligten einen Vergleich. Die Klägerin entband den Beklagten von der Bestellung, wogegen der Beklagte der Klägerin Ersatzaufträge nach Maßgabe des vorliegenden und eintretenden Bedarfs zusagte. Die Klägerin behauptet, daß Ersatzaufträge nicht erteilt worden seien, daß der Beklagte ihre Erteilung vielmehr schon im Dezember 1917 endgültig abgelehnt habe. Nach erfolgloser Vornahme eines Ausgleichsversuchs durch das Reichsschatzministerium hat die Klägerin Klage erhoben auf Zahlung von 311440 *M* nebst Zinsen. Sie fordert Ersatz des ihr durch die Nichterteilung der Aufträge entgangenen Gewinns mit 108400 *M* und weiter Erstattung der Unkosten, welche sie im Jahre 1917 für ihre Fahrzeugabteilung vergeblich aufgewendet hat, mit 203040 ℳ. Der Beklagte erhob die Einrede der Unzulässigkeit des Rechtswegs. Beide Vorinstanzen haben sie für durchgreifend erachtet und die Klage abgewiesen. Die Revision hatte teilweise Erfolg.

Gründe:

... Das Urteil des Kammergerichts ist in zwei Punkten von Rechtsirrtum beeinflußt.

Die Verordnung über die Festsetzung neuer Preise für die Weiterarbeit in Kriegsmaterial vom 21. November 1918 und die Verordnung über die Abgeltung von Ansprüchen gegen das Reich vom 4. Dezember 1919 finden zwar Anwendung auf alle Verträge, die von den behördlichen Beschaffungsstellen für Zwecke des Krieges geschlossen sind, aber nur „insoweit sich ihre Wirkungen über den 10. November 1918 hinaus erstrecken", § 1 VO. v. 4. Dez. 1919. Es genügt also nicht, daß ein Vertrag überhaupt Wirkungen über den 10. November 1918 hinaus erstreckt, um den Rechtsweg vor den ordentlichen Gerichten wegen aller auf den Vertrag gegründeten Ansprüche auszuschließen, es ist vielmehr im Einzelfalle zu untersuchen, ob die geltendgemachten Ansprüche nicht auf Auswirkungen des Vertrags beruhen, die bereits vor dem 10. November 1918 abgeschlossen waren. So kann es kommen, daß für Ansprüche aus demselben Vertrage der Rechtsweg teilweise gegeben ist, teilweise nicht. Diese Folge ist auch in der bisherigen reichsgerichtlichen Rechtsprechung bereits anerkannt, RGZ. Bd. 101 S. 326, S. 370 und Urteil vom 7. März 1922 VII 415/21.

Die Klägerin verfolgt im gegenwärtigen Rechtsstreit zwei Schadensersatzansprüche, einen wegen Verzugs des Beklagten im Jahre 1917 und einen wegen Nichterfüllung des geschlossenen Vergleichs überhaupt. Die Revisionsbeantwortung hat ausgeführt, daß der erste Anspruch neben dem zweiten sich rechtlich überhaupt nicht begründen lasse. Damit hat sie, über die dem Revisionsgericht z. Z. unterbreitete Streitfrage hinausgegriffen. Gegenwärtig fragt es sich nur, ob die ordentlichen Gerichte über die Ansprüche der Klägerin abzuurteilen haben, nicht, wie jene Ansprüche zu beurteilen sind. Wenn der Beklagte im Jahre 1917 in Verzug geraten ist, und wenn dadurch ein selbständiger Schadensersatzanspruch für die Klägerin entstanden ist, dann handelt es sich insoweit um Auswirkungen des Vertrags, die vor dem 10. November 1918 abgeschlossen waren. Der Streit darüber ist dann nach den obigen Ausführungen von dem ordentlichen Richter zu entscheiden.

Von dem Anspruch auf Schadensersatz wegen Nichterfüllung nimmt das Kammergericht an, daß er erst nach dem 10. November 1918 entstanden sei, weil er erst nach diesem Zeitpunkt erstmalig erhoben sei. Das ist unrichtig. Die Klägerin gründet diesen Anspruch auf eine angeblich endgültige Erfüllungsweigerung vom Dezember 1917, also auf eine sogenannte positive Vertragsverletzung. Unterstellt man, wie in dem gegenwärtigen Verfahren nötig, diese Behauptung der Klägerin als richtig, so ist der Schadensersatzanspruch der Klägerin bereits damals im Dezember 1917 entstanden. Von jenem Zeitpunkt an hätte die Klägerin ihn geltend machen können. Allerdings war ihr Anspruch auf Erfüllung damit noch nicht ausgeschlossen. Dieser Ausschluß tritt nach der ausdrücklichen Vorschrift des Gesetzes mit dem Ablauf einer nach § 326 Abs. 1 BGB. gestellten Frist ein. Er tritt aber — und darauf hat die Revision mit Recht hingewiesen — z. B. nicht ein, wenn der Schadensersatzanspruch dem Erfüllungsberechtigten nach § 326 Abs. 2 BGB. erwächst, weil er kein Interesse mehr an der Erfüllung hat. In einem solchen Falle kann der Berechtigte Schadensersatz wegen Nichterfüllung fordern, er kann aber auch trotz mangelnden Interesses bei seinem Erfüllungsanspruch stehen bleiben. Eine gesetzliche Bestimmung, die ihn daran hinderte, gibt es nicht. Genau so liegt die Sache, wenn der Schadensersatzanspruch dem Berechtigten auf Grund einer positiven Vertragsverletzung des Leistungspflichtigen erwächst. Auch hier fehlt es an einer entsprechenden gesetzlichen Bestimmung. Bis zum 10. November 1918 war also die Klägerin — immer unter der Voraussetzung der Richtigkeit ihrer Behauptungen — in der Lage, entweder ihren Erfüllungsanspruch oder ihren Schadensersatzanspruch einzuklagen. Die Möglichkeit, Erfüllung zu verlangen, wurde ihr durch die eingangs erwähnten Verordnungen genommen, ihr Schadensersatzanspruch ist ihr aber verblieben. Hier greifen jene Verordnungen nur insoweit ein, als der Anspruch nicht nur dem Grunde, sondern auch dem Betrage nach vor dem 10. November 1918 erwachsen sein muß. Soweit der Schaden etwa erst nach dem 10. November 1918 entstanden ist, handelt es sich um Wirkungen des Vertrags, über welche der ordentliche Richter nicht zu befinden hat.

In dem so begrenzten Umfange war also der Rechtsweg vor den ordentlichen Gerichten zuzulassen.

---

26. 1. Kann der Leibrentenberechtigte wegen Nichtleistung der einzelnen Rentenzahlungen von dem Leibrentenvertrage zurücktreten?

2. Kann der Berechtigte unter Umständen die gewährte Gegenleistung nach den Vorschriften über ungerechtfertigte Bereicherung zurückfordern, wenn infolge unpünktlicher Entrichtung der Leibrente der bezweckte Erfolg der Altersversorgung nicht eingetreten ist?

V. Zivilsenat. Urt. v. 20. Dezember 1922 i. S. Sch. (Kl.) w. L. u. Gen. (Bekl.). V 202/22.

I. Landgericht Hamburg. — II. Oberlandesgericht daselbst.

Der Kläger ist Eigentümer des in Hamburg L. Str. belegenen Grundstücks. Durch notariellen Vertrag vom 12. Mai 1919 hat er der Beklagten zu 2, seiner Tochter, den Nießbrauch an diesem Grundstück eingeräumt, wogegen sich diese verpflichtete, ihren Eltern lebenslänglich 60 ℳ monatlich zu zahlen. Diese Rentenzahlung übernahm der Beklagte zu 1 für den Fall des Todes seiner Frau auch als eigene Verpflichtung. Der Nießbrauch ist demnächst im Grundbuch eingetragen worden, und zwar zugleich mit einer Hypothek von 17000 ℳ für den beklagten Ehemann, deren Eintragung der Kläger dafür bewilligte, daß dieser ihm zur Abwendung der Zwangsversteigerung des Grundstücks 5000 ℳ gegeben hatte und seine Mittel ferner auch für die Zahlung der Rente bereit stellte. Ein früherer privatschaftlicher Vertrag vom 26. März 1919, durch den der Kläger gegen Zahlung einer fortlaufenden Rente das Grundstück seiner Tochter zum Eigentum überlassen hatte, wurde durch den notariellen Vertrag vom 12. Mai 1919 aufgehoben, dieser aber durch Erbvertrag der Erwerb dieses Grundstücks gesichert. Auf Grund des Nießbrauchs befindet sie sich schon jetzt im Besitze des Grundstücks.

Der Kläger und seine Frau haben die ihnen versprochene Rente bisher nicht erhalten. Ersterer ist deshalb vom Vertrage zurückgetreten, und hat von den Beklagten die Löschung sowohl des Nießbrauchs wie der Hypothek verlangt, außerdem aber auch die Feststellung beantragt, daß der Vertrag vom 12. Mai 1919 aufgehoben sei. Zur Begründung seines Rücktritts hat er noch darauf hingewiesen, daß im § 5 des Vertrags vom 26. März 1919 ausdrücklich bestimmt gewesen sei, daß das Grundstück wieder in seinen Besitz übergehen sollte, falls die Beklagten ihren Verpflichtungen sechs Monate nicht nachkämen. Die Beklagten haben behauptet, daß nach den mündlichen Abreden die Rente erst nach einem Umbau des Hauses und der Deckung der Kosten aus den Mieterträgen habe gezahlt werden sollen und, da diese Voraussetzungen bisher nicht erfüllt seien, ihnen auch eine Säumnis nicht zur Last falle.

Das Landgericht hat die Beklagten klagegemäß verurteilt, das Berufungsgericht aber die Klage abgewiesen. Die Revision des Klägers hatte Erfolg.

Gründe:

Das Berufungsgericht geht davon aus, daß dem Kläger und seiner Frau durch den notariellen Vertrag vom 12. Mai 1919 als Entgelt für die Einräumung des Nießbrauchs an seinem Grundstück von den Beklagten eine Leibrente versprochen worden ist, und hält deshalb den von dem Kläger behaupteten Verzug mit der Zahlung der festgesetzten Rente nicht für geeignet, ein Rücktrittsrecht vom Vertrage zu begründen, da nicht die Verpflichtung zur Zahlung der einzelnen

Renten die Gegenleistung für die Leistungen des Klägers gewesen sei, sondern die Einräumung der Leibrente, und diese Verpflichtung erfüllt sei.

Die Angriffe, welche die Revision gegen das Vorliegen eines Leibrentenvertrags erhebt, sind nicht stichhaltig. In ständiger Rechtsprechung des Reichsgerichts ist zwar daran festgehalten worden, daß es mit Rücksicht auf die Formvorschrift des § 761 BGB. einem praktischen Bedürfnis entspricht, den Leibrentenvertrag in den seiner wirtschaftlichen Natur entsprechenden Grenzen zu halten, und daß für die Frage, ob ein solcher Vertrag vorliegt, insbesondere auch der Verkehrsauffassung Berücksichtigung zu schenken ist. Deshalb ist eine Leibrente immer nur dort anerkannt worden, wo nach der Absicht der Vertragsparteien dem Versprechensempfänger ein geschlossenes Grundrecht auf fortlaufende Renten hat verschafft werden sollen, aus dem sich die Ansprüche auf die einzelnen Bezüge als Erträge herleiten. (RGZ. Bd. 64 S. 135, Bd. 67 S. 208, Bd. 80 S. 211, Bd. 89 S. 262, Bd. 94 S. 158, Bd. 104 S. 272.) Aber im vorliegenden Falle ergeben die Feststellungen nicht, daß diese Voraussetzungen fehlen. Daß nach dem Wortlaute des Vertrags vom 12. Mai 1919 das Entgelt für die Leistungen des Klägers nicht die Bestellung des Leibrentenrechts, sondern die Zahlung von Renten hat sein sollen, kann der Revision nicht zugegeben werden. Sowohl in dem bezeichneten Vertrage, wie in dem Erbvertrag ist ausdrücklich von einer Leibrente die Rede. Da beide Verträge von einem rechtskundigen Notar verfaßt sind, bei dem die Kenntnis der rechtlichen Bedingungen eines Leibrentenvertrags vorauszusetzen ist, so ist zu vermuten, daß die Parteien tatsächlich an die Begründung eines geschlossenen Stammrechts gedacht haben. Dies entsprach auch der Sachlage. Denn wenn man berücksichtigt, daß der Kläger gegen Zahlung einer Rente seiner Tochter das Grundstück zur Nutznießung und Verwaltung überließ, sich zugunsten derselben des Besitzes entschlug und ihr gleichzeitig auch durch Erbvertrag den späteren Eigentumserwerb des Grundstücks sicherte, so lief das ganze Rechtsgeschäft wirtschaftlich auf eine Überlassung des Grundstücks hinaus, bei der der Kläger bezweckte, gegen Sicherung einer Altersversorgung von der Bewirtschaftung des Grundstücks abzutreten. Dieser Überlassungsvertrag mag an sich durch die wirtschaftlichen Schwierigkeiten des Klägers veranlaßt worden sein, aber dies ändert nichts an seinem Zweck und seinem wirtschaftlichen Charakter. Denn trotzdem blieb bestehen, daß die Überlassung des Grundstücks an seine Tochter zur Abbürdung des Klägers und Wahrung seiner Altersversorgung geschah. Gerade in solchen Fällen aber ist es üblich, dem Überlasser durch den Vertrag ein festes Stammrecht zu gewähren, da der rechtliche und wirtschaftliche Vorzug einer solchen Rechtsgestaltung darin liegt, daß mit ihr eine erhöhte Zuverlässigkeit in der Entstehung und Verwirklichung der aus dem Stammrecht fließenden Einzelansprüche verbürgt ist (RGZ. Bd. 67 S. 210). Gemeinhin pflegt dieses Grundrecht zwar in der Gestalt eines Ausgedinges gewährt zu werden, aber die Bestellung einer Leibrente ist ebenso denkbar und bei einem städtischen Grundstücke wohl auch das Gegebene. Es kann darum dem Berufungsgericht nicht entgegengetreten werden, wenn es die in dem notariellen Vertrage vom 12. Mai 1919 versprochene Rentenzahlung im Sinne eines Leibrentenversprechens ausgelegt hat. Dem steht auch nicht, wie die Revision meint, entgegen, daß die Rente nach der Behauptung der Beklagten erst gezahlt werden sollte, wenn die Wohnungen in dem Hause wieder in Stand gebracht waren, ein neues einfallendes Licht geschaffen war und alle Ausgaben des Erstbeklagten für das Haus aus den Mieterträgen gedeckt waren. Denn mag einem Vertrage auch die Eigenschaft eines Leibrentenvertrags abgehen, wenn der Anspruch auf die einzelnen Leistungen von besonderen Bedingungen abhängig gemacht ist, so daß diese Leistungen oder einzelne derselben auch ausfallen können (RGZ. Bd. 67 S. 211), so steht doch nichts im Wege, die Entstehung oder das Bestehen des Leibrentenrechts in seiner Gesamtheit zu befristen (JW. 1918 S. 38). Darum aber handelte es sich, wenn die Leibrente für den Kläger und seine Frau erst in Kraft treten sollte, sobald die erwähnten Voraussetzungen eingetreten waren.

Wenn aber nicht die einzelnen Rentenleistungen, sondern die Gewährung der Leibrente d. h. des Grundrechts, aus dem sich das Recht auf die einzelnen Bezüge ergab, als die Gegenleistung für die Bestellung des Nießbrauchs anzusehen ist, so geht das Berufungsgericht, wie auch die Revision nicht bemängelt, mit Recht davon aus, daß der Vertrag durch die Einräumung der Leibrente erfüllt ist (RGZ. Bd. 67 S. 211, Bd. 104 S. 274; JW. 1909 S. 140). Deshalb konnte wegen der Nichtleistung der einzelnen Rentenbezüge auch nicht der Rücktritt vom Vertrag auf Grund des § 326 BGB. erklärt werden. Denn wenn die einzelnen Rentenleistungen nicht die vertraglich geschuldete Gegenleistung für die Einräumung des Nießbrauchs, sondern lediglich eine einseitige Schuldverpflichtung der Beklagten waren, die aus dem Bestehen des von ihnen dem Kläger und seiner Frau bewilligten Leibrentenrechts entsprang (vgl. auch RGZ. Bd. 45 S. 189, RGRKomm. Anm. 1 zu § 759 BGB.), so war für die Anwendung des § 326 BGB., der sich nur auf gegenseitige und nicht erfüllte Verträge bezieht, kein Raum, und zum wenigsten in dem Sinne, daß der Verzug mit den einzelnen Leistungen zum Rücktritt von dem dahinter liegenden Vertrage vom 12. Mai 1919 berechtigen könnte. Auch aus dem Gesichtspunkt der positiven Vertragverletzung läßt sich ein solcher Rücktritt nicht begründen. Denn auch ihm steht entgegen, daß der Vertrag mit der Bestellung der Leibrente erfüllt war und die Nichtleistung der einzelnen Rentenbezüge kein vertragswidriges, den Vertragszweck gefährdendes Verhalten der Beklagten war, wenn die einzelnen Rentenleistungen keine vertraglichen Gegenleistungen waren und unmittelbar aus dem Vertrage gar nicht entsprangen. Höchstens, wenn die einzelnen Renten noch neben der Gewährung des Stammrechts als Entgelt für seine Leistungen dem Kläger versprochen worden wären oder gelten müßten, könnte aus der Nichterfüllung der einzelnen Leistungen ein Grund zum Rücktritt vom Vertrag entnommen werden. Eine solche Annahme aber ist nach den Feststellungen des Berufungsgerichts abzulehnen. Sie würde auch mit der Konstruktion und der Begriffsausbildung des Leibrentenversprechens nur schwer vereinbar sein. Denn es hat weder Zweck noch Sinn, einem anderen zur Abgeltung einer empfangenen Leistung ein Recht zu bestellen, dessen Inhalt die Einräumung eines Grundrechts auf einzelne Leistungen ist, und daneben auch noch die einzelnen Leistungen als Gegenleistung zu versprechen. Zwar mag es bei der Bestellung einer Reallast (besonders des Altenteils) oder der Bestellung einer persönlichen Dienstbarkeit, z. B. eines Wohnungsrechts, denkbar sein, daß sich der Besteller auch persönlich zu den dem Inhalt des dinglichen Rechts entsprechenden Leistungen verpflichtet (RGZ. Bd. 45 S. 189). Aber in solchem Falle handelt es sich darum, neben das dingliche Recht, aus dem nur eine Haftung mit dem Grundstück entspringt, noch eine persönliche Haftung des Schuldners zu setzen. Dies kommt aber hier nicht in Frage. Denn im gegebenen Falle kommen nur persönliche Verpflichtungen in Betracht.

Aus dem Fehlen eines Rücktrittsrechts folgt jedoch nicht, daß die Nichtleistung der schuldigen Rentenbezüge nicht in anderer Weise auf den Bestand des Vertrags von Einfluß sein kann. Das Berufungsgericht weist selbst darauf hin, daß eine Wechselbeziehung zwischen der einseitigen Schuldverpflichtung zur Zahlung der Rente und dem Leibrentenversprechen als solchem insofern besteht, als die Verpflichtung zur Rentenzahlung von dem Leibrentenversprechen, das den Grund ihrer Entstehung bildet, abhängt. Es erklärt deshalb die Pflicht zur Rentenleistung für hinfällig, wenn das Leibrentenrecht selbst entweder nach Maßgabe des Vertrags zu bestehen aufhört oder selbst aus dem Gesichtspunkte der ungerechtfertigten Bereicherung zurückgefordert wird. Aber es hätte umgekehrt auch in Erwägung ziehen müssen, ob nicht auch der Vertrag, in dem die Leibrente bewilligt ist, also der Grundvertrag, aus Gründen, die mit der Nichterfüllung der Rentenzahlungen zusammenhängen, nach den Grundsätzen über die ungerechtfertigte Bereicherung zu Fall gebracht werden kann. Unzweifelhaft enthält es eine Härte, den Berechtigten im Falle der Nichtleistung der Rentenbezüge lediglich auf den Erfüllungsanspruch zu verweisen. Diese Härte zu mildern, können die Bereicherungsvorschriften möglicherweise einen Weg bieten. Allerdings ist für die Anwendung dieser Vorschriften bei gegenseitigen Verträgen nur beschränkt Raum. Aber auch bei ihnen kann eine Leistung wegen des Nichteintritts des mit ihr bezweckten Erfolgs zurückgefordert werden, wenn nach dem Inhalt des Vertrags über die Gegenleistung hinaus ein solcher Erfolg bezweckt ist und als vereinbart gilt (RGZ. Bd. 66 S. 134, Warneyer 1917 Nr. 112, Komm. der RGR. Anm. 9 zu § 812 BGB). Im gegebenen Falle haben die Beklagten in der Berufungsbegründung selber behauptet, daß der Zweck des Vertrags dahin gegangen sei, dem Kläger und seiner Frau eine Altersrente zu sichern. Auch der Kläger hat in dem Schriftsatze vom 3. Januar 1922 hervorgehoben, daß er Anlaß hatte, für sein Alter zu sorgen. Eine solche Altersversorgung aber war nur erreichbar, wenn die zur Bestreitung des Lebensunterhalts gedachte Rente auch wirklich laufend bezahlt wurde. Es bleibt deshalb zu prüfen, ob mit der Leistung des Klägers nicht auch diese Zahlung bezweckt worden ist und die Hingabe des Grundstücks zum Nießbrauch mit der Aussicht auf späteren Erwerb nur in der Erwartung erfolgt ist, daß die sich aus der Leibrentenbestellung ergebenden Pflichten von den Beklagten auch pünktlich erfüllt wurden. Daß gerade bei Leistungen, die der Lebensversorgung dienen, der bezweckte Erfolg auch auf die Erfüllung dieser Leistungen abgestellt sein kann, hat der erkennende Senat in einem ähnlich liegenden Falle, der ein Altenteil betraf, bereits in der Entscheidung vom 20. Mai 1922 V 614/21 ausgesprochen. Beachtlich wäre die Erwartung der pünktlichen Rentenzahlung freilich nur dann, wenn sie auch zum Inhalt des Vertrags gemacht worden ist und nicht bloß einseitig in der Vorstellung des Klägers bestanden hat. Denn letzterenfalls war sie lediglich Beweggrund für die Leistung des Klägers. In dieser Beziehung aber kann ins Gewicht fallen, daß in dem aufgehobenen schriftlichen Vertrage vom 26. März 1919 ausdrücklich die Bestimmung enthalten war, daß das Grundstück wieder in den Besitz des Klägers übergehen sollte, wenn die Beklagten ihrer Verpflichtung zur Zahlung der Rente 6 Monate lang nicht nachkämen. Wenn diese Bestimmung auch nicht in den Vertrag vom 12. Mai 1919 übergegangen ist, so bleibt doch möglich, daß die Parteien den Gedanken, daß auch dieser Vertrag von der pünktlichen Zahlung der Rente abhängig sein sollte, nicht haben fallen lassen und, mögen sie diese Zahlung auch nicht zur Bedingung oder zum Rücktrittsgrund erhoben haben, doch als bezweckten Erfolg zum Vertragsinhalt gemacht haben. In solchem Falle kann aus § 812 BGB. ein Rückforderungsanspruch des Klägers rechtlich gegeben sein, vorausgesetzt allerdings, daß die Rentenzahlungen, was die Beklagten bestreiten, auch wirklich fällig gewesen sind und die Beklagten mit der Zahlung säumig waren.

27. Aufrechnung einer in deutscher Währung entstandenen Forderung gegen eine in ausländischer Währung ausgedrückte, im Inlande zu bezahlende Forderung. Nach welchen Grundsätzen ist der Kurswert zu bestimmen, der für die Umrechnung der in ausländischer Währung ausgedrückten Forderung maßgebend ist?

I. Zivilsenat. Urt. v. 20. Dezember 1922 i. S. L. (Kl.) w. S. (Bekl.). I 18/22.

I. Landgericht Hamburg, Kammer f. Handelssachen. — II. Oberlandesgericht daselbst.

Die Parteien, die in Hamburg ansässig sind, standen miteinander derart in Geschäftsverbindung, daß die Klägerin in skandinavischen Häfen durch ihr nahestehende Firmen für die Beklagte Baumwollsendungen aus überseeischen Dampfern empfangen und nach deutschen Häfen weiterbefördern ließ. Für derartige Geschäftsbesorgungen aus dem Jahre 1915 erteilte die Klägerin der Beklagten eine Abrechnung, die zu ihren Gunsten nach Abzug der Gegenleistungen der Beklagten mit einem Saldo von 3728,96 Kronen schwedischer Währung abschloß. Auf Zahlung dieses Betrags nebst 5 v. H. Zinsen seit dem 20. Juni 1921 ist die Klage gerichtet. In Höhe von 3099,75 Kronen stellte die Beklagte drei Gegenansprüche von 346,88 ℳ, 800 ℳ und 2844,65 ℳ zur Aufrechnung. Die Beträge rechnete sie in 247,45, 629,92 und 2222,38 schwedische Kronen um.

Das Landgericht gab der Klage in Höhe von 3099,75 Kronen nebst Zinsen statt, indem es die Gegenansprüche für unbegründet erklärte. Das Oberlandesgericht wies insoweit die Klage ab. Es erachtet die Gegenforderungen für begründet und die Aufrechnung für zulässig. Die Revision der Klägerin wurde zurückgewiesen.

Gründe:

Die Revision erhebt Einwendungen gegen die Zulässigkeit der Aufrechnung und gegen die Umrechnung der in schwedischen Kronen entstandenen Schuld in eine Markschuld. Die Aufrechnung erachtet sie für unstatthaft, weil ungleichartige Forderungen, auf seiten der Klägerin in schwedischer, auf seiten der Beklagten in deutscher Währung, einander gegenüberständen (§ 387 BGB.).

Diese Ansicht ist nicht zutreffend. Die Parteien sind Hamburger Kaufleute und haben den Vertrag, aus dem die beiderseitigen Ansprüche hervorgegangen sind, in Hamburg geschlossen. Dieser Ort muß daher für die beiderseitigen Verbindlichkeiten als Erfüllungsort gelten, soweit nicht aus der Natur des Vertrags für einen Teil der Leistungen etwas abweichendes anzunehmen ist (§ 269 BGB.). Das trifft auf die Geschäftsbesorgungen zu, die in den skandinavischen Häfen vorzunehmen waren. Soweit dort von der Klägerin, sei es von ihr selbst, sei es von den von ihr beauftragten dortigen Firmen, eine Tätigkeit zu entfalten war, ergab sich ohne weiteres aus den Umständen, daß die Vertragserfüllung nur in den Auslandhäfen erfolgen konnte. Mithin entstand auch die Vergütung für die dort ausgeübte Tätigkeit in der ausländischen Währung. Leistungsort für die Zahlung war aber im Verhältnis der Parteien untereinander der für den Vertrag im allgemeinen maßgebliche Erfüllungsort Hamburg. Es greift danach der § 244 BGB. Platz, wonach eine in ausländischer Währung ausgedrückte Geldschuld, wenn sie im Inlande zu entrichten ist, in deutscher Reichswährung zu zahlen ist, es sei denn, daß die Zahlung in ausländischer Währung ausdrücklich bedungen ist. Für eine solche besondere Vereinbarung bieten die Verhandlungen der Vorinstanzen und die Feststellungen des Vorderurteils keinen Anhalt. Die Abrede erscheint nach den Verhältnissen des Jahres 1915 auch so fernliegend, daß der Berufungsrichter es nicht nötig hatte, darüber gemäß § 139 ZPO. zur Aufklärung des Sachverhalts das Fragerecht auszuüben. War die Beklagte hiernach berechtigt, den in schwedischen Kronen ausgedrückten Saldo der klägerischen Abrechnung in deutscher Reichswährung zu bezahlen, so war sie auch weiter befugt, gegen die in Markwährung umgerechnete Forderung der Klägerin Gegenforderungen, die ihr gegen die Klägerin in Markwährung entstanden waren, aufzurechnen. Von einem ungleichartigen Leistungsgegenstande kann bei einem derartigen Zusammentreffen von Forderung und Gegenforderung nicht die Rede sein. Da die Aufrechnung das Erlöschen der Forderungen, soweit sie sich decken, zur Folge hat, also wie eine Zahlung wirkt, so ist auf sie der § 244 Abs. 2 BGB. entsprechend anzuwenden, wonach die Umrechnung nach dem Kurswerte erfolgt, der zur Zeit der Zahlung für den Zahlungsort maßgebend ist. Wie als Zeit der Zahlung die Zeit zu verstehen ist, zu der das Zahlungsgeschäft tatsächlich bewirkt wird (RGZ. Bd. 101 S. 312), so ist für die Währungsumrechnung auch bei der Aufrechnung diejenige Zeit maßgebend, zu der die Aufrechnungserklärung gemäß § 388 BGB. gegenüber dem anderen Teile abgegeben wird. An welchem Tage dies im vorliegenden Falle geschehen ist, ist im Berufungsurteile nicht näher erörtert worden; das Berufungsgericht beschränkt sich auf die Bemerkung, daß die Beklagte nach § 244 BGB. zur Umrechnung der in Kronen ausgedrückten Klageforderung in deutsche Währung befugt gewesen sei und einen entsprechenden Teil der Klageforderung getilgt habe, indem sie ihn nach dem zurzeit der Aufrechnung maßgebenden Kurse umgerechnet und dagegen mit ihrer Markforderung aufgerechnet habe. Diese Ausführungen sind in keiner Weise zu beanstanden. Zu einer näheren Erörterung der Kursverhältnisse hatte der Vorderrichter keine Veranlassung, da von den Parteien die Richtigkeit der Umrechnung nicht bemängelt worden ist. Die Umrechnung ist nun von der Beklagten nicht in der Weise vorgenommen worden, daß sie, wie es genau dem § 244 BGB. entsprochen hätte, den in Kronen ausgeworfenen Saldo der klägerischen Abrechnung in Mark umgerechnet und dagegen ihre in Mark ausgedrückten Gegenforderungen aufgerechnet hat, sondern sie hat die Markbeträge der letzteren in Kronen umgerechnet und dann gegen den Kronensaldo aufgerechnet. Es handelt sich hierbei um eine rein rechnerische Maßnahme, die das tatsächliche Schlußergebnis nicht anders gestaltet. Irgendein rechtlicher Verstoß kommt dabei nicht in Betracht. . . .

---

28. Ist § 90 der Eisenbahnverkehrsordnung dadurch gegenstandslos geworden, daß die Bekanntmachung des Reichseisenbahnamts vom 10. August 1914 (RGBl. S. 368) die Lieferfristen des § 75 außer Kraft gesetzt hat? Wird die Eisenbahn von der Entschädigungspflicht dadurch frei, daß sie das als verloren geltende Gut vor der Zahlung der Entschädigung wiederauffindet und dem Empfangsberechtigten anbietet?

I. Zivilsenat. Urt. v. 20. Dezember 1922 i. S. Reichseisenbahnfiskus (Bekl.) w. C. B. (Kl.). I 120/22.

I. Landgericht I Berlin. — II. Kammergericht daselbst.

Am 31. Januar 1920 übergab die Firma F. S. & Co. in Sp. der Eisenbahn einen Wagen Eisenschrott zur Beförderung an die Klägerin nach deren Anschlußgleis in B. Bis zum 18. März 1920 konnte das Gut der Klägerin nicht abgeliefert werden. An diesem Tage teilt die Klägerin der Eisenbahndirektion in Berlin mit, daß sie gemäß § 90 EVO. den Wagen als verloren betrachte. Darauf erhielt sie am 23. April 1920 von der Bahn die Mitteilung, daß der Wagen eingegangen sei. Sie verweigerte nunmehr die Annahme der Sendung. Der Beklagte ließ am 8. Juni das Gut öffentlich versteigern, erzielte aber nur einen Erlös, durch den nicht einmal die Fracht und das Standgeld gedeckt wurden. Die Klägerin erhob darauf Klage auf Ersatz des Werts des Guts mit 37700 ℳ nebst Zinsen.

Der Anspruch wurde vom Landgericht dem Grunde nach für berechtigt erklärt, die Berufung des Beklagten vom Kammergerichte zurückgewiesen. Auch die Revision hatte keinen Erfolg.

Gründe:

Vom Kammergerichte waren zwei in einem Eventualverhältnisse zueinander stehende Fragen zu entscheiden: Ist § 90 EVO. dadurch gegenstandslos geworden, daß die Bekanntmachung des Reichseisenbahnamts vom 10. August 1914 die Lieferfristen des § 75 EVO. außer Kraft gesetzt hat? Im Falle der Verneinung dieser Frage: Wird die Reichsbahn nachträglich dadurch von der Entschädigungspflicht frei, daß sie das Gut vor Zahlung der Entschädigung wieder aufgefunden und der Klägerin angeboten hat? Das Kammergericht hat beide Fragen verneint.

Die Revision rügt zu Unrecht Verletzung der §§ 90 und 91 EVO.

Wie das angefochtene Urteil zutreffend annimmt, ist der § 90 nicht deshalb gegenstandslos geworden, weil durch die Bekanntmachung des Reichseisenbahnamts vom 10. August 1914 die Lieferfristen des § 75 außer Kraft gesetzt worden sind. Der erkennende Senat hat bereits früher (RGZ. Bd. 99 S. 19) ausgesprochen, daß es bestimmte Lieferfristen nicht mehr gibt. Damit wurde anerkannt, daß durch jene Bekanntmachung lediglich die starren Lieferfristen der Eisenbahnverkehrsordnung vorläufig beseitigt worden, an ihre Stelle aber gemäß §§ 454, 428 Abs. 1 HGB. angemessene Lieferfristen getreten sind, die gegebenenfalls der Richter festzusetzen hat. Denn diese „angemessenen Lieferfristen" konnten nach §§ 471 Abs. 1 und 466 Abs. 1 HGB. durch jene Bekanntmachung überhaupt nicht beseitigt werden. Die Pflicht der Bahn, binnen angemessener Frist zu liefern, entspricht dem rechtlichen Interesse aller am Frachtgeschäft Beteiligten; ohne sie kann der öffentliche Güterverkehr nicht bestehen. Das Gleiche gilt aber auch von der Befugnis des zum Empfange Berechtigten, auf die Annahme des Gutes zu verzichten und statt dessen Ersatz zu verlangen, wenn nach Ablauf der Lieferfrist die Bahn längere Zeit das Gut nicht zur Stelle zu bringen vermag. In solchen Fällen muß der Empfangsberechtigte endlich klare Verhältnisse schaffen können. Dieses Bedürfnis besteht nach Abschaffung der starren Lieferfristen fort. Daraus folgt, daß die Frist des § 90 sich nunmehr an die angemessene Lieferfrist anschließt. Die Entscheidung des erkennenden Senats vom 19. Juni 1922 (RGZ. Bd. 104 S. 415), nach welcher die wesentlichste Voraussetzung des § 94 Abs. 2 EVO. mit der Außerkraftsetzung der Lieferfristen des § 75 weggefallen ist, steht der fortdauernden Geltung des § 90 nicht entgegen. Denn für die im § 94 Abs. 2 genau nach der Zahl der Tage der Verzögerung festgesetzten Entschädigungssätze bildeten Lieferfristen von festumgrenzter Dauer ein notwendiges Erfordernis, für den allgemeinen Entschädigungsanspruch aus § 90 aber ist eine nach der Zahl der Tage ein für allemal genau festgestellte

Lieferfrist nicht wesentlich. War also im vorliegenden Falle in den ersten Februartagen des Jahres 1920 die angemessene Lieferfrist abgelaufen, so wurde damals die 30 tägige Frist des § 90 in Lauf gesetzt. Als die empfangsberechtigte Klägerin dem Beklagten erklärte, daß sie den Wagen als verloren betrachte, nämlich am 18. März 1920, war demnach auch die Frist des § 90 abgelaufen und die Erklärung rechtswirksam.

Nun wendet die Revision ein, die Bahn sei nachträglich von der Entschädigungspflicht dadurch frei geworden, daß sie das Gut vor der Zahlung der Entschädigung wieder aufgefunden und der Klägerin angeboten habe. Dieser Einwand ist unbegründet, weil die Erklärung gemäß § 90 nach dem Wortlaute und Zwecke dieser Vorschrift die Rechtsverhältnisse aus dem Frachtvertrag endgültig regelt. Während es nämlich im § 64 Abs. 4 des ehemaligen Betriebsreglements für die Eisenbahnen Deutschlands vom 11. Mai 1874 heißt: „Als in Verlust geraten ist das Gut erst 4 Wochen nach Ablauf der Lieferfrist zu betrachten", sagt § 90 EVO.: „Der zum Empfang Berechtigte kann das Gut ohne weiteren Nachweis als verloren betrachten, wenn es nicht spätestens am 30. Tage nach Ablauf der Lieferfrist abgeliefert werden kann". Diese Bestimmung gibt nicht der Bahn, sondern nur dem Empfangsberechtigten eine Befugnis; sie räumt ihm die Rechtsstellung dessen, dem ein Gut in Verlust geraten ist, dadurch ein, daß er gemäß §§ 84 und 88 statt des Gutes Ersatz von der Eisenbahn verlangen kann. Dem § 90 liegt die wirtschaftliche Erwägung zugrunde, daß der Empfänger nach Ablauf einer gewissen Frist in der Lage sein muß, sich zu entscheiden, ob er sich zum Ersatze des bisher nicht gelieferten Frachtguts anderweit eindecken soll oder nicht. Dieser Zweck der Vorschrift würde verfehlt, wenn es nach der Entscheidung des Empfangsberechtigten der Bahn noch frei stünde, die später aufgefundene Ware statt der Ersatzleistung anzubieten.

Wenn die Revision aus § 91 den Schluß ziehen will, daß ungeachtet der Erklärung des Empfangsberechtigten die Pflicht der Bahn an sich auf Zahlung der Entschädigung oder auf Auslieferung des Guts gerichtet sei, so daß sie die Auslieferung, wenn das Gut nach Erklärung, aber vor der Zahlung aufgefunden werde, immer noch anbieten könne, so vermag der Senat dem nicht beizutreten. Allerdings werden im Sinne des § 262 BGB. zwei Leistungen, die Entschädigung oder das Gut, in der Weise geschuldet, daß nur die eine oder die andere zu bewirken ist, aber das Wahlrecht steht nach dem klaren Wortlaut und dem Zwecke des § 90 nicht dem Schuldner zu, sondern dem Gläubiger. Das Gesetz geht von dem Gedanken aus, daß eine zu weitgehende Verspätung in der Auslieferung das Gut manchmal vollkommen entwertet, wie gerade der vorliegende Fall deutlich beweist.

In solchen Fällen soll der Empfangsberechtigte in der Lage sein, das Gut als verloren zu betrachten und deshalb aus §§ 84 und 88 einen Ersatzanspruch geltend zu machen, gegen welchen die Eisenbahn nicht einwenden kann, das Gut sei noch vorhanden und nicht verloren. Die §§ 90 und 91 EVO. stehen in keinem Gegensatze zueinander. Auch § 91 gibt nur dem Empfangsberechtigten, nicht der Bahn, das Wahlrecht, indem er sogar nach der Auszahlung der Entschädigung und trotz derselben dem Empfangsberechtigten noch die Erlangung des Guts ermöglicht, falls der Besitz des Guts mehr in seinem Interesse liegt, als das Geld.

---

29. Voraussetzungen des Entschädigungsanspruchs der Vermittler des Branntweinverkehrs nach dem Reichsgesetz über das Branntweinmonopol vom 26. Juli 1918, §§ 224, 227, und der Entschädigungs-Ordnung vom 9. August 1919, §§ 33, 66.

VI. Zivilsenat. Urt. v. 21. Dezember 1922 i. S. Reichsfiskus (Reichsmonopolamt für Branntwein) (Bekl.) w. S. (Kl.). VI 301/22.

I. Landgericht I Berlin. — II. Kammergericht daselbst.

Die klagende offene Handelsgesellschaft gehört zum Kreise derjenigen Gewerbetreibenden, die als „Vermittler des Branntweinverkehrs" nach § 224 des Reichsgesetzes über das Branntweinmonopol vom 26. Juli 1918 — in Ermangelung einer Weiterbeschäftigung — entschädigungsberechtigt sind. Bei dem Entschädigungsausschuß, dem nach § 240 des Gesetzes die Festsetzung der Entschädigung oblag, hat sie nachgewiesen, daß sie im Betriebsjahre 1913/14 für eine große Anzahl von Brennereien eine Branntweinmenge von insgesamt 4139684,5 Litern an die Spiritus-Zentrale vermittelt hat; demgemäß verlangte sie nach dem Satze von 0,25 *M* für das Hektoliter eine jährliche Entschädigung von 10349,20 *M* auf die Dauer von zehn Jahren (1919—1929). Der Entschädigungsausschuß hat ihr nur 5057,76 *M* zugebilligt. Die Klägerin hat innerhalb der im § 241 BrMonGes. vorgesehenen Frist von vier Wochen nach der Zustellung des Bescheides den ordentlichen Rechtsweg beschritten und Verurteilung des Beklagten zur Zahlung der Differenz von jährlich 5291,44 *M* begehrt. Die Vorinstanzen haben ihren Anträgen willfahrt. Die Revision des Beklagten blieb ohne Erfolg.

Gründe:

Die klagende Firma hat unstreitig nach dem 30. September 1912 über drei Jahre lang den Branntweinverkehr zwischen einer großen

Anzahl von Brennereien und der Spiritus-Zentrale Ges. m. b. H. in Berlin vermittelt. Da sie von der Monopolverwaltung nach dem Inkrafttreten des Branntweinmonopolgesetzes (1. Oktober 1919) nicht weiterbeschäftigt wurde, sind die Voraussetzungen gegeben, nach denen sie auf Grund des § 224 des Gesetzes Entschädigung in angemessenen Grenzen auf die Dauer von zehn Jahren seit jenem Zeitpunkte fordern kann. Durch § 227 daselbst wird der Bundesrat ermächtigt, die Grundsätze aufzustellen, nach denen die Entschädigungen für die Vermittler zu bemessen sind; der an seine Stelle getretene Staatenausschuß hat dies im § 33 der von ihm erlassenen Entschädigungsordnung vom 9. August 1919 (abgedruckt unter den Ausführungsbestimmungen zum Gesetz über das Branntweinmonopol im Zentralblatt für das Deutsche Reich 1919, S. 801 flg.) getan, wo unter Ziffer 2 bestimmt ist, daß die Entschädigung für jedes Hektoliter Weingeist der im Betriebsjahre 1913/14 vermittelten Branntweinmengen 0,25 ℳ betragen soll. Der Entschädigungsausschuß hat der klagenden Firma die Entschädigung insoweit versagt, als die von ihr vermittelte Menge auf Branntwein entfällt, der damals in Brennereien erzeugt worden war, welche in den auf Grund des Vertrags von Versailles an Polen abgetretenen posenschen und westpreußischen Gebietsteilen gelegen sind. Der Rechtsstreit dreht sich um die Frage, ob dieser Abzug berechtigt ist. Zu dessen Rechtfertigung führt der Beklagte in erster Reihe an, daß die Klägerin hinsichtlich der ihr gestrichenen Branntweinmengen durch das Monopolgesetz nicht geschädigt worden sei, da sie dieses Teils ihres Gewerbebetriebs infolge der Veränderung der Gebietshoheit ohnehin verlustig gegangen sein würde; deshalb sei sie insoweit auch nicht entschädigungsberechtigt. Sodann beruft sich der Beklagte noch auf § 66 der Entschädigungsordnung, wo es im ersten Satze heißt: „Ein Entschädigungsanspruch kann nach den Bestimmungen dieser Ordnung nur erhoben werden, wenn der die Grundlagen für den Anspruch bildende Betrieb im Monopolgebiete liegt."

Das Kammergericht erwägt, die Bezugnahme auf diese Vorschrift entfalle, weil es dabei nicht auf die Lage der Brennereien, sondern nur auf den Vermittlerbetrieb der klagenden Firma ankomme, der im Monopolgebiete, nämlich in Berlin liege; ob sich dessen Geschäfte teilweise in Gebiete erstrecken, die jetzt nicht mehr dazu gehören, sei unbeachtlich. Zur Hauptfrage gibt der Berufungsrichter dem Beklagten zu, der Grundgedanke des Gesetzes sei der, daß entschädigt werden solle, wer durch dessen Inkrafttreten Schaden erlitten habe. Den Nachweis dieses ursächlichen Zusammenhanges verlange aber das Gesetz nicht in jedem Falle. Während es im § 228 für die Entschädigung der Angestellten ausdrücklich fordere, daß diese infolge des Gesetzes nachweislich nicht oder zu ungünstigeren Bedingungen weiterbeschäftigt worden seien, verlange das Gesetz von den Vermittlern den ausdrücklichen Nachweis einer Schädigung durch das Inkrafttreten des Monopolgesetzes nicht. Sie seien entschädigungsberechtigt, sobald die im § 224 bestimmten Voraussetzungen vorlägen, und es könne der Beweis nicht zugelassen werden, daß sie im Einzelfalle trotzdem gar nicht oder nur teilweise geschädigt seien. Nach § 33 EntschO. seien offensichtlich Durchschnittsmengen zur Grundlage der Entschädigung gemacht, um Streitigkeiten über die tatsächliche Schadenshöhe im Einzelfalle auszuschließen. Ebensowenig wie demnach der Vermittler den Beweis führen dürfe, daß sein Schaden tatsächlich höher sei, als er nach den Vorschriften des BrMonGes. und der EntschO. zu berechnen sei, könne dem entschädigungsverpflichteten Fiskus der Beweis gestattet werden, daß der entschädigungsberechtigte Vermittler im Einzelfalle einen geringeren Schaden erlitten habe. Der Beklagte schulde also der Klägerin die vollen von ihr beanspruchten Summen.

Die Revision rügt Verletzung des § 224 BrMonGes. und der §§ 33, 66 EntschO. Sie macht geltend, wenn es auch richtig sein möge, daß bei dem Vermittler der ausdrückliche Nachweis einer Schädigung nicht verlangt werde, so folge daraus nicht, daß er auch dann Ansprüche erheben könne, wenn feststehe, daß er durch die Einführung des Monopolgesetzes nicht geschädigt worden sei. Wenn man daran festhalte, daß es sich doch immer nur um den Ersatz eines wirklichen Schadens handele, so ergebe sich, daß auch der Vermittler nicht mehr verlangen könne, als seinen wirklichen Schaden, und darüber hinaus keine Ansprüche habe, denn das Gesetz wolle ihm keinen Gewinn zuwenden, sondern ihn nur unter bestimmten Voraussetzungen und mit bestimmten Begrenzungen so stellen, wie er gestanden haben würde, wenn das Gesetz nicht in Kraft getreten wäre. Ein Gegenbeweis lasse sich auch nicht aus § 33 Ziffer 2 EntschO. entnehmen, denn diese Bestimmung gebe nur die Unterlage für die Prüfung der Höhe des Entschädigungsanspruchs, besage aber nicht, daß dem Vermittler auf alle Fälle ein dem Umsatz des Betriebsjahres 1913/14 entsprechender Betrag zuzubilligen sei, auch wenn er Schaden nicht gehabt habe. Diesen Nachweis zu erbringen, müsse dem Beklagten gestattet sein, wenn auch der Vermittler durch die gesetzliche Begrenzung seiner Ansprüche nach oben hin gehindert sei, zu Beweis zu verstellen, daß sein Schaden tatsächlich höher sei. Endlich werde um Nachprüfung gebeten, ob § 66 EntschO. hier anzuwenden sei. Der Sitz des Betriebs sei wirtschaftlich aufzufassen. Es könne nicht darauf ankommen, wo der Vermittler seinen Wohnsitz habe, vielmehr müsse maßgebend sein, in welche Gegenden sein Vermittlerbetrieb sich erstrecke.

Die Angriffe der Revision vermögen den Bestand des Berufungsurteils nicht zu erschüttern. Das Reichsgericht hat schon in dem Urteil Witwe St. gegen Reichsmonopolamt für Branntwein vom 8. Juli 1922 (RGZ. Bd. 105 S. 107ff.), wo die Vorschriften des Branntweinmonopolgesetzes über die Entschädigung von Angestellten zur Erörterung standen, ausgesprochen, daß von dem Entschädigungsberechtigten der Nachweis, daß durch das Inkrafttreten des Gesetzes gerade ihm ein Schaden entstanden sei, nicht verlangt werden kann, daß vielmehr beim Vorliegen der gesetzlichen Voraussetzungen die Entstehung eines Schadens ohne weiteres vermutet wird, und dem Angestellten die Entschädigung in der gesetzlich bestimmten Höhe gewährt werden muß. Es kommt, wie dort (S. 110) bemerkt, nur auf die allgemeine typisch schädigende Lage an. Die Regelung, daß die im IX. Abschnitt des Gesetzes normierten Tatbestände die Ansprüche ohne weiteres auslösen, kann, wie gleichfalls in dem angeführten Urteil dargelegt wurde, dazu führen, daß jemand entschädigungsberechtigt wird, ohne daß ihm tatsächlich das Inkrafttreten des Gesetzes eine Erwerbseinbuße gebracht hat; ein derartiges Ergebnis im Einzelfalle, das als aus der Fassung der Bestimmungen hervorgegangene Nebenwirkung erscheint, steht nicht im Widerspruch zu dem zweifellos richtigen Satze, daß der vom Gesetzgeber verfolgte Zweck lediglich auf Vergütung für wirtschaftliche Schädigungen gerichtet ist.

Diese für Entschädigungsansprüche der Angestellten gegebenen Darlegungen sind für die Rechtslage der Vermittler im Sinne des § 224 BrMonGes. ebenso maßgebend. Es besteht in dieser Hinsicht kein Gegensatz zwischen den beiden Personengruppen. Gegenüber der Ausführung des Vorderrichters zu § 228 BrMonGes. sei richtiggestellt, daß auch von dem Angestellten, der auf Grund dieses Paragraphen einen Entschädigungsanspruch geltend macht, nur der Nachweis zu fordern ist, daß er infolge des Monopolgesetzes nicht oder zu ungünstigeren Bedingungen weiterbeschäftigt wurde; eine solche Beweisführung liegt aber dem Vermittler ebenfalls ob, da er nur dann entschädigungsberechtigt ist, wenn er nicht weiterbeschäftigt wird (vgl. auch EntschO. § 33 Ziffer 2 Satz 2: „Die Entschädigungszeit mindert sich um den Zeitraum, der auf die Beschäftigung durch die Monopolverwaltung entfällt.") Findet keine Weiterbeschäftigung statt, so haben Angestellte wie Vermittler ihre Entschädigungsansprüche, wenn die im Gesetze bestimmten sonstigen Voraussetzungen gegeben sind. Vom Vermittler wird hier verlangt, daß er nach dem 30. September 1912 wenigstens drei Jahre lang den Branntweinverkehr zwischen der Brennerei und dem Abnehmer des Branntweins vermittelt haben muß; ist diese Voraussetzung erfüllt, so hat er nach § 33 Ziffer 2 Satz 1 EntschO. in Verbindung mit § 227 BrMonGes. für jedes Hektoliter Weingeist der im Betriebsjahre 1913/14 von ihm vermittelten Branntweinmengen 0,25 ℳ zu erhalten. Die Verwertung irgendwelcher anderer

Umstände zur Erreichung einer höheren Entschädigung ist ihm ein für alle Mal verwehrt; folgerichtig muß dies aber auch für den entschädigungspflichtigen Reichsfiskus gelten, für den das entgegengesetzte Ziel in Frage kommt. Auch er darf in die Auseinandersetzung mit den Angehörigen der im § 224 des Gesetzes bezeichneten Personengruppe nur solche Umstände einführen, die in jener Gesetzesstelle oder in der Entschädigungsordnung Erwähnung gefunden haben. Gerade darin zeigt sich der besondere Charakter derartiger Normativbestimmungen, die, auf allgemeinen Billigkeitserwägungen und durchschnittlichen Berechnungen fußend, Erörterungen wegen der rechtlichen und wirtschaftlichen Lage im Einzelfalle abschneiden wollen. Das System würde durchbrochen, wenn man einen Einwand wie den vom Beklagten hier vorgeschützten zulassen wollte, und es wäre nicht abzusehen, wo alsdann die Grenze für die Geltendmachung besonderer Tatumstände gezogen werden sollte.

Diese Auffassung wird durch die wenigen Anhaltspunkte, welche die Entstehungsgeschichte der Bestimmungen bietet, nur bestätigt. In der amtlichen Begründung des Gesetzentwurfs wird zu den §§ 216 und 217, die ohne hier ins Gewicht fallende Änderungen Gesetz geworden sind, bemerkt, ein wesentlicher Vorteil für die entschädigungsberechtigten Destillateure, um die es sich dort handelt, liege darin, daß nach dem Entwurfe der Entschädigung während zehn Jahren der Umsatz des Jahres 1913/14 unverändert zugrunde gelegt werde, daß also der voraussichtlich sehr starke Verbrauchsrückgang — in der späteren Zeit — keinen Einfluß auf den Umfang der Entschädigung haben solle (vgl. Drucksachen des Reichstags, 13. Legislaturperiode, II. Session 1914/18, Nr. 1460, S. 84). Hieraus erhellt, daß der Gesetzgeber den pauschalen Charakter der Entschädigungsregelung und den Ausschluß jeder Einwirkung von später eintretenden Umständen als selbstverständlich erachtete. Da nach § 33 EntschO. auch für die Vermittler das Betriebsjahr 1913/14 maßgebend ist, können bei ihnen die Dinge nicht wohl anders liegen wie bei den Destillateuren.

Sodann ergibt der Bericht des Reichstagsausschusses über den Gesetzentwurf, daß bei der Beratung des § 222 (im Gesetz § 224) ein Mitglied fragte, was unter „angemessene Grenze" zu verstehen sei. Ein Vertreter des Reichsschatzamtes verwies auf § 224 (im Gesetz § 227) und erklärte, der Bundesrat solle die maßgebenden Grundsätze aufstellen, die Verhandlungen mit den beteiligten Personen seien ergebnislos geblieben, man müsse es also dem Bundesrate überlassen (vgl. Drucksachen des Reichstags a. a. O. Nr. 1770, S. 143). Diese Bemerkung läßt gleichfalls erkennen, daß man, da eine individuelle Auseinandersetzung mit den einzelnen Beteiligten gescheitert war, an Pauschvergütungen dachte, deren Gestaltung der Bundesrat erschöpfend regeln sollte, was dann durch § 33 EntschO. auch geschehen ist.

Hiernach erweist sich die Auslegung des § 224 BrMonGes. sowie des § 33 EntschO. durch das Kammergericht als zutreffend. Verfehlt ist auch die Berufung des Beklagten auf § 66 Satz 1 EntschO. Nach Wortlaut und Sinn der Vorschrift kann mit dem „die Grundlagen für den Anspruch bildenden Betrieb“ nur der Betrieb desjenigen Gewerbetreibenden gemeint sein, der den Entschädigungsanspruch erhebt. Das entspricht auch der Ausdrucksweise des Gesetzes in der Überschrift zum IX. Abschnitt: „Beschäftigung und Entschädigung der bestehenden Betriebe und der Angestellten“. Der Betrieb der klagenden Firma kann aber nur als am Sitze ihrer Handelsniederlassung, also in Berlin liegend gelten. Wollte man mit der Revision beim Vermittler auf diejenigen Betriebe abstellen, mit denen er im Jahre 1913/14 in Geschäftsverbindung gestanden hat, so wäre nicht einzusehen, weshalb gerade die örtliche Lage der Brennereien und nicht ebensowohl der Sitz des anderen Vertragsgegners, nämlich der Spiritus-Zentrale Ges. m. b. H. in Berlin, Maß geben sollte. Eine derart ins Ungewisse gestellte Regelung hat der Gesetzgeber gewiß nicht treffen wollen. Jedoch selbst wenn die Auslegung des § 66 Satz 1 durch den Beklagten zuträfe, wäre gegen ihn zu entscheiden. Denn maßgebender Zeitpunkt kann nur das Inkrafttreten des Branntweinmonopolgesetzes sein, und am 1. Oktober 1919 gehörten Westpreußen und Posen rechtlich noch zum Deutschen Reiche und somit nach § 1 Abs. 3 des Gesetzes zum Monopolgebiete.

---

30. 1. Über die Zulässigkeit, die Eintragung und das Erlöschen eines Nießbrauchs unter der auflösenden Bedingung der Befriedigung des Berechtigten für eine Forderung.
2. Ist die Vermietung mit Gebrauchsüberlassung eine Verfügung im Sinne der §§ 883, 893 BGB.?
3. Zur Auslegung des § 1056 Abs. 2 BGB.

III. Zivilsenat. Urt. v. 22. Dezember 1922 i. S. S. (Bekl.) w. H. (Kl.). III 520/22.

I. Landgericht Elberfeld. — II. Oberlandesgericht Düsseldorf.

Der Kläger erwarb zusammen mit seiner Frau im April 1920 von Frau L. ein Haus in O. und kündigte dem Beklagten, der dieses Haus bewohnte, mit Genehmigung des Mieteinigungsamts zum 1. Januar 1921. Der Beklagte bestreitet die Wirksamkeit dieser Kündigung unter Berufung auf einen Mietvertrag, den er am 15. April 1919 mit dem (angeblichen) Nießbraucher des Grundstücks, D., für 5 Jahre bis zum

31. März 1924 abgeschlossen haben will. Dem D. waren von den früheren Eigentümern des Grundstücks, den Eheleuten L., durch zwei Urkunden vom 17. Oktober 1907 zwei Hypotheken von 20000 ℳ und 13000 ℳ bestellt worden. In der die letztere Hypothek betreffenden Urkunde hatten die Eheleute L. dem D., um ihm, wie es dort heißt, für das Kapital von 13000 ℳ mit Nebenleistungen Sicherheit und Befriedigung zu verschaffen, an dem Grundstück einen Nießbrauch bestellt, der mit dem 1. April 1907 beginnen und mit der Befriedigung des Gläubigers endigen sollte, und die Eintragung eines Nießbrauchs für den D. in das Grundbuch bewilligt und beantragt. Der Nießbrauch wurde unter Bezugnahme auf die Bewilligung, aber ohne Vermerk seiner Endigung mit der Befriedigung, in das Grundbuch eingetragen und am 5. August 1920 auf Grund einer Verzichtserklärung des D. vom 12. Juli 1920 gelöscht. Die Löschung der Hypothek von 13000 ℳ erfolgte nach D.'s Befriedigung am 23. Dezember 1910, die der Hypothek von 20000 ℳ in Höhe von 2000 ℳ an demselben Tage und zum Restbetrage nach Befriedigung des D. und der Frau S., der jener 1919 einen Teilbetrag von dieser Hypothek abgetreten hatte, am 26. Oktober 1921.

Der Kläger begehrt mit seiner Klage die Verurteilung des Beklagten zur Räumung des Hauses, der Beklagte widerklagend die Feststellung, daß der Mietvertrag noch bis zum 31. März 1924 laufe. Das Landgericht verurteilte den Beklagten unter Abweisung seiner Widerklage zur Räumung. Seine Berufung und seine Revision hatten keinen Erfolg.

Gründe:

Das Berufungsgericht stellt fest, daß D. zur Vermietung des Hauses nur auf Grund seines Nießbrauchsrechts, nicht, wie der Beklagte behauptet hatte, auf Grund einer besonderen Ermächtigung der Eheleute L. berechtigt gewesen sei. Es verneint ferner die Wirksamkeit des zwischen D. und dem Beklagten am 15. April 1919 abgeschlossenen Mietvertrags, weil ein gültiger Nießbrauch für D. gemäß § 873 BGB. wegen Nichtübereinstimmung der Eintragung und der Einigung nicht zur Entstehung gelangt sei. Die in der Urkunde vom 17. Oktober 1907 enthaltene Bestimmung, daß der Nießbrauch mit der Befriedigung des Gläubigers enden sollte, sei nicht in das Grundbuch eingetragen; durch die Bezugnahme auf die Eintragungsbewilligung werde aber die Eintragung dieser auflösenden Bedingung nicht ersetzt. Eingetragen sei demnach ein zeitlich unbeschränkter Nießbrauch; eine Einigung über einen solchen sei aber nicht zustande gekommen. Auf die Vorschrift des § 892 BGB. endlich könne sich der Beklagte nicht berufen, da er durch den Mietvertrag kein Recht an dem Grundstück erworben habe.

Von diesen Ausführungen ist die erste, daß D.'s Befugnis zur Vermietung nur auf seinen Nießbrauch gestützt werden könne, von der Revision nicht angefochten und enthält keinen Verstoß gegen eine materielle Rechtsnorm.

Unbedenklich ist ferner auch die von der Revision angegriffene Feststellung, daß die Endigung des Nießbrauchs mit der Befriedigung des Gläubigers Inhalt des dinglichen Vertrags, der Einigung, geworden sei. In den Urkunden vom 17. Oktober 1907 haben die Eigentümer, Eheleute L., den Nießbrauch bestellt und dabei erklärt: „Der Nießbrauch beginnt mit dem 1. April 1907 und endet mit der Befriedigung des Gläubigers. Dem Gläubiger Max D. steht das Recht zu, jederzeit auf den Nießbrauch zu verzichten." Dieser Wortlaut rechtfertigt die Auslegung, daß D. nicht etwa nur schuldrechtlich verpflichtet werden sollte, nach seiner Befriedigung auf den Nießbrauch zu verzichten, sondern daß dieser mit seiner Befriedigung ohne weiteres erlöschen, also auflösend bedingt sein sollte. Jedenfalls ist in dieser Auslegung des Berufungsgerichts ein Rechtsirrtum nicht zu finden. Gegen die Zulässigkeit einer solchen Beschränkung des Nießbrauchsrechts bestehen keine Bedenken. Der Nießbrauch kann zwar nicht über die Lebenszeit des Nießbrauchers hinaus erstreckt werden; eine Abrede aber, daß er bereits vor dessen Tode mit seiner Befriedigung für eine oder mehrere bestimmte Forderungen endigen soll, ist zulässig (vgl. KGJ. Bd. 25 S. 290 = RJA. Bd. 3 S. 216; KGJ. Bd. 34 S. 263).

Dem Berufungsrichter ist weiter auch darin beizupflichten, daß dem Beklagten der Schutz des öffentlichen Glaubens des Grundbuchs nicht zur Seite steht, ihm daher das Nichtentstehen des Nießbrauchs oder auch dessen Erlöschen entgegengehalten werden kann, ohne Rücksicht darauf, ob dies aus dem Grundbuch erhellt oder nicht. Der § 892 BGB. findet keine Anwendung, weil der Mieter kein Recht an dem Grundstücke, kein dingliches Recht hat. Aber auch der in dem angefochtenen Urteile nicht erwähnte § 893 ist nicht für anwendbar zu erachten. Dies ist in der Rechtslehre freilich bestritten. Namentlich mit Rücksicht auf die Vorschriften der §§ 571 flg. BGB., durch die dem Grundstücksmietvertrage nach der Gebrauchsüberlassung an den Mieter Wirkungen gegen den Erwerber des Mietgrundstücks oder von Rechten an diesem beigelegt werden, nehmen einige Rechtslehrer (Strohal, Erbrecht 3. Aufl. Bd. II S. 167 flg. Anm. 26; Hellwig, Wesen und subjektive Begrenzung der Rechtskraft S. 429; Mitteis, Zwei Fragen aus dem bürgerlichen Recht, Dekanatsprogramm 1905, S. 20 flg.; Raape, Iherings J. Bd. 71 S. 97 flg.) an, daß in der Vermietung eines Grundstücks in Verbindung mit der Gebrauchsüberlassung eine Verfügung im Sinne des § 893 zu finden sei. Dem kann jedoch nicht beigepflichtet werden. Verfügungen im Sinne des BGB. sind diejenigen Rechtsgeschäfte, welche unmittelbar auf Übertragung, Belastung, Änderung oder Aufhebung eines Rechts abzielen (RGZ. Bd. 49 S. 416, Bd. 92 S. 35, Bd. 94 S. 82; KGJ. Bd. 51 S. 298). Dies gilt auch für den § 893 (RGZ. Bd. 90 S. 398; Warneyer 1912 S. 428 Nr. 391; JW. 1916 S. 908 Nr. 7 auf S. 910). Deshalb fallen weder der Abschluß eines Mietvertrags, noch auch die Besitz- und Gebrauchsüberlassung an den Mieter oder beide zusammen unter diesen Begriff. Dafür sprechen auch die von Mitteis (a. a. O. S. 26 flg.) angezogenen, zwischen Vermietung (oder Verpachtung) und Verfügung unterscheidenden Bestimmungen der §§ 1375 und 1423, der §§ 2113 und 2135, der §§ 1821 Nr. 1 und 1822 Nr. 4, 5. Auch die Ausführungen von Mitteis haben mit Recht in dem Schrifttume keinen Beifall gefunden, und zwar insbesondere auch der Ausgangspunkt seiner Beweisführung: der Ausdruck Verfügung könne im § 893 nicht anders ausgelegt werden, als im § 883 Abs. 2; im Sinne des letzteren sei aber die Verpachtung mit Besitzüberlassung als eine Verfügung anzusehen, denn der aus einer Auflassungsvormerkung Berechtigte könne unmöglich an einen nach deren Eintragung von dem Eigentümer geschlossenen und durch Übergabe an den Pächter vollzogenen Pachtvertrag gebunden sein. Diese Beweisführung scheitert daran, daß die Anwendung des § 883 Abs. 2 auf diesen Fall nicht minder streitig ist, als die des § 893, und wohl höchstens von einer entsprechenden Anwendung die Rede sein kann, weil eine Vermietung mit Übergabe weniger ist als eine Verfügung und deshalb noch eher als eine solche dem Vormerkungsberechtigten gegenüber unwirksam sein muß; aus einer derartigen sinngemäßen Anwendung des § 883 Abs. 2 lassen sich aber keine Schlüsse auf die Auslegung des § 893 ziehen. Die herrschende Meinung in Rechtsprechung (KGJ. Bd. 51 S. 298) und Rechtslehre hält denn auch den § 893 auf den Fall der Vermietung mit Gebrauchsüberlassung nicht für anwendbar. Es bedarf daher auch keines Eingehens auf die Frage, ob, wenn in einer Vermietung und Gebrauchsüberlassung durch den (vermeintlichen) Eigentümer eine Verfügung zu finden wäre, für die Vermietung und Gebrauchsüberlassung durch einen Nießbraucher mit Rücksicht auf die Sondervorschrift des § 1056 Abs. 2 etwas anderes anzunehmen sei. Dem Berufungsrichter ist mithin im Ergebnisse darin beizupflichten, daß dem Beklagten der Schutz des öffentlichen Glaubens des Grundbuchs zu versagen ist.

Zweifeln unterliegen dagegen die weiteren Ausführungen des Berufungsgerichts, daß die einem Nießbrauche gesetzte auflösende Bedingung nicht zum Inhalt des Rechts im Sinne des § 874 BGB. gehört und ihre Eintragung folglich nicht durch Bezugnahme auf die Eintragungsbewilligung ersetzt werden kann, und daß, wenn die Einigung auf Bestellung eines auflösend bedingten, die Eintragung dagegen auf einen unbedingten Nießbrauch lautet, der Nießbrauch wegen Nichtübereinstimmung von Einigung und Eintragung überhaupt nicht zur Entstehung gelangt. Die erstere dieser beiden Ansichten ist zwar die in der Rechtsprechung (vgl. KGJ. Bd. 49 S. 187 = OLG. Bd. 34 S. 226; OLG. Dresden OLG. Bd. 41 S. 150) und im Schrifttume herrschende, aber keineswegs unbestritten und unzweifelhaft, und die letztere steht mit der in der Rechtslehre fast allgemein vertretenen Ansicht im Widerspruch, daß, wenn die Nichtübereinstimmung zwischen Einigung und Eintragung in der Nichteintragung einer vereinbarten, dem dinglichen Rechte gesetzten Bedingung oder Befristung besteht, das Recht trotzdem zur Entstehung gelangt, und zwar, da nur insoweit die erforderliche Einigung vorliegt, nur als bedingtes oder befristetes, und die Nichteintragung der Bedingung oder Befristung nur die Folge hat, daß diese Beschränkung gemäß den Vorschriften der §§ 892 flg. BGB. gegenüber gutgläubigen Dritten ohne Wirkung ist. Welcher Ansicht in diesen beiden Fragen zuzustimmen ist, bedarf jedoch in dem vorliegenden Falle keiner Entscheidung, da, auch wenn sie zugunsten des Beklagten beantwortet würden, die angefochtene Entscheidung aufrecht zu erhalten ist. Nimmt man mit dem Berufungsgericht an, daß die auflösende Bedingung in das Grundbuch selbst eingetragen werden müsse und daß die durch ihre Nichteintragung bewirkte Nichtübereinstimmung von Einigung und Eintragung die Nießbrauchsbestellung nichtig mache, so kann sich jedenfalls der (durch den öffentlichen Glauben des Grundbuchs nicht geschützte) Beklagte dem Kläger gegenüber nicht auf den mit dem vermeintlichen Nießbraucher D. abgeschlossenen Mietvertrag berufen, da dieser zu der Vermietung nicht befugt war. Ist man aber der Meinung, daß D. das Nießbrauchsrecht erworben habe, sei es, weil man die auflösende Bedingung durch die Bezugnahme auf die Eintragungsbewilligung gemäß § 874 BGB. als miteingetragen ansieht, oder weil man ihrer Nichteintragung nur die erwähnte geringere Wirkung beilegt, so ist, wenn die Bedingung, die Befriedigung des D. wegen seiner durch den Nießbrauch gesicherten Forderung, zur Zeit des Abschlusses des Mietvertrags bereits eingetreten war, sein Nießbrauch und damit seine Vermietungsbefugnis bereits erloschen gewesen; sollte aber seine Befriedigung erst später erfolgt sein, so hat nach dem feststehenden Sachverhalte das Mietverhältnis vor der Schlußverhandlung in dem Berufungsverfahren durch Kündigung gemäß § 1056 Abs. 2 BGB. sein Ende erreicht. Einen unbedingten Nießbrauch hat D. mangels einer Einigung über einen solchen nach § 873 BGB. jedenfalls nicht erworben. Sein Recht erlosch daher nach § 158 Abs. 2 BGB. mit dem Eintritte der auflösenden Bedingung, ohne Aufgabeerklärung und Löschung. Die spätere Löschung des Nießbrauchs im Grundbuche hatte nur die Bedeutung einer Berichtigung, auch wenn sie auf Grund einer Verzichterklärung erfolgte; diese Erklärung ist solchenfalls materiellrechtlich nicht ein Verzicht, eine Aufgabeerklärung (§ 875), sondern nur eine Zustimmmung zu der Berichtigung des Grundbuchs (§ 894) und formellrechtlich die nach §§ 19, 22 GBO. erforderliche Eintragungs- (Löschungs-) Bewilligung. Zwischen den Parteien herrscht nun Streit darüber, ob das Erlöschen des Nießbrauchs des D. eintreten sollte, wenn er wegen seiner Hypothekenforderung von 13000 *M*, oder erst dann, wenn er wegen seiner beiden Hypothekenforderungen, auch der von 20000 *M*, befriedigt wäre. Trotz des Wortlauts der beiden Hypothekenbestellungsurkunden vom 17. Oktober 1907, nach denen der Nießbrauch nur zur Sicherung jener Forderung dienen sollte, hat der Beklagte letzteres behauptet und D. dies als Zeuge bestätigt, und das Berufungsgericht hat keine Feststellung hierüber getroffen. Ist ersteres richtig, so ist, da die Hypothek von 13000 *M* bereits 1910 nach Befriedigung des D. gelöscht ist, der Nießbrauch zur Zeit des Abschlusses des Mietvertrags vom 15. April 1919 bereits erloschen gewesen und dem Beklagten daraus kein Recht erwachsen. Andernfalls hat das Nießbrauchsrecht zur Zeit der Vermietung noch bestanden, da es erst am 5. August 1920 gelöscht und D. wegen seiner Hypothekenforderung von 20000 *M* erst im Oktober 1921 völlig befriedigt ist. Die Vermietung war in diesem Falle also gültig und nach § 1056 Abs. 1 auch gegenüber den neuen Eigentümern, den Eheleuten H., wirksam. Diese hatten nach § 1056 Abs. 2 aber das Recht, das Mietverhältnis unter Einhaltung der gesetzlichen Kündigungsfrist zu kündigen. Die Kündigung konnte allerdings, wenn der Nießbrauch ohne die Verzichterklärung des D. erst mit dessen Befriedigung im Oktober 1921 erloschen wäre, nach § 1056 Abs. 2 Satz 2 erst nach dieser wirksam erklärt werden. Die Kündigung zum 1. Januar 1921 war also in diesem Falle unwirksam. Der Kläger H. hat aber durch seine Erklärungen in dem vorliegenden Rechtsstreit auch nach dem Oktober 1921, insbesondere im Dezember 1921, sein Räumungsverlangen aufrecht erhalten und dadurch eine Kündigung deutlich zum Ausdrucke gebracht, durch die das Mietverhältnis mit Ablauf der gesetzlichen Kündigungsfrist Ende März 1922 sein Ende erreicht hat. Am Schlusse der Berufungsverhandlung war demnach der Beklagte zur Räumung verpflichtet und seine Verurteilung hierzu sowie die Abweisung der Widerklage auf Feststellung des Fortbestehens des Mietverhältnisses gerechtfertigt. Da der Beklagte auch nach dem 1. April 1922 seinen Antrag auf Abweisung der Klage und seine Widerklage aufrechterhalten hat, fallen ihm die Kosten des Rechtsstreits selbst dann zur Last, wenn die Klage auch zunächst unbegründet gewesen sein sollte.

31. 1. Hält sich ein Demobilmachungskommissar in den Grenzen seiner Amtsbefugnisse, wenn er im Laufe der wirtschaftlichen Demobilmachung einer industriellen Firma die Erfüllung vertraglich übernommener Lieferungspflichten, soweit durch die Lieferung ihre Selbstkosten nicht gedeckt würden, verbietet?

2. Darf sich die Firma im Rechtsstreit mit ihrem Lieferung fordernden Vertragsgegner auf ein solches Verbot berufen, wenn sie das Verbot rechtswidrig erschlichen hat?

VII. Zivilsenat. Urt. v. 24. Oktober 1922 i. S. T. (Kl.) w. Firma A. O. (Bekl.). VII 613/21.

I. Landgericht I Berlin. — II. Kammergericht daselbst.

Auf das Angebotsschreiben der Beklagten vom 31. März 1919 bestellte die Klägerin bei ihr durch das Schreiben vom 3. April 1919 einen O.-Vierzylindermotorwagen gemäß den Lieferungsbedingungen der Beklagten zum Preise von 14960 ℳ mit Bezeichnung des Juli 1919 als gewünschter Lieferzeit. Die Beklagte bestätigte den Auftrag durch Schreiben vom 11. April 1919 „gemäß den im Bestellschein niedergelegten Ausführungs-, Lieferungs- und Zahlungsbedingungen". In der Folgezeit sind nach Behauptung der Beklagten sowohl bei ihr als auch in Werken wesentlicher Lieferanten wiederholt Streiks ausgebrochen. In einem Schreiben vom 2. Oktober 1919 erklärte die Beklagte, daß ihr die Lieferung bis auf weiteres unmöglich sei. In einem Rundschreiben vom 15. dess. Mon. erklärte sie, daß sie infolge der neu geschaffenen Lage sich an die bisherigen Aufträge nicht mehr gebunden halte, und im Dezember 1919 sagte sie sich durch ein neues Rundschreiben von den sämtlichen abgeschlossenen Verträgen zu den ursprünglich vorgesehenen Preisen los. Die Klägerin erhob darauf im Dezember 1919 zunächst Klage auf Feststellung der Lieferungsverpflichtung der Beklagten und ging später zu dem Begehren über, daß die Beklagte verurteilt werde, ihr den bestellten Motorwagen zum Preise von 14960 ℳ zu liefern. Die Beklagte beantragte Klagabweisung und wendete namentlich ein, daß ihr durch eine Anordnung des Staatskommissars für die wirtschaftliche Demobilmachung in Darmstadt vom 21. November 1919 die Ausführung der zu solchen Preisen übernommenen Motorwagen bis auf weiteres untersagt worden sei, soweit durch die Lieferung der Wagen ihre Selbstkosten nicht gedeckt würden.

Das Landgericht und das Berufungsgericht wiesen die Klage ab. Die Revision der Klägerin blieb erfolglos.

Aus den Gründen:

Das Berufungsurteil befreit die Beklagte von der Lieferungspflicht, weil ihr durch die Anordnung des hessischen Demobilmachungskommissars (DK.) vom 21. November 1919 die Lieferung des Kraftwagens an die Klägerin zu dem vereinbarten Preise, den die Selbstkosten der Beklagten übersteigen würden, tatsächlich unmöglich gemacht worden sei.... (Nach Erörterung mehrerer Revisionsrügen wird fortgefahren:)

Hauptsächlich steht in Frage, ob, wie das Berufungsurteil annimmt, die Verfügung des DK. vom 21. November 1919 rechtsgiltig erlassen ist, ob insbesondere der DK. dabei die Grenzen seiner Zuständigkeit gewahrt hat. Die Revision bekämpft den Standpunkt des Berufungsurteils mit Hinweis auf ein davon abweichendes Urteil des Oberlandesgerichts in Celle vom 1. März 1922 und versucht namentlich auszuführen: Der DK. sei nach der VO. v. 7. November 1918 nur zu Anordnungen mit dem Ziele befugt, Störungen des Wirtschaftslebens infolge der wirtschaftlichen Demobilmachung, also Störungen, die mit der Rückbildung der Kriegswirtschaft in die Friedenswirtschaft verbunden waren, vorzubeugen oder abzuhelfen; mit dem Erlaß vom 21. November 1919 habe der DK. aber nur denjenigen Gefahren zu begegnen gesucht, die für das Wirtschaftsleben aus der Entwertung des deutschen Geldes entspringen mochten; der Erlaß ergebe nicht, daß der Kommissar für die Personen hätte sorgen wollen, welche durch die Entlassung aus dem Heeresdienst oder durch die Umstellung der Industrie aus der Kriegs- in die Friedenswirtschaft erwerbslos zu werden drohten. Zuzugeben ist der Revision, daß die Verfügung vom 21. November 1919 einen in bezug auf geschäftliche Beziehungen einer einzelnen Firma vorgenommenen Sondereingriff in das Vertragsrecht von auffallender Tragweite und tief einschneidender Bedeutung darstellt. Gleichwohl ist im Gegensatz zur Revision der im angefochtenen Urteile vertretenen Rechtsanschauung beizupflichten. Es unterliegt keinem Zweifel, daß die im letzten Grunde auf der BRVO. v. 7. Nov. 1918 beruhenden Befugnisse der Demobilmachungskommissare außerordentlich weit reichen. Sofern letztere sich nur in den Grenzen der ihnen sachlich zugewiesenen Aufgaben bewegen, können sie, ohne im übrigen die Vorschriften des Reichs- oder Landesrechts beachten zu müssen, neues Recht schaffen; dafür steht ihnen auch nicht nur der Weg des Erlasses allgemeiner Verordnungen offen, sondern sie dürfen auch durch Sonderverfügungen zur Regelung eines Einzeltatbestandes in einen bestehenden Rechtszustand eingreifen und ihn abändern (vgl. die im Berufungsurteil angezogenen Aufsätze JW. 1919 S. 468 und Preuß. VerwBlatt Bd. 40 S. 183). Als notwendige Voraussetzungen für ein Eingreifen eines DK.s sind mit dem Berufungsurteil zu bezeichnen das Vorliegen oder die Erwartung einer Störung des Wirtschaftslebens und ein ursächlicher Zusammenhang dieser Erscheinung mit der wirtschaftlichen Demobilmachung (§ 1 VO. v. 7. Nov. 1918). Ob die jeweilige Maßnahme, welche der DK. bei solcher Sachlage getroffen hat, erforderlich war, um den vorhandenen oder besorgten Störungen des wirtschaftlichen Lebens abzuhelfen oder vorzubeugen, kann im Rechtsweg nicht nachgeprüft werden. Nachzuprüfen bleibt nur, ob die Maßnahme für diesen beabsichtigten, dem angeführten § 1 entsprechenden Zweck geeignet war (vgl. RGZ. Bd. 104 S. 180). Hier hat das Berufungsurteil rechtlich einwandfrei dargelegt: Wenn die Beklagte sämtliche von ihr eingegangenen Verträge auf Lieferung von Kraftwagen zu den Vertragspreisen ausgeführt hätte und hierbei, wie in der Anordnung des DK.s angenommen sei, unter den Selbstkosten liefern mußte, so wäre sie in eine wirtschaftlich äußerst bedenkliche Lage mit der Folge geraten, daß ein großer Teil ihres Arbeiter- und Angestelltenpersonals, das sich auf Tausende belaufe, hätte entlassen werden müssen und brotlos geworden wäre, und dadurch wären schwere Störungen des Wirtschaftslebens eingetreten. Diese Störungen hätten sich als eine Folge der wirtschaftlichen Demobilmachung dargestellt, denn es sei anzunehmen, daß ohne den Übergang von der Kriegs- zur Friedenswirtschaft die kriegsmäßige Fabrikation der Beklagten ihren ungestörten Fortgang genommen hätte, und derartige Verhältnisse, wie sie bei Ausführung der Lieferungsverträge unter dem Herstellungspreis zu befürchten waren, nicht eingetreten wären. Der Bestimmung des § 1 Abs. 1 VO. v. 7. Nov. 1918 unterlägen namentlich die Anordnungen zur Regelung der Erwerbslosenfürsorge. Das wichtigste Mittel, der Erwerbslosigkeit vorzubeugen, sei aber die Aufrechterhaltung von Betrieben, die ohne einen behördlichen Eingriff zum Stillstand kommen würden.

Diesen Erwägungen, die ähnlich dem Gedankengange der Ausführungen in RGZ. Bd. 104 S. 180, 181 zum § 28 VO. v. 12. Febr. 1920 erscheinen, ist beizutreten. Sie ergeben, daß angesichts der im Erlasse des DK.s vom 21. November 1919 berücksichtigten sachlichen Verhältnisse die Voraussetzungen zu Anordnungen in Anwendung des mehrerwähnten § 1 vorliegen, und daß die getroffene Anordnung auch für den beabsichtigten Zweck, den vom Kommissar besorgten Störungen des Wirtschaftslebens vorzubeugen, geeignet war. Die Ansicht der Revision und des beigebrachten Celler Urteils, daß die wirtschaftliche Demobilmachung nicht in ursächlichem Zusammenhang mit den in der Verfügung vom 21. November 1919 befürchteten Störungen des wirtschaftlichen Lebens stehe, ist mit den mitgeteilten Urteilserwägungen zu widerlegen. Zur Bejahung der Ursächlichkeit ist nicht, wie anscheinend die Revision und das Celler Urteil annehmen, erforderlich, daß gerade in der wirtschaftlichen Demobilmachung der unmittelbare und Hauptgrund für die Störungen liegt, denen der DK. zu begegnen unternahm. Es genügt, wenn in der Rückbildung der Kriegs- zur Friedenswirtschaft — die im November 1919 noch nicht abgeschlossen war und sogar heute noch nicht zum Abschluß gebracht ist —, ein mitwirkender

Faktor der beim Erlaß vom 21. November 1919 in Betracht gezogenen Wirtschaftsstörungen zu finden ist. Das Celler Urteil spricht von einem der Firma O. erteilten Privilegium, und die Revision hält den besagten Erlaß nur gegen Gefahren gerichtet, die aus der Valutaentwertung entspringen mochten. Beide Gesichtspunkte sind abzulehnen. Der DK. hat sich, wie der Inhalt seiner Verfügung klar ersehen läßt, nicht von Rücksichten auf das Gedeihen der beklagten Firma oder auf Folgen des Niedergangs der deutschen Währung, sondern von dem Gedanken leiten lassen, daß eine den Arbeitsmarkt und das Wohl der Allgemeinheit empfindlich berührende Erwerbslosigkeit von tausenden Personen und Familienernährern einzutreten drohe, der entgegengewirkt werden müsse. Daß, wenn die vom Kommissar befürchteten Störungen eingetreten wären, zu ihren Ursachen die im engsten inneren Zusammenhang mit dem unglücklichen Kriegsausgang und dessen Folgen stehende und noch im Fluß befindliche wirtschaftliche Demobilmachung mit zuzurechnen wäre, läßt sich nicht verneinen.

Weiterhin rügt die Revision, im angefochtenen Urteil seien die Ausführungen der Klägerin übersehen worden, wonach die Beklagte den Erlaß des DK.s absichtlich und künstlich mit unzureichenden und unzutreffenden Schilderungen ihrer gesamten Geschäftslage derart herbeigeführt habe, daß in der Verfügung des Kommissars von einer Unterbilanz von 12 Millionen die Rede sei, denen bei Durchführung der Verlustgeschäfte weitere 17 Millionen hinzutreten würden, während doch die inzwischen vorliegende Bilanz der Beklagten ergebe, daß diese mit einem recht beträchtlichen Gewinn abgeschlossen habe. Aus dem somit erhobenen Einwand, daß die Beklagte die Verfügung des DK.s erschlichen habe, will die Revision folgern, daß der auf die Verfügung gestützten Verteidigung der Gegeneinwand der Arglist entgegenstehe. Allein auch dieser Angriff kann nicht durchgreifen. Allerdings sind die angedeuteten Anführungen der Klägerin im Berufungsurteil nicht erörtert worden. Dies bedeutet jedoch keinen wesentlichen Rechtsverstoß. Aus jenen Anführungen ließ sich immer nur ein nach den §§ 326, 249 flg. BGB. zu beurteilender Schadensersatzanspruch der Klägerin herleiten. Dieser hätte in Gestalt des Gegeneinwandes der Arglist geltend gemacht werden können, wenn durch die Anordnung des DK.s der Beklagten eine rechtliche Befugnis eingeräumt worden wäre, von der die Beklagte Gebrauch machen und auf die sie auch verzichten konnte. Dann hätte die Klägerin, sofern ihr Vorwurf zutraf, verlangen dürfen, daß von der der Beklagten eingeräumten Befugnis abzusehen sei. Um solchen Fall handelt es sich aber nicht. Der DK. hat an die Beklagte das bestimmte Verbot erlassen, vertraglich zu festen Preisen übernommene Verpflichtungen zur Lieferung von Motorwagen zu erfüllen, soweit durch die Lieferung ihre Selbstkosten nicht gedeckt werden. Dieser Akt einer zuständigen Staatsbehörde ist, gleichviel wie er entstanden sein mag, solange er besteht, von der Beklagten zu beachten, und er hindert gleichmäßig den Prozeßrichter, der vorliegenden Klage, gerichtet auf die Erfüllung eines zu festem Preise eingegangenen Lieferungsgeschäfts, das sich nicht ohne Überschreitung der Selbstkosten der Beklagten ausführen ließe, stattzugeben. Zu dem Punkt zieht in zweiter Reihe die Revision in Betracht, daß die Klägerin einen, tatsächlich nicht erhobenen, Schadensersatzanspruch, gestützt auf arglistige Erschleichung des behördlichen Verbots seitens der Gegnerin, hätte erheben können. Von diesem Gesichtspunkt aus macht sie geltend, der Berufungsrichter hätte gemäß § 139 ZPO. die Stellung eines eventuellen Klagantrags auf Verurteilung der Beklagten zum Schadensersatz herbeiführen sollen. Soweit geht jedoch die richterliche Fragepflicht nicht. Der Berufungsrichter war lediglich mit einem auf Vertrag gestützten Klaganspruch auf Lieferung eines bestellten Motorwagens zum vereinbarten Preise befaßt und unter solchen Umständen nicht verpflichtet, ja nicht einmal berechtigt, die Klägerin zur Geltendmachung eines Anspruchs zu veranlassen, der sich nur auf eine unerlaubte Handlung der Beklagten gründen ließ.

Wie schon angedeutet wurde, nimmt das Berufungsurteil an, daß die Anordnung vom 21. November 1919 für die Beklagte eine tatsächliche Unmöglichkeit begründete, den bestellten Wagen zu liefern. Das Urteil erwägt ferner: Da jene Anordnung auch jetzt noch zu Recht bestehe und auch ihre Voraussetzung, daß die Selbstkosten der Beklagten den vereinbarten Preis übersteigen, noch jetzt vorhanden sei, sei der Beklagten die Lieferung des von der Klägerin beanspruchten Wagens zur Zeit unmöglich. Diese seit langer Zeit bestehende Unmöglichkeit sei einer dauernden Unmöglichkeit gleich zu erachten, da die Aufhebung nicht in Aussicht stehe und deshalb nicht abzusehen sei, wann die Unmöglichkeit in Wegfall kommen werde. Dem gegenüber will die Revision äußerstenfalls eine zeitweilige Unmöglichkeit der Lieferung annehmen, die nur der Fälligkeit der Klageforderung und somit der schließlich erhobenen Leistungsklage entgegenstehe, dagegen eine Feststellungsklage, wie sie ursprünglich angestellt war, zulasse. Nach Auffassung der Revision hätte deshalb die Klägerin gemäß § 139 ZPO. befragt werden müssen, ob sie nicht hilfsweise auf ihre Feststellungsklage zurückkommen wollte. Auch mit diesem Bedenken kann die Revision nicht durchdringen. Eine eigentlich tatsächliche Unmöglichkeit der Lieferung ist durch die Verfügung des DK.s nicht begründet worden. Indes, solange die Verfügung mit dem darin enthaltenen Verbot besteht, darf der Beklagten nicht angesonnen werden, dem Verbot zuwider zu handeln und sich damit schwerer Strafe auszusetzen (vgl. VO. vom 7. November 1918 § 6). Wie einwandfrei feststeht, war die Verfügung noch im Juni 1921, als das Berufungsurteil erging, in Kraft und fiel noch damals wie vorher seit Erlaß der Verfügung eine Lieferung des von der Klägerin bestellten Kraftwagens zum Vertragspreise unter das Verbot des DK.s....

---

32. 1. Unterliegt die Auslegung eines zur Regelung aller Beziehungen zwischen den Ärzten und Krankenkassen eines Landes geschlossenen Vertrags des Landesärzteverbandes mit der Arbeitsgemeinschaft der Krankenkassenverbände der Nachprüfung in der Revisionsinstanz?

2. Kann durch einen solchen Vertrag außerhalb des Verbandes stehenden Ärzten ein klagbares Recht auf Beitritt zu einem dem Verbande angeschlossenen örtlichen Ärzteverein eingeräumt werden?

3. Ist die Bestimmung der Satzung des Ortsvereins, daß in Streitfällen über die Aufnahme der Vorstand des Landesverbandes entscheide, für die sich zur Aufnahme meldenden Ärzte bindend?

IV. Zivilsenat. Urt. v. 23. November 1922 i. S. H. (Kl.) w. Gm. ärztl. Verein (Bekl.). IV 167/22.

I. Landgericht Ellwangen. — II. Oberlandesgericht Stuttgart.

Der Kläger beabsichtigte, sich als praktischer Arzt in Gmünd niederzulassen. In Gmünd besteht der beklagte ärztliche Verein, der Mitglied des Württembergischen Ärzteverbandes ist. Nach dem zwischen diesem Verbande und der Arbeitsgemeinschaft der Württembergischen Krankenkassenverbände am 11. Juni 1920 abgeschlossenen Württembergischen Landesarztvertrage dürfen Ärzte, die nicht Mitglieder der dem Württembergischen Ärzteverband angeschlossenen Ortsvereine sind, zur Tätigkeit bei den Versicherten und ihren kassenberechtigten Mitgliedern auf Kassenkosten ohne Zustimmung des Verbandes nicht zugelassen werden, und die Krankenkassen und Krankenkassenverbönde haben sich verpflichtet, während der Vertragsdauer keine Verträge mit anderen Ärzten über ärztliche Behandlung abzuschließen. Da der Kliger glaubte, ohne Ausübung kassenärztlicher Tätigkeit in Gmünd kein ausreichendes Einkommen erzielen zu können, suchte er bei dem beklagten Verein seine Aufnahme als Mitglied nach. Die Aufnahme, die nach § 1 Abs. 2 der Vereinssatzung durch Stimmenmehrheit mittels Ballotage zu erfolgen hat, wurde abgelehnt. Der Kläger begehrt im Klagewege seine Aufnahme in den beklagten Verein. Die Klage wurde in allen Instanzen abgewiesen.

Gründe:

In dem Württembergischen Landesarztvertrage vom 11. Juni 1920 ist in § 2 unter Nr. 10a bestimmt, daß in die dem Württembergischen

Ärzteverband angeschlossenen Ärztevereine jeder Arzt aufgenommen werden muß, der die Approbation für das Deutsche Reich besitzt, geschäftsfähig ist, sich im Besitz der bürgerlichen Ehrenrechte befindet und sich keiner Verstöße gegen die mit der gewissenhaften Berufsausübung des Arztes verbundenen Pflichten schuldig gemacht hat, daß wegen seiner wissenschaftlichen, politischen oder religiösen Anschauung einem Arzte die Aufnahme in einen Ärzteverein nicht verweigert werden darf, daß dagegen der Ärzteverband das Recht hat, für neueintretende Ärzte nach Anhörung der Arbeitsgemeinschaft der Kassenverbände eine Wartezeit festzusetzen. Dementsprechend hat der Ärzteverband im § 3 seiner Satzung über Erwerb und Verlust der Mitgliedschaft bestimmt, daß Mitglied des Verbandes jeder Ortsverein werden kann, der die Satzung desselben annimmt und dessen Satzung den im folgenden festgesetzten Vorschriften entspricht. Unter diesen Vorschriften für die Satzungen der Ortsvereine findet sich unter a eine dem § 2 Nr. 10a des Vertrags vom 11. Juni 1920 entsprechende Bestimmung, sodann heißt es weiter:

b) Der Ausschluß aus einem Verein erfolgt, wenn ein Arzt diesen Bedingungen nicht mehr entspricht oder den Satzungen und Beschlüssen seines Vereins bzw. des Württembergischen Ärzteverbandes nicht nachkommt.

c) In Streitfällen entscheidet der Vorstand des WÄV.

Unter Nr. 6 des § 3 ist bestimmt, daß der Ausschluß eines Ortsvereins aus dem Verband erfolgt, wenn ein Verein in seine Satzungen Bestimmungen aufnimmt oder Beschlüsse faßt, die den Satzungen und Beschlüssen des WÄV. widersprechen.

Die Satzung des beklagten Ortsvereins, die im Jahre 1901 festgestellt worden ist, enthält keine den von dem Verbande aufgestellten Vorschriften entsprechende Bestimmung über den Erwerb der Mitgliedschaft, sondern bestimmt darüber im § 1 Abs. 2:

Aufnahmefähig ist jeder approbierte deutsche Arzt. Die Aufnahme geschieht auf schriftlichen Antrag des Betreffenden und erfolgt durch Stimmenmehrheit vermittelst Ballotage.

Der Kläger meint, daß ihm auf Grund der Bestimmungen des Landesarztvertrags und der Satzung des Ärzteverbandes ein Recht auf Aufnahme in den beklagten Verein zustehe, daß auch seine durch die Nichtaufnahme geschehene Behinderung an der Ausübung einer Kassenpraxis mit den Grundsätzen der Gewerbeordnung unvereinbar sei. Das Berufungsgericht hat den Klaganspruch unter beiden Gesichtspunkten als unbegründet angesehen. Es geht bei seinen Erwägungen von dem Grundsatz aus, daß eine Gesellschaft oder ein Verein nicht verpflichtet sei, jede Person, die die Mitgliedschaft erstrebe, aufzunehmen, daß der Kläger daher nachweisen müsse, daß ihm auf Grund gewisser

Tatsachen ein Recht auf Aufnahme erwachsen sei, daß er sich aber auf eine Satzungsbestimmung, es müßten alle Ärzte aufgenommen werden, nicht berufen könne, da hierdurch Außenstehenden gegenüber keine Verpflichtung begründet werde, der Satzung gemäß zu handeln, der Verein sich vielmehr trotz der Satzungsbestimmung immer noch die Entscheidung über die Aufnahme vorbehalten wolle. Demgemäß verneint das Berufungsgericht einen Aufnahmeanspruch des Klägers, obwohl es annimmt, daß der beklagte Verein sich durch seinen Beitritt zu dem Württembergischen Ärzteverbande dessen Satzung und insbesondere dem § 3 unterworfen habe, und damit diese Bestimmung in § 3 unter a ohne weiteres an die Stelle der abweichenden Bestimmung im § 1 der Satzung des beklagten Vereins getreten sei. Die Berufung des Klägers auf § 328 BGB. wird vom Berufungsgericht mit folgender Begründung abgelehnt:

Der Zweck der in Rede stehenden Bestimmungen sei gewesen, die Monopolstellung der gegenwärtig den Ortsvereinen angehörenden Ärzte zu verhindern und neu zur Praxis übergehenden Ärzten die Behandlung von Kassenmitgliedern auf Kassenkosten zu ermöglichen. Die Satzungen und den Landesarztvertrag durchzuführen, habe aber den Beteiligten, also dem Ärzteverband und den Krankenkassen, überlassen bleiben sollen. Daß auch außenstehende Ärzte in diese inneren Angelegenheiten der Vertragschließenden sollten dreinsprechen und sich auf die Satzungen und Vertragsbedingungen berufen dürfen, um ihre Interessen zu wahren und auf Grund eines darin begründeten eigenen Rechts durchzusetzen, sei sicherlich nicht der Sinn dieser Bestimmungen gewesen und lasse sich auch nicht den Umständen entnehmen.

Die Revision bekämpft diese Auffassung und meint, durch den Landesarztvertrag und die Verbandssatzung, die sich ebenfalls als einen mit den einzelnen Lokalvereinen geschlossenen Vertrag darstelle, sei für jeden deutschen Arzt mit der Niederlassung im Bezirke eines Württembergischen Lokalvereins das Recht begründet worden, in diesen Lokalverein einzutreten, sofern nicht in seiner Person einer der im Vertrag vorgesehenen Gründe vorliege.

Die Rüge der Revision ist an sich begründet. Sie richtet sich zwar gegen die Auslegung, die das Berufungsgericht den in Rede stehenden Bestimmungen des Landesarztvertrags und der Satzung des Württembergischen Ärzteverbandes gegeben hat; diese Auslegung ist aber der Nachprüfung durch das Revisionsgericht nicht entzogen. Das Reichsgericht hat in feststehender Rechtsprechung angenommen, daß in Fällen, in denen eine Vertragsauslegung, abweichend von der Regel, sich nicht in der tatsächlichen Feststellung des in der Richtung auf ein bestimmtes einzelnes Rechtsverhältnis von den Beteiligten gefaßten und mittels der Vertragserklärungen kundgegebenen Willens erschöpft, sondern die Bedeutung einer über den Kreis der Vertragschließenden hinaus Geltung beanspruchenden allgemeinen Norm betrifft, die für die rechtlichen Beziehungen einer größeren Anzahl von Personen von Erheblichkeit und dazu bestimmt ist, für gewisse Rechtsbeziehungen der Vertragsteile nach außen für die Zukunft eine feste Grundlage zu schaffen, dem Revisionsgericht die freie Nachprüfung der Richtigkeit der Auslegung des Berufungsrichters zusteht (RGZ. Bd. 81 S. 117, Bd. 83 S. 322, Bd. 86 S. 284 u. öfter). So liegt die Sache bei dem Württembergischen Landesarztvertrag. Dieser ist geschlossen zwischen dem Landesverbande der Ärzte und der Arbeitsgemeinschaft der Krankenkassenverbände Württembergs, er soll jedoch nicht nur ein bestimmtes Rechtsverhältnis zwischen den vertragschließenden Parteien begründen, sondern bezweckt nach ausdrücklicher Bestimmung (§ 1 Nr. 3), alle Beziehungen zwischen den Krankenkassen und Ärzten, die in dem vertragschließenden Verbänden organisiert sind, ausschließlich zu regeln, ist demgemäß für alle Mitglieder der Vertragsparteien für verbindlich erklärt (§ 1 Nr. 1) und enthält eine Fülle von Vorschriften für das Verhältnis sowohl der den Vertragsteilen als Mitglieder angehörenden Ortsvereine und Krankenkassen, als auch der einzelnen Vereins- und Kassenmitglieder zueinander für die zunächst auf fünf Jahre bemessene Vertragsdauer. Es handelt sich also um die Aufstellung einheitlicher Normen für eine große Zahl am Vertragschluß nicht mitwirkender Personen, deren rechtliche Beziehungen auf längere Zeit hinaus einheitlich geregelt werden sollen. Demgemäß kann es für die Auslegung des Vertrags nicht sowohl auf die Feststellung ankommen, welches die Willensrichtung der bei dem Vertragschluß mitwirkenden Vertreter der Ärzte- und Krankenkassenverbände gewesen ist, als vielmehr darauf, wie die einzelnen Vertragsbestimmungen von den Personen, für deren Rechtsbeziehungen sie bestimmt und von Bedeutung sind, aufgefaßt werden müssen. Es kommt hinzu, daß es sich bei dem Vertrage keineswegs um die Wahrnehmung und Regelung rein privatrechtlicher Interessen handelt. Die Krankenkassen sind im öffentlichen Interesse geschaffene Zwangsorganisationen, die dem Wohle weiter, der Versicherungspflicht unterworfener Bevölkerungskreise zu dienen bestimmt sind. Die Arbeitsgemeinschaft der Württembergischen Krankenkassenverbände hat, indem sie mit der Gesamtorganisation der Württembergischen Ärzteschaft allgemein verbindliche Abmachungen über die ärztliche Behandlung der Krankenkassenmitglieder traf, in Erfüllung der den Krankenkassen obliegenden öffentlich rechtlichen Aufgaben gehandelt, ihren Mitgliedern in Krankheitsfällen freie ärztliche Behandlung zu gewähren. Auch dieses an dem Vertrage in weitgehendem Maße bestehende öffentliche Interesse muß dazu führen, die freie Auslegung des Vertrags durch das Revisionsgericht zuzulassen.

Die Gesichtspunkte, aus denen die Nachprüfung der Auslegung des Vertrags zu bejahen ist, müssen aber auch bei der Auslegung selbst berücksichtigt werden. Denn gerade die Schaffung der Möglichkeit, sie bei der Auslegung zu verwerten, bildet den Grund für die Zulassung der freien Nachprüfung der vom Berufungsgericht geschehenen Auslegung. Die Berücksichtigung der vorstehend dargelegten Umstände läßt die Auffassung des Berufungsgerichts von der Bedeutung der im § 2 unter Nr. 10a enthaltenen Bestimmung des Landesarztvertrags als nicht zutreffend erscheinen. Nach § 2 Nr. 5 des Vertrags haben die Mitglieder der Krankenkassen die freie Wahl unter den zugelassenen Kassenärzten ohne Rücksicht auf die Kassenbezirks- oder Oberamtsgrenzen, doch dürfen nach § 2 Nr. 8 Ärzte, die nicht Mitglieder der dem Ärzteverband angeschlossenen Vereine sind, zur Tätigkeit bei Kassenmitgliedern und deren Angehörigen auf Kassenkosten ohne Zustimmung des Ärzteverbands, außer in dringenden Notfällen, nicht zugelassen und während der Vertragsdauer von den Krankenkassen und deren Verbänden keine Verträge mit anderen Ärzten über ärztliche Behandlung abgeschlossen werden. Die hier festgesetzte Beschränkung der Kassenpraxis auf die in dem Ärzteverband organisierten Ärzte würde den Ärztevereinen die Möglichkeit geben, ihren derzeitigen Mitgliedern eine Monopolstellung für die Ausübung der Kassenpraxis zu sichern, indem sie die Aufnahme sich zum Eintritt meldender Ärzte ablehnen oder nur in beschränktem Umfange, etwa bis zu einer bestimmten Mitgliederzahl, zulassen. Ein derartiges Verfahren würde den Interessen der Kassenmitglieder zuwiderlaufen, denen daran gelegen sein muß, die Auswahl unter einer möglichst großen Zahl von Ärzten zu haben, um sich von denjenigen Ärzten, zu denen sie besonderes Vertrauen haben, auf Kassenkosten behandeln lassen zu dürfen. Um diesem Interesse der Kassenmitglieder gerecht zu werden, ist als Gegenleistung für die den Ärztevereinen eingeräumte Monopolstellung bestimmt, daß in diese Vereine jeder Arzt aufgenommen werden muß, der die Approbation für das Deutsche Reich besitzt, geschäftsfähig ist, sich im Besitz der bürgerlichen Ehrenrechte befindet und sich keiner Verstöße gegen die mit der gewissenhaften Berufsausübung des Arztes verbundenen Pflichten schuldig gemacht hat. Diese Bestimmung ist nach ihrem Zweck wie nach ihrem Wortlaut dahin zu verstehen, daß damit den dem Ärzteverband angeschlossenen Vereinen eine bindende Verpflichtung auferlegt worden ist, jeden sich zum Eintritt in den Verein meldenden Arzt, bei dem keiner der festgesetzten Abweisungsgründe vorliegt, aufzunehmen. Die Richtigkeit dieser Auffassung findet ihre Bestätigung darin, daß der Ärzteverband in dem § 3 unter Nr. 2a seiner Satzung eine der in Rede stehenden Vertragsbestimmung wörtlich gleichlautende Bestimmung als Zwangsvorschrift für die Satzungen der Ortsvereine aufgenommen hat.

Dieser Verpflichtung ist auch der beklagte Verein unterworfen, da er trotz des Abschlusses des Landesarztvertrags und der daraufhin in die Satzung des Landesverbandes aufgenommenen Vorschriften für die Ortsvereine in dem Verbande verblieben ist und für seine Mitglieder die durch den Landesarztvertrag begründeten Rechte in Anspruch genommen hat. Das nimmt auch das Berufungsgericht an, es meint aber, daß die Verpflichtung der Ortsvereine nicht gegenüber Personen bestehe, die außerhalb der Ärzteorganisation ständen, die Durchführung des Landesarztvertrags vielmehr nur dem Ärzteverbande und den Krankenkassen habe vorbehalten bleiben sollen. Dieser Ansicht möchte vielleicht beizupflichten sein, wenn der Landesarztvertrag ausschließlich zwischen den vertragschließenden Verbänden als solchen hätte Rechte und Verbindlichkeiten begründen sollen. Das ist aber, wie aus den bereits oben mitgeteilten Bestimmungen des Vertrags über seinen Zweck und den Bereich seiner Wirksamkeit (§ 1 Nr. 1—3) deutlich erhellt, nicht der Fall, vielmehr haben durch den Vertrag vornehmlich zwischen den Krankenkassen und Ärzten, die in den vertragschließenden Verbänden organisiert sind, unmittelbar Rechte und Pflichten begründet werden sollen, wie auch durch § 1. Nr. 6 etwa neu zu gründenden Ärztevereinen und Krankenkassen das Recht zugestanden ist, durch Beitritt zu den vertragschließenden Parteien in alle Rechte und Pflichten des Vertrags einzutreten. Daß auch die einzelnen Ärzte, örtlichen Ärztevereine und Krankenkassen zur selbständigen Verfolgung ihrer aus dem Landesarztvertrage hergeleiteten Rechte als befugt angesehen worden sind, ergibt der § 16 des Vertrags, der Einigungs- und Schiedseinrichtungen für derartige Streitigkeiten vorsieht. Dieses Ziel des Vertrags, den durch ihn begünstigten Personen selbständige Rechte zu gewähren, spricht dafür, daß auch durch die Bestimmung in § 3 Nr. 10a den Ärzten, die den festgesetzten Aufnahmebedingungen genügen, ein selbständiges Recht hat beigelegt werden sollen, ihre Aufnahme in einen ärztlichen Ortsverein zu verlangen, und dadurch der Rechte und Pflichten aus dem Landesarztvertrage in Ansehung der Ausübung der Kassenpraxis teilhaftig zu werden. Diese Annahme wird bestätigt, abgesehen von dem Wortlaut der streitigen Vertragsbestimmung, durch die an deren Rande befindliche Inhaltsangabe, die nicht von einer den Ärztevereinen auferlegten Aufnahmeverpflichtung spricht, sondern lautet: „Rechte der Ärzte auf Zulassung". Endlich steht damit die Vorschrift des § 3 Nr. 2c der Satzung des Ärzteverbandes im Einklang, daß bei Streitfällen über die Aufnahme eines Arztes in einen Ortsverein der Vorstand des Ärzteverbandes entscheiden soll. Indem hier ein einer Entscheidung bedürftiger Streit zwischen einem Arzt und einem Ortsverein über die Aufnahme des Arztes vorausgesetzt wird, wird anerkannt, daß dem Arzt beim Vorliegen der festgesetzten Bedingungen ein erzwingbares Recht auf Aufnahme gegen den sie verweigernden Ortsverein zusteht. Neben diesen aus dem Vertrage selbst und aus der Verbandssatzung zu entnehmenden Gründen kommt aber noch weiter in Betracht, daß das wichtige Interesse, das nach den oben gemachten Ausführungen für große Bevölkerungskreise an der Durchführung der streitigen Vertragsbestimmung besteht, es erforderlich erscheinen läßt, den von den Ortsvereinen grundlos zurückgewiesenen Ärzten ein unmittelbares Recht zur Erzwingung ihrer Aufnahme zuzugestehen, und daß daher schon aus diesem Grunde eine dahingehende Vertragsauslegung geboten ist, sofern nicht ganz besondere Umstände entgegenstehen. Solche Umstände sind im gegenwärtigen Falle weder aus dem Inhalte des Landesarztvertrags und der Verbandssatzung, noch aus Grundsätzen des Vereinsrechts zu entnehmen. Dem Berufungsgericht kann zugegeben werden, daß für den Regelfall davon auszugehen ist, ein Verein habe sich durch etwaige Satzungsbestimmungen über die Aufnahme neuer Mitglieder nicht des Rechts begeben wollen, in jedem einzelnen Falle selbst endgültig über die Aufnahme zu entscheiden. Das wird besonders bei solchen Vereinen anzunehmen sein, deren Zweck wesentlich auf die Pflege persönlicher Beziehungen zwischen den Mitgliedern gerichtet ist. Grundsätzlich besteht aber kein rechtliches Hindernis, daß ein Verein sich verpflichten kann, dritte Personen, die gewisse Bedingungen erfüllen, auf ihr Verlangen aufzunehmen, und daß auf diesem Wege ein erzwingbares Recht auf Aufnahme in den Verein für außenstehende Personen unter dem Gesichtspunkte des § 328 BGB. wirksam begründet werden kann.

Auch sonstige Bedenken sind gegen die Anerkennung eines Rechtes des Klägers gegenüber dem beklagten Verein aus § 328 BGB. nicht begründet. Daß die Personen, denen das Aufnahmerecht gegenüber den ärztlichen Ortsvereinen eingeräumt worden ist, damals noch nicht bestimmt waren, ist ohne Belang. Denn es genügt zur Begründung eines Rechtes aus § 328 BGB., daß die Person des berechtigten Dritten bestimmbar ist. Das ist hier in genügender Weise der Fall, indem jeder Arzt, der sich im Bezirk eines der Ortsvereine niederläßt und den im Landesarztvertrage festgesetzten Bedingungen entspricht, für berechtigt erklärt wird, seine Aufnahme in den Verein zu verlangen. Der Umstand, daß im Vertrage der Ärzteverband und nicht die einzelnen Ortsvereine als Vertragschließender aufgeführt ist, steht der Begründung einer Verpflichtung des beklagten Ortsvereins gegenüber dem Kläger nicht entgegen. Wie bereits oben dargelegt ist, spricht der Vertrag ausdrücklich seine Verbindlichkeit für alle Mitglieder der vertragschließenden Verbände aus und ist diese Bestimmung für den beklagten Verein jedenfalls dadurch wirksam geworden, daß er in dem Ärzteverband geblieben ist und den Landesarztvertrag für sich und seine Mitglieder als maßgebend anerkannt hat. Damit ist auch die Bestimmung des § 3 Nr. 10a des Vertrags für den beklagten Verein wirksam geworden, daß bestimmten Anforderungen genügende Personen ihm gegenüber berechtigt sein sollen, ihre Aufnahme zu verlangen. Der Beklagte hat in dieser Hinsicht auch keinen Einwand erhoben, sondern nur in Abrede gestellt, daß aus der genannten Bestimmung des Vertrags überhaupt ein Recht des Klägers auf Aufnahme hergeleitet werden könne. Darauf, daß er die Tragweite dieser Bestimmung verkannt habe, würde sich der Beklagte bei der gebotenen einheitlichen Auslegung des Vertrags nicht berufen können.

Ist hiernach entgegen der Ansicht des Berufungsgerichts ein Anspruch des Klägers auf Aufnahme in den beklagten Verein auf Grund des Landesarztvertrags beim Vorliegen der daselbst aufgestellten Voraussetzungen als bestehend anzuerkennen, so erweist sich doch die Entscheidung des Berufungsgerichts aus einem anderen Grunde im Ergebnis als zutreffend. Wie bereits erwähnt, entscheidet nach § 3 Nr. 2c der Satzung des Landesverbandes in Streitfällen über die Aufnahme eines Arztes in einen örtlichen Ärzteverein der Vorstand des Landesverbandes. Diese Vorschrift gilt nach ausdrücklicher Bestimmung der Verbandsatzung für die Satzungen der Ortsvereine. Das Berufungsgericht meint, diese Vorschrift könne dem Kläger nicht entgegengesetzt werden, weil sich der Kläger der Satzung des beklagten Vereins oder des Ärzteverbandes nicht unterworfen habe. Dem ist nicht beizustimmen. Wenn der Kläger seine Aufnahme in den beklagten Verein begehrt, muß er sich den für die Aufnahme bestehenden satzungsmäßigen Bestimmungen unterwerfen. Nur soweit diese mit den Bestimmungen des Landesarztvertrags im Widerspruch ständen, würde er sie für sich als unverbindlich ansehen dürfen. Der Landesarztvertrag enthält aber keine Bestimmung, mit der die Vorschrift des § 3 Nr. 2c der Verbandssatzung unvereinbar wäre. Vielmehr steht diese Vorschrift mit § 17 des Landesarztvertrags im Einklang, wonach der Verband verpflichtet ist, für die straffe Durchführung des Vertrags bei allen ihm angeschlossenen Ärztevereinen zu sorgen. Die Sorge für die Durchführung der Bestimmung des § 2 Nr. 10a des Vertrags konnte der Ärzteverband gerade dadurch ausführen, daß er sich selbst bei allen Streitfällen über die Aufnahme sich neu meldender Ärzte in die Ortsvereine die Entscheidung vorbehielt. Ist hiernach diese Vorschrift gültig und für den Kläger verbindlich, so muß die Geltendmachung des Aufnahmeanspruchs im Rechtswege ohne vorgängige Anrufung der Entscheidung des Vorstandes des Ärzteverbandes als unzulässig erachtet und die Klage deshalb abgewiesen werden. Dem Kläger muß überlassen bleiben, die Entscheidung des Vorstandes des Ärzteverbandes herbeizuführen. Nur wenn diese Entscheidung offenbar unbillig ausfallen sollte, würde dem Kläger die Beschreitung des Rechtswegs offen stehen.

---

33. 1. Stellt die Bestimmung des Gesellschaftsvertrags einer offenen Handelsgesellschaft, daß für den Fall der Kündigung des einen Gesellschafters der andere die Wahl hat, welche von den beiden Geschäftsabteilungen er übernehmen und fortführen will, eine nach § 723 Abs. 3 BGB. nichtige Beschränkung des Kündigungsrechts dar?

2. Nach welchen Grundsätzen hat die Auseinandersetzung zu erfolgen, wenn bei Kündigung des einen Gesellschafters der andere berechtigt ist, nach seiner Wahl die eine der beiden Geschäftsabteilungen zu übernehmen?

II. Zivilsenat. Urt. v. 22. Dezember 1922 i. S. P. S. (Kl.) w. K. K. (Bekl.). II 621/22.

I. Landgericht Hannover. — II. Oberlandesgericht Celle.

Die Parteien betreiben seit vielen Jahren in Hannover ein Geschäft — offene Handelsgesellschaft — unter der Firma Sch. & K. Weitere Gesellschafter sind nicht vorhanden. Am 14. Januar 1915 schlossen sie einen (neuen) Gesellschaftsvertrag, in dessen § 2 als Zweck der Gesellschaft „die Betreibung eines Handels- bzw. Ein- und Ausfuhrgeschäfts für chemische, technische und Landesprodukte" bezeichnet ist und dessen § 3 bestimmt, die Dauer der Gesellschaft sei unbestimmt mit der Maßgabe des § 8. Nach diesem § 8 verpflichtet die Kündigung des Gesellschaftsverhältnisses vor dem 1. Januar 1920 den Kündigenden zur Zahlung einer Entschädigung von 1000 M an den andern Gesellschafter; in allen Fällen — heißt es dort weiter — unterliege der Vertrag halbjährlicher Kündigung zum Schlusse des Geschäftsjahres. Sodann bestimmt § 9:

„Im Falle einer Kündigung soll, falls keine andere Einigung zu erzielen ist, eine Trennung der betriebenen Geschäfte in solche der technischen und der chemischen Branche stattfinden, welchen Zweigen diejenigen sonstigen Artikel beigeordnet bleiben sollen, die im regulären Verlaufe der gemeinschaftlichen Tätigkeit im Anschluß an jede der beiden Abteilungen mit bearbeitet worden sind. Der Kündigende muß dem andern Teil die freie Wahl der Übernahme der einen oder der andern Geschäftsabteilung überlassen, falls nicht seine Kündigung sich auf die im § 133 HGB. vorgeschriebenen Fälle bezieht; dann soll ihm, dem Kündigenden, die Branchenwahl zustehen, sofern der andere Teil durch subjektives Verschulden zur Kündigung Anlaß gab. Nach der Trennung der Gesellschafter sind diese verpflichtet, während der Dauer von 5 Jahren nirgends Geschäfte in dem dem andern Teil zufallenden Geschäftszweige zu unternehmen, noch sich an solchen intellektuell oder finanziell zu beteiligen."

Im jetzigen Rechtsstreit verlangt der Kläger in erster Linie Feststellung der Nichtigkeit der im § 9 des Gesellschaftsvertrags vom 14. Januar 1915 getroffenen Vereinbarung über das Wahlrecht des Gesellschafters, dem gegenüber gekündigt worden ist, sowie über das Konkurrenzverbot für die nächsten 5 Jahre nach der Trennung. Hilfsweise wird Feststellung dahin beantragt, daß der Kläger, falls er kündige, dem Beklagten die Wahl nicht zu lassen brauche und daß er auch nicht durch die Konkurrenzabrede gebunden sei.

Das Landgericht gab dem ersten Klagantrag statt, das Oberlandesgericht wies die Klage ab. Die Revision hatte keinen Erfolg.

Gründe:

Die Ansicht des Klägers, daß der § 9 des Gesellschaftsvertrags eine unzulässige Beschränkung und Erschwerung des Kündigungsrechts im Sinne des § 723 Abs. 3 BGB. enthalte, beruht auf der Annahme, daß nach dem im Vertrag kundgegebenen Willen der beiden Gesellschafter, falls auf Grund der Kündigung des einen der andere die — wie für die Revisionsinstanz zu unterstellen ist — bedeutend höherwertige chemische Geschäftsabteilung für sich in Anspruch nehme und dem Kündigenden dann die minder wertvolle technische Abteilung verbleibe, eine Ausgleichung der beiderseitigen Werte nicht in Frage komme, eine solche Ausgleichung vielmehr gerade durch den Gesellschaftsvertrag ausgeschlossen sei. Anscheinend entnimmt der Kläger in erster Instanz dem § 9 sogar die Bestimmung, daß nicht einmal eine Ausgleichung des Unterschieds in der Bewertung der beiden Abteilungen, wie sie sich, ohne Rücksicht auf die mit Sicherheit zu erwartende günstige künftige Entwicklung, im Zeitpunkt des Wirksamwerdens der Kündigung ergibt, zu geschehen habe. Auch das Landgericht, das in Übereinstimmung mit dem Kläger die Nichtigkeit der beanstandeten Bestimmung in § 9 annimmt und deshalb dem prinzipalen Klagantrage stattgibt, scheint auf dem gleichen Standpunkt zu stehen. Denn es erblickt im § 9 nach seinem Zweck eine dem Grundsatz des § 723 Abs. 3 BGB. widersprechende und daher nichtige Erschwerung des Kündigungsrechts eines Gesellschafters, da der Kündigende dem anderen Gesellschafter die Wahl unter den beiden Zweigen der Gesellschaft überlassen müsse, obgleich möglicherweise der Wert der Abteilung, die der Kündigende dann erhalte, für ihn geringer sei als der Wert der anderen Abteilung des Geschäfts. In der Berufungsinstanz hat der Kläger nach dem Tatbestand des angefochtenen Urteils seinen Standpunkt dahin festgelegt, daß nach § 9 im Kündigungsfall zwar alles Gesellschaftsvermögen liquidiert und zu gleichen Teilen verteilt werden, aber für die Zukunft kein Ausgleich stattfinden, sondern nur der eine Gesellschafter die technische, der andere die chemische Abteilung weiterführen solle.

Das Berufungsgericht weist diese Auffassung von Inhalt und Zweck des § 9 zurück. Es legt den Vertrag dahin aus, daß eine solche Wertausgleichung zwischen den beiden Gesellschaftern, falls der eine gekündigt und der andere von seinem Wahlrecht aus § 9 Gebrauch gemacht hat, durch diese Vertragsbestimmung nicht ausgeschlossen sei, da aus dem Vertragsinhalte nicht entnommen werden könne, daß sich die Parteien über das Unterbleiben jeder Auseinandersetzung im Sinne der Wertausgleichung geeinigt hätten. Der § 9 habe vielmehr den Zweck, die sonst als gesetzliche Folge des durch die Kündigung herbeigeführten Erlöschens der offenen Handelsgesellschaft eintretende völlige Liquidation und die Verteilung der liquidierten Werte unter die Gesellschafter nach Verhältnis ihrer Kapitalkonten zu verhindern, weil auf diesem Wege der Wert des bestehenden Geschäfts verloren gehen würde. Deshalb erhalte die in § 9 getroffene Regelung das Geschäft dadurch tatsächlich am Leben, daß die zwei Abteilungen, also die in ihrer Organisation und in ihren Beziehungen zu Lieferanten und Abnehmern steckenden Werte in der Hand je eines Gesellschafters fortbestehen sollen, was zugleich eine Bestimmung bedinge, die einer Konkurrenz durch den anderen Gesellschafter entgegenwirke. Der § 9 gebe also lediglich eine Regelung über die Art der Auseinandersetzung in dem einen Punkte, lasse aber im übrigen die gesetzlichen Bestimmungen über die Auseinandersetzung unberührt. Der Auffassung des Klägers, daß in Anbetracht der Bestimmung des § 9 bei der Auseinandersetzung keine Rücksicht darauf zu nehmen sein würde, welcher — schätzungsweise zu ermittelnde — Wert der einen und der anderen Abteilung zukomme, daß vielmehr lediglich nach den Geschäfts- und Liquidationsbilanzen zu teilen sei, könne nicht beigetreten werden. Ebenso wie im Falle der Übernahme des ganzen Geschäfts einer offenen Handelsgesellschaft durch einen der beiden Gesellschafter die Abfindung des ausscheidenden Teilhabers nicht nach der Schlußbilanz, sondern nach einer insbesondere auch den Wert des lebenden Geschäfts berücksichtigenden Verteilungsbilanz zu erfolgen habe, sei auch bei der auf Grund des § 9 des Vertrags stattfindenden Trennung der beiden Geschäftsabteilungen zu verfahren. Auch hier blieben zwei durch das gemeinsame Geschäft geschaffene Werte erhalten und würden, ohne aufgelöst und geteilt zu werden, der eine in die Hand des einen, der andere in die Hand des anderen Gesellschafters gelegt.

Diese Auslegung läßt einen Rechtsirrtum nicht erkennen. Das Berufungsgericht stellt sich mit seinen Ausführungen auf den zutreffenden Standpunkt, daß die durch das Geschäft geschaffenen Werte der tatsächlich fortlebenden beiden Abteilungen trotz des durch das Wirksamwerden der Kündigung eintretenden Erlöschens der offenen Handelsgesellschaft als deren Restvermögen anzusehen sind und daß daher auch der abzufindende Gesellschafter an dem schätzungsweise zu ermittelnden Wert der von dem andern Gesellschafter weiter zu führenden Abteilung zu beteiligen ist. Denn beide Gesellschafter sind nach Maßgabe ihrer Beteiligung am Geschäft an allen Vermögenswerten beteiligt. Eine andere Behandlung müßte, da sonst der abzufindende Gesellschafter an einem wirklich vorhandenen Vermögenswerte der Gesellschaft leer ausgehen würde, in dem Vertrag bestimmt sein. Eine solche Bestimmung müßte aber, wie das Berufungsgericht mit Recht hervorhebt, die Aktivseite der Auseinandersetzungsbilanz abweichend regeln. Sie findet sich jedoch nicht im Vertrag. Der § 9, auf den der Kläger sich beruft, gibt nach der rechtlich bedenkenfreien Auslegung des Berufungsgerichts lediglich eine Vorschrift über die Art der Auseinandersetzung, dagegen bleibt die Auseinandersetzungsbilanz ganz unbeeinflußt durch ihn. Ohne Rechtsirrtum nimmt das Berufungsgericht daher auch an, daß das vom Kläger für seine Auffassung ferner geltend gemachte Fehlen einer ausdrücklichen Vertragsbestimmung über die Art der Berechnung des Wertes der beiden Abteilungen kein ausreichender Anhalt dafür sei, daß der Wille der Parteien übereinstimmend auf Ausschließung der Wertausgleichung gerichtet war.

Weiter stellt das Berufungsgericht den untrennbaren Zusammenhang zwischen der Bestimmung des § 9 über die Art der Teilung und dem im letzten Satz daselbst enthaltenen Konkurrenzverbot fest, insofern als dieses ein notwendiges Korrelat der Abmachung bilde, durch welche die lebenden Werte der beiden Geschäftsabteilungen, anstatt vernichtet zu werden, erhalten blieben. Sei aber jene Bestimmung rechtswirksam, so sei es diese ebenso; im übrigen sei die letztere auch zeitlich maßvoll begrenzt und beziehe sich nicht auf Orte, von denen aus keine Konkurrenz möglich sei, auch treffe sie beide Gesellschafter gleichmäßig.

Die Bemängelung der Revision, der Standpunkt des Berufungsgerichts, daß der sich bei der Auseinandersetzung etwa ergebende Mehrwert der chemischen Abteilung im Vergleich zum Wert der technischen Abteilung zwischen beiden Gesellschaftern auszugleichen sei, verstoße gegen §§ 731, 733—735 BGB. und §§ 105 Abs. 2, 154, 155 Abs. 1 HGB., liegt neben der Sache. Der hier vorliegende Fall ist dem der Auseinandersetzung mit dem ausscheidenden Gesellschafter gleich zu behandeln. Dieser Gegenstand ist in den §§ 738, 739 740 BGB. in Verbindung mit § 105 Abs. 2 HGB. geregelt. Die Grundlage für die Berechnung dieser Abfindung ist die Vermögenslage der Gesellschaft — hier also der Wert der chemischen Abteilung — zur Zeit des Erlöschens der Gesellschaft. Bei der Feststellung dieser Vermögenslage ist zu beachten, daß die bestehende Gesellschaft bei der zum Zwecke der Gewinnverteilung erfolgenden Aufstellung der Bilanz von anderen Gesichtspunkten und Interessen geleitet wird, als sie für die Auseinandersetzung gelten müssen. Hier soll der Ausscheidende an dem wahren Werte teilnehmen. Dieser d. i. der Wert der lebenden Gesellschaft ist mangels entgegengesetzter Vereinbarung der Gesellschafter der Auseinandersetzung zugrunde zu legen (RG. in JW. 1899 S. 395 und 1902 S. 590, Staudinger Anm. II 2b zu § 738, Staub Anhang zu § 141 Anm. 5). Diese Auffassung entspricht der Vorschrift des § 738 Abs. 2 BGB., nach welcher der Wert des Gesellschaftsvermögens, soweit erforderlich, im Wege der Schätzung zu ermitteln ist, hier also der Wert der chemischen Abteilung, die von dem nicht kündigenden Gesellschafter fortgesetzt werden wird. In der Bestimmung des § 738 BGB., der Ausscheidende habe das zu fordern, was er erhalten würde, wenn die Gesellschaft zur Zeit seines Ausscheidens aufgelöst worden wäre, ist nicht der Wert gemeint, der sich bei einer allgemeinen Versilberung der einzelnen Vermögensgegenstände ergibt, sondern der Erlös, der sich bei einer der Sachlage entsprechenden, möglichst vorteilhaften Verwertung des Gesellschaftsvermögens — hier also der chemischen Abteilung — durch Veräußerung im ganzen ergeben würde. In Befolgung dieser Grundsätze gelangt man zur Bejahung der Frage, ob unter Umständen in die Auseinandersetzungsbilanz ein Posten „Geschäftswert" oder „Kundschaft" (auch good-will oder façon genannt) einzusetzen sei. Entscheidend dafür ist, ob bei einer etwaigen Verwertung des ganzen Geschäfts — hier also der chemischen Abteilung als Gesamtheit — für den über den Wert der einzelnen Gegenstände hinausgehenden Wert eine Vergütung eintreten würde. Es wäre, wie das Berufungsgericht mit Recht betont, eine große Unbilligkeit, wenn man den Ausscheidenden von der Beteiligung an einem solchen, doch mit durch seine Tätigkeit hervorgebrachten Geschäftswert ausschließen und ihn so dem anderen Gesellschafter gegenüber benachteiligen würde. Man wird daher in geeigneten Fällen, d. h. dann, wenn sich durch Schätzung (§ 738 Abs. 2 BGB.) ein Geschäftswert feststellen läßt, diesen als Aktivposten in die Auseinandersetzungsbilanz einzusetzen haben.

Da das Berufungsgericht auf Grund des bedenkenfrei festgestellten, von der Revision auch nicht bemängelten untrennbaren Zusammenhangs des Konkurrenzverbots mit dem übrigen Inhalt des § 9 des Vertrags in dem Konkurrenzverbot eine unzulässige Beschränkung des Kündigungsrechts des einen Gesellschafters nicht findet — ein Standpunkt, der von der Revision an sich nicht bemängelt ist, auch einen Rechtsirrtum nicht erkennen läßt —, so war die Revision auch zu diesem Punkte, mithin in vollem Umfange, als unbegründet zurückzuweisen.

34. Haftet der Mieter einer Wohnung für Beschädigungen des Hauses, welche beim Hinausschaffen von Gegenständen aus der Wohnung durch zwar nicht von ihm beauftragte, aber mit seinem Einverständnis handelnde Arbeiter verursacht worden sind?

III. Zivilsenat. Urt. v. 2. Januar 1923 i. S. Br. (Bekl.) w. Mitteldeutsche Grundstücksgesellschaft m. b. H. (Kl.). III 151/22.

I. Landgericht III Berlin. — II. Kammergericht Berlin.

Bei dem Hinausschaffen eines schweren Gegenstands, eines Autoklaven, den der beklagte Ehemann verkauft hatte, aus der Wohnung der Beklagten beschädigten die Arbeiter des — angeblich von dem Käufer — damit beauftragten Spediteurs Treppe und Flur des Hauses. Die Klägerin, die Eigentümerin des Hauses, forderte von den Beklagten auf Grund des Mietvertrags den Ersatz des ihr hierdurch entstandenen Schadens.

Das Landgericht wies die Klage ab, das Kammergericht erklärte die Klageforderung dem Grunde nach für berechtigt. Die Revision blieb erfolglos.

Aus den Gründen:

... Ein Vermieter, der seine Wohnung einem Dritten zum Gebrauche überläßt, begibt sich dadurch im wesentlichen der Möglichkeit, auf ihre sachgemäße Behandlung und Schonung einen Ausschlag gebenden Einfluß auszuüben. Die Pflicht dazu geht daher, auch wenn sie in dem Vertrag dem Mieter nicht besonders auferlegt ist, schon der Natur der Sache nach ohne weiteres auf diesen über. Sie folgt aber auch aus den §§ 548, 556 BGB., nach denen der Mieter die Mietsache in demselben Zustande, in dem er sie empfängt, zurückzugeben und für alle nicht auf natürliche Abnutzung zurückzuführenden Veränderungen und Verschlechterungen aufzukommen hat. Die Obhuts- und Fürsorgepflicht des Mieters erstreckt sich nicht nur auf die Wohnung im eigentlichen Sinne, sondern auch auf ihre Zugänge, überhaupt auf alle Räume, an denen ihm ein vertragliches Benutzungs-, wenn auch nur Mitbenutzungsrecht zusteht. Mit Niendorf (Mietrecht S. 225) Treppe und Treppenflur von ihr auszunehmen, dafür fehlt es an einem inneren Grunde. Ebenso wie nach dem Mietvertrag der Vermieter dafür zu sorgen und zu haften hat, daß von ihm veranlaßte bauliche Veränderungen an oder in dem Hause das Gebrauchsrecht der einzelnen Mieter möglichst wenig beeinträchtigen und vor allem deren Leben und Gesundheit nicht gefährden (vgl. RGZ. Bd. 102 S. 232), ist der Mieter vertraglich gehalten, bei allen Verrichtungen, die er in den Mieträumen vornimmt, durch andere vornehmen läßt oder duldet, wie ein sorgsamer Hausvater darauf bedacht zu sein und dafür einzustehen, daß bei diesen Verrichtungen eine Schädigung der Mietsache vermieden wird. Hätten daher die Beklagten selbst Leute zur Abbeförderung des Autoklaven gedungen, so würden diese bei Ausführung ihres Auftrags in den dem Mietrechte der Auftraggeber unterstehenden Räumen als Erfüllungsgehilfen der Mieter hinsichtlich der diesen der Vermieterin gegenüber vertraglich obliegenden Fürsorgepflicht (§ 278 BGB.) zu gelten haben. Für deren Ungeschicklichkeiten und Versehen hätten die Beklagten nicht nur nach Maßgabe des § 831 BGB., sondern nach dem Mietvertrage ebenso haften müssen, als wenn sie selbst den Autoklaven heruntergetragen und dabei Treppe und Treppenflur fahrlässig beschädigt hätten. An dieser Rechtslage wird aber auch dadurch nichts geändert, daß die Fortschaffung durch Hilfskräfte erfolgte, welche dessen Käufer angenommen und bezahlt hatte. Denn hinsichtlich des Transports des Autoklaven ist das zwischen dem beklagten Ehemann als Verkäufer und dem Käufer und das zwischen den Parteien als Vermieterin und Mietern bestehende Rechtsverhältnis streng zu unterscheiden. Das letztere blieb stets dasselbe, gleichviel ob nach dem Kaufvertrag der Käufer dem beklagten Ehemann zur Abholung oder dieser dem Käufer zur Überbringung des Autoklaven verpflichtet war. Denn wenn auch der beklagte Ehemann den Autoklaven dem Käufer in seiner Wohnung übergeben und ihn zu dessen Abholung verpflichtet hatte, so durften dieser oder seine Beauftragten doch selbstverständlich ohne Zustimmung der Beklagten in deren Mieträumen niemals tätig werden. Nur die Beklagten konnten eine solche Tätigkeit gestatten, und das haben sie getan. Mit ihrem Willen haben fremde Arbeiter die Haupttreppe zur Herausbeförderung des Autoklaven benutzt. Erst die Erlaubnis der Beklagten schuf für die Leute des Spediteurs die Möglichkeit, die mit Gefahren für den Mietgegenstand verbundene Arbeit auszuführen und auf ihn schädigend einzuwirken. Der Vermieterin gegenüber aber waren die Beklagten zur Verhütung solcher Gefahren und Schädigungen vertraglich verpflichtet. Deshalb übertrugen sie die Erfüllung dieser Pflicht während des Transports stillschweigend, aber jedem Dritten erkennbar, auf die Angestellten des Spediteurs und machten sie so zu ihren Gehilfen im Sinne des § 278 BGB. Aus der Transporterlaubnis folgt daher, daß die Schäden von den Beklagten zu vertreten sind, gleichviel ob diese während der Beförderung des Autoklaven sich auf der Treppe und dem Treppenflur oder in den Zimmern aufgehalten haben. Mit Recht hat deshalb das Kammergericht hierauf, sowie auf die zwischen dem beklagten Ehemann als Verkäufer und dem Käufer des Autoklaven getroffenen Vereinbarungen keinen Wert gelegt, da der Inhalt des Kaufvertrags den Umfang der aus dem Mietvertrag sich ergebenden Fürsorge- und Schadensersatzpflicht der Beklagten in ihrem Verhältnis zu der Klägerin nicht berührt.

35. Zur Frage des Besitzes an Sachen, die ohne Wissen des Wohnungsinhabers einem Angehörigen des Hausstandes übergeben werden und so in die Wohnräume gelangen.

VII. Zivilsenat. Urt. v. 2. Januar 1923 i. S. G. (Bekl.) w. S. (Kl.). VII 17/22.

I. Landgericht Göttingen. — II. Oberlandesgericht Celle.

Die Klägerin war mit dem anderwärts wohnhaften und nur besuchsweise im elterlichen Hause verkehrenden Sohne des Beklagten verlobt. Im August 1920 wurde die Verlobung aufgelöst. Die Klägerin, die sich eine Zeitlang im Hause des Beklagten aufgehalten hatte, verlangt mit der Klage die Herausgabe ihrer aus Bett- und Tischwäsche, Handtüchern usw. bestehenden Aussteuer, die im Hause des Beklagten zurückgeblieben ist, und die sie ihm zur Aufbewahrung übergeben haben will. Der Beklagte widersprach der Klage, da die Klägerin die streitigen Sachen nicht ihm, sondern seinem Sohn zur Aufbewahrung gegeben und für gewisse Aufwendungen verpfändet habe. Beide Vorinstanzen verurteilten den Beklagten gemäß dem Klagantrage. Seine Revision führte zur Aufhebung des Berufungsurteils.

Aus den Gründen:

Das Berufungsgericht hat darin, daß die Klägerin beim Verlassen des Hauses des Beklagten ihre Aussteuer in einem Zimmer des Hauses zurückließ, den stillschweigenden Abschluß eines Verwahrungsvertrags zwischen den Parteien erblickt. Diese Annahme wird von der Revision mit Recht bekämpft. Denn es folgt aus diesem Sachverhalt allein noch nichts für den Willen des Beklagten, den Besitz an der Aussteuer für die Klägerin auszuüben, und noch weniger für seine Verpflichtung, die Aussteuer für die Klägerin zu verwahren. Ein Verwahrungsvertrag zwischen den Parteien könnte um so weniger als stillschweigend gewollt angesehen werden, wenn es zuträfe, was der Beklagte behauptet hatte, daß die Klägerin die Aussteuer seinem Sohn, in dessen Zimmer sie sich bereits befand, zur Verwahrung übergeben und für eine Schuld verpfändet habe. Denn daraus würde sich jedenfalls soviel ergeben, daß die Klägerin selbst den Abschluß eines Verwahrungsvertrags mit dem Beklagten gar nicht beabsichtigte. Aus dem Umstande, daß der Sohn über das Zimmer, das er bei seinen Besuchen im elterlichen Hause benutzte und das deshalb als „sein" Zimmer galt, nicht verfügen konnte, das Verfügungsrecht vielmehr dem Beklagten als dem Besitzer des Hauses zustand, folgt keineswegs, wie das Berufungsgericht annimmt, daß er auch den Abschluß eines Verwahrungsvertrags über die in dem Zimmer befindlichen Sachen nicht in eigenem Namen, sondern nur als Vertreter des Beklagten vornehmen konnte. Denn er war in der Lage, den unmittelbaren Besitz an den Sachen zu ergreifen und daran eine Aufbewahrungspflicht zu erfüllen, und zwar, wenn und solange er das Haus verließ, als mittelbaren Besitz durch Vermittelung seines Vaters, der dann die Sachen für ihn verwahrte. Im Hinblick auf die Möglichkeit unmittelbaren Besitzerwerbs war es ferner rechtlich nicht unmöglich, daß der Sohn des Beklagten den Pfandbesitz an der Aussteuer erlangte. Es ist nicht abzusehen, weshalb nicht z. B. eine Hausangestellte Gegenstände, die sie von dritter Seite erhält, und die sie in das von der Dienstherrschaft ihr zur Benutzung eingeräumte Zimmer mitnimmt oder in diesem Zimmer in Empfang nimmt, sollte zur Aufbewahrung übernehmen können, oder weshalb ihr die Gegenstände nicht sollten verpfändet werden können. Der Besitz einer Sache erfordert nicht, daß die Sache der Einwirkung Dritter völlig entzogen ist, oder daß die Zugänglichkeit des Raumes, in welchem sich die Sache befindet, für andere schlechthin ausgeschlossen ist. Anderseits wird in Fällen der vorbezeichneten Art, wo nichts weiter vorliegt, als daß eine Sache in die Wohnräume ohne Wissen des Wohnungsinhabers gebracht worden ist, mangels jeglichen Beherrschungswillens von einem Besitze des Wohnungsinhabers an der Sache gar nicht die Rede sein können und noch weniger von der Annahme eines stillschweigend begründeten Verwahrungsvertrags. Hiernach muß das Berufungsurteil, da es auf unzutreffenden rechtlichen Erwägungen beruht, aufgehoben und die Sache, da die tatsächlichen Hergänge noch weiter aufzuklären sind, an das Berufungsgericht zurückverwiesen werden. . . .

---

36. 1. Nachträgliche Begründung und Valutierung einer anfänglich nichtigen Hypothek.

2. Wirkung einer im Grundbuch vermerkten Verfügungsbeschränkung einer eingetragenen Hypothekengläubigerin, der die Hypothek in Wirklichkeit nicht zusteht.

3. Findet die in § 8 des Gesetzes, betr. den Schutz der infolge des Krieges an Wahrnehmung ihrer Rechte behinderten Personen, vom 4. August 1914 angeordnete Hemmung des Laufs von Ausschlußfristen auch zugunsten offener Handelsgesellschaften statt, deren Gesellschafter sich in einem der in § 2 des Gesetzes bezeichneten Verhältnisse befinden?

V. Zivilsenat. Urt. v. 3. Januar 1923 i. S. Otto St. & Co. (Bekl.) w. M. Erben (Kl.). V 128/22.

I. Landgericht II Berlin. — II. Kammergericht daselbst.

Im Grundbuch von Neukölln Bd. 87 Bl. Nr. 2534 war in Abt. III Nr. 6 am 11. November 1909 eine Darlehnshypothek von 20000 *M* für die Ehefrau des damaligen Grundstückseigentümers Ferdinand H., Hedwig H., unter Bildung eines Hypothekenbriefes eingetragen worden. Mittels einer vom 7. Januar 1910 datierten, am 17. Januar 1910 verstempelten und am 7. April 1910 beglaubigten Abtretungsurkunde hat Frau Hedwig H. diese Hypothek mit Zustimmung ihres Ehemannes an den Erblasser der Kläger, Fabrikanten Ernst M., abgetreten. Die Abtretung ist am 14. April 1910 im Grundbuch eingetragen worden. Am 13. Januar 1910 war bei dieser Hypothek zugunsten der Beklagten, welche die Bestellung der Hypothek gegenüber der Frau Hedwig H. anfechten wollte, auf Grund einer einstweiligen Verfügung vom 7. Januar 1910 ein Veräußerungs- und Verfügungsverbot eingetragen worden. Bei der im Jahre 1919 stattgefundenen Zwangsversteigerung des Grundstücks kam im Kaufgelderbelegungstermin auf diese Hypothek ein Betrag von 4118,33 *M* zur Hebung, der als Streitmasse zwischen den Parteien hinterlegt wurde. Die Kläger haben auf Einwilligung der Beklagten in die Auszahlung der hinterlegten Streitmasse an sie geklagt. Das Landgericht hat die Klage abgewiesen. Auf die Berufung der Kläger ist jedoch die Beklagte zur Einwilligung in die Auszahlung verurteilt worden. Ihre Revision hatte Erfolg.

Gründe:

Das Kammergericht läßt es dahingestellt, ob die Abtretung der Hypothek an den Erblasser der Kläger bereits am 7. Januar 1910 erfolgt ist und die Übergabe des Hypothekenbriefes an ihn schon damals stattgefunden hat. Denn wenn dies der Fall gewesen sei, hätte die erst am 13. Januar 1910 zugunsten der Beklagten bei der Hypothek im Grundbuch eingetragene Verfügungsbeschränkung sein Recht nicht mehr beeinträchtigen können. Sollte aber der Erblasser der Kläger, Ernst M., die Hypothek erst nach dem 13. Januar 1910 erworben haben, so habe das Veräußerungsverbot der Abtretung ebensowenig im Wege gestanden, weil es bei einer Hypothek eingetragen gewesen sei, welche der Frau Hedwig H. gar nicht zustand. Denn unstreitig sei die Hypothek für sie ohne ihr Wissen und ihren Willen eingetragen worden; sie habe nie eine Valuta auf die Hypothek gewährt, habe auch den Hypothekenbrief niemals erhalten. Die Hypothek sei also zunächst eine Eigentümerhypothek ihres Ehemannes Ferdinand H. gewesen. Sie sei aber in der Person des Zessionars Ernst M., der eine Forderung von mehreren tausend Mark aus der Gewährung von Baugeldern an Ferdinand H. hatte, und die Hypothek mit dessen Zustimmung von der Ehefrau H. erwarb, wirksam begründet worden, da die Eheleute H. und M. über ihre Valutierung und Entstehung einig geworden seien. Nach der Übergabe des Hypothekenbriefes an Ernst M. habe die

Hypothek diesem zugestanden; vorher habe sie dem Ehemann H., niemals aber der Frau H. gehört. Aus dem Veräußerungsverbot könne daher die Beklagte kein Recht zum Widerspruch gegen die Auszahlung des Erlöses an die Kläger herleiten. Die in diesem Rechtsstreit mittels Schriftsatzes vom 12. Mai 1920 erfolgte Anfechtung der Abtretung der Hypothek an M. sei verspätet. Denn die Abtretung und die Aushändigung des Hypothekenbriefes an M. sei spätestens am 14. April 1910 erfolgt. Die im § 12 des Anfechtungsgesetzes bestimmte 10jährige Ausschlußfrist sei daher am 14. April 1920 abgelaufen gewesen. Die Verordnungen über die Verjährungsfristen vom 4. November 1915 und 26. November 1919 fänden hier keine Anwendung; dagegen treffe die in § 8 Abs. 2 des Gesetzes betreffend den Schutz der infolge des Kriegs an Wahrnehmung ihrer Rechte behinderten Personen vom 4. August 1914 enthaltene Bestimmung über die Hemmung des Laufs der Ausschlußfristen zugunsten der Kriegsteilnehmer und ihrer Gegner auch auf die in § 12 AnfechtGes. bestimmte Frist zu. Gleichwohl komme die Bestimmung der Beklagten nicht zugute, weil diese eine offene Handelsgesellschaft sei, also nicht als Kriegsteilnehmerin gelten könnte, selbst wenn einer ihrer vertretungsberechtigten Gesellschafter Otto St. — neben welchem auch Johanna St. vertretungsberechtigt gewesen sei, — einem mobilen Truppenteil angehört haben sollte.

Die Revision rügt Verletzung der §§ 1154, 1163 BGB., der Verordnung vom 4. August 1914 und des § 286 ZPO. Sie macht zunächst geltend, daß der Erblasser M. die Hypothek niemals wirksam erworben habe; denn wenn die Hypothek der Frau H. nicht zugestanden habe, sondern eine Eigentümergrundschuld des Ehemannes H. geworden sei, so hätte sie nur dieser abtreten können. Er habe aber keine Abtretungserklärung abgegeben, sondern nur die ehemännliche Genehmigung zu der Abtretungserklärung seiner Ehefrau erteilt. Der Verfügung seitens der Ehefrau H. habe dagegen das eingetragene Veräußerungsverbot entgegengestanden, sofern die Abtretung nach dem 13. Januar 1910 erfolgt sei. Es sei unter Beweis gestellt gewesen, daß die Abtretungsurkunde vom 7. Januar 1910 vordatiert und in Wahrheit erst nach dem 13. Januar 1910 ausgestellt, auch der Hypothekenbrief dem Erblasser M. erst nach diesem Tage übergeben worden sei. Hinsichtlich der Anfechtung sei übersehen, daß nach dem Handelsregisterauszug die Ehefrau St. von der Vertretung der Firma ausgeschlossen, der Ehemann St. also allein vertretungsberechtigt war. Die Verordnung vom 4. August 1914 habe demnach den Ablauf der Anfechtungsfrist zugunsten der Beklagten gehemmt. Die Anfechtung sei also rechtzeitig erklärt worden.

Der Revision war der Erfolg nicht zu versagen. Die Annahme des

Berufungsgerichts, daß der Erblasser der Kläger, Ernst M., die Hypothek rechtswirksam erworben habe, findet in den bisherigen Feststellungen keine ausreichende Stütze. Die Hypothek war ohne Wissen und Willen der Ehefrau H. für diese eingetragen worden; es fehlte sonach an der zur Begründung der Hypothek nach § 873 BGB. erforderlichen dinglichen Einigung. Die Eintragung war also nichtig. RGRKomm. § 1163 A. 1 § 1177 A. 1 BGB. Die dingliche Einigung kann der Eintragung allerdings auch nachfolgen RGZ. Bd. 89 S. 32. Wenn das Berufungsgericht die dingliche Einigung aber darin erblickt, daß nach dem Inhalt der Abtretungsurkunde vom 7. Januar 1910 die Eheleute H. und der Erblasser M. über die Entstehung und Valutierung der Hypothek sich geeinigt haben, so übersieht es hierbei die von ihm getroffene Feststellung, nach welcher Ferdinand H. nur bis zum 17. Dezember 1909 als Eigentümer des Grundstücks eingetragen war. Am 7. Januar 1910 war Ferdinand H. also nicht mehr der Berechtigte, der die Einigung mit dem Gläubiger vornehmen konnte. Er hätte die dingliche Einigung mit der eingetragenen Gläubigerin, seiner Ehefrau, nur so lange er Grundstückseigentümer war, also bis zum 17. Dezember 1909 vornehmen und dadurch die Hypothek zur Entstehung bringen können. Alsdann hätte sie ihm gemäß § 1163 BGB. als Eigentümergrundschuld zugestanden, da eine Forderung der Ehefrau H. nicht zur Entstehung gelangt, ihr auch der Hypothekenbrief niemals übergeben worden ist. Vom 17. Dezember 1909 ab hätte dagegen nur der neue Grundstückseigentümer die dingliche Einigung vornehmen und dadurch die Hypothek zur Entstehung bringen können, die ihm dann als Eigentümergrundschuld zugestanden hätte. Ferdinand H. hätte die dingliche Einigung nach dem 17. Dezember 1909 höchstens als Nichtberechtigter vornehmen können; die Einigung wäre alsdann mit Einwilligung oder Genehmigung des Berechtigten, des neuen Grundstückseigentümers, wirksam geworden. Staudinger BGB. § 873 B. IIg RGRKomm. § 873 A. 7a S. 40. Die Valutierung der auf diese Weise entstandenen Hypothek konnte alsdann in der Person des Zessionars erfolgen.

Ferner durfte das Berufungsgericht aber nicht dahingestellt lassen, wann die Abtretungserklärung erteilt und der Hypothekenbrief dem M. übergeben ist. Geschah dies vor dem 13. Januar 1910, so kam allerdings das Veräußerungsverbot nicht in Betracht. Dagegen beruht es auf Rechtsirrtum, daß auch, falls der Erwerb der Hypothek seitens des M. erst nach dem 13. Januar 1910 erfolgt wäre, die Eintragung des Veräußerungsverbots diesem Erwerb nicht entgegengestanden hätte, weil die Hypothek der Ehefrau H. gar nicht zugestanden habe. Denn buchmäßige Inhaberin der Hypothek war die Ehefrau H. Kraft ihrer Eintragung als Hypothekengläubigerin war sie grundbuchmäßig in der Lage, die Umschreibungsbewilligung abzugeben. Die Übertragung der Hypothek auf den Erblasser M. hat sich tatsächlich auch im Wege der Abtretung der Post durch die Ehefrau H. vollzogen, wenn der Ehemann H. auch einen Anspruch auf Berichtigung des Grundbuchs gegenüber seiner Ehefrau gehabt haben mag und nach seiner Eintragung als Inhaber der Post diese auch selbst hätte weiter abtreten können. Trat aber die Ehefrau H. die auf ihren Namen eingetragene Hypothek, wenn auch mit Zustimmung des Grundstückseigentümers, an den Erblasser der Kläger ab, so mußte dieser die zugunsten der Beklagten bei der Hypothek eingetragene Verfügungsbeschränkung der eingetragenen Gläubigerin gegen sich gelten lassen. Gemäß §§ 135, 136 BGB. war aber alsdann die Abtretung der Hypothek der Beklagten gegenüber unwirksam. Die einstweilige Verfügung, durch welche das Veräußerungsverbot erlassen ist, erging, weil die Beklagte die Eintragung der Hypothek für die Ehefrau H. anzufechten beabsichtigte. Selbst wenn die Hypothek zunächst nicht zur Entstehung gelangt war und eine Forderung, welche durch dieselbe gesichert werden sollte, nicht bestand, so hatte doch äußerlich die Ehefrau H. die Stellung einer Hypothekengläubigerin erlangt und hätte diese Rechtslage jederzeit zum Nachteile der Gläubiger ihres Ehemannes ausnützen können. Da es sich beim Erlaß des Veräußerungsverbots aber nur um eine vorläufige Sicherung der Beklagten im Wege einstweiliger Verfügung handelte, jetzt aber der Streit sich darum dreht, wem das materielle Gläubigerrecht an der Hypothekenpost zustand und demgemäß der in der Zwangsversteigerung darauf entfallene Erlös gebührt, so mag in Frage kommen, ob der Beklagten, die sich auf das Veräußerungsverbot beruft, seitens der Kläger nicht unter Umständen die Replik der Arglist entgegengesetzt werden kann, wenn die Beklagte mit ihrem Anfechtungsanspruch gegen die Ehefrau H., sofern dieser die Hypothek materiell nie zustand, aus diesem oder irgendeinem anderen Grunde doch nicht hätte durchdringen können.

Aber auch der weitere Entscheidungsgrund, daß die einredeweise erklärte Anfechtung der Abtretung der Hypothek seitens der Ehefrau H. an den Erblasser M. wegen Ablaufs der zehnjährigen Ausschlußfrist nicht mehr statthaft sei, wird von der Revision mit Recht angegriffen.

Ob das Gesetz betreffend den Schutz der infolge des Krieges an Wahrnehmung ihrer Rechte behinderten Personen vom 4. August 1914, ergänzt durch die Bekanntmachung über die Erstreckung von Anfechtungsfristen gegenüber Kriegsteilnehmern vom 5. Juli 1917 (RGBl. S. 590) sich auch auf Gesellschaften und juristische Personen bezieht, deren Mitglieder oder Vertreter sich in einem der in § 2 des Gesetzes bezeichneten Verhältnisse befinden, ist eine Streitfrage, die in Rechtslehre und

Rechtsprechung vielfach verschieden beantwortet ist. Bezüglich der offenen Handelsgesellschaften geht die überwiegende Meinung dahin, daß auf sie das KTSchG. jedenfalls dann Anwendung finde, wenn sämtliche Gesellschafter oder wenigstens sämtliche vertretungsberechtigten Gesellschafter im Felde standen. Vgl. Güthe in Gruchots Beiträgen Bd. 59 S. 27 und Menner in JW. 1915 S. 2 nebst den dort angeführten Belegstellen.

Bei dem Wesen der offenen Handelgesellschaft, die nach § 124 Abs. 1 HGB. zwar mit einer gewissen Selbständigkeit des Gesellschaftsvermögens ausgestattet ist, welche sie nach außen hin als Trägerin des Gesellschaftsvermögens erscheinen läßt, die aber keine juristische Person darstellt, bei der vielmehr die einzelnen Träger der Gesellschaftsrechte und -pflichten diejenigen physischen Personen bilden, aus welchen sich die Gesellschaft zusammensetzt, (RGZ. Bd. 79 S. 146, Bd. 84 S. 110, JW. 1917 S. 288 Nr. 10) erscheint es angebracht und geboten, auch ihr die Wohltaten des KTSchG. zuteil werden zu lassen. Befinden sich alle Mitglieder der offenen Handelsgesellschaft in einem Verhältnisse der in § 2 des Gesetzes bezeichneten Art, so ist auch die Gesellschaft als solche an der Wahrnehmung ihrer Rechte behindert. In solchem Falle ist es daher gerechtfertigt, auch die in § 8 des Gesetzes angeordnete Hemmung der Verjährung und des Laufes der Ausschlußfristen auf sie auszudehnen. Zweifelhafter ist die Frage, wie es sich verhält, wenn nur ein Mitglied der offenen Handelsgesellschaft durch Kriegsteilnahme an der Wahrnehmung der ihm zustehenden Rechte behindert ist, aber noch andere vertretungsberechtigte Gesellschafter vorhanden sind. Hier können die Rechte der Gesellschaft an und für sich verfolgt werden. Immerhin kommt auch hier in Betracht, daß die Frage, ob eine drohende Verjährung oder der Ablauf einer Ausschlußfrist durch Klagerhebung zu verhindern ist, eine gemeinsame Beschlußfassung der Gesellschafter erforderlich machen kann, daß ferner bisweilen der im Felde stehende Gesellschafter über die fraglichen Verhältnisse am genauesten unterrichtet sein wird und deshalb die Zweckmäßigkeit der Klagerhebung am besten beurteilen, auch die beste Information an den Anwalt geben kann. Der im Felde stehende Gesellschafter kann auch unter Umständen nicht in der Lage sein, das ihm nach § 115 HGB. zustehende Recht, der Vornahme von Handlungen der anderen geschäftsführenden Gesellschafter zu widersprechen, auszuüben. Endlich kann im Prozesse auch die Eidesleistung des durch den Krieg von den Geschäften ferngehaltenen Gesellschafters gemäß §§ 472, 474 ZPO. erforderlich und die Prozeßführung für die Gesellschaft dadurch erschwert werden. Die rechtskräftige Verurteilung der Gesellschaft schneidet aber dem Gesellschafter, der wegen einer Verbindlichkeit der Gesellschaft persönlich in Anspruch genommen wird, nach § 129

Abs. 1 HGB. die Möglichkeit ab, Einwendungen zu erheben, welche die Gesellschaft in dem gegen sie geführten Rechtsstreit hätte geltend machen können oder erfolglos geltend gemacht hat. Auch im Verfahren gegen notwendige Streitgenossen hat es das Reichsgericht bereits für unzulässig erklärt, das Verfahren gegen den einen auf Grund des § 247 ZPO. oder § 2 KTSchG. auszusetzen, gegen den andern aber fortzuführen, da dadurch der Zweck einer einheitlichen Entscheidung gegen sämtliche Streitgenossen gefährdet würde. Warneyer 1916 Nr. 58 S. 97. Alle diese Umstände lassen es gerechtfertigt erscheinen, das KTSchG. der offenen Handelsgesellschaft auch dann zugute kommen zu lassen, wenn noch andere vertretungsberechtigte Gesellschafter die Geschäfte am Sitz der Gesellschaft wahrnehmen können. Es kann deshalb dahingestellt bleiben, ob das Berufungsgericht es übersehen hat, daß die Ehefrau St. von der Geschäftsführung ausgeschlossen war. Hiernach wäre, wenn es richtig war, daß der Gesellschafter Otto St. von 1915 bis 1918 einem mobilen Truppenteil angehört hat, der Lauf der Ausschlußfrist nach § 8 Abs. 2 des Gesetzes gehemmt gewesen.

---

37. Kann die vom Landrat erteilte Genehmigung einer Auflassung, solange diese noch nicht vorgenommen ist, widerrufen werden, auch wenn der Kaufvertrag über das Grundstück bereits in gehöriger Form geschlossen und genehmigt war?

V. Zivilsenat. Urt. v. 3. Januar 1923 i. S. E. (Kl.) w. K. u. Gen. (Bekl.). V 390/22.

I. Landgericht Rudolstadt. — II. Oberlandesgericht Jena.

Durch notariellen Vertrag vom 2. Januar 1919 verkauften die beklagten Geschwister J. ihre Grundstücke, verzeichnet im Grundbuch von S., zusammen 3,2395 ha groß, für 16000 *M* an den Kläger. Im Gebiet Meiningen ist die Genehmigung des Landrats zur Veräußerung von Grundstücken jeder Größe einzuholen. Der Landrat in S. verfügte am 21. Februar 1920, daß die Genehmigung der Auflassung zu erteilen sei, ersuchte aber noch an demselben Tage das Amtsgericht, vor dem damals ein Auflassungstermin in dieser Sache abgehalten wurde, die Auflassung „vorläufig nicht zu bestätigen", da inzwischen die Gemeindebehörde nachträglich Bedenken gegen die Genehmigung geltend gemacht hätte. Nach Anstellung weiterer Ermittelungen verfügte der Landrat aber am 20. April 1920, die Auflassungsgenehmigung vom 21. Februar 1920 solle dem Amtsgericht mit dem Bemerken übersandt werden, daß dem Kläger die Auflassungsgenehmigung nachträglich erteilt werde. Da die Auflassung aber gleichwohl in dem darauf vom Amtsgericht anberaumten Termin vom 28. April 1920 von den Beklagten nicht erteilt wurde, klagte der Kläger im Mai 1920 auf Erteilung der Auflassung. Während der Rechtsstreit in erster Instanz schwebte, erließ der Landrat am 18. August 1920 einen Beschluß, durch welchen dem Kläger die Genehmigung zur Auflassung auf Grund des § 3 der Bek. über den Verkehr mit landwirtschaftlichen Grundstücken vom 15. März 1918 versagt wurde, weil der Kläger die Landwirtschaft im Hauptberuf weder ausübe noch ausgeübt habe und wenige Wochen nach Empfang der Grundstücke die Weiterveräußerung derselben betrieben habe. Der Beschluß wurde beiden Teilen förmlich zugestellt und dabei das Beschwerderecht bekannt gegeben. Die vom Kläger rechtzeitig erhobene Beschwerde wurde indes von der Gebietsregierung in Meiningen am 30. März 1921 zurückgewiesen. Die weitere Beschwerde des Klägers wurde am 19. September 1921 von der Gesamtregierung als unzulässig verworfen. Der Kläger ist in beiden Vorinstanzen abgewiesen. Seine Revision blieb erfolglos.

Gründe:

Das Berufungsgericht geht davon aus, daß die Frage, ob die Abänderung der Verfügung des Landrats nach den Grundsätzen des Verwaltungsrechts zulässig war, von der Verwaltungsbehörde bei der Entscheidung über die Beschwerde geprüft und bejaht worden sei und daß diese Entscheidung das Gericht binde. Die Befugnis zur Änderung finde aber ihre Schranke in den Vorschriften des bürgerlichen Rechts. Die Wirksamkeit des Kaufvertrags über ein Grundstück, welcher der Genehmigung unterliege, entscheide sich erst mit der Entschließung der zuständigen Verwaltungsbehörde. Mit der Versagung der Genehmigung, sobald sie der Anfechtung nicht mehr unterliege, stehe fest, daß der Vertrag unwirksam bleibe. Mit der Genehmigung werde dagegen der Vertrag wirksam; diese Wirksamkeit könne durch den Widerruf der Genehmigung nicht wieder beseitigt werden. Nach der Verordnung über den Verkehr mit landwirtschaftlichen Grundstücken vom 15. März 1918 sei aber nicht nur der schuldrechtliche Vertrag, sondern auch die Auflassung genehmigungsbedürftig. In der Genehmigung der letzteren werde regelmäßig zugleich auch die Genehmigung des Kaufvertrags liegen, jedenfalls sei dies hier der Fall gewesen, wo der Vertrag bei der Erteilung der Genehmigung der Auflassung dem Landrat vorgelegen habe. Wenn nun auch der Kaufvertrag mit der Genehmigung wirksam geworden sei und dem Kläger daraus wohlerworbene Rechte erwachsen seien, so wäre doch die Auflassung noch nicht erfolgt und die dingliche Rechtsänderung noch nicht eingetreten gewesen. Es entspreche aber dem Sinn und dem Zweck der

Verordnung nicht, daß die Rechtsänderung schon mit der Genehmigung des schuldrechtlichen Vertrags für die Verwaltungsbehörde unabwendbar werde. Die Genehmigung müsse im Zeitpunkt der Auflassung vorliegen. Die Vornahme der Auflassung ohne die Genehmigung der zuständigen Behörde sei mit Strafe bedroht. So lange daher die Auflassung nicht vorgenommen sei, könne die dazu erteilte Genehmigung von der Verwaltungsbehörde wieder zurückgenommen werden. In diesem Fall dürfe die Auflassung nicht mehr stattfinden.

Die Revision rügt Verletzung der Rechtsgrundsätze über die Genehmigung und über empfangsbedürftige Willenserklärungen §§ 130 bis 132, 183 bis 185 BGB. Der Landrat sei nicht befugt, eine bereits erteilte Genehmigung einer Grundstücksveräußerung wieder zurückzuziehen. Es handele sich hierbei nicht um landesrechtliches Verwaltungsrecht, sondern um die Bundesratsverordnung vom 15. März 1918.

Der Revision war der Erfolg zu versagen.

Nach § 1 der Bek. vom 15. März 1918 bedarf sowohl die Auflassung als auch jede Vereinbarung, welche die Verpflichtung zur Übereignung eines Grundstücks zum Gegenstand hat, zu ihrer Wirksamkeit der Genehmigung der zuständigen Behörde. Nach § 5 steht, wenn das Rechtsgeschäft nicht oder nur unter Auflagen genehmigt wird, jedem Teil binnen 2 Wochen seit der Bekanntmachung der Entscheidung an ihn die Beschwerde zu; die Entscheidung über die Beschwerde ist endgültig. Für den Fall der uneingeschränkten Genehmigung des Rechtsgeschäfts ist dagegen keine Anfechtbarkeit der Entscheidung der Verwaltungsbehörde vorgesehen, offenbar aus dem Grunde, daß alsdann kein Bedürfnis hierzu vorlag, da den Anträgen der Beteiligten entsprochen war. Nicht besonders geregelt ist in der BRVO. ferner die Frage, ob die zuständige Verwaltungsbehörde, wenn sie eine endgültige oder überhaupt nicht anfechtbare Genehmigung oder Versagung der Genehmigung zu dem Rechtsgeschäft ausgesprochen hat, ihrerseits noch befugt ist, von Amtswegen oder auf Antrag eines Beteiligten ihre Erklärung zu widerrufen und in anderem Sinne zu entscheiden. Die Frage wird daher nach allgemeinen rechtlichen Gesichtspunkten zu beantworten sein. Die Revision glaubt sich zur Vertretung ihres Standpunkts, daß die Verwaltungsbehörde ihre Entscheidung nicht mehr abändern könne, auf §§ 183, 184 BGB. berufen zu dürfen; denn danach sei die vorherige Zustimmung (Einwilligung) nur bis zur Vornahme des Rechtsgeschäfts widerruflich, die nachträgliche Zustimmung (Genehmigung) aber unwiderruflich. Hierbei übersieht die Revision aber, daß die Anwendung dieser Bestimmungen nur die Unwiderruflichkeit der Genehmigung des Kaufvertrags vom 2. Januar 1919 zu begründen vermöchte, nicht aber auch den Widerruf der Genehmigung der Auflassung ausschließen könnte, da diese noch nicht vollzogen ist. Zur

Auflassung verlangt die BRVO. die vorherige Einholung der Genehmigung der zuständigen Behörde, wie sich aus § 7 ergibt, da die Auflassung ohne die erforderliche Genehmigung daselbst unter Strafe gestellt ist. Die Anwendung des § 183 BGB. würde daher dazu führen müssen, den Widerruf der Genehmigung der Auflassung zuzulassen. Aber die §§ 183, 184 BGB. sind hier überhaupt nicht anwendbar, weil es sich nicht um die privatrechtliche Genehmigung eines Dritten, sondern um Genehmigung seitens des Staates, also um einen Staatshoheitsakt handelt. Höchstens könnte also eine entsprechende Anwendung dieser Bestimmungen in Frage kommen (Predari, Bemerkungen zu der BRVO. vom 15. März 1918 in Gruchot Bd. 62 S. 441, 448). Richtiger wird aber von allgemeinen Verwaltungsgrundsätzen auszugehen sein. Die Verwaltungsbehörden sind grundsätzlich an ihre Anordnungen nicht gebunden, sondern berechtigt, ihre Verfügungen zurückzunehmen (Otto Mayer Deutsches Verwaltungsrecht 2. Aufl. Bd. 1 § 22 S. 263, Fleiner Institutionen des deutschen Verwaltungsrechts 3. Aufl. § 12 S. 186). Dieser Grundsatz unterliegt aber vielen Einschränkungen. Die Befugnis zur selbständigen Abänderung der Verfügungen ist z. B. ausgeschlossen, wenn die Anfechtung derselben durch besondere Rechtsbehelfe geregelt ist oder die Gründe für die Zurücknahme durch Gesetz besonders bestimmt sind. Ebenso wird die Verfügung nicht mehr zurückgenommen werden dürfen, wenn das genehmigte Unternehmen tatsächlich ins Werk gesetzt oder in Ausführung begriffen ist oder wenn dadurch in wohlerworbene Rechte Dritter eingegriffen würde. Der Revision kann aber nicht zugegeben werden, daß hier ein solcher unzulässiger Eingriff vorlag. Allerdings hatte der Kaufvertrag vom 2. Januar 1919 durch die Genehmigung des Landrats Wirksamkeit erlangt. Bis zu dieser Genehmigung hatte ein Schwebezustand bestanden, da es von der Entschließung der Verwaltungsbehörde abhing, ob der Vertrag Wirksamkeit erlangen würde. Dieser Schwebezustand war nunmehr beseitigt. Die Vertragsparteien waren jetzt endgültig gebunden und hatten schuldrechtliche Ansprüche auf Vertragserfüllung gegeneinander erworben. Gleichwohl folgte aus der bloßen Genehmigung des Vertrags noch kein unbedingtes Recht auf Auflassung; denn die Auflassung stand ebenfalls wieder unter dem Erfordernis der landrätlichen Genehmigung. Diese mußte erteilt und im Zeitpunkt der Auflassung noch vorhanden sein. Erteilt war diese Genehmigung am 21. Februar oder spätestens am 20. April 1920 auch hier. Diese Genehmigung betraf aber im Gegensatz zur Genehmigung des geschlossenen Vertrags ein noch ausstehendes Rechtsgeschäft. Hier blieb also vorläufig in der Schwebe, ob das Rechtsgeschäft, die Auflassung, von den Parteien vorgenommen werden würde. Die zu diesem Rechtsgeschäft im voraus erteilte Genehmigung konnte nach verwaltungsrechtlichen Grundsätzen immer noch, solange die Auflassung von den Parteien nicht vorgenommen war, zurückgezogen werden; damit wurde dann die Erfüllung des an sich verbindlichen Kaufvertrags unmöglich. Aus den von der Revision in Bezug genommenen Entscheidungen RGZ. Bd. 103 S. 104 und JW. 1922 Nr. 491 Nr. 14 ist nichts für die entgegengesetzte Auffassung zu entnehmen. In den damals entschiedenen Fällen war die Sachlage insofern eine andere, als dort die Genehmigung zuerst versagt war und erst nachträglich noch erteilt wurde. In der Entscheidung Bd. 103 S. 104 ist ausgeführt, daß der Landrat, der die Genehmigung versagt hat, die Genehmigung nicht nachträglich noch erteilen kann, da für die Abänderung der Verfügung nur die Beschwerdeinstanz zuständig sei. In dem Urteil vom 19. November 1921 V 163/21 (JW. 1922 S. 491 Nr. 14) ist den Verwaltungsbehörden das Recht abgesprochen worden, nach endgültiger Versagung der Genehmigung diese nachträglich doch noch wieder zu erteilen. An diesen Grundsätzen ist festzuhalten. Bei der Versagung der Genehmigung ist der Schwebezustand, der bis zur Entscheidung der Verwaltungsbehörde bestand, endgültig in dem Sinne erledigt, daß der geschlossene Vertrag keine Wirksamkeit hat. Die Parteien sind nach Ablauf der Beschwerdefrist oder nach Bestätigung der versagenden Entscheidung in der Beschwerdeinstanz ihrer Vertragspflichten ledig. Es besteht keine vertragliche Bindung für sie mehr und es ist deshalb überhaupt kein Rechtsgebilde mehr vorhanden, das nachträglich noch genehmigt werden könnte. Wenn daher dort die Verwaltungsbehörde auf Antrag eines Beteiligten doch noch die Genehmigung nachträglich erteilte, so hätte diese Genehmigung nur Bedeutung für ein neues von den Parteien zu schließendes Rechtsgeschäft gewinnen können. Das alte Rechtsgeschäft, das durch die Versagung der Genehmigung hinfällig geworden war, konnte nicht mehr aufleben. Soweit in jenen Entscheidungen auch für den Fall der Genehmigung die bindende Wirkung der Entscheidung der Verwaltungsbehörde angenommen ist, bezieht sich dies nur auf den schuldrechtlichen Vertrag. Dieser ist mit der Genehmigung wirksam geworden und bleibt wirksam. Der Fall, daß die Genehmigung zu einer noch ausstehenden Auflassung erteilt sei, ist dort nicht in Erwägung genommen. Hier muß die Widerruflichkeit der Genehmigung bis zur Vollziehung der Auflassung in Übereinstimmung mit dem Berufungsgericht bejaht werden. Daß hiermit eine gewisse Rechtsunsicherheit für den Verkehr verbunden ist, hat auch das Berufungsgericht nicht verkannt. Demgegenüber fällt aber entscheidend ins Gewicht, daß Ziel und Zweck der Verordnung vollständig nur erreicht werden kann, wenn der Verwaltungsbehörde die Möglichkeit gegeben wird, ihre Entscheidung bis zur Vornahme der Auflassung abzuändern. Die Verordnung sollte dem Rückgang der landwirtschaftlichen Erzeugung entgegentreten, der aus dem Übergang landwirtschaftlicher Grundstücke in die Hände von Nichtlandwirten oder aus unwirtschaftlicher Zerschlagung landwirtschaftlicher Grundstücke drohte. Die Erfahrung lehrt, daß es leicht vorkommt, daß die Genehmigung auf Grund unzureichender oder unrichtiger Informationen erteilt wird. Es liegt deshalb im öffentlichen Interesse, daß die Verwaltungsbehörde in der Lage ist, die im voraus erteilte Genehmigung noch nicht vorgenommener Rechtsgeschäfte zu widerrufen, so lange die Vornahme nicht erfolgt ist, und auf diese Weise durch Abänderung nicht zweckentsprechender Verfügungen die Erreichung der von der BRVO. verfolgten Ziele im gegebenen Falle sicher zu stellen (vgl. auch RGZ. Bd. 103 S. 314).

---

38. 1. Gehört der Ältestenrat der evangelischen Brüdergemeinde zu den öffentlichen Behörden im Sinne des Art. 12 § 2 Preuß. AG. z. BGB.?
2. Zur Auslegung des § 997 BGB.

V. Zivilsenat. Urt. v. 13. Januar 1923 i. S. St. (Bekl.) w. die evangelische Brüdergemeinde in G. (Kl.). V 330/22.

I. Landgericht Magdeburg. — II. Oberlandesgericht Naumburg a. S.

Hermann St., der Ehemann bzw. Vater der Beklagten, hat im Jahre 1912 von der Klägerin eine Parzelle gekauft, den Kaufpreis gezahlt und das Grundstück übergeben erhalten. Ein gerichtlicher oder notarieller Kaufvertrag ist nicht aufgenommen, auch die Auflassung ist nicht erfolgt. Nach den Verkaufsbedingungen hatte der Käufer eine bestimmte Umzäunung mit hohem Drahtgitter auf Mauersockel aufzuführen und mußte die Bebauung des Grundstücks spätestens im Jahre 1914 erfolgen.

Hermann St. ist im August 1914 gefallen und von den Beklagten beerbt, die Bebauung der Parzelle von diesen aber nicht veranlaßt. Die Klägerin verlangt Herausgabe des Grundstücks gegen Erstattung des Kaufpreises mit 753,60 *M*, der Aufwendungen für die Mauer mit 405 *M* und derjenigen für das Gitter mit 70 *M*. Die Beklagten erachteten den Kaufvertrag gemäß Art. 12 § 2 Pr. AG. z. BGB. für rechtsbeständig, weil er im Protokollbuch des Ältestenrats der Klägerin von einem dazu bestimmten Beamten beurkundet sei; äußerstenfalls hielten sie sich zur Herausgabe nur verpflichtet Zug um Zug gegen Ersatz des jetzigen Wertes der Einfriedigung, den sie auf 5000 *M*, und der von ihnen eingepflanzten Obstbäume und Sträucher, den sie auf 20000 *M* angaben.

Das Landgericht hat dem Klagantrage entsprochen, das Oberlandesgericht die Berufung der Beklagten zurückgewiesen mit der Maßgabe, daß die von der Klägerin zu leistende Zahlung um 24 ℳ auf 1252,60 ℳ erhöht wurde. Die Revision der Beklagten hatte Erfolg.

Gründe:

Das Oberlandesgericht nimmt an, daß ein den gesetzlichen Formvorschriften entsprechender Kaufvertrag nicht abgeschlossen, weder die Form des § 313 BGB. noch die des Art. 12 § 2 Pr. AG. z. BGB. gewahrt sei. Die Revision stellt zur Nachprüfung, ob nicht die Anwendung der letzteren Vorschrift zu Unrecht abgelehnt sei. Damit kann sie indessen keinen Erfolg haben. Art. 12 § 2 a. a. O. setzt voraus, daß einer der Vertragschließenden durch eine „öffentliche Behörde" vertreten ist. Öffentliche Behörden sind nur solche, welche Träger öffentlicher Aufgaben sind, also die Behörden der Körperschaften des öffentlichen Rechtes. Zu diesen gehören auch kirchliche Behörden, wie bei der Beratung des Gesetzes in der Kommission des Abgeordnetenhauses besonders hervorgehoben wurde (Drucksachen dieses Hauses, 19. Legislaturperiode I. Session 1899 Nr. 227 S. 11). Als „Kirchen" gelten aber in Preußen nur die vom Staate ausdrücklich öffentlich aufgenommenen Kirchengesellschaften, d. h. die evangelisch-lutherische und die reformierte sowie die katholische Kirche einschließlich der altkatholischen Kirchengesellschaften (§ 17 II 11 ALR.), nicht dagegen die nur geduldeten, d. h. die vom Staate genehmigten, aber nicht mit den Rechten öffentlich aufgenommener Kirchengesellschaften ausgestatteten Religionsgesellschaften (§ 20 das.; Crusen-Müller Anm. II B. 2bb zu Art. 5 § 2, Anm. III 1bα zu Art. 12 § 2 Pr. AG. z. BGB.; KGJ. 32 B. 16). Die evangelische Brüdergemeinde gehört zu den letzteren, nicht privilegierten Religionsgesellschaften (Kölbing, Die Geschichte der Verfassung der evangelischen Brüderunität in Deutschland S. 17, 47; auch Kalb, Kirchen und Sekten der Gegenwart S. 209, 212). Ihr Ältestenrat stellt also keine öffentliche Behörde im Sinne des Art. 12 § 2 Pr. AG. z. BGB. dar.

Zutreffend ist das Berufungsgericht sonach davon ausgegangen, daß der Erblasser der Beklagten die Parzelle auf Grund eines nichtigen Vertrags, daher ohne Rechtsgrund erlangt hat, die Beklagten also zu ihrer Herausgabe an die Klägerin verpflichtet sind, und zwar gegen Rückempfang des von ihrem Erblasser gezahlten Kaufpreises und gegen Ersatz der von ihm gemachten Verwendungen nach Maßgabe der §§ 996, 997 BGB. Die Voraussetzungen des § 997 Abs. 1 daselbst sind gegeben, weil sowohl die Umzäunung wie die Einpflanzung unbestritten in Erwartung des Eigentumsüberganges, also nicht nur zu einem vorübergehenden Zwecke, mit dem Grund und Boden verbunden sind (§ 95 BGB.; RGZ. Bd. 62 S. 410, 411, Bd. 63 S. 416, 422). Das Recht der Wegnahme ist ausgeschlossen hinsichtlich der Bäume und Sträucher, da deren Abtrennung nach der eigenen Darstellung der Beklagten für sie keinen Nutzen haben würde (§ 997 Abs. 2 BGB.); ihr Anspruch auf Ersatz dieser Aufwendungen ist beschränkt auf den Betrag derselben; die später etwa eingetretene und bei der Wiedererlangung des Grundstücks durch die Klägerin vorhandene Werterhöhung können sie, soweit diese den Betrag der Verwendungen übersteigt, nicht erstattet verlangen (RGRKomm. Anm. 2 zu § 996 BGB.). Insoweit hat der Berufungsrichter ihnen mit Recht nur den Anschaffungswert mit 24 *M* zugesprochen.

Anders ist dagegen die Rechtslage hinsichtlich der Umzäunung. Auch hier ist allerdings ein Wegnahmerecht der Beklagten nach § 997 Abs. 2 BGB. ausgeschlossen, weil die Klägerin sich erboten hat, ihnen den Wert zu ersetzen, den diese Bestandteile nach der Abtrennung für die Beklagten haben würden. Maßgebend für die Höhe des zu erstattenden Betrags ist nach dem Gesetze der Wert, den die Mauer und das Drahtgitter nach der Abtrennung für die Beklagten haben würden. Zu Unrecht hat aber das Oberlandesgericht den Beklagten nicht diesen vollen Wert der Mauer und des Drahtgitters nach der Abtrennung zugebilligt, ihn vielmehr um die Wegnahme- und Wiederherstellungskosten hinsichtlich der Mauer, unter Berücksichtigung der gestiegenen Arbeitslöhne, sowie um die Wegschaffungskosten für das Gitter gekürzt und seine Entscheidung darauf gestützt, daß der Abbruchswert die Wegnahmekosten keinesfalls um mehr als 475 *M* übersteigen würde. Zur Tragung der Kosten für die Wiederherstellung des Grundstücks in den vorigen Stand wären die Beklagten nach § 997 Abs. 1 in Verbindung mit § 258 BGB. nur verpflichtet, wenn sie Mauer und Gitter abtrennen sowie sich aneignen würden. Da sie hieran durch das Anerbieten der Klägerin, ihnen den Wert zu ersetzen, behindert sind, so haben sie einen Anspruch auf den vollen Wert, den das abgetrennte Mauerwerk und das abgetrennte Gitter für sie haben würden, ohne Rücksicht auf den Betrag der Wegnahme- usw. -Kosten, die ja tatsächlich, da Mauer und Gitter an Ort und Stelle stehen bleiben, gar nicht erwachsen....

---

39. 1. Kann die Gemeinde, die auf Grund § 5 der WohnungsMangelVO. vom 23. September 1918 (RGBl. S. 1143) Geschäftsräume als Wohnräume herrichtet, die dabei abgetrennten, für die Herrichtung der Wohnräume entbehrlichen Gebäudebestandteile sich aneignen?

2. Ist der Rechtsweg für eine auf solche Aneignung gestützte Ersatzklage zulässig?

V. Zivilsenat. Urt. v. 20. Januar 1923 i. S. Stadt B. (Bekl.) w. D. (Kl.). V 469/22.

I. Landgericht I Berlin. — II. Kammergericht daselbst.

Der Kläger ist Eigentümer eines Wohnhauses in B., in dessen Erdgeschoß sich Restaurationsräume befanden. Das Wohnungsamt hat diese Räume beschlagnahmt und sie zu Wohnzwecken ausgebaut; dabei sind drei große Ladenschaufenster herausgenommen; diese hat, wie der Kläger behauptet, die Beklagte für mindestens 5000 ℳ verkauft und den Erlös behalten; wie sie selbst angibt, hat sie die Schaufensterscheiben zu einem anderen Bau verwendet und dadurch 5000 ℳ erspart. Der Kläger verlangt Ersatz dieser 5000 ℳ. Das Landgericht hat die Klage abgewiesen, das Kammergericht hat ihr entsprochen. Die Revision blieb ohne Erfolg.

Gründe:

Das Kammergericht hat den Rechtsweg hinsichtlich des Anspruchs auf 5000 ℳ Ersatz für die drei großen Ladenschaufenster für zulässig erachtet, weil dieser Anspruch auf die Behauptung eines Eingriffs in das Eigentum durch rechtswidrige Verfügung über fremde Eigentumsstücke (§§ 823, 31, 89 BGB.) und auf ungerechtfertigte Bereicherung der Beklagten (§§ 812flg. das.) gegründet sei, daher den Gegenstand eines bürgerlichen Rechtsstreits darstelle. Das ist rechtlich nicht zu beanstanden. Für die Frage, ob eine Klage vor den ordentlichen Richter gehört, ist maßgebend der Aufbau und der Antrag der Klage (RGZ. Bd. 102 S. 246,, 248 Bd. 105 S. 38, 39). Vorliegend betrifft der Streit weder das Recht der Beklagten zur Beschlagnahme der Räume noch ihre Befugnis, diese Räume zu Wohnzwecken umzubauen, zu diesem Zwecke die Schaufenster herauszunehmen und durch andere, für Wohnräume geeignetere Fenster zu ersetzen; ihr Recht dazu hat der Kläger nicht in Zweifel gezogen. Er erachtet lediglich das weitere Verhalten der Beklagten, die nach dem Umbau der Räume die Fensterscheiben anderweit veräußert und deren Erlös für sich behalten habe, für ungerechtfertigt, weil zur Hebung des Wohnungsmangels nicht erforderlich, und für geeignet, sie nach den Grundsätzen des bürgerlichen Rechtes zum Schadensersatz oder zur Herausgabe der Bereicherung zu verpflichten. Das Rechtsverhältnis, aus dem der Klaganspruch abgeleitet wird, ist also ein bürgerlichrechtliches; für diesen bürgerlichen Rechtsstreit im Sinne des § 13 GVG. ist der Rechtsweg gegeben (RGZ. Bd. 100 S. 218, 220, Bd. 104 S. 242, 243; Warneyer 1921 Nr. 62). Die Revision hat insoweit auch nichts vorgebracht. Sie wendet sich gegen die Zulässigkeit des Rechtswegs nur mit der Begründung, daß zur Entscheidung über den Anspruch eine besondere Behörde, nämlich gemäß § 5 der WMVO. (Nachträge vom 22. Juni 1919, RGBl. S. 592, und vom 11. Mai 1920, RGBl. S. 949) das Einigungsamt berufen sei. Dem kann nicht beigetreten werden. Der angeführte § 5 schreibt in Abs. 1 Satz 1 vor, daß der Verfügungsberechtigte auf Anordnung der Gemeindebehörde der Gemeinde die dort bezeichneten Räume zur Herrichtung als Wohnräume gegen Vergütung zu überlassen hat, und im folgenden Satz 2, daß in Ermangelung einer Einigung das Einigungsamt die Höhe der Vergütung und die Zahlungsbedingungen zu bestimmen hat. Als „Vergütung" im Sinne des Satzes 2 kann nach dem Zusammenhang der Vorschrift nur diejenige verstanden werden, die im unmittelbar vorhergehenden Satz 1 geregelt ist, nämlich diejenige für die Überlassung der Räume. Um eine solche handelt es sich aber bei dem Anspruch auf Zahlung von 5000 *M* nicht, sondern lediglich um eine Ersatzleistung auf Grund einer, neben der Beschlagnahme und dem Umbau der Räume einherlaufenden Verfügung der Beklagten über die herausgenommenen Schaufensterscheiben. Eine Bestimmung, daß über solche Ersatzansprüche nicht durch die ordentlichen Gerichte, sondern durch eine andere Behörde zu entscheiden oder gar solche Ansprüche ganz ausgeschlossen seien, findet sich in der WMVO. nicht (vgl. RGZ. Bd. 104 S. 159flg. für den Fall einer bei einer Entscheidung gemäß § 4 der VO. oder dem voraufgegangenen Verfahren begangenen Pflichtverletzung).

In der Sache selbst hält das Kammergericht den Anspruch auf Zahlung der 5000 *M* zunächst aus dem Gesichtspunkte der Schadensersatzpflicht (§§ 990, 989, 31, 89 BGB.) für gerechtfertigt. Die Beklagte sei zwar befugt gewesen, zu verlangen, daß die Räume ihr zur Herrichtung als Wohnräume überlassen würden, und sie dem entsprechend herzurichten. Im Rahmen dieser Befugnisse habe sie auch gehandelt, soweit sie die Schaufenster herausnehmen und durch gewöhnliche ersetzen ließ. Dagegen habe sie kein Recht gehabt, die herausgenommenen Scheiben, die auch nach der Trennung dem Kläger gehörten (§ 953 BGB.) sich anzueignen und in ihrem Nutzen darüber zu verfügen; eine solche Befugnis folge namentlich nicht aus § 5 Abs. 2 Satz 3 der WMVO.; eine Anordnung gemäß § 9 das. (Fassung vom 11. Mai 1920) sei, selbst nach der Darstellung der Beklagten, nicht ergangen; sie habe den Umbau vielmehr auf eigene Kosten vorzunehmen und dürfe die bei der Herrichtung übrigbleibenden Bestandteile ebensowenig sich zueignen, wie etwa eingebaute Maschinen in unbenützten Fabrikräumen. Sie habe somit das Eigentum des Klägers verletzt; über diese Rechtslage könnten ihre Vertreter oder Beamten nicht im Zweifel gewesen sein, jedenfalls hätte ein solcher Rechtsirrtum auf grober Fahrlässigkeit beruht. Der Ersatzanspruch des Klägers sei durch § 5 Abs. 2 Satz 3 der VO. weder beschränkt noch hinausgeschoben; nur könne sie ihn, wenn er später die Wiederherstellung des früheren Zustandes verlangen sollte, auf den geleisteten Ersatz verweisen. Die vom Mieteinigungsamt festgesetzte Vergütung für die Gebrauchsüberlassung der Räume umfasse nicht auch die Schäden aus Eingriffen in das Eigentum, die außerhalb der Beschlagnahme lägen.

Schon diese Erwägungen tragen die angefochtene Entscheidung. Zutreffend ist der Berufungsrichter davon ausgegangen, daß die Schaufensterscheiben nach der Trennung Eigentum des Klägers blieben, sowie daß die Beklagte weder nach den Bestimmungen des BGB. noch nach Vorschriften der WMVO. befugt war, sie sich ohne den Willen des Klägers anzueignen, daß ihr insbesondere eine solche Ermächtigung nicht gemäß § 9 der letzteren erteilt war, so daß es keines Eingehens darauf bedarf, ob ihre Entschädigungspflicht etwa aus dem letzten Satz dieser Bestimmung hergeleitet werden könnte. Der bloße Umstand, daß es, etwa wegen Warenknappheit hinsichtlich solcher Scheiben, zweckmäßig sein mochte, sie nicht unbenützt stehen zu lassen, sondern sie anderweit zu verwenden, gab der Beklagten kein Recht, das Eigentum an ihnen dem Kläger eigenmächtig zu entziehen und die Scheiben in ihrem Nutzen zu verwenden. Rechtlich unbedenklich hat das Kammergericht ferner angenommen, daß die Vertreter oder Beamten der Beklagten über diese Rechtslage sich nicht im Zweifel waren, mindestens ihr Rechtsirrtum auf grober Fahrlässigkeit beruhte. Rechtlichen Bedenken unterliegt allerdings die Annahme, daß die Beklagte um deswillen als bösgläubige Besitzerin im Sinne des § 990 BGB. anzusehen und daher nach § 989 das. für den Schaden verantwortlich sei. Denn § 990 BGB. Abs. 1 Satz 1 setzt voraus, daß der gute Glaube bereits bei dem Erwerb des Besitzes, also schon vor dem Zeitpunkte der hier in Rede stehenden Eigentumsverletzung gefehlt habe, wofür aus dem festgestellten Sachverhalt, nach welchem die Beklagte durch befugten Umbau der Räume in den Besitz der Schaufenster gelangt ist, nichts zu entnehmen ist. Der Anwendung des Abs. 1 Satz 2 das. steht entgegen, daß die Beklagte zum Besitz (anders als zu der von ihr vorgenommenen Verwertung) der Scheiben nach wie vor befugt war. Aber jedenfalls folgt aus den Feststellungen des Kammergerichts, daß die Beklagte die Scheiben nicht als ihr gehörend besessen hat, also nicht Eigenbesitzerin (§ 872 BGB.), sondern Fremdbesitzerin war. Für den Fremdbesitzer gilt aber nicht uneingeschränkt die Vorschrift des § 993 Abs. 1 a. E., daß er beim Mangel der in §§ 987 bis 992 a. a. O. bezeichneten Voraussetzungen zum Schadensersatz nicht verpflichtet sei. Er macht sich vielmehr, wenn er den Rahmen seines Besitzrechts überschreitet, insbesondere die in seinem Besitze befindliche Sache veräußert oder sie sonst dem Eigentümer entzieht, insbesondere sich gemäß § 946 BGB. aneignet, einer Eigentumsverletzung schuldig, für die er nach den allgemeinen Grundsätzen des § 823 das. dem Eigentümer haftet (RGZ. Bd. 101 S. 307, 310, 311). Es kann danach unerörtert bleiben, ob ein Schadensersatzanspruch auch aus einem vertragsartigen, dem Verwahrungsvertrage ähnlichen oder ihm gleich zu erachtenden Rechtsverhältnis hergeleitet werden könnte (RGZ. Bd. 51 S. 219, 221; auch Bd. 104 S. 242, 243).

Auch hier beruft die Beklagte sich auf § 5 Abs. 2 der WMVO. mit der Ausführung: aus der Befugnis, die beschlagnahmten Räume umzubauen, folge ein eigenartiges Ausnahmerecht, durch welches während des Ausnahmezustandes (bis zum Fortfall der in § 1 das. bezeichneten Ermächtigung) die Anwendung der eigentumsrechtlichen Normen und die sonst aus ihnen folgenden Ansprüche ausgeschlossen sein müßten, nach welchen die Gemeinde vielmehr auf Zeit ein eigenes Recht habe, über die beschlagnahmten Gebäudeteile wie ein Eigentümer zu verfügen. Diese Auffassung findet in § 5 der VO. (§ 9 derselben kommt, wie schon bemerkt, hier nicht in Betracht) keine Stütze. Weder der Wortlaut noch der Zweck des § 5 ergibt, daß die Befugnis der Gemeinde, die Überlassung der Räume zu verlangen, diese Räume als Wohnräume herzurichten und entsprechende bauliche Veränderungen an ihnen vorzunehmen, ihr auch das Recht verschaffen sollte, die abgetrennten, im Eigentum des Hauseigentümers verbleibenden und für die Herrichtung zu Wohnräumen entbehrlichen Bestandteile des Grundstücks sich anzueignen oder über sie wie ein Eigentümer zu verfügen. Insbesondere folgt ein solches nicht aus der im Abs. 2 Satz 3 a. a. O. begründeten Verpflichtung der Gemeinde, nach Fortfall der Ermächtigung auf Verlangen des Berechtigten den der früheren Zweckbestimmung und Ausstattung entsprechenden Zustand der Räume wiederherzustellen. Daraus könnte lediglich ihre Pflicht zur Aufbewahrung der abgetrennten Bestandteile, keineswegs aber ihre Befugnis, diese in ihrem Nutzen anderweitig zu verwenden, gefolgert werden. Die Verletzung des Eigentums des Klägers durch die Beklagte war nach alledem widerrechtlich. Wenn er demgemäß Ersatz des Wertes der Scheiben fordert, so mag daraus weiter zu entnehmen sein, daß er sich seines Rechtes begibt, nach Fortfall der Ermächtigung der Gemeinde von dieser die Wiederherstellung des früheren Zustandes durch Wiedereinbau derartiger Scheiben zu verlangen. Das steht aber seinem Anspruch, schon jetzt Ersatz des ihm an seinem Eigentum zugefügten Schadens zu verlangen, nicht entgegen.

---

40. Ist Art. 2a Abs. 4 des württembergischen Beamtengesetzes vom 1. Oktober 1912 mit Art. 128 Abs. 2 der Reichsverfassung vereinbar?

III. Zivilsenat. Urt. v. 5. Januar 1923 i. S. H. (Kl.) w. Württemb. Staat (Bekl.). III 474/22.

I. Landgericht Stuttgart. — II. Oberlandesgericht daselbst.

Die Klägerin wurde im Jahre 1917 planmäßig als Hauptlehrerin in H. in Württemberg angestellt. Durch Erlaß vom 24. Mai 1921 ist ihr mit Rücksicht auf ihre kurz zuvor erfolgte Verheiratung für Ende August 1921 gekündigt worden. Sie bestreitet die Zulässigkeit und Wirksamkeit dieser Maßregel und begehrt die Verurteilung des beklagten Württembergischen Staates zur Fortgewährung des Gehalts vom 1. September 1921 an und weiterhin zur Zahlung der ihr als planmäßiger Lehrerin in ihrer Stellung gesetzlich zustehenden Gehaltserhöhungen und bei Dienstunfähigkeit von Ruhegehalt. Das Landgericht hat dem Klaggesuch stattgegeben. Das Oberlandesgericht hat auf die Berufung des Beklagten die Klage abgewiesen. Die Revision der Klägerin hat zur Aufhebung des Berufungsurteils und zur Zurückweisung der Berufung geführt.

Gründe:

Die Regelung der Rechtsfolgen, welche mit der Verheiratung der Volksschullehrerinnen verknüpft worden sind, hat in Württemberg folgende Entwickelung genommen: Art. 9 des Lehrergesetzes vom 10. Juli 1912 schrieb vor, daß die Lehrerinnen im Falle der Verehelichung den Anspruch auf ihre Stelle und auf Gewährung von Ruhegehalt verlieren. Diese Vorschrift wurde durch Art. 17 des Notschulgesetzes vom 17. Mai 1920 aufgehoben. Da nach Art. 1 des Beamtengesetzes in der Bekanntmachung vom 1. Oktober 1912 die Volksschullehrer in Württemberg Beamte sind, wie sie denn auch nach Art. 143 Abs. 3 der Reichsverfassung die Rechte und Pflichten der Staatsbeamten haben, so erlangte mit dieser Aufhebung der Art. 2a Abs. 4 des Beamtengesetzes — seine Gültigkeit vorausgesetzt — den Lehrerinnen gegenüber Wirksamkeit. Er bestimmt, daß im Falle der Verehelichung weiblicher Beamter deren Anstellung dauernd eine vierteljährig kündbare bleibt und sie sich wieder in seine solche verwandelt, wenn sie schon vor der Verheiratung auf Lebenszeit erfolgt ist.

Der Beklagte hält hiernach die Aufkündigung des Dienstverhältnisses der Klägerin für zulässig und wirksam. Diese glaubt dagegen der Anwendung des Art. 2a Abs. 4 schon mit der Berufung auf Art. 129 Abs. 1 Satz 3 RV. entgegentreten zu können und führt aus, daß die Kündigung einen ungesetzlichen Eingriff in ihr wohlerworbenes Recht auf lebenslängliche Anstellung bedeute. Wie indessen schon der

Vorderrichter zutreffend hervorhebt, hat die Anstellung der Klägerin ein solches Recht nicht gezeitigt, weil sie von vornherein der aus Art. 9 des Lehrergesetzes zu entnehmenden Einschränkung unterlag.

Entgegen den Ausführungen des Berufungsgerichts ist aber anzunehmen, daß sich der Art. 2a Abs. 4 BeamtG. neben dem Art. 128 Abs. 2 RV. nicht behaupten kann und deshalb die Kündigung nicht zu stützen vermag. Nach den Darlegungen des erkennenden Senats im Beschlusse vom 10. Mai 1921 (RGZ. Bd. 102 S. 145) ist in der Vorschrift des Art. 128 Abs. 2 das mit sofortiger und unmittelbarer Wirkung ausgerüstete Verbot von Ausnahmebestimmungen gegen weibliche Beamte enthalten. Der Berufungsrichter ist abweichend hiervon der Meinung, daß die Verfassungsbestimmung nur eine Richtlinie für die künftige Gesetzgebung aufstelle und demnach nur einen Rechtsgrundsatz zum Ausdruck bringe, der erst auf dem Umweg über zu seiner Ausgestaltung dienende landesgesetzliche Vorschriften zur Geltung gelangen könne Der Versuch, diese Ansicht mit der Fassung der auszulegenden Bestimmung und durch Heranziehung von Art. 128 Abs. 3, Art. 10 Nr. 3 RV. zu rechtfertigen, scheitert an den Erwägungen, die hierüber in den Gründen des bezeichneten Beschlusses angestellt sind. Dem Berufungsgericht kann auch nicht zugegeben werden, daß mit der Ausdehnung der Kündbarkeitsvorschrift des Beamtengesetzes auf die Lehrerinnen nicht neues Recht für diese geschaffen, sondern nur ein Hindernis für die Anwendung eines vor der Reichsverfassung bereits bestehenden Rechtssatzes auf eine bestimmte Beamtenklasse beseitigt worden sei. Die Rechtsverhältnisse der Lehrerinnen waren durch die sonderrechtliche Vorschrift in Art. 9 des Lehrergesetzes der Herrschaft der Kündbarkeitsbestimmung des Beamtengesetzes bis zum Erlaß des Notschulgesetzes entrückt und wurden ihr erst durch dieses Gesetz unterstellt. Die Erstreckung des Art. 2a Abs. 4 BeamtG. auf die Lehrerinnen bedeutete also für sie die Herstellung eines neuen Rechtszustands und läuft deshalb dem Verbot in Art. 128 Abs. 2 der schon vorher in Kraft getretenen Reichsverfassung zuwider, so daß sie unwirksam ist. Selbst wenn jedoch der gegenteiligen Meinung der Vorinstanz beizustimmen wäre, so müßte nach der Tragweite der Verfassungsbestimmung angenommen werden, daß der Art. 2a Abs. 4 BeamtG. neben ihr nicht weitergelten kann. Der Zweck der Verfassungsnorm, die Ungleichheit in der beamtenrechtlichen Behandlung beider Geschlechter zu beseitigen, konnte in vollkommener Weise nur verwirklicht werden, wenn auch bereits erlassenen, hiermit unverträglichen landesgesetzlichen Vorschriften die Geltung entzogen wurde. Solche Vorschriften können deshalb gemäß Art. 13 Abs. 1 RV. neben Art. 128 Abs. 2 keinen Bestand haben. Zu der damit beantworteten Frage Stellung zu nehmen, hatte der Senat in seinem Beschluß vom 10. Mai

1921 keine Veranlassung, da das damals in Betracht kommende bayrische Volksschulgesetz erst nach dem Inkrafttreten der Reichsverfassung ergangen ist.

Auch die Natur einer Ausnahmebestimmung gegen weibliche Beamte wird dem Art. 2a Abs. 4 BeamtG. vom Berufungsgericht mit Unrecht abgesprochen. Nach dem früheren Beschlusse des Senats kann zwar der Art. 128 Abs. 2 RV. nicht dahin verstanden werden, daß er jede unterschiedliche Behandlung der verheirateten weiblichen und der sonstigen Beamten ausschließt. Grundsätzlich hat jedoch die Verfassung wie auf dem Gebiete der staatsbürgerlichen Rechte (Art. 109 Abs. 2) so auch auf dem Gebiete des Beamtenrechts die Geschlechter gleichstellen wollen. Ebenso aber wie durch die Verknüpfung der Verheiratung mit dem Rechtsnachteil des Amtsverlustes wird die beamtenrechtliche Stellung der Frau durch die für den Fall der Verheiratung vorgeschriebene Verwandlung der lebenslänglichen Anstellung in eine kündbare in ihren Grundlagen berührt und in einer grundwesentlichen Beziehung der Rechtsstellung des Mannes gegenüber beeinträchtigt. Die Abweichungen, welche sich daraus ergeben, daß die lebenslängliche Anstellung nur unter den gesetzlich festgelegten Voraussetzungen, die kündbare aber auch aus anderen in das Ermessen der Anstellungsbehörde gestellten Gründen lösbar ist, zählen zu den bedeutsamsten Unterschieden in der Ausgestaltung des Dienstverhältnisses. Das Berufungsgericht weist darauf hin, daß die Abänderung der unkündbaren Anstellung in eine kündbare im Gegensatz zu dem sofort und endgültig wirkenden Amtsverlust die Unterrichtsverwaltung in den Stand setze, die Verträglichkeit der Pflichten einer Ehefrau mit der Berufstätigkeit im einzelnen Falle zu prüfen und nach Befinden von der Entlassung aus dem Amt Abstand zu nehmen. Hieraus glaubt die Vorinstanz die Vereinbarkeit des Art. 2a Abs. 4 BeamtG. mit Art. 128 Abs. 2 RV. ableiten zu können, weil bei der Einbringung des der Verfassungsbestimmung zugrunde liegenden Antrags in der Nationalversammlung ausgesprochen worden sei, die Frage, ob die Beamtin nach ihrer Verheiratung ihren Amtspflichten gewachsen sei, müsse individuell gelöst werden und richte sich nach den physischen und psychischen Kräften der Frau. Die Ausführungen, welche der Berufungsrichter hierbei im Auge hat, sind von der Abgeordneten Pfülf in der 59. Sitzung der Nationalversammlung gemacht worden und lauten vollständiger dahin, die Frage der Vereinigung von Beruf und Ehe könne nicht von der Allgemeinheit, sondern nur individuell gelöst werden; der Grund für die Einbringung des Antrags bestehe darin, daß der Staat als Arbeitgeber nicht berechtigt sei, sich in den Personenstand der Beamten einzumischen, so lange sie ihre Pflicht nicht vernachlässigten. Aus diesem Zusammenhang erhellt deutlich, daß die Antragsteller jede gesetzliche Regelung, welche der Verheiratung der weiblichen Beamten einen nachteiligen Einfluß auf ihre Beamtenrechte beimißt, haben bekämpfen und auch für eine Gestaltung des Dienstverhältnisses, wie sie der Art. 2a Abs. 4 BeamtG. vorsieht, nicht haben Raum lassen wollen. Unrichtig ist ferner die Erwägung des Berufungsgerichts, daß der verheirateten Beamtin durch die Ausschließung der Kündigung die Freiheit eingeräumt sein würde, sich neben den Berufspflichten auch den mit der Eingehung der Ehe übernommenen Pflichten zu widmen und daß eine solche Regelung auf die Gewährung eines Sonderrechts der verheirateten weiblichen gegenüber den sonstigen Beamten hinauskäme. Dabei ist verkannt, daß alle Beamten, also auch die verheirateten Beamtinnen, sich außerhalb des Berufs nur soweit betätigen dürfen, als nicht die Erfüllung ihrer beruflichen Obliegenheiten darunter leidet. Endlich kann angesichts der nun einmal zum Gesetz erhobenen grundsätzlichen Gleichstellung der weiblichen mit den männlichen Beamten auch den bevölkerungs- und sozialpolitischen Überlegungen, welche der Beklagte in der Revisionsverhandlung hat vortragen lassen, Beachtung nicht zuteil werden. In welchen Grenzen diese bei der Auslegung und Handhabung des Art. 128 Abs. 2 RV. berücksichtigt werden können, ist in em Beschluß vom 10. Mai 1921 bereits dargelegt.

---

41. 1. Sind auf den Namen des Gläubigers ausgestellte und als Schuldscheine aus barem Darlehen bezeichnete Schuldurkunden, die während des Kriegs von einer Gewerkschaft zur Unterbringung einer größeren öffentlichen Anleihe in der für Wertpapiere (Effekten) üblichen Ausstattung, aber ohne Zinsscheine, ausgegeben wurden, nach § 1 BRVO. vom 8. März 1917 (RGBl. S. 220) als Teilschuldverschreibungen zu betrachten?

2. Hatte der Mangel der Genehmigung die Nichtigkeit des Emissionsvertrags zur Folge?

VI. Zivilsenat. Urt. v. 8. Januar 1923 i. S. F. R. Aktiengesellschaft (Kl.) w. die Gewerkschaft K. A. (Bekl.). VI 694/22.

I. Landgericht Aachen. — II. Oberlandesgericht Köln.

Im August 1918 beabsichtigte die Beklagte, eine Anleihe von 15 Millionen Mark in der Form eines mit $4^1/_2$% verzinslichen und am 31. Dezember 1930 oder nach dem Belieben der Schuldnerin auch früher mit 101% rückzahlbaren Gesamtdarlehens aufzunehmen. Die Darlehensgeber sollten Schuldurkunden in besonderer Ausstattung mit der Überschrift „Schuldschein der Gewerkschaft C. A. in B.“ erhalten.

Zwischen den Streitteilen kam durch Annahme des Angebots der Beklagten vom 22. August 1918 eine Vereinbarung zustande, wonach die Klägerin zehn Millionen Mark solcher Schuldscheine zum Kurs von 92% zu übernehmen und sie unterzubringen hatte. 5% des übernommenen Betrags sollte sie zur Zeichnung von 500000 ℳ Kriegsanleihe verwenden. Die Aushändigung der Schuldscheine sollte jeweils 14 Tage nach dem Eingang der Namens- und Stückelungsaufgabe erfolgen. Nach Nr. 9 des Vertragsantrags ging die Gefahr eines Verbots derartiger Anleihen durch behördliche Anordnung zu Lasten der Beklagten. Die Klägerin wurde im Sinne des Vertrags tätig. Aber die Beklagte verweigerte die Aushändigung der Schuldscheine mit der Begründung, daß der Preußische Handelsminister die Schuldscheine als Teilschuldverschreibungen im Sinne der BRVO. vom 8. März 1917 betrachte und deren Ausgabe nicht genehmige. Die Klägerin verlangt deshalb unter Vorbehalt weiterer Ersatzansprüche Vergütung der ihr durch die Zeichnung der Reichsanleihe erwachsenen Kosten im Betrage von 477500 ℳ und Erstattung des Gewinns, den sie mit dem von ihr gebildeten Konsortium bei dem Geschäft in Höhe von 227250 ℳ erzielt hätte. Beide Vorinstanzen haben die Ausgabe der Schuldscheine für genehmigungspflichtig erklärt und die Klage abgewiesen. Auch die Revision blieb erfolglos.

Gründe:

Die Berufung der Beklagten auf die BRVO. vom 8. März 1917[1] wird von der Klägerin damit bekämpft, daß keine Teilschuldverschreibungen, sondern gewöhnliche Darlehensschuldscheine ausgegeben werden sollten, die nicht als Wertpapiere zu betrachten und der BRVO. um so weniger zu unterstellen seien, als diese nur indossable Schuldverschreibungen, nicht auch Rektapapiere betreffe. Diese Replik ist vom Berufungsgericht mit Recht als unzutreffend abgelehnt worden.

Ob die von der Beklagten vorbereiteten Urkunden Schuldscheine oder Schuldverschreibungen (Obligationen) im Sinne der BRVO. darstellen, ist nicht nach der Überschrift, die ihnen die Parteien gaben, sondern nach ihrem Inhalt zu entscheiden. Wenn, wie hier, von einem kapitalkräftigen Schuldner für eine öffentliche Anleihe größeren Stils zahlreiche benummerte Schuldurkunden mit im voraus bestimmten beträchtlichen Nennwerten in der für Wertpapiere (Effekten) üblichen Ausstattung ausgegeben werden, die nach dem Verhältnis dieser Werte den Besitzern der Urkunde als Anleihegläubigern gleiche Rechte gewähren, so sind das Teilschuldverschreibungen; auch dann, wenn sie auf den Namen eines bestimmten Gläubigers lauten und nur durch Zession übertragbar sind. Auch solche Schuldurkunden können die Eignung

[1] Jetzt aufgehoben (RGBl. 1920 S. 202). D. E.

besitzen, daß der Aussteller nur gegen Aushändigung des Papiers und nach dessen Inhalt zu leisten braucht (Koenige, Schuldverschreibungsgesetz; 2. Auflage S. 35 flg., 54, 73). Was die Reichssteuer- und Stempelgesetze als Schuldverschreibungen erklären, kann hier nicht ausschlaggebend sein, weil dort andere Gesichtspunkte maßgebend sind (Koenige a. a. O. S. 35). Die Entscheidungen RGZ. Bd. 16 S. 64, Bd. 40 S. 134, Bd. 67 S. 91 hatten zudem nicht öffentliche Anleihen größeren Umfangs zum Gegenstand. In der letzten Entscheidung ist bereits auf die Möglichkeit hingewiesen, daß unter Umständen nach der Entwickelung des Handelsverkehrs auch nichtindossable Namenpapiere vermöge der ihnen vom Aussteller gegebenen Eigenart als zum Handelsverkehr geeignet vom Handel aufgenommen werden. Eine solche Entwickelung des Handelsverkehrs ist heute als eingetreten zu erachten. Nach dem eigenen Vorbringen der Klägerin sind im Jahre 1918 trotz der BRVO. über hundert Millionen ähnlicher Schuldverschreibungen im Wege der öffentlichen Anleihe begeben, durch den Handel an die Allgemeinheit gebracht, und von ihr bereitwillig abgenommen worden. Der Handel mit Wertpapieren ist heute noch mehr wie früher an die Banken übergegangen. Sie besorgen den An- und Verkauf der Papiere und den Zinsen- und Dividendenbezug. Wer Rektapapiere zu verkaufen oder zu kaufen wünscht, hat bei seiner Bank nicht mit größeren Umständlichkeiten zu rechnen, als wenn es sich um Inhaber- oder Orderpapiere handelt. Die hier erforderliche Abtretungserklärung und die Benachrichtigung der Anleiheschuldnerin wird gleichzeitig mit dem Auftrag von der Bank entgegengenommen und weitergegeben. Damit ist die Eignung solcher Rektapapiere für den Handel erwiesen und das Bedenken, daß sie hierfür zu schwerfällig seien, durch den Verkehr widerlegt. Daß sie an der Börse notiert werden, ist nicht notwendig. Ob sie einen Marktpreis haben (§ 821 ZPO.), wird im einzelnen Fall festzustellen sein. Anders als durch den Handel können sie kaum an die Allgemeinheit gebracht werden. Die Wege zu finden, auf denen die einzelnen Stücke dem Käufer zugeleitet werden, ist die Aufgabe des Emissionshauses und seiner Mitarbeiter. Daß die Papiere auf diesen Wegen den unterzubringenden Kriegsanleihen des Reichs begegneten und mit ihnen in Wettbewerb traten, war unvermeidlich. Gleich diesen empfahlen sie sich dadurch, daß sie bei entsprechender Sicherheit gute Verzinsung und etwas Agio- und Kursgewinn boten. Die Überschrift Schuldschein statt Schuldverschreibung und der Gebrauch des Wortes Darlehen statt Anleihe waren neben der äußeren Ausstattung im allgemeinen so wenig wie das Fehlen von Zinsscheinen geeignet, den Abnehmer zu beirren. Die Form der Blankoübertragung mittelst Blankozession hat sich immer mehr eingeführt (vgl. Koenige a. a. O. S. 73; RGZ. Bd. 63 S. 231, Bd. 81 S. 260; RGRKomm.

3. Aufl. BGB. § 171 Anm. 1 und 185 Anm. 2). Daß von der Anleiheschuldnerin bei der Heimzahlung der Anleihe Einwendungen aus der Person des Zedenten erhoben werden könnten, ist bei größeren öffentlichen Anleihen für den einzelnen Abnehmer ein so fern liegender Gedanke, daß die Umlaufsfähigkeit des Papiers dadurch in seinen Augen kaum beeinträchtigt wird. Das gleiche mag davon gelten, daß das Aufgebotsverfahren auf Namenpapiere keine Anwendung findet. Sich hieraus bei der Heimzahlung der Schuldscheine etwa ergebende Streitigkeiten werden die Gerichte zu entscheiden haben. Jedenfalls hat die längst üblich und durch das Kapitalertragssteuergesetz in weitem Umfang notwendig gewordene Hinterlegung der Wertpapiere bei den Banken die Verlustgefahr erheblich vermindert. Mögen daher Inhaber- und Orderpapiere, was Lieferbarkeit und Umlaufsfähigkeit anlangt, auch dem Grade nach günstiger dastehen, so muß immerhin dem Berufungsgericht darin beigetreten werden, daß heutzutage auch die Rektapapiere größerer öffentlicher Anleihen wirtschaftlich im wesentlichen die gleichen Merkmale wie die Inhaber- und Orderpapiere aufweisen, und daß die Ausgabe solcher Papiere im Jahre 1918 die Unterbringung der Kriegsanleihen erschweren konnte.

Nach dem letzten Absatz der von den Parteien vereinbarten Schuldurkunden „soll der Gläubiger berechtigt sein, die vorstehende Forderung an einen Dritten zu übertragen und diesem den Schuldschein auszuhändigen". Danach ging die Ausstellerin davon aus, daß sich die Abtretung der Forderung unter Übergabe der Schuldurkunde vollzieht. Dazu mußte allerdings schon wegen des Zinsbezugs, noch die — in der Regel von der Bank vermittelte — Benachrichtigung der Anleiheschuldnerin kommen. Doch war keineswegs bestimmt, daß die Übertragung etwa erst mit der Umschreibung in den Büchern der Gewerkschaft wirksam werden soll.

Nicht zuzugeben ist der Revision, daß sich die BRVO. nach der amtlichen Begründung nur auf Orderpapiere beziehe. Zwar spricht die Begründung im dritten Absatz davon, daß die staatliche Genehmigungspflicht für Inhaberpapiere (§ 795 BGB.) vielfach dadurch umgangen werde, daß die Obligationen von dem Aussteller auf Order gestellt, sodann von der die Ausgabe vermittelnden Bank mit einem Blankoindossament versehen und so nachträglich im praktischen Ergebnis zu Inhaberschuldverschreibungen werden. Doch ist das nur ein Beispiel, aus dem nicht gefolgert werden darf, daß die BRVO. nur solche Obligationen treffen soll, die auf Order gestellt werden können. Im fünften Absatz der Begründung werden neben den Orderpapieren ausdrücklich auch die Rektapapiere angeführt. Der von der Revision angezogene 11. Nachtrag zur Denkschrift über wirtschaftliche Maßnahmen des Bundesrats aus Anlaß des Kriegs — Reichstagsdrucksachen II

1914/17, Nr. 1214 S. 234 — gibt die amtliche Begründung — Drucksachen zu den Verhandlungen des Bundesrats 1917 Bd. I Nr. 71 — nicht vollständig wieder. Dagegen sollen nach der amtlichen Begründung allerdings nur solche Teilschuldverschreibungen unter die BRVO. fallen, die wirtschaftlich im wesentlichen die gleichen Merkmale wie die Inhaberschuldverschreibungen aufweisen und deshalb diesen im Verkehr gleichgeachtet werden. Das traf hier zu.

Danach ist es rechtlich nicht zu beanstanden, wenn das Berufungsgericht die Schuldscheine, die von der Beklagten ausgegeben werden sollten, als Teilschuldverschreibungen im Sinne der BRVO. bezeichnet (vgl. Koenige a. a. O. S. 53). Diese Auslegung entspricht dem Wortlaut der BRVO., in der ganz allgemein von Teilschuldverschreibungen, nicht von solchen, die an Order gestellt werden, die Rede ist. Aber sie entspricht vor allem auch dem Zweck der BRVO., der nach dem Eingang der amtlichen Begründung dahin geht, daß während des Kriegs der Geldmarkt in erster Linie den Kriegsanleihen des Reichs zur Verfügung gehalten werden müsse, und daß demgegenüber alle öffentlichen und privaten Kreditbedürfnisse im wesentlichen auf den Weg der kurzfristigen Befriedigung bei Banken und Darlehenskassen zu verweisen seien. Daraus mögen der Industrie Schwierigkeiten erwachsen sein; aber das machte die BRVO. nicht ungültig. Die Ausgabe von Teilschuldverschreibungen wird durch sie auch nicht schlechthin verboten, sondern nur genehmigungspflichtig gemacht. Unter welchen Voraussetzungen die Zentralbehörde des zuständigen Bundesstaates im einzelnen Falle die Genehmigung ausdrücklich oder stillschweigend zu erteilen hatte, ist hier nicht nachzuprüfen. Auch dann nicht, wenn der Preußische Handelsminister, wie die Klägerin behauptet, unter zwanzig Fällen nur der Beklagten die Aufnahme der Anleihe untersagt hat.

Ohne die erforderliche Genehmigung war die Ausgabe von Teilschuldverschreibungen verboten und strafbar. Das Verbot und die Strafbestimmungen richteten sich gegen alle an der Ausgabe als Täter, Mittäter oder Gehilfen Beteiligten. Daß sich die Klägerin, ohne deren Mitwirkung die Aufnahme der Anleihe nicht hätte erfolgen können, durch diese Mitwirkung zum mindesten der Beihilfe schuldig gemacht hätte, kann nicht zweifelhaft sein. Die Meinung der Revision, daß die Streitteile gegen Bezahlung der etwa nach § 3 BRVO. auszusprechenden Geldstrafe in der Ausführung des Vertrags freie Hand gehabt hätten, ist abwegig. Die dort angedrohte Strafe ist nur eine der Folgen der Übertretung des in § 1 BRVO. ausgesprochenen Verbots. Deren zivilrechtliche Folge ist nach § 134 BGB. die Nichtigkeit des zwischen den Parteien vereinbarten, von der Landeszentralbehörde nicht genehmigten Vertrags (vgl. RGRKomm. 3. Aufl. BGB.

§ 134 Anm. 2.) Die Gültigkeit verbotswidrig in den Verkehr gelangter Schuldverschreibungen, auf die sich die Revision zu berufen versucht, beruht auf der Sondervorschrift des § 2 Abs. 2 BRVO. und hat keineswegs die Gültigkeit des Emissionsvertrags zur notwendigen Voraussetzung.

Aus einem nichtigen Vertrag kann weder auf Erfüllung noch auf Schadensersatz wegen Nichterfüllung geklagt werden. Ein anderer Schadensersatzanspruch der Klägerin ist nicht ersichtlich. Wie das angefochtene Urteil feststellt und die Revision selber behauptet, sind sich die Parteien über die Zulässigkeit der Ausgabe der Schuldscheine ohne Genehmigung der Landeszentralbehörde im Zweifel gewesen. Sich vor dem Abschluß des Vertrags darüber bei der maßgebenden Stelle Gewißheit zu verschaffen, haben beide Teile unterlassen. Das hat ersichtlich der Vorderrichter im Auge, wenn er am Schlusse der Urteilsbegründung davon spricht, daß der Beklagten „kein überwiegendes Verschulden" zur Last zu legen sei. Damit bringt er zum Ausdruck, daß nach seiner Auffassung beide Teile bei Anwendung der im Verkehr erforderlichen Sorgfalt die Nichtigkeit des Vertrags kennen mußten. Ob in einem solchen Falle dem Beschädigten, der nach seiner Behauptung auf die Gültigkeit des Vertrags vertraut hat, ein Anspruch auf Schadensersatz zusteht, bemißt sich nach §§ 309, 307 Abs. 1 Satz 2 BGB. Lag, wie es hier zutrifft, auf beiden Seiten Fahrlässigkeit vor, dann ist für eine ausgleichende Schadensverteilung im Sinne des § 254 BGB. kein Raum, und für keinen der beiden Vertragsteile ein Schadensersatzanspruch gegeben. In diesem Sinne hat sich der erkennende Senat kürzlich in der Entscheidung RGZ. Bd. 105 S. 410 geäußert.

Die Auffassung der Revision, daß die Beklagte der Klägerin ganz unabhängig von dem Emissionsvertrag einen selbständigen Auftrag zur Unterbringung der Anleihe oder wenigstens zur Zeichnung von Kriegsanleihe erteilt habe, ist vom Berufungsgericht mit rechtlich einwandfreier, überwiegend tatsächlicher Begründung abgelehnt worden. Die Klägerin hat ihre beiden Ansprüche von der Klage bis zur Schlußverhandlung vor dem Berufungsgericht auf nichts anderes als auf den Vertrag gestützt, den sie für gültig hält, und von dem sich die Beklagte ohne rechtfertigenden Grund losgesagt haben soll.

Daß Nr. 9 der Vertragsbedingungen nur für den nicht eingetretenen Fall späterer Verbote durch neue behördliche Anordnungen über die Ausgabe von Schuldverschreibungen Geltung haben sollte, ist von der Revision nicht bestritten worden.

Auch sonst hat die Nachprüfung des angefochtenen Urteils keine Verletzung des materiellen Rechts, insbesondere keine rechtsirrige Anwendung oder Nichtanwendung der §§ 134, 138, 306, 670 BGB. ergeben.

42. 1. Bedarf es der förmlichen Zustellung des eine Geschäftsaufsicht aufhebenden Beschlusses, um die Geschäftsaufsicht wirksam zu beendigen?

2. Ist die Anfechtung von Rechtsgeschäften des unter Geschäftsaufsicht stehenden Schuldners wegen Gläubigerbenachteiligung grundsätzlich ausgeschlossen, wenn die Aufsichtsperson dem Rechtsgeschäfte ihre Zustimmung erteilt hatte? Ist in einem solchen Falle die Beweislast anders zu beurteilen, als sie in § 31 Nr. 2 KO. geregelt ist?

3. Welcher Zeitpunkt ist für die Werterſatzberechnung maßgebend, wenn das anfechtbar veräußerte Grundstück inzwischen weiterveräußert worden ist? Ist der wirkliche Wert, den das Grundstück im maßgebenden Zeitpunkt hat, der Werterſatzberechnung zugrunde zu legen?

VII. Zivilsenat. Urt. v. 9. Januar 1923 i. S. Kr. (Bekl.) w. Konk. Kr. (Kl.). VII 85/22.

I. Landgericht II Berlin. — II. Kammergericht daselbst.

Über das Vermögen des Ziegeleibesitzers Kr. in K.-W. war am 12. Oktober 1914 die Geschäftsaufsicht verhängt worden. Nachdem am 12. März 1918 Kr. verstorben war, wurde durch Beschluß des Amtsgerichts vom 22. April 1918 die Geschäftsaufsicht aufgehoben. Eine formelle Zustellung dieses Beschlusses ist niemals erfolgt. Das Amtsgericht benachrichtigte vielmehr nur die Geschäftsaufsichtspersonen von der Aufhebung, veranlaßte die Erben des Kr., sich über das den Aufsichtspersonen zu bewilligende Honorar zu äußern, und benachrichtigte, ebenfalls ohne formelle Zustellung, im März 1919 die Gläubiger von der Aufhebung. Am 22. Oktober 1919 wurde dann über den Nachlaß des Kr. der Konkurs eröffnet.

Durch notariellen Vertrag vom 12. Juni 1916 hat Kr. dem Beklagten, seinem Sohne, sein Hausgrundstück in K.-W. „in Anrechnung auf sein künftiges Vatererbteil" zum Preise von 54700 *M* verkauft. In Anrechnung auf den Kaufpreis übernahm der Beklagte die auf dem Grundstück lastenden Hypotheken zum Betrage von 53500 *M*, der Rest von 1200 *M* war bar zu zahlen. Außerdem räumte der Beklagte seinem damals 79 Jahre alten Vater das lebenslängliche Wohnungs- und Nutzungsrecht an dem Grundstück ein und verpflichtete sich ferner, ihm den gesamten standesmäßigen Lebensunterhalt zu gewähren. Der Veräußerer erklärte sich hierdurch für die ihm von der Geschäftsaufsicht zugesagten Unterhaltsbeträge als abgefunden. Die Auflassung ist im Januar 1917 erfolgt und dann die Eintragung im Grundbuch bewirkt worden. Am 18. Dezember 1918 hat der Beklagte das Hausgrundstück zum Preise von 70000 ℳ weiterveräußert. Der Veräußerung an den Beklagten haben die Aufsichtspersonen ihre Zustimmung erteilt.

Der Konkursverwalter ficht die Veräußerung des Grundstücks an den Beklagten wegen Gläubigerbenachteiligung auf Grund des § 31 Nr. 2 KO. an. Er behauptet, das Grundstück habe zur Zeit des Verkaufs und der Umschreibung einen gemeinen Wert von 73000 ℳ gehabt. Er fordert die Herauszahlung des Unterschieds zwischen dem wirklichen Wert und dem Betrage der übernommenen Hypotheken mit 19500 ℳ nebst Zinsen. Das Landgericht hat die Klage abgewiesen, das Kammergericht dagegen zur Zahlung von 13000 ℳ nebst Zinsen verurteilt. Die Revision wurde zurückgewiesen aus folgenden

Gründen:

Das Kammergericht hat der Anfechtungsklage auf Grund des § 31 Nr. 2 KO. stattgegeben.

Die Bedenken der Revision gegen die Annahme des Vorderrichters, daß die Anfechtungsfrist gewahrt sei, sind unbegründet. Die Übereignung des Hausgrundstücks auf den Beklagten ist zwar schon Anfang 1917 erfolgt, während die Anfechtungsklage erst Anfang 1920 erhoben worden ist. Aber nach § 75 der Verordnung über die Geschäftsaufsicht vom 14. Dezember 1916, die Anwendung findet, wird bei Berechnung der Anfechtungsfristen die Zeit nicht mitgerechnet, während deren die Geschäftsaufsicht besteht. Es kommt also darauf an, wann die über das Vermögen des Kr. verhängte Geschäftsaufsicht als beendet anzusehen ist. Durch den Tod des Schuldners wurde sie nicht etwa schon kraft Gesetzes beendet, sondern sie setzte sich ununterbrochen gegen die Erben fort (vgl. auch Jaeger, Geschäftsaufsicht, 1917 S. 75). Nun schreibt § 68 der Geschäftsaufsichts-VO. vor, daß gegen den Beschluß, durch den die Aufsicht aufgehoben wird, dem Schuldner die sofortige Beschwerde zusteht. Der Beschluß wird erst mit der Rechtskraft wirksam. Um die Beschwerdefrist des nach § 14 der Verordnung anwendbaren § 577 ZPO. in Lauf zu setzen, bedurfte es der förmlichen Zustellung des am 22. April 1918 gefaßten Aufhebungsbeschlusses an die Erben. Die förmliche Zustellung ist übrigens auch schon durch den ebenfalls entsprechend anwendbaren § 329 Abs. 3 ZPO. vorgeschrieben. Ohne förmliche Zustellung würde der Aufhebungsbeschluß auch selbst dann nicht wirksam werden, wenn vor seinem Erlaß der Schuldner oder seine Erben über die beabsichtigte Aufhebung der Geschäftsaufsicht gehört worden wären und ihr Einverständnis erklärt hätten, oder wenn der Schuldner oder seine Erben selbst die Aufhebung beantragt hätten; denn immerhin können nachträgliche Gründe eintreten, die es dem Schuldner oder den Erben ratsam erscheinen lassen, dennoch von dem Beschwerderecht Gebrauch zu machen, um die Fortsetzung der Geschäftsaufsicht zu ermöglichen (grundsätzlich zustimmend Jaeger a. a. O. S. 77, der allerdings annimmt, daß der Schuldner, der die Aufhebung selbst beantragt hat, durch diese nicht beschwert sei, und deshalb für diesen Fall die Aufhebung nicht erst mit Ablauf der Beschwerdefrist, sondern schon im Augenblick der Zustellung des Beschlusses als wirksam erachtet). Unstreitig ist nun aber eine förmliche Zustellung des Aufhebungsbeschlusses an die Erben des Schuldners niemals erfolgt, der Beschluß hat daher keine Wirksamkeit erlangt und die Geschäftsaufsicht war bis zur Eröffnung des Konkursverfahrens noch nicht beendet. Die Beendigung trat vielmehr erst mit der Konkurseröffnung ein, da Geschäftsaufsicht und Konkurs nebeneinander nicht bestehen können. Die Eröffnung des Konkursverfahrens ist am 22. Oktober 1919 erfolgt. Durch die Anfang 1920 erhobene Anfechtungsklage ist also die einjährige Anfechtungsfrist des § 31 Nr. 2 KO. gewahrt.

Aus welchem Grunde die Zustellung des Aufhebungsbeschlusses unterblieben ist, insbesondere ob dies auf einem Versehen des Richters beruht, ist ohne rechtliche Bedeutung. Wenn die Revision meint, es würde, wenn man auch in einem solchen Falle keine Ausnahme von dem Erfordernis der förmlichen Zustellung des Beschlusses machen wollte, die Geschäftsaufsicht mit allen ihren Wirkungen verewigt, so übersieht sie, daß die Beteiligten die Möglichkeit haben, den Richter zur Bewirkung der Zustellung zu veranlassen.

Die Revision vertritt ferner die Ansicht, daß die Anfechtung eines vom Schuldner während bestehender Geschäftsaufsicht vorgenommenen Rechtsgeschäfts wegen Gläubigerbenachteiligung grundsätzlich ausgeschlossen sei, wenn die Aufsichtspersonen zugestimmt hätten, es sei denn, daß sie arglistig getäuscht worden seien. Auch dieser Meinung kann nicht beigetreten werden. Der Schuldner ist, anders als im Konkurse, während verhängter Geschäftsaufsicht zu allen rechtlichen Verfügungen befugt, eine Beschränkung seiner Verfügungsgewalt besteht nur insofern, als es der Zustimmung der Geschäftsaufsichtspersonen zu den in § 3 Abs. 2 VO. genannten Verfügungen, insbesondere solcher über Grundstücke, bedarf. Dadurch, daß die Aufsichtspersonen einer solchen Verfügung des Schuldners ihre Zustimmung erteilen, wird aber grundsätzlich keineswegs die Anfechtung der Verfügung wegen Gläubigerbenachteiligung ausgeschlossen, und zwar nicht nur dann, wenn die Zustimmung durch arglistige Täuschung der Aufsichtspersonen erlangt worden ist, oder die letzteren in kollusivem Einverständnis mit dem Schuldner zu einer absichtlichen Gläubigerbenachteiligung behilflich gewesen sind. Denn möglicherweise können die Aufsichtspersonen irrtümlich angenommen haben, daß die Verfügung des Schuldners die beteiligten Gläubiger nicht schädige und daß der Schuldner die Verfügung nicht in der Absicht der Gläubigerbenachteiligung vorgenommen habe. War das Geschäft trotz gegenteiliger Annahme der Aufsichtspersonen in Wirklichkeit gläubigerbenachteiligend und liegen auch im übrigen die gesetzlichen Voraussetzungen der Anfechtbarkeit vor, so steht die Zustimmung der Aufsichtspersonen der Anfechtung rechtlich nicht im Wege (vgl. auch Jaeger a. a. O. S. 78). Für die Beweisfrage der objektiven und subjektiven Gläubigerbenachteiligung wird selbstverständlich die Tatsache, daß die Aufsichtspersonen dem Rechtsgeschäfte ihre Zustimmung erteilt hatten, von erheblichem Gewichte sein. Aber sie ist auch nicht mehr als ein Umstand, der im Zusammenhalt mit anderen Tatsachen und Beweismomenten vom Tatrichter pflichtmäßig zu würdigen ist. Sie reicht namentlich nicht aus, wie die Revision meint, um einen Prima-facie-Beweis für die Unanfechtbarkeit des Rechtsgeschäfts zu liefern, demgegenüber der Anfechtende, entgegen der Vorschrift in § 31 Nr. 2 KO., den Beweis zu führen hätte, daß alle Voraussetzungen der Anfechtbarkeit gegeben seien. Der Vorderrichter hat nun unter Berücksichtigung aller Umstände und des gesamten Beweisergebnisses, insbesondere auch unter Würdigung der Bekundungen der Aufsichtspersonen, die Überzeugung erlangt, daß das an den Beklagten veräußerte Grundstück zur Zeit seiner Veräußerung einen höheren Wert gehabt hat, als die gesamten vom Beklagten übernommenen Gegenleistungen, daß also durch den Abschluß des Vertrags unmittelbar die Gläubiger benachteiligt worden sind. Er hat ferner festgestellt, daß, trotz anderer Ansicht der Aufsichtspersonen, aus einer Reihe von Umständen, die im einzelnen dargelegt sind, sich mit Wahrscheinlichkeit die Absicht des Schuldners, seine Gläubiger zu benachteiligen, und deren Kenntnis auf seiten des Beklagten ergebe. Den dem Beklagten gemäß § 31 Nr. 2 KO. obliegenden Gegenbeweis hält das Berufungsgericht nicht für geführt. Gegen diese tatsächlichen Feststellungen kann die Revision nicht mit Erfolg ankämpfen....

Schließlich ist auch die Rüge der Revision unberechtigt, daß es verfehlt sei, wenn der Vorderrichter der Berechnung des vom Beklagten zu erstattenden Wertersatzes den gegenwärtigen Wert des Grundstücks zugrunde lege.

Zunächst hat das Kammergericht nicht den Wert, den das Grundstück zur Zeit der Schlußverhandlung zweiter Instanz wirklich gehabt hat, der Wertersatzberechnung zugrunde gelegt, sondern den Wert, den es gehabt haben würde, wenn es im Besitz und Eigentum des Schuldners verblieben wäre. Diesen Wert hat das Berufungsgericht zugunsten des Beklagten auf nur 73000 *M* geschätzt, indem es erwägt, daß das Grundstück in der Hand des von jeglichen Mitteln zu seiner Erhaltung entblößten Schuldners an der allgemeinen Aufwärtsbewegung der Grundstücke nicht teilgenommen haben würde. Im übrigen aber ist für die Berechnung des Wertersatzes selbstverständlich der Wert maßgebend, den das Grundstück zur Zeit der Schlußverhandlung zweiter Instanz in der Hand des Schuldners gehabt haben würde; denn im Falle der Naturalrestitution würde auch das Grundstück mit seinem jetzigen Wert in die Masse zurückfallen. Nur auf den Wert von Verbesserungen, die der Anfechtungsgegner aus eigenen Mitteln zwischenzeitlich gemacht haben würde, hätte die Masse keinen Anspruch. Für die Frage, ob objektive Gläubigerbenachteiligung vorliegt, kommt allerdings im Falle des § 31 Nr. 2 KO. der Wert des Grundstücks zur Zeit der Veräußerung in Betracht, da die Gläubiger bei diesem Anfechtungstatbestande unmittelbar durch den Abschluß des Vertrags benachteiligt sein müssen. Ist aber diese Voraussetzung der Anfechtbarkeit gegeben, so ist für die Berechnung des Wertersatzes der Wert maßgebend, den das Grundstück zur Zeit der Schlußverhandlung zweiter Instanz gehabt haben würde, wenn es im Besitze des Schuldners verblieben wäre. Es ist daher auch nichts dagegen zu erinnern, daß das Berufungsgericht den Wert des Grundstücks zur Zeit der Veräußerung nur auf (mindestens) 70000 *M* angenommen, dagegen der Wertersatzberechnung den Wert von 73000 *M* zugrunde gelegt hat.

---

43. 1. Besteht ein Rechtsanspruch auf die Entschädigung nach §§ 1 und 2 des Reichsgesetzes vom 21. Mai 1920, betr. Gewährung einer Entschädigung an versetzte Beamte und von Umzugskosten beim Wohnungswechsel am Orte?

2. Zur Bedeutung der Worte „am bisherigen Wohnort" in § 1 dieses Gesetzes.

III. Zivilsenat. Urt. v. 9. Januar 1923 i. S. Deutsches Reich (Bekl.) w. K. (Kl.). III 205/22.

I. Landgericht Stettin. — II. Oberlandesgericht daselbst.

Der Kläger war bei Ausbruch des Weltkriegs aktiver Offizier des in W. stehenden Seebataillons, wurde im Mai 1918 zur Armee in den Großen Generalstab versetzt, war von Ende 1918 bis 1. April 1919 beurlaubt und vom 1. April 1919 ab in die Reichswehr übernommen, in welcher er seit Juni 1920 die Stelle eines Kompagnieführers bekleidet, zunächst in Z., dann von Juli bis Oktober 1920 in N., endlich seit Oktober 1920 in S. Er hat während seines Urlaubs im Dezember 1918 geheiratet und seinen ehelichen Hausstand in G. gegründet, und er hat für die Dienstzeit in N. die ihm seitdem verweigerte Entschädigung des Gesetzes vom 21. Mai 1920, betreffend

Gewährung einer Entschädigung an versetzte Beamte und von Umzugskosten beim Wohnungswechsel am Orte, ausbezahlt erhalten.

Die Klage fordert diese Entschädigung für die Monate Oktober und November 1920 mit je 600 ℳ; sie ist von den Instanzen zugesprochen; die Revision blieb erfolglos.

Gründe:

1. Das Gesetz gebraucht in § 1 und 2 den Ausdruck „darf eine Entschädigung gewährt werden“. Die bisherigen Gesetze kennzeichnen einen Rechtsanspruch des Beamten oder der Militärperson mit den Worten „Anspruch auf“, „Recht auf“, „sie erhalten“, „sie empfangen“, „sie beziehen“, „wird gewährt“, „ist zu gewähren“, „sie sind abzufinden“, „gebührt“, „ist zuständig“, „steht zu“, „Zuständigkeit“, während ein Einkommensteil, dessen Zuwendung vom Ermessen der Verwaltungsbehörde abhängig gemacht ist, durch das Wort „kann“ oder durch besondere, diese Rechtslage klarstellende Wendungen herausgehoben wird: so §§ 8, 37, 39, 52, 68 Abs. 2, 128 Abs. 2 RBG., Verordnung betr. die Tagegelder, die Fuhrkosten und die Umzugskosten der Reichsbeamten vom 8. September 1910 § 25, Reisekostenverordnung für die Reichsbeamten vom 14. Oktober 1921 §§ 6, 8, (im Gegensatz zu § 1 dieser Verordnungen „sie erhalten“). Eine solche besondere unzweideutige Wendung war auch die Bestimmung in § 12 Nr. 2 Satz 2 der Kriegsbesoldungsvorschrift vom 29. Dezember 1887; Satz 1 und 2 lauteten: „Für Offiziere, welche kriegsgefangen oder vermißt sind, ist Gehalt nur so lange zuständig, als ihre Kriegsstellen nicht als erledigt anzusehen sind. Über diese Zeit hinaus darf indessen — und zwar insbesondere, wenn die Unterhaltung von Angehörigen daraus bestritten werden soll — vom Divisionskommando ... die Fortgewährung des reinen Gehalts oder eines Teils desselben bewilligt werden.“ Hier wird durch den Gegensatz zu Satz 1 außer Zweifel gestellt, daß dieses „darf bewilligt werden“ dasselbe bedeutete, wie „kann bewilligt werden“, daß nämlich diese nach Satz 3 über den Etat hinaus erfolgende Gewährung dem Ermessen des Divisionskommandos anheimgegeben werden sollte.

Ob der von dieser klaren und immer wiederholten Ausdrucksweise der bisherigen Gesetze abweichende Wortlaut des Gesetzes vom 21. Mai 1920 §§ 1 und 2 „darf gewährt werden“ den einen oder den andern Inhalt hat, bedarf der Auslegung; er könnte dasselbe besagen wie „kann gewährt werden“, er könnte aber auch einen Rechtsanspruch meinen und nur dessen Abhängigkeit betonen, sei es von der haushaltsrechtlichen Seite der entstehenden Aufwendungen, wie der Berufungsrichter annimmt, sei es von dem Antrag des betreffenden Beamten oder Soldaten, dessen Notwendigkeit nach den Motiven beabsichtigt war und von den Ausführungsbestimmungen (= AB.) des

Reichsfinanzministers Nr. 22 und des Reichswehrministers Nr. 23 festgesetzt wurde, sei es von dem besonderen Nachweis der Behinderung einer Hausstandseinrichtung am neuen Dienstort, oder endlich von den im Gesetz ausgeworfenen, durch die AB. den jeweiligen wirtschaftlichen Verhältnissen anzupassenden Tagessätzen.

Die Motive sind unschlüssig: alle ihre Darlegungen geben zwar über Anlaß und wirtschaftliche Absicht des Gesetzes Aufschluß, können aber in der Frage nach der Rechtsnatur der Versetzungsentschädigung in dem oder in jenem Sinne verstanden werden. Das Gesetz selbst wurde in der Sitzung der Nationalversammlung vom 26. April 1920 ohne jede weitere Erörterung angenommen.

Das Gesetz gibt durch die Entschädigung eine Erweiterung der Umzugskosten über die §§ 17 flg. der VO. vom 8. September 1910 hinaus. Nach den AB. des Reichsfinanzministers (= FM.) hat die Verrechnung der durch die Ausführung des Gesetzes entstehenden Kosten planmäßig bei den betreffenden Umzugskostentiteln zu erfolgen (Nr. 26), ist die Entschädigung abgestuft nach den Fünftagegelderstufen (Nr. 1) und findet das Gesetz auf außerplanmäßige Beamte nur insoweit Anwendung, als diesen Beamten nicht schon auf Grund anderweiter Bestimmungen Tagegelder zustehen. Auf die Umzugskosten und Tagegelder bestand und besteht ein Rechtsanspruch. Daß der nunmehr neu durch das Gesetz hinzugefügte, zwar an besondere tatsächliche Voraussetzungen geknüpfte, aber den bisherigen Umzugskosten durchaus gleichartige Teil der Umzugskosten — eben die Versetzungsentschädigung — im Gegensatz dazu lediglich eine Ermessensbewilligung sein sollte, dafür sind sachliche Gründe nicht erfindlich. Die Motive führen als Anlaß des Gesetzes an, es könnten nach den geltenden Bestimmungen an versetzte Beamte Tagegelder oder sonstige Vergütungen zur Bestreitung der durch Beibehaltung der Familienwohnung am alten Dienstorte oder durch Unterstellung der Möbel daselbst entstehenden Mehrausgaben nicht gewährt werden; sie stellen die bisherigen Tagegelder- und Umzugskosten-Bezüge zum Vergleich und äußern mit keinem Worte, daß die nunmehrige Entschädigung von den Tagegeldern und Umzugskosten innerlich verschieden und darum nur nach Ermessen zu bewilligen sei. Der einer etwaigen derartigen Absicht entsprechende klare Ausdruck „kann" lag als ein seit Jahrzehnten allgemein gebräuchlicher, scharf charakterisierender Gesetzesausdruck zur Hand; dieses Wort ist aber gerade nicht gewählt, und es ist in den Motiven weder gesagt noch auch nur angedeutet, daß trotzdem hinter und in dem Wortlaut „darf gewährt werden" eine Kannvorschrift stecken solle. Hiernach und da die Versagung des Anspruchscharakters wie an sich so insbesondere in der gegenwärtigen Zeit — nach der die Rechte der Beamten sichernden und erweiternden Reichsverfassung vom 11. August 1919 — eine ungewöhnliche, zwingender Gründe und eines unzweideutigen Ausdrucks bedürftige Ausnahme darstellt, muß geschlossen werden, daß keiner der Faktoren der Reichsgesetzgebung die strittige Entschädigung nur als eine Ermessensbewilligung gemeint und gewollt hat, und daß — worauf es entscheidend ankommt — in dem Gesetzeswortlaut „darf gewährt werden" keinenfalls die Verneinung des Rechtsanspruchs auf die Entschädigung ausgedrückt ist.

Diese Auffassung wird bestätigt durch die AB. des FM. und des Reichswehrministers (= WM.).

Die auf Grund der §§ 4, 5 des Gesetzes am 4. August 1920 vom WM. erlassenen AB. sind im HeeresVOBl. 1920 S. 712 veröffentlicht mit den einleitenden Worten „Vorstehendes Gesetz wird zur Kenntnis des Heeres gebracht und unter Berücksichtigung der gemäß § 5 des Gesetzes vom Reichsminister der Finanzen erlassenen AB. folgendes dazu verfügt"; damit kennzeichnen sie sich als eine allgemeine, den Heeresangehörigen ausdrücklich eröffnete Verfügung, die sich in Verwaltungsordnungen, nämlich Anweisungen an die nachgeordneten Behörden, keineswegs erschöpft, sondern die durch das Gesetz gegebene Entschädigung in näherer Ausgestaltung als eine gesetzliche Zuwendung den betroffenen Militärpersonen selbst zur Kenntnis bringt. Die grundlegenden Sätze sind in den AB. des WM. und in denen des FM. wörtlich gleichlautend. Für die in § 25 der TagegelderVO. vom 8. September 1910 genannten Personen, die ohne vorher im Reichsdienst gestanden zu haben, in diesen übernommen werden, wird in den AB. des FM. Nr. 4 eine besondere, den Anspruchscharakter verneinende Wendung gebraucht, nämlich, daß sie „zur Vermeidung von Härten mit Genehmigung der obersten Reichsbehörde nach den Bestimmungen dieses Gesetzes abgefunden werden können". Im übrigen aber heißt es:

„Die Entschädigung nach §§ 1 und 2 des Gesetzes . . . werden neben den Gebührnissen der neuen Stelle gewährt" (FM. Nr. 9, WM. Nr. 10) . . . „sind auf Antrag zu gewähren" (FM. Nr. 22, WM. Nr. 23); . . . „sind monatlich nachträglich zu zahlen" (FM. Nr. 25, WM. Nr. 25). „Bei Einreihung von Beamten in eine höhere Stufe der Tagegeldersätze ist die höhere Vergütung erst vom Zeitpunkt der Bekanntgabe des Aufrückens in die höhere Klasse ab zuständig" (FM. Nr. 14, WM. Nr. 14). Gewisse Beamten „sind" erst von einem bestimmten Tage ab „mit Entschädigungen nach Maßgabe des Gesetzes und den dazu erlassenen AB. abzufinden" (FM. Nr. 9 Abs. 2). Gewisse Beamten „erhalten an Stelle der Entschädigungen des § 1" neben Fahrkartenauslagen einen gewissen Zuschuß (FM. Nr. 13, WM. Nr. 13). Neben der Entschädigung nach den § 1 und 2 des Gesetzes ist bei Selbstbeschaffung „der Unterkunft Servis nicht zuständig" (FM. Nr. 19, WM. Nr. 20). Bei Zurückweisung einer entsprechenden

Wohnung „verliert der Beamte (der Heeresangehörige) den Anspruch auf Weiterzahlung der Entschädigung" (FM. und WM. je Nr. 24 Abs. 2).

Entsprechend lautet es in den späteren, weiteren Verfügungen des WM. vom 22. Oktober 1920 und 11. Dezember 1920, HVBl. 1920 S. 917 und 992: „wenn versetzte Heeresangehörige ... eine Entschädigung nach Maßgabe des Gesetzes erhalten, so ...".

„Entschädigungen für die durch die Einstellung in die Reichswehr notwendig gewordene Führung von doppeltem Haushalt sind daher nicht zuständig".

Aus diesen Wortlauten und aus diesen Zusammenhängen mit den Umzugskosten und mit den Tagegeldern ergibt sich unabweislich nicht nur, daß die Heeresangehörigen in dem ihnen derart bekannt gegebenen Gesetz die Gewährung eines Rechtsanspruchs finden mußten, sondern auch, daß sowohl der FM. als der WM. selbst zur Zeit des Erlasses ihrer AB. das Bestehen eines Rechtsanspruchs annahmen, also die vorstehend dargelegte Anschauung über den Inhalt des Gesetzes teilten. Erst einige Monate zuvor hatte der WM. in seinen Verfügungen über Beschaffensbeihilfen für Heeresangehörige und für Angestellte und Lohnempfänger der Heeresverwaltung vom 20. September, 4. Oktober und 7. November 1919 — HVBl. 1919 S. 131, 192, 343 unter V 4, bzw. II 11, bzw. 11, ausdrücklich verkündet, daß ein Rechtsanspruch auf die Beihilfe nicht besteht; die nunmehrigen AB. zum Gesetz vom 21. Mai 1920 enthalten sich nicht nur einer solchen Kundgabe, sondern die in ihnen gewählten Worte besagen das Gegenteil. Falls später in drei Erlassen vom 8. Juni, 23. September und 10. Dezember 1921 der FM. den § 1 als eine Kannvorschrift bezeichnet hatte, aus der kein rechtlicher Anspruch auf Zahlung herzuleiten sei, — wie W. Barz, die Reise- und Umzugskostenvorschriften für die Reichsbeamten, S. 165 anmerkt, — so muß dieser Wechsel der Rechtsauffassung belanglos bleiben. Der FM. ist nur zu ergänzenden Anordnungen ermächtigt, er vermag das im Gesetz gegebene Recht auf Entschädigung nicht zu beseitigen, wie er es auch nicht schaffen könnte, wenn es nach dem Gesetz nicht bestünde.

Hiernach muß der erste Einwand des Beklagten als unzutreffend abgelehnt werden, ohne daß auf die in den Motiven des Gesetzes gar nicht erwähnte, in ihrer Fassung („ist zu gewähren") abweichende preußische Justizministerialverfügung vom 11. Dezember 1919, über Gewährung von Beihilfen an versetzte Beamte, eingegangen zu werden braucht.

Die vorstehende Darlegung betrifft nur die §§ 1 und 2 des Gesetzes; ob im Gegensatz dazu der Wortlaut in § 3 „dürfen in besonderen Fällen die nachgewiesenen tatsächlichen Transport- und allgemeinen Umzugskosten erstattet werden, soweit sie das angemessene Maß nicht übersteigen", nur eine Ermessensbewilligung kennzeichnet und gewährt, bedarf hier keiner Untersuchung.

2. Auch der zweite Einwand des Beklagten versagt. Die Voraussetzungen der Entschädigung liegen für den Kläger allerdings vor.

Zunächst geht fehl, daß der Beklagte als alten Dienstort — von dem aus der Kläger nach seinem neuen Dienstort S. versetzt sein müßte, — W. bezeichnet. Zwischen dem Standort, den der Kläger unter der früheren Staats- und Militärverfassung zunächst oder zuletzt hatte, und seinem jetzigen Standort besteht nicht das geringste rechtliche Band. Staatsumwälzung und völlig neues, anders geartetes Wehrgesetz haben jene früheren Standorte rechtlich ausgelöscht, so daß jede Fiktion ihres Fortbestandes ausgeschlossen wird. Der Kläger war nach S. und vorher nach N. versetzt, nicht aus W. oder B., als seinen bis zur Versetzung fortdauernden Standorten, sondern er hatte vor dieser Versetzung einen dienstlichen Wohnsitz überhaupt nicht gehabt, insbesondere nicht vom 1. April 1919 ab während seines ihn zu dringenden militärischen Maßnahmen hin und her werfenden Reichswehrdienstes.

Sodann handelt es sich nicht um einen alten Standort an sich, sondern um die Fortführung des Haushalts im — wie der Beklagte will, — alten Standort. Ein eigener Haushalt besteht nach dem Erlaß des FM. vom 22. Juni 1921 in Wohnung mit eigener Geräteausstattung, mit Kochgelegenheit und mit wesentlich eigener Speisebereitung durch einen Haushaltsgehilfen. Einen solchen Haushalt hat der damals ledige Kläger in seinen früheren Standorten aller Wahrscheinlichkeit nach nie gehabt; er müßte also erst nachträglich — nach Zusammenbruch der früheren Militärverfassung und nach Wegfall der auf ihr beruhenden Standorte — in dem rechtlich ausgelöschten früheren Standort einen derartigen Haushalt neu begründet haben, um ihn nunmehr dort im Sinne des Gesetzes vom 21. Mai 1920 fortführen zu können; er müßte im Dezember 1918 seinen ehelichen Haushalt in dem früheren, für immer verloren gegangenen Standort W. oder B. eingerichtet und so erst diesen ehemaligen, vermeintlich fortdauernden, in Wahrheit tatsächlich und rechtlich beseitigten Dienstort zu einem Haushaltsdienstort vervollständigt haben.

Die innere Unmöglichkeit solcher Voraussetzungen für die Versetzungs-Entschädigung liegt auf der Hand.

Es kann sich nur fragen, ob die Versetzung des Klägers nach N. und sodann nach S. eine wirkliche „Versetzung" im Sinne des § 1 des Gesetzes war, obwohl der Kläger zur Zeit dieser Versetzung einen alten Dienstort gar nicht hatte, die Versetzung also nicht aus einem alten Dienstort erfolgte.

Der Beklagte versteht die Worte „am bisherigen Wohnort“ (nämlich „Fortführung des Haushalts“) in der ersten Rubrik des § 1 als die Bezeichnung des bisherigen dienstlichen Wohnsitzes und beruft sich hierfür auf § 5 der AB. des FM. vom 6. Dezember 1921 zur ReisekostenVO. vom 14. Oktober 1921. Dieser § 5 lautet jedoch: „Sofern in diesen Ausführungsbestimmungen nicht vom tatsächlichen Wohnort gesprochen wird, gilt als Wohnort der dienstliche Wohnsitz“; er beschränkt also seine Bezeichnungsweise gerade nur auf jene AB. Nachdem der Text des § 1 des Gesetzes vom 21. Mai 1920 das Nicht-Einrichten-Können des Hausstandes am neuen Dienstort als Tatbestand angegeben hatte, war für die Rubrik der Wortlaut „am bisherigen“ oder „alten dienstlichen Wohnsitz (so in § 12 der ReisekostenVO. vom 14. Oktober 1921) naheliegend und notwendig, wenn dies gemeint war; die Vermeidung dieser Ausdrücke und die Wahl der Worte „am bisherigen Wohnorte“ ergibt, daß wirklich nur der bisherige Wohnort gemeint und gewollt war.

Die in Kraft gebliebenen, nämlich durch die ReisekostenVO. vom 14. Oktober 1921 nicht aufgehobenen §§ 17, 25 der TagegelderVO. vom 8. September 1910 verstehen unter „Versetzung“ auch die Berufung aus dem bisherigen Wohnort in den neuen Dienstort; so in § 24 bei den Ruheständlern und in § 25 bei den neu in den Reichsdienst Übernommenen, die bei Wiederanstellung bzw. bei Übernahme einen bisherigen Dienstort überhaupt nicht haben; es wird ihnen ebenso wie den aus einem alten Dienstort in einen neuen Dienstort Versetzten gemäß § 19 die Vergütung berechnet nach der Entfernung zwischen den Orten, von welchen und nach welchen die Versetzung stattfindet. Entsprechend bestimmt die Nr. 4 der AB. des FM. zum Gesetz vom 21. Mai 1920, daß die in § 25 der TagegelderVO. vom 8. September 1910 genannten, nämlich die neu in den Reichsdienst übernommenen Personen nach den Bestimmungen dieses Gesetzes abgefunden werden können. Damit ist anerkannt, daß eine „Versetzung“ im Sinne des Gesetzes auch aus dem bisherigen Wohnort, der nicht zugleich Dienstort ist, erfolgt, und eben dies ist anerkannt im Erlaß des FM. vom 31. August 1921, der nach Barz S. 163 ausführt, „auf Ruhegehalts- und Wartegeldempfänger könne mangels eines dienstlichen Wohnsitzes der § 2 der VO. vom 8. September 1910 (Beschäftigungstagegelder) keine Anwendung finden, es erübrigt daher nur, die Pensionäre und Wartegeldempfänger bei Wiederbeschäftigung im Reichsdienst nach Maßgabe des Gesetzes vom 21. Mai 1920 abzufinden“. Dieser Gegensatz zu § 2 der VO. vom 8. September 1910 bestätigt unzweideutig, daß nach der Rechtsauffassung des FM. unter „bisherigem Wohnort“ in der Rubrik des § 1 ein bisheriger dienstlicher Wohnsitz gerade nicht gemeint ist.

Der Kläger nun war, als er am 1. April 1919 in die Reichswehr übertrat, weder Pensionär noch Wartegeldempfänger noch ein neu in den Reichsdienst Übernommener, sondern er war ein — von November 1918 bis 1. April 1919 nur beurlaubter — aktiver Offizier des noch bestehenden Heeres, der sein früheres Dienstverhältnis in der Reichswehr fortsetzte, §§ 1 und 2 des Gesetzes über die Bildung einer vorläufigen Reichswehr vom 6. März 1919 und § 10 der AB. dazu von demselben Tage; es steht ihm also die Entschädigung des Gesetzes vom 21. Mai 1920 nicht als Ermessensbewilligung im Sinne der Nr. 4 der AB. des FM. oder im Sinne des Erlasses des FM. vom 31. August 1921, sondern als rechtlicher Anspruch zu. Auch der — bereits oben angezogene — Erlaß des WM. vom 11. Dezember 1920 (HVOBl. S. 992) bestätigt ausdrücklich, daß auf die in § 10 der AB. zum Gesetz vom 6. März 1919 bezeichneten, in die Reichswehr übertretenden Offiziere und Unteroffiziere das Gesetz vom 21. Mai 1920 Anwendung findet, während sich diese Anwendung für die auf Grund freiwilliger Meldung eingestellten verheirateten Reichswehrangehörigen nicht hatte erreichen lassen; es erscheint unmöglich, daß der WM. dabei annahm, bei jenen nach § 10 der AB. zum Gesetz vom 6. März 1919 übertretenden Offizieren und Unteroffizieren kämen Versetzungen in den neuen Dienstort nur aus dem alten, früheren, durch die tatsächliche und rechtliche Auflösung des alten Heeres beseitigten Standort in Frage.

Der geschichtliche Verlauf der Dinge hatte bewirkt, daß der Kläger zur Zeit seiner Eheschließung im Dezember 1918 einen dienstlichen Wohnsitz nicht mehr hatte und einen solchen erst wieder erwarb, als er, von Juli 1920 ab, zum Kompagnieführer bestellt wurde. Kraft dieses Verlaufs und zumal damals noch ungewiß war, ob er in die zukünftige Reichswehr werde übernommen werden, war er berechtigt, im Dezember 1918 seinen ehelichen Haushaltungswohnsitz in G. zu nehmen; aus diesem seinem bisherigen Wohnort ist er nach N. und sodann nach S. versetzt; er war in der strittigen Zeit behindert, in diesem seinem neuen Dienstort seinen Hausstand einzurichten, und gezwungen, denselben in seinem bisherigen Wohnort fortzuführen.

---

44. Ist der Vorvertrag zur Eingehung einer Gesellschaft, deren Form späterer Übereinkunft vorbehalten wird, „z. B. einer Gesellschaft des bürgerlichen Rechts, einer A.-G., einer G. m. b. H. usw." rechtswirksam?

II. Zivilsenat. Urt. v. 9. Januar 1923 i. S. Erdöl- und Kohlenverwertungs-Aktiengesellschaft (Kl.) w. H. (Bekl.). II 851/21.

I. Landgericht I Berlin. — II. Kammergericht daselbst.

Der Beklagte stand zu der Firma Gustav H., Braunkohlengesellschaft m. b. H., in Beziehung und traf mit der Klägerin im Jahre 1918 eine Verabredung über „die Gewinnung und Verarbeitung von Produkten und Nebenprodukten aus der Braunkohle von H.". Zu diesem Zweck sollte „eine Gesellschaft zum Beispiel bürgerlichen Rechts, Aktiengesellschaft oder G. m. b. H. usw." gegründet werden. Von dem zunächst auf 1,5 Millionen Mark festzusetzenden Kapital der Gesellschaft sollte die A.-G. 51 %, der Beklagte 49 % einzahlen; entsprechend war die Gewinnbeteiligung der Parteien festgesetzt. Zugleich waren u. a. Bestimmungen getroffen über die Geschäftsführung und deren Überwachung, über das Recht zur Büchereinsicht, über das Zusammenwirken zur Feststellung der Bilanz, Kapitalveränderungen, Fusionen, Verkauf, Liquidation. Bis ins einzelne ist auch der Übergang der dem Beklagten gegenüber der Braunkohlengesellschaft m. b. H. zustehenden Ansprüche auf die zu errichtende Gesellschaft geregelt. Das Angebot zu dieser Vereinbarung hatte der Beklagte der Klägerin brieflich am 5. März 1918 gemacht; die Klägerin hat es brieflich am 28. Juni 1918 angenommen. Nunmehr ist nach der im Berufungsverfahren gewählten Fassung des Klagantrags Klage darauf erhoben, daß der Beklagte mit der Klägerin einen Vertrag mit dem im Jahre 1918 vereinbarten Inhalt schließe und zwar nach der Wahl des Beklagten in der Form einer Gesellschaft des bürgerlichen Rechts, einer offenen Handelsgesellschaft, einer Aktiengesellschaft, einer G. m. b. H. oder einer Kommanditgesellschaft, zugleich aber auf diese Gesellschaft den zwischen dem Beklagten und der Braunkohlengesellschaft m. b. H. bestehenden Kohlenlieferungsvertrag übertrage. Hilfweise ist verlangt, daß der Beklagte eine Gesellschaft des bürgerlichen Rechts, eine offene Handelsgesellschaft oder eine Kommanditgesellschaft, weiter hilfweise, daß er nur eine Gesellschaft des bürgerlichen Rechts einzugehen habe. Der Klaganspruch wurde vom Berufungsrichter abgewiesen, weil aus der Abmachung, so wie diese geschlossen worden sei, kein Rechtsanspruch der Klägerin auf Eingehung eines der in Aussicht genommenen Gesellschaftsverhältnisse habe entstehen können. Die Revision blieb erfolglos.

Gründe:

Das Berufungsgericht hat auf Grund einwandfreier Auslegung in den Abmachungen der Parteien vom 5. März/28. Juni 1918 einen Vorvertrag, nicht eine unverbindliche Absprache (sogenannte Punktation) erblickt. Es kennzeichnet dieses Abkommen als Gesellschaftsvertrag nach bürgerlichem Rechte mit dem alleinigen Zweck der Gründung der künftigen Gesellschaft, die der Errichtung und dem Betriebe von Gemeinschaftsanlagen zur Gewinnung und Verarbeitung von Produkten und Nebenprodukten aus der H.'schen Braunkohle dienen soll. Es erachtet aber diesen Vorvertrag für unwirksam, weil er unter anderem die Gründung einer Aktiengesellschaft oder G. m. b. H. vorsehe, insoweit wegen Formmangels nichtig sei, und nicht angenommen werden könne, daß die Parteien ihn auch ohne den nichtigen Teil abgeschlossen haben würden (BGB. § 139). In zweiter Linie weist das Berufungsgericht darauf hin, daß sich die Parteien zwar über manche, nicht aber über alle wesentlichen Punkte geeinigt hätten.

Die gegen diese Begründung von der Revision erhobenen Angriffe können keinen Erfolg haben. Nach der ständigen Rechtsprechung des Reichsgerichts, von der abzugehen kein Anlaß besteht, bedarf der Vorvertrag zu seiner Rechtswirksamkeit der Einhaltung der für den eigentlichen Vertrag vorgeschriebenen Form. Es kann daher ein Vertrag, der die Eingehung einer Aktiengesellschaft oder einer G. m. b. H. zum Gegenstande hat, privatschriftlich nicht gültig geschlossen werden. Das Abkommen der Parteien vom 5. März/28. Juni 1918 zielt aber auf Gründung irgendeiner Gesellschaft, darunter auch einer Aktiengesellschaft oder einer G. m. b. H. ab. Die Wahl der Gesellschaftsform ist späterer Feststellung vorbehalten worden. Dabei sind alle erdenklichen Gesellschaften gleichmäßig vorbehalten. Die Parteien sollen völlig freie Wahl haben, sich auf die eine oder die andere zu einigen. Daraus folgt, daß keine der in Aussicht genommenen Gesellschaften willkürlich ausgeschaltet werden darf. Insbesondere darf auch dem Beklagten nicht die Möglichkeit abgeschnitten werden, die Gründung gerade einer Aktiengesellschaft oder einer G. m. b. H. zu verlangen und dazu das Einverständnis der Klägerin zu erwirken. Eine Bindung der Parteien aber mit dem Ziele, ein solches Ergebnis zu erzwingen, kann nach gesetzlicher Vorschrift nicht formlos geschaffen werden, und damit fällt ohne weiteres der ganze Vorvertrag.

Die Revision will, um die Gültigkeit des Abkommens zu retten, dieses als ein Wahlschuldverhältnis in Sinne des § 262 BGB. angesehen wissen und verficht unter entsprechender Anwendung des § 265 daselbst die Auffassung, daß, wenn die Verpflichtung zur Gründung einer Aktiengesellschaft oder einer G. m. b. H. nicht rechtswirksam habe vereinbart werden können, wenigstens diejenige zur Eingehung einer anderen, der Form nicht bedürftigen Gesellschaft bestehen bleibe. Allein ein Wahlschuldverhältnis ist durch das Abkommen überhaupt nicht begründet worden. Zwar hat die Klägerin im Rechtsstreit dem Beklagten die freie Wahl gelassen, welche der in Betracht kommenden Gesellschaften er mit ihr eingehen wolle, und dementsprechend ihre Klaganträge gefaßt. Dieser Standpunkt wird aber durch den Inhalt des Abkommens selbst nicht gedeckt. Dort ist die Wahl der Gesellschaftsform späterer Übereinkunft der Parteien überlassen worden. Eine Anwendung des § 265 BGB. würde überdies das im Vertrage verbriefte Recht des Beklagten, sich mit der Klägerin über die Eingehung gerade der Aktiengesellschaft oder der G. m. b. H. zu einigen, beseitigen, und das kann — wie bereits oben ausgeführt — nicht als zulässig erachtet werden.

Die Gültigkeit des Vorvertrags muß aber auch deshalb verneint werden, weil die Wahl der späteren Gesellschaftsform eines der wichtigsten Erfordernisse für den endgültigen Abschluß bildet und über diese Wahl keine Einigung zustande gekommen ist, der Vorvertrag vielmehr eine solche Einigung ausdrücklich späterer Zeit vorbehält. Hier ist ebensowenig wie im Falle des § 154 Abs. 1 BGB. die Möglichkeit gegeben, die fehlende Einigung richterlich zu ergänzen. Es fehlt also dem von den Parteien geschlossenen Vorvertrage die nötige Bestimmtheit oder Bestimmbarkeit. Den Vertrag trotzdem mit der Erwägung aufrechtzuerhalten, daß jedenfalls eine Gesellschaft als solche geschlossen werden sollte, ist aber nicht angängig. Eine Gesellschaft als abstrakter Begriff ist nicht denkbar. Es muß sich immer um eine bestimmte, dem bürgerlichen oder Handelsrechte angehörende Gesellschaft handeln.

---

45. 1. Wann ist der Rechtsweg zulässig für Ansprüche, die mindestens teilweise auf öffentlichem Recht beruhen?
2. Wann darf die Klage auf einen Teil der geschuldeten Leistung beschränkt werden?
3. Zum Begriff des nur der Gattung nach bestimmten Gegenstandes im Sinne des § 279 BGB.
4. Zur Frage der Nichtzumutbarkeit einer Leistung bei Verträgen mit stark spekulativem Einschlag.

VII. Zivilsenat. Urt. v. 9. Januar 1923 i. S. Stadtgemeinde B. (Kl.) w. AEG.-Schnellbahn, A.-G. in Berlin (Bekl.). VII 403/22.

I. Landgericht I Berlin. — II. Kammergericht daselbst.

Die Beklagte ist eine Tochtergesellschaft der Allgemeinen Elektrizitäts-Gesellschaft in Berlin (AEG.). Sie ist gebildet, um den Bau und Betrieb einer elektrischen Hoch- und Untergrundbahn von Gesundbrunnen nach dem Hermannplatz in Neukölln durchzuführen. Diese Bahn bildet den Gegenstand eines von der Klägerin mit der AEG. am 18. März 1912 abgeschlossenen Vertrags. Die Klägerin räumt darin (§ 1) der AEG. für die zu bildende Beklagte die Befugnis zur Benutzung des für die Bahn erforderlichen städtischen Geländes ein und erteilt als Wegeunterhaltungspflichtige ihre Zustimmung zur Benutzung der öffentlichen Straßen, Wege und Plätze. Nach § 2 wird der Vertrag auf die Dauer von 90 Jahren geschlossen. § 3 regelt die Kapitalbeschaffung durch die Beklagte und eine gewisse Zuschußpflicht der Klägerin. In § 6 Nr. 2 wird die Beklagte verpflichtet, die Bahn binnen 5 Jahren nach erteilter staatlicher Genehmigung betriebsfähig fertigzustellen, binnen weiterer 3 Monate den Betrieb aufzunehmen und ihn bis zum Ablauf des Vertrags durchzuführen. § 13 regelt den Fahrplan und die Fahrpreise, § 16 die Leistungen der Beklagten an die Klägerin aus der Bruttoeinnahme und dem Gewinn, § 17 die Aufsichtsrechte der Klägerin, § 18 das Erwerbsrecht der Klägerin während der Dauer des Vertrags, § 19 die Endigung des Vertragsverhältnisses, § 20 die Rechtsverhältnisse bei dieser Endigung und § 22 Nr. 3 die Bürgschaft der AEG. Die staatliche Genehmigung ist am 4. Juni 1914 erteilt, der Bau alsbald begonnen und auch während des Krieges fortgesetzt worden. Am 23. Dezember 1918 wurde ein Nachtragsvertrag geschlossen, der nach seinem Eingang gewisse Meinungsverschiedenheiten beseitigen und den durch die Kriegszeit entstandenen Veränderungen der Verhältnisse Rechnung tragen sollte. Diesen Nachtragsvertrag hat die Beklagte bereits selbst geschlossen. Die Bahnlinie wird darin etwas verändert, der Beginn der 90 Vertragsjahre auf den Tag des Nachtrags zur staatlichen Genehmigung verlegt, auch werden — neben den weiteren Abreden — die Leistungen der Klägerin anders bestimmt. Durch Schreiben vom 23. Oktober 1919 hat die Beklagte mit Rücksicht auf die eingetretene Änderung aller wirtschaftlichen Verhältnisse, den zunehmenden Materialmangel, die unübersehbaren späteren Betriebskosten und die Unmöglichkeit, entsprechende Tarife aufzustellen, der Klägerin mitgeteilt, a) daß sie beschlossen habe, die Arbeiten, soweit möglich, einzustellen und bei bereits vergebenen Arbeiten von dem vertraglichen Aufschubs- und Rücktrittsrecht Gebrauch zu machen, b) daß ihr die Vertragserfüllung unmöglich werde und nicht zugemutet werden könne, und daß sie zur Erörterung der Verhältnisse in Verhandlungen mit der Klägerin einzutreten wünsche. Die Klägerin hat darauf Klage erhoben. Sie meint, daß die Vertragsverbindlichkeiten der Beklagten noch in vollem Umfange bestehen, hat aber zur Kostenersparung nur eine Teilklage erhoben und gebeten, die Beklagte zu verurteilen, ein bestimmtes Stück der Bahn in der neuen Friedrichstraße fertigzustellen. Für den Fall, daß augenblicklich wirklich Materialmangel bestehen solle, hat die Klägerin beantragt, festzustellen, daß die Beklagte von ihrer Verbindlichkeit, die Bauarbeiten auf der erwähnten Teilstrecke fertigzustellen, nicht befreit sei. Beide Vorinstanzen haben die Klage, dem Antrage der Beklagten entsprechend, abgewiesen. Die Revision hatte vollen Erfolg.

Gründe:

1. Der Rechtsweg ist zulässig. Die Klage gründet sich und kann sich lediglich gründen auf den von der Klägerin mit der Beklagten nach § 6 des Gesetzes über Kleinbahnen und Privatanschlußbahnen vom 28. Juli 1892 abgeschlossenen Zustimmungsvertrag. Die Befugnisse, welche die §§ 22 flg. des Kleinbahngesetzes und die etwa in der Genehmigungsurkunde gemachten Auflagen den staatlichen Aufsichtsbehörden einräumen, ist die Klägerin geltend zu machen nicht berufen. Die Klägerin kann also den Bau der Bahn nur deshalb verlangen, weil die Beklagte sich ihr gegenüber durch § 6 Nr. 2 des Zustimmungsvertrags zum Bau und Betriebe der Bahn besonders verpflichtet hat. Ein solcher Zustimmungsvertrag beruht zu einem großen Teile auf öffentlichem Rechte. Nach § 6 des Kleinbahngesetzes hat der Unternehmer der Bahn, soweit ein öffentlicher Weg benutzt werden soll, die Zustimmung des aus Gründen des öffentlichen Rechts zur Unterhaltung des Weges Verpflichteten beizubringen, dieser aber kann für die Benutzung des Weges ein angemessenes Entgelt beanspruchen, ingleichen sich den Erwerb der Bahn im ganzen nach Ablauf einer bestimmten Frist gegen angemessene Schadloshaltung des Unternehmers vorbehalten. Die Zustimmung des Unterhaltungspflichtigen — und das zeigt den öffentlichrechtlichen Charakter der von ihm insoweit mit dem Unternehmer getroffenen Abreden an — kann nach § 7 a. a. O. durch bestimmte Behörden ergänzt werden. Dabei wird auch über die an den Unternehmer gestellten Ansprüche des Wegeunterhaltungspflichtigen unter Ausschluß des Rechtswegs entschieden. Eine Stelle, welche über Streitigkeiten entscheiden soll, die, wie im gegenwärtigen Falle, zwischen dem Wegeunterhaltungspflichtigen und dem Unternehmer über die Ausführung eines nach § 6 a. a. O. geschlossenen Vertrags — oder gegebenenfalls auch über die Ausführung einer behördlich getroffenen Regelung — entstehen, ist nicht vorgesehen. Nach der bei Erlaß des Kleinbahngesetzes herrschenden Auffassung nahm man an, daß dazu die ordentlichen Gerichte berufen seien. Im Sinne des § 13 GVG. handelt es sich also auch insoweit um eine bürgerliche Rechtsstreitigkeit, als auf Grund öffentlich rechtlicher Bestandteile eines Zustimmungsvertrags geklagt wird. Die Vorschrift des § 13 a. a. O. ist dahin aufzufassen, daß sie sich auf alle Streitigkeiten bezieht, welche nach der z. Zt. des Erlasses des GVG. geltenden Rechtsauffassung oder nach der Auffassung des betreffenden späteren Gesetzes durch die ordentlichen Gerichte zu entscheiden waren. Dahin geht die ständige Rechtsprechung des III. Zivilsenats des Reichsgerichts, der selbst den öffentlich rechtlichen Charakter der Zustimmungsverträge entscheidend betont, RGZ. Bd. 68 S. 375, Bd. 92 S. 313 flg., Bd. 93 S. 78 flg. Der IV. Zivilsenat (RGZ. Bd. 10 S. 280) und später der erkennende Senat (RGZ.

Bd. 88 S. 14, Bd. 97 S. 18) haben in solchen Zustimmungsverträgen auch die privatrechtlichen Bestandteile eines Mietvertrags gefunden und entsprechende Stempelansätze gebilligt. Auch das kann nur für die Zulässigkeit des Rechtswegs sprechen. Das den Rechtsweg verneinende Urteil des V. Zivilsenats (RGZ. Bd. 59 S. 70 flg.) beschäftigte sich zwar auch mit der Klage gegen eine Kleinbahngesellschaft, hatte es aber mit keinem Zustimmungsvertrage zu tun.

2. Die von der Klägerin erhobene Teilklage erachtet das Kammergericht für „prozessual unzulässig“, es hat aber in Hilfsausführungen gleichwohl darüber materiell entschieden. Das wäre ein bedenkliches und leicht zu Unklarheiten über die Rechtskraftwirkung des Urteils führendes Verfahren, wenn das Kammergericht wirklich prozessuale Unzulässigkeit angenommen hätte. Es hat sich aber wohl nur im Ausdruck vergriffen, seine sachlichen Ausführungen laufen darauf hinaus, daß die Teilklage von vornherein unbegründet sei, weil der Bau der Bahn eine unteilbare Leistung darstelle. Das ist nicht richtig. Eine Bahnstrecke läßt sich in Teilen herstellen und wird häufig auch in Teilen vergeben. Unbegründet wäre die Teilklage nur, wenn der Bau der Teilstrecke als selbständige Leistung, etwa als die der Beklagten nach Lage der Verhältnisse noch zuzumutende Restleistung, gefordert würde. So klagt die Klägerin aber nicht, sie fordert die Teilerfüllung wirklich als solche, d. h. als Teil der an sich der Beklagten immer noch obliegenden Erfüllung des ganzen Vertrags. Die Klägerin läßt der Beklagten also die Möglichkeit, alle Einwendungen vorzubringen, welche sie gegenüber einer Klage auf Erfüllung des ganzen Vertrags vorbringen könnte. Bei der Art, wie die Klägerin ihre Teilklage begründet hat, ist auch dem Richter nicht die Befugnis gegeben, den Bau des Teilstücks als selbständige Leistung zu behandeln. Die Lage der Beklagten wird durch die Teilklage also nicht erschwert. Die Teilklage ist deshalb materiell-rechtlich als möglich und zulässig anzusehen.

Das Kammergericht hat noch auf Schwierigkeiten hingewiesen, die sich aus der Rechtskraft eines nur über die Teilklage entscheidenden Urteils ergeben könnten. Diese Schwierigkeiten sind keine anderen, als sie bei Teilklagen regelmäßig auftreten. Gewisse Gefahren bringt jede Teilklage für den Kläger mit sich. Wie er sich mit ihnen abfindet, bleibt ihm überlassen.

3. Ihren ersten sachlichen Einwand, den der wirklichen Unmöglichkeit der Erfüllung wegen Material-, namentlich Zementmangels, hat die Beklagte schon in erster Instanz selbst fallen gelassen. In zweiter Linie beruft sie sich in mannigfachen Wendungen darauf, daß sie nach Lage ihrer Mittel und ihres Kredits unvermögend sei, die Vertragsleistungen zu erfüllen, daß ihr mit Rücksicht auf die Umwandlung aller Verhältnisse, wie sie der unglückliche Ausgang des

Krieges, die Staatsumwälzung und der Vertrag von Versailles mit sich gebracht hätten, die Erfüllung des Vertrags auch nicht mehr zuzumuten sei. Die Klägerin hält diese ganzen Einwendungen gegenüber ihrer auf öffentlichem Recht beruhenden Klage nicht für zulässig. Ob dem beizutreten wäre, erscheint zweifelhaft. Es kann aber unerörtert bleiben, denn die Einwendungen der Beklagten müssen aus anderen Gründen versagen.

4. An sich befreit das nachträglich eintretende subjektive Unvermögen des Schuldners zur Leistung ihn ebenso von der Verpflichtung zur Leistung wie die nachträglich eintretende objektive Unmöglichkeit, § 275 BGB. Aber der § 279 BGB. macht hier die gewichtige Ausnahme, daß das Unvermögen zur Leistung zu vertreten ist, wenn der geschuldete Gegenstand nur der Gattung nach bestimmt und die Leistung aus der Gattung möglich geblieben ist. Diese Vorschrift findet auch überall dort Anwendung, wo es sich um die Aufwendung von Geldmitteln zu einem bestimmten Zweck handelt. Die eingetretene Mittellosigkeit des Schuldners befreit ihn nicht, vgl. RG. bei Warneyer 1915 Nr. 278, RGZ. Bd. 75 S. 335, Urteile vom 5. April 1919 V 337/18, vom 20. Juni 1919 VII 87/19.

5. Mit dem Einwande, daß ihr die Vertragsleistung nicht mehr zuzumuten sei, stützt sich die Beklagte auf den § 242 BGB. Auch diesen Einwand hat das Kammergericht für zulässig, auch seine Voraussetzungen hat es für erwiesen erachtet. Was die Zulässigkeit anlangt, so hat sich das Reichsgericht in seiner bisherigen Rechtsprechung zur Frage der Nichtmehrzumutbarkeit einer Leistung immer nur mit gegenseitigen Verträgen beschäftigt und es hat dabei dem Mißverhältnis Rechnung getragen, in welches Leistung und Gegenleistung durch die Entwicklung der Dinge, namentlich die eingetretene Geldentwertung, häufig geraten waren. Dieser Gesichtspunkt kann vorliegend keine Rolle spielen, denn der Sachleistung der Beklagten, dem Bau und Betriebe der Bahn, steht eine Geldgegenleistung der Klägerin überhaupt nicht gegenüber. Die Beklagte soll die Bahn für sich selbst erbauen und betreiben, die von der Klägerin zu leistenden Zuschüsse fallen unter den Begriff der Subvention. Der Vertrag der Parteien ist kein Werkvertrag, auch kein Werklieferungsvertrag, ebenso auch kein Gesellschaftsvertrag, es ist vielmehr der typische Zustimmungsvertrag im Sinne des § 6 des Kleinbahngesetzes. Ob es dem aus einem solchen Vertrage Leistungspflichtigen grundsätzlich versagt ist, sich auf die Nichtmehrzumutbarkeit seiner Leistung zu berufen, mag zweifelhaft sein, braucht aber vorliegend nicht entschieden zu werden. Dem Vertrage gegenüber, wie er hier abgeschlossen und späterhin bestätigt und bekräftigt ist, kann die Beklagte mit einer solchen Berufung keinesfalls durchdringen. Entscheidend ist in dieser Beziehung der stark spekulative Einschlag, welchen

der Vertrag der Parteien aufweist. Als er im Jahre 1912 auf die Dauer von 90 Jahren abgeschlossen wurde, war die Entwicklung noch unabsehbar, welche einerseits die Verkehrswege und Verkehrsverhältnisse, anderseits aber auch die äußeren und inneren Verhältnisse Deutschlands während dieses langen Zeitraums nehmen würden. Die Unternehmerin des Bahnbaues lud offenbar ein großes Risiko auf sich. Das spiegelt auch der Vertrag wieder. Indem die AEG. sich nicht selbst als Vertragsgegnerin der Klägerin band, vielmehr eine Tochtergesellschaft gründete und verpflichtete, die mit einem beschränkten Kapital ausgestattet wurde, beschränkte auch die AEG. selbst ihre möglichen Vermögensverluste in entsprechender Weise. Der Vertrag rechnet aber sachlich und kühl auch mit der Möglichkeit, daß die Tochtergesellschaft, d. h. die Beklagte, den Vertrag durchzuhalten nicht in der Lage sein wird. Nach § 19 Nr. 1^d des Vertrags endigt das Vertragsverhältnis mit der Auflösung der Gesellschaft. Eine Aktiengesellschaft wird nach § 292 HGB. aufgelöst außer durch den Ablauf der im Gesellschaftsvertrage bestimmten Zeit durch einen Beschluß der Generalversammlung — etwa den Liquidationsbeschluß — oder durch die Eröffnung des Konkurses. Das finanzielle Versagen der Beklagten wird also von vornherein in den Kreis der Betrachtungen gezogen. In diesem Falle soll das Vertragsverhältnis der Parteien, wie erwähnt, endigen, es sollen dann Bahnkörper, Bahnhöfe und die unbeweglichen Betriebseinrichtungen nebst Leitungen und Zubehör unentgeltlich auf die Klägerin übergehen, § 20 Nr. 1 des Vertrags, und es soll die Klägerin berechtigt sein, die beweglichen, der Bahn gewidmeten Sachen, die Krafterzeugungs- und Betriebsstätten und sonstigen Grundstücke der Beklagten käuflich zu erwerben, § 20 Nr. 2 des Vertrags.

Die Bürgschaft, welche die AEG. nach § 22 Nr. 3 des Vertrags übernommen hat, steht der Annahme nicht entgegen, daß sie das eigene Risiko in der beabsichtigten Weise mit Erfolg beschränkt hat. Die AEG. hat dort allerdings bis zur Eröffnung des Betriebes und demnächst noch für weitere zwei Jahre die Bürgschaft dafür übernommen, daß die Beklagte alle ihre Verpflichtungen aus dem Vertrage gegenüber der Klägerin erfüllt, aber mit dem Erlöschen der Verpflichtungen der Beklagten selbst endigt auch die Bürgschaft der AEG., § 767 Abs. 1 Satz 1 BGB. Geht die Beklagte in Konkurs, so ist die Bürgschaft der AEG. erledigt.

Sollte noch irgendein Zweifel über das von der Beklagten übernommene große Risiko bestehen können, so wird er beseitigt durch den Abschluß des Nachtragsvertrags vom 23. Dezember 1918. Mag dieser Vertrag auch schon von langer Hand her vorbereitet, mag die Generalversammlung der Beklagten den Nachtrag auch schon am 18. Juni 1918 endgültig bestätigt haben, abgeschlossen ist der Vertrag doch erst am 23. Dezember 1918 und der Vorstand der Beklagten hätte Mittel und Wege gehabt, die Genehmigung zur Abstandnahme von dem Vertragsschluß nachzusuchen, wenn er nur gewollt hätte. Aber trotzdem bis zum 23. Dezember 1918 der Verlust des Krieges schon feststand, der drückende Waffenstillstand schon abgeschlossen war, trotzdem die Staatsumwälzung schon lange und entschieden eingesetzt hatte, hat die Beklagte den — nur unwesentliche Änderungen bringenden — Nachtragsvertrag einfach vollzogen, als sei nichts weiter geschehen. Damit hat sie aber den Hauptvertrag von neuem bestätigt und bekräftigt. Aus alledem kann nur geschlossen werden, daß in dem Vertrage der Parteien, wie er am 23. Dezember 1918 endgültig zustande kam, das Risiko des verlorenen Krieges und der Staatsumwälzung mit allen ihren Folgeerscheinungen von der Beklagten übernommen war. Zu diesen gehört aber auch der Vertrag von Versailles mit seinen Auswirkungen.

Auf Verträge mit einem derartigen spekulativen Einschlag finden die Grundsätze der reichsgerichtlichen Rechtsprechung über die Nichtzumutbarkeit von Leistungen keine Anwendung. Das ist für Verträge mit einem viel geringeren Risikogehalt bereits ausgesprochen, RGZ. Bd. 88 S. 117, Bd. 92 S. 322. Andernfalls würden die Vertragsgrundlagen zerstört werden. Die Klägerin hat den Vertrag abgeschlossen, um nicht selbst die Gefahren eines großen und weitausschauenden Werkes zu tragen. Die Beklagte hat sich bereit gefunden und das Risiko übernommen. Treten nun die von ihr übernommenen Gefahren ein, so kann sie deren Last nicht einfach auf den Vertragsgegner hinüberschieben, der sich gegen eben diese Gefahren durch den Vertrag gesichert hat und gesichert fühlen darf. Die Klägerin darf der Weiterentwicklung ruhig entgegensehen und ihrem Vertrage vertrauen, der für alle, auch die ungünstigen, Fälle vorgesorgt hat. Auf der anderen Seite darf die Beklagte, die in dem Vertrage die Möglichkeit ihres finanziellen Versagens in Rechnung gezogen und auch diesen unwillkommenen Fall geregelt hat, bei seinem Eintritt nicht beanspruchen, von seinen Folgen in anderer als der vereinbarten Art befreit zu werden. Die Beklagte ist nur für den Bau und Betrieb der Schnellbahn Gesundbrunnen-Neukölln gegründet worden, sie soll nach dem Vertrage bis zur Grenze des Möglichen erfüllen und dann in Liquidation oder Konkurs gehen. Alles weitere ist auch dann schon durch den Vertrag geordnet.

Bei diesem Ergebnis kann unerörtert bleiben, ob die Verordnung über die schiedsgerichtliche Erhöhung von Beförderungspreisen der Eisenbahnen, Kleinbahnen usw vom 21. Februar 1920, wie die Klägerin ausführt, dazu beitragen wird, der Beklagten die Erfüllung ihrer Vertragspflichten zu erleichtern. Auch ohne Rücksicht darauf kann die

Klägerin die Beklagte am Vertrage festhalten und die Vertragsleistung fordern. Deshalb mußte unter Aufhebung des angefochtenen Urteils und in Abänderung des landgerichtlichen Urteils dem Hauptklageantrage stattgegeben werden.

46. Zur Verjährung von Schadensersatzansprüchen, die im Laufe des Rechtsstreits wegen der allgemeinen Geldentwertung erhöht werden.

I. Zivilsenat. Urt. v. 10. Januar 1923 i. S. J. (Bekl.) w. B. (Kl.). I 114/22.

I. Landgericht I Berlin. — II. Kammergericht daselbst.

Der Kläger ließ am 8. Oktober 1918 durch den beklagten Spediteur einen Umzug ausführen. Er behauptet, daß hierbei Sachen verloren gegangen seien. Mit der Klage verlangte er Schadensersatz in Höhe von 4677 *M*. Im Hinblick auf die eingetretene Geldentwertung erhöhte er in der Berufungsinstanz seinen Anspruch auf 18708 *M*. Der Beklagte wandte insoweit Verjährung ein. Das Berufungsgericht verwarf die Einrede. Die Revision des Beklagten war ohne Erfolg.

Aus den Gründen:

Verjährung des in der Berufungsinstanz erhöhten Anspruchs liegt nicht vor. In der Klage ist geltend gemacht worden, daß der Koffer wie die Handtasche des Klägers von den Ziehleuten des Beklagten gestohlen worden seien. Für diesen Schaden habe der Beklagte einzustehen; der Gesamtschaden beziffere sich auf 6236 *M*, worauf sich der Kläger 25 % für Abnutzung der Gegenstände in Abzug bringen lasse. Hiernach steht fest, daß der ganze Schaden in der Klage geltend gemacht wurde. Der Anspruch wurzelt in den Bestimmungen der §§ 249 flg. BGB. Danach hat, wer zum Schadensersatz verpflichtet ist, den Zustand herzustellen, der bestehen würde, wenn der zum Ersatz verpflichtende Umstand nicht eingetreten wäre; soweit das nicht möglich ist, hat Entschädigung in Geld einzutreten. Hierfür ist grundsätzlich nicht der Zeitpunkt der Klagerhebung, sondern derjenige der Urteilsfällung maßgebend (RGZ. Bd. 101 S. 418). Der Hinweis der Revision, daß die Verjährung eines Anspruchs durch dessen gerichtliche Geltendmachung immer nur insoweit unterbrochen werde, als der Anspruch rechtshängig gemacht worden sei (vgl. § 209 BGB., Urt. des RG. v. 11. November 1907, VI 151/07) verfängt nicht. Denn der Anspruch ist, wenngleich es sich hier um eine bezifferte Leistungsklage handelt, auf den ganzen Schaden gerichtet gewesen und als solcher rechtshängig geworden; er ist zum vollen Ausgleich des entstandenen

Schadens erhoben worden. Wenn sich dieser zur Zeit der Klagerhebung nur auf 4677 *M* bezifferte, zur Zeit der Urteilsfällung aber wegen der gesunkenen Kaufkraft des Zahlungsmittels auf erheblich mehr, so kann nicht davon gesprochen werden, daß in der Klage nur ein Teilbetrag des Schadens geltend gemacht sei, gegenüber dem der erst später geforderte Betrag den Restbetrag darstelle.

---

47. Bedarf der gesetzliche Vertreter eines Minderjährigen zu einem Rechtsgeschäfte, zu dem an sich die Genehmigung des Vormundschaftsgerichts erforderlich ist, dieser Genehmigung auch dann, wenn er das Rechtsgeschäft nicht in seiner Eigenschaft als gesetzlicher Vertreter, sondern als Bevollmächtigter des Erblassers der von ihm vertretenen Person auf Grund einer ihm von diesem erteilten, über den Tod hinaus reichenden Vollmacht vornimmt?

V. Zivilsenat. Urt. v. 10. Januar 1923 i. S. G. u. Gen. (Kl.) w. K. (Bekl.). V 385/22.

I. Landgericht Stettin. — II. Oberlandesgericht daselbst.

Am 9. Januar 1919 verkaufte die Klägerin zu 1 als Bevollmächtigte ihres seit dem 8. Dezember 1918 verschollenen, am 20. Januar 1919 tot aufgefundenen Ehemannes auf Grund einer ihr von diesem erteilten und von ihr vorgelegten notariell beglaubigten Generalvollmacht vom 24. Februar 1913 durch notariellen Vertrag das ihrem Ehemann gehörige Hausgrundstück in S. sowie durch privatschriftlichen Vertrag das auf diesem Grundstück betriebene Zigarrengeschäft an den Beklagten. Nachdem die Auflassung und die Umschreibung des Grundstücks auf den Namen des Käufers stattgefunden hatte, auch die Übergabe des Grundstücks und des Geschäfts anfangs April 1919 erfolgt war, erhob die Klägerin zu 1, zugleich als gesetzliche Vertreterin ihrer minderjährigen Tochter, der Klägerin zu 2, in ihrer Eigenschaft als Erbin ihres verstorbenen Ehemannes gegen den Beklagten Klage auf Feststellung, daß die erwähnten Verträge und die Auflassung des Hauses nichtig bzw. unwirksam seien, und, daß sie und ihre Tochter Eigentümer des Grundstücks und des Geschäfts seien, sowie auf Herausgabe von Haus und Geschäft, hilfsweise auf Übertragung des Eigentums an dem Grundstücke und dem Geschäfte an die Klägerinnen. Zur Begründung machte sie u. a. geltend, die von ihr abgeschlossenen Verträge seien mangels Genehmigung des Vormundschaftsgerichts unwirksam. Das Landgericht gab der Klage statt, das Oberlandesgericht wies sie ab. Die Revision der Klägerinnen blieb erfolglos.

Aus den Gründen:

... Ferner wendet sich die Revision gegen die Zurückweisung des

Klaggrundes, daß der Verkauf des Hauses und damit zufolge § 139 BGB. auch der damit zusammenhängende Verkauf des Geschäftes, um deswillen unwirksam seien, weil der Verkauf des Hauses mit Rücksicht auf die durch den Tod des Ehemannes der Klägerin zu 1 eingetretene Mitbeteiligung ihrer minderjährigen Tochter gemäß §§ 1686, 1643, 1821 Abs. 1 BGB. der vormundschaftsgerichtlichen Genehmigung bedurft habe, die unstreitig nicht erteilt ist. Der Berufungsrichter hat unter Hinweis auf die Entscheidung des erkennenden Senats RGZ. Bd. 88 S. 345 diese Genehmigung für nicht erforderlich erachtet, weil die Klägerin zu 1 nicht als gesetzliche Vertreterin ihrer Tochter, sondern als Bevollmächtigte ihres Mannes gehandelt habe. Die Revision bekämpft diese Auffassung, weil sie mit den erwähnten, den Schutz minderjähriger Personen bezweckenden Vorschriften nicht in Einklang stehe, und die angegebene Entscheidung des Senats schon deshalb nicht in Betracht komme, weil es sich dort um einen gemäß § 79 GBO. in einer Grundbuchsache ergangenen Beschluß handele. Der Angriff der Revision ist jedoch nicht begründet. Mit Recht hat der Berufungsrichter aus der bezeichneten Entscheidung des Senats den Grundsatz entnommen, daß die Genehmigung des Vormundschaftsgerichts zu Rechtsgeschäften, zu denen der Vormund nach §§ 1821, 1822 BGB. dieser Genehmigung bedarf, nicht erforderlich ist, wenn die Rechtsgeschäfte nicht von einem Vormunde oder sonstigen gesetzlichen Vertreter als solchem, sondern von einem Bevollmächtigten eines Erblassers des Mündels auf Grund einer ihm über den Tod des Erblassers hinaus erteilten Vollmacht vorgenommen werden. Allerdings betraf diese Entscheidung eine Grundbuchsache. Allein die Besonderheiten des Grundbuchrechts spielen bei ihr, soweit es sich um den hier in Rede stehenden Grundsatz handelt, keine Rolle. An diesem Grundsatz ist auch festzuhalten. Denn aus den Vorschriften des BGB., nach denen zu gewissen Rechtsgeschäften der Vormund oder sonstige gesetzliche Vertreter der Genehmigung des Vormundschaftsgerichts bedarf, ist nicht zu entnehmen, daß diese Genehmigung auch dann erforderlich ist, wenn diese Rechtsgeschäfte von einem Bevollmächtigten des Erblassers des Minderjährigen auf Grund einer über den Tod des Erblassers hinaus wirksamen Vollmacht vorgenommen werden. Diese Vollmacht ermächtigt daher ebenso wie eine vom Vormund mit Genehmigung des Vormundschaftsgerichts erteilte Prokura (§ 1822 Nr. 11 BGB.) ohne weiteres auch zur Vornahme von solchen im Rahmen der Vollmacht liegenden Rechtsgeschäften, zu denen der Vormund der Genehmigung des Vormundschaftsgerichts bedurft hätte (vgl. RGKomm. § 1821 BGB. Anm. 3 zu Nr. 1 a. E., Planck § 1821 BGB. Anm. 11). Die gegenteilige Auffassung würde auch einer über den Tod hinaus erteilten Vollmacht in vielen Fällen einen wesentlichen Teil ihrer Bedeutung entziehen. Denn sie würde nicht nur im Falle der Beteiligung minderjähriger Erben vielfach zu einer den Zwecken der Vollmacht widerstreitenden Einschränkung der Befugnisse des Bevollmächtigten und zu einer Verzögerung von Geschäften führen, deren alsbaldige Vornahme nach dem Tode des Erblassers gerade durch die Vollmacht sichergestellt werden sollte, sondern es würde, auch wenn Minderjährige nicht als Erben beteiligt sind, gleichwohl die Folge eintreten, daß diese Tatsache durch Erbringung von Nachweisen dargetan werden müßte, wodurch wiederum Weiterungen entstünden, die mit dem Zwecke der Vollmacht nicht verträglich sind (vgl. Oertmann, Bankarchiv Bd. 13 S. 5). Freilich ist nicht zu verkennen, daß der Minderjährige von dem hier vertretenen Standpunkte aus gegen nachteilige Folgen von Rechtsgeschäften, zu denen der Vormund der Genehmigung des Vormundschaftsgerichts bedurfte, nicht in gleichem Maße geschützt ist, wenn diese Geschäfte von einem Bevollmächtigten auf Grund einer von seinem Erblasser erteilten Vollmacht vorgenommen werden. Allein diesem Bedenken ist keine durchschlagende Bedeutung beizumessen. Denn zunächst ist nicht zu übersehen, daß es sich immer um Rechtsgeschäfte handelt, die sich auf den Nachlaß des Erblassers beziehen, und daß dieser auch durch Anordnung einer Testamentsvollstreckung den Nachlaß der vormundschaftlichen Verwaltung, und damit auch Rechtsgeschäfte über ihn der sonst erforderlichen vormundschaftsgerichtlichen Genehmigung entziehen konnte (JW. 1913 S. 1000 Nr. 28). Sodann ist zu berücksichtigen, daß, sobald ein Schutzbedürfnis für den Minderjährigen sich herausstellt, die Möglichkeit offen bleibt, diesem Bedürfnis dadurch Rechnung zu tragen, daß der Vormund oder sonstige gesetzliche Vertreter des Minderjährigen, und im Falle eines Interessenwiderstreits nötigenfalls ein vom Vormundschaftsgericht zu bestellender Pfleger, die Vollmacht widerruft. Es hat denn auch das Kammergericht die von ihm früher (Johow Bd. 41 S. 165) in der vorliegenden Frage vertretene abweichende Meinung nunmehr aufgegeben (Recht 1917 Nr. 1790). Der vorliegende Fall unterscheidet sich nun allerdings von dem RGZ. Bd. 88 S. 345 behandelten insofern, als dort eine über den Tod hinaus wirksame Vollmacht ausdrücklich erteilt war, während hier nach der Annahme des Berufungsrichters die Vollmacht infolge des Todes des Ehemannes der Klägerin zu 1 erloschen war und nur infolge der Schutzbestimmungen der §§ 172, 173 BGB. zugunsten des gutgläubigen Beklagten als fortbestehend zu gelten hat. Allein dieser Unterschied ist hier ohne Bedeutung. Denn es bleibt immer dabei, daß die Klägerin zu 1 nicht als gesetzliche Vertreterin ihrer Tochter gehandelt hat, und daß sie nur in dieser Eigenschaft vormundschaftsgerichtlicher Genehmigung bedurft hätte.

---

48. 1. Kann die Witwe, die Erbin ihres Mannes ist, auf Gewährung eines ehrlichen Begräbnisses für ihren Mann klagen?
2. Kann bei einem konfessionellen Friedhof durch die Friedhofsordnung gültig bestimmt werden, daß Personen, die sich nicht an die kirchlichen Vorschriften gehalten haben, auf einem besonderen Friedhofsteil zu beerdigen sind?
3. Gehört zu einem „ehrlichen" Begräbnis im Sinne des § 188 II 11 ALR. die Beisetzung „in der Reihe"?
4. Besteht bei Beerdigung an einer äußerlich unwürdigen Stelle ein unbedingter Anspruch auf Umbettung der Leiche?

IV. Zivilsenat. Urt. v. 11. Januar 1923 i. S. kath. Kirchengemeinde D. (Bekl.) w. P. (Kl.). IV 96/22.

I. Landgericht Münster. — II. Oberlandesgericht Hamm.

Die Beklagte ist Eigentümerin des katholischen Friedhofs in D., dessen größter, in sechs Felder eingeteilter Teil nach der von der staatlichen und kirchlichen höheren Behörde genehmigten Friedhofsordnung den von dieser Ordnung als „kirchlich und bürgerlich würdig" bezeichneten Personen vorbehalten ist, während ein an der Nordseite des Friedhofs belegener Streifen zur einen Hälfte für die „kirchlich und bürgerlich unwürdigen", zur anderen Hälfte für die „bürgerlich würdigen, kirchlich aber nicht würdigen" Personen bestimmt ist. Als im April 1920 der der katholischen Kirche angehörige Ehemann der Klägerin, der Bergmann und Stadtverordnete P. in D., starb, wurde dessen Beisetzung auf der Abteilung für die als bürgerlich und kirchlich würdig bezeichneten Personen von dem Dechanten in D. als dem Vorsitzenden des dortigen katholischen Kirchenvorstandes verweigert, weil der Verstorbene sich seit Jahren von allem kirchlichen Leben, insbesondere von der sonntäglichen Messe und der Osterkommunion ferngehalten hatte. Der Verstorbene mußte trotz des Widerspruchs der Klägerin hart an der nördlichen Friedhofsmauer unmittelbar neben dem dort befindlichen Nebentor beerdigt werden. Die Klägerin erhob mit der Behauptung, daß diese Grabstätte sowohl wegen der Zweckbestimmung des Nordstreifens des Friedhofs als auch wegen der Lage und des Aussehens dieses Friedhofsteils nicht die Bezeichnung eines „ehrlichen" Begräbnisses im Sinne des § 188 II 11 Preuß. ALR. verdiene, Klage mit dem Antrage, die Beklagte zu verurteilen, die Leiche des Verstorbenen auf Kosten der Beklagten innerhalb der Reihe beizusetzen. Die Beklagte widersprach der Klage unter Berufung auf die Bestimmungen der Friedhofsordnung und mit der Behauptung, daß das Grab nebst Umgebung nach Lage und Aussehen einen würdigen Eindruck mache. Das Landgericht wies die Klage ab, das Oberlandesgericht erkannte nach dem Klagantrag. Die Revision hatte Erfolg.

Gründe:

Das Berufungsgericht nimmt an, daß die Vorschriften der §§ 453 flg., 188 II 11 Preuß. ALR. bei dem Inkrafttreten des Bürgerlichen Gesetzbuchs in Geltung geblieben seien, daß für den danach bestehenden Anspruch jedes Eingepfarrten auf Gewährung eines ehrlichen Begräbnisses auf einem öffentlichen Kirchhof in seiner Pfarre der Rechtsweg zulässig sei, daß die Klägerin als Miterbin nach ihrem verstorbenen Ehemann zur Geltendmachung des Anspruchs aus § 188 II 11 ALR. berechtigt sei und daß die Beklagte für die Klage passiv legitimiert sei, da der Vorsitzende des Kirchenvorstandes die bemängelte Grabstelle ausdrücklich unter Verweigerung eines anderen Platzes angewiesen und die Beklagte für diese von ihr gebilligte Maßnahme einzustehen habe. Die von der Revision erbetene Nachprüfung dieser Ausführungen ergibt keinen Anlaß zur Beanstandung. Die Fortgeltung der §§ 183 flg. II 11 ALR. ergibt sich aus Art. 133 EG. z. BGB., wonach die landesgesetzlichen Vorschriften über das Recht zur Benutzung eines Platzes auf einer öffentlichen Begräbnisstätte unberührt geblieben sind. Die Zulässigkeit des Rechtswegs für den Anspruch auf Gewährung eines anständigen Begräbnisplatzes, die Klagberechtigung der Ehefrau des Verstorbenen und die Haftung der Kirchengemeinde für die dem Gesetz nicht entsprechenden Anordnungen des Vorsitzenden der Friedhofskommission sind vom Reichsgericht bereits bejaht worden (RGZ. Bd. 12 S. 280; Gruchot Bd. 46 S. 1134; vgl. auch RGZ. Bd. 71 S. 20 und Urteil des Gerichtshofs zur Entscheidung von Kompetenzkonflikten in DJZ. 1907 S. 244). Von dem in diesen Entscheidungen eingenommenen Standpunkte abzugehen, besteht kein Anlaß. Namentlich ist das in jenen Entscheidungen auf Grund des § 434 II 1 ALR. bejahte Klagerecht der Witwe des Verstorbenen auch unter der Herrschaft des Bürgerlichen Gesetzbuchs auf Grund des § 1968 BGB. jedenfalls dann als bestehend anzunehmen, wenn wie im vorliegenden Falle die Witwe Erbin ihres Ehemanns geworden ist. Die Frage, ob dieses Klagerecht etwa dann zu verneinen wäre, wenn neben der Witwe noch vorhandene Miterben der Geltendmachung des Anspruchs widersprechen würden, oder ob auch in diesem Falle der Witwe das entscheidende Bestimmungsrecht hinsichtlich des Begräbnisses des Verstorbenen und daher auch die Verfolgung des Rechts auf einen angemessenen Begräbnisplatz zustehen würde (vgl. Seuff. Arch. Bd. 73 Nr. 227), kann dahingestellt bleiben, weil nach dem Akteninhalt die Beisetzung des verstorbenen P. von der Klägerin besorgt und ein Widerspruch etwaiger Miterben gegen das Klageverlangen weder ersichtlich noch behauptet ist (vgl. Seuff. Arch. Bd. 70 Nr. 219, Bd. 68 Nr. 60).

Was die Auslegung des § 188 II 11 ALR. anbetrifft, so hat das Reichsgericht (Gruchot Bd. 46 S. 1137) angenommen, daß ein

„ehrliches" Begräbnis ein Begräbnis sei, das nicht auf einer von vornherein bestimmten, sondern erst aus der Reihenfolge der Todesfälle sich bestimmenden Stelle, unter Ausschließung aller das Andenken des Verstorbenen herabsetzenden Ausnahmeregeln, zu gewähren sei, und daß das Recht auf ein derartiges übliches und regelmäßiges Begräbnis „in der Reihe" auch durch die Bestimmungen der Friedhofsordnung nicht wirksam mit Rücksicht auf die Vorschriften der katholischen Kirche, insbesondere nicht wegen Fernhaltung vom Gottesdienst und von den Sakramenten entzogen werden könne. Das Preußische Oberverwaltungsgericht (Entsch. Bd. 51 S. 200, vgl. Bd. 21 S. 124) hat demgegenüber den Standpunkt vertreten, daß die Zuweisung einer Grabstätte außerhalb der Reihe für sich allein den Tatbestand eines nicht ehrlichen Begräbnisses nicht erfülle, daß daher die Beerdigung der Leiche eines Selbstmörders auf einem Absplisse des Kirchhofs nicht gegen § 188 II 11 ALR. verstoße. Das Berufungsgericht hat eine Stellungnahme zu der die Auslegung des § 188 betreffenden Streitfrage nicht für erforderlich erachtet, weil nach der besonderen Lage des vorliegenden Falles auch vom Standpunkt des Oberverwaltungsgerichts ein Verstoß gegen § 188 anzunehmen sei. Diese Annahme begründet das Berufungsgericht damit, daß es dem Nordstreifen des Friedhofs, auf dem das Grab des P. liegt, im Gegensatz zu dem für die Gräber der als kirchlich und bürgerlich würdig bezeichneten Personen bestimmten Friedhofsteil, der mit schönen breiten Wegen versehen sei, an einem würdigen Zugang fehle, daß der Nordstreifen dadurch und durch die dort befindlichen Schutt- und Reisighaufen den Charakter einer sog. verkommenen Ecke erhalte und daß sich so jedem unbefangenen Besucher ohne weiteres die Überzeugung aufdränge, dieser Streifen stehe äußerlich hinter den anderen Feldern des Friedhofs zurück und den dort Ruhenden sei weniger Rücksicht und Ehrung als allen anderen zugedacht. Das sei für deren Andenken verletzend und herabsetzend und nehme so dem Grabe des P. die Eigenschaft eines „ehrlichen".

Die Revision macht geltend, die Zuweisung der Grabstelle für P. habe der staatlich und kirchlich genehmigten Friedhofsordnung entsprochen. Daraus folgt aber nicht ohne weiteres, daß der Klaganspruch unbegründet ist. Denn statutarische Anordnungen der Kirchengemeinde können die auf dem Gesetz beruhenden Rechte der einzelnen Mitglieder nicht beseitigen, und es durfte daher angesichts des § 188 II 11 in Verbindung mit § 46 II 6 ALR. keinem Mitgliede der beklagten Kirchengemeinde das ehrliche Begräbnis versagt werden. Die Unwirksamkeit einer dem § 188 II 11 widersprechenden Bestimmung der Friedhofsordnung konnte auch durch deren staatliche Genehmigung nicht aufgehoben werden, da die staatliche Aufsichtsbehörde zur Abänderung oder Außerkraftsetzung gesetzlicher Vorschriften ohne ausdrückliche gesetzliche Ermächtigung nicht imstande ist (vgl. Gruchot Bd. 46 S. 1138).

Legt man den Inhalt der Friedhofsordnung zugrunde, wie er im Tatbestand des Berufungsurteils festgestellt ist, so besteht an sich kein Bedenken gegen die Bestimmung, daß die Personen, welche sich nicht an die kirchlichen Vorschriften gehalten haben, auf einem besonderen Felde in ungeweihter Erde bestattet werden sollen. Wer sich bei Lebzeiten über die Vorschriften der Kirche, der er angehört, gänzlich hinwegsetzt und sich selbst dadurch in kirchlicher Beziehung von seinen die Kirchenvorschriften beobachtenden Mitbürgern scheidet, kann keinen Anspruch darauf erheben, daß ihm nach dem Tode kirchliche Ehren erwiesen werden und er als zur Gemeinschaft der kirchlich gesinnten Kirchenmitglieder gehörig behandelt wird. Die Beisetzung auf einem besonderen Felde des konfessionellen Kirchhofs in ungeweihter Erde bringt aber an sich nur zum Ausdruck, daß der hier Bestattete sich nicht an seine Kirche gehalten hat und deshalb eines kirchlichen Begräbnisses nicht würdig befunden worden ist. Ist diese Tatsache hinsichtlich des Standpunktes des Verstorbenen wie im vorliegenden Falle richtig, so kann darin, daß sie durch die Beisetzung auf einem besonderen Felde auch für die Folgezeit augenfällig gemacht wird, keine unberechtigte, für das Andenken des Verstorbenen kränkende Zurücksetzung gefunden werden. Entspricht diese Art der Bestattung dem Wunsche des Verstorbenen oder seiner Hinterbliebenen nicht, so steht ihnen frei, von der Beisetzung auf dem konfessionellen Friedhof abzusehen und das Begräbnis auf einem anderen Kirchhof vornehmen zu lassen. Mit der Vorschrift des § 188 II 11 ALR. steht die Beisetzung auf einem besonderen Friedhofsteil in ungeweihter Erde nicht in Widerspruch. Das Gesetz sagt nicht, was unter einem „ehrlichen Begräbnis" im Sinne dieser Vorschrift zu verstehen ist. Darunter muß daher, im Gegensatz zu der in den §§ 550, 551 der Kriminalordnung vom 11. Dezember 1805 angeordneten Verscharrung der vor der Hinrichtung gestorbenen Verurteilten und zu der Vorschrift des § 803 II 20 ALR., wonach Selbstmörder zwar ohne Beschimpfung, aber doch mit Verlust alles dessen, womit sonst das Absterben und Andenken anderer Leute von ihrem Stande und Range geehrt zu werden pflegt, begraben werden sollen, ein mit den üblichen Ehren und Feierlichkeiten veranstaltetes Begräbnis verstanden werden. Die Zuweisung der Grabstätte auf einem besonderen, für die ohne Mitwirkung der Kirche erfolgenden Beisetzungen bestimmten Friedhofsteil kann hiernach für sich allein nicht für ausreichend angesehen werden, um dem Begräbnis den Charakter eines ehrlichen zu nehmen (OVG. Entsch. Bd. 51 S. 202/203, Bd. 21 S. 128/129). Soweit dem Urteil des Reichsgerichts vom 4. Januar 1902 (Gruchot Bd. 46 S. 1134) eine abweichende Auffassung zugrunde liegen sollte, würde daran nicht festzuhalten sein. Vorausgesetzt für ein ehrliches Begräbnis ist aber, daß die zugewiesene Grabstätte nicht ihrer Lage und Umgebung nach einen unwürdigen Eindruck macht, und dadurch die Vorstellung erweckt, die hier Beerdigten seien einer äußerlich gleich würdigen Ruhestätte wie die auf den übrigen Friedhofsteilen beigesetzten Personen nicht wert befunden worden. Wenn daher eine Kirchengemeinde auf dem ihr gehörenden Friedhof für die sich über die Kirchengebote hinwegsetzenden Personen ein besonderes Begräbnisfeld einrichten will, so muß es derart angelegt werden, daß es seiner Lage und Beschaffenheit nach nicht hinter den übrigen, der Bestattung der kirchlich gesinnten Gemeindemitglieder dienenden Feldern zurücksteht und daß die Beisetzung daselbst nicht schon äußerlich den Eindruck einer Mißachtung des Andenkens des Verstorbenen hervorruft. Dieser Anforderung entspricht der Friedhofsteil, auf dem der Ehemann der Klägerin beigesetzt worden ist, nach den Feststellungen des Berufungsgerichts nicht, er macht den Eindruck einer verkommenen Ecke, die „nicht so recht dazu gehört". Das rechtfertigt den Ausspruch des Berufungsgerichts, daß dem Ehemann der Klägerin kein ehrliches Begräbnis im Sinne des § 188 II 11 ALR. gewährt worden ist, und der Klägerin steht daher auf Grund der genannten Vorschrift ein Anspruch gegen die Beklagte zu, daß ihrem Ehemanne ein ehrliches Begräbnis gewährt werde.

Dagegen rechtfertigt der festgestellte Sachverhalt nicht ohne weiteres die vom Berufungsgericht ausgesprochene Verurteilung der Beklagten, die Leiche des P. „innerhalb der Reihe" beizusetzen. Der Anspruch der Klägerin auf Gewährung eines ehrlichen Begräbnisses für ihren verstorbenen Ehemann erfordert zu seiner Befriedigung nicht unbedingt eine Wiederholung des Bestattungsaktes durch eine Umbettung der Leiche. Es genügt vielmehr, wenn der Platz, auf welchem P. beigesetzt ist, in einen den übrigen belegten Friedhofsteilen entsprechenden würdigen Zustand versetzt und damit die bisher bestehenden Mängel, die dem Grabe den Charakter eines ehrlichen Begräbnisses nehmen, beseitigt werden. Ob und in welcher Weise das geschehen kann, läßt sich nur auf Grund einer Prüfung der örtlichen Verhältnisse beurteilen, und kann deshalb vom Revisionsgericht nicht entschieden werden. Sollten sich die vorhandenen Mängel z. B. durch Weiterführung des den übrigen Friedhof in nördlicher Richtung durchschneidenden breiten Weges bis an den in Rede stehenden Nordstreifen oder durch Schaffung eines sonstigen würdigen Zugangs dorthin unter Entfernung und dauernder Fernhaltung der jetzt dort lagernden Reisig- und Schutthaufen beheben lassen, und die Beklagte zur alsbaldigen Vornahme der dazu erforderlichen Arbeiten bereit sein, so würde eine Umbettung der Leiche überhaupt nicht verlangt werden können. Nun steht allerdings dem einzelnen Gemeindemitglied kein klagbarer Anspruch darauf zu, daß die Kirchengemeinde auf einzelnen Teilen ihres Friedhofs bestimmte Arbeiten vornehmen lassen muß, und die Klägerin kann deshalb auch nicht schlechthin einen derartigen Anspruch gegen die Beklagte geltend machen. Vielmehr kann die Entschließung, ob solche Arbeiten ausgeführt werden sollen, nur dem Ermessen der beklagten Gemeinde oder ihrer zuständigen Verwaltungsorgane überlassen bleiben. Wenn also auch grundsätzlich ein Anspruch der Klägerin auf Verurteilung der Beklagten zur Umbettung der Leiche anzuerkennen ist, so kann eine dahingehende Verurteilung doch nur mit der Einschränkung ausgesprochen werden, daß der Beklagten eine etwa bestehende Möglichkeit offen gehalten wird, die der Annahme eines ehrlichen Begräbnisses entgegenstehenden Mängel des gegenwärtigen Grabes auf andere Weise zu beseitigen. Keinesfalls kann die Klägerin Beisetzung ihres verstorbenen Ehemanns „in der Reihe" verlangen. Erweist sich der Nordstreifen des Friedhofs aus bestimmten Gründen dauernd als untauglich, zu einer würdigen, das Andenken des Verstorbenen nicht herabsetzenden Grabstätte zu dienen, oder will die Beklagte diesen Streifen nicht in einen entsprechenden würdigen Begräbnisplatz umwandeln lassen, so bleibt es der Beklagten als Eigentümerin des Friedhofs unbenommen, eine beliebige andere, ihrer Lage und Beschaffenheit nach würdige Stelle des Friedhofs der bisherigen Bestimmung des Nordstreifens zu widmen und den P. dort bestatten zu lassen. Einen weitergehenden Anspruch als auf Umbettung der Leiche an einen würdigen Platz hat die Klägerin nicht. Die Ansicht des Berufungsgerichts, daß eine Absonderung des Grabes des P. von den übrigen Gräbern der Beisetzung den Charakter eines ehrlichen Begräbnisses nehmen würde, kann nicht gebilligt werden. Die Tatsache allein, daß eine Bestattung nicht genau „in der Reihe" stattgefunden hat, ist nicht geeignet, dem ehrenvollen Andenken des Verstorbenen Abbruch zu tun. Die abgesonderte Lage des einzelnen Grabes kann sich aus mancherlei Gründen erklären, so z. B. auf einen geäußerten Wunsch des Verstorbenen oder seiner Hinterbliebenen zurückzuführen sein, denen daran lag, einen möglichst abgeschiedenen Platz für das Grab zu erhalten, oder die aus einem sonstigen Grunde eine bestimmte Grabstelle auserwählt haben. Sie braucht also keineswegs die Vorstellung zu erwecken, daß ihre Wahl der Ausdruck einer Mißachtung der Persönlichkeit des Verstorbenen gewesen sei.

Hiernach kann die Entscheidung des Berufungsgerichts nicht aufrecht erhalten werden. Da es hinsichtlich der Frage, ob überhaupt eine unbedingte Verurteilung der Beklagten zu einer Umbettung der Leiche erfolgen kann, weiterer tatsächlicher Feststellungen namentlich nach der Richtung hin bedarf, ob und in welcher Weise der gegenwärtige

Beisetzungsplatz in einen einem ehrlichen Begräbnis entsprechenden Zustand versetzt werden kann, so ist die Sache unter Aufhebung des angefochtenen Urteils zur anderweiten Verhandlung und Entscheidung in die Vorinstanz zurückzuverweisen, wobei es dem Berufungsgericht überlassen bleiben muß, geeignetenfalls die Klägerin zur Stellung eines der Sachlage entsprechenden abgeänderten Antrags zu veranlassen.

---

49. Zum Begriffe „Reisegepäck" im Sinne der Eisenbahnverkehrsordnung.

I. Zivilsenat. Urt. v. 13. Januar 1923 i. S. Reichseisenbahnfiskus (Bekl.) w. K. (Kl.). I 76/22.

I. Landgericht Magdeburg. — II. Oberlandesgericht Naumburg a. S.

Der Kläger verzog Anfang Oktober 1919 von C. nach H. Vor Antritt der Umzugsreise, die er auf der Eisenbahn zurücklegte, gab er 4 Gepäckstücke als Reisegepäck auf. Eins der Gepäckstücke ging auf der Reise verloren. Es enthielt in einem Reisekorbe eine Anzahl Fenstervorhänge, sowie Kinderwäsche, eine Kleiderschürze, eine gestickte Decke und $4^1/_2$ m Kleiderstoff. Auf Ersatz des Werts mit 4765 ℳ nebst Zinsen nahm der Kläger den Beklagten in Anspruch. Der Beklagte wandte ein, daß der größte Teil des Korbinhalts nicht zulässiges Reisegepäck im Sinne des § 30 EVO. gewesen sei.

Das Landgericht wies die Klage ab. Das Oberlandesgericht erklärte den Klaganspruch dem Grunde nach für gerechtfertigt. Die Revision des Beklagten blieb erfolglos.

Gründe:

Nach § 30 Abs. 1 EVO. kann der Reisende Gegenstände, deren er zur Reise bedarf, zur Beförderung als Reisegepäck aufgeben. Ob und unter welchen Bedingungen Gegenstände, die nicht zum Reisebedarfe zu rechnen sind, als Reisegepäck angenommen werden, hat nach Abs. 3 der Tarif einheitlich zu bestimmen. Nach Abs. 4 dürfen als Reisegepäck nicht aufgegeben werden die von der Beförderung als Frachtgut ausgeschlossenen und die im § 29 aufgeführten gefährlichen oder explosionsgefährlichen Gegenstände, wie geladene Schußwaffen, leicht entzündliche, ätzende und übelriechende Sachen. Den durch diese Vorschriften umgrenzten Begriff des Reisegepäcks glaubt das Berufungsgericht nicht besonders eng auslegen, sondern den Zweck der Reise entsprechend den Anforderungen des neuzeitlichen Reiseverkehrs nach Möglichkeit berücksichtigen zu sollen, und zwar ohne Unterschied, ob der Reisende, wie bei Geschäfts- und Erholungsreisen, regelmäßig wieder an den Ausgangsort zurückkehrt, oder ob er, wie beim Wohnungswechsel, ohne Rückkehrabsicht lediglich die Erreichung des Reiseziels bezweckt. Deshalb vertritt der Vorderrichter die Ansicht, daß die Verwendung des Gepäcks nicht in engem zeitlichen Zusammenhange mit der Reise zu stehen oder nur den persönlichen Bedürfnissen des Reisenden zu dienen brauche, sondern daß zum Reisegepäck auch Gegenstände zu rechnen seien, deren Verwendung mit dem Zwecke der Reise insofern in Zusammenhang stehe, als der Reisende ihrer aus persönlichen oder wirtschaftlichen Gründen in nicht allzuferner Zeit am Reiseziel bedürfe. Zwar fielen Handelswaren, Kaufmannsgut und „Hamstergut" nach ständiger Rechtsprechung nicht hierunter; im übrigen bleibe aber die Entscheidung darüber, was gemäß § 30 Abs. 1 als Reisegepäck anzusehen sei, Frage des Einzelfalls. Im vorliegenden Falle habe der Kläger gelegentlich seiner Umzugsreise als Reisegepäck Gegenstände aufgegeben, deren er bald nach seiner Ankunft zur Einrichtung der Wohnung bedurft habe. Berücksichtigte man, daß bei Umzugsreisen regelmäßig einzelne Stücke, die alsbald zur Einrichtung der neuen Wohnung benötigt würden, von den Wohnungsinhabern persönlich mitgenommen werden müßten, so könnten solche Gegenstände, den Anforderungen des Verkehrs entsprechend, billigerweise zum Reisegepäck gerechnet werden.

Die Revision bekämpft diese Ausführungen und weist darauf hin, daß die Reise des Klägers auch ohne die Mitnahme der Gardinen nicht zwecklos gewesen wäre, der Kläger also der Gardinen für die Reise nicht bedurft habe. Ein durchschlagender Grund, sie als Reisegepäck zu befördern, habe nicht bestanden; sie hätten, wenn sie sofort in Gebrauch genommen werden sollten, als Expreßgut befördert werden können.

Der Angriff der Revision kann nicht für begründet erachtet werden. Der Begriff „Reisegepäck" ist im Handelsgesetzbuch nicht näher umschrieben. Das Allg. Deutsche Handelsgesetzbuch (Art. 425) und das neue Handelsgesetzbuch (§§ 465, 466) wenden ihn für das Eisenbahnfrachtrecht ohne besondere Erläuterung an und unterscheiden nur zwischen Reisegepäck, das zur Beförderung aufgegeben ist, und solchem, das nicht aufgegeben ist. Hätte die Eisenbahnverkehrsordnung nicht den Begriff eingeschränkt und die Aufgabe von Sachen als Reisegepäck nur für einen engeren Kreis von Gegenständen zugelassen, so würden, wie es auch das Reichsgericht für den Fall des § 243 Nr. 4 StGB. angenommen hat (RGSt. Bd. 43 S. 317), darunter alle Sachen zu verstehen sein, die ein auf einer Reise befindlicher Mensch mit sich führt, ohne Rücksicht darauf, ob sie ihm selbst oder einem anderen gehören, ob sie während der Reise oder erst am Bestimmungsorte gebraucht werden sollen und ob sie seinem persönlichen Bedürfnisse dienen oder nicht. Für den Eisenbahnfrachtverkehr findet sich aber eine Einschränkung bereits im Betriebsreglement für die Eisenbahnen Deutschlands vom 1. Juli 1874 (RGBl. S. 179), in dessen § 24 der Begriff des Reisegepäcks dahin bestimmt wird:

Als Reisegepäck wird in der Regel nur, was der Reisende zu seinem und seiner Angehörigen Reisebedürfnisse mit sich führt, namentlich Koffer, Mantel- und Reisesäcke, Hutschachteln, kleine Kisten und dergleichen befördert; größere kaufmännisch verpackte Kisten, Tonnen sowie andere nicht zu den Reisebedürfnissen zu rechnende Gegenstände können ausnahmsweise zugelassen werden. Gegenstände, welche von der Beförderung als Frachtgut sowie nach § 22 Abs. 3 von der Mitnahme in die Personenwagen ausgeschlossen sind, dürfen auch als Reisegepäck nicht aufgegeben werden.

Diese Begriffsbestimmung ist im wesentlichen in die Verkehrsordnung für die Eisenbahnen Deutschlands vom 15. November 1892 (RGBl. S. 923) und in die Eisenbahnverkehrsordnung vom 26. Oktober 1899 (RGBl. S. 557) übernommen worden. In beiden Verkehrsordnungen lautet der § 30 Abs. 1 und 2:

Als Reisegepäck kann in der Regel nur das, was der Reisende zu seiner Reise bedarf, namentlich Koffer, Mantel- und Reisesäcke, Hutschachteln, kleine Kisten und dergleichen aufgegeben werden.

Doch können auch größere kaufmännisch verpackte Kisten, Tonnen sowie Fahrzeuge und andere nicht zum Reisebedarf zu rechnende Gegenstände, sofern sie zur Beförderung mit Personenzügen geeignet sind, ausnahmsweise als Reisegepäck zugelassen werden. . . .

Der Unterschied gegenüber dem Betriebsreglement besteht danach hauptsächlich darin, daß auf die Reisebedürfnisse der Angehörigen des Reisenden nicht mehr ausdrücklich Rücksicht genommen und bei den ausnahmsweise zugelassenen Gegenständen auf ihre Geeignetheit zur Beförderung in Personenwagen hingewiesen wird. Besonders auffallend aber ist in allen drei Ordnungen, daß sie, wenn sie auch zunächst durch die Worte „was der Reisende zu seinem und seiner Angehörigen Bedürfnisse mit sich führt" und „was der Reisende zu seiner Reise bedarf" eine Umschreibung des Begriffs „Reisegepäck" nach der Beschaffenheit der mitgeführten Gegenstände geben, später doch nur Beispiele anführen, in denen die äußere Verpackung, nicht der Inhalt der Behältnisse, als ausschlaggebend hingestellt wird. Das spricht dafür, daß man eine enge Auslegung dessen, was zum „Reisebedürfnisse" oder „Reisebedarf" gehört, nicht beabsichtigt und gerade der äußern Verpackungsart, in der das Gepäck der Eisenbahn vorgelegt wird, besondere Bedeutung beigemessen hat. Demgemäß hat man unter der Herrschaft jener älteren Ordnungen sowohl im Schrifttum wie auch in der Rechtsprechung und in der praktischen Handhabung den Begriff

„Reisegepäck" ziemlich weitherzig aufgefaßt. Im Archiv für Eisenbahnwesen Jahrg. 1888 S. 488 führt de Jonge aus, daß darunter die Sachgesamtheit zu verstehen sei, die sich äußerlich als eine verbundene Einheit darstelle (Koffer, Bündel, Korb) und durch ihre Bestimmung, den Reisezwecken des Reisenden zu dienen, im Einzelfalle gekennzeichnet werde. Er rechnet daher zum Reisegepäck ebensowohl Gebrauchsgegenstände, die der Vergnügungsreisende mit sich führt, wie Warenproben, die der Geschäftsreisende mitnimmt. In einem Urteile vom 13. Februar 1902 (Goltdammers Archiv Bd. 49 S. 322) hat ein Strafsenat des Reichsgerichts als Reisegepäck Pappschachteln mit Kleidungsstücken angesehen, die der Reisende zur Beförderung aufgegeben hatte, um die Kleider am Bestimmungsorte an Kunden seines Geschäfts abzuliefern oder zur Anprobe vorzulegen. In JW. 1920 S. 404 bezeugt v. der Leyen unter Hinweis auf Entscheidungen von Strafsenaten des Reichsgerichts vom 1. Mai 1902 und 2. Juni 1905 (Archiv f. Eisenbahnwesen 1902 S. 1135, 1907 S. 552), daß Zeitungspakete, die durch expresse Boten aufgegeben worden seien, von der Bahn regelmäßig als Reisegepäck befördert worden seien, wie denn auch für die Dienststellen der Bahn die Anweisung bestanden habe, bei der Beurteilung der Frage, ob es sich beim aufgegebenen Gepäck um Reisebedürfnisse handle, den Reisenden möglichst entgegen zu kommen. Alles dies spricht für eine ausdehnende Auslegung des Begriffs „Reisegepäck".

Nun ist nicht zu verkennen, daß die jetzt geltende Eisenbahnverkehrsordnung den Begriff fester bestimmt, als es ihre Vorläuferinnen taten, indem sie vorschreibt (§ 30):

Der Reisende kann Gegenstände, deren er zur Reise bedarf, zur Beförderung als Reisegepäck aufgeben.

Das Reisegepäck muß durch seine Verpackung — in Koffer, Reisekörbe, Reisetaschen, Hutschachteln, handliche Kisten oder dergleichen — als solches kenntlich sein.

Ob und unter welchen Bedingungen Gegenstände, die nicht zum Reisebedarfe zu rechnen sind, sowie Tiere in genügend sicheren Behältern und Fahrzeuge als Reisegepäck angenommen werden, muß der Tarif einheitlich bestimmen.

Demgemäß sind durch Ausführungsbestimmungen des Personen- und Gepäcktarifs, Teil I, Fahrräder und einzelne andere Fahrzeuge, Ausrüstungsgegenstände von Sanitätskolonnen, Musikinstrumente, Gerätschaften von Schaustellern und Markthändlern, Meßwerkzeuge und Handwerkszeug, Warenproben der Geschäftsreisenden, Markt- und Hausiererwaren sowie kleine Tiere und Jagdhunde in Käfigen und dergl. als Reisegepäck zugelassen worden. In diesem Verzeichnisse findet sich keine Art von Gegenständen, zu der die in Rede stehenden Fenstervorhänge gerechnet werden könnten, und es kommt daher allein darauf an, ob sie unter den besonderen Umständen des Falls als Gegenstände betrachtet werden können, deren der Kläger zu seiner Reise bedurfte. Das hat das Berufungsgericht mit Recht angenommen. Aus dem oben mitgeteilten Entwicklungsgange ergibt sich, daß der Begriff Reisegepäck von jeher nicht ängstlich auf die persönlichen Reisebedürfnisse des Reisenden beschränkt worden ist, sondern eine Auslegung in ausdehnendem Sinne erfahren hat. Es spricht auch nichts dafür, daß die jetzige Eisenbahnverkehrsordnung trotz ihrer von den Vorgängerinnen etwas abweichenden Fassung eine wesentliche sachliche Änderung beabsichtigt hat. Es erscheint daher nicht rechtsirrtümlich, wenn das Berufungsgericht als Reisegepäck diejenigen Gegenstände zulassen will, deren Verwendung in einem näheren Zusammenhange mit dem Zweck der Reise steht, so daß der Reisende ihrer aus persönlichen oder wirtschaftlichen Gründen in nicht allzu ferner Zeit am Ziel seiner Reise bedarf. Da ferner der Vorderrichter in tatsächlicher Hinsicht festgestellt hat, daß der Kläger die Fenstervorhänge auf seine Umzugsreise mitgenommen hat, um sie alsbald nach seinem Eintreffen am neuen Wohnorte zur Einrichtung seiner neuen Wohnung zu verwenden, so kann bei dieser besonderen Sachlage die Annahme, daß die Vorhänge als Reisegepäck aufgegeben werden durften, rechtlich nicht beanstandet werden. ...

Hinsichtlich derjenigen Gegenstände, die sich außer den Vorhängen noch in dem Reisekorbe befanden — Kleiderschürze, $4^1/_2$ m Kleiderstoff, Kinderwäsche und Decke —, besteht gleichfalls kein Bedenken, sie im Hinblick auf den Zweck der Umzugsreise als Reisegepäck anzusehen.

---

50. Ist eine Auflassung wirksam, wenn sie von einer Person entgegengenommen wird, welche sich dem Grundbuchrichter gegenüber fälschlich als die Person des Erwerbers selbst ausgibt, während sie in Wirklichkeit nur dessen Bevollmächtigter ist?

V. Zivilsenat. Urt. v. 13. Januar 1923 i. S. C. (Bekl.) w. P. u. Gen. (Kl.). V 499/22.

I. Landgericht Allenstein. — II. Oberlandesgericht Königsberg.

Auf Grund privatschriftlichen Vertrags vom 4. April 1919 und der Auflassung vom gleichen Tage ist der Beklagte als Eigentümer eines ihm vom Kläger zu 1 verkauften Grundstücks in das Grundbuch eingetragen worden. Bei der Vollziehung des Vertrags wie bei der Auflassung ist aber nicht der Beklagte, sondern dessen Schwager, der Landwirt S., tätig gewesen, der sich nach der Behauptung der Kläger für den Beklagten ausgegeben hat. Die Kläger entnahmen hieraus die Nichtigkeit der Eigentumsübertragung und klagten auf Verurteilung des Beklagten zur Auflassung an sie. Der Beklagte machte geltend, sein Schwager habe von ihm Vollmacht zu seiner Vertretung gehabt. Das Landgericht verurteilte den Beklagten nach dem Klagantrag. Das Oberlandesgericht wies die Berufung mit der Maßgabe zurück, daß der Beklagte in die Eintragung der Kläger als Eigentümer im Grundbuche zu willigen habe Zug um Zug gegen Zahlung von 1000 *M* (seiner Anzahlung) sowie gegen Befreiung von der Schuldverbindlichkeit für die als Restkaufgeld eingetragene Hypothek von 19000 *M*. Die Revision der Beklagten führte aus prozessualen Gründen zur Aufhebung des angefochtenen Urteils.

Aus den Gründen:

... Nach der für die Revision als richtig zu unterstellenden Behauptung des Beklagten ist von folgendem Sachverhalt auszugehen. Der Beklagte will, da die Erledigung der Sache sich hinzog, dem Kläger zu 1 gesagt haben, daß er für unabsehbare Zeit nach Berlin müsse, aber seinem Schwager Karl S. die Vollmacht gebe, in seinem Namen die Auflassung zu nehmen und auch mit des Beklagten Unterschrift zu versehen. Der Kläger zu 1 habe dann den Schwager des Beklagten dem Amtsrichter als den Beklagten vorgestellt, der dann auch an dessen Stelle gemäß seiner Ermächtigung die Auflassung angenommen habe.

Das Berufungsgericht erklärt, daß der Auflassungsakt, auch wenn S. Vollmacht gehabt und der Kläger zu 1 dies gewußt habe, nichtig sein würde. Denn der Grundbuchrichter habe bei der Auflassung mitzuwirken und die Erklärungen der Beteiligten entgegenzunehmen. Seine Rolle sei dabei keine lediglich passive, da er vor der Entgegennahme die Legitimation der Erschienenen und die Frage, ob der Eintragung der Eigentumsänderung im Grundbuche nichts entgegenstehe, zu prüfen habe. Zu diesem Zwecke müsse er wissen, wer die Erklärenden sind. Werde er über deren Persönlichkeit getäuscht, so habe nicht bloß eine unrichtige Beurkundung der Auflassung, sondern überhaupt keine gültige Auflassung stattgefunden. Deshalb könne sich auch der Beklagte nicht auf ein im „Recht" (1920 Nr. 2407) mitgeteiltes Urteil des Reichsgerichts berufen, wonach die Auflassung der Beurkundung nicht bedürfe, denn diese Entscheidung setze voraus, daß die Erklärung der Auflassung ordnungsmäßig erfolgt sei, woran es hier gerade fehle.

Diese Ausführungen werden von der Revision vergeblich bekämpft. Sie könnten nur dann angegriffen werden, wenn das Grundbuchamt (oder der Notar usw.) lediglich die Stelle wäre, vor der sich die Auflassung vollzieht, es aber von jeglicher Mitwirkung bei diesem Akte vollständig ausgeschlossen wäre. Dies ist aber, wie das Berufungsgericht zutreffend ausführt, nicht der Fall. In der Tat hat der

Grundbuchrichter insofern mitzuwirken, als er die Erklärung entgegenzunehmen und bei nicht gehöriger Erklärung die Entgegennahme abzulehnen hat. Nur die gehörige, bei gleichzeitiger Anwesenheit beider Teile vor ihm erklärte Einigung gilt als Auflassung im Sinne des § 925 BGB, die in ihrer Wirksamkeit durch Fehler der Beurkundung allerdings nicht beeinflußt wird. Nur das besagen das vom Berufungsurteil angezogene Urteil des erkennenden Senats vom 15. Mai 1920 (JW. 1920 S. 1029 Nr. 5), wie auch das Urteil dieses Senats vom 24. April 1920 (RGZ. Bd. 99 S. 65), auf dem das erstere Urteil fußt. Eine ordnungsmäßige Erklärung, abgegeben vor dem Grundbuchrichter, liegt aber nicht vor, wenn derjenige, welcher die Auflassungserklärung annimmt, sich dem Grundbuchrichter gegenüber fälschlich als den Erwerber ausgibt, mag auch die andere Partei wissen, daß dieser in Vollmacht des Erwerbers handelt.

War somit der Auffassung des Berufungsgerichts von der Nichtigkeit der Auflassung beizupflichten, und muß es daher bei der Verurteilung zur Einwilligung in die Berichtigung des Grundbuchs an sich verbleiben, so erschien es doch geboten wegen der bisher nicht berücksichtigten, vom Beklagten behaupteten Verwendungen in das Grundstück das ganze Urteil aufzuheben behufs Erörterung der Frage, ob und in Höhe welchen Betrags die im Berufungsurteil ausgesprochene Zahlung Zug um Zug sich erhöht.

---

51. 1. Zur Frage der Haftung eines Kaufmanns für rechtsgeschäftliche Erklärungen, die während seiner Abwesenheit vom Geschäftssitze von den mit der einstweiligen Leitung des Geschäfts betrauten Personen Dritten gegenüber abgegeben werden.

2. Unter welchen Voraussetzungen kann der Geschäftsherr solche Erklärungen wegen Irrtums anfechten?

II. Zivilsenat. Urt. v. 16. Januar 1923 i. S. Sch. u. B., G. m. b. H. (Kl.) w. R. (Bekl.). II 130/22.

I. Landgericht Hamburg. — II. Oberlandesgericht daselbst.

Der Beklagte bestellte auf der Leipziger Frühjahrsmesse 1920 bei dem Vertreter der klägerischen Firma 3 Stücke grauen Ulster nach einem vorgezeigten Muster zu sofortiger Lieferung. Kurz nach Kaufabschluß, am 1. März 1920, schrieb die Klägerin an den Beklagten: da der aus amerikanischer Heereslieferung stammende gekaufte Artikel etwas unterschiedlich ausfalle, übersende sie — Klägerin — dem Beklagten einen Abschnitt von einer anderen, für ihn zurückgelegten Ware mit der Bitte um alsbaldige Mitteilung, ob ihm deren Zusendung genehm sei. Hierauf antwortete eine Angestellte des Beklagten, Fräulein B., am 3. März: ihr Chef, der Beklagte, befinde sich auf Reisen und sie dürfe ohne dessen Einwilligung keine Geschäfte tätigen; die Klägerin möge dem Beklagten die Sachen an der Hand lassen, sie erhalte sofort Drahtbescheid, wenn die nähere Adresse des Beklagten eingetroffen sei. Die Klägerin erwiderte, sie sei bereit, die Ware dem Beklagten bis zum 8. März zur Verfügung zu halten. Hierauf ging vom Geschäfte des Beklagten aus ein vom 6. März datiertes, von der Angestellten Fräulein B. unterzeichnetes Schreiben an die Klägerin ab, worin diese um telegraphische Bestätigung ersucht wurde, daß die 3 Stücke Ulster grau zu 155 *M* bereits an den Beklagten abgesandt seien, damit er den Betrag umgehend überweisen könne. Am 7. März telegraphierte das Geschäft des Beklagten noch an die Klägerin: „3 Stück Ulster sofort senden, telegraphieren, ob abgesandt wird." Die Klägerin telegraphierte am 8. März 1920 zurück: „3 Stück Ulsterstoff gehen morgen ab." Mit Schreiben vom 9. März 1920 übersandte sodann die Klägerin dem Beklagten die insgesamt auf 19859,20 *M* lautende Rechnung vom gleichen Tage mit dem Anfügen, daß die Ware heute zum Versand gekommen sei und die Klägerin der Regulierung entgegensehe. Am 16. März schrieb der an diesem Tage nach Hamburg zurückgekehrte Beklagte an die Klägerin: die 3 Stücke des amerikanischen Artikels seien inzwischen in seinen Besitz gelangt; er habe auf der Leipziger Messe die Ulsterware in einem sehr schönen Grau gesehen, 3 Stücke davon akzeptiert und seiner Firma in Hamburg aufgegeben, daß sie unbedingt auf der Lieferung dieser Ware bestehen solle; die eingetroffene Ersatzware sei von seinen Angestellten in Hamburg akzeptiert worden in der Meinung, es handle sich um die von ihm — dem Beklagten — in Leipzig aufgegebene Ware; bei genauer Durchsicht finde er jedoch, daß die eingetroffene Ware ganz unverkäuflich und für ihn völlig wertlos sei; Klägerin möge mitteilen, was mit der Ware geschehen, ob der Beklagte sie zurücksenden oder mit einem entsprechenden Preisnachlaß behalten solle. Eine Einigung kam nicht zustande, da die Klägerin auf ihrem Verlangen nach Begleichung der Faktura vom 9. März 1920 beharrte.

Die auf Zahlung des Kaufpreises gerichtete Klage wurde vom Landgericht zugesprochen, vom Oberlandesgericht dagegen abgewiesen. Auf die Revision der Klägerin erfolgte Zurückverweisung an das Berufungsgericht.

Gründe:

Nach der Annahme des Berufungsgerichts soll zwischen den Parteien ein Kaufvertrag über die dem Beklagten übersandte Ersatzware wegen Willensunstimmigkeit nicht zustande gekommen sein; denn der Beklagte, der während des ganzen im Tatbestand erwähnten Brief-

und Depeschenwechsels von Hamburg abwesend war und erst am 16. März 1920 dorthin zurückkehrte, habe mit der von seinem auswärtigen Aufenthalt (Braunlage) an sein Personal gerichteten Anweisung lediglich die Klägerin zur Einsendung der auf der Leipziger Messe nach Muster bestellten Partie Ulsterstoff veranlassen wollen, wogegen die Klägerin das Schreiben vom 6. und die Depesche vom 7. März 1920 auf die von ihr nachher angebotene Ware — die Ersatzware — bezogen habe. Während der Abwesenheit des Beklagten — so führt das Berufungsurteil weiter aus — habe die Zeugin B. die im Kontor vorkommenden Geschäfte besorgt, sie habe aber keine selbständige Verfügungsbefugnis gehabt, sei vielmehr von den Weisungen ihres Chefs oder eines Schwagers des Beklagten oder auch eines Fräuleins J. abhängig geblieben; deshalb habe sie auch unter Hinweis auf die Notwendigkeit der Einwilligung des Beklagten die Klägerin mit Schreiben vom 3. März 1920 gebeten, den Stoff dem Beklagten noch an der Hand zu lassen; die diesem Ersuchen entsprechende Antwort der Klägerin sei am 6. dess. Monats eingegangen. Inzwischen habe aber der Beklagte ohne Kenntnis von dem Angebot der Ersatzware von seinem Erholungsaufenthalt aus so, wie in seinem Schreiben vom 16. März 1920 angegeben, an sein Hamburger Geschäft geschrieben gehabt, und infolgedessen seien der Brief vom 6. und die Depesche vom 7. März 1920 an die Klägerin abgegangen. Wer diese Depesche (mit der Telegrammbezeichnung der Firma des Beklagten) unterzeichnet habe, stehe nicht fest; es könne Fräulein B., aber auch Fräulein J. gewesen sein. Persönlich habe die B. keine Vorstellung davon, ob sich die beiden Mitteilungen auf die vom Beklagten ursprünglich in Leipzig bestellte Partie oder auf die Ersatzware beziehen sollten.

Der Berufungsrichter stellt hiernach für die Frage, ob es zwischen den Parteien zu einer Einigung über den Ankauf der von der Klägerin nachträglich angebotenen Ersatzware gekommen sei, auf seiten des Käufers darauf ab, ob der von Hamburg abwesend gewesene Beklagte von dem Ersatzangebot Kenntnis gehabt und welche Weisung er von Braunlage aus seinem Personal in Hamburg habe zukommen lassen; und da der Beklagte, wie sich aus seinem Schreiben an die Klägerin vom 16. März 1920 ergebe, bei jener Weisung an sein Personal es nur auf die ursprünglich in Leipzig bestellte Ware abgesehen gehabt habe, so fehle es — meint das Berufungsgericht — an der Willensübereinstimmung der Parteien hinsichtlich des käuflichen Erwerbes der Ersatzware durch den Beklagten.

Mit Grund ficht die Revision diese Auffassung an. Es kommt angesichts der Tatsache, daß der Beklagte sich von Hamburg wegbegeben und die Führung seines Geschäfts, wenigstens insoweit, als es sich um den Verkehr mit Dritten handelte, aus der Hand gegeben hatte, nicht darauf an, was der Beklagte in der hier fraglichen Angelegenheit gewußt und gewollt hat, sondern lediglich darauf, welche Erklärungen von den ihn vertretenden Personen vom Hamburger Kontor aus abgegeben wurden und ob der Beklagte diese Erklärungen im einzelnen Falle gegen sich gelten lassen mußte, vgl. RGZ. Bd. 100 S. 48.[1] Allerdings hatte die Angestellte B. der Klägerin am 3. März 1920 mitgeteilt, daß sie selbst ohne Einwilligung ihres zur Zeit abwesenden Chefs keine Geschäfte tätigen dürfe, weshalb sie die Klägerin bitten müsse, ihr die Sachen an Hand zu lassen, bis die Adresse des Beklagten bekannt sei und dann nähere Nachricht gegeben werden könne. Damit ist aber keineswegs gesagt, daß der am 6. März 1920 an die Klägerin gerichtete, wiederum von der B. („im Auftrag" der Firma des Beklagten) unterzeichnete Brief von der Klägerin nicht als eine von der Firma des Beklagten ausgehende, diesen bindende Erklärung aufgefaßt werden durfte. Denn das Schreiben ließ nur erkennen, daß die Firma des Beklagten die darin erwähnten 3 Stücke Ulster haben wollte und daß die Angestellte B. dieses Verlangen übermittelte, nicht aber ergab sich daraus, daß die B. selbst, und noch dazu ohne Einwilligung des Beklagten oder einer von ihm mit seiner rechtsgeschäftlichen Vertretung beauftragten Person, den Entschluß zu dem Bezuge der 3 Stücke Ulster gefaßt habe. Im übrigen weist die Revision mit Recht auch darauf hin, daß die B. nach ihrem eigenen Zeugnis den Brief vom 6. März 1920 auf Diktat des Schwagers des Beklagten oder des Fräuleins J. geschrieben und mit dem Einverständnis des einen oder des andern so, wie geschehen, unterzeichnet habe. Ist dies richtig (das Berufungsgericht hat sich hierüber nicht geäußert), so kann vollends nicht zweifelhaft sein, daß das Schreiben eine rechtsgeschäftliche Erklärung der Firma des Beklagten darstellt, die diesen rechtlich bindet, gleichgültig, ob er vor seiner Rückkehr nach Hamburg von dem Ersatzangebot der Klägerin etwas gewußt hat oder nicht. Denn nach der Feststellung des Berufungsgerichts hatte der Beklagte für die Zeit seiner Abwesenheit die Leitung des Geschäfts seinem Schwager und dem Fräulein J. überlassen. Das Gleiche trifft auf die Depesche vom 7. März 1920 zu, die nach der Zeugenangabe der B. möglicherweise von dieser, vielleicht aber auch von Fräulein J. aufgegeben worden ist. Muß aber der Beklagte den Brief vom 6. und die Depesche vom 7. März 1920 wider sich gelten lassen, wie wenn es sich um von ihm selbst ausgegangene Erklärungen handeln würde, so kann von einer Willensunstimmigkeit der Parteien darüber, ob an Stelle der ursprünglich in Leipzig verkauften Ware die von der Klägerin angebotene Ersatzware zu treten habe, nicht die Rede sein, vorausgesetzt nur, daß sich der

[1] Vgl. auch RGZ. Bd. 105 S. 185.

Brief und die Depesche nach ihrem Zusammenhang mit dem vorangegangenen Briefwechsel auf die Ersatzware bezogen. Durfte oder mußte gar die Klägerin nach Lage der Umstände die beiden Erklärungen in diesem Sinne auffassen, so ist es für die Frage der vertraglichen Einigung über die Lieferung der Ersatzware unerheblich, was der Beklagte selbst in der Angelegenheit von Braunlage aus an sein Hamburger Kontor mitgeteilt hat, und welchen Inhalt sein Schwager, Fräulein J. oder Fräulein B. jenen Erklärungen beilegten.

Das Berufungsgericht meint nun freilich: auch wenn der Brief vom 6. und das Telegramm vom 7. März 1920 so beurteilt werden müßten, als wären sie vom Beklagten selbst ausgegangen, sei dieser in der Lage gewesen, den Inhalt beider Erklärungen wegen Irrtums anzufechten, und er habe dies auch im Schreiben vom 16. März 1920 rechtzeitig getan. Der Irrtum habe — so wird ausgeführt — darin bestanden, daß nach Sachlage, insbesondere im Hinblick auf die geringere Qualität der Ersatzware anzunehmen sei, der Beklagte hätte bei Kenntnis des wahren Sachverhalts nicht so, wie seitens seines Personals geschehen, geschrieben und telegraphiert. ... Auch diese Ausführung ist rechtsirrig. Es handelt sich um die Anfechtung von Erklärungen solcher Personen, die den Beklagten während seiner Abwesenheit von Hamburg in der Führung seines kaufmännischen Geschäftes vertreten haben. Ob die Erklärung eines derartigen Vertreters oder Bevollmächtigten wegen Irrtums angefochten werden kann, entscheidet sich aber nach § 166 BGB. lediglich aus dessen Person. Ein Irrtum eines der Vertreter des Beklagten (im Sinne des § 119 BGB.) ist jedoch nicht geltend gemacht. Eine irrtümliche Auffassung der Sachlage auf seiten des Vertretenen vermag die Anfechtung aus § 119 nicht zu begründen. Die vom Beklagten nach der Annahme des Berufungsgerichts in dem Schreiben vom 16. März 1920 erklärte Anfechtung läßt sich auch nicht, wie in der mündlichen Verhandlung vor dem Revisionsgericht versucht wurde, aus § 120 BGB. rechtfertigen. Denn der Fall der unrichtigen Übermittlung einer Willenserklärung (des Beklagten) im Sinne dieser Vorschrift lag nach dem festgestellten Sachverhalt nicht vor. Es ist kein Anhalt dafür gegeben, daß der Beklagte bei der in seinem Schreiben vom 16. März 1920 erwähnten Mitteilung an das Hamburger Geschäft seinen Schwager, das Fräulein J. oder einen seiner Angestellten beauftragt habe, seinen Willen, der auf den Bezug des ursprünglichen, in Leipzig besichtigten Ulsterstoffes gerichtet war, als Bote der Klägerin zu übermitteln. Nachdem der Beklagte die Leitung seines Geschäftes für die Zeit seiner Abwesenheit von Hamburg seinem Schwager und dem Fräulein J. übertragen hatte, muß vielmehr davon ausgegangen werden, daß diese auch nach Kenntnisnahme von dem Willen des Geschäftsherrn in der Angelegenheit weiterhin als Bevollmächtigte auf Grund eigener Entschließung und in eigener Verantwortlichkeit und nicht als bloße Boten tätig sein sollten. Der Beklagte hat auch in den Vorinstanzen nie behauptet, daß die Fassung des Briefes vom 6. oder des Telegramms vom 7. März 1920 auf einer unrichtigen Wiedergabe seiner von Braunlage aus erteilten Weisung, auf einem Sichvergreifen im Ausdruck beruhe. Damit scheidet die Anwendbarkeit des § 120 BGB. aus....

---

52. 1. Wird durch Pfändung von Ansprüchen, die nach § 850 Abs. 1 Nr. 3 ZPO. der Pfändung nicht unterworfen sind, ein materiell gültiges Pfandrecht begründet?

2. Steht das Pfändungsverbot des § 850 Abs. 1 Nr. 3 ZPO. auch den unversorgten Kindern des Schuldners wegen ihrer gesetzlichen Unterhaltsansprüche entgegen?

VII. Zivilsenat. Urt. v. 16. Januar 1923 i. S. S. (Kl.) w. K. (Bekl.). VII 110/22.

I. Landgericht I Berlin. — II. Kammergericht daselbst.

Der geschiedene Ehemann der Klägerin zu 1 und Vater der Klägerin zu 2, der Ingenieur S., erhielt von der Mutter des Beklagten ein Darlehn von 75000 ℳ. Er trat ihr durch notarielle Urkunde vom 30. März 1911 seine Forderung auf die Zinsen eines Kapitals von 200000 ℳ ab, die ihm auf Grund eines Testaments zustanden. Das Kapital ist bei dem Bankhause J. & S. hinterlegt. Der Beklagte ist alleiniger Erbe seiner Mutter geworden. Durch Urteil des Landgerichts I in Berlin wurde S. verurteilt, an die Klägerinnen rückständige Unterhaltsgelder, sowie 4700 ℳ jährlich an laufenden Unterhaltsgeldern seit dem 1. Juli 1919 zu zahlen. Auf Grund des Urteils haben die Klägerinnen durch mehrere Pfändungs- und Überweisungsbeschlüsse aus den Jahren 1919 und 1920 die dem S. gegen das Bankhaus J. & S. zustehenden Zinsansprüche gepfändet und sich zur Einziehung überweisen lassen. Der Beklagte hat der Zahlung der Zinsen an die Klägerinnen widersprochen. Mit der Klage verlangen diese die Verurteilung des Beklagten zur Einwilligung in die Auszahlung der Zinsen an sie. Beide Vorinstanzen haben die Klage abgewiesen. Die Revision der Klägerinnen blieb erfolglos.

Aus den Gründen:

... Zutreffend geht das Berufungsgericht davon aus, daß die streitigen, dem Schuldner S. auf Grund Vermächtnisses zustehenden Zinsansprüche als fortlaufende Einkünfte, die er auf Grund der Fürsorge und Freigebigkeit eines Dritten bezieht, der Vorschrift des § 850

Abs. 1 Ziff. 3 ZPO. unterliegen, also der Pfändung nicht unterworfen sind, „insoweit der Schuldner zur Bestreitung des notdürftigen Unterhalts für sich, seinen Ehegatten und seine noch unversorgten Kinder dieser Einkünfte bedarf." Soweit die Pfändungsbeschränkung reicht, können die Klägerinnen die Zinsen nicht für sich in Anspruch nehmen. Sie müssen, um mit ihrem Klaganspruche gegenüber dem Beklagten durchzudringen, nachweisen, daß sie durch die Pfändungen und Überweisungen materielle Rechte an den Zinseinkünften erworben haben und kraft dieser Rechte berechtigt sind, vom Beklagten die Einwilligung in die Auszahlung der Zinseinkünfte an sie zu verlangen. Solche Rechte haben sie nicht erlangt. Die nach § 850 ZPO. der Pfändung nicht unterworfenen Forderungen können nach § 400 BGB. nicht abgetreten und nach § 1274 Abs. 2 BGB. kann an ihnen ein Pfandrecht nicht bestellt werden; folgerecht können sie auch weder im Wege der Zwangsvollstreckung durch Pfändung und Überweisung an Zahlungsstatt von dem Pfändungsgläubiger erworben noch kann durch die Pfändung ein materiellgültiges Pfandrecht daran für ihn erlangt werden. Die Pfändungsbeschränkungen des § 850 ZPO. sind absolute und daher von Amts wegen zu beachten; sie sind nicht bloß im Interesse des Schuldners, sondern zugleich im öffentlichen Interesse erlassen auf Grund der Erwägung, daß der Staat nicht die Hand bieten darf zur Entziehung der notwendigsten Lebensbedürfnisse und zur Vernichtung der wirtschaftlichen Existenz des Schuldners; es soll vermieden werden, daß der Schuldner der öffentlichen Fürsorge und Armenpflege anheimfällt. Mit Recht hat daher das Berufungsgericht angenommen, daß die streitigen Zinseinkünfte nicht fähig sind, Gegenstand eines materiellen Pfandrechts zu sein.

Die Klägerin zu 2 nimmt für sich eine Ausnahme von der Pfändungsbeschränkung des § 850 Abs. 1 Ziff. 3 ZPO. in Anspruch, indem sie die Meinung vertritt, die Pfändungsbeschränkung dürfe den Familienangehörigen des Schuldners, in deren Interesse sie bestimmt sei, also auch ihr als der unversorgten Tochter des Schuldners, nicht entgegengehalten werden; die gesetzliche Begünstigung, die dem unterhaltspflichtigen Schuldner gewährt sei, dürfe ihm doch nicht auf Kosten der Unterhaltsberechtigten zugute kommen. Demgegenüber hat bereits der V. Zivilsenat des Reichsgerichts in seiner in Seufferts Archiv Bd. 62 Nr. 218 abgedruckten Entscheidung in einem Falle, wo die Ehefrau des Schuldners im Wege der Pfändung sich an seinen Kompetenzanspruch halten wollte, sich dahin ausgesprochen: „Der in § 850 Abs. 1 Ziff. 3 behandelte sog. Kompetenzanspruch ist der Pfändung nicht unterworfen, auch nicht zu einem Teile. Es sind auch nicht die gesetzlichen Unterhaltsansprüche, auch nicht die der Ehefrau, durch irgendeine gesetzliche Bestimmung allgemein mit dem Vorzugsrecht ausgestattet worden, daß Pfändungsverbote ihnen gegenüber nicht in Betracht kommen, sondern dies ist im Abs. 4 des § 850 nur angeordnet worden für die in den beiden vorhergehenden Absätzen 2 und 3 erwähnten Fälle und noch bezüglich des im Abs. 1 Ziff. 1 behandelten Arbeits- und Dienstlohns nach näherer Vorschrift des sog. Lohnbeschlagnahmegesetzes. Zu diesen Ausnahmen zählt der Kompetenzanspruch aus Abs. 1 Ziff. 3 nicht." Der jetzt erkennende Senat hat keine Bedenken, diesen Ausführungen beizutreten; ihre Richtigkeit ergibt sich aus der klaren und unzweideutigen Fassung und Anordnung der Vorschriften des § 850 ZPO. Demgemäß nehmen auch die Kommentare zur ZPO. durchweg an, daß die Einkünfte des § 850 Abs. 1 Ziff. 3 schlechthin für alle Gläubiger unpfändbar sind. Die Erwägungen der Klägerin zu 2 können gegenüber der klaren gesetzlichen Regelung um so weniger durchgreifen, als es mit der im sozialen Interesse verfolgten Absicht, dem Schuldner die streitigen Einkünfte in jedem Falle zu erhalten und zu belassen, durchaus nicht unvereinbar erscheint, ihm allein und ausschließlich die Bestimmung darüber zu überlassen, wie er die Einkünfte verwenden will, wie es ja auch nur von seinem Willen abhängt, ob er überhaupt die Einkünfte beziehen oder darauf verzichten will.

---

53. Zu den Begriffen „veränderte Reise" und „Bestimmungshafen" in § 60 Abs. 2, 3 der AllgSeeVersBed. v. 1867 (§ 813 Abs. 3 HGB.).

I. Zivilsenat. Urt. v. 17. Januar 1923 i. S. B. Versich.-Akt.-Ges. u. Gen. (Bekl.) w. F. (Kl.). I 70/22.

I. Landgericht Hamburg, Kammer f. Handelssachen. — II. Oberlandesgericht das.

Laut Seeversicherungspolice vom 27. März 1920 hatte der Kläger den Segler Emma auf Kasko von Hamburg über Kopenhagen nach Gefle und zurück nach Groningen, von dort nach Elbe-Plätzen in durchstehendem Risiko bei den Beklagten versichert. Nach Inhalt der Police sollten die Allgemeinen Seeversicherungsbedingungen von 1867 (ASVB.) mit einigen Zusätzen und Abänderungen gelten. Der Schiffer sollte Freiheit haben, auf der Aus- wie Rückreise beliebig auf der Route liegende Häfen und Plätze gleichviel zu welchem Zwecke anzulaufen, auch dort beliebig zu löschen und zu laden. Abweichungen von der Reise waren stillschweigend mitversichert, jedoch sollte hierfür eine Prämienzulage nach Billigkeit vereinbart werden. Die Emma ist auf der Reise von Groningen nach Brunsbüttel in der Elbemündung infolge schweren Wetters leck geworden und am 31. Oktober 1920 gesunken. Der Kläger verlangt mit der Klage von den Beklagten

Zahlung der Versicherungssumme nebst Zinsen. Die Beklagten verweigern die Zahlung, weil das Schiff auf der Fahrt von Groningen nach Kolding gesunken sei, Brunsbüttel nur angelaufen habe, um durch den Kanal nach Kolding zu fahren, sich also nicht auf der versicherten Reise befunden habe. Das Landgericht wies die Klage ab. Das Oberlandesgericht verurteilte die Beklagten nach dem Klagantrage. Die Revision der Beklagten hatte Erfolg.

Gründe:

Nach dem Tatbestande des Berufungsurteils hat die Emma im Oktober 1920 in Groningen eine Ladung Kohlen eingenommen und für Kolding in Dänemark klariert. Auf der Fahrt dorthin wollte der Kapitän Brunsbüttel anlaufen, und zwar, wie die Beklagten behaupten, nur um von dort durch den Kanal nach Kolding zu fahren, wie der Kläger geltend macht, um dort Proviant einzunehmen und weitere, aber nicht auf den Bestimmungshafen bezügliche, Weisungen des Reeders entgegenzunehmen. Auf der Fahrt von Groningen nach Brunsbüttel ist das Schiff untergegangen. Bei dieser Sachlage erweist sich der Klaganspruch als nicht begründet. Entsprechend § 813 HGB. bestimmt § 60 Abs. 2 Satz 1 ASVB., daß der Versicherer, wenn die versicherte Reise durch die Wahl eines anderen als des im Versicherungsvertrage vereinbarten Bestimmungshafens verändert wird, für die nach der Veränderung der Reise eintretenden Unfälle nicht haftet, und Abs. 3 Satz 1 daselbst besagt: „Die Reise ist verändert, sobald der Entschluß, dieselbe nach einem anderen, als dem im Versicherungsvertrage vereinbarten Hafen zu richten, zur Ausführung gebracht wird, sollten auch die Wege nach beiden Bestimmungshäfen sich noch nicht geschieden haben." Die Ausnahmen des Abs. 2 Satz 2, 3 kommen hier nicht in Betracht. Die Haftung des Versicherers ist also regelmäßig ausgeschlossen, wenn die Reise durch Wahl eines anderen Bestimmungshafens verändert wird. Zweifel können in einem solchen Fall entstehen, wenn sich die Wege nach dem vereinbarten und nach dem anderweit gewählten Bestimmungsort teilweise decken. Er wird in Abs. 3 in dem Sinne geregelt, daß die Haftung des Versicherers mit der Ausführung des Entschlusses, nach einem anderen Bestimmungshafen zu fahren, auch dann entfällt, wenn sich die beiden Wege teilweise decken. Damit sollte, wie die Protokolle zur Vorbereitung eines Allg. DHGB. S. 3245 ergeben, gerade der bestehende Zweifel beseitigt werden. Es wurde dabei erwogen, daß, wollte man den Versicherer so lange für haftbar erklären, bis die Wege beider Reisen sich nicht mehr deckten, man, was häufig unmöglich, ermitteln müsse, inwieweit die Wege sich deckten und von welchem Augenblick an der Weg ein anderer sei. Überdies könne man nie mit Gewißheit sagen, ob das Schiff, wenn die versicherte Reise zur Ausführung gelangt wäre, genau zu derselben Zeit in die betreffende Gegend gekommen sein würde, wie nach der Veränderung der Reise, oder was sonst ohne diese Veränderung geschehen wäre (Prot. S. 3184). Der Sinn der Bestimmung ist danach völlig klar, und es kann sich nur fragen, welches im vorliegenden Fall der Bestimmungshafen gewesen ist. War es Brunsbüttel, so kommt zugunsten des Klägers in Betracht, daß die Reise „nach Elbe-Plätzen" unter die Versicherung fällt. Ist es Kolding, so handelt es sich um eine die Beklagten befreiende Veränderung der Reise. Denn wenn nach der Police „Abweichungen von der Reise" stets als stillschweigend mitversichert gelten sollen, so können damit, soweit nicht klar ein anderes erhellt — was hier nicht der Fall ist — nur solche innerhalb der durch den Abgangs- und Bestimmungshafen gegebenen Grenzen gemeint sein (RGZ. Bd. 13 S. 92), und gleiches gilt für die fernere Policebestimmung, nach der dem Schiffer die Freiheit gelassen wird, auf der Aus- wie Rückreise beliebig „auf der Route" liegende Häfen und Plätze anzulaufen. Eine andere Reise als die von Hamburg über Kopenhagen nach Gefle und zurück nach Groningen und von dort nach Elbe-Plätzen ist nicht versichert. Nach dem, was zwischen den Parteien unstreitig ist, ist Kolding der Bestimmungshafen des Schiffes zu der Zeit des Unfalls gewesen, da es in Groningen eine Ladung Kohlen für diesen Bestimmungsort eingenommen hatte, nicht Brunsbüttel, das der Kapitän nur zu dem Zweck, um Proviant einzunehmen oder auch um Weisungen für die Weiterreise zu erhalten, anlaufen sollte. Das allein entspricht der Bedeutung des Bestimmungshafens für ein mit Fracht beladenes Schiff. Die abweichende Meinung des Oberlandesgerichts entbehrt ausreichender Begründung. Es ist nicht klar, was es bedeuten soll, wenn in den Entscheidungsgründen gesagt wird, Brunsbüttel sei im Sinne der Police als Bestimmungshafen anzusehen. Die Police bezeichnet nur Anfang, Weg und Endpunkt der versicherten Reise, sagt aber nichts über den Begriff des Bestimmungshafens. Er kann vielmehr nur nach den Auffassungen des Verkehrs und auf der Grundlage des HGB. und der ASVB. bestimmt werden. Ob die Beklagten ein besonderes Interesse daran gehabt haben, die tatsächlich ausgeführte Reise als eine andere als die versicherte zu betrachten, ist angesichts der Regelung in § 60 Abs. 3 ASVB. unerheblich. Der Kaskoversicherer hat aber auch, worauf die Revision zutreffend hinweist, wegen der Vorschriften über die große Haverei (§§ 700 flg. HGB., vgl. insbesondere §§ 711, 712, 714, 718, 724) ein erhebliches Interesse daran, daß der Bestimmungshafen nicht ohne seine Zustimmung verändert wird. Daß die Beklagten eine solche Zustimmung vorliegend erklärt und demgemäß den schriftlich vorliegenden Versicherungsvertrag mündlich geändert hätten, geht aus dem Vorbringen des Klägers nicht hervor.

Vielmehr hat es sich danach nur um geführte, dann aber gescheiterte, Verhandlungen über eine Weiterversicherung für eine neue Reise gehandelt.

---

54. Zum polnischen Valutagesetz vom 20. November 1919. Einwirkung der nachträglichen Vereinbarung, daß die im abgetretenen Gebiet zahlbare Schuld durch Überweisung an eine Bank in Deutschland beglichen werden soll.

III. Zivilsenat. Urt. v. 19. Januar 1923 i. S. Ch. (Kl.) w. die off. Handelsgesellschaft M. N. (Bekl.). III 261/22.

I. Landgericht Breslau. — II. Oberlandesgericht daselbst.

Gründe:

Nach den Feststellungen des Berufungsrichters ist das Abkommen, wonach die Beklagte dem Kläger, ihrem früheren Angestellten, eine Abfindungssumme von 8200 ℳ versprochen hat, unter der Herrschaft des deutschen Rechts geschlossen worden; es lag ihm deutsche Währung zugrunde, und beide Teile, auch die Beklagte, sind davon ausgegangen, daß die Beklagte die Abfindungssumme in deutschem Gelde zu entrichten habe. Später, am 17. Januar 1920, haben die Polen Besitz von der Stadt Lissa, dem früheren Wohnsitz der Parteien ergriffen, und damit ist das polnische sog. Valutagesetz vom 20. November 1919 auch in Lissa in Kraft getreten. Beide Streitteile sind noch einige Zeit nach dem Einzug der Polen in Lissa wohnen geblieben. Der Berufungsrichter nimmt an, daß zufolge dieses Umstands das polnische Valutagesetz auch für das Vertragsverhältnis der Parteien maßgebend geworden sei. Demzufolge habe die Beklagte ein Recht darauf erlangt, ihre Schuld in polnischer Währung zu begleichen. Durch die Ablehnung der ersten, in polnischer Währung nach Posen bewirkten Banküberweisung sei der Kläger in Annahmeverzug gekommen, und die Beklagte sei durch die unter Verzicht auf das Recht der Rücknahme bei dem Kreisgericht in Lissa bewirkte Hinterlegung der Schuldsumme befreit worden, § 372 BGB.

Diesen Ausführungen des Berufungsrichters möchte an sich nicht entgegenzutreten sein, zumal es sich um polnisches und damit irrevisibles Recht handelt. Aber der Berufungsrichter hat, wie die Revision mit Grund rügt, das Vorbringen des Klägers nicht hinreichend gewürdigt. Der Kläger hatte geltend gemacht, daß die Parteien noch vor der Besetzung Lissas durch die Polen, mithin zu einer Zeit, da ihr Rechtsverhältnis noch ausschließlich von dem deutschen Recht beherrscht wurde, im Hinblick auf die, wie sie wußten, auch für Lissa bevorstehende Einführung der polnischen Währung dahin übereingekommen seien, daß das ganze Guthaben des Klägers bei der Beklagten, einschließlich der jetzt streitigen Abfindungssumme, von der Beklagten für Rechnung des Klägers nach Deutschland in deutscher Währung überwiesen werden sollte, wie denn die Beklagte das übrige Guthaben, außer den streitigen 8200 *M*, zugestandenermaßen in dieser Weise dem Kläger nach Deutschland überwiesen hat. Der Berufungsrichter hält diese Übereinkunft für unerheblich. Er meint, zur Zeit des Abschlusses des ursprünglichen Abkommens habe es ihrer nicht bedurft, weil danach schon von Hause aus in deutschem Gelde zu bezahlen war; später, mit dem Einzug der Polen, wäre auch diese Verpflichtung der Beklagten von dem polnischen Valutagesetz ergriffen worden. Diesem letzteren Satze kann nicht beigetreten werden. Der Berufungsrichter unterstellt dabei stillschweigend, daß für die Zahlungspflicht der Beklagten der Erfüllungsort in Lissa begründet war und blieb. Wenn indessen das vom Kläger behauptete und unter Zeugenbeweis verstellte Abkommen getroffen worden ist, so war die Verpflichtung der Beklagten fortan nicht mehr in Lissa zu erfüllen. Erfüllungsort ist in erster Linie der Ort, der für die Leistung bestimmt ist; erst hilfsweise der Ort, an dem der Schuldner zur Zeit der Entstehung des Schuldverhältnisses seine gewerbliche Niederlassung oder seinen Wohnsitz hatte, § 269 BGB. Nach dem das Recht der Schuldverhältnisse beherrschenden Grundsatz der Vertragsfreiheit ist es den Parteien unbenommen, einen bestimmten Ort für die Erfüllung des Schuldverhältnisses auch erst nachträglich, unter Abänderung eines bisher bestandenen, gesetzlich oder vertragsmäßig bestimmten Erfüllungsorts festzusetzen. In diesem Sinne ist das vom Kläger behauptete Abkommen zu verstehen; gleichviel wo die Zahlungspflicht bisher zu erfüllen war, jetzt jedenfalls sollte die Beklagte die Zahlung im Wege der Überweisung auf ein Bankkonto des Klägers in Deutschland bewirken. In Lissa hatte die Beklagte fortan nicht mehr zu erfüllen. Mit diesem Abkommen haben die Parteien, wie die Revision zutreffend bemerkt, das Rechtsverhältnis der Einwirkung des polnischen Valutagesetzes entzogen. Dieses Gesetz kann und will nur für die Grenzen des polnischen Staatsgebiets Geltung beanspruchen. Zufolge des vom Kläger behaupteten Abkommens hätte sich aber die Beklagte eben zur Leistung außerhalb der polnischen Grenzen verpflichtet, und hätten die Parteien das Rechtsverhältnis, das ja von Hause aus dem deutschen Recht unterstand, bewußt und zulässigerweise der möglichen und denkbaren Einwirkung des polnischen Gesetzes entzogen. Bei dieser Sachlage hätte der deutsche Richter keinen Anlaß, dem polnischen Valutagesetz irgendeinen Einfluß auf das Rechtsverhältnis zuzugestehen. Dies hat der Berufungsrichter verkannt. Er geht irrtümlich davon aus, daß die Beklagte ein festes Recht darauf gehabt habe, in Lissa zu bezahlen, daß dieses ihr Recht durch das Abkommen der Überweisung an eine deutsche Bank nicht habe beeinträchtigt werden können, wohl aber von dem polnischen Valutagesetz ergriffen worden sei. Das Umgekehrte ist richtig: das besondere, ausdrückliche Abkommen über die Erfüllung in Deutschland geht der allgemeinen Regel des Erfüllungsorts am Sitz der Beklagten vor und schließt diese Regel aus; daraus ergibt sich weiter, daß das polnische Valutagesetz bei seinem Inkrafttreten in Lissa keine Zahlungspflicht der Beklagten mehr vorfand, die in Lissa zu erfüllen war und auf die es hätte einwirken können.

Ist das vom Kläger behauptete Abkommen zustande gekommen, so durfte Kläger die Zahlung bei der Posener Bank als vertragswidrig zurückweisen; er ist nicht in Annahmeverzug gekommen und die Beklagte ist durch die Hinterlegung nicht befreit worden. Vielmehr ist diesfalls der Klaganspruch begründet.

---

55. Bedeutung der Fob-Klausel für den Übergang der Gefahr des Transports.

II. Zivilsenat. Urt. v. 19. Januar 1923 i. S. W. (Bekl.) w. O. (Kl.). II 129/22.

I. Landgericht Hamburg, Kammer f. Handelssachen. — II. Oberlandesgericht daselbst.

Zu obiger Frage wird ausgeführt:

Allerdings geht beim Versendungskauf nach § 447 BGB. die Gefahr auf den Käufer über, sobald der Verkäufer die Sache dem Spediteur usw. angeliefert hat, und nach § 269 Abs. 2 BGB. ist der Umstand allein, daß der Verkäufer die Kosten der Versendung übernommen hat, nicht ausreichend zur Annahme, daß der Bestimmungsort der Leistungsort sein soll. Aber die Fob-Klausel ist eben mehr als eine solche Spesenklausel. Darüber besteht kein Streit, daß ihr zufolge der Verkäufer verpflichtet ist, die Ware an das Schiff zu bringen. Diese Beförderung zum Schiff ist ein Stück der ihm obliegenden vertraglichen Leistung. Im vorliegenden Fall wohnte der Verkäufer zugleich an dem Platze, wo die Abladung stattfinden sollte. Aber auch wo es anders liegt, ist die Beförderung der Ware aus dem Binnenlande nach dem Hafenplatz bei der Fob-Klausel vertragliche Obliegenheit des Verkäufers, die er nicht schon damit erfüllt hat, daß er die Ware einem Spediteur oder Frachtführer im Binnenland ausliefert. Es ist kein Fall des § 447 BGB. Ist dem aber so, liegt diese Beförderung noch im Rahmen der Leistung des Verkäufers, so ist nichts natürlicher, als daß ihn auch so lange noch die Gefahr der Sache trifft, wie denn auch nichts natürlicher ist, als daß er es ist, der für Transportversicherung zu sorgen, überhaupt darüber zu entscheiden hat, ob Versicherung genommen werden soll. Dem Käufer liegen die Vorkommnisse bis zum Verbringen der Ware an das Schiff ganz fern. Nur unter besonderen Umständen oder zufällig wird er wissen, woher die Sachen kommen und wann sie auf den Weg zum Seehafen gebracht werden. An die Versicherung des Binnentransports auch nur zu denken, liegt für ihn fern, und oft genug würde es ihm an den nötigen Daten fehlen, um sie überhaupt oder rechtzeitig zu nehmen, während von dem Verkäufer in jeder Beziehung das Gegenteil gilt. Schon Thöl, Handelsrecht I § 261 Ziff. 2 (S. 849) bemerkt, der Art. 345 HGB. (dem § 447 BGB. entspricht) setze voraus, daß die Versendung der Sache, damit diese an den Käufer gelange, vom Erfüllungsort aus geschehe oder, wenn von einem anderen Orte, von diesem aus mit Zustimmung des Käufers; „denn der Übersendung der vom Verkäufer ausgeschiedenen Sache von irgendeinem beliebigen Orte aus die Wirkung des Gefahrüberganges beizulegen, würde widersinnig sein“; vgl. auch Adler in Goldschmidt's Zeitschrift Bd. 72 S. 416 Note 47 und RGZ. Bd. 3 S. 112 unten. Es ist denn auch verständlich und fällt weiter erheblich in das Gewicht, daß die beteiligte Kaufmannschaft ganz überwiegend die Fob-Klausel so versteht. Wie die Zusammenstellung von Handelsgebräuchen von Apt ergibt, besteht wenigstens in der Berliner Kaufmannschaft durchweg die Auffassung, daß schon bei der Klausel „frei“, die nicht so voll ist wie fob, die Gefahr auf den Käufer erst am Bestimmungsplatz übergeht (vgl. das Verzeichnis bei Apt, Gutachten usw., Neue Sammlung, Bd. 3 S. 454). Und wenn bezüglich der Fob-Klausel auf die Umfrage des Handelstages, von der Ritter im Archiv für bürgerliches Recht Bd. 40 S. 433 berichtet, die Mehrzahl der Handelskammern sich ebenso geäußert, aber allerdings auch eine Anzahl von Handelskammern, darunter Frankfurt und Altona, im entgegengesetzten Sinn sich ausgesprochen haben, so ist es wohl verständlich, daß in diesen immerhin zweifelhaften Fragen auch abweichende Meinungen auftreten und sich geltend machen, zumal da die in der anderen Richtung gehende Praxis der Gerichte nicht ohne Einfluß geblieben sein kann. Dies vermag aber nichts daran zu ändern, daß jedenfalls der allgemeine Zug dahin gerichtet ist, die Frage zu entscheiden, wie der Vorderrichter es getan hat. Zu den von Ritter für seine Ansicht angeführten Handelskammern tritt noch hinzu Breslau, vgl. Riesenfeld, Breslauer Handelsgebräuche, B. 1 Nr. 458 und 663 (S. 140 u. 203). Auch die dortige Kaufmannschaft ist, wie die Berliner, der Auffassung, daß die Klausel „frei Breslau“ und dergl. dem Verkäufer die Gefahr bis zum Ablieferungsorte beläßt, Riesenfeld a. a. O. Bd. 1 Nr. 456, neue Folge Nr. 180 (S. 70); zweite Folge Nr. 234 (S. 83). Dem entsprechen ferner die Platzusancen für den Hamburger Warenhandel nach Leuckfeld, Hamburg. Börsenbuch, S. 154, wo übrigens die Fob-Klausel ausdrücklich als Unterart der Vereinbarung „frei eines bestimmten Ortes" behandelt wird. (Im Gegensatz dazu gilt die Vereinbarung „franco" oder „frachtfrei" überwiegend als Spesenklausel). Die Entscheidung ist um so mehr zu billigen, als die Klausel vorwiegend im internationalen Verkehr eine Rolle spielt und damit die Rechtsprechung in Deutschland mit dem Rechte nicht nur Englands und der Vereinigten Staaten von Nordamerika, sondern auch Frankreichs, und mit der Gesetzgebung Schwedens (s. Ritter a. a. O.) und Dänemarks in Einklang kommt; s. Encyclopaedia of the Law of England Art. „F. O. B.", American and English Encyclopaedia of Law Art. „F. O. B." und Art. „Sales", V 5, Nr. 1071; Blackburn, Contract of Sale Nr. 257, 269. Für das französische Recht: Thaller-Ripert, Droit maritime, Nr. 1353; für Skandinavien: Almén-Neubecker, Das skandinavische Kaufrecht, II S. 283 flg., III S. 63. Endlich entspricht diese Auslegung der Fob-Klausel auch den bisher vom Reichsgericht für Abladegeschäfte aufgestellten Grundsätzen, RGZ. Bd. 88 S. 74, 392, Bd. 92 S. 130.

---

56. Wann liegt ein öffentliches Interesse vor, das nach § 11 PatG. die Erteilung einer Zwangslizenz rechtfertigt?

I. Zivilsenat. Urt. v. 20. Januar 1923 i. S. M. & Co. (Kl.) w. Allg. Elektr.-Ges. (Bekl.). I 324/21.

I. Reichspatentamt.

Die Beklagte ist Inhaberin des Patents 266 796, das eine Drahteinführung für luftleere Gefäße betrifft und als Rohstoff für die Drähte Wolfram- oder Molybdän und als Rohstoff zur Umgebung der Drähte an der Einschmelzstelle ein Glas von einem bestimmten Ausdehnungskoeffizienten, insbesondere ein Natrium-Borosilikatglas, verwendet. Auf Antrag der Klägerin sprach ihr das Reichspatentamt gemäß § 11 PatG. die Berechtigung zu, die durch das Patent geschützte Erfindung für die Dauer der Schutzfrist gegen eine näher festgesetzte Lizenzgebühr zu benutzen. Gegen diese Entscheidung legten beide Parteien Berufung ein. Die Klägerin beantragte die Lizenzgebühr herabzusetzen; die Beklagte bat um Abweisung der Klage. Das Reichsgericht bestätigte die Entscheidung des Patentamts dem Grunde nach, mit der Einschränkung daß die Benutzung nur zur Herstellung von Röntgenröhren mit oder ohne Glühkathode, von Ventilröhren, von Verstärker- und von Senderöhren der Telegraphie und Telephonie gestattet wurde.

Gründe:

Das Patentamt hat seine Entscheidung darauf gestützt, daß einmal die klagende Firma auf dem Gebiete der Vakuumröhren große Erfahrungen gesammelt habe und wertvolle Geschäftsverbindungen im Auslande besitze, so daß es bei der augenblicklichen wirtschaftlichen Lage im öffentlichen Interesse liege, der Firma die Möglichkeit reger Ausfuhr hochwertiger Ware zu gewähren, und daß zweitens die durch die erbetene Lizenz erstrebte Ersparnis von Platin und dessen Ersatz durch Molybdän gleichfalls im öffentlichen Interesse geboten sei, da dann ein Teil des nicht erheblichen Platinvorrats für andere Zwecke verfügbar werde.

Die Beklagte hat demgegenüber eingewandt, daß auch unter den jetzigen Verhältnissen keineswegs jeder Firma, die Erfahrungen in einem Fabrikationszweige gesammelt habe und Ausfuhr betreibe, eine Zwangslizenz gewährt werden dürfe, da dann das Ausschließungsrecht des Patentinhabers, das die Grundlage des Patentrechts bilde, in weitgehenden Umfange durchbrochen werden würde.

In der Tat ist es richtig, daß allein die Rücksicht auf Ermöglichung des Wettbewerbs und der Ausfuhrfähigkeit der Regel nach nicht zur Erteilung einer Zwangslizenz führen kann. Aber vorliegenden Falles treten wichtige Umstände hinzu, die den Antrag der Klägerin dem Grunde nach berechtigt erscheinen lassen.

Zurzeit ist die Lage so, daß die Beklagte Vakuumröhren für weniger als 5 Kilowatt Belastung nur aus gewöhnlichem Glas mit Platindrahteinführung baut, weil diese Röhren nach ihrer Überzeugung den berechtigten Anforderungen genügen und sich jedenfalls nicht teurer stellen, als Röhren aus Molybdänglas mit Molybdändrahteinführung. Die Beklagte hat betont, daß sie für höhere Belastung Röhren aus Molybdänglas herstelle, und daß sie jederzeit bereit sei, wenn ein Kunde es wünsche, auch kleinere Röhren aus Molybdänglas zu bauen. Danach ergibt sich also, daß die Beklagte — abgesehen von Sonderbestellungen, die ihrer Natur nach nur selten erfolgen werden — die ihr geschützte Maßnahme für das ganze Gebiet der Röhren mit schwächerer Belastung nicht verwendet und dieses Gebiet insoweit brach liegen läßt. Dieser Zustand ist schon an sich nicht wünschenswert; die Möglichkeit ist nicht von der Hand zu weisen und jedenfalls nicht ausgeschlossen, daß auch auf diesem Gebiet sich die Verwendung des Molybdänglases mit Molybdändrahteinführung schließlich doch als vorteilhaft erweisen kann, worauf z. B. der überreichte Brief der C. L.-Aktiengesellschaft hindeutet. Der Sachverständige Professor W. hat zwar die bisher zutage getretenen Vorteile von kleineren Röhren aus Molybdänglas als noch nicht sehr bedeutend bezeichnet; aber er sieht die Verwendung des genannten Glases als keineswegs aussichtslos an und hat hervorgehoben, daß die von der Klägerin hergestellten Röhren mit Wasserkühlung der Antikathode sich allgemeiner Beliebtheit erfreuen und daß es im Interesse der Allgemeinheit wünschenswert erscheine, in der Praxis zu erproben, ob sich ihre Herstellung aus Molybdänglas als vorteilhaft erweisen werde. Da die Klägerin glaubwürdig erklärt, daß sie den Bau auch kleinerer Röhren aus Molybdänglas sofort in Angriff nehmen werde, sobald ihr die Lizenz erteilt sei, so erscheint es geboten, ihrem Antrag stattzugeben, um in dieser Weise ein bisher ganz oder teilweise brach liegendes Gebiet zu bearbeiten.

Im Zusammenhange damit steht die Rücksicht auf die dadurch ermöglichte Platinersparnis. Es handelt sich dabei nicht nur um die geringeren Mengen, die zur Durchführung der Drähte durch das Glas dienen. Vielmehr mußte die Klägerin bisher auch die Antikathode und den am Tubus zur Wasserkühlung der Antikathode befindlichen Ring aus Platin herstellen. Darf die Klägerin diese Teile aus Molybdän herstellen, so wird dadurch nach den Ausführungen des Sachverständigen — auch wenn man berücksichtigt, daß bei Unbrauchbarwerden der Röhren nicht sämtliche Platinteile verloren gehen — eine erhebliche Ersparnis an Platin erzielt. Um so viel weniger Platin braucht eingeführt zu werden. Das ist nicht nur im Interesse der deutschen Volkswirtschaft wünschenswert, sondern auch um deswillen, weil durch den Minderverbrauch erheblichere Mengen des in Deutschland vorhandenen Vorrats für wissenschaftliche und andere Zwecke frei werden. Aus diesen Gründen erscheint die Gewährung der beantragten Lizenz geboten.

Die Sachlage ergibt, daß die Lizenz auf das ganze Patent zu erteilen ist, aber nur für die Herstellung der oben bezeichneten Vakuumröhren, wobei also insbesondere Quecksilberdampflampen und Quecksilbergleichrichter auszuscheiden sind.

---

57. 1. Wann ist Wissenschaft vom Dasein eines Schadens im Sinne des § 5 des preußischen Tumultschadengesetzes vom 11. März 1850 vorhanden?

2. Die Haftung der Gemeinden für Amtspflichtverletzungen von Beamten bei Ausübung der öffentlichen Gewalt auf Grund des preußischen Gesetzes vom 1. August 1909.

VI. Zivilsenat. Urt. v. 22. Januar 1923 i. S. K. (Kl.) w. Stadtgemeinde H. (Bekl.). VI 204/22.

I. Landgericht Hagen. — II. Oberlandesgericht Hamm.

Im Frühjahr 1920 kam es in H. infolge des Kapp-Putsches zu Unruhen. Nach dem Tatbestande erster Instanz schlossen sich am 14. März 1920 die drei sozialistischen Parteien, die Demokraten und das Zentrum zu gemeinsamem Vorgehen zusammen und bildeten einen Aktionsausschuß, der öffentliche Befugnisse in Anspruch nahm und namentlich auch Beschlagnahmen anordnete. Auch ein Kraftwagen des Klägers wurde weggenommen. Vor der Garage des G.er Gußstahlwerks erschienen am 15. März 1920 zunächst vier mit Gewehren bewaffnete Leute, die unter lauten Rufen die Herausgabe des dort stehenden Kraftwagens verlangten, weiter sammelte sich eine aus etwa 20 Personen bestehende Menge an. Der Chauffeur des Klägers verweigerte die Herausgabe des Wagens zunächst trotz der drohenden Rufe: „Tor auf, sonst wird es mit Gewalt gemacht"; als ihm aber ein herbeigerufener Arbeiter B. einen Zettel vorlegte, auf dem der Beklagte E. als Mitglied des Aktionsausschusses die Herausgabe verlangte, fügte er sich. Die Bewaffneten bestiegen den Wagen und fuhren fort. Später hat der Kläger den Wagen beschädigt zurückerhalten, auch fehlten Zubehörstücke. Seinen Gesamtschaden einschließlich 10000 *M* Minderwert des Wagens berechnet er auf 32616,50 *M* und verlangt ihn mit der vorliegenden Klage von den Beklagten als Gesamtschuldnern.

Das Landgericht hat die Klage, soweit sie gegen die Stadt gerichtet ist, durch das Teilurteil vom 21. Mai 1921 abgewiesen. Auf das preußische Tumultschadengesetz vom 11. März 1850 könne sie deshalb nicht gestützt werden, weil die im § 5 daselbst vorgeschriebene Anmeldung der Forderung bei dem Gemeindevorstande nicht innerhalb der Ausschlußfrist von 14 Tagen erfolgt sei, insoweit sich aber der Kläger auf die Bestimmungen des Beamtenhaftpflichtgesetzes vom 1. August 1909 berufe, fehle es an jeder Substantiierung des dem Oberbürgermeister nach der Behauptung des Klägers zur Last fallenden Verschuldens. Die Berufung des Klägers gegen dieses Urteil hat das Oberlandesgericht zurückgewiesen. Seine Revision blieb erfolglos.

Gründe:

Das Berufungsgericht sagt zunächst, eine Haftung der Beklagten aus dem preußischen Tumultschadengesetz vom 11. März 1850 scheide aus, da der Kläger die rechtzeitige Anmeldung des Schadens nicht nachgewiesen habe; es folgt in diesem Punkte der Beweiswürdigung des ersten Urteils. Dieses geht davon aus, daß der Schaden nach der eigenen Behauptung des Klägers am 15. März 1920 entstanden, aber erst am 2. April 1920 angemeldet ist. Nun ist die Anmeldung aber nach § 5 a. a. O. binnen 14 Tagen präklusivischer Frist, nachdem das Dasein des Schadens zur Wissenschaft des Klägers gelangt war, bei dem Gemeindevorstand zu bewirken, sie würde daher verspätet sein, wenn der Kläger mehr als 14 Tage vor dem 2. April 1920 die erforderte Kenntnis besaß. Das betrachtet das Landgericht als erwiesen und sagt weiter, jedenfalls sei der Kläger hinsichtlich der Wahrung der Frist beweisfällig geblieben. Von der Revision wird geltend gemacht, der Kläger habe einen ausreichenden Anfang des Beweises erbracht, das Berufungsgericht hätte daher prüfen müssen, ob nicht dem Kläger ein richterlicher Eid anzuvertrauen sei. Diese Rüge kann nicht durchgreifen. Das Landgericht stellt fest, daß der Zeuge C., auf den sich der Kläger berufen hatte, über den Zeitpunkt, zu dem der Kläger von der Schädigung erfahren hat, keine Angaben machen konnte, sondern lediglich bekundet hat, er habe von dem Kläger, der sich in den ersten Tagen des Kapp-Putsches nach Berchtesgaden begeben habe, in der dritten oder vierten Woche nach seiner Abreise die Mitteilung erhalten, der Kläger habe von dritter Seite gehört, daß sein Kraftwagen beschädigt sei. Aus der Aussage des Chauffeurs B. aber, der schon am Abend des 15. März 1920 gehört hat, das Auto liege beschädigt an der Bergstraße, in Verbindung mit der Angabe des Klägers, die Beschlagnahme des Wagens sei noch während seiner Anwesenheit in H. erfolgt, schließt das Landgericht, daß der Kläger schon vor dem 19. März 1920 Kenntnis vom Dasein des Schadens gehabt habe. Bei dieser Sachlage lag für das Gericht keine Veranlassung vor, in eine Prüfung der Frage einzutreten, ob dem Kläger ein richterlicher Eid aufzuerlegen sei. Dafür aber, daß sich das Berufungsgericht der ihm nach ZPO. § 475 zustehenden Befugnisse nicht bewußt gewesen sei, liegen keine Anhaltspunkte vor.

Die Revision führt weiter aus, das Berufungsgericht hätte durch Ausübung des Fragerechts feststellen müssen, wann der Kläger erfahren habe, daß die Autodecken und Schläuche entwendet seien. Hiervon habe er erst später Kenntnis erhalten als von dem Tumulte selbst. Auch diese Rüge ist nicht begründet. Durch das Urteil erster Instanz war der Kläger in deutlicher Weise auf die Bedeutung des Zeitpunktes hingewiesen worden, in dem er Wissenschaft von dem Dasein des Schadens erlangt hat, das Berufungsgericht durfte daher davon ausgehen, daß er im Berufungsverfahren alles vorbringen werde, was er in dieser Hinsicht behaupten könne. Ob es dem Kläger etwas nützen könnte, wenn der Verlust der Decken und Schläuche weniger als 14 Tage vor der Anmeldung zu seiner Kenntnis gekommen wäre, die bei dem gleichen tumultuarischen Vorgange erfolgte Wegnahme des Wagens mehr als 14 Tage vorher, bedarf daher jetzt keiner Entscheidung.

Auch nach Maßgabe des preuß. Gesetzes vom 1. August 1909 über die Haftung des Staats und anderer Verbände für Amtspflichtverletzungen von Beamten bei Ausübung der öffentlichen Gewalt läßt sich die Klage nicht halten. Die Revision macht geltend, den Oberbürgermeister treffe insofern ein Verschulden, als er öffentlich bekannt gemacht habe, daß die politische Gewalt, womit die Staatsgewalt gemeint sei, in der Stadt auf den Aktionsausschuß übergegangen sei. Von dem Kläger ist in zweiter Instanz die Abschrift eines Plakats, das die Unterschrift des Oberbürgermeisters getragen haben soll, mit der Behauptung vorgelegt worden, es sei mit dessen Wissen und Willen veröffentlicht, habe mehrere Tage ausgehangen und sei von dem Oberbürgermeister nicht widerrufen worden. Durch dieses Plakat, dessen erster Satz nach der Abschrift lautet: „Die politische Gewalt in Stadt- und Landkreis H. übt der Aktionsausschuß aus", habe er dem Ausschuß die öffentliche Gewalt übertragen. In erster Instanz habe die Beklagte selbst geltend gemacht, daß der Ausschuß gewissermaßen eine obrigkeitliche Stellung gehabt habe, deshalb habe sich auch der Chauffeur B. der schriftlichen Aufforderung des Beklagten E. gefügt. Die Handlungen des Oberbürgermeisters müsse die Beklagte, die Bürgermeisterei-Verfassung habe, vertreten, sie habe aber auch für den Aktionsausschuß einzustehen. Das Berufungsgericht führt dazu aus, daß eine Amtspflichtverletzung des Oberbürgermeisters nicht zu erweisen sei. Bei der Unterzeichnung eines von dem Aktionsausschusse erlassenen Aufrufs habe er auf Grund pflichtmäßigen Ermessens gehandelt, auch hätten die Aktionsausschüsse ihren Verwaltungsanordnungen durch mehr oder weniger starken Zwang Nachdruck und Geltung zu verschaffen gesucht. Sie hätten sich den städtischen Körperschaften gegenüber als übergeordnete Organe gefühlt und könnten daher selbst dann, wenn sie aus städtischen Mitteln bezahlt seien und zusammen mit städtischen Beamten staatliche und städtische Funktionen ausgeübt hätten, nicht als städtische Organe angesehen werden. Eine Haftung der Beklagten aus dem Gesetze vom 1. August 1909 komme daher nicht in Frage. Der von der Revision zu diesen Erwägungen erhobene Angriff ist nicht begründet. Eine Haftung der Beklagten für Handlungen ihres Oberbürgermeisters findet nach § 1 und 4 des Gesetzes vom 1. August 1909 in Verbindung mit § 839 BGB. nur statt, wenn der Beamte vorsätzlich oder fahrlässig eine Amtspflicht verletzt hat. Ob diese Voraussetzung gegeben ist, muß nach der gesamten Sachlage beurteilt werden. Ist diese so beschaffen, daß der Beamte nach seinem pflichtmäßigen Ermessen zu entscheiden hatte, ob eine bestimmte Handlung zweckmäßig sei, so kann, wie der III. Zivilsenat des Reichsgerichts angenommen hat, RGZ. Bd. 99 S. 255 flg., die Frage nach einem Verschulden des Beamten nur unter besonderen Umständen entstehen, etwa dann, wenn behauptet ist, daß er rein willkürlich gehandelt habe. Davon kann hier nicht die Rede sein. Durch den Kapp-Putsch war eine außergewöhnlich schwierige Lage geschaffen. Mit Recht hat die Beklagte geltend gemacht, daß der Oberbürgermeister sich darüber schlüssig werden mußte, welche Schritte er zu tun habe, um nach Bildung des Aktionsausschusses die Verwaltung aufrecht zu erhalten und größeres Unheil zu verhüten. Sollten nun die von ihm damals ergriffenen Maßregeln nicht die allein richtigen gewesen sein, oder wäre ein anderes Verhalten vielleicht sachdienlicher gewesen, so kann hierauf ein zivilrechtlicher Ersatzanspruch nicht gegründet werden.

Das Berufungsgericht berührt auch die Stellung des Aktionsausschusses, für dessen Tätigkeit es eine Haftung der Beklagten zu 1 ablehnt. Wie die Frage nach der Haftung einer Stadtgemeinde für die Handlungen derartiger Ausschüsse grundsätzlich zu beantworten ist, ob hier nicht ähnliche Gesichtspunkte erheblich werden, wie sie in den Urteilen RGZ. Bd. 104 S. 257flg., S. 346flg., S. 362flg. hinsichtlich der Arbeiter- und Soldatenräte aufgestellt sind, bedarf indessen keiner Entscheidung, weil es im vorliegenden Falle an ausreichenden tatsächlichen Unterlagen für die Annahme fehlt, daß der Kläger durch eine in Angelegenheiten oder im Interesse der Stadt vorgenommene Handlung des Ausschusses geschädigt sei....

---

58. Zur Frage der Rechtskraftwirkung eines bedingten Endurteils im Ehescheidungsrechtsstreit. Ist die Erhebung einer Scheidungswiderklage im Läuterungsverfahren zulässig?

IV. Zivilsenat. Urt. v. 22. Januar 1923 i. S. Ehefr. K. (Bekl.) w. Ehem. K. (Kl.). IV 205/22.

I. Landgericht I Berlin. — II. Kammergericht daselbst.

Der Kläger klagte auf Scheidung der Ehe der Parteien. Die Beklagte bestritt die ihr vorgeworfenen Verfehlungen und beantragte Abweisung der Klage. Das Landgericht erkannte auf einen richterlichen Eid für den Kläger, daß er seit Sommer 1917 mit der Beklagten keinen Geschlechtsverkehr gehabt habe; bei Leistung des Eides sollte die Ehe geschieden und die Beklagte für schuldig an der Scheidung erklärt, bei Nichtleistung des Eides die Klage abgewiesen werden. Nachdem dieses Urteil rechtskräftig geworden war und der Kläger den Urteilseid geleistet hatte, schied das Landgericht die Ehe aus Verschulden der Beklagten. Gegen letzteres Urteil legte die Beklagte Berufung ein, indem sie Widerklage auf Scheidung erhob mit der Behauptung, daß der Kläger mit einer Frau F. Ehebruch treibe, und beantragte, unter Abänderung des erstinstanzlichen Urteils die Ehe auch auf die Widerklage zu scheiden und den Kläger für mitschuldig an der Scheidung zu erklären. Das Kammergericht wies die Berufung zurück. Auch die Revision der Beklagten blieb ohne Erfolg.

Gründe:

Das Berufungsgericht geht in Übereinstimmung mit der Rechtsprechung des Reichsgerichts davon aus, daß in Ehesachen die Erhebung einer Widerklage ohne Einwilligung des Gegners auch in der Berufungsinstanz zulässig ist, daher namentlich gegen ein der Scheidungsklage stattgebendes erstinstanzliches Urteil von dem Beklagten Berufung lediglich zwecks Erhebung einer Scheidungswiderklage auf Grund eines bisher nicht geltend gemachten Verhaltens des Klägers eingelegt werden kann. Es verneint aber die Zulässigkeit der Erhebung einer derartigen Widerklage in der Berufungsinstanz, wenn bereits ein in erster Instanz ergangenes rechtskräftiges bedingtes Endurteil vorliegt und auf Grund dessen im Wege des Läuterungsverfahrens auf Scheidung der Ehe aus Verschulden des Beklagten erkannt ist. Hierbei läßt sich das Kammergericht von folgenden Erwägungen leiten:

Aus den erschöpfenden Vorschriften der §§ 462 flg. ZPO. folge, daß in dem bedingten Endurteil grundsätzlich der gesamte Prozeßstoff zur Erledigung zu bringen sei und daß mithin in dem Läuterungsverfahren, soweit nicht die Prozeßordnung besondere Ausnahmen zulasse, die Tätigkeit des Gerichts sich ausschließlich auf die Prüfung der richtigen formalen Erledigung des Läuterungsverfahrens sowie auf das Vorliegen etwaiger allgemein prozessual erheblicher Momente (z. B. eines Verzichts nach § 306 ZPO., einer Unterbrechung des Verfahrens usw.) zu beschränkeu habe. Eine Bestimmung, die die Prüfung einer erst im Läuterungsverfahren erhobenen Widerklage zulasse, enthalte die Zivilprozeßordnung nicht. Insbesondere sei eine derartige Vorschrift nicht aus § 614 ZPO. zu entnehmen. Wenn dort für Ehesachen die Zulassung neuer Klage- und Widerklagegründe bis zum Schluß der mündlichen Verhandlung, auf die das Urteil ergehe, vorgeschrieben sei, so könne damit nur eine mündliche Verhandlung gemeint sein, die ihrer prozessualen Bestimmung nach der Erörterung und Entscheidung des materiellen Prozeßstoffs in seinem gesamten tatsächlichen und rechtlichen Bestande dienen solle, also im vorliegenden Falle die letzte Verhandlung vor dem Erlaß des bedingten Endurteils. Anderenfalls müßte aus § 614 ZPO. auch für das Revisionsgericht die Pflicht entnommen werden, in Ehesachen in der Revisionsinstanz entstandene oder neu vorgebrachte Klage- und Widerklagegründe tatsächlich und rechtlich zur Entscheidung zu bringen. Eine derartig grundlegend verschiedene Sonderbehandlung der Ehesachen im Widerspruch mit den sonstigen Verfahrensgrundsätzen lasse sich aber aus § 614 ZPO. nur rechtfertigen, wenn § 614 seiner Fassung nach eine beschränktere Auslegung ausschließe. Das sei nicht der Fall, die Vorschrift des § 614 enthalte auch schon bei der Auslegung, daß in Ehesachen die Zulassung neuer Klage- und Widerklagegründe von der sonst erforderlichen Zustimmung des Gegners unabhängig gemacht werden solle, eine sehr erhebliche Erweiterung der Zulassung neuer Ansprüche. Bei dieser Auslegung ergebe sich allerdings die Folge, daß, wenn das Läuterungsurteil auf Scheidung laute, der nach diesem Urteil unschuldige Ehegatte nach Rechtskraft des bedingten Endurteils ungestört Eheverfehlungen begehen könne, ohne daß der andere Ehegatte in der Lage sei, darauf einen Scheidungsanspruch zu stützen. Dasselbe Ergebnis trete aber auch ein, wenn erst während des Revisionsverfahrens ein Ehegatte eine Eheverfehlung begehe. Das Gesetz habe offenbar die Notwendigkeit, im Interesse der endlichen Erledigung einer Rechtssache die materielle Erörterung von einem bestimmten Zeitpunkt an auf gewisse Entscheidungselemente zu beschränken, über die Erwägungen gestellt, die eine Berücksichtigung aller neuen Vorgänge und materiellen Rechtsveränderungen bis zur Rechtskraft des letzten Urteils angezeigt erscheinen lassen könnten.

Diesen Erwägungen ist sowohl in ihrem den Regelfall des § 462 ZPO. betreffenden Ausgangspunkt als auch bezüglich der Auslegung des § 614 ZPO. beizustimmen. Das Läuterungsverfahren findet nach § 460 Abs. 2 ZPO. erst nach Eintritt der Rechtskraft des bedingten Endurteils statt. Die Rechtskraft des bedingten Endurteils hat aber die Wirkung, daß das Gericht an die in dem Urteil getroffene bedingte Entscheidung gebunden und zu deren sachlicher Nachprüfung, abgesehen von den in den §§ 469 bis 471 ZPO. geregelten Ausnahmefällen, nicht mehr befugt ist. Demgemäß ist das nach § 462 Abs. 2 ZPO. zur Erledigung des bedingten Endurteils notwendige Verfahren so begrenzt, daß ein neues Parteivorbringen, namentlich Einreden, die den durch das bedingte Endurteil festgestellten Anspruch betreffen, nicht mehr berücksichtigt werden können (RGZ. Bd. 17 S. 341, Bd. 13 S. 379; JW. 1892 S. 125 Nr. 4; SeuffArch. Bd. 38 Nr. 72, Bd. 40 Nr. 268, Bd. 46 Nr. 232). Daß die Rechtskraftwirkung des bedingten Endurteils auch in Ehesachen die Geltendmachung eines neuen sachlichen Vorbringens im Läuterungsverfahren ausschließen muß, kann mangels einer entgegenstehenden ausdrücklichen Gesetzesbestimmung nicht zweifelhaft sein und ist auch in ständiger Rechtsprechung angenommen worden (RGZ. Bd. 42 S. 372, 378, Bd. 58 S. 318; JW. 1883 S. 38 Nr. 23, 1904 S. 261 Nr. 8, 1916 S. 424 Nr. 19; SeuffArch. Bd. 40 Nr. 321). Die Vorschrift des § 614 ZPO. enthält nur eine Beseitigung der Beschränkungen, die sich aus den §§ 264, 268, 527, 529 ZPO. hinsichtlich der Zulässigkeit neuen Parteivorbringens und der

Erhebung neuer Ansprüche ergeben, für das Verfahren in Ehesachen, läßt aber die nachträgliche Beseitigung der eingetretenen Rechtskraft eines bedingten Endurteils nicht zu. Es mag dahingestellt bleiben, ob im Regelfalle etwa mit Stein Anm. III 3 zu § 462 ZPO. die Zulässigkeit der Erhebung einer Widerklage durch die Rechtskraft eines auf die Klage ergangenen bedingten Endurteils als nicht ausgeschlossen anzusehen wäre, weil die Geltendmachung des Widerklaganspruchs die Entscheidung über die Klage nicht berühre. Denn dieser für die Zulassung einer Widerklage angegebene Grund muß in Ehesachen jedenfalls in einem Falle wie dem gegenwärtig zur Entscheidung stehenden versagen. Das bedingte Urteil des Landgerichts spricht aus, daß für den Fall der Leistung des Eides die Ehe der Parteien aus Verschulden der Beklagten zu scheiden ist. Die Rechtskraft dieser Entscheidung muß den Ausschluß einer Scheidungswiderklage zur notwendigen Folge haben. Denn wird die Ehe aus Verschulden der Beklagten geschieden, so bleibt für einen erneuten Scheidungsanspruch auf die Widerklage und bei dem für Ehesachen bestehenden Grundsatz der Einheitlichkeit der Entscheidung auch für einen nachträglichen Ausspruch der Mitschuld des Klägers kein Raum. Dieses Bedenken läßt sich auch nicht auf dem Wege ausräumen, daß das Läuterungsurteil auf die Klage zugleich mit der Entscheidung auf die Widerklage erlassen wird. Denn wenn die Widerklage für begründet erachtet werden sollte, müßte das Urteil dahin ergehen, daß die Ehe aus beiderseitigem Verschulden geschieden würde. Ein dahin lautendes Urteil würde aber mit der Rechtskraft des bedingten Endurteils, nach dem die Scheidung nur aus Verschulden der Beklagten ausgesprochen werden soll, im Widerspruch stehen. Da sowohl Klage als auch Widerklage denselben Gegenstand, nämlich die Scheidung der Ehe betreffen und deshalb die Widerklage auch die Entscheidung über die Klage berührt, kann nach der rechtskräftigen bedingten Entscheidung über die Klage die Erhebung der Widerklage nicht mehr zugelassen werden. Gerade der von der Revision betonte Grundsatz der Einheitlichkeit der Entscheidung in Ehesachen muß zu diesem Ergebnis führen. Daß dadurch dem beklagten Ehegatten für den Fall, daß das Läuterungsurteil auf Scheidung der Ehe ergeht, die Geltendmachung von Scheidungsgründen verschlossen wird, die erst nach Eintritt der Rechtskraft des bedingten Endurteils entstanden oder zu seiner Kenntnis gelangt sind, ist richtig, muß aber als eine unvermeidliche Folge der Rechtskraftwirkung des bedingten Endurteils hingenommen werden.

---

59. 1. Sind selbständige Apothekengerechtigkeiten auch dann den unbeweglichen Sachen gleichzuachten, wenn sie nicht im Grundbuch eingetragen sind?

2. Unterliegen Kaufverträge über nicht im Grundbuch eingetragene selbständige Apothekengerechtigkeiten dem Veräußerungsstempel der TarSt. 32 Abs. 1c oder dem Abtretungsstempel der TarSt. 2 des preußischen Landesstempelgesetzes?

VII. Zivilsenat. Urt. v. 26. Januar 1923 i. S. Sch. (Kl.) w. Preuß. Staat (Bekl.). VII 136/22.

I. Landgericht I Berlin. — II. Kammergericht daselbst.

Durch notariellen Kaufvertrag vom 8. Mai 1919 kaufte der Kläger ein Apothekengrundstück in Sommerfeld. Der Preis betrug 80000 *M* für das Grundstück, 50000 *M* für das Inventar und 240000 *M* für das im Grundbuch nicht eingetragene Apothekenprivileg, das auf der Verleihungsurkunde vom 28. Juli 1774 beruht. Der Beklagte hat sich den Immobiliarstempel nach TarSt. 32 Abs. 1a LStG. auch von den 240000 *M* bezahlen lassen. Den gezahlten Betrag von 2400 *M* fordert der Kläger mit seiner am 27. Dezember 1919 zugestellten Klage zurück. Schlimmstenfalls kann nach der Meinung des Klägers von den 240000 *M* nur der Mobiliarstempel von $^1/_3$ v. H. = 800 *M* erfordert werden. Hilfsweise verlangt daher der Kläger die Zurückzahlung von 1600 *M*. Beide Vorinstanzen haben die Klage in vollem Umfang abgewiesen. Die Revision hatte teilweise Erfolg.

Gründe:

1. Es ist unter den Parteien nicht mehr streitig und auch rechtlich nicht zu beanstanden, daß durch die Urkunde vom 28. Juli 1774 dem K. St. in Sommerfeld das subjektiv-persönliche, aber frei veräußerliche und vererbliche Recht verliehen ist, dort eine Apotheke zu betreiben. Er erhielt damit ein Privileg, wie es noch die revidierte Apothekerordnung vom 11. Oktober 1801 (Böttger-Urban, die preußischen Apothekengesetze, 5. Aufl. S. 244flg.) in ihrem § 1 neben dem Approbationspatent zur Ausübung der Apothekenkunst erforderte. Solche Privilegien wurden seit dem die Gewerbefreiheit einführenden Edikt über die Gewerbesteuer vom 2. November 1810 nicht mehr verliehen. Nach der Kgl. Verordnung wegen Anlegen neuer Apotheken vom 24. Oktober 1811 war zur Anlegung einer neuen Apotheke nur noch eine besondere Erlaubnis (Konzession) erforderlich. Die Inhaber der älteren Privilegien sollten nach § 17 des Gewerbesteueredikts von den Regierungen eine billige Entschädigung erhalten. Das Verfahren ist aber nicht zu allgemeiner Ausführung gekommen, vgl. das Schreiben des preußischen Kultusministers vom 10. März 1840 (bei Rönne, Ergänzungen zum ALR., 6. Aufl. Bd. 1 S. 78). Das Sommerfelder Privileg bestand also weiter und es erfüllte alle Anforderungen, welche die preußische Allgemeine Hypothekenordnung vom 20. Dezember 1783

in Tit. I § 14 an selbständige Gerechtigkeiten stellte. Es klebte keinem Grundstück an, bestand für sich selbst, hatte einen eigenen bestimmten Wert, konnte auch ohne Besitz eines Grundstücks ausgeübt, konnte für sich allein verpfändet und veräußert werden. Derartige selbständige Gerechtigkeiten wurden, wie die rechtsgeschichtlichen Erörterungen RGZ. Bd. 57 S. 33 ergeben, seit jeher in das Hypothekenbuch eingetragen und dieser Brauch wurde durch den Erlaß des Königs vom 4. Juli 1771 aufrechterhalten. Die Hypothekenordnung verfügte a. a. O., daß die selbständigen Gerechtigkeiten unter besonderen Nummern einzutragen seien. Im § 395 ALR. I 20 wurde diese Anordnung wiederholt. Bei diesem Rechtszustande war die Voraussetzung erfüllt, welche § 9 ALR. I 2 aufstellt. Danach sollen Rechte, die nach § 7 a. a. O. an sich als bewegliche Sachen betrachtet werden, die Eigenschaft einer unbeweglichen Sache haben, wenn ihnen dieselbe durch besondere Gesetze ausdrücklich beigelegt worden. In der rein landrechtlichen Zeit bis zum 1. Oktober 1872, d. h. bis zum Inkrafttreten der preußischen Gesetze vom 5. Mai 1872, waren also die selbständigen Apothekengerechtigkeiten als unbewegliche Sachen zu behandeln, gleichviel ob sie in das Hypothekenbuch eingetragen worden waren oder nicht.

2. Für die Eigentumsübertragung machte das ALR. keinen Unterschied zwischen beweglichen und unbeweglichen Sachen. In dem § 1 ALR. I 10 war einheitlich bestimmt: „Die mittelbare Erwerbung des Eigentums einer Sache erfordert, außer dem dazu nötigen Titel, auch die wirkliche Übergabe derselben." Die Eintragung des neuen Eigentümers einer unbeweglichen Sache in das Hypothekenbuch beurkundete nur den Eigentumsübergang, bewirkte ihn nicht etwa erst, vgl. §§ 6, 12—14 ALR. I 10. Bei der Verpfändung bestanden nach ALR. Unterschiede, je nachdem, ob es sich um eine bewegliche oder eine unbewegliche Sache handelte. Die maßgebenden Grundsätze des ALR. gingen dahin, daß zum Erwerb eines dinglichen Rechts an einer Sache der wirkliche Besitz der Sache erforderlich war, daß aber bei Grundstücken und Gerechtigkeiten die Eintragung des Rechts in das Hypothekenbuch die Wirkungen des körperlichen Besitzes der Sache hatte, §§ 2 und 4 ALR. I 21. Ein dingliches Recht war nach § 1 ALR. I 20 auch das Recht des Unterpfandes, welches nach den §§ 7 und 8 a. a. O. das eigentliche (Besitz-) Pfandrecht und das Recht der Hypothek in sich begriff. Eine Hypothek wurde erworben „durch gerichtliche Eintragung auf Grundstücken und solchen Gerechtigkeiten, welche die Gesetze den unbeweglichen Sachen gleich achten". Das Besitzpfandrecht konnte an beweglichen und unbeweglichen Sachen bestellt werden, bei ersteren genügte die bloße Übergabe der Sache, § 95 ALR. I 20, bei letzteren mußte „annoch die gerichtliche Verlautbarung und der Vermerk des bestellten Pfandrechts im Hypothekenbuche hinzukommen",

§ 100 ALR. I 20. Die gerichtliche Verlautbarung wurde durch das Gesetz vom 23. April 1821 (GS. S. 43) beseitigt, die Eintragung im Hypothekenbuch blieb aber auch dann noch eine notwendige Voraussetzung für das Entstehen des Pfandrechts, vgl. Förster-Eccius Preuß. Privatrecht Bd. III § 196 Anm. 5. An einer im Hypothekenbuch nicht eingetragenen selbständigen Gerechtigkeit konnte also in der rein landrechtlichen Zeit bis zum 1. Oktober 1872 weder ein eigentliches Besitzpfandrecht noch ein Hypothekenrecht bestellt werden.

3. Durch die Gesetze vom 5. Mai 1872 schuf sich Preußen ein neues und ein vollständigeres Liegenschaftsrecht. Seine besonderen Vorschriften erstreckten sich nicht nur auf die dingliche Belastung der Grundstücke und auf das Hypothekenrecht. Auch für die Übertragung des Eigentums an Grundstücken wurden besondere Vorschriften gegeben, auch hier wurde die Eintragung in das öffentliche, nunmehr Grundbuch genannte, Buch zur maßgebenden Erwerbstatsache. Die Bestimmungen des ALR., die bisher für den abgeleiteten Erwerb des Eigentums an beweglichen und unbeweglichen Sachen gegolten hatten, kamen nur noch für die beweglichen Sachen in Betracht. Wegen der selbständigen Gerechtigkeiten hieß es im § 69 EEG.: „Wenn für selbständige Gerechtigkeiten Grundbuchblätter eingerichtet sind, so wird die Veräußerung und der Erwerb des Eigentums an ihnen, ihre Belastung und Verpfändung nach den Vorschriften dieses Gesetzes beurteilt." Danach wurden also die selbständigen Gerechtigkeiten dem neuen Liegenschaftsrecht nur unterstellt, wenn sie eingetragen waren oder — wie die Rechtsprechung und die Rechtslehre angenommen haben — wenigstens nachträglich eingetragen wurden. Eingetragene Gerechtigkeiten fielen ganz unter das Liegenschaftsrecht, nicht eingetragene gar nicht. Damit war § 9 ALR. I 2 entscheidend geändert. Ein Recht hatte die Eigenschaft einer unbeweglichen Sache nur noch alsdann, wenn ihm die Eintragungsfähigkeit durch besondere Gesetze ausdrücklich beigelegt worden und es auch wirklich im Grundbuch eingetragen worden war. Die Eintragungsfähigkeit gab fortan dem Recht nur noch die Anwartschaft, einer unbeweglichen Sache gleichgestellt zu werden, sie allein stellte es der unbeweglichen Sache nicht mehr gleich. Wer aus der bloßen Eintragungsfähigkeit eines Rechts mit logischer Notwendigkeit auf die Immobiliareigenschaft des Rechts schließen will, verkennt die Rechtslage. Die Gleichstellung eines Rechts mit einer unbeweglichen Sache ist eine Annahme als ob, eine Fiktion. Ihre Voraussetzungen liegen nicht in der Natur der Sache, sie beruhen auf gesetzlicher Anordnung und Gesetze können geändert werden. Während der preußische Gesetzgeber früher gesagt hatte: Rechte sind bewegliche Sachen, gewissen Rechten lege ich die Eigenschaft einer unbeweglichen Sache bei, sagte er nunmehr: Rechte sind bewegliche Sachen, gewisse

Rechte können in das Grundbuch eingetragen werden und diesen lege ich, wenn sie eingetragen sind, die Eigenschaft einer unbeweglichen Sache bei. Daß der Gesetzgeber dabei einen Verstoß gegen die in den Dingen liegende Logik begangen hätte, ist nicht ersichtlich.

4. Die nicht eingetragenen selbständigen Gerechtigkeiten wurde seit dem 1. Oktober 1872 vom Gesetz wie die beweglichen Sachen behandelt. Das Eigentum an ihnen wurde durch Vertrag und Übergabe übertragen, eine Hypothek (oder Grundschuld) an ihnen konnte nicht bestellt werden, eine Verpfändung von ihnen wurde durch Pfandvertrag und Übergabe bewirkt.

Das BGB. hat die landesgesetzlichen Vorschriften über Realgewerbeberechtigungen unberührt gelassen, Art. 74 EGzBGB. Preußen hat im Art. 40 AGzBGB. die selbständigen Gerechtigkeiten den sich auf Grundstücke beziehenden Vorschriften des BGB. unterstellt, wenn sie ein Grundbuchblatt erhalten haben, und es hat im Art. 89 a. a. O. neben anderen Vorschriften auch den gesamten 2. Titel aus dem ersten Teile des ALR. aufgehoben. Damit ist auch § 9 ALR. I 2 gefallen. Auf der Annahme seiner fortdauernden und unveränderten Geltung beruht aber die Ansicht des Berufungsrichters zum wesentlichen Teile. Dem Gedanken des Landgerichts, daß es sich bei den zu entscheidenden Fragen um öffentliches Recht handle — insoweit sollen die Vorschriften des ALR. weiter gelten, Art. 89 Nr. 1 a. a. O. —, ist das Kammergericht mit Recht entgegengetreten. Das Kammergericht beruft sich aber auf den a. a. O. zugunsten der Übergangsvorschriften gemachten Vorbehalt. Solche Vorschriften kommen indessen nicht in Frage. Das Recht der Realgewerbeberechtigungen ist den Ländern nicht für eine Übergangszeit, sondern für die Dauer vorbehalten. Die vom Kammergericht für seine Ansicht herangezogene Entscheidung RGZ. Bd. 63 S. 131 bezieht sich auf eine wirkliche Übergangsvorschrift, auf Art. 189 EGzBGB. Im übrigen könnte § 9 ALR. I 2 auch im Rahmen der Übergangsvorschriften nur mit der oben festgestellten Abänderung durch § 69 EEG. angewendet werden.

5. Der Rechtszustand ist also auch heute der, daß nur die im Grundbuch eingetragenen selbständigen Gerechtigkeiten die Eigenschaft unbeweglicher Sachen haben. Zu diesem Ergebnis ist der Senat bereits in seiner Entscheidung RGZ. Bd. 74 S. 318flg. gelangt. Es handelte sich dort um eine nicht eingetragene Fischereigerechtigkeit. Die Begründung ist wesentlich dieselbe, wie die hier gegebene, nur sind dort die Vorschriften des AGzBGB. an erster Stelle gewürdigt und es ist dann (S. 320) hinzugefügt worden, daß sie gegenüber dem EEG. keine Neuerung enthielten. Bestätigt hat der Senat seine frühere Entscheidung bereits durch das Urteil vom 22. Juni 1915 VII 123/15 (Recht 1915 Nr. 2391), das sich auf das gleichliegende Reichsrecht der

TarNr. 11a RStempG. bezieht, und ferner RGZ. Bd. 94 S. 295. Beigetreten ist dem VII. Zivilsenat der II. Zivilsenat in dem bei Gruchot Bd. 54 S. 958 abgedruckten Urteil. Abweichende Entscheidungen des Reichsgerichts liegen nicht vor. In dem Urteile des Senats RGZ. Bd. 57 S. 32flg. handelte es sich um eine in das Grundbuch eingetragene Fischerstelle, die hier streitige Frage ist dort nicht besprochen worden. Dasselbe gilt von dem Urteile des V. Zivilsenats (RGZ. Bd. 86 S. 272flg.), das es mit einer schon vor dem 1. Januar 1900 eingetragenen Abdeckereigerechtigkeit zu tun hatte. Die einschneidende Bedeutung des § 69 EEG. ist dort allerdings nicht gewürdigt worden. Das schon oben erwähnte Urteil des V. Zivilsenats RGZ. Bd. 63 S. 129flg. beschäftigt sich mit einer Grundgerechtigkeit, keiner selbständigen Gerechtigkeit. Die Entscheidung endlich des V. Zivilsenats Bd. 45 S. 385 bezieht sich lediglich auf eine Prozeßfrage und beruht auf der Erwägung, daß der Kläger, wenn er einmal behaupte, seine Apothekengerechtigkeit sei einer unbeweglichen Sache gleichgestellt, das Eigentum davon in dem ausschließlichen dinglichen Gerichtsstand verfolgen müsse. Lediglich beiläufig ist bemerkt, die Annahme, daß die — soweit erkennbar, nicht eingetragene — Apothekengerechtigkeit einer unbeweglichen Sache gleichstehe, sei nicht zu beanstanden.

Bemerkt sei noch, daß das preußische Oberverwaltungsgericht die Erhebung der Grundstücksumsatzsteuer immer nur von eingetragenen Apothekengerechtigkeiten für gerechtfertigt erachtet hat, vgl. die Nachweisungen bei Böttger-Urban S. 426 unter 3 und bei Lewinsky, Apothekenbetriebsrechte, 2. Aufl. S. 186flg.

6. Das Ergebnis der bisherigen Erwägungen ist also das, daß der Stempel TarSt. 32 Abs. 1a LStG. für die nicht eingetragene Apothekengerechtigkeit des Klägers zu Unrecht erhoben ist. Zum Ansatz hat aber zu gelangen der Stempel der TarSt. 32 Abs. 1c, dem Kauf- und Tauschverträge unterworfen sind, wenn sie betreffen „andere Gegenstände aller Art" als im Inlande gelegene unbewegliche Sachen und ihnen gleichgeachtete Rechte oder außerhalb Landes gelegene Sachen (TarSt. 32 Abs. 1a und b). Auch diesen Stempel will der Kläger nicht bezahlen, ohne indessen einen Grund für sein Weigern anzugeben. Daß auch Rechte „verkauft" werden können, ergibt sich aus § 433 BGB., und daß auch Rechte zu jenen „anderen Gegenständen aller Art" gehören, ist füglich nicht zu bezweifeln. Nun sind allerdings die Stempel der ganzen Tarifstelle 32 nur anzusetzen, „insoweit nicht besondere Tarifstellen zur Anwendung kommen", aber die Tarifstellen 2, 8 und 71 Nr. 2 LStG., an die man denken könnte, treffen nicht zu. TarSt. 2 umfaßt die Abtretung von Rechten und eine selbständige Gerechtigkeit wird heutzutage, wenn sie nicht im Grundbuch eingetragen ist, gemäß § 413 BGB. durch Abtretung übertragen. Der Vorbehalt

im Art. 74 EGzBGB. betrifft nur die besonderen Vorschriften für Realgewerbeberechtigungen, es wird für sie nicht etwa das ganze Gebäude des ALR. mit der Folge aufrecht erhalten, daß auch heute noch eine nicht eingetragene Gerechtigkeit durch Vertrag und Übergabe übereignet wird, vgl. RGZ. Bd. 56 S. 381. Aber in dem Vertrage vom 8. Mai 1919 ist die dingliche Abtretung noch nicht erklärt, nur die Verbindlichkeit zur Abtretung übernommen worden. Das ALR. unterschied in seinen Vorschriften §§ 376 flg. ALR. I 11 freilich nicht so scharf wie das BGB. auch bei der Abtretung zwischen Grund- und Erfüllungsgeschäft und das Wort „Abtretung" ist in TarSt. 2 LStG. noch im landrechtlichen Sinne gebraucht, weil es noch aus der landrechtlichen Zeit stammt und die Anpassung an das BGB. hier wie auch sonst gelegentlich (RGZ. Bd. 86 S. 12) bei der Novelle von 1909 unterblieben ist. Auch wenn man aber mit RGZ. Bd. 70 S. 287 flg. davon ausgeht, daß auch das schuldrechtliche Grundgeschäft einer Abtretungserklärung unter TarSt. 2 fallen kann, so trifft das auf den gegenwärtigen Fall unbedenklich nicht zu. Wie Hummel-Specht in ihrem Erläuterungsbuch zum LStG. auf S. 456 richtig ausführen, bezieht sich TarSt. 2 auf Forderungsrechte von nur vorübergehendem Bestande, während TarSt. 32 Abs. 1c auf die Rechte anzuwenden ist, welche die Gewähr der Dauer in sich tragen. Zu diesen Rechten gehören vorzüglich auch die selbständigen, im Grundbuch nicht eingetragenen Gerechtigkeiten. Auf entgeltliche Lizenzverträge und auf die Veräußerung von Patentrechten ist TarSt. 32 Abs. 1c schon für anwendbar erachtet worden, RGZ. Bd. 76 S. 235 flg., Bd. 83 S. 21 flg.

Die TarSt. 8 LStG. kommt nicht in Frage, weil eine Auflassung nicht stattgefunden hat und bei einer nicht eingetragenen Gerechtigkeit auch gar nicht stattfinden kann. Die TarSt. 71 Nr. 2 LStG. scheidet schon deswegen aus, weil sie immer nur hilfsweise eingreift, „wenn keine andere Tarifstelle zur Anwendung kommt". Sie muß deshalb hinter TarSt. 32 zurücktreten. Im übrigen ist aber auch die schuldrechtliche Vereinbarung über die künftige Abtretung der Gerechtigkeit, wie sie im Vertrage vom 8. Mai 1918 beurkundet ist, ein Teil des Kaufvertrages und nach § 10 Abs. 3 LStG. könnte der besondere Vertragstempel der TarSt. 71 Nr. 2 neben dem Kaufstempel nicht erhoben werden. Es kann sich immer nur darum handeln, den geschlossenen Kaufvertrag im Rahmen der TarSt. 32 richtig zu verstempeln.

7. Nach alledem kommt zum Ansatz nicht der 1 v. H. betragende Stempel der TarSt. 32 Abs. 1a, sondern der nur $^1/_3$ v. H. betragende Stempel der TarSt. 32 Abs. 1c. Der Kläger hat 2400 *M* bezahlt, erfordert werden durften von ihm nur 800 *M*, 1600 *M* sind also an ihn zurückzuzahlen.

60. Macht die dem § 595 Abs. 4 ZPO. zuwider erfolgte Anordnung der Eidesleistung durch bedingtes Endurteil, statt durch Beweisbeschluß, ohne weiteres die Aufhebung des Urteils notwendig?

II. Zivilsenat. Urt. v. 26. Januar 1923 i. S. D. (Bekl.) w. Sch. (Kl.). II 199/22.

I. Landgericht Saarbrücken. — II. Oberlandesgericht Köln.

Die Frage ist verneint worden aus folgenden

Gründen:

... Der Vorderrichter hat, indem er (im Urkundenprozeß) die Leistung des dem Kläger zugeschobenen Eides durch bedingtes Endurteil statt durch Beweisbeschluß anordnete, gegen § 595 Abs. 4 ZPO. verstoßen. Denn diese Vorschrift gilt ausnahmslos für das ganze Gebiet des Urkundenprozesses und nicht bloß — wie der Revisionsbeklagte auszuführen versucht hat — insoweit, als es sich gerade um die im § 595 Abs. 2 angegebenen Beweistatsachen handelt. Der offensichtlich auf einem Versehen beruhende Prozeßverstoß führt jedoch, so wenig verträglich die Anordnung einer Eidesleistung durch bedingtes Urteil mit Zweck und Wesen des Urkundenprozesses ist, im gegebenen Falle doch nicht zur Aufhebung der oberlandesgerichtlichen Entscheidung. Es kann zwar nach Sachlage nicht zweifelhaft sein, daß die Entscheidung, so wie sie ergangen ist, auf der in der Nichtanwendung des § 595 Abs. 4 ZPO. bestehenden Gesetzesverletzung beruht. Das allein begründet aber noch nicht die Notwendigkeit der Aufhebung. Diese hat vielmehr nur dann einzutreten, wenn hinzukommt, daß der Revisionskläger durch den Verstoß beschwert ist. Letzteres ergibt sich bei den im § 551 ZPO. erwähnten Gesetzesverletzungen aus dem Wesen jener Verstöße. Bei dem hier fraglichen Verstoße liegt dagegen die Sache anders: die Nichteinhaltung der Vorschrift des § 595 Abs. 4 ZPO. kann je nach Umständen eine Partei, insbesondere die schwurpflichtige, beschweren, die Auferlegung des Eides durch bedingtes Urteil braucht aber diese Wirkung nicht zu haben. Im vorliegenden Falle läßt sich eine Beschwerung der Revisionsklägerin nicht feststellen. Durch die Zulassung des Klägers zum Eid hat das Berufungsgericht einem Beweisantrage der Revisionsklägerin selbst entsprochen. Dafür aber, daß die Beklagte bei Anordnung der Eidesleistung durch Beweisbeschluß in der Lage gewesen wäre, durch Beibringung anderweitigen im Urkundenprozesse verwendbaren Beweismaterials den Vollzug jener Anordnung zu verhindern und die Abweisung der Klage zu erwirken, ist nach dem Akteninhalt und nach dem Vorbringen der Beklagten vor dem Revisionsgerichte nicht der mindeste Anhalt gegeben. Eine Benachteiligung der Interessen der Beklagten kann um so weniger angenommen werden, als ihr zufolge der Eidesauflage durch bedingtes Endurteil die Möglichkeit gegeben wurde, die Revisionsinstanz zu betreten, ohne daß der Eid vorher geleistet worden war. Fehlt es hiernach an einer Beschwerung der Beklagten, so ist die Aufhebung des Urteils wegen des Prozeßverstoßes nicht gerechtfertigt. Insoweit wird die im Urteile des erkennenden Senats vom 29. November 1887 (JW. 1888 S. 13 Nr. 19) zum Ausdruck gekommene Auffassung, daß die Verletzung des § 595 Abs. 4 ZPO. ohne weiteres Revisionsgrund sei, durch die gegenwärtige Entscheidung eingeschränkt.

---

61. Was ist im § 17 Nr. 3 des Umsatzsteuergesetzes vom 24. Dezember 1919 unter „erster inländischer Erwerber" zu verstehen? Kann sich der Verkäufer im Kaufvertrage den Ersatz der Umsatzsteuer für den Fall ausbedingen, daß er zu ihr herangezogen werden sollte?

II. Zivilsenat. Urt. v. 26. Januar 1923 i. S. der P. Teppichgesellschaft (Kl.) w. W. G. (Bekl.). II 213/22.

I. Landgericht I Berlin. — II. Kammergericht daselbst.

Die Klägerin hat von Paul Br. in Düsseldorf Teppiche, die von London erwartet wurden, gekauft und an den Beklagten weiterverkauft, der den Preis nebst Fracht und Zoll gezahlt hat. Der Verkauf an den Beklagten soll vor dem 7. Februar 1920 erfolgt sein, an welchem Tage die Teppiche nach Deutschland hereingekommen sind. Nachträglich ist Paul Br. zur Luxussteuer herangezogen worden. Die Klägerin behauptet, daß sie Paul Br. diesen Steuerbetrag habe ersetzen müssen, und verlangt ihrerseits Ersatz vom Beklagten, weil dieser als „erster inländischer Erwerber" die Steuer schulde (Umsatzsteuergesetz vom 24. Dezember 1919 § 17 Nr. 3), sodann weil im Kaufvertrag bedungen worden sei, daß sämtliche Spesen, wie Verpackung, Versicherung, Fracht und Zoll, sowie Steuer zu Lasten des Käufers gehen. Die Teppiche sind von Düsseldorf aus an die Klägerin gesandt worden, von deren Lager der Bekl. sie abgenommen hat.

Beide Vorinstanzen wiesen die Klage ab. Die Revision blieb ohne Erfolg.

Gründe:

Dem Berufungsgericht ist im Ergebnis beizutreten. Es mag Fälle geben, wo unsicher ist, wer im Sinne des Gesetzes erster Erwerber gewesen ist. Dahin gehört aber nicht das regelmäßig verlaufende Importgeschäft, wie hier ein solches vorliegt. Es kann gar keinem

Zweifel unterliegen, daß erster Erwerber Paul Br. gewesen ist, wie er denn auch zur Zahlung der Umsatzsteuer herangezogen worden ist. Es ist unrichtig, wenn die Klägerin meint, so könne es nicht sein, weil, als Br. kaufte und verkaufte, die Ware noch nicht im Inlande gewesen sei. Die Umsatzsteuer lastet nicht auf der Sache. Sie ist eine Verkehrssteuer. Selbstverständlich kann bei Auslandsware von ihrer Erhebung nur die Rede sein, wenn die Ware in das Inland kommt und nachdem sie in das Inland gekommen ist. Aber darum muß nicht der die Steuerschuld begründende Akt erst mit oder nach diesem Zeitpunkt eingetreten sein. Nicht Besitz oder Besitzerwerb begründen die Steuerpflicht. Auf sie kommt es hier überhaupt nicht an. Bei dem Ausdruck Erwerber ist nicht an Erwerb zu Besitz und Eigentum zu denken. Sprachlich kann der Ausdruck diesen Sinn wohl haben. Aber es ist nicht nötig, noch wäre es richtig, ihn hier so zu verstehen. Nicht das dingliche Erfüllungsgeschäft, sondern das obligatorische Verpflichtungsgeschäft steht hinter der Einfuhr der Ware. Daher hat der Beklagte in der Berufungsinstanz mit Recht darauf hingewiesen, daß, wenn der Augenblick entscheidend sein soll, wo die Ware über die Grenze geht, vorliegenden Falles in diesem Augenblick er jedenfalls nicht der einzige Erwerber gewesen ist. Vor ihm stand noch die Klägerin und vor dieser Paul Br. und es wäre auch so letzterer der erste Erwerber gewesen. Man müßte die Meinung der Klägerin schon so verstehen, daß erster Erwerber sei, wer in jenem Augenblick die Ware gekauft, aber noch nicht weiterverkauft hatte. Das ist eine völlig willkürliche Begriffsbestimmung, für welche sich nirgends eine Handhabe bietet. In dieser Beziehung sind sich auch die Kommentare von Popitz und Scholz ganz einig. Letzterer vertritt keineswegs, wie der Vorderrichter meint, eine gegenteilige Ansicht. Er sagt: erster inländischer Erwerber ist, wer, sobald der Gegenstand ins Inland gelangt ist, Erwerber ist, sei es, daß er im Ausland geliefert erhalten hat (und also selbst die Ware ins Inland bringt), sei es, daß die Lieferung an ihn im Einfuhrwege ohne Zwischenlieferung bewirkt wird (Scholz, Umsatzsteuergesetz § 17 Anm. 9 und insbes. § 23 Anm. 24). Im gegenwärtigen Fall ist die Ware erst über Br. und die Klägerin an den Beklagten gelangt.

Die Klägerin hat sich auch auf besondere Vereinbarung berufen. In dieser Beziehung steht nicht fest und wird sich auch, da die Parteien nur mündlich verhandelt haben, nicht mit voller Bestimmtheit feststellen lassen, wie der Wortlaut der Vereinbarung gewesen ist. Nach Behauptung des Beklagten ist sie dahin gegangen, daß das Risiko der Sendung ab London, Spesen, Zoll usw. zu Lasten des Käufers sein solle. Der Vorderrichter läßt unentschieden, ob darunter auch die Luxussteuer zu begreifen sei. Wenn er aber sagt, daß diese Steuer etwas einem

Einfuhrzoll durchaus Ähnliches sei, so ist damit nichts erreicht, und eher möchte dem Landgericht zuzustimmen sein, das abgelehnt hat, die Vereinbarung auf die Luxussteuer zu beziehen, zumal unter den Parteien feststeht, daß keiner von ihnen an diese Steuer gedacht hat. Es kommt auf alles das aber nicht an, weil die Klägerin sich auf diese Vereinbarung überhaupt nicht berufen könnte, auch dann nicht, wenn sie ausdrücklich auch auf die Luxussteuer lautete. In dieser Beziehung trifft, was der Vorderrichter in Anwendung auf das zwischen Br. und der Klägerin abgeschlossene Geschäft angeführt hat, unmittelbar auf das Verhältnis zwischen den Parteien zu. Nach § 12 UStG. kann der Verkäufer die Steuer auf den Käufer in keiner anderen Weise abwälzen als durch die erhöhte Preisforderung. Auf Vereinbarungen anderer Art kann sich der Verkäufer nicht berufen. So kann es freilich, wie hier, kommen, daß im Einzelfall gerade das nicht erreicht wird, was im allgemeinen das Gesetz will, die Abwälzung der Steuer auf den Konsumenten und Gebraucher. Aber gerade mit dieser Härte will das Gesetz den Verkehr zwingen, sich seiner Absicht zu fügen, und auch in Anwendung auf den Einzelfall erscheint es insofern in sich gerechtfertigt, als der Käufer in seinen Dispositionen, namentlich in seiner Preisstellung beim Wiederverkauf, damit rechnet und nach dem geltenden Gesetz damit rechnen kann, daß die Umsatzsteuer mit dem Preis abgegolten ist, den er bezahlt hat.

---

62. 1. Findet § 323 Abs. 4 ZPO. auch auf privatschriftliche Vergleiche Anwendung?
2. Kann die Erhöhung der in einem privatschriftlichen Vergleiche festgesetzten Unterhaltsrente wegen nachträglich veränderter Umstände gefordert werden?

VII. Zivilsenat. Urt. v. 26. Januar 1923 i. S. H. (Kl.) w. Deutsches Reich (Bekl.). VII 754/22.

I. Landgericht Dresden. — II. Oberlandesgericht daselbst.

Am 22. September 1918 hat der Erblasser der Klägerinnen einen Eisenbahnunfall erlitten, an dessen Folgen er am 30. September 1918 verstorben ist. Die Klägerinnen haben mit dem Sächsischen Staate (Eisenbahnverwaltung), an dessen Stelle nachher das Deutsche Reich getreten ist, im August 1919 einen Vergleich dahin geschlossen, daß für das entzogene Unterhaltsrecht gegen ihren Ehemann bzw. Vater an die Klägerin zu 1 eine Rente von jährlich 13550 ℳ, an die Klägerin zu 2 eine solche von jährlich 2058 ℳ, zu zahlen ist. In dem Vergleich heißt es weiter: „Frau verw. H. verzichtet ihrerseits und als gesetzliche Vertreterin ihrer minderjährigen Tochter für diese auf alle weitergehenden Ansprüche, die ihnen wegen des erwähnten Unfalls des Herrn Direktor H., sei es gegen den sächsischen Staat, sei es gegen irgendeinen Bediensteten der Staatseisenbahnverwaltung zustehen oder noch erwachsen sollten." Die Klägerinnen erheben nun Anspruch auf Erhöhung der Renten auf das Fünffache, unter Vorbehalt der Mehrforderung und mit Rückwirkung vom 1. Oktober 1921 an, weil die Verhältnisse, die für die Bestimmung der Höhe der Renten maßgebend waren, sich wesentlich geändert hätten. Beide Vorinstanzen haben die Klage abgewiesen. Die Revision hatte Erfolg aus folgenden

Gründen:

Dem Berufungsgericht ist allerdings darin beizupflichten, daß § 323 Abs. 4 ZPO. in der Fassung der Novelle vom 13. August 1919 hier nicht unmittelbar Anwendung findet, weil es sich nicht um einen gerichtlichen, sondern um einen privatschriftlichen Vergleich handelt (Urteil des Reichsgerichts vom 9. Januar 1922 IV 404/21; vom 19. Januar 1922 IV 568/21). Die Nichtanwendbarkeit der prozeßrechtlichen Vorschrift schließt aber nicht die Geltendmachung eines Anspruchs auf Abänderung des privatschriftlichen Vergleichs aus materiellrechtlichen Gründen aus. Die Abänderbarkeit eines Vergleichs ist überhaupt, mag er nun ein gerichtlicher oder ein privatschriftlicher sein, nach den Vertragsgrundsätzen des bürgerlichen Rechts zu beurteilen. Die Bestimmung in § 323 Abs. 4 ZPO. stellt nur klar, daß die Eigenschaft eines Vergleichs als eines gerichtlichen, also als eines einem Urteile gleichstehenden Vollstreckungstitels, der Abänderbarkeit aus materiellrechtlichen Gründen nicht entgegensteht (JW. 1921 S. 1080 Nr. 6 sowie die Anm. von Heinsheimer dazu, auch Warneyer 1918 Nr. 140).

Mit Recht verneint der Berufungsrichter, daß der Klaganspruch sich auf § 779 oder auf § 119 BGB. stützen läßt. § 779 BGB. ist nicht anwendbar, weil die Voraussetzungen für die Unwirksamkeit des Vergleichs nicht vorliegen, und eine Anfechtung wegen Irrtums ist nicht angängig, weil der angebliche Irrtum sich auf den Streit bezieht, der gerade durch den Vergleich beseitigt worden ist (Urteil vom 30. Oktober 1914 VII 238/14; vom 5. Mai 1916 VII 444/15; vom 27. April 1917 VII 16/17; vom 26. April 1918 VII 24/18 u. a. m.). Entscheidend kann nur sein, ob nach dem durch Auslegung zu ermittelnden Vertragswillen der Vergleichsteile die beanspruchte Abänderung zulässig erscheint und ob sie in der nach Vergleichsabschluß eingetretenen Änderung der Verhältnisse ihre Begründung finden kann.

Der Vorderrichter meint dies verneinen zu sollen, weil der Vergleich vorbehaltlos abgeschlossen worden sei, sogar den ausdrücklichen Verzicht auf alle weitergehenden Ansprüche der Klägerinnen enthalte, und dies, obgleich zur Zeit des Abschlusses nicht damit zu rechnen gewesen sei, daß nunmehr unsere wirtschaftlichen Verhältnisse eine gleichbleibende Bewegung annehmen würden. Im Gegenteil hätte damals schon jeder nur einigermaßen Kundige erkennen können, daß unter den Wirkungen des bereits bekannten Inhalts des Friedensvertrages die wirtschaftlichen Verhältnisse Deutschlands schwer leiden würden.

Der Revision muß zugegeben werden, daß diese Vertragsauslegung die Auslegungsgrundsätze der §§ 157, 242 BGB. verletzt. Das Berufungsgericht hat zwar zutreffend erwogen, daß es sich letzten Endes hier um Unterhaltsrenten handelt, wenn sie auch aus dem rechtlichen Gesichtspunkte des Schadensersatzes auf Grund des Haftpflichtgesetzes gefordert wurden (vgl. § 3 HaftpflGes. in der Fassung des Art. 42 EGzBGB.). Aber es hat dieser Natur der Renten bei Auslegung des Vergleichs nicht die Beachtung geschenkt, die ihr notwendig zukommt. Eine Unterhaltsrente bezweckt, dem Rentenempfänger die Möglichkeit zu gewähren, sich aus den Rentenbeträgen ein bestimmtes, dem Geldwert entsprechendes Maß des zum Lebensunterhalt Erforderlichen zu verschaffen. Von diesem stillschweigend jeden Unterhaltsvertrag beherrschenden Parteiwillen aus erfolgt die vertragliche Festsetzung des Geldbetrags der Rente. In dem Geldwert drückt sich also das Maß dessen aus, was dem Berechtigten an Lebensunterhalt gewährt werden soll (vgl. Urteil des Reichsgerichts vom 9. Januar 1922 IV 404/21 und JW. 1921 S. 1080 Nr. 6). Man kann dies auch so ausdrücken: dem Unterhaltsrentenvertrag wohnt regelmäßig die clausula rebus sic stantibus stillschweigend inne. Ändert sich nachträglich der Geldwert derart, daß es dem Rentenempfänger auch nicht annähernd mehr möglich ist, aus der festgesetzten Rentensumme sich das bestimmte Maß des zum Unterhalt Notwendigen anzuschaffen, so wird durch Zahlung einer gleichbleibenden Rente das nicht mehr erfüllt, was die Parteien gewollt haben.

Daraus, daß der Vergleich keinen Vorbehalt auf Erhöhung der Renten für den Fall weiterer Geldentwertung enthielt, kann daher nicht, wie der Vorderrichter meint, geschlossen werden, daß der Wille der Vergleichsteile dahin gegangen sei, es solle unabänderlich bei der festgesetzten Rentensumme verbleiben. Es hätte vielmehr gerade umgekehrt in den Vergleich eine Klausel aufgenommen werden müssen, daß unter allen Umständen der Nennbetrag der Geldrente unverändert bleiben solle. Das ist aber nicht geschehen. Auf den im Vergleich enthaltenen Verzicht der Klägerinnen kann das beklagte Reich sich in dieser Hinsicht nicht mit Erfolg berufen. Denn der Verzicht kann nicht anders verstanden werden, als dahin, daß die Klägerinnen auf ein höheres Maß von Unterhalt, als es dem damaligen Geldwert der zugebilligten Rente entsprach, keinen weiteren Anspruch erheben wollten. Das tun sie aber auch nicht, sondern sie begehren nur eine Geldrente, die ausreicht, um sie in die Möglichkeit zu versetzen, sich den gleichen Lebensunterhalt zu verschaffen, den sie sich damals — zur Zeit des Vergleichsabschlusses — mit der festgesetzten Geldrente verschaffen konnten.

Anders wäre der Vergleich nur dann auszulegen, wenn die Vertragsparteien bei Abschluß des Vergleiches schon mit der nachher eingetretenen Geldentwertung gerechnet hätten oder diese Geldentwertung damals voraussehbar gewesen wäre. Dann hätte man einen Vorbehalt auf Erhöhung der Rente für den Fall weiteren erheblichen Fortschreitens der Geldentwertung erwarten müssen, und aus seinem Fehlen könnte der Schluß sich rechtfertigen lassen, daß nach stillschweigendem beiderseitigen Parteiwillen die Rente trotz fortschreitender Geldentwertung summenmäßig gleichbleiben sollte. Nun hat zwar der Vorderrichter festgestellt, daß zur Zeit des Vergleichsabschlusses bereits der Inhalt des künftigen Friedensvertrags bekannt gewesen sei, und als Erfahrungssatz ausgesprochen, für jeden einigermaßen Kundigen sei damals schon erkennbar gewesen, daß unter den Wirkungen des Friedensvertrags die wirtschaftlichen Verhältnisse Deutschlands schwer leiden würden. Das mag bis zu einem gewissen Grade richtig sein, aber daß ein solcher Umsturz aller wirtschaftlichen Verhältnisse und eine solche Geldentwertung eintreten würde, wie es in der Folge geschehen und deren Ende auch heute noch nicht abzusehen ist, hat damals Niemand vorausgesehen und voraussehen können. So wie die wirtschaftlichen Verhältnisse mindestens seit dem 1. Oktober 1921, dem Zeitpunkt, von dem ab die Klägerinnen die Rentenerhöhung verlangen, sich zu ihrem Nachteile geändert haben, kann ihnen ohne Verstoß gegen den Vertragszweck und gegen Treu und Glauben nicht zugemutet werden, daß sie sich noch mit der vereinbarten Geldrente begnügen sollten, obwohl diese, während sie zur Zeit ihrer Festsetzung ihnen ein verhältnismäßig reichliches Auskommen gewährleistete und gewährleisten sollte, längst schon nicht mehr auch nur annähernd zum Lebensunterhalt ausreicht und heute nicht einmal genügt, um auch nur die allernotwendigsten Lebensbedürfnisse der Klägerinnen befriedigen zu können.

Der Klaganspruch war daher unter Aufhebung des Berufungsurteils und in Abänderung des erstinstanzlichen Urteils dem Grunde nach für gerechtfertigt zu erklären, da es weiterer tatsächlicher Feststellungen nicht mehr bedarf.

63. Liegt „neue Gestaltung" eines Gebrauchsgegenstandes vor, wenn ein bekanntes Modell für einen neuen Gebrauchszweck dadurch verwendbar gemacht wird, daß es mit anderen Schriftzeichen versehen wird?

I. Zivilsenat. Urt. v. 27. Januar 1923 i. S. Europ. G. u. R. Vers. Akt.-Ges. (Kl.) w. Str. (Bekl.). I 61/22.

I. Landgericht Frankfurt a. M., Kammer f. Handelssachen. — II. Oberlandesgericht das.

Für den Beklagten ist das Gebrauchsmuster Nr. 741 940 eingetragen. Der Schutzanspruch lautet:

„Es wird als neu angesehen und beansprucht: Eine Postpaketkarte mit besonderem Abschnitt, der als Versicherungsurkunde dient. Dabei weiter die Anbringung einer laufenden Nummer auf diesem Abschnitt, die sich gleichzeitig auch auf der eigentlichen Paketkarte und auf dem Empfängerabschnitt befindet, welch letzterer einen Raum für die Versicherungsmarke trägt.

Im besonderen: Die Anbringung des Versicherungsabschnittes auf der rechten Seite der Paketkarte."

Die Klägerin meint, daß diese Postpaketkarte nicht schutzfähig sei, und verlangt die Löschung des Gebrauchsmusters. Das Landgericht wies die Klage ab. Die Berufung der Klägerin wurde zurückgewiesen. Ihre Revision hatte Erfolg.

Gründe:

Das Oberlandesgericht führt aus, der Zweck der Erfindung sei, auf einfache Weise eine Verbindung der üblichen Postpaketkarte mit einem Versicherungsschein herzustellen. Das sei dadurch erreicht worden, daß der bisher aus zwei Abschnitten bestehenden Postpaketkarte ein dritter Abschnitt beigefügt worden sei, der in den Händen des Absenders zurückbleibe und den Versicherungsschein darstelle, und ferner durch die Bezeichnung aller drei Abschnitte mit den gleichen Serienbuchstaben und Zahlen. Dadurch werde der technische Erfolg erzielt, daß jedermann durch den Kauf der dem Beklagten geschützten Paketkarte die Möglichkeit erlange, die Sendung auf bequeme Weise zu versichern und sich und dem Empfänger den Nachweis der erfolgten Versicherung zu verschaffen, während bisher ein besonderer Versicherungsschein notwendig gewesen sei und dem Empfänger der Nachweis der erfolgten Versicherung in anderer Art habe geführt werden müssen. Diese Verbindung der Postpaketkarte mit dem Versicherungsschein sei eine neue Erfindung. Allerdings sei die Einteilung in drei Abschnitte bei Postanweisungs- und Postscheckmustern schon bisher üblich gewesen; aber hierbei diene der für den Absender bestimmte Abschnitt einem anderen Zwecke, nämlich dazu, dem Absender eine Bescheinigung der Postbehörde über die erfolgte Einzahlung zu verschaffen. Die Schutzfähigkeit der Erfindung des Beklagten werde auch nicht dadurch beeinträchtigt, daß die Übertragung der bei anderen Postmustern üblichen Dreiteilung auf die Paketkarte nahe gelegen habe. Die Bezeichnung mehrerer zusammengehöriger Abschnitte durch gleiche Buchstaben und Zahlen sei ebenfalls schon früher bekannt gewesen, bilde aber auch nicht ein selbständiges Element der Erfindung des Beklagten, sondern diene nur zur Herbeiführung des von ihr angestrebten Erfolges, der Verbindung des Versicherungsscheines mit der Postpaketkarte und der Erleichterung des Beweises, daß und in welcher Serie die Postsendung versichert sei. Es liege also eine Raumkombination mit technischem Erfolge vor, die als neue Erfindung anzusehen sei.

Dem kann nicht beigetreten werden. Als Gebrauchsmuster werden Modelle von Arbeitsgerätschaften oder Gebrauchsgegenständen oder von Teilen solcher geschützt, insoweit sie dem Arbeits- oder Gebrauchszweck durch eine neue Gestaltung, Anordnung oder Vorrichtung dienen sollen (§ 1 GebrMG.). Diesen Anforderungen des Gesetzes entspricht das Gebrauchsmuster des Beklagten nicht. Der bekannten Postpaketkarte ist ein dritter Abschnitt, der als Versicherungsschein dienen soll, angefügt worden. Die Einteilung in drei Abschnitte ist, wie auch das Oberlandesgericht nicht verkennt, schon bisher bei anderen ähnlichen Gebrauchsgegenständen üblich gewesen, insbesondere bei Postanweisungs- und Postscheckmustern. Der Beklagte hat danach sein Modell bekannten Gebrauchsgegenständen entlehnt, um dadurch einen bisher unbekannten technischen Erfolg zu erzielen. Das allein vermag aber den Musterschutz nicht zu begründen. Eine neue Gestaltung im Sinne des Gesetzes liegt in einem solchen Falle nur vor, wenn das bekannte Modell dem neuen Zweck angepaßt und dem entsprechend gestaltet werden mußte, weil es in der alten Gestalt hierzu nicht geeignet war (Warneyer 1916 Nr. 289). Das trifft hier nicht zu. Denn dazu reicht, wie der Revision beizupflichten ist, die bloße Anbringung bestimmter Buchstaben und Zahlen, die lediglich ihrer Bedeutung als Schriftzeichen entsprechend sich an den menschlichen Geist wenden, ohne räumlich in irgendeiner Weise in die Erscheinung zu treten, an dem bekannten Modell nicht aus. Eine andere Veränderung hat der Beklagte daran nicht vorgenommen. Der Gebrauchsmusterschutz muß seinem Modell daher versagt werden.

---

64. 1. Inwieweit unterliegt eine gemäß § 87 des Betriebsrätegesetzes vom 4. Februar 1920 erlassene Entscheidung des Schlichtungsausschusses der richterlichen Nachprüfung?

2. Ist eine solche Entscheidung nur dann zulässig, wenn der Arbeiter- oder Angestelltenrat den Einspruch des Arbeitnehmers für begründet erachtet hat?

III. Zivilsenat. Urt. v. 30. Januar 1923 i. S. L. (Kl.) w. Deutsches Reich (Bekl.). III 753/22.

I. Landgericht I Berlin. — II. Kammergericht daselbst.

Die Klägerin war seit dem 23. Februar 1920 bei dem Reichsamt für Arbeitsvermittlung als Bureaugehilfin mit sechswöchiger Kündigungsfrist beschäftigt. Am 17. September 1920 wurde ihr die Stellung zum 31. Dezember 1920 gekündigt. Sie erhob hiergegen auf Grund des § 84 des Betriebsrätegesetzes vom 4. Februar 1920 (RGBl. S. 147) Einspruch. Der Angestelltenrat lehnte eine Vermittlung ab, weil er der Kündigung schon vorher zugestimmt habe; der Klägerin wurde jedoch anheimgegeben, sich persönlich an den Schlichtungsausschuß zu wenden. Sie tat dies, und der Schlichtungsausschuß entschied am 4. Januar 1921, daß die Kündigung unwirksam und der Arbeitgeber verpflichtet sei, die Klägerin weiter zu beschäftigen oder ihr eine Entschädigung von $^4/_{12}$ des letzten Jahreseinkommens zu zahlen. Diese Entscheidung ergänzte er am 9. Februar 1921 dahin, daß die ziffermäßige, gemäß § 87 BRG. zu zahlende Entschädigungssumme 4388 *M* betrage.

Die Klägerin erhob, da der Beklagte sich weigerte, diesen Betrag zu zahlen, Klage mit dem Antrage, die Zwangsvollstreckung aus den Beschlüssen des Schlichtungsausschusses vom 4. Januar und 9. Februar 1921 für zulässig zu erklären. Das Landgericht wies die Klage ab. Im Berufungsverfahren stellte die Klägerin den Hilfsantrag, den Beklagten zur Zahlung von 4388 *M*, zu verurteilen. Ihre Berufung wurde zurückgewiesen. Auch ihre Revision hatte keinen Erfolg.

Gründe:

1. Das Berufungsgericht nimmt in Übereinstimmung mit der in Rechtsprechung, Verwaltung und Schrifttum vorherrschenden Meinung an, daß die Gerichte, vor die ein Anspruch aus einer Entscheidung des Schlichtungsausschusses nach § 87 BRG. gebracht wird, zur Prüfung berechtigt und verpflichtet sind, ob der Schlichtungsausschuß innerhalb der Grenzen seiner Zuständigkeit gehandelt hat und ob insbesondere die wesentlichen gesetzlichen Voraussetzungen gegeben waren, unter denen der Schlichtungsausschuß zur Entscheidung berufen ist. Beide Vorinstanzen nehmen weiter, gleichfalls in Übereinstimmung mit der herrschenden Meinung, an, daß der Schlichtungsausschuß nach § 86 BRG. nur dann zur Entscheidung über den Einspruch des Arbeit-

nehmers gegen die Kündigung berufen ist, wenn der Arbeiter- oder Angestelltenrat den Einspruch für begründet erklärt hat.

In beiden Punkten ist dem Vorderrichter beizutreten. Hinsichtlich der Befugnis des Gerichts zur Nachprüfung der Zuständigkeit des Schlichtungsausschusses ist auf die Ausführungen des VII. Zivilsenats im Urteil vom 7. März 1922, RGZ. Bd. 104 S. 171 flg. (S. 181/182), zu verweisen. Handelte es sich dort um einen auf Grund des § 22 der VO. des Reichsarbeitsministers über die Einstellung und Entlassung von Arbeitern vom 12. Februar 1920 (RGBl. S. 218) ergangenen, gemäß § 25 daselbst vom Demobilmachungskommissar für verbindlich erklärten Schiedsspruch des Schlichtungsausschusses, so entbehrt die nach § 87 BRG. ergehende Entscheidung, wie sie hier vorliegt, der Bestätigung durch einen unparteiischen, rechts- oder verwaltungskundigen Beamten. Die Zusammensetzung des Schlichtungsausschusses erfordert nach § 15 der VO. über Tarifverträge usw. vom 23. Dezember 1918 (RGBl. S. 1456) auch nicht die Bestellung eines unparteiischen rechtsgelehrten Vorsitzenden. Die Gefahr einer Überschreitung der Zuständigkeitsgrenzen liegt danach hier besonders nahe, und es kann deshalb nicht angenommen werden, daß man für die Ansprüche aus solchen Entscheidungen den Instanzenzug bei den Gerichten eröffnen wollte, ohne ihnen das Recht zur Prüfung einzuräumen, ob die Entscheidung innerhalb der gesetzlichen Schranken der Zuständigkeit des Schlichtungsausschusses erlassen worden ist.

Zur Entscheidung über den gemäß § 84 BRG. erhobenen Einspruch des Arbeitnehmers ist (§ 87 Abs. 1) der Schlichtungsausschuß jedenfalls nur dann berufen, wenn der Einspruch in der in § 84 vorgeschriebenen Weise, nämlich durch Anrufung des Arbeiter- oder Angestelltenrats, erhoben ist. Zweifel können nur darüber obwalten, ob nur diese Anrufung des Arbeiter- oder Angestelltenrats und der Mißerfolg einer von diesem etwa versuchten Verständigung mit dem Arbeitgeber Voraussetzung des Eingreifens des Schlichtungsausschusses ist, oder ob dem Arbeiter- oder Angestelltenrat das Recht zu einer Vorprüfung des Einspruchs mit der Wirkung beigelegt ist, daß eine Entscheidung des Schlichtungsausschusses nur dann ergehen kann, wenn der Arbeiter- oder Angestelltenrat den Einspruch für begründet erklärt hat. Die Fassung des Entwurfs (Verhandl. der Verfassunggebenden Nationalversammlung Bd. 338 Nr. 928 ließ einen solchen Zweifel nicht zu. Er kannte (§ 40) überhaupt nur ein Einspruchsrecht des Betriebsrats oder Betriebsausschusses, nicht ein solches des einzelnen Arbeitnehmers. Der kollektive Gedanke, der dem Betriebsrätegesetz zugrunde liegt, der Wille, den Arbeitnehmern eines Betriebs in ihrer Gesamtheit, durch die von ihnen erwählten Vertreter, aus sozialen und wirtschaftlichen Gründen eine Mitwirkung bei der Betriebsleitung, sowohl zur Förderung des Betriebs selbst als um der Interessen der Arbeitnehmer willen, einzuräumen, war auch in dieser Bestimmung des Entwurfs klar und bestimmt zum Ausdruck gebracht. Nach der auf den Beschlüssen des Ausschusses der Nationalversammlung — a. a. O. Bd. 340 Nr. 1838 — beruhenden Fassung des § 86 Abs. 1 Satz 3 steht dagegen auch dem Arbeitnehmer selbst das Recht zu, den Schlichtungsausschuß anzurufen, aber doch erst dann, wenn die Verständigung mit dem Arbeitgeber nicht gelungen ist, und diese Verständigung zu versuchen, liegt wiederum dem Arbeiter- oder Angestelltenrat nur ob, wenn er die Anrufung für begründet erachtet; Satz 2 a. a. O. Mag diese Fassung auch nicht völlig zweifelsfrei sein, so spricht sie doch wesentlich für die Auslegung, daß eine den Einspruch billigende Stellungnahme des Arbeiter- oder Angestelltenrats Voraussetzung der Entscheidung des Schlichtungsausschusses ist. Von Bedeutung hierfür ist auch, daß nach Satz 1 bei der Anrufung des Arbeiter- oder Angestelltenrats die Gründe des Einspruchs dargelegt und die Beweise ihrer Berechtigung vorgebracht werden müssen. Dessen bedurfte es nicht, wenn man diesen Räten nur eine Vermittlerrolle, nicht auch die Befugnis zu einer Entscheidung übertragen wollte. Der Ausschußbericht gibt keinen Anhalt dafür, daß man den kollektiven Gedanken des Gesetzes hier soweit preisgeben wollte, daß der einzelne Arbeitnehmer zur Anrufung des Schlichtungsausschusses auch gegen die Meinung des Arbeiter- oder Angestelltenrats berechtigt sein solle. Im Gegenteil ist bei der Beratung über Anträge, welche in solchen Betrieben, für die ein Betriebsrat nicht vorgesehen ist — vgl. §§ 1, 2 BRG. —, jedem Arbeitnehmer oder doch der Arbeitnehmerschaft das Recht zur Anrufung des Schlichtungsausschusses geben wollten, jener kollektive Gedanke des „nicht auf Einzelpersonen zugeschnittenen“ Gesetzes hervorgehoben und betont worden, daß man damit die kleinen Unternehmer schlechter stellen würde als die großen. Diese Anträge wurden demgemäß abgelehnt (Verhandl. a. a. O. Bd. 340 S. 1927/28).

Unverkennbar ist dem Arbeiter- und Angestelltenrat mit dieser Befugnis zur Vorentscheidung, die maßgebend ist, wenn sie zuungunsten des Arbeitnehmers, der den Einspruch erhoben hat, lautet, eine große Macht gegeben, die besonders in Zeiten schwerer wirtschaftlicher Kämpfe mißbraucht werden kann. Zu beachten ist aber, daß die §§ 84 bis 87 BRG. nur den Einspruch gegen eine Kündigung treffen, die nach allgemeinem bürgerlichen Rechte zulässig ist und nur aus den in § 84 Abs. 1 unter Nr. 1—4 aufgeführten Billigkeitsgründen beanstandet wird. In § 84 Abs. 2 wird zwar auch der Fall der ohne Einhaltung einer Kündigungsfrist nach dem Gesetze zulässigen Kündigung erwähnt, § 86 Abs. 2 aber gibt in diesem Falle beiden Teilen das Recht zur Herbeiführung einer gerichtlichen Entscheidung, so daß das

Verhalten des Arbeiter- oder Angestelltenrats die dem Arbeitnehmer aus einer unbegründeten fristlosen Kündigung nach allgemeinem Rechte erwachsenen Ansprüche nicht beeinträchtigen kann.

Ob etwa ein vorsätzlicher Mißbrauch der Befugnisse des Arbeiter- oder Angestelltenrats, wie er z. B. in der Entscheidung des Schlichtungsausschusses Groß-Berlin vom 23. März 1921, mitgeteilt in der Neuen Zeitschr. für Arbeitsrecht 1. Jahrg. Sp. 350, festgestellt ist, eine abweichende Beurteilung rechtfertigen könnte, bedarf im vorliegenden Falle nicht der Entscheidung; Behauptungen, welche die Annahme eines solchen Mißbrauchs begründen könnten, sind nicht vorgebracht worden.

2. Mit Unrecht beanstandet die Revision die Annahme des Berufungsgerichts, daß der Angestelltenrat den Einspruch der Klägerin für unbegründet erklärt habe. Allerdings war es ohne rechtliche Bedeutung, daß der Angestelltenrat sich schon vor der Kündigung mit dieser einverstanden erklärt hatte. Der Angestelltenrat mußte, ohne Rücksicht darauf, welche Stellung er vorher zu der Kündigung eingenommen hatte, nachdem die Kündigung erfolgt war und die Klägerin dagegen Einspruch erhoben hatte, nochmals prüfen, ob er den Einspruch für begründet hielt. Das Berufungsgericht erachtet aber für erwiesen, daß der Angestelltenrat tatsächlich den Einspruch geprüft und für unbegründet erklärt hat. Übrigens genügt es, um die Zuständigkeit des Schlichtungsausschusses zum Erlasse einer Entscheidung gemäß § 87 BRG. zu begründen, nicht, daß der Arbeiter- oder Angestelltenrat zu der Frage der Berechtigung des Einspruchs überhaupt keine Stellung genommen hat; vielmehr ist Voraussetzung der Zuständigkeit, daß der Arbeiter- oder Angestelltenrat den Einspruch positiv für begründet erachtet hat. Das ist hier zweifellos nicht geschehen und kann insbesondere, wie das Berufungsgericht zutreffend ausführt, nicht daraus hergeleitet werden, daß der Klägerin anheimgegeben wurde, sich selbst an den Schlichtungsausschuß zu wenden.

---

65. Zur Stellung des Arbeiterrats und des Schlichtungsausschusses nach §§ 82 flg. des Betriebsrätegesetzes vom 4. Februar 1920. Beginn der Fristen des § 86. Umfang der richterlichen Nachprüfung der Entscheidung des Schlichtungsausschusses.

III. Zivilsenat. Urt. v. 16. Februar 1923 i. S. A. (Bekl.) w. D. Eisenbahnsignalwerke A.-G. (Kl.). III 182/22.

I. Landgericht Osnabrück. — II. Oberlandesgericht Celle.

Die Beklagten haben gegen die ihnen am 1. Dezember 1920 seitens der Klägerin, ihrer Arbeitgeberin, erklärte Kündigung ihres Arbeitsverhältnisses auf den 15. Dezember 1920 bis zum 5. Dezember 1920 Einspruch durch Anrufung des Arbeiterrats (AR.) erhoben. Auf die am 16. Dezember 1920 eingelaufene Anrufung des AR. vom 15. Dezember 1920 wies der Schlichtungsausschuß (SchlA.) O. unter dem 24. Dezember 1920 den Antrag des AR. soweit er sich auf §§ 84 flg. des Betriebsrätegesetzes (BRG.) stützt, ab. Dagegen erklärte er auf einen am 6. Januar 1921 eingelaufenen weiteren Antrag des AR. vom 5. Januar 1921 am 14. Januar 1921 den Einspruch der Arbeitnehmer gegen die ihnen gegenüber zum 15. Dezember 1920 ausgesprochene Kündigung wegen Verletzung der Vorschriften des § 84 Abs. 1 Nr. 2 BRG. für berechtigt und den Arbeitgeber für verpflichtet, falls er die Weiterbeschäftigung ablehne, den einzelnen Arbeitnehmern eine Entschädigung in der Höhe ihres Monatsverdienstes zu zahlen. Daraufhin erhob die Klägerin Klage auf Feststellung, daß der zwischen den Parteien am 14. Januar 1921 ergangene Schiedsspruch des SchlA. O. unverbindlich ist und den Beklagten ein Anspruch auf die darin festgesetzten Entschädigungen nicht zusteht. Die Beklagten erhoben Widerklage auf Verurteilung der Klägerin zu den vom SchlA. zugesprochenen Geldbeträgen.

Das Landgericht sprach die Klage zu und wies die Widerklage ab, die Berufung wurde zurückgewiesen; auch die Revision hatte keinen Erfolg.

Gründe:

Die Entscheidung des SchlA. vom 24. Dezember 1920 war mit Nichteinhaltung der Wochenfrist des § 86 Abs. 1 Satz 3 BRG. begründet: Diese Frist beginne mit der ersten Verhandlung des AR. mit dem Arbeitgeber und diese erste Verhandlung habe am 3. Dezember 1920 stattgefunden; falls aber diese Verhandlung den gesetzlichen Anforderungen nicht entspräche, sei der Antrag des AR. zurückzuweisen, weil er zu früh gestellt wäre und erst nach gesetzmäßiger Verhandlung innerhalb der Wochenfrist erneuert werden könne. Die zweite Entscheidung des SchlA. vom 14. Januar 1921 bezeichnete dagegen die erste gesetzmäßige Verhandlung des AR. mit dem Arbeitgeber als am 29. Dezember 1920 erfolgt und somit den Antrag des AR. vom 5. Januar 1921 als einen rechtzeitigen.

Das Landgericht hält dafür, daß die Fristen des § 84 Abs. 1 („binnen 5 Tagen nach der Kündigung") und des § 86 Abs. 1 Satz 3 („binnen einer Woche" und „binnen weiteren 5 Tagen") sich unmittelbar aneinander reihten, so daß diese Fristen bei Einlauf des zweiten Antrags des AR. — am 6. Januar 1921 — bereits verstrichen gewesen seien. Der Berufungsrichter folgert dagegen ohne den Entscheidungsgrund des Landgerichts zu erörtern die Rechtsunwirksamkeit des Spruches vom 14. Januar 1921 daraus, daß der Spruch vom

24. Dezember 1920 nicht eine nur angebrachtermaßen erfolgte, sondern eine endgültige Abweisung darstelle, so daß ein erneuter Antrag nicht mehr nachfolgen könnte....

Beide Instanzen prüfen also die formellen Voraussetzungen der Entscheidung des SchlA. nach, das Landgericht die Einhaltung der 3 Fristen, der Berufungsrichter die Zulässigkeit eines erneuten zweiten Antrags des AR., und dieses richterliche Nachprüfungsrecht muß allerdings in Übereinstimmung mit dem (vorstehend abgedruckten) Urteil dieses Senats vom 30. Januar 1923, III 753/22, und mit RGZ. Bd. 104 S. 181 in betreff der von den Instanzen erörterten Punkte anerkannt werden.

Der SchlA. ist ein unter Mitwirkung der sozialen Selbstverwaltungskörper, (vgl. Art. 165 letzter Absatz der Reichsverfassung) gebildetes (§ 15 der VO. über Tarifverträge usw. vom 23. Dezember 1918) Verwaltungsorgan, welches durch seine Entscheidung endgültiges Vertragsrecht zwischen dem beteiligten Arbeitnehmer und dem Arbeitgeber schafft. Die Entscheidungen des SchlA. sind demnach reine Verwaltungsakte, und zwar Verwaltungsakte, welche, wie im Falle der §§ 82, 83, so insbesondere in dem hier in Frage stehenden Falle der §§ 86, 87 eine vorgängige Tätigkeit des AR. (oder Angestelltenrates) voraussetzen und durch das letzte Mittel der Vertragsschöpfung zur Vollendung und zu einem Ergebnis führen. Der AR. und der SchlA. arbeiten in jedem Einzelfalle gemeinsam an dem sozialen Werk des Arbeiterschutzes und der Betriebsförderung, nämlich an der Herstellung des durch den Kündigungsstreit gestörten sozialen Friedens im Betriebe. Der SchlA. hat nicht eine ursprüngliche, in sich ruhende, vollständige, jeden Kündigungsstreit schlechthin von Anfang an mit eigenem Verfahren ergreifende Entscheidungsgewalt, sondern er ist nur im Einzelfall berufen, das von dem AR. begonnene Werk, nachdem es von diesem in den gesetzlich vorgeschriebenen Formen und Fristen in Angriff genommen und ohne Ergebnis zu Ende geführt ist, fortzusetzen. Erst diese Vorarbeit des AR. legt das Fundament, auf dem der SchlA. weiterbauen soll. Das Gesetz bürdet dem AR. in § 78 schwer wiegende, größte Sorgfalt erfordernde Verpflichtungen auf; er hat insbesondere, wie Nr. 9 des § 78 besagt, bei Entlassung von Arbeitnehmern nach Maßgabe der §§ 84 bis 90 mitzuwirken, und er ist es, der durch seine vorgängige Wirksamkeit den SchlA. erst auf den Plan ruft und diesem so erst die Entscheidungsbefugnis für den Einzelfall beschafft. Die Vorarbeit des AR. und die Endentscheidung des SchlA. sind gleichwertige Stadien einer und derselben im allgemeinen öffentlichen Interesse zu unternehmenden Friedensaktion, welche den sozialen, dem bürgerlichen Recht noch fremden Gesichtspunkten des § 84 Abs. 1 Nr. 1 bis 4 Geltung verschaffen soll. Die Vorarbeit des AR. ist ein selbständiges

Stück des ihm und dem SchlA. gemeinsam obliegenden Werkes; der AR. erledigt sogar seinerseits allein den Einspruch als einen ungerechtfertigten, indem er ihn für unbegründet erachtet, vgl. das Urteil III 753/22, und der SchlA. ist kein dem AR. übergeordnetes Organ, welches endgültig entscheiden könnte, daß diese Vorarbeit eine gesetzmäßige war. Diese endgültige Entscheidung kann vielmehr nur dem Richter zustehen, dessen Urteil erst der vom SchlA. ausgesprochenen Vertragsschöpfung und Entschädigungsauflage rechtliche Wirksamkeit und Vollstreckbarkeit verleiht. Der Richter muß prüfen, ob diese Vertragsschöpfung überhaupt schon im Bereich des SchlA. lag. Dieses Bereich aber beginnt erst nach und kraft der richtigen Vorarbeit des AR. und der richtigen Berufung des SchlA. Ohne solche Vorarbeit und Anrufung steht die Entscheidung des SchlA. in der Luft; insbesondere wird ein Fundament nicht geschaffen dadurch, daß der SchlA. diese Vorarbeit und diese Anrufung prüft und deren Richtigkeit bejaht. Diese Stücke der Selbstverwaltung müssen erst gesetzmäßig geleistet sein, bevor ein Verwaltungsverfahren und ein Entscheidungsakt des SchlA. in Anerkennung des Einspruchs als eines gerechtfertigten ausmünden kann; ohne sie ist die Kündigungsstreitigkeit in Wahrheit noch gar nicht an den SchlA. erwachsen.

Die Begründung des Berufungsrichters ist nicht haltbar; seine Auffassung über den Inhalt des Spruchs des SchlA. vom 24. Dezember 1920 verstößt gegen den klaren Wortlaut (wird näher ausgeführt).

Den Gründen des Landgerichts aber muß beigetreten werden. Die 3 Fristen des § 84 Abs. 1 und des § 86 Abs. 1 Satz 3 reihen sich unmittelbar aneinander und waren, wie die feststehenden Daten ergeben, zur Zeit des Einlaufs des zweiten Antrags des AR. — am 6. Januar 1921 — bereits verstrichen. Es handelt sich darum, wann die Wochenfrist beginnt, ob mit dem Tage nach dem Einlauf des Einspruchs bei dem AR. (hier mit dem 6. Dezember 1920), oder mit der ersten tatsächlich stattgefundenen Verhandlung des AR. mit dem Arbeitgeber oder endlich mit der Tätigkeit des AR., die unverzüglich oder in sachgemäßer Frist hätte entfaltet werden sollen. Das in §§ 84, 86 geregelte Schlichtungswerk ist von dem Gedanken beherrscht, daß die schleunigste Erledigung des Streits im dringendsten Interesse wie des Arbeitgebers, — der sonst andere Arbeiter einzustellen genötigt sein kann, — so insbesondere des Arbeitnehmers, der baldigst wissen muß, ob er seine bisherige Arbeitsstelle behält oder nicht, liegt und ebenso im dringendsten Interesse des ganzen Betriebs, und daß sie darum durch bestimmte, für alle Fälle gültige kurze Fristen gewährleistet werden muß. Sollte dem AR. freistehen, seine Prüfung und Verständigungsverhandlung erst in beliebig späterer Zeit oder erst in einer nach den besonderen Verhältnissen des Einzelfalls unverzüglichen oder sachgemäßen Frist vorzunehmen, dann ist unerfindlich, warum der Arbeitnehmer schon binnen 5 Tagen nach der Kündigung den Einspruch erheben und der AR. schon binnen 5 Tagen nach dem Mißlingen des Verständigungsversuchs den SchlA. anrufen muß. Dann bleibt die Vorschrift einer solchen, an diese bestimmten kurzen Fristen gebundenen Eile unverständlich. Ebenso wäre nicht abzusehen, warum der Arbeitnehmer schon bei dem binnen 5 Tagen nach der Kündigung zu erhebenden Einspruch die Gründe desselben und die Beweise ihrer Berechtigung vorbringen muß. Diese letztere Vorschrift bezweckt, den AR. sofort von Anfang an mit dem vollständigen, zur Prüfung und zum Verständigungsversuch erforderlichen Material auszurüsten. Der AR. steht an sich schon mit dem betreffenden Arbeitnehmer und dem Arbeitgeber in nächster, ständiger, unausgesetzter, beruflicher, örtlicher und persönlicher Verbindung; seine Mitglieder sind erwählte Berufsgenossen, haben also notwendig die vollständige Kenntnis der allgemeinen Betriebsverhältnisse, aus denen sich die Kündigung, der Einspruch und dessen Gründe und Beweise nunmehr herausgehoben haben. Die im Einspruch bereits vorzubringenden Gründe und Beweise sollen ihn vollends befähigen, sofort in Tätigkeit zu treten, die Begründetheit des Einspruchs zu prüfen und im Falle ihrer Bejahung die Verständigung zu versuchen. Für diese Tätigkeit setzt das Gesetz eine Frist von einer Woche — zu rechnen von dem Tage nach Einlauf des Einspruchs. Diese Frist ist als die unter allen Umständen sachgemäße vorgeschrieben; sie entspricht dem Zweck der äußersten Beschleunigung und den zwischen dem AR., dem Arbeitnehmer und dem Arbeitgeber obwaltenden Beziehungen, und sie reicht auch für die etwa besonders gearteten Fälle aus. Es muß abgelehnt werden, daß die Fristbestimmung in § 86 Abs. 1 Satz 3 „binnen einer Woche" den Beginn der Frist im unbestimmten gelassen habe. Die Setzung einer bestimmten Frist mit unbestimmt gelassenem Anfangspunkt wäre ein ungewöhnliches und für die Durchführung des sozialen Werkes gefährliches Mißgebilde. Die 3 Sätze des Abs. 1 des § 86 bilden, obwohl sie durch Punkte gesondert sind, eine Einheit, und diese Einheit ergibt, daß die Worte „binnen einer Woche" an die mit Gründen und Beweisen zu versehende Anrufung (den Einspruch) anknüpfen und von ihr ab das eilige Schlichtungswerk in die Wochenfrist hinüberleiten.

Diese Auffassung allein gewährt auch Rechtssicherheit. Wird angenommen, daß der AR. unverzüglich (ohne schuldhaftes Zögern) oder in der nach Lage des Einzelfalls sachgemäßen Frist in Tätigkeit zu treten habe, und daß erst von dem nach diesen Gesichtspunkten erforderlichen Beginn seiner Tätigkeit die Wochenfrist laufe, so wird der Verschiedenheit der Ansichten über das, was im einzelnen Falle schuldhaftes Zögern oder sachgemäße Frist war, Tür und Tor geöffnet und damit, da AR., SchlA. und die Gerichtsinstanzen sehr leicht abweichende Meinungen darüber haben können, eine Rechtsunsicherheit geschaffen, welche das ganze Schlichtungswerk des AR. und SchlA. und damit die Interessen insbesondere des Arbeitnehmers gefährdet. Denn es handelt sich um die grundlegende Frage, ob der SchlA. überhaupt richtig berufen und dadurch erst zuständig geworden war.

Die Formel „unverzüglich" war im Entwurf zu § 87 Abs. 3 enthalten und wurde bei der Beratung im sozialen Ausschuß der Nationalversammlung des näheren erläutert; sie ist aber gestrichen und durch die bestimmte Frist „innerhalb dreier Tage" ersetzt; nur in dem ebenfalls vom Ausschuß geschaffenen § 89 ist in Satz 2 das Wort „unverzüglich" (für die Erklärung des Arbeitnehmers über etwaige Verweigerung der Weiterbeschäftigung) beibehalten, jedoch mit dem Zusatz „spätestens aber eine Woche nach Kenntnis der Rechtskraft der im Schlichtungsverfahren ergangenen Entscheidung". Und als der Antrag Nr. 209 unter 4 (Nationalversammlung 1919 Drucksache 928 S. 169 und S. 52 a. E.) die Wochenfrist einführte, wurde von keiner Seite die Meinung laut, daß die Wochenfrist von einzuhaltender Unverzüglichkeit oder sachgemäßer Befristung der AR.-Tätigkeit zu laufen beginne, geschweige denn der Beginn dieser Wochenfrist völlig im Ungewissen bleiben solle.

---

66. Ist ein vor dem Kriege geschlossenes Kaufgeschäft über ausländisches Geld trotz der Umgestaltung der Verhältnisse wirksam geblieben, wenn es den Berliner Börsenbedingungen unterworfen war und diese während des Krieges mit rückwirkender Kraft die Abwickelung derartiger Geschäfte besonders geregelt haben?

I. Zivilsenat. Urt. v. 31. Januar 1923 i. S. D. Bank (Bekl.) w. Sch. (Kl.). I 786/22.

I. Landgericht III Berlin. — II. Kammergericht daselbst.

Der Kläger hat aus einem unstreitigen Guthaben gegen die beklagte Bank auf Zahlung von 88021,50 *M* nebst Zinsen Klage erhoben. Die Beklagte hat Abweisung der Klage beantragt und ein Zurückbehaltungsrecht geltend gemacht, das sie als Rechtsnachfolgerin der Norddeutschen Kreditanstalt aus einem vom Kläger mit der Filiale Thorn dieser Bank am 18. Juni 1914 geschlossenen Kaufgeschäft über 50000 Rubel herleitet. Sie führt aus, daß dieses Kaufgeschäft noch schwebe, da der Kläger nach Nr. 12 der von ihm angenommenen Allgemeinen Bedingungen der Norddeutschen Kreditanstalt sich den Bestimmungen der Berliner Börse unterworfen und der Berliner Börsenausschuß die Ausführung von Rubelgeschäften bis auf weiteres hinausgeschoben habe.

Das Landgericht gab der Klage statt. Die Berufung der Beklagten wurde zurückgewiesen. Auf die Revision der Beklagten wurde das Berufungsurteil aufgehoben und die Sache in die Vorinstanz zurückverwiesen.

Gründe:

Die Beklagte hat den Anspruch des Klägers auf Auszahlung seines Guthabens mit der Geltendmachung eines auf eine Gegenforderung gestützten Zurückbehaltungsrechts bekämpft. Das Bestehen dieser Befugnis ist vom Kammergericht mit der Begründung verneint worden, die Gegenforderung der Beklagten sei unwirksam geworden und könne, selbst wenn sie noch bestände, weil nicht fällig, mangels einer ausdrücklichen Abrede zu einem Zurückbehaltungsrechte nicht verwendet werden. Hiergegen richtet sich die Revision. Die rechtliche Würdigung ergibt folgendes:

1. Der Kläger war mit dem Abschluß des hier in Rede stehenden, zwischen den Parteien unstreitigen Rubelkaufes den Bedingungen der Berliner Börse unterworfen. Diese enthalten im § 6 folgende Bestimmung: „Trifft der Börsenvorstand ... aus Gründen, die nach seinem Ermessen im allgemeinen Interesse eine einheitliche Regelung erheischen, besondere Festsetzungen, so gelten diese Festsetzungen für alle Geschäfte in dem betreffenden Werte, deren Fälligkeit noch nicht eingetreten ist, ebenso als wären sie schon zur Zeit des Geschäftsabschlusses in Kraft gewesen." Am 18. September 1914 wurden durch Bestimmung des Berliner Börsenvorstandes die Fälligkeitstermine der ausländischen Valutageschäfte auf unbestimmte Zeit hinausgerückt, zugleich wurde die Festsetzung des Fälligkeitstages einem zukünftigen Beschlusse vorbehalten. Am 3. Juli 1920 setzte der Berliner Börsenvorstand als Erfüllungstag für die noch schwebenden ausländischen Valutageschäfte den 31. Juli 1920 fest, nahm jedoch die Geschäfte in russischen Rubeln davon aus und stellte für deren Erfüllungszeit einen besonderen Beschluß nach Friedensschluß in Aussicht. Dieser Beschluß ist bisher noch nicht ergangen. Hatte sich nach dem Gesagten mit dem Abschluß des Rubelkaufes vom 18. Juni 1914 der Kläger den Bestimmungen des Berliner Börsenvorstandes unterworfen, so mußte er schon beim Vertragsabschluß damit rechnen, daß dieser die Erfüllungszeit hinausschieben könne, und hat sich durch die Annahme der Bedingungen der Berliner Börse mit einer solchen Verschiebung der Erfüllungszeit einverstanden erklärt. Sagt doch § 6 der Bedingungen der Berliner Börse ausdrücklich, daß die Festsetzungen des Börsenvorstandes für alle Geschäfte, deren Fälligkeit noch nicht eingetreten ist, ebenso gelten, als wären sie schon „zur Zeit des Geschäftsabschlusses in Kraft gewesen".

Demzufolge sind die beiden Beschlüsse des Börsenvorstandes vom 18. September 1914 und vom 3. Juli 1920 Vertragsinhalt so geworden, als ob bereits am 18. Juni 1914 von den Parteien vereinbart worden wäre, daß die Erfüllung des Rubelkaufes bis zur Erlassung des besonderen, die Geschäfte in russischen Rubeln betreffenden Börsenvorstandsbeschlusses hinausgeschoben werde. Trifft dies zu, so kann der Ausbruch des Krieges trotz seiner langen Dauer das Rubelgeschäft nicht im Sinne der §§ 275 und 323 BGB. rechtsunwirksam gemacht haben, selbst wenn der Kläger bei seinem Abschluß den Eintritt eines solchen Ereignisses für ausgeschlossen gehalten haben sollte. Wegen des besonderen Vertragsinhalts kann der Kriegsbeginn nicht als ein solcher erst nach der Entstehung des Schuldverhältnisses eingetretener Umstand gelten, der die Grundlagen des Geschäfts hinfällig gemacht hätte.

Deshalb können, wie die Revision zutreffend ausgeführt hat, die Rechtsgrundsätze über die Änderung des Leistungsinhalts während längerer zeitlicher Unmöglichkeit der Erfüllung auf den hier vorliegenden Sachverhalt keine Anwendung finden. Das Rubelgeschäft ist also noch in der Schwebe, und die Rechte und Pflichten hieraus sind infolge der im Jahre 1917 eingetretenen Fusion der Norddeutschen Kreditanstalt mit der Deutschen Bank auf die Beklagte kraft allgemeiner Rechtsnachfolge übergegangen, so daß dieser die Ansprüche aus dem Rubelkaufe gegen den Kläger mit der Maßgabe zustehen, daß ihre Geltendmachung zeitlich hinausgeschoben ist.

2. Da die Beklagte aus dem Rubelkaufe zurzeit keine fällige Forderung hat, so kann sie keinesfalls aus § 329 HGB. oder § 273 BGB. ein Zurückbehaltungsrecht wegen dieses Rubelgeschäfts herleiten. Allein der Kläger war, wie der Vorderrichter zutreffend annimmt, in Ansehung seines Rubelkaufes den Geschäftsbedingungen der Norddeutschen Kreditanstalt unterworfen. Nun besagt Nr. 12 dieser Bedingungen: „Alle Barbeträge, Wertpapiere und sonstigen Wertstücke, insbesondere auch alle Waren und Forderungen, welche im Laufe des Geschäftsverkehrs aus irgendeinem Anlaß in den Besitz oder Mitbesitz oder in die Verwahrung der Norddeutschen Kreditanstalt gelangen oder auf Vereinbarung mit den Kunden auf den Namen der Norddeutschen Kreditanstalt bei einem Dritten hinterlegt sind, dienen der Norddeutschen Kreditanstalt als Faustpfand zur Sicherheit für alle Forderungen an den Kunden einschließlich derjenigen aus Bürgschaftsleistungen und einschließlich der jeweils fälligen Wechselverbindlichkeiten." Nach dem Wortlaut und Zweck der Bestimmungen dieser Nr. 12, welche der Bank ein Faustpfand einräumen, ist anzunehmen, daß die letztere sich wegen aller Forderungen, auch der nicht fälligen, im weitesten Umfange habe sichern wollen. Wären nur fällige For-

derungen gemeint, so wären, wie die Revision mit Recht hervorgehoben hat, bei Zeitgeschäften die Bankkunden in der Lage, wegen ungünstiger Kursentwickelung vor dem Stichtage das Guthaben abzuheben und auf diese Weise das Faustpfand hinfällig zu machen. Allein obgleich die Nr. 12 der Geschäftsbedingungen noch nicht fällige Forderungen ebenfalls umfaßt, so bedarf doch die Frage einer besonderen Erwägung, ob sich die Beklagte in Ansehung des den Gegenstand der Klage bildenden Guthabens auf die Abmachungen ihrer Rechtsvorgängerin überhaupt berufen kann. Denn dieses Guthaben ist nicht bei der Norddeutschen Kreditanstalt, sondern nach der Klagebeantwortung erst im Jahre 1920 bei der Beklagten selbst, also nach der im Jahre 1917 eingetretenen Fusion, entstanden. Daß der Kläger sich bezüglich seines Guthabens gleichlautenden oder ähnlichen Geschäftsbedingungen der Deutschen Bank unterworfen hätte, ist vom Berufungsgericht bisher nicht festgestellt worden....

---

67. 1. Verhältnis zwischen Warenzeichenrecht und Schutz vor unlauterem Wettbewerb. Wann muß der eingetragene Zeicheninhaber dem Ausstattungsberechtigten weichen?

2. Ist es auf den Grundsatz, daß die Auffassung der Verbraucher dafür entscheidend ist, ob der Ware des eingetragenen Zeicheninhabers durch Nachahmung der Ausstattung das Aussehen der Ware des Ausstattungsberechtigten gegeben ist, von Einfluß, daß der Zeichenberechtigte seine Ware an Zwischenhändler, der Ausstattungsberechtigte dagegen unmittelbar an Verbraucher vertreibt?

II. Zivilsenat. Urt v. 2. Februar 1923 i. S. B. (Kl.) w. W. (Bekl.). II 180/22.

I. Landgericht Rostock. — II. Oberlandesgericht daselbst.

Der Kläger, der zwei Ladengeschäfte in Rostock hat, vertreibt seit Ende 1909 neben anderen Waren Malzkaffee in Tüten, die mit dem Brustbilde Fritz Reuters versehen sind und die Aufschrift „Böttchers Echter Malzkaffee" tragen. Als dieser Zustand bereits bestand, errichtete der Beklagte im Jahre 1912 gleichfalls in Rostock eine „Malzkaffeefabrik" und vertreibt seitdem seinen dort hergestellten Malzkaffee an Wiederverkäufer und zwar ebenfalls unter Benutzung von Tüten mit dem Brustbilde Frist Reuters; der Abgebildete hält in der einen wenig sichtbaren Hand eine Untertasse, in der anderen eine Obertasse; über dem Bilde befindet sich der Namenszug Fritz

Reuters. Es handelt sich um Pfundpackungen, die in dieser Aufmachung im Kleinhandel in die Hände der Verbraucher gelangen. Der Beklagte hat am 20. April 1912 das Wortzeichen „Fritz Reuter" für Kaffee-Ersatzmittel und Kaffee, insbesondere Malzkaffee zur Eintragung in die Zeichenrolle des Patentamts angemeldet und am 20. Juni 1912 für dieselben Waren das vorbezeichnete Bildzeichen. Ersteres ist antragsgemäß unter Nr. 160528, letzteres unter Nr. 164979 eingetragen worden. Der demnächst vom Kläger gestellte Antrag auf Eintragung seines bisher verwendeten Bildzeichens Fritz Reuter wurde auf den Widerspruch des Beklagten hin abgelehnt.

Der Kläger fühlt sich in seinem Recht auf Schutz seiner Ausstattung durch das Verhalten des Beklagten beeinträchtigt. Er behauptet, seine Ausstattung gelte bei den Abnehmern als Kennzeichen seiner Ware, diese habe sich unter der Bezeichnung „Fritz Reuter-Malzkaffee" bereits vor Anmeldung der Warenzeichen des Beklagten große Beliebtheit erworben. Das sei dem Beklagten schon vor Anmeldung seiner Zeichen bekannt gewesen. Denn er sei damals eines Tages beim Kläger erschienen, um das von ihm hergestellte und vertriebene Erzeugnis letzterem zu empfehlen. Bei dieser Gelegenheit habe der Kläger die von ihm selbst geführten Packungen mit dem Fritz Reuter-Bildnis dem Beklagten gezeigt und ihn auf die Vorzüge einer derartigen Reklameverpackung aufmerksam gemacht. Der Beklagte habe bald darauf Reklamezirkulare versandt, in denen er den von ihm neu eingeführten Fritz Reuter-Malzkaffee empfohlen habe, dasselbe sei auch in Zeitungen und durch Reklameplakate geschehen. Bei seinem Besuch habe er dem Kläger keinerlei Mitteilung von seiner Absicht gemacht, genau das gleiche Zeichen für sich eintragen zu lassen, wie jener es als gut eingeführte Ausstattung seit mehreren Jahren bereits geführt. Der Beklagte ahme daher seine — des Klägers — Ausstattung absichtlich zu Täuschungszwecken nach, indem er offenbar beabsichtige, bei den Verbrauchern den Glauben zu erwecken, der von ihm hergestellte und vertriebene Malzkaffee sei mit dem vom Kläger vertriebenen identisch. Sein Verhalten verstoße gegen § 1 UWG. und § 826 BGB.

Der Kläger hat daher

a) auf Löschung der beiden Warenzeichen des Beklagten,
b) auf Unterlassung der Verwendung der Bezeichnung Fritz Reuter-Malzkaffee im Handel, sowie des Bildes und Namenszugs Fritz Reuters auf den Verpackungen des von ihm geführten Malzkaffees, in Zeitungsanzeigen, auf Reklamezetteln, Firmenschildern oder dgl.,
c) auf Einwilligung in die vom Kläger im Juli 1912 angemeldete Eintragung des Wortzeichens „Böttchers Echter Malzkaffee"

geklagt. Die Klage ist am 29. November 1912 erhoben.

Der Beklagte hat um Klagabweisung gebeten. Landgericht und Oberlandesgericht wiesen die Klage ab. Die Revision hatte Erfolg.

Gründe:

Der Kläger stützt seine Klagansprüche zu a) und b) auf § 15 WZG. und § 1 UWG., § 826 BGB. Seiner Angabe nach führt der Beklagte das kaufende Publikum dadurch irre, daß er zur Kennzeichnung des von ihm hergestellten und vertriebenen Malzkaffees die von ihm — Kläger — bereits drei Jahre lang für seinen Malzkaffee verwendete Ausstattung absichtlich nachahme. Die erste Voraussetzung des Klaganspruchs ist nach § 15 WZG., daß die nachgeahmte Ausstattung innerhalb beteiligter Verkehrskreise als Kennzeichnung des vom Kläger vertriebenen Malzkaffees gilt (RGZ. Bd. 77 S. 432). Es entscheidet die tatsächliche Geltung. Um diese Geltung zu erlangen, muß die Ausstattung eine gewisse Zeit hindurch und zwar so lange angewendet sein, daß sich die Kunden oder doch ein Teil von ihnen an sie als eine Besonderheit des betreffenden Geschäfts gewöhnt haben. Das Publikum muß in der Ausstattung den Hinweis auf eine bestimmte Herkunftsstätte erblicken. Diese Voraussetzungen sind hier erfüllt. Denn das Berufungsgericht stellt einerseits fest, daß der Kläger für den Verkauf von Malzkaffee Tüten mit dem Bilde Fritz Reuters und mit der Aufschrift „Böttchers Echter Malzkaffee" schon längere Zeit hindurch vor der Anmeldung der beiden Warenzeichen des Beklagten benutzt hat. Weiter hat der Zeuge S. nach der Feststellung des Berufungsgerichts bekundet, daß der vom Kläger vertriebene Malzkaffee im Verkehr, d. h. sowohl mündlich beim Einkauf im Geschäft des Klägers als auch in den dort eingegangenen schriftlichen Bestellungen als „Fritz Reuter-Kaffee" bezeichnet sei. Wenn das Berufungsgericht meint, daraus folge noch nicht, daß er „im Verkehr" entgegen der vom Kläger selbst auf den Tüten gebrauchten Benennung: „Böttchers Echter Malzkaffee" als Fritz Reuter-Kaffee bezeichnet sei, diese Bezeichnung sei vielmehr zunächst nur zur Unterscheidung von anderen Waren des Klägers, nicht aber von den Malzkaffeefabrikaten anderer Kaufleute gebraucht worden, so verkennt das Berufungsgericht, wie die Revision mit Recht rügt, die rechtliche Bedeutung der Bestimmung, daß die Ausstattung, um Schutz gegenüber dem eingetragenen Warenzeichen aus dem Gesichtspunkt des unlauteren Wettbewerbs zu genießen, innerhalb beteiligter Verkehrskreise als Kennzeichnung der betreffenden Ware aus einem bestimmten Betriebe gelten muß. Denn es ist nicht einzusehen, weshalb diejenigen Personen, die sich daran gewöhnt haben, bei mündlichen und schriftlichen Bestellungen im Betriebe des Klägers dessen Malzkaffee nach seiner bildlichen Ausstattung „Fritz Reuter-Kaffee" zu benennen, dann, wenn sie außerhalb des Betriebes des Klägers Malzkaffee mit dem Bilde Fritz Reuters sehen, nicht annehmen sollten, daß es sich um die Ware aus dem Betriebe des Klägers handle, ohne darauf zu achten, ob die Packungen die Aufschrift „Böttchers Echter Malzkaffee" tragen. Auf Rechtsirrtum beruht weiter die Ansicht des Berufungsgerichts, daß die Verwendung eines Bildes des in allen dortigen Bevölkerungskreisen bekannten Fritz Reuter für die Verpackung einer Ware im allgemeinen in Mecklenburg und insbesondere auch in Rostock nicht schon ohne weiteres geeignet sei, dieselbe als Spezialmarke eines bestimmten Gewerbetreibenden im Verkehr zu kennzeichnen. Es ist nicht nötig, daß die Ausstattung an sich neu und eigenartig ist; auch eine längst bekannte Darstellungsform kann zur Kennzeichnung der Ware aus einem bestimmten Betriebe dienen. Nur darf sie für gleiche oder gleichartige Waren nicht im allgemeinen Gebrauch oder im Gebrauch mehrerer stehen, denn dann ist sie nicht Kennzeichen der Ware eines bestimmten Betriebes. Davon, daß dies bei dem Fritz Reuter-Bildnis bei der hier fraglichen Ware in Rostock der Fall sei, hat das Berufungsgericht nichts festgestellt. Gegen die Möglichkeit, daß ein solcher Mangel an Kennzeichnungskraft für das Fritz Reuter-Bild in Mecklenburg und insbesondere in Rostock bestehe, spricht übrigens auch der Umstand, daß zwei dortige Betriebe dieses Bild zur Kennzeichnung ihrer Ware behufs Unterscheidung von gleichen oder gleichartigen Waren aus anderen Betrieben gewählt haben und verwenden.

Das Berufungsgericht stellt nun fest, daß zwischen den von beiden Teilen zur Ausstattung ihrer gleichen Waren benutzten Abbildungen derselben Persönlichkeit in gewissem Umfange eine Verwechselungsgefahr trotz der Abweichungen in der Zeichnung und der Aufschrift bestehe, da dem Publikum leicht nur das Äußere Fritz Reuters und das Wort Malzkaffee im Gedächtnis bleibe und die Unterschiede in der Erinnerung, wenn eine Vergleichung nicht ausführbar sei, verschwänden.

Von dieser tatsächlichen Grundlage aus erwägt das Berufungsgericht, der Umstand, daß der Kläger sich einer bestimmten Ausstattung bedient habe, könne den Beklagten an sich nicht daran hindern, sich das zum Verwechseln ähnliche Bild mit dem Namen der dargestellten Persönlichkeit als Bild bzw. Wortzeichen eintragen zu lassen. Diese Rechtsansicht, die auch von der Revision nicht bemängelt wird, stimmt überein mit der Rechtsprechung des Reichsgerichts, wonach der Eintragung gegenüber der Schutz des bloßen Ausstattungsbesitzes versagt (RGZ. Bd. 18 S. 99, Bd. 44 S. 14). Wenn nun auch davon auszugehen ist, daß die Anmeldung eines Warenzeichens, welches ein anderer bereits in Benutzung genommen hat, an sich erlaubt ist, so kann es doch — wie auch das Berufungsgericht anerkannt hat und das Reichsgericht in der neueren Rechtsprechung (z. B. RGZ. Bd. 66

S. 238, 239, Bd. 77 S. 433, RGSt. Bd. 49 S. 242) ständig betont — Fälle besonderer Art geben, in denen durch die Eintragung nach der Art und Weise und dem Endzweck ihrer Erlangung gegen die guten Sitten verstoßen wird. Alsdann muß dem auf diese Weise vorsätzlich Geschädigten ein Anspruch auf Unterlassung des Gebrauchs des eingetragenen Zeichens und auf Löschung zugebilligt werden. Die älteren, vor dem BGB. (§ 826) und vor dem UWG. (§ 1) ergangenen Entscheidungen RGZ. Bd. 20 S. 71 und Bd. 25 S. 120, nach denen die Ausstattung gegenüber der späteren Eintragung auch dann keinen Schutz genießen soll, wenn die Eintragung erfolgt ist, um dem Inhaber der Ausstattung Konkurrenz zu machen und ihn so zu schädigen, können nicht mehr als maßgebend erachtet werden. Auch die unlautere Ausnutzung des Warenzeichenrechts fällt unter die §§ 1 UWG., 826 BGB. Denn auch das WZG. dient der Bekämpfung des unlauteren Wettbewerbes und dem Schutze des Publikums d. i. des Verbrauchers (RGZ. Bd. 100 S. 25). Soweit durch die formalen Bestimmungen des WZG. ein unlauteres Verhalten ermöglicht werden könnte, wird dieses Ergebnis durch die §§ 1 UWG., 826 BGB. verhütet. Der Grundsatz, wonach das eingetragene Warenzeichen nicht zum Zwecke unlauteren Wettbewerbs mißbraucht werden darf, muß auch zugunsten des Ausstattungsberechtigten angewandt werden. Hat daher der eingetragene Zeicheninhaber sein Zeichen in bewußter Nachahmung zu Zwecken des Wettbewerbs mit dem Ausstattungsberechtigten und der Täuschung des Publikums gewählt, so fällt ein solches Verhalten unter § 826 BGB. und § 1 UWG.

Das Berufungsgericht gelangt, nachdem es die Heranziehung des § 1 UWG., für den die gleichen Voraussetzungen maßgebend seien wie für § 826 BGB., wegen der aus § 21 UWG. erhobenen Einrede der Verjährung abgelehnt hat, zu der Überzeugung, daß die Voraussetzungen des § 826 BGB. nicht gegeben seien. Das Berufungsgericht unterstellt zwar im Gegensatz zum Landgericht, daß dem Beklagten, bevor er für seinen Malzkaffee das Wort- und Bildzeichen Fritz Reuter beim Patentamt anmeldete, die Packung des Klägers für seinen Malzkaffee, nämlich Tüten mit dem Bilde Fritz Reuters bekannt war; es hält aber die vom Kläger weiter behaupteten Umstände nicht für ausreichend zu der Annahme, daß der Beklagte eine Irreführung des Publikums durch Nachahmung der Ausstattung des Klägers bezweckt habe oder daß sein Handeln sonstwie als Verstoß gegen die guten Sitten erscheine.

Diese Auffassung beruht in verschiedener Richtung auf Rechtsirrtum. Während das Berufungsgericht mit Recht die Frage der Verwechselungsgefahr zwischen der bildlichen Ausstattung des Klägers und dem Bildzeichen des Beklagten nach dem Standpunkt des Publikums d. h. der endgültigen Verbraucher des Malzkaffees prüft, fordert es für die Annahme der absichtlichen Irreführung des Publikums durch Nachahmung der Ausstattung des Klägers seitens des Beklagten von ersterem den Nachweis, daß er, da der Beklagte als Fabrikant seine Ware nur an Wiederverkäufer — wenn auch in den für deren Kundschaft bestimmten kleinen Originalpackungen — vertreibe, auch seinerseits seinen Malzkaffee an Rostocker oder auswärtige Wiederverkäufer absetze. Dies ist rechtsirrig. Für die Frage, ob der Ware des Beklagten durch sein Bild- und Wortzeichen das Aussehen der Ware des Klägers gegeben sei, ist die Auffassung der Verbraucher maßgebend, weil die in Betracht kommenden beiderseitigen Waren für diese Verkehrskreise bestimmt sind. Die Kleinhändler, an die der Beklagte als Fabrikant seine Ware absetzt, sind nur Zwischenhändler, sie beziehen die Ware nicht zur Verarbeitung, sondern zur Weiterveräußerung an das große Publikum. Nicht nötig ist, daß diejenigen, die dadurch getäuscht werden, daß der Beklagte seiner Ware das zum Verwechseln ähnliche Aussehen gibt, unmittelbare Abnehmer sind; bei Täuschungen im großen wird sogar in der Regel der Zwischenhändler unterrichtet und erst dessen Abnehmer, namentlich die Verbraucher, sind die Getäuschten. Hiernach kommt es auf eine Beweiserhebung über die Menge des vom Kläger an Wiederverkäufer verkauften Malzkaffees überhaupt nicht an. Im übrigen wäre aber auch, wie die Revision mit Recht betont, der Beweisantrag des Klägers auf Vernehmung seines langjährigen Buchhalters S. als Zeugen darüber, daß er den Malzkaffee mit seiner Ausstattung nicht nur im kleinen (an Selbstverbraucher), sondern auch im großen (d. h. an Wiederverkäufer) abgesetzt und wöchentlich mehr als 150 Ztr. verkauft habe, nach § 373 ZPO. hinreichend bestimmt gewesen. Weiter beruht der verfehlte Standpunkt des Berufungsgerichts in der Frage der Anwendbarkeit des § 826 BGB. auf seiner rechtsirrtümlichen Auffassung über die Rechtsfolgen der Beliebtheit des Reuterbildes im Verkehrsleben Mecklenburgs überhaupt und Rostocks im besonderen.

Hiernach kommt es — abgesehen von dem vom Berufungsgericht nicht erörterten dritten Klaganspruch — auf die Prüfung und Entscheidung der noch offenen tatsächlichen Frage an, ob der Beklagte seine Zeichen in bewußter Nachahmung zu Zwecken des Wettbewerbs mit dem Kläger und der Täuschung des Publikums gewählt hat; über seine vorherige Kenntnis der Ausstattung des Klägers ist ihm der Eid zugeschoben. An sich geht das Berufungsgericht davon aus, daß der Beklagte sein Wortzeichen am 20. April 1912 angemeldet hat, ohne Kenntnis von der Ausstattung des Klägers zu haben, und daß er mit großer Wahrscheinlichkeit bereits bei der Anmeldung des

Wortzeichens, also schon vor dem Besuch bei dem Kläger, die Anmeldung auch des Bildzeichens beabsichtigt hat. Angesichts der Eideszuschiebung unterstellt das Berufungsgericht aber, daß der Beklagte schon vorher Kenntnis von der Ausstattung des Klägers gehabt habe. Diese Kenntnis ist entscheidend. Hat sie zur Zeit der Anmeldung des Wortzeichens bestanden, so hat der Beklagte diese Anmeldung in der Absicht vorgenommen, Verwechselungen mit der Warenausstattung des Klägers herbeizuführen. Das Bewußtsein der Nachahmung ergäbe den unmittelbaren Vorsatz der Täuschung. Denn die Nachbildung würde nach den obigen Darlegungen zu Zwecken des Wettbewerbs erfolgen, weil sie dazu bestimmt wäre, dem kaufenden Publikum vorgelegt zu werden. Da die Erlangung eines gewerblichen Vorteils auf Kosten des Wettbewerbers durch Täuschung der Abnehmer gegen die guten Sitten verstoßen würde, so würde ein solches Verhalten den Tatbestand des § 826 BGB. erfüllen (RGZ. Bd. 77 S. 433).

Behufs Feststellung, ob jene Kenntnis in dem angegebenen Zeitpunkt auf seiten des Beklagten bestanden hat, war die Sache an das Berufungsgericht zurückzuverweisen. ...

---

68. Verliert eine vor dem 1. April 1920 zum 1. Juli 1920 erfolgte Kündigung und Pensionierung eines preußischen Eisenbahnbeamten mit dessen Übertritt in den Reichsdienst in Gemäßheit des Staatsvertrags vom 30. April 1920 ihre Wirkung?

III. Zivilsenat. Urt. v. 2. Februar 1923 i. S. H. (Kl.) w. Deutsches Reich (Bekl.). III 281/22.

I. Landgericht Elberfeld. — II. Oberlandesgericht Düsseldorf.

Der Kläger war Reservelokomotivführer im preußischen Eisenbahndienst und wurde durch Bescheid des preußischen Ministers der öffentlichen Arbeiten vom 16. März 1920 unter gleichzeitiger Kündigung des Dienstverhältnisses zum 1. Juli 1920 in den Ruhestand versetzt. Gemäß § 25 des Staatsvertrags über den Übergang der Staatseisenbahnen auf das Reich vom 30. April 1920 wurde er zum 1. April 1920 in den Reichsdienst übernommen. Der Kläger behauptet, dadurch sei seine Versetzung in den Ruhestand durch den preußischen Minister wirkungslos geworden, und beansprucht, nachdem er von dem Reichsverkehrsminister am 1. November 1920 abschlägig beschieden ist, mit der im Dezember 1920 erhobenen Klage Fortzahlung der Dienstbezüge nach den Reichsbesoldungsvorschriften. Er ist in allen drei Rechtszügen abgewiesen worden.

Gründe:

Den Ausführungen der beiden Vorderrichter ist beizupflichten. Der Staatsvertrag über den Übergang der Staatseisenbahnen auf das Reich enthält keine Bestimmung, aus der entnommen werden könnte, daß die Verfügung des preußischen Ministers vom 16. März 1920, durch die der Kläger unter gleichzeitiger Kündigung zum 1. Juli 1920 in den Ruhestand versetzt ist, mit dessen Übernahme in den Reichsdienst ihre Wirksamkeit verloren habe. Nach § 30 ist das Reich den Landesbeamten gegenüber, die zum 1. April 1920 in den Reichsdienst übernommen und Reichsbeamte geworden sind, nur in die Verpflichtungen eingetreten, „die den Ländern auf Grund der am 31. März 1920 geltenden Landesgesetze obliegen würden, wenn die Beamten im Landesdienste verblieben wären". Diesen Beamten sind, wie auch in der Begründung (Drucksache Nr. 2472 der verfassunggebenden deutschen Nationalversammlung) S. 25 hervorgehoben ist, grundsätzlich die Rechte gewährleistet, die sie sich im Dienste der Länder nach dem Stande vom 31. März 1920 erworben haben. Daraus ist zu folgern, daß sie die Rechte der Reichsbeamten auch nur unter den Beschränkungen erlangen, die sich aus einer vor dem 1. April 1920 durch die zuständige Landesbehörde verfügten Versetzung in den Ruhestand oder Kündigung ergeben. Das Gegenteil hätte gegenüber der allgemeinen Bestimmung des § 30 eines besonderen Ausspruchs in dem Staatsvertrage bedurft. Die von dem Kläger angezogene Bestimmung des § 35: „Ein in den Ländern am 31. März 1920 anhängiges förmliches Disziplinarverfahren ist nach den Landesgesetzen zu erledigen" spricht nicht gegen die hier vertretene Ansicht, sondern bestätigt sie, denn sie beruht auf der von dem Kläger für unmöglich erklärten Auffassung, daß Rechtsakte der Landesbehörden auch für die Reichsbeamtenzeit der Beamten Wirkung behalten, indem sie die Fortsetzung eines eingeleiteten Disziplinarverfahrens für selbstverständlich erachtet und nur den Zweifel entscheidet, nach welchen gesetzlichen Bestimmungen dessen Weiterführung erfolgen soll. Endlich werden dem Kläger auch durch die Übernahme in den Reichsdienst nicht etwa die ihm gegen die Verfügung des preußischen Ministers zustehenden Rechtsbehelfe abgeschnitten, wie die Vorderrichter zutreffend ausgeführt haben. Die Eigenart der Rechtsstellung, die nach der hier vertretenen Ansicht eintritt, findet in dem kraft Gesetzes eintretenden Wechsel des Dienstherrn eine genügende Erklärung, während die gegenteilige Meinung zu einem sachlich unbegründeten Gewinne des Beamten auf Kosten des Reichs führen würde.

---

69. 1. Kann die Anfechtungsklage des § 271 HGB. darauf gestützt werden, daß die Generalversammlung davon abgesehen hat, von dem das Stimmrecht Beanspruchenden die Vorlegung der Aktie zu verlangen oder daß das Stimmrecht durch einen Bevollmächtigten ausgeübt wurde, ohne daß dieser die schriftliche Vollmacht in der Generalversammlung vorlegte?

2. Zum Begriffe der Entlastungserteilung.

3. Zur Frage des Einflusses ungültiger Stimmen auf die Gültigkeit eines Generalversammlungsbeschlusses.

II. Zivilsenat. Urt. v. 2. Februar 1923 i. S. B. (Kl.) w. D. Import-A.-G. (Bekl.). II 147/22.

I. Landgericht Hamburg, Kammer f. Handelssachen. — II. Oberlandesgericht daselbst.

Am 26. August 1920 fand eine außerordentliche Generalversammlung der verklagten Aktiengesellschaft statt mit folgender Tagesordnung:

I. Bericht des Vorstandes und Aufsichtsrats über die Entwicklung der Gesellschaft seit 1914 und ihre gegenwärtige Lage;

II. Beschlußfassung über Genehmigung dieses Berichts und Erledigung gestellter Anfragen;

III. Beschlußfassung über Neuwahl der Aufsichtsratsmitglieder und deren Vergütung. . . .

Zu der Versammlung erschienen die Vertreter von 435 Aktien. Von diesen, auf den Inhaber lautenden, Aktien wurden 50 in der Versammlung vorgelegt und zwar 45 von dem Kläger, 5 von anderen Personen. Für die übrigen 385 Stück legten die für sie Erschienenen einen Hinterlegungsschein vor, worin das Bankhaus B. in Hamburg unterm 24. Juni 1920 bestätigt, daß ihm das Aufsichtsratsmitglied v. R. für Rechnung der Firma Ro. in Paris im Juni 1914 Aktien der Beklagten in dem angegebenen Betrag eingeliefert habe, die sich auch jetzt noch im Depot der genannten Firma befänden; zusätzlich enthält der Schein die Erklärung des Bankhauses vom 24. August 1920, daß die Aktien auch heute noch bei ihm lägen. Für diese 385 Aktien nahmen v. R. und fünf weitere der Erschienenen als Vertreter der Firma Ro. das Stimmrecht in Anspruch, v. R. für 324 Stück. Gegen das Stimmrecht der nicht vorgelegten Aktien erhoben der Kläger und ein weiterer Aktionär Widerspruch, die Generalversammlung beschloß aber unter Teilnahme der beanstandeten Stimmen die Zulassung. Hierauf wurde die Tagesordnung erledigt und dabei folgendem Antrag zugestimmt:

„Die außerordentliche Generalversammlung der D. Import-A.-G. hat den vom Vorstand und Aufsichtsrat erstatteten Bericht zur

Kenntnis genommen. Sie genehmigt denselben in vollem Umfange; insbesondere genehmigt sie die in diesem Bericht ziffermäßig als Einnahmen und Ausgaben aufgeführten Beträge. Die außerordentliche Generalversammlung erklärt sich ferner damit einverstanden, daß die gemäß früherer Vereinbarung aus dem Jahre 1914 an die Mitglieder des Aufsichtsrats gezahlten Vergütungen in gleicher Höhe bis zur Abhaltung einer ordentlichen Generalversammlung weiter gezahlt werden."

Der Antrag wurde mit 385 gegen 50 Stimmen, darunter die 45 Stimmen des Klägers, angenommen. Schließlich nahm die Versammlung die Wahl der Aufsichtsratsmitglieder vor.

Der auf § 271 HGB. gestützten Anfechtungsklage gab das Landgericht statt, indem es annahm, der Kläger habe mit Recht der Zulassung der fraglichen 385 Aktien widersprochen, weil die für diese Aktien aufgetretenen Personen entgegen der Vorschrift des § 252 Abs. 2 HGB. keine schriftliche Vollmacht der Firma Ro. vorgelegt hätten. Das Oberlandesgericht wies die Berufung der Beklagten insoweit zurück, als der Beschluß der Generalversammlung „hinsichtlich der Genehmigung des Berichts des Vorstandes und Aufsichtsrats und der damit erteilten Entlastung" für ungültig erklärt ist, im übrigen wies es die Klage ab. Die Revision des Klägers hatte keinen Erfolg. Auf die Anschlußrevision der Beklagten wurde aufgehoben und zurückverwiesen.

Gründe:

Das Berufungsgericht ist der Ansicht, daß im gegenwärtigen Falle, wo im Gesellschaftsvertrage besondere Bestimmungen über die Ausübung des Stimmrechts nicht getroffen sind (§§ 252 Abs. 4, 255 HGB.), die für die Firma Ro. abgegebenen 385 Stimmen nicht deshalb ungültig seien, weil die Aktien, für die das Stimmrecht ausgeübt wurde, nicht in der Generalversammlung vorlagen, und daß die Versammlung, indem sie den beigebrachten Hinterlegungsschein des Bankhauses B. als ausreichende Legitimation ansah, innerhalb ihrer Befugnisse gehandelt habe. Die Revision greift diese Beurteilung als rechtsirrig an. Sie macht geltend: Die Legitimation als Aktionär könne, wenn das Statut nichts darüber bestimme, nur durch Vorlegung der Aktie erbracht werden oder höchstens noch durch den Depotschein einer amtlichen Urkundsperson, der ergebe, daß die Aktie bei der amtlichen Stelle von dem in der Generalversammlung Erschienenen oder für ihn zur eigenen freien Verfügung hinterlegt sei und nur gegen Rückgabe des Depotscheins oder doch nur nach der Generalversammlung zurückgegeben werde; nur ein solcher Schein könne allenfalls die Aktie selbst vertreten und das Stimmrecht beweisen; der hier beigebrachte Hinterlegungsschein sei dazu nicht geeignet gewesen, er sei keine öffentliche

Urkunde und es erhelle daraus weder, daß die Aktien sich noch am Tage der Generalversammlung im Depot der Bank befunden hätten, noch daß der Firma Ro. die freie Verfügung über die Aktien zugestanden habe, sie hätten auch durch Pfandrechte der Bank belastet und das Stimmrecht bei Einräumung der Pfandrechte der Bank übertragen sein können. Der Angriff ist nicht begründet. Die von dem Berufungsgerichte berührte Frage, welche Legitimation die Generalversammlung von dem das Stimmrecht beanspruchenden Aktionär verlangen darf, braucht hier nicht erörtert zu werden. Im gegebenen Falle kommt es nur darauf an, wie weit die Versammlung bei der Prüfung der Legitimation gehen mußte. Da nun das Statut der Beklagten in dieser Beziehung nichts vorschreibt, fragt es sich nur, wie nach dem Gesetz und, soweit dieses keine Bestimmung trifft, nach allgemeinen Rechtsgrundsätzen zu entscheiden ist. Das Gesetz selbst enthält für den vorliegenden Fall keine Anordnung. Es ist aber auch nicht anzuerkennen, daß allgemeine Rechtsgrundsätze zu der von der Revision vertretenen Auffassung führen. Auszugehen ist davon, daß es zunächst Sache der Generalversammlung ist, zu entscheiden, ob ein Aktionär zugelassen werden soll oder nicht, und daß sie, solange nicht Gesetz oder Statut ihrem Ermessen Grenzen ziehen, in ihrer Entschließung frei ist. Die Revision geht deshalb fehl, wenn sie eine genügende Grundlage für die erhobene Anfechtungsklage schon in der Art der Legitimationsprüfung findet. Erst dann könnte vielmehr die Klage Erfolg haben, wenn der dem Kläger obliegende Nachweis hinzukommen würde, daß das Gesetz oder der Gesellschaftsvertrag durch das Ergebnis der Prüfung verletzt ist. Dieser Nachweis ist aber noch nicht dadurch erbracht, daß die Legitimation vielleicht zu Unrecht bejaht wurde.

Bedenkenfrei ist auch die Annahme des Berufungsgerichts, daß die von dem ersten Richter angewendete Vorschrift des § 252 Abs. 2 HGB., wonach im Falle der Ausübung des Stimmrechts durch einen Bevollmächtigten die schriftliche Form für die Vollmacht erforderlich und genügend ist und die Vollmacht in der Verwahrung der Gesellschaft bleibt, die Klage nicht rechtfertige. Die Beklagte hat in der zweiten Instanz eine auf v. R. lautende, unbestritten vor der Generalversammlung ausgestellte schriftliche Vollmacht der Firma Ro. vorgelegt. Das sieht das Berufungsgericht als genügend an, indem es dabei erwägt, daß es nicht darauf ankomme, ob die Vollmacht, wie die Beklagte behauptet, schon in der Generalversammlung vorgelegt worden sei und, weil v. R. mit 324 Stimmen schon allein die Mehrheit in der Versammlung vertreten habe, ebensowenig darauf, ob, wie die Beklagte bezüglich der übrigen für die Firma Ro. abgegebenen Stimmen behauptet, schriftliche Untervollmachten v. R.'s der Versammlung vorgelegen hätten. Entgegen der Meinung der Revision ist diese Auffassung nicht zu beanstanden. Auch hier kommt es nicht darauf an, ob die Versammlung berechtigt gewesen wäre, die für die genannte Firma Auftretenden zurückzuweisen, wenn schriftliche Vollmacht nicht vorgelegt wurde. Entscheidend ist nur, ob die Vorlegung Voraussetzung einer gültigen Beschlußfassung war. Dies muß aber mit dem Berufungsgerichte verneint werden. Die Vorschrift des § 252 Abs. 2 HGB. ist eine Formvorschrift, die über ihren Wortlaut hinaus nur ausgedehnt werden dürfte, wenn ihr Sinn und Zweck dazu nötigen würden. Letzteres trifft aber nicht zu, weil die durch die Schriftform gewährleistete Sicherheit der Vollmachtserteilung nicht dadurch notleidet, daß die Vorlegung in der Versammlung unterbleibt. Mit Recht hat es auch das Berufungsgericht abgelehnt, etwas Gegenteiliges der Vorschrift zu entnehmen, daß die Vollmacht in der Verwahrung der Gesellschaft bleibe. Der Gesetzgeber mag bei dieser, ersichtlich ebenfalls der Beweissicherung dienenden Anordnung davon ausgegangen sein, daß die Vollmachtsurkunde vor oder in der Generalversammlung überreicht wird. Damit ist aber noch nicht gesagt, daß diese Überreichung Voraussetzung des Stimmrechts sei.

Das Dargelegte ergibt zugleich die Hinfälligkeit der Ausführung der Revision, daß der in der Generalversammlung erfolgten Beschlußfassung über die Zulassung der beanstandeten Stimmen überhaupt keine rechtliche Bedeutung zukomme, daß nur das Gericht über die beanstandete Legitimation zu entscheiden habe und daß dies zu geschehen habe lediglich auf Grund der in der Versammlung vorgelegten Legitimation. Dieser Auffassung ist der Boden dadurch entzogen, daß es innerhalb der Befugnisse der Generalversammlung selbst lag, von der Vorlegung der Aktien und der schriftlichen Vollmacht abzusehen.

Was die nachträglich beigebrachte Vollmacht betrifft, so macht die Revision noch geltend, daß sie — entgegen der Ansicht des Berufungsgerichts — auch inhaltlich nicht genüge. Die Vollmacht ist in Zürich ausgestellt von der Firma Ro. Die Unterschrift ist notariell beglaubigt als Unterschrift der Firma Ro. in Zürich, gezeichnet von O. Ro. in Zürich. Der Genannte ist Mitinhaber sowohl dieser Züricher Firma als auch der gleichnamigen Pariser Firma, für die als Aktionärin das Stimmrecht ausgeübt wurde. Wegen dieses nicht auf die Pariser, sondern auf die Züricher Firma als Machtgeberin hinweisenden Beglaubigungsvermerks soll nach der Meinung des Klägers und der Revision die Unterschrift und damit die Vollmacht nicht als solche der allein in Betracht kommenden Pariser Firma gelten können. Das Berufungsgericht hat die Bemängelung zutreffend zurückgewiesen. Der notarielle Beglaubigungsvermerk gehört nicht zum Inhalte der von dem Unterzeichner der Urkunde abgegebenen Erklärung. Daß aber O. Ro., wenn er die Vollmacht mit der Firma unterschrieb, diejenige der beiden gleichnamigen Firmen im Auge hatte, der die Aktienrechte zustanden, hat das Berufungsgericht mit Recht als selbstverständlich angesehen.

Danach ist der Revision des Klägers der Erfolg zu versagen.

Die Anschlußrevision der Beklagten wendet sich gegen die Auffassung des Berufungsgerichts, daß die Anfechtungsklage insoweit begründet sei, als die Generalversammlung beschlossen habe, den Bericht des Vorstands und Aufsichtsrats über die Entwicklung der Gesellschaft seit 1914 und ihre gegenwärtige Lage zu genehmigen. Das Berufungsgericht erblickt in dieser Beschlußfassung einen Verstoß gegen § 252 Abs. 3 HGB. Nach dieser Vorschrift hat derjenige, der durch eine Beschlußfassung entlastet oder von einer Verbindlichkeit befreit werden soll, hierbei kein Stimmrecht und darf ein solches auch nicht für andere ausüben. Die Vorschrift ist nach der Meinung des Berufungsgerichts dadurch verletzt, daß das Aufsichtsratsmitglied v. R., obgleich es sich bei dem Genehmigungsbeschluß um seine Entlastung handelte, an der Abstimmung Teil genommen hat. Der Revisionsangriff, daß § 252 Abs. 3 HGB. nicht eingreife, weil kein Entlastungsbeschluß vorliege, ist nicht begründet. Allerdings ist von „Entlastung" weder in der Tagesordnung, auf die hin der angefochtene Beschluß gefaßt wurde, noch in dem Beschlusse selbst ausdrücklich die Rede. Allein die „Genehmigung" des von Vorstand und Aufsichtsrat über die Entwicklung und die gegenwärtige Lage der Gesellschaft erstatteten Berichts bedeutete nach der Sachlage, daß die Generalversammlung sich mit der Geschäftsführung der berichtenden Organe einverstanden erklärte und damit auf Ansprüche gegen sie verzichtete. Das ergibt klar der in dem Protokoll geschilderte Verlauf der Generalversammlung. Denn danach hat der Inhalt des Berichts einzelnen Aktionären, insbesondere dem Kläger, mehrfach Anlaß zu Protesten gegen die Führung der Geschäfte gegeben. Wenn dann die Versammlung über diese Proteste hinwegging und Genehmigung beschloß, so war damit ausgesprochen, daß die beanstandete Geschäftsführung als einwandfrei anerkannt werden sollte. Unerheblich ist dabei der von der Anschlußrevision hervorgehobene Umstand, daß die fragliche Generalversammlung nicht die ordentliche, sondern eine außerordentliche war. Wenn auch das Gesetz nur in dem von der ordentlichen Generalversammlung handelnden § 260 die Beschlußfassung über die Entlastung als eine der der Generalversammlung obliegenden Aufgaben besonders erwähnt, so ist daraus doch nicht zu folgern, daß eine unter § 252 Abs. 3 fallende Entlastungserteilung nur in Verbindung mit der Beschlußfassung über die Genehmigung der Jahresbilanz und die Gewinnverteilung möglich ist. Ebenso ist es unerheblich, daß der Kläger selbst in seinem Klagantrage nicht von einem Entlastungsbeschlusse spricht, sondern nur die Feststellung verlangt, daß der Bericht nicht genehmigt sei. Ob dieses Verlangen deshalb für gerechtfertigt zu erachten ist, weil die Genehmigung, wie der Kläger ausdrücklich behauptet hatte, eine Entlastung enthielt, war Sache der rechtlichen Prüfung des Berufungsgerichts.

Dagegen ist dem weiteren Angriffe der Anschlußrevision stattzugeben, der sich auf die Folgen dieses Verstoßes gegen § 252 Abs. 3 HGB. bezieht. Das Berufungsgericht ist der Meinung, der Genehmigungsbeschluß sei schon deshalb ungültig, weil die für die Genehmigung abgegebenen 324 Stimmen v. R.'s für sich allein die Mehrheit darstellten. Diese Betrachtungsweise ist irrig. Wenn v. R. nicht abstimmen durfte, hatte das zunächst nur zur Folge, daß diese ungültigen Stimmen nicht mitzuzählen waren. Im weiteren kommt es dann auf das Verhältnis der gültig abgegebenen Stimmen an. Ist dieses so, daß noch eine sichere Mehrheit für die Annahme des Genehmigungsantrags bleibt, so steht die Einflußlosigkeit der Gesetzesverletzung fest und für die Anfechtung des Beschlusses ist dann kein Raum mehr. Prüft man danach das Stimmenverhältnis, so ergibt sich, daß nach Abrechnung der 324 v. R.'schen Stimmen noch 61 Stimmen sich für die Annahme des Genehmigungsantrags aussprachen, während nur 50 sich dagegen erklärten. Diese 61 für den Antrag abgegebenen Stimmen rühren von fünf Personen her, die, ebenso wie v. R., als Bevollmächtigte der Firma Ro. aufgetreten sind. Wie erwähnt, hat das Berufungsgericht bezüglich dieser fünf Personen, anders als bei v. R., keine Feststellung nach der Richtung getroffen, ob der für die Vollmacht geltenden Formvorschrift des § 252 Abs. 2 HGB. genügt ist. Das Berufungsgericht hat daher diesen Punkt noch zu prüfen und daraufhin die entscheidende Frage zu beantworten, ob und wieviele gültige Stimmen für den Genehmigungsantrag abgegeben wurden. Dabei ließe sich die Ungültigkeit dieser Stimmen nicht etwa schon damit begründen, daß die fraglichen fünf Personen, weil sie mit Untervollmacht v. R.'s aufgetreten seien, ebenso wie dieser selbst nach § 252 Abs. 3 HGB. kein Stimmrecht gehabt hätten. Etwas anderes hätte in dieser Beziehung nur etwa dann zu gelten, wenn es sich nicht um eine wirkliche Übertragung der Vollmacht, sondern nur darum gehandelt hätte, daß die fünf Personen als sogenannte Strohmänner v. R.'s auftreten, also genau wie er selbst ihre Stimmen abgeben sollten.

70. Ist die Berufung für zulässig zu erachten, wenn die Zustellung des erstinstanzlichen Urteils und die Einlegung der Berufung an demselben Tage erfolgt sind und nicht festgestellt werden kann, welcher der beiden Akte dem anderen vorangegangen ist?

I. Zivilsenat. Urt. v. 3. Februar 1923 i. S. D. Feuerzeug-Ges. (Kl.) w. K. u. Gen. (Bekl.). I 325/22.

I. Landgericht Dresden. — II. Oberlandesgericht daselbst.

Die Klägerin hat wegen Verletzung eines Gebrauchsmusters Klage erhoben. Vom Landgericht wurde die Klage abgewiesen. Die Berufung der Klägerin wurde vom Oberlandesgericht als unzulässig verworfen. Auf die Revision der Klägerin wurde die Berufung für zulässig erklärt.

Gründe:

... Der Vorderrichter hat die Berufung für unzulässig erachtet, weil er den Nachweis vermißte, daß das landgerichtliche Urteil den Beklagten vor Einreichung der Berufungsschrift zugestellt worden ist. Wie er festgestellt hat, ist die Berufungsschrift dem Oberlandesgericht am 1. Februar 1919 zugegangen und zwar keinenfalls vor 12 Uhr mittags und höchstwahrscheinlich erst gegen 1 Uhr. Gleichfalls am 1. Februar 1919 ist das landgerichtliche Urteil von Anwalt zu Anwalt (§ 198 ZPO.) in der Weise zugestellt worden, daß eine Ausfertigung davon durch Rechtsanwalt R. in Dresden, den erstinstanzlichen Prozeßbevollmächtigten der Beklagten, vormittags zwischen 1/2 9 und 10 Uhr in das im Dresdener Amtsgerichtsgebäude befindliche Fach des Justizrats E., des klägerischen Prozeßbevollmächtigten erster Instanz, zum Zwecke der Zustellung gelegt und von hier nach der regelmäßigen täglichen Kastenleerung, die gewöhnlich zwischen 1/2 10 und 1/2 12, spätestens bis 1/2 1 Uhr geschieht, in die Kanzlei des Justizrats E. gebracht wurde. Zu welcher Tageszeit die Urteilsausfertigung hier eingetroffen und wann sie dem Justizrat E., der noch am gleichen Tage das schriftliche Empfangsbekenntnis ausgestellt hat, zu Gesicht gekommen ist, hat sich nach der Feststellung des Vorderrichters nicht ermitteln lassen. In rechtlicher Beziehung stellt sich der Vorderrichter unter Hinweis auf die Rechtsprechung des Reichsgerichts, insbesondere RGZ. Bd. 8 S. 328, auf den Standpunkt, daß die Zustellung von Anwalt zu Anwalt sich nicht eher vollziehen könne, als bis der Anwalt, dem zugestellt werden solle, nach der ihm überlassenen freien Entschließung den Willen geäußert habe, das ihm angebotene und zugegangene Schriftstück als ein von Anwalt zu Anwalt zugestelltes in Empfang zu nehmen. Daß eine solche Willensäußerung seitens des Justizrats E. geschehen sei, ehe die Berufungsschrift dem Oberlandesgericht zugegangen sei, hält das Berufungsgericht für höchst unwahrscheinlich, keinenfalls aber für bewiesen, und da nach § 516 Abs. 2 ZPO. die Einlegung der Berufung vor Zustellung des Urteils wirkungslos ist, so gelangt es dazu, die Berufung als unzulässig zu verwerfen.

Dies Ergebnis kann nicht gebilligt werden, auch nicht von dem strengen Standpunkte aus, den das Reichsgericht im Urteil RGZ. Bd. 8 S. 328 und in späteren Entscheidungen, beispielsweise JW. 1899 S. 176 Nr. 5, Seuff. Arch. Bd. 58 S. 472, RGZ. Bd. 98 S. 243, eingenommen hat. Danach ist auf seiten des die Zustellung empfangenden Anwalts die Kenntnis von dem Eingange des betreffenden Schriftstücks und der Wille erforderlich, es als ein im Wege der Zustellung von Anwalt zu Anwalt zugestelltes anzunehmen. Im vorliegenden Falle ist nun nach den Feststellungen des Berufungsgerichts die Möglichkeit nicht ausgeschlossen, daß Justizrat E. die ihm zuzustellende Urteilsausfertigung in seiner Kanzlei vorgelegt erhalten und sich mit ihrer Entgegennahme einverstanden erklärt hat, ehe noch die Berufungsschrift zur Gerichtsschreiberei des Oberlandesgerichts gelangte. Eine vollständige Aufklärung der in Betracht kommenden Zeitpunkte ist auch von weiteren Beweiserhebungen nicht zu erwarten. Die Sache liegt daher so, daß es ungewiß ist, ob die Einlegung der Berufung vor der Zustellung des Urteils erfolgt oder ob die Urteilszustellung der Berufungseinlegung vorangegangen ist. Ohne weiteres ist deshalb die Anwendung des § 516 Abs. 2, der die Einlegung der Berufung vor Zustellung des Urteils für wirkungslos erklärt, nicht gegeben, und es fragt sich, wie in einem solchen Zweifelsfalle, der vom Gesetzgeber nicht vorausgesehen ist, die Zulässigkeit der Berufung zu beurteilen ist. Hierbei ist zunächst zu erwägen, daß auch wesentliche Prozeßvorschriften möglichst nicht dazu benutzt werden sollen, eine Partei in ihren Vermögensrechten zu benachteiligen und die Verfolgung ihrer Ansprüche vor Gericht zu vereiteln. Solange noch nicht mit Sicherheit feststeht, daß eine Partei nach den Prozeßvorschriften das Recht zur Anrufung des Gerichts verwirkt hat, erscheint es der Billigkeit entsprechend, daß vorhandene Zweifel im Sinne der Zulässigkeit der Rechtsverfolgung entschieden werden. Wenn es sich, wie im vorliegenden Falle, um die Zulässigkeit der Berufung handelt, kann die Gegenpartei sich dadurch, daß eine sachliche Nachprüfung des Vorderurteils in der höheren Instanz stattfindet, nicht wesentlich beschwert fühlen. Anderseits würde es zu einer der Rechtsordnung widersprechenden Härte führen, wenn einer Partei durch Anwendung prozessualer Vorschriften ein Rechtsverlust zugefügt würde, obschon das Eingreifen der Vorschriften nur bis zum gewissen Grade wahrscheinlich gemacht, aber nicht mit Sicherheit nachgewiesen worden ist. Mangelnde Beweisführung geht nicht ohne weiteres zu Lasten desjenigen, der das Rechtsmittel eingelegt hat. Es handelt sich bei der Entscheidung darüber, ob die Berufung in der gesetzlichen Form und Frist eingelegt worden ist, um eine Prüfung, der sich das Berufungsgericht von Amts wegen zu unterziehen hat (§ 535 ZPO.). Hierbei greifen die Vorschriften des bürgerlichen Rechts über die Verteilung und Erfüllung der Beweislast nicht Platz.

Nach alledem erscheint es bei der eigenartigen Lage des vorliegenden Falls geboten, die Zustellung des Urteils und die Einlegung der Berufung, die unzweifelhaft am selben Tage erfolgt sind und hinsichtlich deren nur die Reihenfolge der beiden Rechtsakte ungewiß ist, als gleichzeitig bewirkt zu behandeln und die Zulässigkeit des Rechtsmittels zu bejahen. Das Berufungsurteil ist daher aufzuheben und die Berufung für zulässig zu erklären.

---

71. Über die Pflichten der Bahn gegen den Absender, wenn sich herausstellt, daß die bahnamtliche Gewichtsfeststellung infolge von Fehlern an der Wage unrichtig ist.

I. Zivilsenat. Urt. v. 4. Februar 1923 i. S. D. K.-Ges. (Kl.) w. Eisenbahnfiskus (Bekl.). I 58/22.

I. Landgericht Münster. — II. Oberlandesgericht Hamm.

In der Zeit vom 14. bis 20. Mai 1920 wurden in Emden Kohlen, die auf Kähnen angekommen waren und mit der Bahn weiter befördert werden sollten, auf Antrag der Klägerin bahnseitig verwogen. Diese hatte die Kohlen „nach bahnamtlichem Gewicht" weiterverkauft. Am 19. Mai wurde entdeckt, daß die bisher benutzte Wage falsches Gewicht anzeigte, worauf die weitere Verwägung auf einer anderen Wage vorgenommen wurde. Die Klägerin verlangt Schadensersatz, weil die Kohlen von ihr den Käufern gemäß der bahnamtlichen Gewichtsermittelung mit einem zu geringen Gewicht fakturiert worden seien. Sie findet ein zum Schadensersatz verpflichtendes Verschulden der Bahn einmal darin, daß auf den ordnungsmäßigen Zustand der Wage nicht genügend acht gegeben, und zweitens darin, daß der Absenderin nicht alsbald von der Fehlerhaftigkeit der Verwägung Kenntnis gegeben worden sei.

Die Klage wurde vom Landgericht abgewiesen; die Berufung der Klägerin wurde vom Oberlandesgericht zurückgewiesen. Die Revision der Klägerin hatte Erfolg.

Gründe:

Das Berufungsgericht hat zunächst ausgeführt, die auf Antrag vorgenommene bahnamtliche Verwägung beruhe nicht auf einem gesonderten, neben dem Frachtvertrage hergehenden Vertrage, sondern auf dem Frachtvertrage selbst. Die Verwägung habe nur den Zweck, das Gewicht für die Frachtberechnung festzustellen. Der Eigentümer des Frachtgutes könne deshalb nicht Schadensersatz fordern, wenn er das Gut unter Zugrundelegung des bahnamtlich ermittelten Gewichts verkauft habe und das Gewicht sich sodann als unrichtig, zu gering ermittelt herausstelle. Ein Verschulden der Bahn liege nicht vor, da die Wage vor nicht langer Zeit geprüft und in Ordnung befunden worden sei. Diese Ausführungen geben zu Bedenken keinen Anlaß; sie werden auch an sich von der Revision nicht angegriffen.

Die Revision meint aber, daß die Sache anders liege, wenn die Bahn — wie vom Berufungsgericht unterstellt ist — gewußt habe, daß die Ware nach bahnamtlichem Gewicht verkauft zu werden pflege. Dem kann jedoch nicht zugestimmt werden. Auch wenn die Bahn von einem solchen Handelsgebrauche Kenntnis haben sollte, wird dadurch die Rechtslage nicht geändert. Die Zweckbestimmung der Verwägung, für die Frachtberechnung das Gewicht festzustellen, beruht auf den Vorschriften der Eisenbahnverkehrsordnung. Daselbst sind die beiderseitigen Rechtspflichten hinsichtlich der Verwägung festgesetzt. Diese werden nicht verändert, wenn die Bahn wußte, daß das bahnamtliche Gewicht für die Berechnung des Kaufpreises beim Weiterverkauf der Ware von Bedeutung sein werde. Ob der Eigentümer beim Weiterverkauf das bahnamtliche Gewicht zugrundelegen wollte, war Sache seines freien Entschlusses. Durch diesen kann er die gesetzlich bestimmten Rechtspflichten der Bahn nicht erweitern.

Besonderes Gewicht hat die Revision darauf gelegt, daß die Bahn jedenfalls, sobald sie die Fehlerhaftigkeit der Wage erkannt hatte, entweder eine Nachwägung veranlassen oder aber die Klägerin in Kenntnis setzen mußte. Zur Nachwägung war die Bahn jedoch nicht verpflichtet. Eine dahingehende Vorschrift ist nirgends aufgestellt, auch ergibt sie sich nicht aus der Sachlage als selbstverständlich. Was dagegen die Benachrichtigung der Absenderin angeht, so vermag das Reichsgericht den Standpunkt des Berufungsgerichts nicht zu teilen. Es ist allgemein bekannt, daß der Weiterverkauf von Massengütern häufig unter Zugrundelegung des bahnamtlich ermittelten Gewichts erfolgt. Das kann sich auch der Kenntnis der Bahn nicht wohl entzogen haben. Dann erforderte es eine billige Rücksichtnahme auf die Interessen der Absenderin oder des Eigentümers des Frachtgutes, der Absenderin Mitteilung davon zu geben, wenn sich das ermittelte Gewicht als unzuverlässig herausstellte. Jedenfalls muß das in geeigneten Fällen geschehen. Freilich kann die Lage so sein, daß sich nicht mehr feststellen läßt, von wann an die Wage unregelmäßig gearbeitet hat. In solchen Fällen wird es dem billigen Ermessen der Bahn zu überlassen sein, ob auch noch den Absendern von Frachtgut, dessen Verwägung zeitlich weiter zurückliegt, eine Mitteilung zugehen muß. Zweifel in dieser Richtung liegen aber im gegebenen Falle nicht vor, denn der unrichtige Gang der Wage hatte sich gerade, während die beiden in Rede stehenden Kahnladungen verwogen wurden, herausgestellt. Dann erforderte es Treu und Glauben mit Rücksicht einerseits auf den geschlossenen Frachtvertrag, anderseits auf die erwähnte Übung im Kohlenhandel, die Absenderin darüber nicht in Unkenntnis zu lassen. Statt dessen hat die Bahn zunächst überhaupt keine Mitteilung gemacht und später nach der Behauptung der Klägerin erst auf Anfrage am 4. Juni 1920 erklärt, daß am 19. Mai ein Fehler an der Gleiswage entdeckt worden sei. Dies Verhalten der Bahn erscheint schuldhaft, und es ist an sich nicht ausgeschlossen, daß die Klägerin daraufhin Schadensersatzansprüche gegen den Beklagten erheben kann.

---

72. Unter welchen Umständen genügt die Unterschrift nur des einen von zwei Gesamtprokuristen zur Wahrung der durch Rechtsgeschäft bestimmten Schriftform?

VI. Zivilsenat. Urt. v. 5. Februar 1923 i. S. S. (Bekl.) w. Z. (Kl.).
VI 310/22.

I. Landgericht Leipzig, Kammer f. Handelssachen. — II. Oberlandesgericht Dresden.

Der Sachverhalt ergibt sich aus den Gründen; die Revision hatte keinen Erfolg.

Gründe:

Jeder der beiden Prokuristen der Beklagten war nur im Verein mit dem andern zur Vertretung berechtigt. Nach den für das Geschäft zwischen den Parteien maßgebenden Lieferungsbedingungen der Beklagten bedurften alle mündlichen Abmachungen der schriftlichen Bestätigung der letzteren, um Gültigkeit zu erlangen. Das Bestätigungsschreiben der Beklagten ist aber nur von einem der Gesamtprokuristen unterschrieben worden. Beklagte behauptet, daß auch nur einer der Gesamtprokuristen das Geschäft abgeschlossen habe.

Das Berufungsgericht erachtet es mit dem Landgericht für nicht erforderlich, daß die Gesamtprokuristen in einem Akt handelten, sondern für genügend, wenn beide dieselbe Willenserklärung, sei es auch nicht gleichzeitig, abgeben wollten und abgegeben hätten. Dies sei nach dem Beweisergebnis hier der Fall gewesen.

Die Ansicht der Vordergerichte steht im Einklang mit der herrschenden Lehre und der Rechtsprechung des Reichsgerichts, wird auch von der Revision nicht angegriffen.

Dagegen wendet sich die Revision gegen die vorderrichterliche Auslegung des § 127 BGB., daß bei einem durch Briefwechsel geschlossenen Vertrag die eigenhändige Unterschrift der Aussteller nicht nötig sei, mithin die Unterschrift nur eines Gesamtprokuristen unter dem Bestätigungsschreiben der Beklagten die Bedingung der schriftlichen Bestätigung erfülle.

Die Rüge kann der Revision nicht zum Siege verhelfen.

Der Senat würde allerdings, wenn es darauf ankäme, aus Gründen der Rechtssicherheit der strengen Auslegung des § 127 den Vorzug geben, wonach die Briefe, durch die ein Vertrag geschlossen wird, eigenhändig von den Vertragsteilen oder ihren zum Abschluß bevollmächtigten Vertretern unterschrieben werden müssen. Indes fehlt es hier an einer solchen eigenhändigen Unterschrift nicht.

Von den beiden Gesamtprokuristen der Beklagten, S. und H., hat S. das Bestätigungsschreiben der Kontoristin diktiert, H. hat es unterschrieben. Beide waren im Einverständnis darüber, daß der Vertrag mit der Klägerin abgeschlossen und schriftlich bestätigt werden sollte. Auch ist nach der nicht angefochtenen, daher maßgebenden Feststellung der Vordergerichte das von H. unterschriebene Bestätigungsschreiben „wissentlich und willentlich" von der Beklagten, also von beiden Gesamtprokuristen, abgesandt worden. Daraus darf ohne weiteres gefolgert werden, daß H. von S. bevollmächtigt war, auch in seinem — des S. — Namen zu unterschreiben. Nun würde allerdings zum Vollzug dieser Bevollmächtigung gehört haben, daß H. entweder mit dem Namen des S. oder ein zweitesmal mit seinem eigenen Namen unter Beifügung des Vollmachtverhältnisses unterzeichnete (RGZ. Bd. 50 S. 51, Bd. 74 S. 69). Jedoch ist die doppelte Unterzeichnung durch eine und dieselbe Person dann nicht geboten, wenn sich wie hier für den Vertragsgegner erkennbar aus der Urkunde in Verbindung mit der Eintragung im Handelsregister ergibt, daß der Unterschreibende in zweifacher Eigenschaft, nämlich eigenen Namens und als Bevollmächtigter des andern Gesamtvertreters die Unterschrift geleistet hat. Daß H. nicht bloß in eigenem Namen, sondern auch für S. unterschrieben hatte, war für die Klägerin erkennbar, weil der Vertrag so, wie das Bestätigungsschreiben lautete, unter Mitwirkung der beiden Gesamtprokuristen fernmündlich abgeschlossen worden und der Klägerin aus den Lieferungsbedingungen der Beklagten die Notwendigkeit der schriftlichen Bestätigung bekannt war.

Diese Bestätigung war nicht nur Beweismittel, sondern sie sollte erst den Vertrag zustande bringen. Die Klägerin kannte die Vertretungsverhältnisse bei der Beklagten aus der bisherigen Geschäftsverbindung; sie mußte sie auch aus dem Handelsregister kennen. Sie hat denn auch das Bestätigungsschreiben, obwohl es nur von H. unterzeichnet war, als von der Beklagten ausgehend behandelt und ist im weiteren Verlauf danach verfahren.

---

73. In welchem Umfange ist der Mieter gegenüber dem Vermieter, der das Mietgrundstück zu veräußern beabsichtigt, verpflichtet, die Mieträume durch Kauflustige besichtigen zu lassen?

III. Zivilsenat. Urt. v. 6. Februar 1923 i. S. K. (Kl.) w. S. (Bekl.). III 299/22.

I. Landgericht Leipzig. — II. Oberlandesgericht Dresden.

Der Beklagte hat ein Villengrundstück in Leipzig von dessen Eigentümer, dem Kläger, bis zum 30. März 1925 gemietet. Da dieser sein Besitztum verkaufen will, ersuchte er den Beklagten, etwaigen mit Ausweiskarte versehenen Kauflustigen die Besichtigung der Villa zu gestatten. Als nun am 10. September 1921 ein Kauflustiger mit einem Architekten das Haus besichtigen wollte, wurde er von dem Beklagten mit der Erklärung zurückgewiesen, der Kläger habe überhaupt nichts im Grundstücke zu suchen. Dieser hat daher klagend beantragt, den Beklagten zu verurteilen, in der Zeit von 9—12 Uhr vormittags und von 3—6 Uhr nachmittags die Besichtigung des Hauses durch dritte mit seiner, des Klägers, Ausweiskarte versehene Personen zu dulden. Das Landgericht gab diesem Antrage statt und das Oberlandesgericht wies die Berufung des Beklagten mit der Maßgabe zurück, daß dieser nicht jedem beliebigen Dritten, sondern nur Kauflustigen und ihren sachkundigen Begleitern die Besichtigung zu erlauben habe. Im Revisionsverfahren wurde die Verurteilung des Beklagten dahin eingeschränkt, daß er für verpflichtet erklärt wurde, die Besichtigung sämtlicher Mieträume durch gehörig legitimierte Kauflustige und deren sachverständige Begleiter grundsätzlich an einem von den Parteien zu vereinbarenden Wochentage in den Stunden von 10—1 Uhr vormittags und in nachweisbaren Notfällen noch an einem weiteren Wochentage in denselben Stunden zu gestatten.

Gründe:

Durch die mietweise Überlassung von Wohn- und anderen Räumen an Dritte begibt sich der Vermieter, auch wenn er deren Eigentümer ist, im allgemeinen des Rechts, sie zu beliebigen Zeiten und zu beliebigen Zwecken zu betreten. Das Gegenteil würde eine erhebliche Beeinträchtigung des Besitz- und Gebrauchsrechts des Mieters bedeuten. Aus der Natur des Mietverhältnisses, das sich auf dem gegenseitigen Vertrauen von Person zu Person aufbaut, — man denke z. B. an das Verbot der Untermiete und die Mängelanzeigepflicht des Mieters (§§ 549, 542, 545 BGB.), — ist indessen der allgemeine Grundsatz abzuleiten, daß der Mieter in besonderen Fällen, in denen lebenswichtige Interessen des Vermieters auf dem Spiele stehen, diesem oder den von ihm gesandten Personen den Zutritt zu der Wohnung gestatten müsse. So hat man schon unter der Herrschaft des früheren Rechts auch ohne ausdrückliche Parteivereinbarung den Mieter für gehalten erklärt, nach erfolgter Kündigung oder angemessene Zeit vor Beendigung eines ohne Kündigung ablaufenden Mietverhältnisses die Besichtigung der Wohnung durch Mietlustige zuzulassen (vgl. KGBl. 1891 S. 44/45, Seuff.Arch. Bd. 47 S. 152 Nr. 105, HansGerZt. Beibl. 1905 S. 103 Nr. 164). Einer der besonderen Fälle, in denen sich auch ein Mieter, dessen Mietvertrag noch ungekündigt läuft, einen Eingriff in sein Gebrauchsrecht zugunsten des Vermieters gefallen lassen muß, liegt aber auch dann vor, wenn dieser sein Grundstück zu veräußern beabsichtigt. (So auch Enneccerus Lehrb. Bd. 1, 2 § 351 Anm. 17. Goldmann-Lilienthal BGB. Bd. 1 § 160 Anm. 15. Staudinger BGB. Anm. B V, 1 zu § 536. Mittelstein Miete 3. Aufl. S. 296). Das erkannte auch die Kommission zur Beratung des Entwurfs eines Bürgerlichen Gesetzbuchs an. Sie nahm jedoch davon Abstand, den Mieter durch positive Gesetzesvorschriften zur Gestattung der Wohnungsbesichtigung durch Miet- und Kauflustige zu verpflichten, weil eine solche Verpflichtung sich nach den Grundsätzen von Treu und Glauben richte und nach den Umständen des Falles, den örtlichen Verhältnissen und den wechselnden Anschauungen des Lebens verschieden gestalten könne (Prot. Bd. 2 S. 216 und 252).

Ohne Besichtigung wird sich kaum jemand zu einem Hauskauf entschließen. Der Vermieter wäre also während des Bestehens eines langfristigen Mietvertrags, wenn auch nicht rechtlich, so doch tatsächlich verhindert, durch Veräußerung über sein Grundstück zu verfügen, falls er nicht in die Lage versetzt wird, die Innenräume Kaufliebhabern zu zeigen. Ein solches Ergebnis kann nicht Rechtens sein, denn es würde den Grundstücksverkehr in sachlich nicht zu rechtfertigender Weise erschweren oder gar gänzlich lahm legen. Es ist auch, wie § 571 BGB., der Regel- und nicht Ausnahmefälle im Auge hat, zeigt, vom Gesetzgeber tatsächlich nicht gewollt worden.

Daher müssen, wenn sich dem Vermieter eine wirkliche und ernste Verkaufsgelegenheit bietet, dessen und des Mieters einander widerstreitende Interessen gerechter Weise dahin ausgeglichen werden, daß diesem die Pflicht auferlegt wird, die Besichtigung der Wohnung durch Kauflustige in angemessenem Umfange und zu angemessenen Zeiten zu gestatten, vorausgesetzt, daß sie in Begleitung des Vermieters oder mit dessen Ausweis versehen sich melden. Dieser den Grundsätzen von Treu und Glauben unterstehenden Vertragspflicht des Mieters (§ 242 BGB.) gegenüber muß aber auch der Vermieter sein Besichtigungsrecht im Rahmen derselben Grundsätze handhaben, d. h. er darf bei dessen Ausübung von dem Mieter nicht mehr verlangen, als diesem billiger Weise zugemutet werden kann. Im Streitfalle hat also auch der Richter die Interessen des Mieters ebenso zu berücksichtigen, wie die des Vermieters. Eine übermäßige Belästigung des Mieters muß unter allen Umständen vermieden werden. Eine solche würde jedoch vorliegen, wenn der Beklagte gezwungen würde, seine Wohnung möglicher Weise mehrere Jahre hindurch jeden Wochentag 6 Stunden lang für fremde Besucher bereit zu stellen. Folgt man den von der Kommission zur Beratung des Entwurfs eines Bürgerlichen Gesetzbuches zutreffend hervorgehobenen Richtlinien, so wird den Interessen beider Streitteile gebührend Rechnung getragen, wenn man die Vorzeigungspflicht des Beklagten auf je einen Tag in der Woche und auf 3 Vormittagsstunden beschränkt. Derjenige, der ein Haus zu kaufen beabsichtigt, hat in der Regel nicht so große Eile, daß er nicht einige Tage mit der Besichtigung warten kann und warten wird. In Ausnahmefällen allerdings, die eine schleunige Besichtigung des Hauses dringend geboten erscheinen lassen, muß dem Kläger die Möglichkeit des Zutritts noch für einen zweiten Wochentag offen gehalten werden. Soweit der Kläger mehr verlangt, war seine Klage unbegründet. Wie schon betont, stehen das Besichtigungsrecht des Vermieters und die Duldungspflicht des Mieters unter der Herrschaft von Treu und Glauben. Dem entspricht es, daß die Bestimmung des Besichtigungstages, sei es ein für alle Male, sei es für jeden besonderen Fall, zunächst der Vereinbarung der Parteien überlassen wird, da normaler Weise davon auszugehen ist, daß sie sich in dieser verhältnismäßig untergeordneten Frage leicht einigen werden, und es daher weder notwendig noch wünschenswert erscheint, den Parteien in dieser Beziehung vorzugreifen.

---

74. Haben die arbeitswilligen Arbeitnehmer Anspruch auf Lohnzahlung, wenn der Betrieb infolge eines Streiks der übrigen Arbeitnehmer eingestellt wird?

III. Zivilsenat. Urt. v. 6. Februar 1923 i. S. Allg. Lokal- u. Straßenbahn-Ges. in B. (Kl.) w. A. u. Gen. (Bekl.). III 93/22.

I. Landgericht Kiel. — II. Oberlandesgericht daselbst.

Die Klägerin, die in K. die elektrische Straßenbahn betreibt, mußte diesen Betrieb in der Zeit vom 9. bis zum 20. Mai 1920 einstellen, weil infolge eines die Erlangung höherer Gehalts- und Lohnbezüge bezweckenden Streiks ihrer Angestellten und ihrer dem Metallarbeiterverband angehörigen Arbeiter das Kraftwerk des Betriebes stillgelegt und von anderer Seite elektrische Kraft nicht zu erhalten war. Der Streik hatte keinen Erfolg. Die Streikenden nahmen am 20. Mai 1920 die Arbeit wieder auf, ohne eine Gehalts- oder Lohnerhöhung erreicht zu haben. Die Beklagten, als Fahrer, Schaffner und Kontrolleure im Dienste der Klägerin stehend und dem Transportarbeiterverband angehörig, hatten ebenfalls Erhöhung ihrer Bezüge verlangt, sich aber am Streik nicht beteiligt, vielmehr ihre Dienste der Klägerin zur Verfügung gestellt und verlangten deshalb Zahlung ihres Lohnes für die Dauer der Betriebseinstellung. Die Klägerin verweigerte die Zahlung und beantragte die Feststellung, daß den Beklagten ein Anspruch auf Lohnzahlung für die fragliche Zeit nicht zustehe. Die Klage wurde abgewiesen, die Berufung der Klägerin zurückgewiesen. Auf die Revision der Klägerin wurde das Berufungsurteil aufgehoben und in Abänderung des erstinstanzlichen Urteils festgestellt, daß den Beklagten ein Anspruch auf Lohnzahlung für die Zeit vom 9. bis zum 20. Mai 1920 nicht zustehe.

Gründe:

Die Beklagten glauben zum Verlangen der vereinbarten Vergütung für die Zeit der Betriebseinstellung im Hinblick auf § 615 BGB. berechtigt zu sein, weil sie, indem sie sich der Klägerin auch während dieser Zeit zur Verfügung stellten, das Ihrige zur Leistung der versprochenen Dienste getan hätten, und die Klägerin durch Nichtannahme dieser Dienste in Verzug geraten sei. Die Klägerin dagegen macht geltend: Infolge des durch den Streik verursachten Mangels an elektrischem Strom, also infolge eines weder von ihr noch von den Beklagten zu vertretenden Umstands, sei den Beklagten unmöglich gewesen, die versprochenen Dienste zu leisten; von einem Annahmeverzug könne daher keine Rede sein, vielmehr hätten die Beklagten nach § 323 BGB. den Anspruch auf die Gegenleistung, die vereinbarte Vergütung, verloren. Die Vorinstanzen billigen auf Grund des § 615 BGB. den Standpunkt der Beklagten. Das Landgericht unterscheidet im Anschluß an Trautmann, Gruchot Bd. 59 S. 434 (ihm zustimmend Landgericht I Berlin Urt. v. 6. Oktober 1919, JW. 1920 S. 504 Nr. 1, ähnlich Oertmann AZPr. Bd. 116 S. 1) zwischen dem Leistungsanteil des Schuldners (Dienstpflichtigen) und der Mitwirkung des Gläubigers (Dienstberechtigten) und nimmt Annahmeverzug der

Klägerin an, weil den Beklagten unter der Voraussetzung, daß die Klägerin das Ihrige, nämlich die Beschaffung des elektrischen Stromes, zur Vertragserfüllung beigetragen haben würde, die ihnen obliegende Leistung durchaus möglich gewesen wäre, und sie die in diesem Sinne mögliche Leistung auch der Klägerin angeboten hätten. Das Berufungsgericht erklärt die in Wissenschaft und Rechtsprechung gemachten Versuche einer Unterscheidung zwischen Annahmeverzug des Gläubigers und Unmöglichkeit der Schuldnerleistung für nicht voll befriedigend und erwägt seinerseits: Da der Annahmeverzug kein Verschulden voraussetze, so müsse der Dienstberechtigte, wenn ihm, wie hier, die Beschaffung der Arbeitsunterlage obliege, die Unmöglichkeit einer solchen Beschaffung auch dann vertreten, wenn ihn keine Schuld treffe. Etwas anderes könne nur gelten, wenn aus den Umständen unter Berücksichtigung des Parteiwillens zu folgern sei, daß der Dienstberechtigte gleichwohl nicht haften solle. Dies treffe aber hier nicht zu. Dieser Auffassung kann indessen nicht beigetreten werden, vielmehr ist grundsätzlich der Standpunkt der Klägerin als berechtigt anzuerkennen.

Nicht zuzustimmen ist allerdings der Revision, wenn sie, dem Gutachten von Kaskel (inhaltlich wiedergegeben in N. Zeitschr. f. Arbeitsr. 1922 S. 1) folgend, die Ansicht vertritt, daß der Arbeitnehmer einen Anspruch gegen den Arbeitgeber nicht nur auf Bezahlung des vereinbarten Lohnes, sondern auch auf Beschaffung der Arbeitsunterlage habe, und daraus hier eine Unmöglichkeit der Leistung im Sinne des § 323 BGB. auf Seite der dienstberechtigten Klägerin ableiten will. Denn jene Ansicht ist jedenfalls in dieser Allgemeinheit unbegründet. Nach Kaskel umfaßt die Pflicht des Arbeitgebers zur Beschaffung der Arbeitsunterlage dreierlei: Die Pflicht zur Bereitstellung eines ordnungsmäßigen Betriebes, die Pflicht zur Lieferung von Werkzeugen und Stoffen und die Pflicht zur Übertragung von Arbeit. Die letztere Pflicht ist im geltenden Recht nicht als Regel anerkannt und deshalb, von gesetzlichen Sondervorschriften abgesehen, nur dann als bestehend anzusehen, wenn dies ausdrücklich oder stillschweigend vereinbart, insbesondere auch aus den Umständen zu entnehmen ist. Umstände dieser Art liegen aber hier nicht vor, und auch eine Sondervorschrift über das Recht auf Beschäftigung (vgl. Bewer N. Zeitschr. f. Arbeitsr. 1921 S. 29) greift nicht ein. Fehlt es aber an einem Recht des Arbeitnehmers auf Beschäftigung, dann kann von einer Pflicht des Arbeitgebers zur Bereitstellung eines ordnungsmäßigen Betriebes und von einer Pflicht zur Lieferung von Werkzeugen und Stoffen keine Rede sein. Denn diese Aufgaben des Arbeitgebers dienen nur dazu, die Arbeitsleistung des Arbeitnehmers zu ermöglichen. Eine Unmöglichkeit der Leistung im Sinne des § 323 BGB. kann daher hier nicht auf Seite der dienstpflichtigen Beklagten in Frage kommen.

Man darf aber, um zu einer befriedigenden Lösung des Streites zu gelangen, überhaupt nicht von den Vorschriften des Bürgerlichen Gesetzbuchs ausgehen, muß vielmehr die sozialen Verhältnisse ins Auge fassen, wie sie sich seitdem entwickelt und in der Gesetzgebung der neuesten Zeit auch ausdrückliche Anerkennung gefunden haben. Das Bürgerliche Gesetzbuch trägt sozialen Rücksichten vielfach Rechnung, und das trifft namentlich auch für das Recht des Dienstvertrages (vgl. §§ 617, 618, 619 u. a.) zu. Immer aber wird dabei nur das Rechtsverhältnis jedes einzelnen Dienstpflichtigen zum Dienstberechtigten betrachtet. Das Bürgerliche Gesetzbuch steht also, den Verhältnissen seiner Entstehungszeit entsprechend, auf einem individualistischen Standpunkt. Inzwischen hat aber der Gedanke der sozialen Arbeits- und Betriebsgemeinschaft Ausbreitung und Anerkennung gefunden, der das Verhältnis zwischen dem Arbeitgeber und den Arbeitnehmern, wenigstens bei größeren Betrieben der hier vorliegenden Art, beherrscht. Von diesem Gedanken und damit von den tatsächlichen sozialen Verhältnissen aus ergibt sich auch die Lösung im Sinne der Klägerin. Es handelt sich nicht mehr nur um das Verhältnis des einzelnen Arbeiters zum Arbeitgeber, sondern um eine Regelung zwischen zwei Gruppen der Gesellschaft, dem Unternehmertum und der Arbeiterschaft. Freilich setzt das Tätigwerden des einzelnen Arbeiters im Betrieb auch heute den Abschluß eines Einzelarbeitsvertrags voraus. Aber mit diesem Einzelvertrag tritt der einzelne Arbeiter in die Arbeiterschaft und damit in die Gesamtorganisation des Betriebes, dessen Ergebnis nicht mehr vom Unternehmer allein mit seinem Kapital und seinen Arbeitsmitteln, sondern im gemeinschaftlichen Zusammenwirken von Unternehmer und Arbeiterschaft gewonnen wird. Auf diesem Gedanken der gemeinschaftlichen Arbeit beruhen die neueren Gesetze auf dem Gebiete des Arbeitsrechts, insbesondere das Betriebsrätegesetz vom 4. Februar 1920, das den Betriebsvertretungen der Arbeiter und Angestellten eine weitgehende Mitwirkung zur Wahrnehmung der sozialen und wirtschaftlichen Interessen der Arbeitnehmer des Betriebes wie auch in bezug auf Betriebsleitung und Betriebsleistung einräumt. Der Arbeitnehmer ist nicht mehr ein bloßes Werkzeug des Unternehmers, sondern ein lebendiges Glied der Arbeitsgemeinschaft. Dem entspricht es dann aber auch, daß, wenn die Arbeitsgemeinschaft aus Gründen, die nicht vom Unternehmer ausgehen, versagt, die Folgen nicht nur ihn treffen. Das gemeinschaftliche Zusammenwirken von Unternehmer und Arbeiterschaft bildet die Grundlage des Betriebes. Der Betrieb aber und seine Erträgnisse bilden wiederum die Grundlage für die Lohnzahlungen. Ist also der einzelne Arbeiter ein Glied der Arbeiterschaft und der zwischen dieser und dem Unternehmer bestehenden, die Grundlage des Betriebes bildenden Arbeitsgemeinschaft, dann ist es selbstverständlich, daß, wenn infolge von Handlungen der Arbeiterschaft der Betrieb stillgelegt wird und die Betriebseinnahmen versiegen, es dem Unternehmer nicht zugemutet werden kann, für die Lohnzahlungen aus anderen Mitteln zu sorgen. Das muß auch für den hier vorliegenden Fall gelten, daß das Versagen der Arbeitsgemeinschaft nur von einem Teil der Arbeiterschaft ausgeht, während andere Arbeitnehmer des Betriebes arbeitsfähig und arbeitswillig bleiben. Es handelt sich dabei nicht um eine Haftung der Arbeitswilligen für die Streikenden, die schon das Berufungsgericht, im Ergebnisse zutreffend, abgelehnt hat, sondern darum, daß mit der durch einen Teil der Arbeiterschaft verursachten Stillegung des Betriebes die Grundlage für die Lohnzahlungen im Betriebe ganz allgemein weggefallen ist. Die Folge des Wegfalles dieser Zahlungen müssen sich deshalb auch diejenigen Arbeitnehmer gefallen lassen, die sich dem Streik der anderen nicht angeschlossen haben. Wollte man anders entscheiden, so würden sich unmögliche Zustände ergeben. Es könnte sein, daß nur ein kleiner Teil der Arbeiterschaft mit einer für die Fortführung des Betriebes unentbehrlichen Tätigkeit durch Streik den gesamten Betrieb stillegte und der Unternehmer allen anderen Arbeitern den Lohn auszahlen müßte, obwohl diese nur deshalb nicht arbeiten können, weil ihre Genossen nicht arbeiten. Dies ist mit dem Gedanken der Arbeitsgemeinschaft als Grundlage des Betriebes nicht vereinbar.

Dieses aus den sozialen Verhältnissen gewonnene Ergebnis läßt sich aber auch ohne Schwierigkeiten den Vorschriften des Bürgerlichen Gesetzbuchs einfügen. Den arbeitswilligen Beklagten ist durch die infolge des Streiks der übrigen notwendig gewordene Stillegung des Betriebes die Möglichkeit entzogen worden, die versprochenen Dienste als Fahrer, Schaffner und Kontrolleure zu leisten. Daraus ergibt sich aber unter der Voraussetzung, daß die Klägerin die Unmöglichkeit der Leistung nicht selbst zu vertreten hat, die Anwendung des § 323 BGB. zu ihren Gunsten. Von einem Annahmeverzug des Dienstberechtigten im Sinne des § 615 BGB. kann keine Rede sein, wenn der Dienstpflichtige außerstande ist, die angebotene Dienstleistung zu bewirken (§§ 293, 297 BGB.). Mit Unrecht verweist das Berufungsgericht in diesem Zusammenhang auf die Möglichkeit, durch Bewilligung der verlangten Erhöhungen den Streik zu beenden und die Erzeugung elektrischen Stromes wieder herbeizuführen. Das Berufungsgericht meint, die Ablehnung der Lohnforderungen der Streikenden durch die Klägerin sei, wenn auch vielleicht von ihrem Standpunkt aus völlig sachgemäß und berechtigt, doch Folge ihres freien Entschlusses gewesen; es steht also ersichtlich auf dem Standpunkt, die Klägerin hätte ja nur die Erhöhung zu bewilligen brauchen, dann wäre alles in bester Ordnung gewesen. Damit wird aber das Berufungsgericht dem, was einem Arbeitgeber gegenüber neuen Lohnforderungen der Arbeitnehmer zuzumuten ist, in keiner Weise gerecht. Der Umstand, daß die Streikenden die Arbeit schließlich ohne Erhöhung ihrer Bezüge wieder aufnahmen, spricht nicht dafür, daß die Verweigerung der Erhöhung durch die Klägerin ungerechtfertigt war. Eine Untersuchung darüber ist aber überhaupt nicht vorzunehmen. Es ist ebenso das gute Recht des Arbeitgebers, neue Lohnforderungen abzulehnen, wie es das Recht der Arbeitnehmer ist, solche Forderungen zu stellen. Es ist auch ausschließlich Sache der Beteiligten, darüber zu befinden, was zur Wahrnehmung ihrer Interessen in solchen Fällen geboten ist. Die rein wirtschaftliche Frage zu untersuchen, ob der Arbeitgeber in der Lage ist, eine Lohnerhöhung zu bewilligen, liegt völlig außerhalb der Aufgabe der Gerichte. Ihre Entscheidung den Gerichten aufzubürden, müßte zu unmöglichen Ergebnissen der Rechtsprechung führen. Für die gerichtliche Entscheidung ist deshalb davon auszugehen, daß die Ablehnung der Lohnforderungen durch die Klägerin nicht ohne rechtfertigenden Grund erfolgt ist, und daß aus der bloßen Möglichkeit ihrer Bewilligung weder etwas gegen die Unmöglichkeit der den Beklagten obliegenden Leistung noch für ein Verschulden der Klägerin oder ein sonst von ihr zu vertretendes Verhalten abzuleiten ist. Abzulehnen ist auch der vom Berufungsgericht als entscheidend betrachtete Gesichtspunkt der Vertragsauslegung. Die Parteien haben über den Fall eines Teilstreiks eine Vereinbarung nicht getroffen. Ein Parteiwille kommt daher nicht in Betracht. Es ist vielmehr ausschließlich Sache des Richters, darüber zu entscheiden, welche Bedeutung nach den für das Rechtsverhältnis der Parteien maßgebenden Verhältnissen dem Teilstreik und einer dadurch begründeten Leistungsunmöglichkeit beizumessen ist.

Das hier gewonnene Ergebnis steht auch im Einklang mit zahlreichen Entscheidungen gewerbegerichtlicher Instanzen, die die Klägerin zu den Akten gebracht hat, und wenn vereinzelt, wie z. B. in dem schon erwähnten Urteil des Landgerichts I Berlin vom 6. Oktober 1919, eine abweichende Ansicht vertreten worden ist, so beruht das im wesentlichen darauf, daß den Vorschriften des Bürgerlichen Gesetzbuchs zu viel und den sozialen Verhältnissen, wie sie sich inzwischen entwickelt haben, zu wenig Bedeutung beigemessen worden ist. Hervorzuheben ist, daß die hier getroffene Entscheidung von den Verhältnissen größerer Betriebe ausgeht und deshalb nur auf solche anzuwenden ist. Ob sich nicht auch bei solchen größeren Betrieben Fälle denken lassen, in denen, namentlich wenn es sich nicht um Lohnstreitigkeiten handelt, bei einem Teilstreik dem Arbeitgeber eine Entlohnung der Arbeitswilligen aufzuerlegen wäre, bedarf nicht der Erörterung. Umstände, die dazu Anlaß geben könnten, sind nicht behauptet.

75. 1. Hat die Verordnung vom 13. Juni 1919 betr. die Nothafenladungen deutscher Schiffe (RGBl. S. 511) die Nichtigkeit der vorher über die Ladungen geschlossenen Kaufgeschäfte herbeigeführt?
2. Wer ist im Sinne des § 3 der Ausführungsbestimmungen zur Nothafenverordnung (RGBl. 1919 S. 513) als die Person anzusehen, die die Gefahr des Verlustes der Ladung trägt?

I. Zivilsenat. Urt. v. 7. Februar 1923 i. S. B. Gebr. & Co. (Kl.) w. Reichsabrechnungsstelle H. (Bekl.) u. Bd. B. (Nebenintervenientin). I 808/22.

I. Landgericht Hamburg, Kammer f. Handelssachen. — II. Oberlandesgericht daselbst.

Durch Vertrag vom 13. Juni 1914 kaufte die Nebenintervenientin von der Klägerin etwa 5800 t Chilisalpeter, die im Hafen von Iquique in den Dampfer Santa Theresa verladen werden sollten. Als der Krieg ausbrach, waren etwa 4600 t verladen. Eine weitere Beladung des Schiffes fand nicht statt. Dieses blieb im Ladehafen liegen und verließ ihn erst, als es nach dem Waffenstillstande von Deutschland an den Feindbund abgeliefert werden mußte. Zu Anfang des Jahres 1919, als die drohende Ablieferung der deutschen Auslandsschiffe bekannt wurde, wurde von den an den Ladungen dieser Schiffe beteiligten Firmen zur Wahrung ihrer Rechte der „Schutzverband für Nothafenladungen" in Hamburg gegründet, dem auch die Klägerin und die Nebenintervenientin als Mitglieder beitraten. Im Anschluß an ein Abkommen, das der Verband mit dem Deutschen Reiche traf, wurde vom Reichsministerium am 13. Juni 1919 die Verordnung betr. die in neutralen Häfen befindlichen, in deutschem Eigentume stehenden Nothafenladungen deutscher Schiffe (NHVO.) erlassen, die durch eine spätere Verordnung vom 15. Oktober 1919 mit rückwirkender Kraft auch auf die in neutralen Häfen befindlichen, in deutschem Eigentum stehenden Ladungen derjenigen Schiffe ausgedehnt wurde, die zur Zeit des Kriegsausbruchs in neutralen Häfen gelegen und diese nach Kriegsausbruch nicht verlassen hatten. Auf Grund der erstgenannten Verordnung, zu der vom Reichsschatzminister am 13. Juni 1919 noch Ausführungsbestimmungen erlassen waren, bot sowohl die Klägerin als auch die Nebenintervenientin die Ladung der Santa Theresa dem Reiche zum käuflichen Erwerb an, und zwar auf dem vorgeschriebenen Wege durch den Schutzverband für Nothafenladungen mittels Anmeldung bei der beklagten Abrechnungsstelle, die vom Reiche mit der Durchführung der Verordnung beauftragt war. Die Klägerin fügte auch ihrer Anmeldung das Konnossement bei. Die Beklagte wies aber durch Bescheid vom 13. Dezember 1919 das klägerische Angebot unter Rückgabe des Konnossements zurück und entschied sich für die Annahme des Angebots der Nebenintervenientin.

Als später der Dampfer in Deutschland eintraf, nahm sie die Ladung in Empfang und verfügte über sie. Hierdurch fühlt sich die Klägerin in ihren Rechten gekränkt und erhebt Schadensersatzansprüche. Sie gründet sie einmal auf Vertrag, nämlich das vom Schutzverband mit dem Reiche getroffene Abkommen, zum anderen auf unerlaubte Handlung, indem sie ausführt, ihr Eigentum an der Ladung sei durch das Verhalten der Beklagten widerrechtlich und schuldhaft verletzt worden. Die Beklagte hat beiden Klagegründen widersprochen und die Abweisung der Klage beantragt. Ihr schloß sich die Nebenintervenientin an.

Das Landgericht wies die Klage ab. Die Berufung und die Revision der Klägerin hatten keinen Erfolg.

Aus den Gründen:

(Es wird zunächst ausgeführt, daß die Klägerin aus dem zwischen dem Schutzverbande und dem Reiche getroffenen Abkommen vertragliche Ansprüche gegen die Beklagte nicht erheben könne, da das Abkommen nicht einen bürgerlichrechtlichen Vertrag darstelle, sondern nur die Richtlinien für eine spätere gesetzliche Regelung der Angelegenheit festlege.)

... Das Berufungsurteil führt aus, daß nach § 3 der Ausführungsbestimmungen zur Nothafenverordnung der Eigentümer oder die Person, die die Gefahr des Verlustes trage, ersatzberechtigt sei, daß die Nebenintervenientin allein als Gefahrträgerin in Betracht komme, daß die Beklagte zwischen ihr und der Klägerin bei den Verhandlungen über die Ersatzleistung habe wählen können, und daß die Beklagte, wenn sie die Wahl zugunsten der Nebenintervenientin getroffen und daraufhin über die Ladung verfügt habe, weder widerrechtlich noch schuldhaft gehandelt habe.

Diese Ausführungen lassen einen Rechtsirrtum nicht erkennen. Im § 1 NHVO. sind rechtsgeschäftliche Verfügungen über die in neutralen Häfen befindlichen, in deutschem Eigentume stehenden Nothafenladungen deutscher Schiffe für verboten und nichtig erklärt worden, unbeschadet des Rechts zum käuflichen Angebot an das Reich. Im § 2 heißt es, daß das Reich die Ladungen, wenn sie ihm durch Vermittelung des Schutzverbandes für Nothafenladungen bei der Beklagten angeboten würden, käuflich erwerben werde. Im § 3 ist für den Fall, daß ein freihändiges Angebot unterbleibt, das Enteignungsrecht für das Reich vorgesehen. Nach § 4 ist bei Überlassung der Ladung zu freihändigem Eigentumserwerb der Wert der Ladung in näher geregelter Weise seitens des Reichs zu vergüten, und zwar an denjenigen, der nach den Ausführungsbestimmungen ersatzberechtigt ist. Nach § 6 wird die Vergütung von der Beklagten festgesetzt. Nach § 8 sind die zur Durchführung erforderlichen Ausführungsbestimmungen vom Reichsschatzminister zu erlassen. Dieser hat denn auch von der ihm beigelegten Ermächtigung Gebrauch gemacht. Nach § 1 seiner AusfBest.

wird die Beklagte mit der Durchführung der VO. und der Verwertung der Ladungen beauftragt und zugleich ermächtigt, gegenüber den an der Ladung Berechtigten durch Vermittelung des Schutzverbandes für Nothafenladungen die zur Durchführung der VO. erforderlichen Maßnahmen zu treffen. Nach § 2 sind die Eigentümer und Besitzer der Ladungen verpflichtet, sie beim Schutzverbande für Nothafenladungen unter Einreichung der erforderlichen, ordnungsmäßig indossierten Dokumente anzumelden; beim Fehlen von Dokumenten ist nach Anweisung der Beklagten Sicherheit zu leisten. Im § 3 wird für ersatzberechtigt erklärt: der Eigentümer der Ladung oder die Person, die die Gefahr ihres Verlustes trägt, bei Konsignationsware der zum Verkauf ermächtigte Empfänger. Nach § 4 übernimmt der Empfänger der vom Reiche zu zahlenden Vergütung durch Annahme der Zahlung die Verpflichtung, das Reich gegen berechtigte Ansprüche Dritter aus derselben Ladung schadlos zu halten. Durch eine fernere VO. der Reichsregierung vom 15. Oktober 1919 ist alsdann die NHVO. mit rückwirkender Kraft auf die Ladungen derjenigen Schiffe ausgedehnt worden, die zur Zeit des Kriegsausbruchs in neutralen Häfen lagen und diese nach Kriegsausbruch nicht verlassen haben.

Betrachtet man die sämtlichen vorstehenden Bestimmungen in ihrem Zusammenhange, so ergibt sich zunächst, daß nirgends bereits vorhandene Verträge über die in den Verordnungen bezeichneten Ladungen aufgehoben oder für nichtig erklärt worden sind. Nur jede weitere rechtsgeschäftliche Verfügung über die Ladung — abgesehen vom käuflichen Angebot an das Reich — wird im § 1 NHVO. untersagt. Dies Verbot ist keineswegs gleichbedeutend mit der Aufhebung der die Ladungen betreffenden Verträge. Es ist vielmehr anzunehmen, daß die Verträge, soweit sie mit der NHVO. in Einklang zu bringen waren, aufrechterhalten werden sollten und nur einer Abänderung insoweit verfielen, als diese durch die Vorschriften und die Zwecke der Verordnung notwendig gemacht wurde. Da das Eigentum auf das Reich übergeleitet werden sollte, so mußten die Kaufverträge insoweit wegfallen, als sie die Übereignung der körperlichen Sachen zum Gegenstande hatten. Im übrigen hat aber die Verordnung an den Rechten der Beteiligten nichts geändert, und es erscheint daher geboten, die Verträge mit der Umgestaltung, die sie durch die Verordnung notwendigerweise erfuhren, als fortbestehend anzusehen. Für die Entziehung der Ware wurde den Beteiligten in der vom Reich gezahlten Entschädigung ein Ersatz verschafft.

Durch eine solche Auslegung der Vorschriften wird man auch dem Zwecke, den die Reichsregierung bei Erlaß der Verordnung verfolgte, am besten gerecht. Veranlaßt wurde diese durch die im Trierer Abkommen vom 16. Januar 1919 von Deutschland übernommene Verpflichtung, die deutschen Handelsschiffe von einem bestimmten Tonneninhalt dem Feindbund zur Verfügung zu stellen. Für die Ladungen solcher Schiffe, die sich in neutralen Ausgangs- oder Nothäfen befanden, entstand damit die Gefahr des Verlustes. Um dieser Gefahr vorzubeugen, entschloß sich das Reich auf Betreiben der zum Schutzverband für Nothafenladungen zusammengetretenen Ladungsberechtigten, die Ladungen zu Eigentum zu erwerben und die bisherigen Berechtigten in dem notwendigen Umfange zu entschädigen. Diesem Zwecke sollten die NHVO. und die dazu ergangenen Ergänzungen dienen (vgl. Feucht i. Hanseat. Rechtszeitschr. 1919 S. 322). Da von dem Verlust der Ladungen nicht nur die Eigentümer, sondern auch diejenigen Personen, die sonstige Rechte bezüglich der Ladungen erworben hatten, betroffen werden mußten, so lag es nahe, die Schutzverordnung so einzurichten, daß gleichmäßig auf die Belange der sämtlichen Berechtigten Rücksicht genommen wurde. Neben den Eigentümern kamen besonders die Käufer in Betracht, für die die Abladungen bewirkt waren. Diesem Umstande wurde bei der gesetzlichen Regelung der Angelegenheit dadurch Rechnung getragen, daß nach § 4 der VO. die vom Reichsschatzminister zu erlassenden Ausführungsbestimmungen die Frage, wer ersatzberechtigt sei, regeln sollten, und daß alsdann im § 3 der AusfBest. der Eigentümer der Ladung oder die Person, die die Gefahr ihres Verlustes trägt, nebeneinander für ersatzberechtigt erklärt wurden. Der Gefahrträger konnte um so eher neben dem Eigentümer als berechtigt angesehen werden, als nach § 281 BGB. der Eigentümer als Verkäufer die Verpflichtung hatte, dasjenige, was er als Ersatz für die geschuldete Ware erhielt, an den Käufer herauszugeben. Da es nach § 1 der AusfBest. der Beklagten oblag, die Verordnung durchzuführen und die dazu erforderlichen Maßregeln zu treffen, so hatte sie auch, wie das Berufungsgericht mit Recht annimmt, im einzelnen Falle nach Billigkeitsrücksichten über die Person des Ersatzberechtigten zu befinden, insbesondere, wenn neben dem Eigentümer noch ein Gefahrträger in Betracht kam, das Wahlrecht zugunsten eines von ihnen auszuüben.

Im vorliegenden Falle hat sich die Beklagte, obwohl auch ein Überlassungsangebot seitens der Beklagten, der Eigentümerin, vorlag, für die Annahme des Angebots der Nebenintervenientin als der Gefahrträgerin entschieden. Daß die Nebenintervenientin im Sinne des § 3 der AusfBest. die Gefahr des Verlustes der Ladung trug, kann nicht zweifelhaft sein. Denn nach § 447 BGB. geht bei Sachen, die vom Verkäufer auf Verlangen des Käufers nach einem anderen Orte als dem Erfüllungsorte versendet werden, die Gefahr auf den Käufer über, sobald der Verkäufer die Sache dem Spediteur, dem Frachtführer oder der sonst zur Versendung bestimmten Person oder Anstalt ausgeliefert hat. Mit der Abladung des Salpeters in die Santa Theresa vollzog sich also der Übergang der Gefahr auf die Nebenintervenientin. Demgegenüber sucht die Revision auszuführen, daß unter der Gefahr, auf die der § 3 der AusfBest. abziele, nur die Gefahr des Verlustes durch einen der Verordnung entsprechenden Eingriff des Reichs verstanden werden könne, eine Gefahr, die allein die Klägerin betroffen habe. Diese Auslegung erscheint willkürlich und findet in dem Inhalte und dem Zwecke der Gesetzesvorschriften keine Stütze. In den Ausführungsbestimmungen ist ausdrücklich die Rede von der Gefahr des Verlustes der Ladung. Ein solcher Verlust konnte durch die Verordnung aber nicht herbeigeführt werden, da diese nur auf die Gestaltung der Rechtsverhältnisse von Einfluß war, dagegen eine körperliche Veränderung der Ladung, besonders Untergang oder Verringerung, wie sie der Begriff Verlust erfordert, überhaupt nicht zur Folge hatte (vgl. Urteil vom 23. November 1922 I 682/21 S. 16 dieses Bandes).

Schließlich fehlt es auch an jedem Anhalt dafür, daß die Beklagte bei der Wahl der Nebenintervenientin als verhandlungsberechtigter Teilnehmerin und bei der auf Grund der Einigung mit ihr später getroffenen Verfügung über die Ladung rechtswidrig oder schuldhaft gehandelt habe. Rechtswidrigkeit in objektivem Sinne muß ausscheiden, da die Beklagte sich bei ihrem Vorgehen in den Grenzen der Befugnisse hielt, die ihr durch die gesetzlichen Vorschriften über die Nothafenladungen beigelegt waren. Anderseits liegen keine Tatsachen dafür vor, daß die Beklagte die Nebenintervenientin mit dem Willen oder dem Bewußtsein, die Klägerin dadurch zu schädigen, zu den Verhandlungen zugezogen, oder daß sie auch nur in fahrlässiger Weise, unter Versäumung der im Verkehr erforderlichen Sorgfalt, sich über die berechtigten Ansprüche der Klägerin hinweggesetzt und in deren Eigentum eingegriffen habe. Es ist zwar nicht zu verkennen, daß es eine eigenartige Rechtsfolge ist, daß das Reich das Eigentum an der Ladung auf Grund von Verhandlungen mit einem Beteiligten erlangen sollte, der selbst noch nicht Eigentümer war, sondern erst einen persönlichen Anspruch auf spätere Übertragung des Eigentums hatte. Mit einem derartigen Ergebnis, das sich nach der Fassung der Gesetzesvorschriften nicht vermeiden läßt, hat anscheinend aber auch der Gesetzgeber selbst gerechnet, da er im § 4 der AusfBest. dem Empfänger der vom Reich zu zahlenden Vergütung die Verpflichtung auferlegt, das Reich gegen berechtigte Ansprüche Dritter aus derselben Ladung schadlos zu halten. Fehlt somit dem Verhalten der Beklagten das Merkmal der Rechtswidrigkeit und des Verschuldens, so kann sie nicht wegen unerlaubter Handlung auf Grund des § 823 BGB. verantwortlich gemacht werden. Der Klägerin muß es vielmehr überlassen bleiben, ihre Ansprüche aus dem Kaufvertrage gegen die Nebenintervenientin geltend zu machen, wobei sie sich in der gleichen Rechtslage befinden wird, als wenn sie den Kaufvertrag durch Verschaffung des Eigentums an der Ware gegenüber der Nebenintervenientin erfüllt hätte.

---

76. Wann beginnt die Verjährung eines auf unerlaubte Handlung gegründeten Anspruchs auf Ersatz sich fortgesetzt erneuernder Schäden, wenn diese durch Nichtbeseitigung eines fehlerhaften Zustandes verursacht werden?

V. Zivilsenat. Urt. v. 10. Februar 1923 i. S. S. (Kl.) w. Stadtgemeinde L. (Bekl.). V 277/22.

I. Landgericht Leipzig. — II. Oberlandesgericht Dresden.

Der Kläger ist Eigentümer eines Hausgrundstücks in der D. Straße in L. Die D. Straße ist stark abschüssig. Durch sie geht von einer oberhalb gelegenen M. Straße aus eine Hauptschleuse. In diese münden die Anschlußschleusen aus den einzelnen Häusern, so auch die aus dem Hause des Klägers. Die letztere mündet oberhalb des Grundstücks in einen Schlammfang der Hauptschleuse.

Mit der im Mai 1919 erhobenen Klage beantragte der Kläger, die Beklagte zu verurteilen, 1. die Anschlußschleuse in der Weise zu verlegen, daß das Eindringen von Schleusenwässern in sein Grundstück ausgeschlossen sei, 2. ihm den Schaden zu ersetzen, der ihm durch das Eindringen von Schleusenwässern in sein Grundstück entstanden sei und noch entstehe. Er behauptete, im Jahre 1912 oder 1913 habe die Beklagte die Anschlußschleuse aus seinem Hause, die früher unterhalb seines Grundstücks in die Hauptschleuse gemündet habe, derart verlegt, daß sie nunmehr oberhalb in den höher gelegenen Schlammschacht der Hauptschleuse eingeführt sei. Infolgedessen dringe seitdem bei stärkeren Regengüssen das Wasser der Hauptschleuse in seine Anschlußschleuse und überschwemme sein Grundstück.

Der erste Richter verurteilte die Beklagte, Einrichtungen herzustellen, die das Eindringen von Schleusenwässern in das Grundstück des Klägers verhindern; im übrigen wies er die Klage ab, und zwar erachtete er gegen den Schadensersatzanspruch zu 2 die von der Beklagten erhobene Einrede der Verjährung für durchgreifend. Hiergegen legte nur der Kläger wegen der Abweisung seines Schadensersatzanspruchs Berufung ein. Jedoch wurde die Berufung zurückgewiesen. Die Revision des Klägers hatte Erfolg.

Gründe:

Der Berufungsrichter sieht in Übereinstimmung mit dem ersten Richter den allein in die Berufungsinstanz gediehenen Schadensersatzanspruch nach der Klagbegründung, da die beklagte Stadtgemeinde die fragliche Anschlußschleuse auf Grund polizeilicher Vorschriften, wenn auch auf Kosten des Klägers hergestellt habe, als einen Schadensersatzanspruch aus unerlaubter Handlung im Sinne des § 823 BGB. an und erachtet, den von der Beklagten erhobenen Einwand der Verjährung nach § 852 BGB. für durchgreifend. Die Schleuse sei, so führt er aus, nach der Darstellung des Klägers spätestens im Jahre 1913 verändert worden. Der Kläger habe die nachteiligen Wirkungen der Veränderung bei großen Regengüssen spätestens 1914 erkannt, auch damit rechnen müssen und erkannt, daß die durch die Schleuse verursachten Überschwemmungen bei jedem derartigen Regenguß, der das Fassungsvermögen der Hauptschleuse übersteige, künftig wiederkehren müßten oder könnten. Spätere Veränderungen der Schleuse kämen nicht in Frage und auch ein sonstiges schädliches Tun der Beklagten als die Ausführung dieser Anschlußschleuse sowie die Veränderung der Hauptschleuse in ihrem oberen Teile, die auch bereits in das Jahr 1912 falle, komme nicht in Betracht. Wenn die Anlage auch nach der Vollendung, jetzt oder später, schädliche Folgen habe, so sei das kein Umstand, der den Beginn der Verjährung hindern könnte. Insbesondere laufe für Ansprüche aus späteren schädlichen Folgen keine besondere neue Verjährung. Danach sei die dreijährige Verjährungsfrist, die mit dem Zeitpunkte beginne, wo der Verletzte von den schädlichen Folgen eines Eingriffs in sein Recht auch nur im allgemeinen Kenntnis erlangt und von der Person des Verletzers erfahren habe, schon vor der erst nach dem 30. April 1919, dem Tage der Einreichung der Klage, erfolgten Klagerhebung abgelaufen gewesen. Der Kläger sei in der Lage gewesen, rechtzeitig vor Ablauf der Verjährung durch eine Feststellungsklage sich seine Rechte zu erhalten.

Die Revision macht hiergegen geltend, es handle sich um fortgesetzte Immissionen durch Zuführung von Wasser aus der Schleuse. Da die Beklagte, wie vom Kläger behauptet worden sei, trotz wiederholter Aufforderung den fehlerhaften Zustand der Schleuse belassen habe, liege ein fortgesetztes Verhalten der Beklagten vor, welches die fortgesetzten Immissionen auf das Grundstück des Klägers veranlasse.

Der Revision kann der Erfolg nicht versagt werden. Würde allerdings der Schadensersatzanspruch des Klägers nur in einem als unerlaubte Handlung sich darstellenden positiven Tun der Beklagten, nämlich in der Veränderung der Hauptschleuse und Herstellung der Anschlußschleuse, die nach der Behauptung des Klägers fehlerhaft sein und bei starken Regengüssen seit dem Jahre 1914 Überschwemmungen des Grundstücks des Klägers verursacht haben und noch verursachen sollen, seine Rechtfertigung finden können, so würde, da nach der von der Revision nicht angefochtenen tatsächlichen Feststellung des Berufungsrichters der Kläger spätestens im Jahre 1914 die bei starken Regengüssen eintretenden nachteiligen Folgen jener Anlagen erkannt hat, auch damit hat rechnen müssen und erkannt hat, daß die dadurch verursachten Überschwemmungen bei jedem derartigen Regenguß künftig wiederkehren müssen oder können, die Rechtsauffassung des Berufungsrichters, daß dem Anspruch des Klägers auf Ersatz sowohl des durch Überschwemmungen erwachsenen wie auch des noch entstehenden Schadens die Einrede der Verjährung nach § 852 BGB. entgegenstehe, nicht zu beanstanden sein. Steht ein positives Tun des Schädigers in Frage, das nicht, sei es auch gleichartig und zeitlich sich mehr oder weniger aneinander anschließend, sich erneuert, wie in den Fällen, in denen durch fortdauernde Benutzung eines Grundstücks zu einem Betriebe immer sich wiederholende Einwirkungen auf ein Nachbargrundstück verursacht werden (vgl. hierüber RG. in JW. 1907 S. 832 Nr. 10 [Seuff.Arch. Bd. 63 S. 102]; 1912 S. 31 Nr. 15 [Warneyer 1912 Nr. 30]), sondern das in sich abgeschlossen ist, aber fortdauernde, zeitweilig wiederkehrende, obwohl dem Wesen und Umfange nach wechselnde Nachteile, jedoch ohne weiteres Zutun des Schädigers hervorbringt, so ergreift nach der ständigen Rechtsprechung des Reichsgerichts die Verjährung aus § 852 BGB. die schädlichen Folgen des einmaligen positiven Tuns im ganzen Umfange, einschließlich der zur Zeit der Erlangung der Kenntnis von der schädlichen Wirkung und der Person des Täters durch den Beschädigten noch nicht eingetretenen, aber voraussehbaren und deshalb durch eine Feststellungsklage geltend zu machenden, als einen einheitlichen Schaden (RG. in JW. 1912 S. 751 Nr. 16, 1914 S. 355 Nr. 7; Warneyer 1912 Nr. 432, 1913 Nr. 143, 1916 Nr. 281), sodaß die dreijährige Verjährung mit der Erlangung der Kenntnis von der Person des Täters und der schädlichen Wirkung des positiven Tuns im allgemeinen sowohl für die bereits eingetretenen wie für die voraussehbaren künftigen Schäden beginnt (RG. in JW. 1907 S. 832 Nr. 10 [Seuff. Arch. Bd. 63 S. 102]; Warneyer 1916 Nr. 281; L. Z. 1919 S. 107). Der Berufungsrichter übersieht jedoch, daß vorliegend nach der vom Kläger seinem Schadensersatzanspruch gegebenen Begründung eine Verursachung von Schäden nicht sowohl durch ein einmaliges, fortwirkend schädliche Folgen hervorbringendes positives Tun, als vielmehr durch fortdauernde Unterlassungen der Beklagten in Betracht kommt. Eine Unterlassung stellt sich als eine unerlaubte Handlung im Sinne des § 823 BGB. dar, wenn eine Pflicht zum Handeln bestand und diese Pflicht schuldhaft verletzt ist (RGZ. Bd. 97 S. 12). Nach den Tatbeständen der Vorderurteile und dem Schriftsatz vom 8. August 1921 hat der Kläger behauptet, die Verlegung seiner Anschlußschleuse und die Veränderung der Hauptschleuse im Jahre 1912 oder 1913 durch die Beklagte seien fehlerhaft erfolgt, seitdem hätten die Abfallwässer aus seinem Grundstücke keinen richtigen Abfluß und stauten sich, bei starken Regengüssen drücke das Wasser aus der Hauptschleuse in seine Anschlußschleuse, sodaß das Wasser in den Abflußrohren auf seinem Grundstück in die Höhe dringe und Überschwemmungen seines Grundstücks herbeiführe; er habe, als er kurz vor dem Turnfest 1913 die erste Überschwemmung in seinem Grundstück bemerkt habe, sich sofort an das Tiefbauamt gewandt, es sei ihm die Erledigung sofort nach dem bevorstehenden Turnfest zugesagt worden, etwa 8 Tage nach dem Turnfest habe er sich erneut an das Tiefbauamt gewandt, es sei ihm dann Abhilfe versprochen worden, aber die Abhilfe sei immer wieder hinausgeschoben worden, auch in den folgenden Jahren habe er das Tiefbauamt sehr häufig telephonisch und mündlich um Abhilfe ersucht. Wäre dies richtig, so könnte daraus entnommen werden, daß die angeblichen Schäden des Klägers durch schuldhafte Unterlassung der Beklagten verursacht worden sind und verursacht werden. Die Beklagte war als Stadtgemeinde verpflichtet, die Schleusenanlagen, durch die sie die Abwässer ableitete, so einzurichten, daß die Anlieger, die durch Anschlußschleusen an die Hauptschleuse in diese die Abwässer aus ihren Grundstücken zu leiten hatten, nicht durch die abgeleiteten Abwässer Schaden erlitten, insbesondere auch nach der vom Kläger bezeichneten Richtung der Überschwemmung ihrer Grundstücke durch Zurückstauen der Abwässer bei starken Regengüssen. Hatte die Beklagte die Schleusenanlage in dieser Hinsicht fehlerhaft hergestellt, so war sie verpflichtet, den fehlerhaften Zustand zu beseitigen. Tat sie dies nicht, sondern ließ sie die Abwässer durch die Schleusenanlage trotz deren fehlerhaften Zustandes weiter ihren Lauf nehmen, wiewohl sie die Fehlerhaftigkeit erkannt hatte oder bei Anwendung der im Verkehr erforderlichen Sorgfalt erkannt haben würde, so fiel ihr pflichtwidrig schuldhafte Unterlassung zur Last und war sie dem Kläger als Anlieger für den dadurch entstehenden Schaden, insbesondere der Überschwemmung seines Grundstücks bei starken Regengüssen, nach § 823 BGB. ersatzpflichtig. Der Grundsatz aber, daß die nachteiligen sich noch in die Zukunft erstreckenden und sich wiederholenden Folgen eines einmaligen in sich vollendeten positiven Tuns hinsichtlich der Verjährung insgesamt als einheitlicher Schaden anzusehen sind, kann nicht gelten, wenn die Fortdauer eines fehlerhaften Zustandes, den zu beseitigen der Verpflichtete schuldhaft unterläßt, von neuem schädigend wirkt; denn jedesmal, wenn hierbei ein Schaden eintritt, hat er je für sich seine Ursache in der andauernden Unterlassung des zur Beseitigung des Zustandes Verpflichteten und liegt sonach jedesmal ein neuer Schaden vor (RGZ. Bd. 37 S. 273). Daher beginnt der Lauf der dreijährigen Verjährungsfrist aus § 852 BGB. für jeden sich infolge der Nichtbeseitigung des fehlerhaften Zustandes einstellenden Schaden besonders mit dem Zeitpunkt, in dem der Beschädigte von diesem Schaden Kenntnis erlangt. Danach wäre vorliegend der Schadensersatzanspruch des Klägers nur hinsichtlich der Schäden verjährt, die länger als 3 Jahre vor der Klagerhebung eingetreten und zur Kenntnis des Klägers gelangt wären, nicht aber hinsichtlich der erst später eingetretenen oder dem Kläger bekannt gewordenen.

---

77. Kann das Nachlaßgericht ein auswärtiges Gericht oder eine auswärtige Behörde im Wege der Rechtshilfe um Aufnahme des Nachlaßverzeichnisses nach § 2003 BGB. ersuchen, wenn sich der Nachlaß in deren Bezirk befindet?

IV. Zivilsenat. Beschl. v. 12. Februar 1923 in der Nachlaßsache F. IV B 3/23.

I. Notariat Karlsruhe — II. Oberlandesgericht daselbst.

Der in Reinheim (Hessen) wohnhaft gewesene, am 8. März 1921 dort verstorbene Johann Georg F. hinterließ als gesetzliche Erben seine Ehefrau und fünf volljährige Kinder, von denen zwei in Karlsruhe, die übrigen in Oberhessen und Düsseldorf wohnen. Die Witwe ist nach dem Tode ihres Mannes nach Karlsruhe verzogen. Die dort wohnhafte Tochter Ottilie M. hat die Errichtung eines amtlichen Nachlaßverzeichnisses nach § 2003 BGB. und die Auseinandersetzung des Nachlasses nach § 86 flg. FGG. beantragt. Von dem hessischen Amtsgericht Reinheim als dem zuständigen Nachlaßgericht ist das Notariat I in Karlsruhe um die Aufnahme des Verzeichnisses ersucht worden, da sich die Nachlaßgegenstände dort befänden. Das Notariat hat das Ersuchen abgelehnt. Das vom Amtsgericht Reinheim angerufene Oberlandesgericht Karlsruhe hat durch Beschluß vom 29. Dezember 1922 das Rechtshilfeersuchen für unzulässig erklärt, weil nach § 2003 BGB. das Nachlaßgericht selbst oder in seinem Auftrag die landesgesetzlich zuständige Dienststelle das Verzeichnis aufzunehmen habe und die Aufnahme durch ein auswärtiges Gericht oder eine auswärtige Behörde mit dem Gesetz nicht vereinbar sei.

Der hiergegen vom Amtsgericht Reinheim beim Reichsgericht eingelegten, nach § 2 FGG., § 160 GVG. zulässigen Beschwerde war stattzugeben.

Nach Art. 147 EG. z. BGB., § 45 Nr. 1 des bad. Rechtspolizeigesetzes vom 17. Juni 1899 gehören die nach Reichsrecht dem Nachlaßgericht obliegenden Verrichtungen, also auch die Aufnahme von

Nachlaßverzeichnissen, zum Geschäftsbereich der badischen Notare. Ersuchen um Rechtshilfe in Nachlaßsachen können nach § 194 Abs. 1 FGG. an sie unmittelbar gerichtet werden. Eine Ablehnung darf — von dem Fall der örtlichen Unzuständigkeit abgesehen — nur erfolgen, wenn die vorzunehmende Handlung der ersuchten Behörde nach dem geltenden Rechte verboten, also gesetzlich unstatthaft ist (§ 159 Abs. 2 GVG.). Das trifft entgegen der Annahme des Oberlandesgerichts hier nicht zu.

Allerdings liegt die Aufnahme von Nachlaßverzeichnissen grundsätzlich dem Nachlaßgericht ob (§ 2003 BGB.). Daß aber die Amtshandlung nur von ihm selbst oder in seinem Auftrag von den in seinem Bezirk sonst zuständigen Beamten oder Behörden vorgenommen werden dürfte, läßt sich dem Gesetz nicht entnehmen. Der § 2003 BGB. regelt allgemein die sachliche Zuständigkeit des Nachlaßgerichts, ohne sie zu einer ausschließlichen in dem Sinn zu stempeln, daß die von ihm angeordnete Aufnahme des Nachlaßverzeichnisses nicht auch im Wege des Rechtshilfeersuchens einem auswärtigen Gerichte oder einer auswärtigen Behörde übertragen werden könnte. Eine solche Beschränkung wäre nur anzunehmen, wenn sie sich aus der rechtlichen Natur des Aktes als einer mit Notwendigkeit dem Nachlaßgericht allein obliegenden Verrichtung ergäbe. Das ist aber nicht der Fall. Es handelt sich um die amtliche Aufzeichnung der Nachlaßgegenstände und -schulden auf der Grundlage des vorgelegten Materials und um die Ermittelung des Wertes der Nachlaßsachen, also um eine unterstützende Tätigkeit, durch die den Beteiligten nicht unmittelbar Rechte und Pflichten zugewiesen werden. Eine nachlaßrichterliche Entscheidung ist — anders wie bei der Erteilung des Erbscheins oder der Aufstellung und Bestätigung des Teilungsplans — nicht zu treffen. Ebensowenig können Erwägungen Platz greifen, wie sie die Ablehnung des Rechtshilfeersuchens um Vernehmung der Parteien im Eheprozeß rechtfertigen, wo die Abhörung der persönlich erschienenen Eheleute als Teil der mündlichen Verhandlung allein dem Prozeßgericht obliegt (JW. 1909 S. 21 Nr. 17).

Läßt sich aber hiernach weder aus dem Gesetz noch aus der Natur der Verrichtung folgern, daß das Nachlaßverzeichnis nur von dem Nachlaßgericht selbst oder den von ihm beauftragten, sonst zuständigen Beamten oder Behörden seines Bezirks aufzunehmen ist, so steht nichts im Wege, wenn das Nachlaßgericht, dem Wesen der Rechtshilfe entsprechend, in geeigneten Fällen ein auswärtiges Gericht oder eine auswärtige Behörde um die Vornahme der Amtshandlung ersucht. Ein solcher Fall liegt hier vor, da dem Amtsgericht Reinheim die Aufnahme des Nachlaßbestandes zwar nicht unmöglich, aber doch wesentlich erschwert ist (RGZ. Bd. 67 S. 419). Das Verzeichnis kann nur in Karlsruhe, wo sich der Nachlaß befindet, aufgenommen werden. In Karlsruhe wohnen auch drei der Erben, während die übrigen sich außerhalb des Bezirks des Nachlaßgerichts aufhalten. Unter diesen Umständen erweist sich das Ersuchen ohne weiteres als gerechtfertigt. Im übrigen mag betont werden, daß, wie den Behörden der freiwilligen Gerichtsbarkeit überhaupt in besonderem Maße die Pflicht obliegt, den Beteiligten bei der Verwirklichung ihrer Rechte behilflich zu sein und ihnen hierbei tunlichst entgegenzukommen, so namentlich auch bei Rechtshilfeersuchen von ihnen eine zu enge Auffassung ihrer Rechte und Pflichten nach Möglichkeit vermieden werden muß.

---

78. Wann beginnt die Verjährung des Schadensersatzanspruchs aus § 945 ZPO., wenn über das Bestehen der durch die einstweilige Verfügung gesicherten Forderung ein Rechtsstreit zwischen den Beteiligten anhängig ist?

IV. Zivilsenat. Urt. v. 12. Februar 1923 i. S. Eheleute B. (Kl.) w. F. (Bekl.). IV 304/22.

I. Landgericht Guben. — II. Kammergericht Berlin.

Die Kläger übertrugen im Jahre 1905 dem Beklagten den Bau eines Wohnhauses und Gasthofs auf ihrem in F. belegenen Grundbesitz. Sie zahlten für die Ausführung des Baues an den Beklagten 24000 *M* in bar und ließen für ihn ferner auf ihrem Grundbesitz 13000 *M* hypothekarisch eintragen. Sie behaupten, der Baupreis habe 36000 *M* betragen und 1000 *M* seien sie dem Beklagten aus einem Darlehen schuldig gewesen. Der Beklagte erwirkte unter dem 6. Juli 1907 bei dem Amtsgericht in F. eine einstweilige Verfügung dahin, daß für ihn in Höhe von 9241,69 *M* nebst 5 v. H. Zinsen seit dem 1. November 1906 auf dem Grundbesitz der Kläger eine Vormerkung zur Sicherung des Anspruchs auf Einräumung einer Sicherungshypothek von gleicher Höhe einzutragen sei, indem er glaubhaft machte, daß ihm über 36000 *M* hinaus eine Forderung von 9241,69 *M* aus dem Bauvertrage mit den Klägern zustehe. Die einstweilige Verfügung wurde durch Urteil des Landgerichts in Guben vom 28. September 1908 aufrechterhalten. Die Eintragung der Vormerkung im Grundbuch war am 15. Juli 1907 erfolgt. Am 3. Oktober 1907 kündigte der Beklagte die für ihn eingetragene Hypothek von 13000 *M*, auf deren Rückzahlung er demnächst in den Akten 2 O. 30/08 des Landgerichts Guben Klage erhob. Eine weitere Klage strengte er gegen die Kläger in den Akten 2 O. 866/08 auf Zahlung seiner durch die Vormerkung gesicherten Forderung an. Dieser zweite Prozeß wurde bis zur Entscheidung des ersten ausgesetzt, der mit der Verurteilung der Kläger nach dem Klagantrage endete. Auf Grund des in diesem Prozeß ergangenen vorläufig vollstreckbaren Urteils des Kammergerichts vom 11. Juni 1909, durch das die Kläger zur Zahlung eines Teilbetrags von 3758,31 *M* verurteilt wurden, während die Entscheidung über den Restbetrag von einem Eide des Beklagten abhängig blieb, betrieb der Beklagte im November 1909 die Zwangsversteigerung des Grundbesitzes der Kläger, in der der Beklagte durch Beschluß vom 12. März 1910 den Zuschlag der Grundstücke gegen Übernahme einer Sparkassenhypothek von 30000 *M* und ein Bargebot von 17000 *M* erhielt. Der im Jahre 1910 aufgenommene Rechtsstreit 2 O. 866/08 endigte mit dem die Klage abweisenden Urteile des Kammergerichts vom 16. Mai 1919. Das Kammergericht stellte fest, daß dem Beklagten aus dem Bauvertrage über den Betrag von 36000 *M* hinaus keine Forderung gegen die Kläger zustehe. Im Dezember 1919 erhoben die Kläger die jetzige Klage auf Schadensersatz nach § 945 ZPO. Sie behaupteten, die einstweilige Verfügung vom 6. Juli 1907 sei, wie sich in dem letzten Vorprozeß herausgestellt habe, von Anfang an ungerechtfertigt gewesen. Lediglich wegen der auf Grund dieser einstweiligen Verfügung eingetragenen Vormerkung sei es zur Zwangsversteigerung ihrer Grundstücke gekommen, da es ihnen nur im Hinblick auf die Vormerkung unmöglich gewesen sei, das zur Auszahlung der vom Beklagten gekündigten Hypothek von 13000 *M* erforderliche Geld zu erhalten.

Der Beklagte erhob den Einwand der Verjährung, der in erster Instanz verworfen, vom Kammergericht und Reichsgericht für durchgreifend erachtet wurde.

Gründe:

Die Beklagten haben dem auf § 945 ZPO. gestützten Klaganspruch den Einwand der Verjährung aus § 852 Abs. 1 BGB. entgegengesetzt. Das Berufungsgericht hat im Gegensatze zu dem Landgericht den Einwand für durchgreifend erachtet. Es erwägt: Die Kläger erblickten den ihnen erwachsenen Schaden in der Versteigerung ihrer Grundstücke, die dem Beklagten am 12. März 1910 zugeschlagen worden seien. In diesem Zeitpunkt sei für die Kläger der Schade eingetreten. Sie hätten von dem Zuschlage noch im März 1910 Kenntnis erlangt, ebenso hätten sie die Person des Ersatzpflichtigen gekannt, denn sie machten selbst geltend, daß nur die auf Grund der einstweiligen Verfügung vom 6. Juli 1907 eingetragene Vormerkung zugunsten des Beklagten sie gehindert habe, das zur Auszahlung der vorangehenden Hypothek von 13000 *M* nötige Geld zu beschaffen und dadurch die Zwangsversteigerung zu verhüten. Sie behaupteten sogar, den Beklagten unter Hinweis hierauf in den Jahren 1908 und 1909 um die Löschung der Vormerkung gebeten zu haben. Demnach seien im März 1910 alle im § 852 Abs. 1 BGB. aufgestellten Erfordernisse für den Beginn der dreijährigen Verjährung erfüllt gewesen und spätestens im Jahre 1913 die Verjährung des aus § 945 ZPO. hergeleiteten Schadensersatzanspruchs der Kläger vollendet worden. Die Ansicht der Kläger, daß die Verjährung erst mit der Aberkennung des der einstweiligen Verfügung zugrunde gelegten Anspruchs des Beklagten im Rechtsstreit 2 O. 866/08 des Landgerichts Guben, also erst im Jahre 1919 zu laufen begonnen habe, sei unrichtig. Die Klage aus § 945 ZPO. setze nicht voraus, daß die Unrechtmäßigkeit der einstweiligen Verfügung, namentlich das Nichtbestehen des gesicherten Anspruchs durch Urteil festgestellt sei, vielmehr könne die Prüfung der Frage, ob die einstweilige Verfügung wegen Nichtbestehens eines Anspruchs von vornherein unberechtigt gewesen sei, in dem Rechtsstreit über den auf § 945 ZPO. gestützten Schadensersatzanspruch erfolgen. Die Kläger seien daher, als sie von dem Zuschlage ihrer Grundstücke Kenntnis erhalten hätten, in der Lage gewesen, sofort ihren Schadensersatzanspruch aus § 945 ZPO. geltend zu machen. Sie hätten deshalb das Urteil hinsichtlich der Vorfrage, ob dem Beklagten der durch die einstweilige Verfügung gesicherte Anspruch zugestanden habe, nicht abwarten dürfen. Daß sie es zu ihrer Sicherheit getan hätten, schlage gegen sie aus....

Das Reichsgericht hat in ständiger Rechtsprechung, an der festzuhalten ist, angenommen, daß der Schadensersatzanspruch aus § 945 ZPO. als Anspruch aus unerlaubter Handlung im weiteren Sinne zu betrachten ist und deshalb der dreijährigen Verjährung des § 852 Abs. 1 BGB. unterliegt (RGZ. Bd. 74 S. 249, Bd. 78 S. 207; Warn. 1911 Nr. 82, 1913 Nr. 265). Danach beginnt die Verjährung mit dem Zeitpunkt, in welchem der Verletzte von dem Schaden und der Person des Ersatzpflichtigen Kenntnis erlangt. Diese Kenntnis ist vorhanden, wenn der Geschädigte auf Grund der ihm bekannten Tatsachen gegen eine bestimmte Person eine Klage auf Schadensersatz, sei es auch nur eine Feststellungsklage, mit einigermaßen sicherer Aussicht auf Erfolg anstellen kann (Warn. 1909 Nr. 103; JW. 1915 S. 393 Nr. 3, 1918 S. 303 Nr. 6). Der Schadensersatzanspruch der Kläger stützt sich auf die Tatsachen, daß die Vergütung für die Ausführung des dem Beklagten übertragenen Baues auf den Höchstbetrag von 36000 *M* vereinbart war, der Beklagte aber eine darüber hinausgehende Forderung von 9241,69 *M* geltend gemacht und wegen derselben im Wege der einstweiligen Verfügung die Eintragung einer Vormerkung auf ihren Grundstücken erwirkt hatte, daß ihnen infolgedessen die Beschaffung der Gelder zur Auszahlung der vom Beklagten gekündigten Hypothek von 13000 ℳ unmöglich geworden und dadurch die Zwangsversteigerung ihrer Grundstücke herbeigeführt worden war, und daß sie durch den Verlust ihrer Grundstücke Schaden erlitten hatten. Diese sämtlichen Tatsachen sind den Klägern nach ihrem eigenen Vortrag im März 1910 bekannt gewesen. Sie waren also bereits in jenem Zeitpunkt in der Lage, ihren Schadensersatzanspruch gegen den Beklagten zu begründen und gerichtlich zu verfolgen, und demnach ist damals gemäß § 852 Abs. 1 BGB. die Verjährung dieses Anspruchs in Lauf gesetzt worden. Aus der Vorschrift des § 945 ZPO., auf die sich die Kläger berufen haben, ist nichts zu ihren Gunsten zu entnehmen. Die Geltendmachung des dort gegebenen Schadensersatzanspruchs ist nicht an die Voraussetzung geknüpft, daß in einem gerichtlichen Verfahren bereits festgestellt sein muß, die Anordnung der einstweiligen Verfügung sei von Anfang an ungerechtfertigt gewesen, vielmehr kann diese Prüfung und Feststellung, wie das Reichsgericht mehrfach ausgesprochen hat (RGZ. Bd. 65 S. 196, Bd. 67 S. 366), in dem Verfahren über die Klage erfolgen, mit welcher der Schadensersatzanspruch geltend gemacht wird. Der Anspruch aus § 945 ZPO. entsteht in dem Augenblick, in dem zufolge der Vollziehung einer einstweiligen Verfügung, die zur Sicherung eines unbegründeten Anspruchs angeordnet ist, dem Gegner ein Schaden erwachsen ist, und sobald diese den Schadensersatzanspruch begründenden Tatsachen dem Geschädigten bekannt geworden sind, beginnt gegen ihn die Verjährung zu laufen. Der Umstand, daß die einstweilige Verfügung im Widerspruchsverfahren oder im Falle des § 942 ZPO. von dem Gerichte der Hauptsache bestätigt worden ist, steht dem nicht entgegen. Denn die Entscheidung über die Bestätigung der einstweiligen Verfügung hat hinsichtlich der Frage nach dem Bestehen des materiellen Anspruchs nur provisorische Bedeutung, weil diese Entscheidung nur die Glaubhaftmachung des durch die einstweilige Verfügung gesicherten Anspruchs festzustellen hat, sie greift also der Prüfung und Entscheidung über das wirkliche Bestehen des vom Antragsteller behaupteten Anspruchs im ordentlichen Verfahren nicht vor (RGZ. Bd. 72 S. 29). Ebensowenig stand die Tatsache, daß seit 1908 ein Rechtsstreit über die angebliche Forderung des Beklagten zwischen den Parteien anhängig war, dem Beginn der Verjährung entgegen. Denn die Schadensersatzforderung der Kläger war nicht Gegenstand jenes Rechtsstreits, der einen ganz anderen Anspruch betraf, dessen Nichtbestehen nur ein Element des Anspruchs der Kläger bildet. Die Kläger wurden durch die Anhängigkeit jenes Rechtsstreits nicht gehindert, ihren Schadensersatzanspruch gerichtlich geltend zu machen, eine Hemmung der Verjährung ihres Anspruchs zufolge jenes Rechtsstreits konnte daher nicht eintreten, vielmehr konnten und mußten sie durch dessen gerichtliche Geltendmachung, die durch Erhebung einer Widerklage in jenem Rechtsstreit hätte geschehen können, auf eine rechtzeitige Unterbrechung der Verjährung bedacht sein.

---

79. Kann eine Reinmachefrau wegen einer bei der Arbeit durch Verschulden einer mit ihr zusammen arbeitenden anderen Frau erlittenen Verletzung gegen den Arbeitgeber Schadensersatzansprüche aus §§ 618, 278 BGB. erheben?

III. Zivilsenat. Urt. v. 13. Februar 1923 i. S. D. Werke Aktienges. (Bekl.) w. Bec. (Kl.). III 395/22.

I. Landgericht III Berlin. — II. Kammergericht Berlin.

Am 12. Januar 1920 erlitt die Klägerin, die als Reinmachefrau bei der Beklagten beschäftigt war, beim Fensterreinigen in den Räumen der Beklagten einen Unfall. Eine andere Arbeiterin, Frau Bei., war daran, das Oberlichtfenster, das nicht mit Scharnieren, sondern nur mittels zweier Riegel im Fensterrahmen befestigt war, auszuhängen. Sie hatte bereits die beiden Riegel geöffnet, brachte aber die Arbeit nicht fertig und rief die Klägerin zu Hilfe, und verließ, ohne die Riegel wieder vorzuschieben, die Leiter. Wie nun die Klägerin sich anschickte, die Leiter zu besteigen, stürzte das Fenster herab und traf die Klägerin auf den Kopf. Wegen der vermögensrechtlichen Folge des Unfalls nimmt die Klägerin auf Grund der §§ 618, 278, 831 BGB. die Beklagte in Anspruch. Das Landgericht wies die Klage ab; das Kammergericht erklärte den Anspruch dem Grunde nach für gerechtfertigt. Die Revision hatte Erfolg.

Gründe:

Der Berufungsrichter erachtet den Klaganspruch auf Grund der §§ 618, 278, nicht des § 831 BGB. für begründet. Er nimmt an, daß die Beklagte selbst, d. h. ihre verfassungsmäßig berufenen Vertreter, es an der Erfüllung der ihr nach § 618 obliegenden Pflichten nicht haben fehlen lassen. Insbesondere rechnet es der Berufungsrichter nicht etwa der Beklagten zum Verschulden an, daß sich das Oberlichtfenster überhaupt in einem solchen Zustand befand, daß hierdurch der Unfall ermöglicht wurde. Dagegen stellt er fest, daß Frau Bei. durch ein schuldhaftes Versehen den Unfall der Klägerin herbeigeführt habe. Diese Feststellung läßt, möchte auch das Verschulden der Bei. nach den Umständen nicht eben hoch anzuschlagen sein, doch einen Rechtsirrtum nicht erkennen. Für das Verschulden der Bei. erachtet nun der Berufungsrichter die Beklagte gemäß § 278 BGB.

für haftbar, weil die Beklagte sich der Bei. als Gehilfin in Erfüllung der Pflicht aus § 618 BGB. bedient habe.

In dieser Annahme kann dem Berufungsrichter rechtsgrundsätzlich nicht beigetreten werden. Die Pflicht, ihre Räume in gefahrlosem Zustand zu unterhalten, lag zwar der Beklagten allen in ihrem Dienst stehenden Personen, auch den Reinmachefrauen, gegenüber ob. Aber dieser Pflicht ist die Beklagte nach der Feststellung des Berufungsrichters, soviel an ihr lag, nachgekommen. Insoweit hatte die Bei. die Beklagte nicht in der Erfüllung einer dieser obliegenden Vertragspflicht zu vertreten. Wenn die Bei. bei ihrer Arbeit ein Versehen sich beigehen ließ und dadurch die Klägerin schädigte, so entstand hierdurch eine neue, selbständige Gefährdung, die die Bei. nicht mehr als Erfüllungsgehilfin der Beklagten gesetzt hat. Es kann nicht als im Sinn des Gesetzes gelegen angenommen werden, daß die Beklagte auf Grund des § 278 BGB. auch für solche Versehen einer Reinmachefrau haften sollte, die diese bei Gelegenheit ihrer Arbeit einer anderen Reinmachefrau zufügt.

Dazu tritt folgende Erwägung: Nach der Art und Weise, wie die Oberlichtfenster angebracht waren, war bei deren Herabnahme eine Gefährdung in der Richtung, daß ein Fenster, mit oder ohne Verschulden der arbeitenden Personen, herausfallen könnte, schlechterdings nicht vollständig zu vermeiden. Die Beklagte als Dienstberechtigte war zum Schutz ihrer Arbeitsleute nur soweit verpflichtet, als die Natur der Dienstleistung es gestattete. Die Beklagte hätte daher nicht gehaftet, wenn der Unfall die Bei. selbst betroffen hätte. Nach Lage des Falles kann es aber keinen Unterschied begründen, daß nicht die Bei., sondern die Klägerin von dem Unfall betroffen worden ist. Auch die Klägerin war, mochte sie auch unmittelbar vor dem Unfall mit einer anderen Arbeit befaßt gewesen sein und nur zur Unterstützung der Bei. eingegriffen haben, doch zu Verrichtungen der in Rede stehenden Art angestellt und hat daher gleichfalls die dieser Dienstleistung eigentümlichen Gefahren selbst zu tragen. Anders verhielte es sich, wenn ein sonstiger Arbeitnehmer der Beklagten, der mit den Reinigungsarbeiten nichts zu tun hatte, bei gelegentlichem Vorbeigehen von dem Unfall betroffen worden wäre; dieses vom Berufungsrichter herangezogene Beispiel paßt daher nicht.

---

80. 1. Nach welchen Grundsätzen bestimmt sich die Gefahrtragung, falls beim Versendungskauf der Käufer die von ihm zur Verfügung gestellte Ware auf Verlangen des Verkäufers zum Zwecke der Untersuchung an diesen zurücksendet und die Ware ohne Verschulden des Käufers beim Spediteur abhanden kommt?

2. Wer trägt die Beweislast für die mangelhafte Beschaffenheit der unter der Klausel „Netto Kasse nach Erhalt der Faktura" verkauften, an den verklagten Käufer abgelieferten und von diesem zur Verfügung gestellten Ware?

II. Zivilsenat. Urt. v. 13. Februar 1923 i. S. Mechanische Buntweberei Metzingen J. J. W. (Kl.) w. M. (Bekl.). II 121/22.

I. Landgericht I Berlin. — II. Kammergericht daselbst.

Der Beklagte hat von der Klägerin drei Sendungen Köperstoff, über welche die Rechnungen vom 15., 20. und 25. Mai 1920 lauten, käuflich geliefert erhalten. Von der ersten Sendung hat er durch Schreiben vom 27. Mai 1920 fünf Stücke und später noch ein weiteres Stück, von der zweiten Sendung durch Schreiben vom 29. Mai 1920 elf Stücke als dem Muster nicht entsprechende Ware mit dem Bemerken, daß er sie nicht gebrauchen könne, weil sie fast ohne Köper seien, bemängelt und der Klägerin zur Verfügung gestellt. Diese hat zunächst durch Schreiben vom 29. Mai 1920 der Zurverfügungstellung vom 27. Mai als sachlich unbegründet widersprochen und um sofortige Regulierung ersucht. Mit Schreiben vom 31. Mai 1920 hat sie erklärt, daß sie die Beanstandung vorläufig nicht anerkennen könne, und hat um Übersendung von Ausfallproben von sämtlichen beanstandeten Stücken ersucht. Der Beklagte ist diesem Ersuchen nachgekommen. Darauf hat die Klägerin in ihren Schreiben vom 4. und 7. Juni 1920 dem Beklagten unter Beifügung des Untersuchungsergebnisses mitgeteilt, sie habe die Ware geprüft und festgestellt, daß diese durchschnittlich sogar schwerer als bemustert ausgefallen sei, sie könne daher die Zurverfügungstellung der beanstandeten Stücke nicht anerkennen. Nach weiterem Schriftwechsel ersuchte sie den Beklagten durch Schreiben vom 28. Juni 1920, ihr zwecks eingehender fachmännischer Prüfung seiner von ihr bisher nicht anerkannten Beanstandung die erhaltenen Stücke zuzusenden. Der Beklagte übergab anfang Juli 1920 die Ware, in zwei Ballen verpackt, dem Berliner Spediteur W. zur Übersendung an die Klägerin. Ein Ballen mit 9 Stücken Köper ist auf der Fahrt zum Bahnhof vom Wagen abhanden gekommen.

Die Klägerin verlangt nun mit der Klage Zahlung des Kaufpreises für diesen Ballen in Höhe von 6066,40 *M* nebst Zinsen. Hilfsweise fordert sie den Betrag als Schadensersatz, weil der Beklagte es schuldhaft unterlassen habe, die Ware gegen Transportgefahr zu versichern.

Beide Vorinstanzen haben die Klage abgewiesen. Die Revision hatte Erfolg.

Gründe:

Nach Ansicht des Berufungsgerichts ist weder der Anspruch der Klägerin auf Zahlung des Kaufpreises für den bei der Rücksendung an sie unstreitig abhanden gekommen Warenballen, noch der auf schuldhafte Unterlassung der Transportversicherung gestützte Schadensersatzanspruch begründet, die Klägerin habe vielmehr den Verlust selbst zu tragen. Bei der Stellungnahme zum ersten Klagegrunde geht das Berufungsgericht davon aus, daß die Klägerin durch ihre Aufforderung an den Beklagten vom 28. Juni 1920 ihr Einverständnis damit zu erkennen gegeben habe, daß zwischen ihr und dem Beklagten zunächst über die Ordnungsmäßigkeit dieses Teils der Ware verhandelt werden solle. Daraus entnimmt das Berufungsgericht, daß die Klägerin bis zur Erledigung dieses Verfahrens auch die Zurverfügungstellung, selbst wenn diese zu Unrecht erfolgt sein sollte, gegen sich gelten lassen müsse. Da die Mängelrüge als rechtzeitig erfolgt zu gelten habe, weil die Klägerin sich sachlich auf sie eingelassen habe, so habe der Beklagte durch die Zurverfügungstellung den Erwerb des Eigentums an dem betreffenden Teil der Ware abgelehnt. Die Klägerin habe daher als Eigentümerin durch das Ersuchen um Zurücksendung der beanstandeten Ware dem Beklagten als deren Verwahrer einen Auftrag erteilt, in bestimmter Weise mit ihr zu verfahren; diesen Auftrag habe der Beklagte ausgeführt. Da die Ware nach deren Übergabe an den Spediteur zwecks Versendung an die Klägerin abhanden gekommen sei, letztere aber als Eigentümerin und Auftraggeberin diesen Verlust zu tragen habe, so sei der Kaufvertrag als von ihrer Seite nicht erfüllt anzusehen. Sie könne daher auch nicht den Kaufpreis für die abhanden gekommene Ware vom Beklagten fordern. Den zweiten Klagegrund lehnt das Berufungsgericht wegen mangelnden Verschuldens des Beklagten ab. In dieser Beziehung stellt es zunächst fest, daß ein Handelsgebrauch, wonach der Beklagte die zurückgesandte Ware auch ohne ausdrückliche Anweisung von seiten der Klägerin gegen Verlust oder Beschädigung hätte versichern müssen, nach Auskunft der Handelskammer in Berlin nicht bestehe. Weiter verneint das Berufungsgericht unter Berücksichtigung der Zeitverhältnisse und der besonderen Umstände des Falles, insbesondere der der Klägerin bekannten Gepflogenheit des Beklagten, sich derartige Ware unversichert zugehen zu lassen, daß dieser ohne Bestehen eines solchen Handelsgebrauchs bei Anwendung der Sorgfalt eines ordentlichen Kaufmanns zur Aufnahme der Transportversicherung verpflichtet gewesen sei. Endlich erblickt das Berufungsgericht auch darin kein Verschulden des Beklagten, daß er zur Ausführung des Auftrags der Klägerin die Ware dem Spediteur W. zu den bei den Berliner Spediteuren allgemein üblichen Bedingungen, die eine Beschränkung der Haftung des Spediteurs vorsehen, zwecks Beförderung übergeben hat.

Die Revision hat gegen die den Anspruch auf Schadensersatz zurückweisende Begründung Einwendungen nicht zu erheben; in der Tat sind solche auch nicht gegeben. Dagegen rügt sie, daß die Begründung zum ersten Klagegrund, dem Anspruch anf Zahlung des Kaufpreises, für den zu unterstellen gewesenen, vom Berufungsgericht auch unterstellten Fall, daß die Zurverfügungstellung wegen Mängel der Ware unbegründet war, den § 324 Abs. 2 BGB. verletze. Denn in diesem Fall sei der Beklagte, bevor der streitige Warenballen verloren gegangen, bezüglich dieses Ballens in Annahmeverzug geraten, und die Klägerin habe, da der Verlust auf einem von keiner der Parteien zu vertretenden Umstand beruhe, den von ihr geltend gemachten Anspruch auf die Gegenleistung behalten.

Diese Rüge ist begründet. Maßgebend für die entscheidende Frage, wer die Gefahr der Rücksendung des fraglichen Ballens zu tragen hat, ist die Beschaffenheit der Ware. Die Ansicht des Berufungsgerichts, daß die Mängelrüge bezüglich aller in dem Ballen befindlich gewesenen 9 Stücke Köperstoff als rechtzeitig erfolgt gelten müsse, weil die Klägerin sich sachlich auf die Rüge eingelassen habe, ist von der Revision nicht bemängelt worden; sie ist auch zutreffend. War die Ware vertragsmäßig, so hatte die Klägerin ihrerseits das zur Vertragserfüllung Erforderliche getan, als sie die Ware auf den Weg brachte. Die Gefahr war nach § 447 BGB. mit ihrer Übergabe an die Transportanstalt auf den Beklagten übergegangen, und dieser geriet in Annahmeverzug, als er sie nach der Ablieferung an ihn trotz mangelfreier Beschaffenheit als Erfüllung zurückwies. Die Voraussetzungen des § 324 Abs. 2 BGB. sind alsdann gegeben. Der Klägerin wäre — immer die Vertragsmäßigkeit der Ware unterstellt — die ihr obliegende Leistung infolge des während Annahmeverzugs des Beklagten eingetretenen, von ihr nicht zu vertretenden Verlustes der Ware unmöglich geworden. Die unmöglich gewordene Leistung wird nach §§ 275, 300 BGB. nicht mehr geschuldet; der Schuldner, d. i. die Klägerin, kann aber nach § 324 BGB. die Gegenleistung fordern.

Darauf, ob die Klägerin — wie das Berufungsgericht meint — für die Zeit der vereinbarten Prüfung der Ware auf ihre Vertragsmäßigkeit die Zurverfügungstellung gegen sich gelten lassen müsse, kommt es nicht an. Es handelt sich nicht um eine vorläufige, sondern um die endgültige Regelung der Frage, wer den Verlust zu tragen hat. Rechtsirrig ist es, wenn das Berufungsgericht auf Grund dieser vorläufigen Regelung auch für den Fall, daß die Zurverfügungstellung zu Unrecht erfolgt sein sollte, dem Beklagten endgültig nur noch die Stellung eines Verwahrers der beanstandeten Ware einräumt und ihm nur die aus dieser Stellung sich ergebenden Pflichten auferlegt. Auch der von dem Berufungsgericht alsdann gestreifte Gesichtspunkt der ordnungsmäßigen Ausführung eines Auftrags der Klägerin zur Rücksendung der Stücke beseitigt für den Fall der vertragsmäßigen Beschaffenheit der Ware die Anwendbarkeit des § 324 Abs. 2 BGB. nicht. Das wäre nur dann der Fall, wenn man in dem Verlangen der Klägerin im Schreiben vom 28. Juni 1920, ihr „zwecks eingehender fachmännischer Prüfung der vom Beklagten erhobenen, aber von ihr bisher nicht anerkannten Reklamation umgehend die beanstandeten Stücke wieder zuzusenden", einen selbständigen, von dem bisherigen Vertragsverhältnis unabhängigen Auftrag erblicken könnte, den der Beklagte ordnungsmäßig erledigt hat, und für dessen Kosten und Verluste die Klägerin einstehen müßte. Ein solcher selbständiger Auftrag, der voraussetzen würde, daß die Rücksendung der Ware nicht im gemeinschaftlichen Interesse der Parteien — etwa zwecks objektiver Feststellung der Beschaffenheit — erfolgen sollte, sondern daß sie nur im Interesse der Klägerin geschah, sei es, daß diese ernstlich mit Anerkennung der Beanstandung rechnete oder daß sie weitere Handhaben zu ihrer Bekämpfung gewinnen wollte, liegt hier jedoch nicht vor. Auch die Antwort des Beklagten im Schreiben vom 3. Juli 1920, in dem er der Klägerin die erfolgte Rücksendung der beiden Ballen mit der Erklärung am Schluß mitteilt: „Die Angelegenheit ist hiermit für mich erledigt", gestattet die Annahme eines solchen selbständigen, nur im eigenen Interesse von der Klägerin erteilten Auftrags nicht. Ihr Auftrag zur Rücksendung hängt vielmehr eng mit dem ganzen Kaufgeschäft zusammen und ist durch dieses hervorgerufen. Er beruht auf einem Entgegenkommen der Verkäuferin, welche die bereits einmal in den Ausfallmustern untersuchte Ware nochmals und zwar diesmal in den ganzen Stücken untersuchen oder untersuchen lassen wollte. Eine Aufgabe von Rechten beabsichtigte sie hierdurch nicht. Es ist rechtlich nicht anders, als wenn die Klägerin dem Beklagten den Auftrag erteilt hätte, die beanstandeten Stücke an eine dritte Stelle zur Untersuchung auf ihre Beschaffenheit zu senden.

Hiernach kommt es allein auf die Prüfung und Entscheidung der Frage an, ob die in dem in Verlust geratenen-Ballen befindlichen Stücke von vertragsmäßiger Beschaffenheit waren oder nicht. Da irgendwelche Feststellungen nach dieser Richtung bisher nicht getroffen sind, so war das angefochtene Urteil aufzuheben und die Sache an das Berufungsgericht zurückzuverweisen. Bei der Feststellung der Beschaffenheit der Ware ist vom Berufungsgericht zu berücksichtigen, daß den Beklagten die Beweislast für die von ihm behaupteten Mängel der 9 Stücke trifft. Denn nach der vom Beklagten nicht bemängelten Auftragsbestätigung der Klägerin vom 22. September 1919 hatten die

Parteien „sofortige rein netto Kasse nach Erhalt der Faktura" vereinbart.

Grundsätzlich hat zwar der den Kaufpreis einklagende Verkäufer beim Gattungs- wie beim Spezieskauf, falls der Käufer bestreitet, daß der Verkäufer durch Lieferung der versprochenen Sache erfüllt habe, zu beweisen, daß die Sache die vertrags- oder gesetzmäßigen Eigenschaften besitzt. Dieser Pflicht genügt der Verkäufer regelmäßig durch den Nachweis der Absendung der Ware in vertragsmäßigem Zustande (§ 447 BGB.). Die Beweislast kehrt sich jedoch im Falle besonderer Vereinbarung um. Das ist z. B. der Fall beim Kauf: „netto Kasse gegen Faktura" oder „Kasse gegen Faktura" oder „netto Kasse nach Erhalt der Faktura". Bei diesen Klauseln hat der Käufer vor Absendung der Ware den Preis zu zahlen, nachdem ihm zu diesem Zweck die Faktura zugegangen ist (RGZ. Bd. 69 S. 125, Staub 10. Aufl. Anh. zu § 372 Anm. 46a). Dem Käufer wird demnach im Gegensatz zum Regelfall, wonach er nur Zug um Zug gegen Übergabe der Ware zu zahlen braucht, also in der Lage ist, vor der Zahlung die Ware auf ihre Beschaffenheit zu untersuchen, eine Vorleistungspflicht auferlegt; er hat schon auf Grund der ihm übersandten Faktura Zahlung zu leisten, ohne zuvor die Ware auf ihre Beschaffenheit hin prüfen zu können. Der Käufer verliert zwar damit nicht das Recht, auch nach Empfang der Ware seine Ansprüche aus etwaiger Mangelhaftigkeit der Ware geltend zu machen. Aber die genannten Klauseln haben doch die Wirkung, daß der Vertrag mit der Ablieferung der Ware vom Verkäufer vorläufig als erfüllt gelten soll. Eine ähnliche Regelung ergibt der Wille der Vertragschließenden bei Käufen mit Klauseln wie „netto Kasse gegen Verladedokumente", „netto Kasse gegen Konnossement". Auch dort hat der Käufer, falls die Ware noch nicht am Bestimmungs- oder am Ablieferungsort angekommen ist, Zahlung zu leisten, sobald ihm die Dokumente zur Einlösung vorgelegt („angedient") sind, er kann nicht Besichtigung vor der Zahlung beanspruchen, es sei denn, daß die Ware bereits angekommen ist. Damit wird ihm aber nicht die Möglichkeit genommen, die mangelhafte Beschaffenheit der auf das Konnossement abgeladenen Ware geltend zu machen. Doch trifft ihn die Beweislast hierfür, da der klagende Verkäufer nur zu beweisen hat, daß dem Käufer ordnungsmäßige Verladedokumente angedient seien (RGZ. Bd. 47 S. 133).

Im vorliegenden Falle ist die Ware dem Käufer abgeliefert worden. Hiermit hat der Vertrag nach dem in der Klausel zum Ausdruck gekommenen Willen der Vertragschließenden wenigstens vorläufig als vom Verkäufer erfüllt zu gelten. Daraus folgt auch bei dieser Klausel — wie in Übereinstimmung mit der Rechtsprechung des Reichsoberhandelsgerichts (z. B. ROHG. Bd. 21 S. 257) anzunehmen ist — die

Umkehrung der Beweislast als Regel (Staub 10. Aufl. Anm. 127 zu § 377 und Anm. 46a Anhang zu § 372)....

81. Zur Anwendung des § 19 der Verordnung gegen Preistreiberei vom 8. Mai 1918.

II. Zivilsenat. Urt. v. 13. Februar 1923 i. S. Ri. u. Gen. (Bekl.) w. Sch. & Co. (Kl.). II 178/22.

I. Landgericht Hamburg, Kammer f. Handelssachen. — II. Oberlandesgericht daselbst.

Im November 1919 kaufte die Firma Ra. in Mettmann von der Firma K. & Co. in Düsseldorf 200 Dutzend Paar Bestecke mit Ebenholzgriff und Solinger handgeschmiedeter Stahlklinge. Sie verkaufte die Ware zum Dutzendpreise von 72 ℳ an die Beklagte zu 1, die sie am 5. Dezember 1919 durch Vermittelung von A. an die Klägerin für 103 ℳ das Dutzend Paar weiterverkaufte. Die Klägerin verkaufte die Ware Anfang Januar 1920 an die für die Firma H. Gebr. in Hamburg handelnde Firma Str. & M. daselbst zum Preise von 168 ℳ für das Dutzend Paar weiter. Nachdem die Klägerin von der Firma H. Gebr. zunächst auf Erfüllung, sodann auf Schadensersatz wegen Nichterfüllung verklagt worden war, klagte sie selbst gegen die Beklagten zunächst in einem Vorprozeß auf Lieferung der Bestecke und sodann im gegenwärtigen Rechtsstreit auf Schadensersatz wegen Nichterfüllung. Die Beklagten und die ihnen als Nebenintervenientin beigetretene Firma Ra. begehrten Abweisung der Klage; die Firma Ra. erhob den Einwand des Kettenhandels und den des Preiswuchers. Das Landgericht verurteilte die Beklagten als Gesamtschuldner. Es führte aus, daß sich der Einwand des Kettenhandels durch die Aussage des Zeugen Str. erledige, wonach ein Exportgeschäft vorliege. Die Berufung der Nebenintervenientin blieb erfolglos, ebenso ihre Revision.

Aus den Gründen:

... Das Oberlandesgericht nimmt zwar an, daß weder die Firma H. Gebr. gegenüber der Klägerin, noch die Klägerin gegenüber der Beklagten zu 1 die rechtliche Verpflichtung übernommen habe, die in Rede stehenden 200 Dutzend Paar Bestecke nach dem Ausland auszuführen. Es stellt jedoch auf Grund der Prozeßerklärungen der Beklagten einwandfrei fest, daß die Beklagte zu 1 dem Agenten A., der das Geschäft zwischen ihr und der Klägerin vermittelt hat, die Bestecke als „für den Export abzugeben" angestellt hatte, und seine Ausführungen lassen keinen Zweifel daran aufkommen, daß es gleich dem Landgerichte die Aussage des Zeugen Str. für voll beweisend erachtet hat. Aus dieser Aussage ergibt sich aber, daß die Klägerin und die Firma H. Gebr. Exporteure sind und daß Str., der Exportagent ist, den Weiterverkauf der Bestecke durch die Klägerin an die Firma H. Gebr. vermittelt hat, sowie daß die Firma H. Gebr. überhaupt nur an das Ausland verkauft und daß sie inhaltlich der mit Str. gepflogenen Verhandlungen die Bestecke nach Spanien exportieren wollte, woselbst sie eine Handelsniederlassung („ein Haus") besitzt. Die Feststellung des Oberlandesgerichts, daß es sich bei dem Vertrage zwischen der Beklagten und der Klägerin um eine „Lieferung nach dem Ausland" im Sinne des § 19 der Verordnung gegen Preistreiberei vom 8. Mai 1918 (RGBl. S. 395) handle, verstößt daher keineswegs gegen die in RGZ. Bd. 100 S. 235 flg. und Bd. 101 S. 381 flg. vertretenen Rechtsgrundsätze. Wenn das Oberlandesgericht erklärt hat, der Argwohn, daß die Bestecke für den Fall der Lieferung im Inlandsmarkte zum Verkaufe gelangt wären, könne nicht für begründet erachtet werden, so hat es damit unzweideutig zum Ausdrucke gebracht, daß es nach der Persönlichkeit der Beteiligten und nach der ganzen Sachlage die Möglichkeit der Verbringung der Bestecke auf den Inlandsmarkt als ausgeschlossen ansehe. Das Erfordernis einer bindenden Verpflichtung des Käufers, die Ware nach dem Auslande zu liefern, ist auch in den angeführten Entscheidungen des Reichsgerichts nicht für alle Fälle aufgestellt worden. . . .

---

82. Inwiefern sind die Grundsätze des Bankdepotgesetzes vom 5. Juli 1896 auf den Eigenhandel mit Kuxen anwendbar?

I. Zivilsenat. Urt. v. 14. Februar 1923 i. S. J. (Kl.) w. F. (Bekl.). I 267/22.

I. Landgericht III Berlin. — II. Kammergericht daselbst.

Der Beklagte hat dem Kläger in der Zeit vom 28. Dezember 1911 bis 7. Juni 1912 nach Maßgabe seiner Geschäftsbedingungen 37 Kuxe verkauft und über 20 Stück davon dem Kläger Nummernaufgabe erteilt. Im März 1913 teilte er dem Kläger mit, daß in ihrem Abrechnungsverhältnis eine Unterdeckung von 6400 ℳ bestehe, und ein Einschuß von 6000 ℳ geleistet werden müsse, widrigenfalls er zum Zwangsverkauf des Effektenguthabens schreiten würde. Der Einschuß wurde nicht geleistet. Der Beklagte ließ daher am 5. April 1913 durch einen vereidigten Makler 18 Kuxe für Rechnung des Klägers verkaufen und brachte den Erlös dem Kläger gut. Dieser will den Zwangsverkauf nicht gelten lassen, behauptet, auf Grund des Abrechnungsverhältnisses noch Zahlungsansprüche gegen den Beklagten zu haben, und hat dieserhalb Klage erhoben.

Die Klage wurde in beiden Vorinstanzen abgewiesen. Die Revision des Klägers hatte Erfolg.

Gründe:

Der Beklagte hat nach den Feststellungen des Berufungsgerichts die Kuxe als Eigenhändler dem Kläger verkauft. Das Berufungsgericht führt aus, daß in diesem Falle nach den maßgeblichen Börsengebräuchen der Beklagte dem Kläger gegenüber nicht verpflichtet war, die Kuxe tatsächlich anzuschaffen. Vielmehr sei es solchenfalls üblich, den Käufer auf Stückekonto zu erkennen, auch ohne daß die Kuxe von dem Verkäufer für den Käufer angeschafft seien oder später angeschafft würden. Es sei ferner üblich, daß der Käufer wegen der so gekauften aber nicht angeschafften Stücke gegebenenfalls mit Zubußen belastet werde, und daß der Verkäufer, wenn in seinem Geschäftsverhältnis zum Käufer eine zu dessen Lasten gehende Unterdeckung eintrete, berechtigt sei, gegen ihn die nicht angeschafften Kuxe zum Zwangsverkauf zu bringen.

Der Einwand der Revision, daß ein derartiger Geschäftsgebrauch keinen Anspruch auf rechtliche Anerkennung habe, ist jedenfalls dann zutreffend, wenn, wie das hier der Kläger behauptet hat, der Kaufpreis für die Kuxe dem Beklagten bezahlt war, bevor er zum Zwangsverkauf schritt. Allerdings läßt sich diese Annahme nicht, wie die Revision meint, durch den Hinweis auf §§ 433 flg. BGB. begründen. Denn nach §§ 433, 437 können sowohl Sachen wie Rechte, auch wenn sie vom Verkäufer noch nicht erworben, ja selbst wenn sie zur Zeit des Kaufabschlusses noch gar nicht vorhanden sind, Gegenstand eines rechtswirksamen Kaufvertrags sein und die Regeln des Kaufvertrages bilden für sich allein kein Hindernis, daß der Verkäufer wegen der hier in Betracht kommenden Kaufgegenstände, auch wenn er sie noch nicht angeschafft hat, zum Zwangsverkauf schreitet. Wohl aber stehen dem Geschäftsgebrauch in einem Falle der vom Kläger behaupteten Art die Grundsätze entgegen, welche im Bankdepotgesetz vom 5. Juli 1896 niedergelegt sind.

Nach §§ 3, 5 dieses Gesetzes hat der Kommissionär, welcher einen Auftrag zum Einkauf von Kuxen usw. ausführt, dem Kommittenten binnen einer bestimmten Frist ein Verzeichnis der Stücke mit Angabe der Gattung, des Nennwertes, der Nummer oder sonstiger Unterscheidungsmerkmale zu übersenden und geht mit der Absendung dieses Stückeverzeichnisses das Eigentum an den darin verzeichneten Wertpapieren auf den Kommittenten über, soweit der Kommissionär über die Papiere zu verfügen berechtigt ist. Ein Verzicht des Kommittenten auf die Übersendung des Stückeverzeichnisses ist nur dann wirksam, wenn der Kommittent gewerbsmäßig Bank- oder Geldwechslergeschäfte betreibt oder wenn der Verzicht bezüglich des einzelnen Auftrags ausdrücklich und schriftlich erklärt wird. Die Pflicht des Kommissionärs zur Übersendung des Stückeverzeichnisses setzt begrifflich seine Verpflichtung voraus, die Stücke anzuschaffen. Der Grundgedanke der Gesetzesvorschriften läuft darauf hinaus, im regelmäßigen Handel mit Wertpapieren der fraglichen Art die Eigentumsverhältnisse an den Papieren zwischen dem als Käufer auftretenden Kommittenten und seinem Einkaufskommissionär, sowie auch Dritten gegenüber möglichst bald und sicher klarzustellen, ferner im Falle des Konkurses des Einkaufskommissionärs den Kommittenten wegen der gekauften und regelmäßig bezahlten Wertpapiere nicht auf einen persönlichen Anspruch gegen jenen zu beschränken, sondern ihm ein Aussonderungsrecht an den Stücken zu gewähren. Diese gesetzlichen Vorschriften können weder durch anders lautende allgemeine Geschäftsbedingungen noch durch abweichende Börsengebräuche außer Kraft gesetzt werden. Sie gelten anerkanntermaßen auch dann, wenn der Kommissionär die Kommission durch Selbsteintritt ausführt. Dagegen findet sich vielfach, besonders im Schrifttum, die Meinung vertreten, daß jene Vorschriften nicht in Betracht kommen, wenn, wie hier, Kauf und Verkauf der Wertpapiere von vornherein im Wege des Eigenhandels zwischen dem Bankier als Verkäufer und seinem Kunden als Käufer stattfindet. Indessen weist schon Nußbaum in seinem Aufsatz „Beiträge zur Auslegung des Bankdepotgesetzes" (Leipz. Zeitschr. 1911 S. 894 flg.) darauf hin, daß der Käufer von Wertpapieren zufolge seines Rechtes auf Verschaffung von Eigentum und Besitz daran auch von dem als Verkäufer im Eigenhandel auftretenden Bankier grundsätzlich die Nummernaufgabe der Stücke verlangen könne. Dieser Ansicht ist mindestens insoweit beizutreten, als der Verkäufer die Wertpapiere, deren Kaufpreis bezahlt ist, anschaffen muß, bevor er wegen einer in seinem Geschäftsverhältnis zum Käufer bestehenden Unterdeckung zum Zwangsverkauf der von diesem gekauften und bezahlten Stücke schreitet. Eine derartige entsprechende Anwendung der zivilrechtlichen Grundsätze des Depotgesetzes entspricht den Bedürfnissen eines gesunden Geschäftsverkehrs und rechtfertigt sich dadurch, daß nach der hier maßgeblichen Richtung hin die Erwägungen, welche zu den Gesetzesvorschriften geführt haben, beim Eigenhandel ebenso zutreffen, wie bei der Einkaufskommission.

Danach kann sich der Beklagte in dem vom Berufungsgericht angenommenen Umfange weder auf den angeblichen Börsengebrauch noch auf seine allgemeinen Geschäftsbedingungen berufen.

83. 1. Wird ein unwiderruflich gestelltes Akkreditiv schon dadurch zu einem „bestätigten", daß die Bank dem Begünstigten die Akkreditierung anzeigt?

2. Einreden der Akkreditivbank gegenüber dem Begünstigten.

II. Zivilsenat. Urt. v. 16. Februar 1923 i. S. D., Sch. & Co. (Bekl.) w. K. & Co. (Kl.). II 24/22.

I. Landgericht Berlin, Kammer f. Handelssachen. — II. Kammergericht daselbst.

Die Klägerin sollte für Papierlieferungen von dem Kaufmann J. Po. als dem Schuldner des Kaufpreises aus einem Akkreditiv Zahlung erhalten, das bei dem verklagten Bankhause gestellt war. Mit Bezug auf dieses Akkreditiv schrieb ihr die Beklagte am 6. Dezember 1920:

„Wir teilen Ihnen höfl. mit, daß die Firma J. Po. Sie bei uns mit 2250000 ℳ akkreditiert hat und zwar zunächst bis 31. Dezember 1920 unwiderruflich gültig unter nachstehend angeführten Bedingungen. Das Akkreditiv wird, falls Sie bis dahin oder auch früher 25 Waggons = 250000 kg angeliefert haben, wegen des Restes: 25 Waggons = 250000 kg unwiderruflich bis 15. Januar 1921 verlängert. Die Bedingungen lauten: Das Akkreditiv ist zahlbar gegen bahnamtlich abgestempelte Duplikatfrachtbriefe nebst Duplikatfakturen der Teillieferungen an Spediteur B., Köln, von insgesamt 50 Ladungen = 500000 kg netto maschinenglatt Druckpapier ... in Rotationsrollen ... zum Preise von 4,50 ℳ pro kg netto, franco Waggon Köln, mit der Bedingung, daß Teillieferungen von ca. 10000 kg erfolgen müssen. Jede diese Sendungen wird besonders bezahlt.

Wir sehen der Einsendung der fraglichen Dokumente entgegen und zeichnen" ...

Unterm 12. Januar 1921 teilte die Beklagte der Klägerin mit, daß das Akkreditiv bis Ende Januar 1921 unwiderruflich verlängert sei. Die der Beklagten als Nebenintervenientin beigetretene Firma L. S., der die Beklagte die Verteidigung gegen die Klage überlassen hat, behauptet, es habe sich um ein Akkreditiv gehandelt, das sie selbst, um einen großen Papiereinkauf der Firma R. in Köln (Inhaber J. Sie.) zu finanzieren, zugunsten des J. Po. in der ursprünglichen Höhe von 2625000 ℳ bei der Beklagten gestellt habe, von diesem Akkreditiv seien die in Rede stehenden 2250000 ℳ auf die Klägerin übertragen worden.

Nachdem die Beklagte aus dem Akkreditiv eine Reihe von Zahlungen der Klägerin geleistet hatte, lehnte sie, erstmals am 19. Januar 1921, die Zahlung auf die ihr weiter vorgelegten Frachtbriefe ab.

Sie ist dazu nach der Behauptung der Nebenintervenientin durch deren Mitteilung und Weisungen veranlaßt worden.

Mit der Klage forderte die Klägerin 403825,80 ℳ als Kaufpreis von 10 Wagenladungen, für welche die Duplikatfrachtbriefe der Beklagten im Januar 1921 vergeblich vorgelegt worden waren, und weiter 179874 ℳ, die gegen Vorlegung von vier näher bezeichneten Frachtbriefen gezahlt werden sollen; außerdem beantragte sie die Verurteilung der Beklagten zum Ersatz des ihr durch die Nichthonorierung des Akkreditivs entstandenen und noch entstehenden Schadens.

Beide Vorinstanzen gaben der Klage statt. Die Revision der Nebenintervenientin hatte keinen Erfolg.

Gründe:

Die Nebenintervenientin hat eingewendet, das Schreiben der Beklagten vom 6. Dezember 1920 habe, weil es eine bloße Mitteilung enthalte, keine Zahlungspflicht der Beklagten gegenüber der Klägerin begründet. Entgegen der Meinung der Revision hat das Berufungsgericht den Einwand ohne Rechtsirrtum zurückgewiesen. Allerdings ist in dem Briefe das Akkreditiv nicht als „bestätigtes" bezeichnet und auch sonst ist nicht darin gesagt, daß die Beklagte eine eigene Zahlungspflicht übernehme. Ebensowenig gibt aber die Fassung zu erkennen, daß die Mitteilung von der Stellung des Akkreditivs „unverbindlich" sei, d. h. die Zahlungspflicht der Beklagten nicht zur Folge haben solle. Bei dieser Sachlage hängt die Entscheidung davon ab, welche rechtliche Tragweite mit Rücksicht auf die Verkehrsauffassung unter den gegebenen Umständen, insbesondere nach dem Zwecke der Akkreditierung, der ihrem Wortlaute nach unbestimmten Erklärung der Beklagten beizulegen ist. Danach ist aber die Frage, ob die Beklagte sich der Klägerin gegenüber zur Zahlung verpflichtet hat, zu bejahen. Es handelt sich um ein Bankakkreditiv, das in der Nachkriegszeit und zwar als unwiderrufliches gestellt wurde. Die Beteiligten haben sich also der Zahlungsweise bedient, die, früher verhältnismäßig selten, unter den besondere Vorsicht erfordernden wirtschaftlichen Verhältnissen der letzten Jahre die weiteste Verbreitung gefunden hat. Sie bezweckt nicht nur, dem liefernden Verkäufer den Kaufpreis durch Vorauszahlung und damit möglichst schnell zu verschaffen, sondern auch den Eingang des Geldes tunlich zu sichern. Diese tunliche Sicherung wird aber erst erreicht, wenn die mit der Einlösung der Dokumente beauftragte Bank eine eigene Zahlungspflicht dem Verkäufer gegenüber übernimmt. Denn andernfalls bleibt der Verkäufer mehr oder minder von dem guten Willen gerade desjenigen abhängig, von dem er die Zahlung erhalten soll. Die Bank mag ihm solchenfalls zwar für die Richtigkeit ihrer Mitteilungen haften, sie mag auch ihm gegenüber, wenn sie das Akkreditiv als unwiderruflich gestellt bezeichnet hat, nicht mehr berechtigt sein, die Aufhebung der Unwiderruflichkeit mit dem Käufer zu vereinbaren; hierdurch ist er aber nicht dagegen geschützt, daß die Zahlung, auf die es schließlich ankommt, aus irgendwelchen, im Ermessen der Zahlstelle stehenden Gründen unterbleibt. Nach dem Zwecke, dem das unwiderrufliche Akkreditiv verkehrsüblich dient, muß daher angenommen werden, daß die dem Verkäufer zugehende Mitteilung der Bank, auch wenn darin von dem Akkreditiv als einem bestätigten nicht ausdrücklich die Rede ist, solange im Sinn einer Übernahme der eigenen Zahlungspflicht zu verstehen ist, als die Bank nicht unzweideutig kund gibt, daß sie auf halbem Wege stehen bleiben und sich selbst nicht verpflichten will. Durch die Anzeige selbst wird das Akkreditiv in Ermanglung eines die Verbindlichkeit der Bank ausschließenden Zusatzes zu einem „bestätigten", die Verbindlichkeit der Bank begründenden.

Zu einem anderen Ergebnisse führt auch nicht der von der Revision geltend gemachte Umstand, daß das Schreiben, mit dem die Beklagte, ebenfalls unterm 6. Dezember 1920, dem J. Po. die Stellung des Akkreditivs von 2625000 ℳ und die Übertragung von 2250000 ℳ auf die Klägerin angezeigt hat, anders gefaßt sei, daß nämlich die Beklagte dort schreibe, sie belaste J. Po. mit einer Bestätigungsprovision von 4500 ℳ (1 % für jede angefangenen 30 Tage). Jenes Schreiben weist im Gegenteil darauf hin, daß es sich bei der der Klägerin von der Akkreditierung (der Übertragung) gemachten Anzeige nach der Auffassung der Beklagten selbst nicht, wie die Nebenintervenientin jetzt im Prozesse vorbringt, bloß um eine unverbindliche Mitteilung, sondern um ein bestätigtes und damit die Zahlungspflicht der Bank begründendes Akkreditiv gehandelt hat.

Ein weiterer Einwand der Nebenintervenientin ging dahin, daß die Beklagte, auch wenn sie sich verpflichtet haben sollte, doch zur Verweigerung der streitigen Zahlungen berechtigt gewesen sei. In dieser Beziehung wurde vorgetragen: Die Firma N. in Köln (Inhaber J. Sie.) habe beabsichtigt, das Zeitungsdruckpapier neben weiteren in Deutschland aufgekauften Mengen zur Erfüllung eines großen Auslandsgeschäfts zu verwenden; am 15. und 17. Januar 1921 sowie in den folgenden Tagen seien 75 für Sie. eingelaufene Wagen in Köln beschlagnahmt und zugunsten des Reiches für verfallen erklärt worden, weil das Papier unter Verletzung der damals für Zeitungsdruckpapier geltenden Zwangsbewirtschaftungs- und Ausfuhrvorschriften in das Ausland habe verbracht werden sollen, auch habe der Untersuchungsrichter die Konten des Sie. und der an dem Geschäfte beteiligten Firma A. in Köln beschlagnahmt; Sie. habe die Ausfuhrbewilligung für „Klosettpapier auf Rollen" beantragt und erhalten, solches habe sich aber nur in einigen wenigen Wagen befunden, in der Hauptsache habe es sich um Zeitungsdruckpapier gehandelt und zwar in Formaten, die auf deutschen Rotationsmaschinen nicht verwendet würden; wegen dieser Vorkommnisse habe sie, die Nebenintervenientin, um sich nicht der Beihilfe an einer strafbaren Handlung schuldig zu machen, sich entschlossen, die Frachtbriefe nicht mehr zu honorieren und deshalb die Beklagte angewiesen, weitere Zahlungen aus den zugunsten des J. Po. und der Klägerin gestellten Akkreditiven zu unterlassen; dieser Weisung nachzukommen, sei die Beklagte berechtigt gewesen, da sonst auch sie der Vorwurf einer solchen Beihilfe getroffen hätte. Daß das Papier für das Ausland bestimmt gewesen sei, habe die Klägerin, ebenso wie die übrigen an dem Geschäfte beteiligten Käufer und Verkäufer gewußt, sie habe auch gewußt, daß die Ausfuhrerlaubnis auf unreelle Weise beschafft werden würde.

Die Auffassung des Berufungsgerichts, daß dieses Vorbringen nicht geeignet sei, das Verhalten der Beklagten zu rechtfertigen, ist, entgegen der Meinung der Revision, nicht zu beanstanden. Zutreffend geht das Berufungsgericht davon aus, daß die Klägerin durch die Bestätigung des Akkreditivs einen selbständigen Anspruch gegen die Beklagte erlangt habe. Diese Selbständigkeit ist, wie der Senat in Übereinstimmung mit der im Schrifttum mehrfach vertretenen Ansicht und im Anschluß an die Urteile des Reichsgerichts VI 84/19 und VI 714/20 annimmt, darin begründet, daß die Bestätigung ein abstraktes Schuldversprechen im Sinne des § 780 BGB. enthält. Daraus folgt, daß die Rechtswirksamkeit der Verpflichtungserklärung der Beklagten nicht davon abhing, ob der Kaufvertrag, der den Käufer J. Po. zur Stellung des Akkreditivs und zu dem der Beklagten erteilten Auftrage veranlaßt hat, gültig geschlossen ist. Mit Unrecht will deshalb die Nebenintervenientin aus der von ihr behaupteten Nichtigkeit des Kaufvertrags die Nichtigkeit auch des Zahlungsversprechens der Beklagten ableiten. Nur darum kann es sich vielmehr handeln, ob Umstände vorgelegen haben, die der Beklagten das Recht gaben, die Erfüllung der an sich wirksamen Verbindlichkeit zu verweigern. Ein gerechtfertigter Grund zu dieser Weigerung könnte, soweit der hier in Rede stehende Einwand in Betracht kommt, nach der Sachlage nur darin gefunden werden, daß der Beklagten nach § 242 BGB. nicht zuzumuten war, durch ihre Zahlung bei der Durchführung eines gesetzlich verbotenen oder gegen die guten Sitten verstoßenden Geschäfts (§§ 134, 138 BGB.) mitzuwirken. Dieser Fall wäre etwa gegeben, wenn allein schon die Lieferung der Ware an den Käufer ein Verbotsgesetz verletzt hätte oder wenn auf den zugrundeliegenden Kaufvertrag — was in diesem Zusammenhang, anders als bei der Frage der Nichtigkeit der Verpflichtungserklärung, erheblich wäre — die §§ 134 oder 138 BGB. sonst anwendbar wären. Zur Annahme eines solchen Falles reicht jedoch das Vorbringen der Nebenintervenientin nicht aus. Die unter Eideszuschiebung aufgestellte Behauptung, die Klägerin habe gewußt, daß das von ihr verkaufte Papier für das Ausland bestimmt gewesen sei und daß die Ausfuhrbewilligung — von dem schließlichen Empfänger — auf unreelle Weise beschafft werden würde, ergibt keine begleitenden Umstände, die den an sich einwandfreien Kaufvertrag oder die an sich erlaubte Lieferung zu etwas verbots- oder sittenwidrigem machen. Nur dann könnte die Sache anders liegen, wenn der Vorsatz der Vertragsparteien darauf gerichtet gewesen wäre, durch das eigene Geschäft dem schließlichen Erwerber der Ware bei dessen unerlaubten Machenschaften behilflich zu sein, wenn also ein die verbotswidrige Ausfuhr bezweckendes komplottmäßiges Zusammenwirken der beteiligten Käufer und Verkäufer stattgefunden hätte. Dafür bietet aber das Vorbringen der Nebenintervenientin keinen Anhalt.

Weiter hat die Nebenintervenientin geltend gemacht, die Beklagte habe die streitigen Zahlungen auch wegen der Beschaffenheit des abgeladenen Papiers verweigern dürfen. Dazu hat sie unter Eideszuschiebung behauptet, daß die Wagen Papier enthalten hätten, das „mit den im Akkreditiv angegebenen Größen und Mengen nicht übereingestimmt habe". Das Berufungsgericht versagt dem Einwande den Erfolg, weil die Beklagte der Klägerin gegenüber nicht berechtigt gewesen sei, Mängel der Ware zu rügen und von der Ordnungsmäßigkeit der Lieferung die Erfüllung des Akkreditivs abhängig zu machen. Dieser von der Revision angegriffenen Beurteilung liegt ein Rechtsirrtum nicht zugrunde. Keinesfalls kann der Akkreditivbank allgemein das Recht eingeräumt werden, die Auszahlung wegen vertragswidriger Beschaffenheit der Ware zu unterlassen. Schon nach dem üblichen Inhalte der Verpflichtungserklärung hängt ihre Zahlungspflicht nur von der Vorlage von Dokumenten über eine bestimmte Abladung und nicht auch davon ab, daß die Beschaffenheit der abgeladenen Ware diesen oder jenen Anforderungen entspricht. Außerdem stünde es mit dem Zwecke des Akkreditivs, das zur Vorleistung des Käufers führen und diese Vorleistung sichern soll, im Widerspruch, wenn die Bank allgemein befugt wäre, sich auf Mängel der Ware zu berufen. Daraus folgt freilich nicht, daß in allen Fällen lediglich auf die Vorlage der Dokumente hin die Zahlung zu leisten ist. Die Zahlungspflicht findet vielmehr darin ihre Grenze, daß der Bank die Unterstützung eines arglistigen Verhaltens des Verkäufers nicht zuzumuten ist. Sowenig sie gefälschte Dokumente einzulösen hat, braucht sie dem Verkäufer behilflich zu sein, wenn er sonst mit unredlichen Mitteln, wie etwa durch Verladung eines falsch deklarierten Gutes oder einer offensichtlich zur Vertragserfüllung ganz ungeeigneten Ware sich den Kaufpreis zu verschaffen sucht. Derartiges steht aber hier nicht in Frage, da die Behauptung der Nebenintervenientin nicht mehr enthält als eine gewöhnliche, zudem jeder näheren Darlegung entbehrende Beanstandung der Ware.

---

84. Ist der Käufer zur Anzeige von Mängeln der Ware auch dann verpflichtet, wenn die Mängel erst auf der Beförderung zu dem vom Erfüllungsorte für die Verpflichtungen des Verkäufers verschiedenen Ablieferungsorte entstanden sind?

III. Zivilsenat. Urt. v. 20. Februar 1923 i. S. R. (Bekl.) w. C. (Kl.) III 225/22.

I. Landgericht Limburg. — II. Oberlandesgericht Frankfurt a. M.

Die Klägerin fordert von dem Beklagten die Bezahlung einer Pflanzensendung, welche sie ihm auf seine Bestellung im Dezember 1917 zugehen ließ. Der Beklagte verweigerte die Zahlung, weil die Pflanzen infolge mangelhafter Verpackung in erfrorenem Zustande angekommen seien. Die Vorderrichter verwarfen diesen Einwand, weil die rechtzeitige Mängelrüge unterlassen worden sei, und entsprachen der Klage. Die Revision hatte keinen Erfolg.

Gründe:

Das Berufungsgericht nimmt in Übereinstimmung mit dem Landgericht an, daß der Beklagte der ihm nach § 377 HGB. obliegenden Pflicht, unverzüglich nach der Ablieferung der Ware deren Mängel der Klägerin anzuzeigen, nicht genügt habe und deshalb weder die Mangelhaftigkeit der Ware noch die Verletzung der dem Verkäufer obliegenden allgemeinen Sorgfaltspflicht hinsichtlich der Verpackung der Ware einwenden könne. Die Revision rügt lediglich, daß § 377 HGB. hier überhaupt nicht Anwendung finde, weil die Ware nicht schon bei der Absendung, in dem Zeitpunkt des Gefahrübergangs auf den Käufer, mangelhaft gewesen sei, sondern die Pflanzen erst während der Beförderung nach dem Ablieferungsort wegen ungenügenden Schutzes gegen die Kälte erfroren seien.

Die Revision kann nicht für begründet erachtet werden. Allerdings ist für die rechtliche Beurteilung des Falles davon auszugehen, daß die den Gegenstand des Kaufes bildenden Pflanzen in dem Zeitpunkt des Gefahrübergangs auf den Käufer mangelfrei waren und erst auf dem Wege zu dem vom Erfüllungsort für die Verpflichtungen des Verkäufers verschiedenen Bestimmungsort — infolge eines von dem Verkäufer zu vertretenden Umstands — erfroren sind. Es kommt hier auch nicht etwa in Frage, daß die Verpackung der Ware ihrerseits einen Teil des Kaufgegenstandes bildete, selbst Ware wäre. Es ist danach zu unterstellen, daß für den Beklagten nicht Gewährleistungsansprüche nach §§ 359 flg. BGB., sondern nur Schadensersatzansprüche wegen Verschuldens des Verkäufers bei der Versendung der Ware erwachsen konnten. Aber dieser Schadensersatzanspruch gründet sich auf einen Mangel der Ware selbst, und dies erfordert die Anwendung des § 377 HGB.

Der § 377 HGB. legt beim beiderseitigen Handelsgeschäft dem Käufer die Pflicht auf, dem Verkäufer unverzüglich nach der Ablieferung Anzeige zu machen, wenn sich ein Mangel zeigt; unterläßt er die Anzeige, so gilt die Ware als genehmigt, es sei denn, daß es sich um einen Mangel handelt, der bei der Untersuchung nicht erkennbar war. Der Wortlaut des Gesetzes unterscheidet nicht, ob der Mangel bereits bei der Absendung vorhanden war oder später entstanden ist; die Anzeigepflicht besteht, wenn sich bei oder nach der Ablieferung ein Mangel zeigt. Von den Rechten, die dem Käufer aus dem Mangel der Ware gegen den Verkäufer erwachsen, ist in der Vorschrift keine Rede. Es fehlt auch jeder innere Grund, eine solche Unterscheidung nach der Art des dem Käufer erwachsenden Rechts, je nachdem er Gewährleistungsansprüche erhebt oder Schadensersatz wegen vertraglichen Verschuldens fordert, in das Gesetz hineinzutragen. Die Verpflichtung zur unverzüglichen Anzeige eines nach der Ablieferung sich zeigenden Mangels ist dem Käufer auferlegt, damit der Verkäufer in der Lage ist, zu prüfen, ob die Mängelrüge begründet ist, und danach sein Verhalten einzurichten, nötigenfalls anders über die Ware zu verfügen, damit er ferner, wenn er die Rüge nicht für begründet hält, sich den Beweis für die vertragsmäßige Beschaffenheit der Ware sichern kann, und weiter auch — s. die Begründung zu Art. 264 des Entwurfs eines Handelsgesetzbuchs für die Preußischen Staaten von 1857, der dem Art. 347 ADHGB. und damit auch dem § 377 HGB. zur Grundlage gedient hat — um zu verhindern, daß der Käufer einen Mangel der Ware zum Vorwand nehme, um auf Kosten des Verkäufers zu spekulieren. Alle diese Erwägungen treffen in gleicher Weise zu, ob es sich um einen im Zeitpunkt des Gefahrübergangs bereits vorhandenen oder einen erst in der Zwischenzeit bis zur Ablieferung entstandenen Mangel handelt, und ob der Käufer Gewährleistungsansprüche oder einen Schadensersatzanspruch, sei es aus § 463 BGB., sei es wegen sonstigen vertragswidrigen Verhaltens des Verkäufers erhebt. Vielfach wird kaum der Zeitpunkt festzustellen sein, in dem der Mangel der Ware eingetreten ist, und wird insbesondere der Käufer nicht beurteilen können, ob der von ihm entdeckte Mangel der Ware schon zur Zeit des Gefahrübergangs vorhanden war oder erst später eingetreten ist.

Das Urteil des VI. Zivilsenats vom 6. Oktober 1921 VI 345/21, JW. 1922 S. 287 Nr. 5, auf welches die Revision sich beruft, betrifft einen von dem hier vorliegenden wesentlich verschiedenen Sachverhalt — insbesondere handelte es sich dort nicht, wie hier, um einen Sachmangel der Ware —, so daß es der Einholung einer Entscheidung der vereinigten Zivilsenate nicht bedarf. Ebensowenig nötigen hierzu das noch unter der Geltung des Art. 347 ADHGB. ergangene Urteil des I. Zivilsenats vom 16. März 1895 I 184/95, JW. 1895 S. 523 Nr. 482, und das Urteil des II. Zivilsenats vom 7. November 1904, RGZ. Bd. 59 S. 120 (vgl. auch das Urteil des I. Zivilsenats vom 22. Dezember 1917 I 109/17, Holdh. Mtsschr. Bd. 27 [1918] S. 93).

Das Berufungsgericht hat somit mit Recht die Verpflichtung des Beklagten zur unverzüglichen Mängelanzeige nach § 377 HGB. für gegeben erachtet.

---

85. Liegt eine Befriedigung des Gläubigers durch den Bürgen im Sinne des § 774 BGB. auch dann vor, wenn ein Bürge dem Gläubiger Sicherheit leistet?

I. Zivilsenat. Urt. v. 21. Februar 1923 i. S. D. & M. (Kl.) w. R. (Bekl.). I 28/22.

I. Landgericht Landsberg a. W. — II. Kammergericht Berlin.

Die Parteien haben sich gemeinschaftlich für eine Hypothek verbürgt, die für die Jurabank in Basel auf einem Grundstück in Sp. eingetragen ist. Als die Fälligkeit der Hypothek bevorstand, verlangte die Gläubigerin für die Verlängerung der Hypothek von der Klägerin Sicherheitsleistung in Höhe von 60000 *M* durch Hinterlegung von Wertpapieren. Dementsprechend hinterlegte die Klägerin zugunsten der Jurabank bei einer Berliner Bank Wertpapiere im verlangten Betrage. Die Klägerin behauptet, die Beklagte sei sowohl kraft Gesetzes als auch auf Grund besonderen Übereinkommens verpflichtet, sich an der erwähnten Sicherheitsleistung zur Hälfte zu beteiligen. Demgemäß beantragte sie die Verurteilung der Beklagten zur Übergabe von Wertpapieren im Werte von 30000 *M*. Die Klage wurde in beiden Vorinstanzen abgewiesen. Die Revision der Klägerin blieb erfolglos.

Aus den Gründen:

Zutreffend nimmt das Berufungsgericht an, daß der Klaganspruch ohne Rücksicht auf besondere Parteivereinbarungen auf die Vorschrift § 774 BGB. oder andere gesetzliche Bestimmungen für sich allein nicht gestützt werden könne. Der klare Wortlaut sowie Sinn und Zweck des § 774 zeigen, daß dort unter Befriedigung des Gläubigers nur eine endgültige Regelung seiner Ansprüche aus dem Rechtsverhältnis mit der Wirkung des entsprechenden Ausscheidens des Gläubigers aus dem Kreise der an diesem Rechtsverhältnis Beteiligten zu verstehen ist (RGZ. Bd. 98 S. 329; Urt. des RG. v. 19. April 1920 VI 388/19). Würde, wie die Revision meint, schon der Umstand, daß ein Bürge seinem Mitbürgen und dem Hauptschuldner die Inanspruchnahme seitens des Gläubigers aus dem Schuldverhältnis zeitlich durch Sicherheitsleistung fernhält, als eine Befriedigung im Sinne des § 774 zu gelten haben, so würde das Gesetz eine Lücke zeigen für den Fall, daß diese Befriedigung nur zeitlich sein und späterhin wieder fortfallen sollte. Denn es fehlt an jeder Regelung der Frage, ob solchenfalls der Übergang der Forderung des Gläubigers gegen den Hauptschuldner auf den Bürgen, der die Sicherheit geleistet hat, und die damit zusammenhängende Ausgleichung unter den Mitbürgen bestehen bleibt oder nicht, und wie im letzteren Falle die Rückgängigmachung des Geschehenen zu erfolgen hat. Derartige Unvollkommenheiten sind aber dem Gesetz nicht zu unterstellen. Vielmehr zeigt das Fehlen einer entsprechenden Regelung, daß für den § 774 eine vorläufige Befriedigung in dem von der Revision geltend gemachten Sinne überall nicht in Betracht kommt.

---

86. Kann die Anfechtung eines Prozeßvergleichs wegen Irrtums oder arglistiger Täuschung in dem durch den Vergleich abgeschlossenen Rechtsstreit erfolgen oder muß sie zum Gegenstande eines neuen Prozesses gemacht werden?

V. Zivilsenat. Urt. v. 21. Februar 1923 i. S. Sch. (Kl.) w. Sch. (Bekl.). V 333/22.

I. Landgericht Frankfurt a. M. — II. Oberlandesgericht daselbst.

Die Parteien haben mit Klage und Widerklage die Scheidung ihrer Ehe verlangt, von dem beklagten Ehemann ist die Ehe aber in erster Linie wegen Irrtums über persönliche Eigenschaften der Klägerin angefochten worden.

Das Landgericht hat durch bedingtes Teilurteil zunächst nur über die Anfechtung der Ehe erkannt. Die Berufung der Klägerin gegen dieses Urteil ist vom Oberlandesgericht durch Versäumnisurteil zurückgewiesen worden. Nach eingelegtem Einspruch haben sich die Parteien in einem vor dem beauftragten Richter anberaumten Sühnetermin dahin verglichen, daß der Beklagte sich bereit erklärte, die Klägerin wieder bei sich aufzunehmen, und ihr versprach, ihr in Zukunft die eheliche Treue zu halten, während die Klägerin zusagte, zu dem Beklagten zurückzukehren und jeden weiteren Verkehr mit dem Kaufmann H. zu unterlassen. Im Anschluß daran nahmen die Parteien in dem Vergleich mit gegenseitigem Einverständnis die Klage und Widerklage zurück. Diesen Vergleich hat der Beklagte wegen arglistiger Täuschung in demselben Verfahren angefochten und beantragt, unter Fortsetzung des Verfahrens die Berufung der Klägerin gegen das landgerichtliche Teilurteil zurückzuweisen. Die Klägerin hat die Anfechtung des Vergleichs nur in besonderem Prozesse für zulässig gehalten und deshalb gebeten, die Fortsetzung des Verfahrens abzulehnen. Das Oberlandesgericht hat durch Zwischenurteil den Antrag des Beklagten, über die Wirksamkeit des Vergleichs im gegenwärtigen Rechtsstreit zu entscheiden, zugelassen und nach erfolgter Beweisaufnahme die Anfechtung des Vergleichs für begründet gehalten. In der Sache selbst hat es alsdann den Erlaß des landgerichtlichen Teilurteils für unzulässig erachtet und unter Aufhebung seines Versäumnisurteils und des erstinstanzlichen Teilurteils die Sache zur anderweiten Verhandlung und Entscheidung an das Landgericht zurückverwiesen. Die Revision der Klägerin hatte Erfolg.

Gründe:

Im bewußten Gegensatz zu der Entscheidung des Reichsgerichts im Bd. 78 S. 287 hat das Berufungsgericht die Anfechtung des vor dem beauftragten Richter abgeschlossenen Vergleichs in demselben Verfahren für zulässig gehalten und demgemäß unter Fortsetzung des Verfahrens durch Endurteil über die Berufung der Klägerin erkannt. Die von ihm angeführten Gründe geben jedoch keinen Anlaß, von der in der angegebenen Entscheidung niedergelegten Rechtsauffassung des Reichsgerichts abzuweichen.

Allerdings hat das Reichsgericht wiederholt ausgesprochen, daß nur ein gültiger gerichtlicher Prozeßvergleich eine endgültige Beendigung des Prozesses herbeiführt (Gruchot Bd. 50 S. 425; RGZ. Bd. 65 S. 420). Aber daraus folgt nichts für die Frage, ob der Streit über die Gültigkeit eines zur Beilegung des Rechtsstreits abgeschlossenen Vergleichs in demselben oder einem besonderen Verfahren auszutragen ist, sondern höchstens, daß, wenn die Ungültigkeit des Vergleichs festgestellt ist, der Streit, zu dessen Beilegung er geschlossen war, nicht als beendet gilt.

An sich bringt der Vergleich den Prozeß ebenso zu Ende, wie ein rechtskräftiges Urteil (Gruchot Bd. 50 S. 428; Recht 1907 Nr. 625). Es kann deshalb, wenn dieser beendigt ist, in ihm nicht noch über die Frage entschieden werden, ob er durch den Vergleich beendet ist, worauf die Entscheidung über die Gültigkeit des Vergleichs hinausläuft. Denn wenn diese Entscheidung dahin ausfiele, daß der Vergleich zu

Recht besteht, so würde zum mindesten in diesem Falle eine Entscheidung in einem bereits abgeschlossen gewesenen Verfahren getroffen sein, und dies ist prozeßrechtlich nicht denkbar. Nur wenn die Parteien darüber streiten, ob überhaupt Vergleichserklärungen vorliegen oder ob die Erklärungen in prozeßgerechter Form von der zuständigen Partei oder ihrem Vertreter abgegeben sind oder ob der Vergleich wirksam geworden ist, kann der Streit in demselben Verfahren erörtert werden. Denn in diesen Fällen handelt es sich in Wirklichkeit nur um die prozeßrechtliche Bedeutung einer von den Parteien vorgenommenen Prozeßhandlung, und diese Frage kann, da sie ausschließlich dem Tatbestande des bisherigen Prozesses angehört, nur in demselben Verfahren entschieden werden. Es verhält sich mit ihr nicht anders, als mit den sonstigen Entscheidungsgrundlagen des Prozesses. Solange sie noch nicht sämtlich entschieden sind, ist der Prozeß nicht beendet. Erst das Urteil, das in der Hauptsache ergeht und entweder den Einwand oder die Replik des Vergleichs verwirft oder den Anspruch durch den Vergleich für erledigt erklärt, beendet den Prozeß. Anders aber liegt es, wenn ein formgerecht und endgültig abgeschlossener Vergleich durch Anfechtung wegen arglistiger Täuschung oder Irrtums vernichtet werden soll oder seine Nichtigkeit wegen Verstoßes gegen die guten Sitten geltend gemacht wird. Denn ein Streit hierüber fällt aus dem Rahmen des bisherigen Prozesses heraus. Er ist in Wirklichkeit kein Streitpunkt mehr in dem im früheren Prozeß der richterlichen Entscheidung unterbreiteten Streit, sondern ein neuer Streit über die Rechtsbeständigkeit des Vergleichs, bei dem aus der gemischten Natur des Prozeßvergleichs weniger das prozessuale, als das privatrechtliche Moment in den Vordergrund tritt. Von diesem Gesichtspunkte aus hat das Reichsgericht auch den Streit über den Sinn eines abgeschlossenen Vergleichs in ein besonderes Verfahren verwiesen (RGZ. Bd. 96 S. 203). Und von ihm aus könnte auch nicht bezweifelt werden, daß ein Streit über das Recht zum Rücktritt von einem Prozeßvergleich in ein besonderes Verfahren gehört (ROLG. Bd. 20 S. 238). Diese Regelung entspricht auch prozeßpolitischen Rücksichten. Denn würde es zulässig sein, auch den Streit über die materielle Gültigkeit eines Prozeßvergleichs in demselben Verfahren auszufechten, so würde der Prozeß durch eine Anfechtung des geschlossenen Vergleichs jederzeit zum Wiederaufflackern gebracht werden können, was leicht Prozeßschikanen das Tor öffnen könnte. Ein solcher Zustand liegt aber weder im Interesse der Rechtssicherheit noch im Wesen und Zweck des Vergleichs. Er würde auch nicht mit der Tatsache im Einklang stehen, daß der Vergleich nach seinem Abschluß von der Partei zur Vollstreckung gebracht werden kann und, wenn gegen die Vollstreckung der Einwand der Ungültigkeit des Vergleichs erhoben wird, dieser mit der Vollstreckungsgegenklage, also auch in einem besonderen Prozesse, geltend zu machen ist (vgl. auch Marquardt in JW. 1920 S. 1019).

In der Regel wird die Entscheidung über die Frage, ob überhaupt ein wirksamer Vergleich vorliegt, ohne weitere Beweiserhebung schon auf Grund der Akten getroffen werden können, während bei der Anfechtung wegen Irrtums oder arglistiger Täuschung meist noch weitere Verhandlungen und Beweiserhebungen erforderlich sein werden. Dies mag dazu geführt haben, daß in einzelnen Urteilen des Reichsgerichts die Entscheidung über die Fortsetzungsmöglichkeit des Verfahrens von der Frage abhängig gemacht ist, ob die Ungültigkeit des Vergleichs auf illiquide Behauptungen gestützt ist oder nur aus Rechtsgründen hergeleitet wird (Gruchot Bd. 50 S. 425; RGZ. Bd. 65 S. 422). Richtig sind diese Momente wohl nur Symptome für die Richtung des Streits. Aber es kommt darauf nicht an, weil hier die Entscheidung über die Rechtsgültigkeit des Vergleichs jedenfalls noch tatsächlicher Feststellungen und Beweiserhebungen bedurfte und sich darum die Notwendigkeit eines besonderen Prozesses auch von diesem Gesichtspunkte aus ergab.

An und für sich erfordern die Verhandlungen und Beweisaufnahmen über die zur Begründung der Anfechtbarkeit oder Nichtigkeit des Vergleichs aufgestellten Behauptungen im besonderen Prozesse keine längere Zeit, als bei der Fortsetzung des bisherigen Prozesses. Daß, wenn diese in einem besonderen Prozesse stattfinden, eine Verzögerung der Entscheidung insofern eintritt, als hier erst die Rechtskraft der Entscheidung abgewartet werden muß, bevor eine Fortsetzung des früheren Verfahrens oder vielleicht ein neuer Prozeß über den früheren Streit erfolgen kann, mag zutreffen. Aber auf der anderen Seite hat diese Regelung den Vorzug, daß überflüssige Verhandlungen und Beweiserhebungen zur Hauptsache, die bei der Verhandlung in demselben Prozeß dadurch entstehen können, daß die Feststellung der Ungültigkeit des Vergleichs hier nur als Urteilselement in Betracht kommt und deshalb erst mit der Entscheidung zur Hauptsache angegriffen werden kann, schlechthin vermieden werden. Außerdem hat die Entscheidung im besonderen Prozeß auch noch den Vorteil, daß sie in vollem Umfange den Instanzenzug eröffnet, während gegen die Entscheidung in demselben Prozesse unter Umständen, nämlich, wenn der Vergleich in der Rechtsmittelinstanz geschlossen ist, nur ein beschränkter Instanzenzug offensteht.

Im gegebenen Falle fällt gegen die Fortsetzung des Verfahrens in demselben Prozeß auch noch besonders ins Gewicht, daß der Vergleich nicht nur den in der Berufungsinstanz anhängigen Teil des Streites betroffen hat, sondern sich auch auf den in der ersten Instanz noch anhängigen Teil bezogen hat. Es würde deshalb nicht bloß das

Berufungsgericht, sondern auch noch die erste Instanz über die Rechtsbeständigkeit des Vergleichs zu befinden haben, wenn man die Auffassung vertritt, daß über die Anfechtung des Vergleichs in demselben Verfahren zu entscheiden ist. Eine solche Doppelprüfung aber ist unzweckmäßig, weil sie nicht bloß unnütze Mühen und Kosten verursacht, sondern auch zu widersprechenden Entscheidungen führen kann. Daß dieser Übelstand etwa darum hinzunehmen ist, weil nach dem Willen des Gesetzes alle Mängel, die in einem Verfahren entstehen, und alle Verstöße, die sich in dem den Prozeß abschließenden Vollstreckungstitel zeigen, im Verfahren selbst unschädlich zu machen sind und ebenso auch jedes Verfahren, das ihrer Bestätigung dient, an den Prozeß gebunden bleiben muß (vgl. Wurzer in JW. 1922 S. 1377 und die dort angegebene Literatur), muß verneint werden. Denn, wenn ein zur Beilegung des Rechtsstreits geschlossener Vergleich beseitigt werden soll, handelt es sich um einen derartigen Verstoß nicht und darum auch nicht um den Angriff gegen einen solchen. Hiernach war die Fortsetzung des Verfahrens im gegebenen Falle nicht zulässig und deshalb unter Aufhebung des Berufungsurteils der Antrag des Beklagten auf Fortsetzung der Verhandlung abzuweisen.

---

87. Fällt die Lieferungsverpflichtung fort, wenn der Verkäufer bei dem Vertragsschlusse wußte, daß der Käufer die Ware in unbefugtem Handelsbetriebe weiterabsetzen wolle oder wenn er nach dem Verkaufe von einer solchen Absicht des Käufers oder davon Kunde erhält, daß dieser im Wege des Kettenhandels über die Ware zu verfügen gedenke?

III. Zivilsenat. Urt. v. 23. Februar 1923 i. S. B. (Bekl.) w. K. (Kl.). III 250/22.

I. Landgericht Braunschweig. — II. Oberlandesgericht daselbst.

Der Kläger klagt auf Lieferung von 25 Zentnern Feldbohnen, die er im Herbst 1919 von dem Beklagten gekauft hat. Dieser erachtete sich zur Vertragserfüllung deshalb nicht für verpflichtet, weil der Kläger die zum Handel mit Lebensmitteln nach der VO. vom 24. Juni 1916 erforderliche Genehmigung nicht besessen und beabsichtigt habe, die Bohnen im Wege des Kettenhandels an einen mit ihm an denselben Orte ansässigen Händler mit Gewinn weiterzuveräußern. Beide Tatrichter gaben dem Klagantrage statt. Die Revision hatte Erfolg.

Gründe:

§ 1 Abs. 1 und § 9 der VO. vom 24. Juni 1916 (RGBl. S. 581) bedrohen denjenigen mit Strafe, der ohne obrigkeitliche Erlaubnis Handel mit Lebens- oder Futtermitteln betreibt. In Übereinstimmung mit der Rechtsprechung des Reichsgerichts geht das Oberlandesgericht davon aus, daß diese Vorschriften rein gewerbepolizeilicher Natur seien, die sich nur gegen einen Teil, den Handeltreibenden, und nur gegen den Handelsbetrieb als solchen, nicht aber gegen das einzelne Kaufgeschäft richten und deren Übertretung die bürgerlichrechtliche Gültigkeit des ihnen zuwider getätigten Geschäfts nicht berührt (JW. 1920 S. 45 Nr. 5, S. 141 Nr. 6). Der Beklagte konnte zudem als Veräußerer selbstgewonnener Erzeugnisse nach § 1 Abs. 2 Nr. 1 von dem im Abs. 1 a. a. O. enthaltenen Verbote überhaupt nicht getroffen werden. An diesem Ergebnisse wurde auch durch Art. III § 4b WuchergerO. vom 27. November 1919 (RGBl. S. 1909) nichts geändert, da diese, wie der Senat bereits in dem Urt. vom 28. März 1922 — III 429/21 — ausgesprochen hat, auf vor ihrem Inkrafttreten abgeschlossene, aber erst nach diesem Zeitpunkte zu erfüllende Verträge keine Anwendung findet.

Von diesen an sich zutreffenden Erwägungen aus erachtet der Berufungsrichter den Beklagten auch bei etwaigem Fehlen der Handelserlaubnis auf seiten des Klägers für lieferungspflichtig. Das ist rechtsirrig, denn diese Erwägungen erschöpfen die Rechtslage nicht. Aus ihnen würde freilich folgen, daß der Beklagte erfüllen müßte, wenn der Kläger die Genehmigung zum Handelsbetriebe zwar nicht bei Abschluß des Kaufs, wohl aber bei Fälligkeit der Lieferung besessen hat. Sie reichen jedoch zur Begründung der Lieferpflicht weder dann aus, wenn der Beklagte die Bohnen veräußert hat, obwohl er wußte, daß der Kläger sie im Wege unbefugten Handelsbetriebs weiter verwerten wollte, noch dann, wenn er erst nach dem Vertragsschlusse von einer solchen Absicht des Käufers sichere Kunde erhalten hat. Im ersteren Falle würde er diesem wissentlich seine Mithilfe zur Umgehung eines Gesetzes versprochen haben oder doch tatsächlich leihen, das die Allgemeinheit, d. h. die Verbraucher, vor Ausbeutung durch unlautere Elemente schützen soll. Ob er sich durch die Lieferung einer strafbaren Beihilfe zu einem Vergehen gegen die §§ 1 und 9 a. a. O. schuldig machen würde, kann dahin gestellt bleiben. Jedenfalls würde unter solchen Umständen infolge des bei dem Vertragsschlusse vorhandenen Bewußtseins des Beklagten, den Kläger bei der von ihm beabsichtigten Gesetzesverletzung zu unterstützen, das ganze Kaufgeschäft gegen die guten Sitten verstoßen und, wenn nicht schon nach § 134 BGB., so doch nach § 138 daselbst der Rechtswirksamkeit entbehren. Im zweiten Falle würde zwar das Veräußerungsgeschäft wegen des guten Glaubens des Verkäufers an sich nicht zu beanstanden, diesem aber nach § 242 BGB. nicht zuzumuten sein, dem Kläger durch Lieferung der Ware deren verbotenen Vertrieb zu ermöglichen. Auch aus einem rechtsgültigen Vertrage kann Erfüllung nicht verlangt werden, wenn sie mit Treu und Glauben unvereinbar ist. Diesen Grundsatz hat der Berufungsrichter auch dem Kettenhandelseinwande gegenüber unberücksichtigt gelassen.

Daß das streitige Geschäft zwischen dem Erzeuger und dem ersten Abnehmer nicht unter den Begriff des Kettenhandels falle, unterlag von vornherein keinem Zweifel. Deshalb konnte der Beklagte mit der Behauptung, der Kläger habe sämtliche aufgekauften Bohnen an einen mit ihm an demselben Orte ansässigen Händler mit Gewinn weiterveräußert und beabsichtigt, das Gleiche mit den von ihm, dem Beklagten, gekauften Bohnen zu tun, vernünftiger Weise nur zum Ausdruck bringen wollen, daß von ihm nach Treu und Glauben nicht zu verlangen sei, den Kläger in die Lage zu versetzen, ein verbotenes Kettenhandelsgeschäft abzuschließen oder zu erfüllen und die Früchte eines solchen, deren Gewinnung das Gesetz im Interesse der Allgemeinheit gerade verhindern will, mit seinem Zutun einzuheimsen. Dazu mitzuhelfen kann der Beklagte vom Gesetze in der Tat unmöglich gezwungen werden. Deshalb ist dem Kläger, der ein derartiges unsittliches, wider Treu und Glauben verstoßendes Verlangen stellt, der Rechtsschutz zu versagen.

---

88. Welche Pflichten hat eine Sparkasse, die die Verwaltung von Wertpapieren übernimmt?

I. Zivilsenat. Urt. v. 24. Februar 1923 i. S. Sparverein K. (Bekl.) w. F. (Kl.). I 141/22.

I. Landgericht Koburg. — II. Oberlandesgericht Jena.

Der Kläger hatte dem Beklagten 23 Aktien des Annawerks zur Verwahrung und Verwaltung übergeben. Am 19. März 1920 beschloß das Werk eine Kapitalserhöhung. Auf je drei alte Aktien wurde den Aktionären eine neue Aktie gewährt. Später wurde die Frist zur Ausübung des Bezugsrechts auf den Zeitraum vom 20. April bis zum 11. Mai 1920 festgesetzt und dies im K.er Tageblatt öffentlich bekannt gemacht. Der Beklagte hat den Kläger auf die Festsetzung der Frist nicht aufmerksam gemacht, die Frist ist versäumt, und der Kläger hat die neuen Aktien nicht erhalten. Er nimmt den Beklagten wegen des ihm entgangenen Gewinns in Anspruch.

Das Landgericht wies die Klage ab. Das Oberlandesgericht erkannte nach dem Klagantrage. Die Revision des Beklagten hatte keinen Erfolg.

Gründe:

Das Berufungsgericht hat ausgeführt, daß der Beklagte sich bis zum Jahre 1919 nur mit Sparkassengeschäften, insbesondere also mit der Entgegennahme, Verwahrung und Verzinsung von Spargeldern, befaßt, daß er von 1919 an auch die Verwahrung und Verwaltung von Wertpapieren und Aktien übernommen habe, und daß er — auch wenn solche Verwaltung in seinen Satzungen nicht vorgesehen sei — danach die Pflichten zu erfüllen habe, die den Bankgeschäften in dieser Hinsicht obliegen; zu den Pflichten gehöre es, den Hinterlegern die für die Ausübung des Bezugsrechts bei Kapitalserhöhungen nötigen Mitteilungen zu machen. Das habe der Beklagte schuldhafterweise versäumt.

Diese Ausführungen sind bedenkenfrei. Die Revision sucht darzulegen, daß die erwähnten Pflichten dem Beklagten nicht oblägen, weil er nicht eine Bankanstalt, sondern nur eine Sparkasse sei. Allein dem steht entgegen, daß ein Unternehmen, das Bankgeschäfte betreibt, die im Bankgewerbe nach Herkommen und Handelsbrauch üblichen Verpflichtungen zu erfüllen hat. Diese Pflichten sind nicht davon abhängig, welche Art Geschäfte das Unternehmen in der Hauptsache betreibt und unter welcher Bezeichnung es sich im Handelsverkehr darstellt, sondern vielmehr davon, was von demjenigen zu verlangen ist, der im Einzelfalle gewerbsmäßig ein Bankgeschäft abschließt. Es kommt also nicht darauf an, ob der Beklagte die Übernahme der Verwaltung von Aktien in seinen Satzungen nicht vorgesehen hat. Wer gegen Entgelt die Verwaltung eines aus Wertpapieren bestehenden offenen Depots übernimmt, muß diejenigen Geschäfte besorgen, die der Besitz von Wertpapieren mit sich bringt. Wie er die Zinsscheine einkassieren und beispielsweise bei Lospapieren die Auslosungen kontrollieren muß, so muß er auch bei Aktien die Kapitalserhöhungen im Auge behalten und den Hinterleger von der Frist zur Ausübung des Bezugsrechts in Kenntnis setzen, wofern er sich nicht von allem diesen freigezeichnet hat. Das ergibt sich einerseits aus dem Begriffe der Verwaltung von Wertpapieren und entspricht anderseits dem Handelsbrauche, der den Verkehr der Banken mit ihren Kunden beherrscht. Letzteres erhellt mit Klarheit aus dem eingezogenen Gutachten der Handelskammer in Leipzig. Wenn demgegenüber die Revision darauf hinweist, daß das Gutachten der Handelskammer, das die Verpflichtung zur Mitteilung über die Ausübung des Bezugsrechts bejaht, nicht zwischen Banken und Sparkassen unterscheide, vielmehr nur von Banken spreche, so ist dem entgegenzuhalten, daß in dem Beschlusse, der der

Handelskammer mitgeteilt ist, ausdrücklich erwähnt ist, daß es sich um die Kreditkasse des Spar- und Hilfsvereins in K., die derartige Bankgeschäfte betreibt, handelt. Auch auf die Satzungen ist verwiesen. Danach kann kein Zweifel sein, daß die Handelskammer ihre Begutachtung auch im Hinblick auf die Kreditkasse des beklagten Vereins abgegeben hat.

Die Revision rügt weiter, daß nicht mindestens ein überwiegendes Verschulden des Klägers selbst angenommen ist. Auch diese Rüge kann keinen Erfolg haben. Das Berufungsgericht stützt sich darauf, der Kläger habe sich dabei beruhigen dürfen, daß ihm von der Kreditkasse eine Mitteilung über die Zeit der Ausübung des Bezugsrechts zugehen werde. Dem kann nicht entgegengetreten werden. Allerdings hatte der Kläger an der Generalversammlung des Annawerks, in welcher die Kapitalserhöhung beschlossen wurde, teilgenommen. Aber Anfang und Dauer der Frist für die Ausübung des Bezugsrechts stand damals noch nicht fest. Nun wird sich nicht leugnen lassen, daß unter gewissen Umständen auch von dem Hinterleger verlangt werden kann, daß er sich selbst nach den Bekanntmachungen über die Setzung der Frist umhört und dann seinerseits die notwendigen Schritte tut. Aber die Beurteilung, ob dergleichen vorliegt, ist Sache des einzelnen Falles und kann deshalb in der Revisionsinstanz nicht nachgeprüft werden. Rechtsgrundsätze sind durch die Entscheidung des Berufungsgerichts nicht verletzt, insbesondere sind nicht etwa die Anforderungen an die eigene Aufmerksamkeit des geschädigten Klägers zu niedrig bemessen.

---

89. 1. Bedarf auch dann, wenn das Vorkaufsrecht eines Siedlungsunternehmens gemäß § 4 Reichssiedlungsgesetzes vom 11. August 1919 begründet ist und ausgeübt wird, der Kaufvertrag zwischen dem Verpflichteten und dem Dritten noch der Genehmigung der zuständigen Behörde in Gemäßheit der Bekanntmachung über den Verkehr mit landwirtschaftlichen Grundstücken vom 15. März 1918?

2. Tritt die in § 8 RSiedlG. in Verbindung mit § 510 Abs. 1 BGB. begründete Pflicht zur unverzüglichen Mitteilung des Inhalts des mit dem Dritten geschlossenen Vertrags erst mit dessen Genehmigung nach Maßgabe der Bek. vom 15. März 1918 ein?

3. Muß die Mitteilung von dem Vertragsinhalt an den Vorkaufsberechtigten, um die in § 7 Abs. 1 RSiedlG. bestimmte Frist in Lauf zu setzen, auch die Angabe enthalten, daß der Vertrag mit dem Dritten gemäß der Bek. vom 15. März 1918 genehmigt sei?

V. Zivilsenat. Urt. v. 24. Februar 1923 i. S. Hannoversche Siedlungsgesellschaft m. b. H. (Bekl.) w. H. (Kl.). V 472/22.

I. Landgericht Hannover. — II. Oberlandesgericht Celle.

Durch notariellen Kaufvertrag vom 30. Dezember 1920 verkaufte der Kläger seinen in E. gelegenen, über 25 ha großen Hof an den Gutspächter R. Der Vertrag wurde am 18. Januar 1921 vom Landrat genehmigt. Am 20. Januar 1921 empfing die Beklagte vom Kläger die Vertragsurkunde mit einem vom 15. Januar 1921 datierten Schreiben, in welchem ihr der Kläger mitteilte, daß das Landratsamt Gr. Abschrift des Vertrags erhalten hätte. Am 10. Februar 1921 sandte die Beklagte ein Schreiben an den Kläger ab, worin sie ihm erklärte, daß sie ihr Vorkaufsrecht ausübe. Der Kläger will dies Schreiben erst am 11. Februar 1921 erhalten haben und stellte sich deshalb auf den Standpunkt, daß die am 20. Januar 1921 begonnene dreiwöchige Frist zur Ausübung des Vorkaufsrechts nicht innegehalten sei, da sie bereits am 10. Februar 1921 abgelaufen sei. Die Beklagte vertrat demgegenüber die Auffassung, daß die in § 7 des Reichssiedlungsgesetzes vom 11. August 1919 bestimmte Frist von 3 Wochen erst zu laufen beginne, wenn dem Vorkaufsberechtigten auch die Genehmigung des Vertrags durch den Landrat mitgeteilt, also die Genehmigungsurkunde vorgelegt sei. Dies sei Sache des Klägers gewesen. Sie habe sich am 21. Januar 1921 an das Landratsamt mit der Bitte um Auskunft gewandt, aber von dort erst am 10. Februar 1921 die Nachricht erhalten, daß der Vertrag am 18. Januar genehmigt worden sei. Sie habe darauf noch am 10. Februar dem Kläger schriftlich mitgeteilt, daß sie ihr Vorkaufsrecht ausübe. Sie bestritt auch, daß der Kläger diese Mitteilung erst am 11. Februar erhalten habe.

Der Kläger klagte auf Feststellung, daß der Beklagten ein Vorkaufsrecht bezüglich seines in E. belegenen Hofes aus dem Kaufvertrage vom 30. Dezember 1920 mit dem Gutspächter R. nicht zustehe. Das Landgericht wies die Klage ab. Auf die Berufung des Klägers traf das Oberlandesgericht jedoch die von ihm begehrte Feststellung. Auf die Revision der Beklagten wurde die Entscheidung des Landgerichts wiederhergestellt aus folgenden

Gründen:

Während das Landgericht annahm, es sei Sache des Verpflichteten, dem Berechtigten außer dem Vertragsinhalt auch die Genehmigung des Vertrags durch den Landrat mitzuteilen, wenn er die Frist zur Ausübung des Vorkaufsrechts in Lauf setzen wolle, erachtet das Berufungsgericht diese Mitteilung für unnötig, weil das Vorkaufsrecht auch schon vor Erteilung der landrätlichen Genehmigung ausgeübt werden könne. Das Berufungsgericht stützt seine Ansicht darauf, daß für die Genehmigung des Landrats die Person des Käufers maßgebend sein müsse, im Fall der Ausübung des Vorkaufsrechts aber lediglich aus der Person des Vorkaufsberechtigten beurteilt werden könne, ob die Genehmigung notwendig sei und ob sie gegebenenfalls erteilt werden solle oder nicht. Dafür, daß bei Ausübung eines Vorkaufsrechts eine doppelte Prüfung und Genehmigung erfolgen müsse, fehle jeder Anhalt. Es sei nicht ersichtlich, weshalb das Vorkaufsrecht nicht sollte ausgeübt werden können, wenn der Erwerb durch den Käufer aus Gründen des öffentlichen Wohles verhindert werden könne, während diese Möglichkeit dem Vorkaufsberechtigten gegenüber nicht gegeben sei. Die Wirksamkeit des Vertrags trete hier mit der Ausübung des Vorkaufsrechts ein, da der Schwebezustand hierdurch beseitigt würde. Hiernach habe die Frist zur Ausübung des Vorkaufsrechts am 21. Januar 1921 begonnen und sei am 10. Februar 1921 abgelaufen. Es sei erwiesen, daß die Erklärung der Beklagten dem Kläger erst am 11. Februar 1921 zugegangen sei. Da hiernach das Vorkaufsrecht verspätet ausgeübt sei, erscheine die Feststellungsklage begründet.

Die Revision rügt Verletzung des § 7 des RSiedlG., der §§ 1 bis 3 der Bek. über den Verkehr mit landwirtschaftlichen Grundstücken vom 15. März 1918 und der §§ 505, 510 BGB. Sie hält die Annahme des Berufungsgerichts, daß eine Verpflichtung des Vorkaufsverpflichteten zur Mitteilung von der Genehmigung des Landrats nicht bestehe und daß das Siedlungsunternehmen das Vorkaufsrecht bereits vor Erteilung der landrätlichen Genehmigung wirksam ausüben könne, für rechtsirrtümlich. Verfehlt sei auch die Annahme, daß mit der Ausübung des Vorkaufsrechts der Schwebezustand beseitigt werde und das Erfordernis der behördlichen Genehmigung des Kaufvertrags fortfalle. Ein rechtsunwirksamer Vertrag könne nicht durch Ausübung des Vorkaufsrechts wirksam werden. Das Berufungsgericht habe auch übersehen, daß die Bek. vom 15. März 1918 nicht nur den Erwerb von landwirtschaftlichen Grundstücken durch ungeeignete Personen verhindere, sondern auch u. a. den Grundbesitzer gegen Übervorteilung schützen wolle. Werde die Genehmigung zu dem Vertrage versagt, so bleibe kein Raum für die Ausübung des Vorkaufsrechts. Die dreiwöchige Frist des § 7 des RSiedlG. beginne daher erst mit der Mitteilung der Genehmigung des Vertrags.

Der Revision war der Erfolg nicht zu versagen. Nach § 7 Abs. 1 RSiedlG. beträgt die Frist zur Ausübung des Vorkaufsrechts bei landwirtschaftlichen Grundstücken von der hier in Betracht kommenden Größe drei Wochen von dem Tage ab, an dem der Vorkaufsberechtigte die Mitteilung des Eigentümers oder des Dritten von dem Inhalt des zwischen ihnen geschlossenen Vertrags empfangen hat. Auch die Mitteilung des Grundbuchamts setzt nach § 7 Abs. 2 die Frist in Lauf. Gemäß § 6 Abs. 1 kann aber das Vorkaufsrecht schon ausgeübt werden, sobald der Eigentümer mit einem Dritten einen Kaufvertrag über ein landwirtschaftliches Grundstück im Umfang von 25 ha aufwärts oder Teile von solchen Grundstücken geschlossen hat. Hiernach kann das Vorkaufsrecht des Siedlungsunternehmens schon vor der Mitteilung ausgeübt werden; die Ausübung muß aber spätestens jedenfalls innerhalb der mit der Mitteilung des Vertragsinhalts beginnenden Frist erfolgt sein. Richtig ist, daß § 7 RSiedlG. ebenso wie die für seine Fassung offenbar vorbildlich gewesene Vorschrift des § 510 BGB. nichts weiter als die Mitteilung des Vertragsinhalts erfordert, um die Frist zur Ausübung des Vorkaufsrechts in Lauf zu setzen. Die in § 510 Abs. 1 BGB. und in § 8 Abs. 1 RSiedlG. dem Vorkaufsverpflichteten auferlegte Pflicht zur unverzüglichen Mitteilung des Vertragsinhalts an den Vorkaufsberechtigten begreift aber auch die Verpflichtung zur Mitteilung von dem Vertragsschluß selbst in sich. Dem Vorkaufsberechtigten muß also die Mitteilung gemacht werden, daß ein fertiger, wirksamer Kaufvertrag abgeschlossen ist. Denn nur ein solcher löst das Vorkaufsrecht aus (Motive zum BGB. Bd. II S. 345). Auch § 504 BGB. und § 6 Abs. 1 RSiedlG. setzen, wenn sie die Ausübung des Vorkaufsrechts alsbald nach dem Vertragsschluß zulassen, den Abschluß eines bindenden, wirksamen Vertrags voraus, RGZ. Bd. 98 S. 44. Nach der Bek. vom 15. März 1918 bedürfen aber Kaufverträge über landwirtschaftliche Grundstücke von mehr als 5 ha Größe regelmäßig zu ihrer Wirksamkeit der Genehmigung der zuständigen Behörde. Bis zur Erteilung der Genehmigung ist der Kaufvertrag also unwirksam. Keine Vertragspartei kann daraus Ansprüche gegen die andere herleiten. Bis zur Entscheidung der Verwaltungsbehörde besteht ein Zustand der Ungewißheit, ob der Vertrag rechtswirksam werden wird. Die Vertragsparteien können sich allerdings einseitig bis zur Entscheidung der Verwaltungsbehörde von dem Vertrage nicht lossagen; denn es würde Treu und Glauben widersprechen, wenn sie eine gegenseitige vertragliche Bindung eingehen, die erforderliche Genehmigung der Verwaltungsbehörde aber nicht abwarten wollten. Dagegen hindert sie nichts, den Vertrag vor Entscheidung der Verwaltungsbehörde durch gegenseitige Übereinkunft wieder aufzuheben; ebensowenig sind sie gezwungen, den Antrag auf Genehmigung bei der Verwaltungsbehörde zu stellen; sie können also den Schwebezustand bestehen lassen. Auch das Bestehen eines Vorkaufsrechts hindert die Beteiligten nicht, den Vertrag, solange er nicht genehmigt ist, rückgängig zu machen. Bei einem endgültigen, bindenden Vertrage wird allerdings die Ausübung des Vorkaufsrechts dadurch nicht behindert, daß die Vertragschließenden den Vertrag im Wege der Vereinbarung nachträglich wieder aufheben (RGRKomm. § 504 A. 3). Aber gegenüber einem noch nicht rechtswirksamen Vertrage kann der Vorkaufsberechtigte überhaupt keine Ansprüche geltend machen, kann also auch nicht verlangen, daß der Vertrag bestehen bleibt. Zur Ausübung des Vorkaufsrechts gegenüber einem nach der Bek. vom 15. März 1918 genehmigungspflichtigen Vertrage ist daher die vorgängige Genehmigung des Vertrags durch die Verwaltungsbehörde Voraussetzung. Ist die Genehmigung durch die Verwaltungsbehörde bereits endgültig versagt, so ist überhaupt kein Raum für die Ausübung des Vorkaufsrechts mehr; denn die Bindung der Parteien ist alsdann erloschen, die Unwirksamkeit des Vertrags steht dann fest. Aber auch während des Schwebezustandes bis zur Entscheidung der Verwaltungsbehörde kann die Ausübung des Vorkaufsrechts nicht stattfinden, weil noch ungewiß ist, ob überhaupt der geschlossene Vertrag, der noch der Genehmigung der Verwaltungsbehörde unterliegt, rechtliche Wirkungen unter den Beteiligten hervorbringt. Erlangt aber der Käufer kein Recht aus dem Vertrage, kann auch der Vorkaufsberechtigte keine Ansprüche auf Grund desselben erheben. Wie bereits in der Entscheidung RGZ. Bd. 98 S. 49 auseinandergesetzt ist, stellt sich die Rechtslage hier anders dar, als bei einem bedingten Vertrage, in den der Vorkaufsberechtigte allerdings regelmäßig eintreten kann (Motive Bd. II S. 346). Denn der bedingte Kauf ist ein fertiger rechtsgültiger Kauf, während hier ein rechtswirksamer Vertrag überhaupt noch nicht zustande gekommen ist. Es ist also nicht zutreffend, wenn das Berufungsgericht davon ausgeht, die Mitteilung von der Genehmigung des Kaufvertrags durch den Landrat sei deshalb kein Erfordernis für den Beginn der Frist, weil diese Genehmigung überhaupt nicht Voraussetzung für die Ausübung des Vorkaufsrechts sei. Die Geltendmachung des Vorkaufsrechts setzt vielmehr einen rechtsgültigen Kaufvertrag voraus. Dieser Grundsatz erleidet auch keine Änderung in dem Fall, daß das Vorkaufsrecht einem gemeinnützigen Siedlungsunternehmen zusteht. Ein solches Unternehmen ist allerdings gemäß § 2 Nr. 1 der Bek. vom 15. März 1918 bei unmittelbarem Ankauf eines landwirtschaftlichen Grundstücks von der Genehmigung der Verwaltungsbehörde befreit. Es bedarf deshalb auch zur Ausübung des Vorkaufsrechts, durch welche gemäß § 505 Abs. 2 BGB., § 8 Abs. 1 RSiedlG. der Kauf zwischen ihm und dem Eigentümer zustande kommt, keiner Genehmigung, während ein sonstiger Vorkaufsberechtigter, dem gegenüber keiner der Ausnahmefälle des § 2 der Bek. über den Verkehr mit landwirtschaftlichen Grundstücken vom 15. März 1918 Platz greift, der Genehmigung des Landrats bedürfen wird. Daraus, daß das Siedlungsunternehmen bei unmittelbarem Ankauf und bei Ausübung des Vorkaufsrechts keiner Genehmigung bedarf, folgt aber nicht, daß auch der Kaufvertrag zwischen dem Verpflichteten und dem Dritten im Fall des Bestehens und der Ausübung des gesetzlichen Vorkaufsrechts des Siedlungsunternehmens der Genehmigung der Verwaltungsbehörde nicht unterläge. Vielmehr erscheint, da Vorbedingung für die Ausübung des Vorkaufsrechts ein rechtsgültiger, wirksamer Kaufvertrag ist und die Wirksamkeit des Kaufvertrags über ein landwirtschaftliches Grundstück nach der BRVO. vom 15. März 1918 von der Entschließung der Verwaltungsbehörde abhängt, die Genehmigung dieses Kaufvertrags durch den Landrat als unerläßliche Voraussetzung für die Ausübung des Vorkaufsrechts des Siedlungsunternehmens. Die Ausführung des angefochtenen Urteils, daß im Fall der Ausübung des Vorkaufsrechts der Schwebezustand beseitigt würde und die Wirksamkeit des Vertrags ohne weiteres eintrete, steht im Widerspruch mit der Bestimmung des § 1 der Bek. vom 15. März 1918, wonach die Wirksamkeit des Kaufvertrags mit der Genehmigung der zuständigen Behörde eintritt. Unrichtig ist auch die Annahme des Berufungsgerichts, daß im Fall der Ausübung des Vorkaufsrechts durch ein Siedlungsunternehmen die Prüfung und Genehmigung des Kaufvertrags gewissermaßen gegenstandslos werde und daß die Zwecke des Reichssiedlungsgesetzes durch die Aufstellung des Erfordernisses der Genehmigung des ersten Kaufvertrags in vielen Fällen vereitelt werden würden. Bei der Prüfung, ob der Kaufvertrag zwischen dem Eigentümer und dem Käufer zu genehmigen ist, kommt es keineswegs bloß darauf an, ob der Erwerber ein tauglicher Landwirt ist, vielmehr sind auch die Interessen des Verkäufers und die Erhaltung der Selbständigkeit und Leistungsfähigkeit des bisherigen landwirtschaftlichen Betriebes zu berücksichtigen. § 3 Nr. 3, 4, 5 der Bek. vom 15. März 1918. Wird die Genehmigung erteilt, so steht dem Siedlungsunternehmen die Ausübung des Vorkaufsrechts frei. Wird die Genehmigung versagt, so fällt auch die Ausübung des Vorkaufsrechts für jenes Unternehmen fort. Wenn das Berufungsgericht glaubt, daß gerade in diesem Fall der Eintritt des Siedlungsunternehmens an Stelle eines ungeeigneten Käufers besonders erwünscht sei, so mag diese Erwägung vom gesetzgeberischen Standpunkt aus vielleicht in Betracht kommen. Es widerspräche aber dem gegenwärtigen Stande der Gesetzgebung, wollte man in diesem Fall den Eintritt des Siedlungsunternehmens zulassen. Hierbei verkennt das Berufungsgericht, daß dem Siedlungsunternehmen nur ein Vorkaufsrecht beigelegt ist. Gelangt also der mit dem Dritten geschlossene Kaufvertrag infolge Versagung der Genehmigung seitens der Verwaltungsbehörde überhaupt nicht zur rechtlichen Wirksamkeit, so liegt die Sache rechtlich ebenso, als ob überhaupt kein Kaufvertrag geschlossen wäre. Es fehlt alsdann jede Voraussetzung für den Eintritt des vorkaufsberechtigten Siedlungsunternehmens. Ein Eigentumswechsel kommt gar nicht in Frage, vielmehr bleibt alles beim alten. Das Siedlungsunternehmen muß abwarten, ob sich bei einem erneuten Verkauf des Grundstücks Gelegenheit zum Erwerb desselben bieten wird. Wollte man dem Siedlungsunternehmen ohne Rücksicht darauf, ob der Vertrag genehmigt oder nicht genehmigt wird, die Ausübung des Vorkaufsrechts gestatten, so würde man ihm nicht mehr bloß ein Vorkaufsrecht, sondern auch für den Fall eines unwirksamen Verkaufs ein unbedingtes Ankaufsrecht zugestehen und damit weit über den Rahmen des Siedlungsgesetzes hinausgehen. Ist hiernach die Genehmigung des Kaufvertrags durch die Verwaltungsbehörde Voraussetzung für die Ausübung des Vorkaufsrechts durch das Siedlungsunternehmen, so ist auch anzunehmen, daß die in § 8 Abs. 1 RSiedlG. und § 510 Abs. 1 BGB. vorgeschriebene Pflicht des Eigentümers zur unverzüglichen Mitteilung von dem Inhalt des mit dem Dritten geschlossenen Vertrages an den Vorkaufsberechtigten erst mit der Genehmigung desselben eintritt. Alsdann muß aber auch die Forderung erhoben werden, daß der Verpflichtete dem Berechtigten die Tatsache der Genehmigung mitteilt. Der in § 510 Abs. 2 BGB. an den Empfang der Mitteilung geknüpfte Beginn des Laufes der Frist zur Ausübung des Vorkaufsrechts setzt natürlich einen rechtswirksamen Kaufvertrag voraus. Dasselbe muß von der Bestimmung des § 7 Abs. 1 RSiedlG. gelten. Soll das vorkaufsberechtigte Siedlungsunternehmen in der kurzen Frist von wenigen Wochen sich darüber entschließen, ob es von dem Vorkaufsrecht Gebrauch machen will oder nicht, so muß es auch darüber unterrichtet werden, ob ein wirksamer Kaufabschluß vorliegt, der ihm die Gewißheit, das Grundstück erwerben zu können, bietet. Denn die Entschließung über die Ausübung des Vorkaufsrechts kann erhebliche Mühen und Kosten, z. B. durch Besichtigung des Grundstücks seitens Sachverständiger, durch Bereitstellung der nötigen Geldmittel oder durch Sicherung des erforderlichen Kredits verursachen. Auf die unbestimmte Aussicht und die bloße Möglichkeit des Erwerbes hin, die sich dem Siedlungsunternehmen nur bietet, so lange die Genehmigung des Kaufs für dasselbe nicht feststeht, können ihm solche Schritte nicht zugemutet werden. Die Rücksicht auf Treu und Glauben erfordert deshalb, daß der Verpflichtete dem Vorkaufsberechtigten die Tatsache der Genehmigung des Vertrags, die ihm bekannt sein muß, mitteilt. Alsdann weiß der Vorkaufsberechtigte, daß er zugreifen kann, während er sonst erst zeitraubende Erkundigungen über die Genehmigung anstellen müßte. Eine Mitteilung, wie sie im vorliegenden Fall der Kläger gemacht hat, wonach der Landrat Abschrift des Vertrags erhalten habe, die Genehmigung also nachgesucht sei, wirkt geradezu irreführend auf den Vorkaufsberechtigten, der bei Empfang des Schreibens nicht damit rechnen konnte, daß die Genehmigung inzwischen erteilt sei. Nur wenn die Mitteilung erfolgt, daß der Vertrag genehmigt sei, ist für den Vorkaufsberechtigten eine klare Sachlage geschaffen, die ihm die Entschließung innerhalb der gesetzlich vorgeschriebenen Frist ermöglicht. Hiernach war die dreiwöchige Frist durch die Übersendung der Abschrift des Vertrags noch nicht in Lauf gesetzt. Durch Fristablauf ist das Vorkaufsrecht daher keinesfalls erloschen. Aus den getroffenen Feststellungen ergibt sich aber, daß es durch Schreiben vom 10. Februar 1921 wirksam ausgeübt ist, was auch vor Beginn der Frist möglich war. Das Feststellungsbegehren des Klägers ist sonach unbegründet.

---

90. Rücktritt von einem Werklieferungsvertrag wegen veränderter Umstände. Inwieweit hat der Besteller Anspruch darauf, daß der Unternehmer die zur Ausführung der Bestellung beschafften Rohstoffe ausschließlich für den Vertragszweck bereit hält und verwendet?

III. Zivilsenat. Urt. v. 27. Februar 1923 i. S. Maschinenfabrik Akt.-Ges. vorm. W. & Co. (Bekl.) w. A., G. & K. Akt.-Ges. (Kl.). III 207/22.

I. Landgericht Braunschweig. — II. Oberlandesgericht daselbst.

Im Sommer 1914 hatte die Klägerin bei der Beklagten eine Anzahl von Bestellungen auf eiserne Rohre laufen. Mit Ausbruch des Kriegs wurde ein Teil der Lieferungen zurückgestellt. Zwei Aufträge, einer über ein schmiedeeisernes Rohr im ungefähren Gewicht von 103800 kg, und einer über eine schmiedeeiserne Trommel im ungefähren Gewicht von 16250 kg blieben endgültig unerledigt, obwohl die Parteien mehrfach brieflich auf die Angelegenheit zurückkamen, die Klägerin auch im Frühjahr 1916 auf Wunsch der Beklagten eine Teilzahlung in der ungefähren Höhe des halben Preises machte. Im März 1918 fragte die Beklagte an, ob die Klägerin die Lieferung noch wünsche, und erklärte für diesen Fall wesentlich erhöhte Preise fordern zu müssen. Die Klägerin lehnte die Mehrforderung ab und setzte eine Lieferfrist bis zum 1. Juli 1918. Nach Ablauf der Frist erhob sie noch im August 1918 die Klage auf Lieferung des Rohres und der Trommel zum ursprünglichen Vertragspreis. Das Landgericht verurteilte die Beklagte nach dem Klagantrag. Das Oberlandesgericht wies die Berufung der Beklagten zurück. Auf die Revision der Beklagten ist das Berufungsurteil aufgehoben und die Klage abgewiesen worden.

Aus den Gründen:

Dem Klaganspruch hält die Beklagte nur entgegen, sie sei infolge der wesentlich veränderten wirtschaftlichen Verhältnisse, nämlich der auf der Geldentwertung beruhenden ungemeinen Preissteigerung, zur Lieferung nicht mehr verpflichtet. Für die Beurteilung dieses Einwands ist maßgebend, zu welcher Zeit die Beklagte zur Lieferung verpflichtet war. (Es wird ausgeführt, daß dieser Zeitpunkt nach den rechtsirrtumfreien Darlegungen des Berufungsrichters erst im Januar 1919 gekommen war.)

Für diesen hiernach maßgebenden Zeitpunkt stellt der Berufungsrichter auf Grund der Beweisaufnahme fest, daß bei der Beklagten die nötigen Rohstoffe vorhanden, auch die Arbeit an dem größeren Rohr zu einem Teile geleistet war. Nach der Annahme des Berufungsrichters erschöpfen sich daher die Mehraufwendungen, die die inzwischen geänderten Verhältnisse für die Beklagte mit sich brachten, in dem höheren Betrag der Löhne für denjenigen Teil der Arbeit, der noch ausstand. Diesen Mehraufwand berechnet der Berufungsrichter für Januar 1919 auf höchstens 9600 *M*. Gegenüber einem Gesamtpreis der ganzen Bestellung von 27000 bis 28000 *M* hält der Berufungsrichter diesen Mehraufwand an Löhnen für nicht so bedeutend, daß mit Rücksicht auf ihn der Beklagten die Befreiung vom Vertrag zugebilligt werden könne. (Wird ausgeführt.) Auch diese Ausführungen des Berufungsrichters mögen an sich nicht zu mißbilligen sein. Aber die Beklagte hatte weiter eingewendet, daß auch die Rohstoffe (Bleche) für die auszuführenden Arbeiten in Wirklichkeit nicht mehr vorhanden gewesen seien; sie seien zwar angeschafft gewesen, aber die Beklagte habe, durch die Verhältnisse gezwungen, die angeschafften und für die Klägerin bestimmten Bleche inzwischen anderweit verwendet. Der Berufungsrichter läßt diesen Einwand nicht gelten. Es sei nicht dargetan, daß die beschafften Rohstoffe infolge einer Beschlagnahme oder sonstigen kriegswirtschaftlichen Maßnahme der freien Verfügung der Beklagten entzogen worden seien, oder daß eine Zwangslage, die ein Verschulden im Rechtssinn ausschlösse, die Beklagte zur anderweitigen Verfügung über diese Rohstoffe genötigt habe. Ohne einen solchen rechtlich stichhaltigen Entschuldigungsgrund aber habe die Beklagte ohne Zustimmung der Klägerin nicht über die zu deren Gunsten bereits angeschafften Bleche verfügen dürfen, zumal die Klägerin auch schon eine größere Zahlung geleistet hatte. Auf Grund dieser Ausführungen läßt der Berufungsrichter die Preissteigerung, die nach dem Gutachten des Sachverständigen auch in bezug auf die Rohstoffe in sehr hohem Maß tatsächlich eingetreten war, für die Entscheidung des Rechtsstreits völlig außer Betracht.

Diese Ausführungen sind, wie der Revision zuzugeben ist, von Rechtsirrtum beeinflußt. Der Käufer einer Ware und der Besteller eines Werks haben einen rechtlichen Anspruch darauf, daß sie zu der vertragsmäßigen Lieferzeit die Ware oder das Werk geliefert erhalten.

Wie der Verkäufer oder Unternehmer es macht, seinen Verpflichtungen rechtzeitig nachzukommen, ist seine Sache, und er handelt dabei auf eigene Verantwortung, indem er sich der Gefahr des Verzugs aussetzt, wenn er sich die nötigen Rohstoffe nicht rechtzeitig beschafft oder die beschafften anderweit verwendet. Aber der Käufer und Besteller hat kein Recht darauf, daß der Verkäufer oder Unternehmer hierbei in bestimmter Weise vorgehe, beispielsweise die zur Verwendung für den Vertragszweck beschafften Vorräte oder Rohstoffe unabänderlich für diesen Zweck verwahre und erhalte. Auch eine etwa geleistete Anzahlung oder Teilzahlung gewährt dem Besteller weder das Eigentumsrecht an den vom Unternehmer für die Zwecke der Lieferung bereits angeschafften Rohstoffen als körperlichen Sachen, noch einen im Recht der Schuldverhältnisse begründeten Anspruch darauf, daß der Unternehmer die beschafften Rohstoffe, sei es als körperliche Einzelsachen, oder auch nur als einen, zwar dem Wechsel unterworfenen, aber doch immer nach Art eines Sachinbegriffs aufrechtzuerhaltenden Bestand gerade für die Zwecke des Bestellers verwende. Von einem solchen festen Rechtsanspruch der Klägerin scheint übrigens auch der Berufungsrichter selbst nicht auszugehen. Vielmehr scheint er anzunehmen, daß nach den Anforderungen von Treu und Glauben und nach der Verkehrssitte die Beklagte gehalten gewesen wäre, die für den Auftrag der Klägerin beschafften Bleche nur für diesen Zweck, nicht aber für andere Zwecke zu verwenden. Hierin kann indessen dem Berufungsrichter nicht beigetreten werden. Die Bleche waren schon im Sommer 1914 angeschafft. Die Ausführung der beiden von der Klägerin bestellten Rohre war aber gleich zu Beginn des Kriegs auf Wunsch der Klägerin bis auf weiteres, für einen im voraus nicht abzusehenden Zeitraum, zurückgestellt worden. Auch die Verhandlungen der Parteien im Jahre 1915 und 1916 hatten die Angelegenheit nicht weiter gefördert. Inzwischen dauerte der Krieg fort, und die durch ihn geschaffenen Schwierigkeiten verschärften sich immer mehr. Der Berufungsrichter stellt zwar auf Grund der Beweisaufnahme fest, daß die Beklagte nicht alle für den Auftrag der Klägerin bestimmten Bleche für Heereszwecke verwendet habe, aber er geht doch offensichtlich selbst davon aus, daß die Beklagte jedenfalls einen großen Teil entweder unmittelbar für Heereszwecke oder doch für andere kriegswichtige Zwecke verwendet hatte. Unter diesen Umständen kann keine Rede davon sein, daß Treu und Glauben und die Rücksicht auf die Verkehrssitte es der Beklagten zur Pflicht gemacht hätten, die anfänglich für den Auftrag der Klägerin angeschafften Bleche während der ganzen Dauer des Kriegs für jenen Auftrag vorrätig zu halten; vielmehr war es der Beklagten, wie ganz unzweifelhaft vom Standpunkt des strengen Rechtes aus, so auch unter dem Gesichtspunkt der Vertragstreue und des guten

Glaubens unbedenklich erlaubt, im Bedürfnisfall auch zu anderen Zwecken auf diese Bestände zurückzugreifen.

Die Folge dieses Ergebnisses ist, daß zugunsten der Beklagten bei der Vergleichung der wirtschaftlichen Verhältnisse vom Sommer 1914 mit denjenigen vom Januar 1919 die Steigerung nicht bloß der Arbeitslöhne, sondern auch der Roh- und Hilfsstoffe in Betracht gezogen werden muß. Die in dieser Richtung im übrigen vom Berufungsrichter getroffenen Feststellungen ermöglichen es, von hier aus auszusprechen, daß allerdings der Beklagten die Erfüllung des im Sommer 1914 geschlossenen Vertrags infolge der geänderten wirtschaftlichen Verhältnisse nicht mehr zugemutet werden konnte. (Wird näher ausgeführt.)

---

91. 1. Kann die rechtsgeschäftlich bestimmte Schriftform nach § 127 BGB. dadurch gewahrt werden, daß die Namensunterschrift des Ausstellers der Urkunde im Wege der mechanischen Vervielfältigung hergestellt wird?

2. Auslegung des Schreibens einer Versicherungsgesellschaft, die das bestehende Versicherungsverhältnis zugleich mit dem Angebote kündigt, ein neues Versicherungsverhältnis zu erhöhten Prämien einzugehen.

VII. Zivilsenat. Urt. v. 27. Februar 1923 i. S. Norddeutsche Vers.-Ges. (Bekl.) w. H. (Kl.). VII 124/22.

I. Landgericht I Berlin. — II. Kammergericht daselbst.

Der Kläger hatte seine Bureaueinrichtung bei der Beklagten gegen Einbruchsdiebstahl für die Zeit vom 26. Juli 1919 bis zum 26. Juli 1920 versichert. Nach § 21 der Allgemeinen Versicherungsbedingungen verlängert sich das Versicherungsverhältnis stillschweigend mit dem Ablaufe der Versicherungszeit um ein Jahr, wenn es nicht drei Monate vor dem Ablaufe schriftlich gekündigt wird. Am 24. März 1920 ließ die Beklagte dem Kläger ein Schreiben zugehen, in dem sie mitteilte, die Zunahme der Einbruchsdiebstähle und Steigerung der Betriebskosten hätten die (etwa 50 in Deutschland arbeitenden) Gesellschaften gezwungen, ihre Tarife zu erhöhen und die Erhöhung auch für bestehende Versicherungen bei deren Ablauf anzuwenden. „Wir müssen daher auch auf Ihre Versicherung die folgenden Prämien anwenden... Sollten Sie nicht bereit sein, diese anzunehmen, so bitten wir, gegenwärtiges Schreiben als Kündigung aufzufassen, sodaß Ihre Police am 26. Juli 1920 erlöschen würde. Bleiben wir ohne Rückäußerung, so nehmen wir an, daß Sie einverstanden sind und werden dementsprechend

Ihnen ein Dokument mit der Prämienberechnung auf neuer Grundlage seinerzeit in Vorlage bringen lassen."

Das Schreiben ist in Maschinendruckschrift hergestellt und inhaltlich an alle bei der Beklagten gegen Einbruchsdiebstahl Versicherten gerichtet; die erhöhten Prämien für die Versicherung des Klägers und das Datum des Erlöschens seiner Police (26. Juli 1920) sind mit besonderer Schreibmaschinenschrift eingefügt. Unterzeichnet ist das Schreiben:

N.sche Versicherungsgesellschaft in H.
Die Generalvertretung. F. Sch.

Der Name F. Sch. ist nach seiner eigenhändigen Niederschrift mechanisch vervielfältigt und als faksimilierte Unterschrift durch Stempel aufgedrückt worden.

Der Kläger will erst Ende Juli 1920 das Schreiben vom 24. März 1920 aufmerksam geprüft haben und hat dann durch Schreiben vom 26. und 30. Juli 1920 erklärt, eine ordnungsmäßige Kündigung seitens der Beklagten liege nicht vor, da das Schreiben nicht eigenhändig von ihr unterschrieben worden sei. Er hat dann Klage mit dem Antrage erhoben, festzustellen daß die abgeschlossene Versicherung bis zum 26. Juli 1921 in Kraft bleibt.

Beide Vorinstanzen haben der Klage stattgegeben. Auf die Revision der Beklagten hat das Reichsgericht die Klage abgewiesen, aus folgenden

Gründen:

Beide Vorinstanzen haben dem Kündigungsschreiben vom 24. März 1920 die Rechtswirksamkeit abgesprochen, das Landgericht, weil die eigenhändige Namensunterschrift des Vertreters der Beklagten erforderlich gewesen wäre, das Berufungsgericht, weil das Schreiben in dem entscheidenden Punkt unklar sei. Die Revision, die die Entscheidungsgründe beider Vorinstanzen angreift, muß Erfolg haben.

1. Durch den § 21 AllgVersBeding. ist rechtsgeschäftlich bestimmt, daß jeder Teil das Versicherungsverhältnis schriftlich kündigen kann. In welcher Weise die rechtsgeschäftlich bestimmte Schriftform gewahrt werden muß, sofern die Anwendung der Vorschriften des § 126 nicht stattfinden soll, sagt die Vorschrift des § 127 BGB. nicht, insbesondere nicht, ob überhaupt das Schriftstück vom Aussteller zu unterzeichnen ist und ob, wenn dies anzunehmen ist, es eigenhändig durch Namensunterschrift oder auch in anderer Form z. B. durch Zufügung einer faksimilierten Namensunterschrift unterzeichnet werden kann. Nur wenn in diesem Punkte Zweifel obwalten, soll nach § 127 die strenge Vorschrift des § 126 über die durch Gesetz bestimmte Form gelten, wonach eigenhändige Namensunterschrift des Ausstellers verlangt werden muß. Aber ob und wann ein Zweifel im Sinne des § 127 vorgebracht werden kann und als

berechtigt anzuerkennen ist, sagt der § 127 nicht und überläßt dies der freien Beurteilung der Gerichte. Gewiß ist bei der Beantwortung dieser Frage Gewicht zu legen in erster Linie auf den Willen des Ausstellers und seiner Gegenpartei. Wie denn auch § 127 Satz 2 zur Wahrung der Schriftform telegraphische Übermittelung und bei Verträgen Briefwechsel nur genügen läßt, „soweit nicht ein anderer Wille anzunehmen ist". Im gegebenen Falle ist aber ein „anderer Wille" der Beklagten dafür, daß zur Wahrung der im § 21 der VersBeding. vorgeschriebenen Schriftlichkeit der Kündigung eine im Wege der mechanischen Vervielfältigung hergestellte Namensunterschrift nicht genügen soll, vollkommen ausgeschlossen. Gerade sie ist es, die eine Menge gleicher Kündigungsschreiben an ihre diebstahlversicherten Kunden versandt hat, selbstverständlich mit dem Willen und in der Überzeugung, daß ihre bloß mit gestempelter Namensunterschrift unterzeichneten Kündigungen der Bestimmung im § 21 der VersBeding. genügen müssen. Insbesondere hat auch der Kläger nichts vorgebracht, woraus zu schließen wäre, daß er sich bei Eingehung des Versicherungsverhältnisses nur eine solche schriftliche Kündigung im Sinne des § 21 als rechtswirksam vorgestellt hat, die mit der eigenhändigen Namensunterschrift der Beklagten unterzeichnet sein müsse. Was er jetzt in seinen Schreiben an die Beklagte vom 26. und 30. Juli 1920 gegen die Ordnungsmäßigkeit der Kündigung vorbringt, ist lediglich eine Kritik, die in dem Rechtsirrtume befangen ist, als wenn nach § 127 stets gemäß § 126 die eigenhändige Namensunterschrift des Ausstellers erforderlich wäre, obwohl diese Vorschrift nur im Zweifel gelten soll.

Wenn nun schon dem Willen der Parteien nicht zu entnehmen ist, daß nur eine eigenhändig namensschriftlich unterzeichnete Kündigung als rechtswirksam vereinbart worden ist, so kommt noch hinzu, daß eine solche strenge Handhabung der Schriftlichkeitsform im Zweifel den im bürgerlichen Rechtsverkehre vertretenen Anschauungen weiter Kreise nicht entspricht. Man kann sogar positiv sagen, daß die Unterzeichnung mittels mechanisch vervielfältigter Namensunterschrift sich im amtlichen, behördlichen, aber auch im privaten geschäftlichen Verkehr im großen Umfange durchgesetzt und praktisch bewährt hat und geradezu als eine den Rechtsverkehr im Rahmen des § 127 erleichternde Form der persönlichen Namensunterschrift beliebt geworden ist und gehandhabt wird, namentlich in solchen Fällen, wo rechtsgeschäftliche Erklärungen von Privatpersonen an eine große Anzahl einzelner bestimmter Personen abgefertigt werden müssen. Es ist richtig, wenn das Landgericht sagt, es könne mit Faksimile-Namensstempeln Mißbrauch getrieben werden. Aber dieser Grund darf nicht verleiten, die Möglichkeit einer verkehrsgebräuchlichen Unterstempelung entgegen dem Bedürfnisse nach praktischer Vereinfachung und Erleichterung des Verkehrs durch die Rechtsprechung bis zum Äußersten einzuschränken, weil unter dem Gesichtspunkte von mißbräuchlicher Stempelverwendung nach § 127 anzunehmen sei, daß im Zweifel die strenge Unterschriftsform des § 126 zu gelten habe. Alles Gesagte trifft auch hier zu, wo die Versicherungsgesellschaften sich gezwungen sehen, an ihren weitverzweigten Kundenkreis rechtsgeschäftliche Erklärungen, wie z. B. Kündigungen des Versicherungsverhältnisses, richten zu müssen, für die in den Versicherungsbedingungen die Schriftlichkeit vorgeschrieben ist. Auch hier kann davon ausgegangen werden, daß die Versicherungsgesellschaft in solchen Fällen sich gemäß der Verkehrsanschauung im Zweifel einer Stempelunterschrift zur Wahrung der Schriftform bedienen darf, es sei denn, daß besondere Umstände für das Gegenteil sprechen; solche Umstände hat der Kläger in keiner Weise darzulegen vermocht. Was aber die Gefahr einer mißbräuchlichen Verwendung des Unterschriftsstempels betrifft, so ist es jetzt schon Rechtens, daß diese zu Lasten des Ausstellers des Schriftstücks geht, der für eine Schädigung Dritter nach den Vorschriften über unerlaubte Handlungen verantwortlich gemacht werden kann.

2. Was sodann die Auffassung des Berufungsgerichts betrifft, es sei die Kündigung vom 24. März 1920 deshalb rechtsunwirksam, weil das Schreiben im entscheidenden Punkte unklar sei, so verkennt es, daß das Schreiben nach Wortlaut und Sinn keinen Zweifel läßt, daß das bestehende Versicherungsverhältnis unter allen Umständen gekündigt sein und am 26. Juli 1920 erlöschen soll. Anders als in diesem Sinne, kann der Satz: „Sollten Sie nicht bereit sein usw.“ gar nicht verstanden werden. Eine andere Frage ist allerdings, welche Tragweite dem folgenden Satze: „Bleiben wir ohne Rückäußerung usw.“ zukommt. Wenn darin dem Kläger das Angebot gemacht sein soll, einen neuen Versicherungsvertrag zu erhöhten Prämiensätzen einzugehen, so besteht keine Rechtsvorschrift oder Auslegungsregel dahin, daß dieses Angebot schon durch bloßes Schweigen des Klägers als angenommen zu gelten habe; im Gegenteil würde aus einem Schweigen nur auf die Ablehnung jenes Angebots geschlossen werden können. In keinem Falle kann aber die Heranziehung dieses zweiten Satzes dazu dienen, die im vorausgegangenen Satze unbedingt und endgültig ausgesprochene Kündigung des bestehenden Versicherungsverhältnisses als in sich unklar und widerspruchsvoll zu bezeichnen und ihr deshalb die Rechtswirksamkeit abzusprechen.

Hat aber die Beklagte, was spruchreif feststeht, das bestehende Versicherungsverhältnis zum 26. Juli 1920 unter Wahrung der Schriftform und sachlich nicht mißverständlich rechtswirksam gekündigt, so war die Klage auf Feststellung einer längeren, bis zum 26. Juli 1921 reichenden Vertragsdauer schon jetzt nach § 565 Abs. 3 Nr. 1 ZPO. als unbegründet abzuweisen.

---

92. Betrifft § 28 der Verordnung vom 12. Februar 1920 über die Einstellung und Entlassung von Arbeitern usw. nur solche Streitigkeiten, bei denen Kriegsteilnehmer, Zivilinternierte oder sonstige Arbeitnehmer beteiligt sind, deren Verhältnisse in den vorausgehenden Bestimmungen der Verordnung besonders geregelt sind?

III. Zivilsenat. Urt. v. 27. Februar 1923 i. S. B. (Kl.) w. F. (Bekl.).
III 773/22.

I. Landgericht Greifswald. — II. Oberlandesgericht Stettin.

Der Kläger fordert aus eigenem Rechte und auf Grund der an ihn erfolgten Abtretung der Ansprüche anderer Landarbeiter die Nachzahlung von Lohnbeträgen für die Zeit vom 11. Februar bis 9. Juli 1921 nach Maßgabe der Tarifsätze des vom Reichsarbeitsminister am 28. Mai 1921 für verbindlich erklärten Schiedsspruchs eines vom Reichsarbeitsminister eingesetzten Schlichtungsausschusses vom 16. April 1921. Der Beklagte bestreitet die Rechtsverbindlichkeit des Schiedsspruchs. Das Landgericht verurteilte den Beklagten nach dem Klagantrage. Das Berufungsgericht wies die Klage ab. Die Revision hatte Erfolg.

Aus den Gründen:

Das Berufungsgericht beschränkt die Anwendung des § 28 der Verordnung des Reichsarbeitsministers über die Einstellung und Entlassung von Arbeitern und Angestellten während der Zeit der wirtschaftlichen Demobilmachung vom 12. Februar 1920 (RGBl. S. 218) auf den Kreis solcher Gesamtstreitigkeiten, welche mit den in den vorausgehenden Vorschriften dieser Verordnung besonders geregelten Wirkungen der wirtschaftlichen Demobilmachung im Zusammenhang stehen. Es erachtet daher im Gegensatz zu den Urteilen des Reichsgerichts vom 7. März 1922 VII 748/21, RGZ. Bd. 104 S. 171, und vom 3. November 1922 III 26/22, RGZ. Bd. 105 S. 331, die Verbindlicherklärung von Schiedssprüchen über Gesamt-Lohnstreitigkeiten allgemeiner Art, wie hier ein solcher vorliegt, für unzulässig.

Dieser Auffassung des Berufungsgerichts kann nicht beigetreten werden; die Ausführungen, mit denen es sie begründet, sind nicht geeignet, die gegenteilige Auffassung, von der der erkennende Senat im Urteil vom 3. November 1922 in Übereinstimmung mit dem VII. Zivilsenat ausgegangen ist, zu widerlegen.

Das Berufungsgericht nimmt zutreffend an, daß der Reichsarbeitsminister auf Grund der Bundesratsverordnung über wirtschaftliche Demobilmachung vom 7. November 1918 (RGBl. S. 1292) ermächtigt war, für die Demobilmachungszeit eine Verordnung, wie sie § 28 enthält, allgemeingültig, auch für solche Tarifstreitigkeiten zu erlassen, die in keinem unmittelbaren Zusammenhang mit der Demobilmachung, insbesondere mit der Einstellung oder Entlassung von Arbeitern aus diesem Anlaß stehen. Es nimmt weiter an, daß überwiegende Gründe dafür sprächen, daß nach der Verordnung der Reichsregierung über die Einstellung, Entlassung und Entlohnung gewerblicher Arbeiter während der Zeit der wirtschaftlichen Demobilmachung vom 4. Januar 1919 (RGBl. S. 8) die Verbindlichkeitserklärung auch von Schiedssprüchen in allgemeinen Gesamtstreitigkeiten erfolgen könne. Für die VO. vom 12. Februar 1920 aber könne dies nicht gelten. In diese Verordnung seien diejenigen Vorschriften jener früheren Verordnung, welche sich mit einer Regelung der Arbeitsverhältnisse im allgemeinen befaßten, nicht übernommen worden. Die dem § 28 vorausgehenden Bestimmungen enthielten nichts, was über den Kreis der Eingestellten oder Entlassenen hinausginge. In der Zwischenzeit zwischen dem Erlaß der beiden Verordnungen sei auch eine wesentliche Änderung der Arbeitsverhältnisse eingetreten. Während im Januar 1919 die militärische Demobilmachung im vollen Gange gewesen und die Zahl der aus dem Heere strömenden Arbeitnehmer so groß gewesen sei, daß kaum ein Anlaß bestanden habe, zwischen diesen und den sonstigen Arbeitnehmern zu scheiden, sei im Jahre 1920 die Demobilmachung, soweit es sich um die Rückkehr der Arbeiter in die Betriebe handele, in ein schwächeres Stadium getreten. Das Berufungsgericht folgert weiter daraus, daß in der Überschrift der VO. vom 20. Februar 1920, wie auch schon der vom 3. September 1919 (RGBl. S. 1500), das Wort „Entlohnung" weggelassen worden ist, daß der mit diesem Worte bezeichnete Umkreis von Arbeitsinteressen fortan als ein selbständiger Punkt der Regelung ausgeschieden sei und die Verordnung nunmehr nur noch den Interessenkreis der Einstellung und Entlassung anläßlich der wirtschaftlichen Demobilmachung betreffe. Es führt weiter aus, daß jedenfalls die Vorschrift des § 28 der VO. vom 20. Februar 1920, wenn auch sie auf die allgemeinen Tarifstreitigkeiten sich beziehen und damit in schwerwiegender Weise in die Vertragsfreiheit eingreifen sollte, dies in klarer und bestimmter Weise hätte aussprechen müssen, zumal schon die Januarverordnung Meinungsverschiedenheiten über die Tragweite ihrer entsprechenden Bestimmung (§ 14 der VO. vom 4. Januar 1919) hervorgerufen habe. Den Bescheiden des Reichsarbeitsministers, der vor wie nach dem Erlasse der VO vom 12. Februar 1920 die Verbindlicherklärung in Gesamtstreitigkeiten für allgemein zulässig erklärt hat, sei, da sie für die Verwaltungspraxis bestimmt seien und dem jeweiligen Bedürfnis Rechnung trügen, nicht die Bedeutung einer einwandfreien Quelle für den Willen beizumessen, im Wege der Gesetzesnorm für längere Zeiträume mit noch nicht erkennbarer wirtschaftlicher Entwicklung das Gleiche festzulegen.

Gegenüber diesen Ausführungen ist in erster Reihe auf den Wortlaut des § 28 hinzuweisen, der dem Demobilmachungskommissar und den anderen dort bezeichneten Behörden die Befugnisse aus den §§ 24 bis 27 schlechthin — selbstverständlich, wie aus der Überschrift der Verordnung erhellt, nur für die Zeit der wirtschaftlichen Demobilmachung — überträgt „bei Streitigkeiten über Löhne, Gehälter und sonstige Arbeitsbedingungen", ohne irgendeine Einschränkung zu machen. § 28 betrifft, wie RGZ. Bd. 104 S. 171 flg. eingehend dargelegt ist, nur Gesamtstreitigkeiten, nicht Einzelstreitigkeiten. Davon geht auch das Berufungsgericht aus. Indem es aber die Gesamtstreitigkeiten allgemeiner Art ausscheidet, beschränkt es die Anwendung der Vorschrift auf Streitigkeiten, bei denen Interessengruppen von Kriegsteilnehmern, Schwerbeschädigten und alten Arbeitern beteiligt sind. Es kann dahingestellt bleiben, ob nicht derartige, aus den besonderen Verhältnissen der Kriegsteilnehmer usw. sich ergebende Gesamtstreitigkeiten bereits in § 22 mit geregelt sind. Nimmt man dies auch nicht an, so würde die Vorschrift des § 28 doch bei der vom Berufungsgericht vertretenen Auffassung tatsächlich so gut wie bedeutungslos sein, da die besonderen Verhältnisse der Kriegsteilnehmer regelmäßig nur zu Einzelstreitigkeiten führen werden.

Ein innerer Grund, die in früheren Verordnungen dem Demobilmachungskommissar gegebene Befugnis zur Verbindlicherklärung von Schiedssprüchen in allgemeinen Lohnstreitigkeiten zu beseitigen, lag zur Zeit der Erlassung der VO. vom 12. Februar 1920 nicht vor. Allerdings war damals die Sorge für die Unterbringung der aus dem Heere entlassenen Arbeiter an Bedeutung zurückgetreten, aber die durch den Krieg und seinen Ausgang bewirkte Störung der wirtschaftlichen und sozialen Verhältnisse erforderte fortgesetzt eine tatkräftige, umfassende Regelung aller Streitigkeiten zwischen Arbeitgebern und Arbeitnehmern, um den zur Erhaltung der Volksgemeinschaft notwendigen Fortgang der Arbeit vor schweren Gefahren zu sichern. Das Berufungsgericht selbst erkennt an, daß die Verhältnisse der Zeit eine diktatorische Gewalt der Regierung zur Regelung des Wirtschaftslebens erforderten, die ihre Grenze nur da finden könnte, wo die Ausübung offensichtlich die durch die Anforderungen der Demobilmachung gesteckten Grenzen überschritt, und daß eine solche Überschreitung nicht vorliege, wenn in Arbeitsstreitigkeiten den Parteien Schiedssprüche aufgezwungen würden, um in wichtigen Betrieben während der Zeit der wirtschaftlichen Demobilmachung die Arbeit ruhig und streikfrei zu halten. Die Zeit der Demobilmachung im wirtschaftlichen Sinne war im Jahre 1920 noch nicht vorüber. Die geplante endgültige Regelung durch Schlichtungsordnung und Arbeitsgerichtsgesetz war — und ist heute — noch nicht zustande gekommen. Es ist nicht ersichtlich, was den Reichsarbeitsminister hätte veranlassen sollen, die Befugnis des Demobilmachungskommissars, Schiedssprüche in Arbeitsstreitigkeiten allgemeiner Art für verbindlich zu erklären, eine Befugnis, die der Minister wiederholt als vorhanden und zu Recht bestehend erklärt hatte und deren Weiterbestehen nach der wirtschaftlichen Lage sachdienlich erscheinen mußte, in seiner VO. vom 12. Februar 1920 fallen zu lassen. Hätte er dies gleichwohl gewollt, so wäre dies sicherlich bestimmt ausgesprochen worden. Es kann zugegeben werden, daß mit Rücksicht auf die über die Auslegung der früheren Verordnungen entstandenen Meinungsverschiedenheiten ein ausdrücklicher Ausspruch, daß die Vorschrift sich auf Gesamtstreitigkeiten aus dem Arbeitsverhältnis ganz allgemein beziehe, sich empfohlen hätte. Aber an sich ergab sich dies ja ohne weiteres aus der allgemeinen, keine Einschränkung enthaltenden Fassung der Vorschrift. Eine Einschränkung gegenüber dem früheren Rechte, so wie es von dem Reichsarbeitsminister, dem Gesetzgeber der VO. vom 12. Februar 1920, verstanden wurde und so auch zu verstehen war (vgl. RGZ. Bd. 104 S. 177/178), mußte dagegen unbedingt positiv ausgesprochen werden. Der Reichsarbeitsminister hat, wie seine späteren Bescheide dartun, eine solche Beschränkung nicht gewollt und ebensowenig sie erklärt. Das Berufungsgericht wird diesen Äußerungen des Ministers nicht gerecht; sie sprechen aus, welchen Sinn er, der Urheber der Verordnung, mit ihr verbunden hatte.

Gegenüber der klaren Fassung der Vorschrift kann den Erwägungen, welche das Berufungsgericht aus der Überschrift der Verordnung (siehe dazu schon RGZ. Bd. 104 S. 79), aus der Stellung des § 28 in der im übrigen die Sonderverhältnisse der Kriegsteilnehmer usw. regelnden Verordnung (vgl. dazu Erdel im Schlichtungswesen 1921 S. 29) und aus der Beseitigung verschiedener auf allgemeine Arbeitsverhältnisse bezüglicher Bestimmungen der früheren Verordnungen herleitet, keine Bedeutung beigemessen werden.

---

93. Begriff und Erfordernisse des Ladescheines im Binnenschiffahrtsrecht.

I. Zivilsenat. Urt. v. 28. Februar 1923 i. S. Th. (Kl.) w. D. M. Schiffahrtges. (Bekl.). I 82/22.

I. Landgericht Nürnberg. — II. Oberlandesgericht daselbst.

Die Klägerin ist Inhaberin einer durch Indossament auf sie übertragenen, als „Konnossement" bezeichneten Urkunde vom 15. Oktober 1914, laut welcher sich die Beklagte in der dort angegebenen Weise verpflichtet hat, eine Partie lose Gerste im angeblichen Gewicht von 60000 kg durch das Schiff „Ludwig Roth", Schiffer Mehling, in Ruhrort an Order abzuliefern. Die Gerste ist, nachdem sie in Würzburg verladen und in Frankfurt a. M. in ein anderes Schiff umgeladen war, bei einer Havarie dieses Schiffes unterhalb Frankfurt a. M. beschädigt worden. Die unbeschädigt gebliebenen 660 kg Gerste wurden der Klägerin ausgehändigt; der beschädigte Teil von 59340 kg wurde an die Versicherungsgesellschaft, bei der die Gerste versichert war, herausgegeben. Die Klägerin verlangte mit der Klage zunächst Lieferung von 59340 kg Gerste und späterhin Schadensersatz wegen Nichtlieferung.

In beiden Vorinstanzen wurde die Klage abgewiesen. Die Revision der Klägerin hatte Erfolg.

Gründe:

Mit Recht wendet sich die Revision gegen die Annahme des Berufungsgerichts, daß das als Konnossement bezeichnete und von der Beklagten unterschriebene Schriftstück vom 25. Oktober 1914 kein Ladeschein (Flußkonnossement) im Sinne von § 72 BinnSchG., §§ 444 flg. HGB. sei. Die Urkunde ist an Order gestellt und vom Absender der darin verzeichneten Waren durch Indossament auf die Klägerin übertragen worden. Als Ablieferungsort ist Ruhrort unter Beifügung einer besonderen Meldeadresse (BSchG. § 72 Abs. 3) angegeben. Ferner ist Ort und Tag der Ausstellung, Name und Wohnort des Frachtführers (der Beklagten), Name des Absenders, die Bezeichnung des Gutes nach Beschaffenheit und Menge aufgeführt und die Unterschrift des Frachtführers vollzogen. Des weiteren heißt es in der genannten Urkunde: „Durch das Schiff »Ludwig Roth« Schiffer Mehling empfangen Sie auf Grund unserer umstehenden Übernahmebedingungen und der Bedingungen der beteiligten Transportunternehmer nachstehend verzeichnete Waren" und weiter „Zur Erfüllung vorstehender Verbindlichkeit wurden drei Konnossemente ausgestellt. Sobald eins erfüllt ist, sind die anderen kraftlos." Die so in Bezug genommenen Übernahmebedingungen der Beklagten bezeichnen sich als „Konnossementsbedingungen".

Dies alles weist darauf hin, daß die Beteiligten, insbesondere die Beklagte, sowie der Absender und die Klägerin, bei Ausstellung und Annahme der Urkunde darin einen Ladeschein der in § 72 BSchG., §§ 444 flg. HGB. erwähnten Art erblickt haben, der im Verkehr vielfach Fluß- oder Binnenkonnossement oder auch schlechthin Konnossement genannt wird (Mittelstein, Binnenschiffahrtsrecht Bd. 1 § 72 Anm. 1

Abs. 2 S. 293). Es ist denn auch — wie die Revision mit Recht betont — der eben erwähnte Charakter der Urkunde als Ladeschein (Fluß-, Binnenkonnossement) in den Vorinstanzen von den Parteien nicht bestritten worden. Zweifellos liegt auch ein solcher Ladeschein wirklich vor. In § 445 HGB. und § 72 BSchG. ist nur der regelmäßige Inhalt eines Ladescheins angegeben, von welchem sehr wohl abgewichen werden kann, ohne daß dadurch das Wesen der Urkunde berührt wird. Was ein Ladeschein unter allen Umständen enthalten muß, um als solcher zu gelten, hängt in erheblichem Maße von den Umständen des Einzelfalls ab. Im vorliegenden Falle handelt es sich um einen Vordruck, wie er von der Beklagten im regelmäßigen Betriebe ihres auf Güterbeförderung gerichteten Geschäfts als Ladeschein verwandt und ausdrücklich als Konnossement bezeichnet ist. Die zu befördernden Güter sind in der genannten Urkunde mit genügender Deutlichkeit beschrieben. Wenn es dann weiter heißt, daß diese von Würzburg ab zu verschiffenden Güter von dem legitimierten Inhaber der an Order lautenden Urkunde in Ruhrort durch das Schiff „Ludwig Roth" Schiffer Mehling, „auf Grund unserer (d. h. der Beklagten) Übernahmebedingungen" zu empfangen sind, so besagt dies nichts anderes, als daß sich die Beklagte als Frachtführerin verpflichtet, die Güter an den genannten Inhaber der Urkunde in Ruhrort auszuliefern, wie denn auch in dem Schlußsatz der Urkunde von der Erfüllung „vorstehender Verbindlichkeit" die Rede ist. Diese unter ausdrücklicher Bezugnahme auf ihre Übernahmebedingungen von der Beklagten erklärte Verpflichtung enthält zugleich durch die an den legitimierten Konnossementsinhaber gerichteten Worte „empfangen Sie" eine die Güter betreffende Andienungserklärung und besagt in ihrem Zusammenhang, daß die Beklagte die Güter, deren Auslieferung sie unter Bezugnahme auf die Freizeichnungsklausel „Inhalt, Maß und Gewicht unbekannt, frei von Bruch, frei von Leckage, frei von Beschädigung" nach vollzogener Beförderung verspricht, zum Zwecke dieser Beförderung bereits empfangen (übernommen) hat. Damit sind die Erfordernisse eines rechtsgültigen Ladescheins in ausreichendem Maße erfüllt. Mit Unrecht führt das Berufungsgericht gegen die Auffassung der Urkunde als Ladeschein den Umstand an, daß sie vor der Verladung der Güter ausgestellt sei. Denn die Vorschrift des § 72 BSchG., daß der Ladeschein nach der Verladung auszustellen ist, will nur bestimmen, in welchem Zeitpunkt der Absender ein Recht auf Übergabe des Ladescheins erwirbt. Es können aber Absender und Frachtführer sehr wohl ausdrücklich oder stillschweigend vereinbaren, daß der Ladeschein über zwar vom Frachtführer zur Beförderung übernommene, aber noch nicht verladene Güter ausgestellt wird, wie dies in § 642 Abs. 5 HGB. für die Seeschiffahrt ausdrücklich anerkannt ist, wonach neben den sog. Abladekonnossementen über Ware, die bereits abgeladen ist, auch Übernahmekonnossemente üblich sind für Ware, die noch nicht abgeladen, sondern erst zur Beförderung übernommen ist. Das wird von der herrschenden Meinung mit Recht angenommen (Mittelstein in Ehrenbergs Handbuch, Bd. 7 Abs. 1, § 30 Anm. 37). Kann aber ein Ladeschein auch vor der Verladung der Güter ausgestellt werden, so hat es nichts Auffälliges, wenn in dem vom Berufungsgericht erwähnten § 3 der „Konnossements-Bedingungen" die Haftung des Frachtführers für die Gefahr des Einladens grundsätzlich abgelehnt wird. Der weiter vom Berufungsgericht angeführte § 2 der „Konnossements-Bedingungen" bezieht sich nur auf „kombinierte Bahn- und Schiffstransporte" und hat für die Auffassung der hier maßgeblichen Urkunde als Ladeschein ebensowenig Bedeutung, wie der Umstand, daß nach Behauptung der Beklagten das Gut in Frankfurt a. M. einem anderen Frachtführer übergeben und von diesem nicht auf Grund der von der Beklagten ausgestellten Urkunde im Sinne von § 449 HGB. übernommen worden ist.

Aus vorstehendem folgt, daß das „Konnossement" als ein Ladeschein im Sinne des Binnenschiffahrtsrechts anzusehen ist und mithin als Grundlage des in der Klage erhobenen Anspruchs dienen kann....

94. Zur Verpflichtung des Fiskus, einen für den öffentlichen Schiffahrtsbetrieb freigegebenen staatlichen Kanal in verkehrssicherem Zustande zu erhalten. Zur Schadensersatzpflicht des Fiskus bei Nichtbeseitigung von Schiffahrtshindernissen.

I. Zivilsenat. Urt. v. 28. Februar 1923 i. S. preuß. Staatsfiskus (Bekl.) w. M. (Kl.). I 383/22.

I. Landgericht Duisburg. — II. Oberlandesgericht Düsseldorf.

Am 24. Januar 1920 befand sich ein dem Kläger gehöriger und von ihm geführter Kahn im Rhein-Herne-Kanal auf der Fahrt nach Wanne-West. Er war leer und wurde zusammen mit anderen Kähnen durch einen Schleppdampfer des Beklagten geschleppt. Als der Schleppzug nachmittags gegen 5 Uhr bis Oberhausen gelangt war, ging er wegen Eintritts der Dämmerung bei Schleuse II vor Anker. Zur Zeit des Ankersetzens herrschte im Kanal hoher Wasserstand. In der folgenden Nacht fiel das Wasser, und am nächsten Tage, einem Sonntage, geriet der Kahn des Klägers auf den Stumpf eines abgebrochenen Zementpfeilers, der während des Hochwassers erheblich unter der Wasseroberfläche geblieben war. Der Kläger verlangt vom Beklagten

Ersatz des Schadens, den der Kahn beim Aufstoßen auf den Pfeilerstumpf erlitten hat.

Das Landgericht erklärte den Anspruch dem Grunde nach für gerechtfertigt. Die Berufung des Beklagten wurde zurückgewiesen. Auch seine Revision blieb erfolglos.

Gründe:

Wie das Berufungsgericht festgestellt hat, war von der Kanalbauverwaltung an den Schleusenverwalter die Anweisung ergangen, daß die Stelle, an der sich der Stumpf des seit November 1919 abgebrochenen Zementpfeilers im Kanalbette befand, durch eine rote Flagge gekennzeichnet werde. Der Schleusenverwalter hatte diese Anordnung befolgt und eine solche Flagge mit genügend langem Stock am Pfeilerstumpf befestigt. Am Nachmittag des in Rede stehenden 24. Januar 1920 ist die Flagge noch zwischen 3 und $3^1/_2$ Uhr an der fraglichen Stelle gesehen worden. Da aber anderseits von Zeugen bekundet worden ist, daß sie beim Eintreffen des Schleppzugs dort nicht vorhanden gewesen oder wenigstens nicht bemerkt worden sei, so hält das Berufungsgericht es für möglich, daß ein anderes Schiff, das in der Zwischenzeit am Pfeilerstumpfe vorübergefahren sei, sie weggerissen habe. . . .

In dem Verhalten des Schleusenpersonals, dem eine dauernde Beaufsichtigung der Flagge von seiner vorgesetzten Dienststelle nicht zur Pflicht gemacht worden sei, findet der Vorderrichter keine schuldhafte Vernachlässigung einer Dienstobliegenheit. Dagegen ist er der Ansicht, daß die Kanalbauverwaltung schuldhaft gehandelt und durch ihr Verschulden den Unfall hervorgerufen habe. Sie habe bei den ihr bekannten Wasserverhältnissen damit rechnen müssen, daß der Pfeilerstumpf bei Hochwasser unter Wasser stehen und die Schiffahrt gefährden würde. Den ihr schon im November bekannt gewordenen gefahrvollen Zustand habe sie nicht solange bestehen lassen dürfen, selbst wenn der Ersatz des Zementpfeilers durch einen hölzernen Dückdalben geplant worden sei. Der Stumpf habe also entfernt oder, was ohne zu große Kosten ausführbar gewesen wäre, wieder ausgebessert werden müssen. Auf jeden Fall habe der Kanalbauverwaltung die Sorge für Nichtgefährdung der Schiffahrt obgelegen. Hierzu habe das Anbringen einer roten Flagge, die leicht abreißbar gewesen sei, nicht genügt. Statt ihrer habe es eines unbedingt zuverlässigen Warnungszeichens bedurft. Hätten sich solche Zeichen am Lande befunden oder wäre der Pfeiler wieder aufgemauert worden, so hätte der Kahn des Klägers auf den Stumpf nicht aufgesetzt.

Die Annahme eines für die Entstehung des Unfalls ursächlichen Verschuldens des Beklagten ist rechtlich nicht zu beanstanden. Unbedenklich ist zunächst der Ansicht des Berufungsgerichts beizupflichten, daß es Sache des Beklagten war, für einen gefahrlosen Zustand des Kanals und die Beseitigung aller der Schiffahrt entgegenstehenden Hindernisse zu sorgen. Nach einem allgemeinen Grundsatze des bürgerlichen Rechts ist derjenige, der eine Straße zum öffentlichen Verkehr bestimmt und einrichtet, für die ordnungsmäßige und betriebssichere Herstellung und Instandhaltung der Straße und aller zu ihrer Benutzung bestimmten Einrichtungen verantwortlich. Wegen einer Verletzung dieser bürgerlichrechtlichen Pflicht haftet er nach § 823 BGB. Mit der Eröffnung des Kanals und seiner Freigabe zur Benutzung als öffentliche Wasserstraße fielen daher dem Beklagten die Pflichten zu, die allen denjenigen obliegen, die eine Straße für den öffentlichen Verkehr herrichten und zur Verfügung stellen (RGZ. Bd. 68 S. 365). Unerheblich ist es dabei, daß der Staat die Herstellung und Unterhaltung der Straße aus öffentlich-, nicht bürgerlichrechtlichen Gründen übernommen hat, daß die Kanalbauverwaltung bei der Beaufsichtigung und Leitung des Kanalbetriebes — abgesehen von der Ausübung des Schleppmonopols nach dem Gesetze vom 30. April 1913, GS. S. 217 — öffentlichrechtliche Befugnisse ausübt, und daß die Abgaben für die Benutzung des Kanals und seiner Betriebsanlagen — wozu jedoch die reinen Schleppgebühren nicht zu rechnen sind — auf öffentlichrechtlicher Grundlage beruhen (RGZ. Bd. 68 S. 365, Bd. 74 S. 254, Bd. 79 S. 101, Bd. 105 S. 201). Denn allein die Tatsache der Einrichtung und Überlassung der Straße zum öffentlichen Verkehr genügt, um die bürgerlichrechtliche Haftung des Unternehmers für schuldhafte Vernachlässigung der Straßenunterhaltung zu begründen.

Ein derartiges Verschulden nimmt das Berufungsgericht auf seiten der Kanalbauverwaltung an. Hierdurch wird die Haftung des Beklagten aus unerlaubter Handlung (§ 823 BGB.) ausreichend begründet. Daß der Vorstand der Kanalbauverwaltung, dem der ganze Rhein-Herne-Kanal unterstellt ist, nach den ihm übertragenen amtlichen Befugnissen zu den verfassungsmäßig berufenen Vertretern des Fiskus im Sinne der §§ 89, 31 BGB. gehört und demnach für seine schuldhafte Pflichtversäumung der Beklagte aus dem Gesichtspunkte der unerlaubten Handlung unmittelbar haftet (RGZ. Bd. 53 S. 279), kann nicht zweifelhaft sein. In dieser Beziehung ist auch von der Revision eine Rüge nicht erhoben worden.

Die Revision wendet sich vielmehr vor allem dagegen, daß das Berufungsgericht das Aufstecken der roten Flagge nicht für ausreichend, sondern bauliche Maßnahmen, wie das Abtragen oder Wiederaufrichten des Pfeilerstumpfs, für erforderlich erklärt hat. Hierbei handelt es sich jedoch im wesentlichen um Erwägungen tatsächlicher Art, die einen Rechtsirrtum des Vorderrichters nicht erkennen lassen. (Wird näher ausgeführt.)

Irrtümlich ist es, wenn die Revision die Ansicht vertritt, der Beklagte habe sich mit Aussteckung der roten Flagge begnügen und von baulichen Maßnahmen absehen dürfen, weil es den Vorschriften der Wasserpolizeiverordnung vom 25. November 1914 für den Rhein-Weser-Kanal usw. (MBl. d. Hand. u. Gew. Verw. S. 561) entspreche, gefahrbringende Stellen durch eine rote Flagge kenntlich zu machen. Eine derartige Bestimmung ist aber dort nicht getroffen. Vom Ausstecken einer Warnungsflagge handelt nur der § 30, und hier ist lediglich gesagt, daß Bagger und Fahrzeuge der Bauverwaltung sowie beschädigte oder festgekommene Schiffsgefäße bei Tage durch Ausstecken einer roten Flagge oder eines roten Korbes die Seite anzugeben haben, an welcher vorbeizufahren ist, während diese Angabe bei Nacht durch ein rotes Licht zu machen ist, das zusammen mit einem auf der anderen Seite des Fahrzeugs angebrachten weißen Lichte geführt werden soll. Daß diese Vorschrift auf den vorliegenden Fall keine unmittelbare Anwendung finden kann, liegt auf der Hand, und eine Übergehung oder Verletzung der Polizeiverordnung seitens des Vorderrichters kommt daher nicht in Betracht. Höchstens kann sich die Gepflogenheit herausgebildet haben, Schiffahrtshindernisse im Kanal in gleicher Weise kenntlich zu machen. Eine solche Maßnahme ist jedenfalls nur behelfsmäßiger Art und muß so schnell, als die Umstände es gestatten, durch die Beseitigung des Hindernisses oder andere zuverlässige bauliche Maßnahmen ersetzt werden. Demnach konnte das Berufungsgericht ein Verschulden der Kanalbauverwaltung mit Recht darin erblicken, daß sie in der ganzen Zeit vom 17. November bis 24. Januar den bei hohem Wasserstande für die Schiffahrt sehr gefährlichen Pfeilerstumpf in seinem gefahrbringenden Zustande beließ und sich auf die Anbringung einer roten Flagge als Warnungseichen beschränkte. Es kommt noch hinzu, daß auch nicht einmal für die Nachtzeit ein rotes Licht an jener Stelle befestigt wurde. Wäre dies geschehen, so wäre der Unfall des klägerischen Kahns zweifellos vermieden worden. Schon der Umstand, daß die Bauverwaltung nicht einmal die Anbringung eines roten Lichtes für die Zeit der Dunkelheit angeordnet hat, genügt, um ein schuldhaftes Verhalten der zuständigen Vertreter des Beklagten zu begründen. Dahingestellt kann es bleiben, ob Warnungszeichen am Lande eine größere Sicherheit geboten hätten als die am Pfeilerstumpf selbst angebrachte rote Flagge. Denn die sonstigen Ausführungen des Berufungsurteils genügen, um die Annahme eines Verschuldens der Kanalbauverwaltung zu rechtfertigen und die außervertragliche Haftung des Beklagten aus § 823 BGB. zu begründen. . . .

95. Hat ein im Wege der Rechtshilfe um Aufnahme einer voll- vollstreckbaren Urkunde ersuchtes preußisches Gericht dem Verlangen des ersuchenden Gerichts um Übersendung der Urschrift der aufgenommenen Urkunde zu entsprechen?

IV. Zivilsenat. Beschl. v. 1. März 1923 in der Vormundschaftssache R. IVB 2/23.

I. Amtsgericht Woldegk. — II. Kammergericht Berlin.

Die obige Frage ist verneint aus folgenden

Gründen:

Das Amtsgericht Woldegk (Mecklenburg) hatte als Vormundschaftsgericht das Amtsgericht Berlin Mitte ersucht, den dort wohnhaften außerehelichen Vater der Mündel durch Aufnahme einer vollstreckbaren Urkunde zur Zahlung einer erhöhten Unterhaltsrente zu verpflichten und die Urschrift der Urkunde zu den Vormundschaftsakten zu senden.

Das Amtsgericht Berlin Mitte hat dem ersteren Verlangen am 27. Februar 1922 entsprochen, dem letzteren nicht. Es hat dem ersuchenden Gericht vielmehr nur eine Ausfertigung der Urkunde übersandt und die Sendung der Urschrift abgelehnt. Die dagegen vom Amtsgericht W. gemäß § 160 GVG. beim Kammergericht erhobene Vorstellung ist von letzterem für unbegründet erachtet worden.

Die Beschwerde hiergegen ist nicht begründet. Durch § 11 Abs. 2 der Preußischen Geschäftsordnung für die Gerichtsschreibereien der Amtsgerichte vom 18. Februar 1914 (JMBl. S. 197) ist die Vornahme der erbetenen Rechtshandlung dem ersuchten Gericht verboten. Denn dort ist ausdrücklich bestimmt, daß die von dem ersuchten Gericht aufgenommene Urkunde im Urkundenregister dieses Gerichts einzutragen, auch dort zu verwahren, und daß nur eine Ausfertigung der Urkunde dem ersuchenden Gericht zu übersenden ist.

Wenn das Kammergericht seine Entscheidung ausschließlich auf die Vorschrift der Geschäftsordnung stützte, dann wäre allerdings zunächst zu prüfen, ob diese Vorschrift überhaupt als eine verbietende Rechtsnorm im Sinne des § 159 GVG. anzusehen ist. Das Reichsgericht hat den aus Zweckmäßigkeitsrücksichten gegebenen Verwaltungsvorschriften diese Eigenschaft abgesprochen und die Beeinträchtigung der reichsgesetzlichen Rechtshilfe durch sie nicht zugelassen (vgl. RGZ. Bd. 69 S. 371). Der Unterschied zwischen den hier in Frage stehenden Verwaltungsvorschriften der Geschäftsordnung für die Gerichtsschreibereien und der in jener Entscheidung behandelten Anordnung der Verwaltungsbehörde besteht nun allerdings darin, daß der Preußische Justizminister durch eine gesetzliche Vorschrift, nämlich durch § 68 Preuß. AusfG. z. GVG., zum Erlaß dieser Geschäftsordnungen ausdrücklich ermächtigt ist. Immerhin bliebe zu prüfen übrig, ob etwa mit der besonderen Bestimmung des § 11 Abs. 2 der Geschäftsordnung die Grenzen dieser gesetzlichen Ermächtigung überschritten sind.

Einer näheren Erörterung dieser Frage bedarf es aber nicht, denn das Kammergericht gründet seine Entscheidung ausschlaggebend allein auf den Art. 42 Preuß. FGG., der unzweifelhaft eine Rechtsnorm im Sinne des § 159 GVG. ist. Unbedenklich ist aber dem Kammergericht darin beizustimmen, daß schon durch diese Vorschrift, wie in der preußischen Rechtsübung ständig angenommen ist, die Verwahrung der Urkunde durch dasjenige Gericht angeordnet wird, welches die Urkunde aufgenommen hat. Das ist zwar in Art. 42 nicht ausdrücklich gesagt, wie beispielsweise in Art. 89 des Hessischen Ges. über die Freiw. G. vom 18. Juli 1899 (Becher Bd. 8 S. 125). Allein nach der Fassung des Art. 42 des Preußischen Gesetzes, die sich gleichlautend in mehreren Ausführungsgesetzen anderer Bundesstaaten findet, kann dieser Vorschrift schlechterdings keine andere Deutung zukommen. Unter dem Gericht, das die Urkunde aufgenommen hat, kann nur dasjenige Gericht verstanden werden, welches sich tatsächlich dieser Aufnahme unterzogen hat, also nicht das ersuchende, sondern das ersuchte Gericht. Diese Rechtsauffassung kommt besonders in der Verfügung des Preuß. Justizministers vom 6. Januar 1905 (JMBl. S. 8) zum Ausdruck, welche für die Bestimmung des jetzigen § 11 Abs. 2 der Preuß. Geschäftsordnung für die Gerichtsschreibereien der Amtsgerichte von grundlegender Bedeutung ist (vgl. Peters Komm. S. 132 Bem. 17). Während nämlich noch nach der Geschäftsordnung vom 26. November 1899 (JMBl. S. 397) im Fall einer Rechtshilfe die aufgenommene Urkunde nicht in das Urkundenregister des ersuchten Gerichts einzutragen und dort zu verwahren, vielmehr an das ersuchende Gericht in Urschrift zu übersenden war, wurde nunmehr — wie aus jener Verfügung ersichtlich — mit Rücksicht auf die Vorschrift des Art. 42 des Gesetzes und dessen durch die Rechtsübung gegebene Auslegung in den späteren Geschäftsordnungen das Gegenteil bestimmt und die jetzige Fassung des § 11 Abs. 2 hergestellt. Diese Rechtsübung muß aber für maßgeblich erachtet werden, da die Regelung des gesamten Urkundenwesens — wie vom Reichsgericht wiederholt anerkannt worden ist — grundsätzlich der Landesgesetzgebung überlassen ist. Wenn durch eine solche Regelung die reichsgesetzlich geordnete Rechtshilfe in der einen oder anderen Richtung erschwert ist, so beruht das darauf, daß das Reichsgesetz in § 159 Abs. 2 GVG. sich eine derartige Beschränkung selbst auferlegt hat. Die Beschwerde kann auf die durch die preußische Regelung herbeigeführte Erschwerung der Rechtshilfe sich ebensowenig mit Erfolg berufen, wie etwa auf eine Erschwerung der Rechtshilfe, die dadurch herbeigeführt wird, daß die Landesgesetzgebung kraft ihrer

Machtvollkommenheit die Zuständigkeit der Gerichte zur Aufnahme von Urkunden zugunsten anderer Behörden einschränkt.

Im übrigen erscheinen die von der Beschwerde hervorgehobenen Nachteile, die sich aus der preußischen Regelung für die Rechtshilfe ergeben sollen, übertrieben. Es handelt sich doch schließlich nur um mehr oder weniger bedeutungslose Unbequemlichkeiten für den Vormund, welche auch bei der von dem ersuchenden Gericht erstrebten Regelung nur dann vermieden werden, wenn — was durchaus nicht immer der Fall zu sein braucht — der Vormund am Sitze des Vormundschaftsgerichts selbst seinen Wohnsitz hat. Demgegenüber dürfen die Vorteile nicht außer acht gelassen werden, die sich dadurch ergeben, daß jeder, der ein Interesse an einer gerichtlich aufgenommenen Urkunde hat, jederzeit weiß, wo sich diese Urkunde in dauernder Verwahrung befindet.

Aus § 797 ZPO. kann nichts Gegenteiliges entnommen werden. Nach der Fassung, welche dieser Paragraph durch die Novelle von 1909 erhalten hat, soll zur Erteilung der vollstreckbaren Ausfertigung der Gerichtsschreiber des Gerichts zuständig sein, welches die Urkunde verwahrt. Nach der früheren Fassung des § 797 war das Gericht zuständig, welches die Urkunde aufgenommen hatte. Die Änderung erfolgte gerade deswegen, weil nach der Rechtsübung einzelner Bundesstaaten (wie auch früher in Preußen, vgl. oben) im Fall der Rechtshilfe die Urkunde in Urschrift dem ersuchenden Gericht übersandt wurde und weil die gleiche Behandlung in den Fällen stattfindet, wo die Urkunde von einem Richter der streitigen Gerichtsbarkeit aufgenommen wird (Prozeßvergleich). Da in allen diesen Fällen das Gericht, das die Urkunde verwahrt, von demjenigen, das die Urkunde aufgenommen hat, verschieden ist, ergab sich die Unzuträglichkeit, daß zum Zwecke einer beantragten vollstreckbaren Ausfertigung die Urkunde oder die Akten an das ersuchte Gericht zurückgesandt werden mußten (vgl. Seuffert Komm. 10. Aufl. Bem. 2 zu § 797 ZPO. und die dort angeführte Literatur). Durch die Änderung des Gesetzes sollte also nur diese Unzuträglichkeit beseitigt werden. Es ist daher verfehlt, aus der Tatsache dieser Änderung zu folgern, die Reichsgesetzgebung gehe davon aus, daß die Übersendung der Urkunde in Urschrift an das ersuchende Gericht in allen Fällen erfolgen muß, oder auch nur in den Fällen, wo der ersuchende Richter ein solches Verlangen stellt.

---

96. Wann kann bei einer auf mehrfache Pflichtverletzung gestützten Schadensersatzklage gegen Geschäftsführer einer Gesellschaft mit beschränkter Haftung über den Grund des Anspruchs vorab entschieden werden?

II. Zivilsenat. Urt. v. 6. März 1923 i. S. O. und T. (Bekl.) w. Warenverein H. Gesellsch. m. beschr. H. (Kl.). II 170/22.

I. Landgericht Hannover. — II. Oberlandesgericht Celle.

Die klagende Gesellschaft mit beschränkter Haftung wurde im Juli 1913 mit einem Stammkapital von 60000 M errichtet. Gegenstand des Unternehmens war der Handel mit Kolonial-, Materialwaren, Landesprodukten und dergl. Geschäftsführer war zunächst der Beklagte O. allein, seit Februar 1914 neben ihm der Mitbeklagte T., der Anfang August 1914 zum Heeresdienst einberufen wurde. Im Juni 1915 trat an die Stelle der beiden Beklagten der Geschäftsführer Z. Nach der von den beiden Beklagten am 5. Februar 1914 aufgestellten Bilanz war am 31. Dezember 1913 das Stammkapital voll gedeckt und ein Reingewinn von 5484,95 M vorhanden. Die von Z. auf den 9. Juni 1915 gezogene Bilanz wies einen Verlust von 50549,17 M aus.

Die Klägerin behauptete, daß die Beklagten den Verlust durch eine Reihe von Pflichtverletzungen verschuldet hätten, und klagte gegen sie als Gesamtschuldner auf Ersatz des Fehlbetrags von 50549,17 M. Nach Erhebung eines Gutachtens wies das Landgericht die auf § 43 GmbHG. gestützte Klage ab. Das Oberlandesgericht erklärte den Klaganspruch für dem Grunde nach gerechtfertigt und verwies die Sache zur Verhandlung über den Betrag des Anspruchs in die erste Instanz zurück. Die Revision der Beklagten hatte keinen Erfolg.

Aus den Gründen:

Die den Beklagten zur Last fallenden, den Ersatzanspruch begründenden einzelnen Pflichtverletzungen wurden von der Klägerin zunächst darin gefunden, daß der Gesellschaft durch Verschulden der Beklagten die nötigen Barmittel gefehlt hätten. Hierzu wurde geltend gemacht: Der Beklagte zu 1 habe als Gesellschafter 15000 M — die einzige auf das Stammkapital zu leistende Bareinlage — sofort einzubringen gehabt, davon aber, obwohl die beiden Beklagten als Geschäftsführer für den Eingang zu sorgen gehabt hätten, restliche 7000 M erst am 10. August 1915 auf Drängen des neuen Geschäftsführers Z. gezahlt, der Beklagte zu 1 habe auch mehrfach widerrechtlich Geld der Gesellschaftskasse entnommen, nach Einklagung eines Betrages von 3600 M habe er im Vergleichswege 1500 M zurückgezahlt. Ferner wurde den Beklagten vorgeworfen: sie hätten es pflichtwidrig geduldet, daß ein gewisser D. über Vermögensstücke der Klägerin im Werte von 7318,11 M unberechtigterweise verfügt habe, die Filialen der Klägerin seien nicht oder doch völlig unzulänglich kontrolliert worden, die Beklagten hätten es an jeder kaufmännischen Kalkulation fehlen lassen und überhaupt kein Kalkulationsbuch geführt, sie hätten es versäumt, über das Vermögen der schlecht stehenden Gesellschaft die Geschäftsaufsicht zu beantragen, für das Hauptlager der Klägerin sei kein Wareneingangs- und Warenausgangsbuch geführt worden, es seien keine Rabattreserven vorhanden gewesen, die Jahresbilanz auf den 30. Juni 1914 sei weder vorschriftsmäßig aufgestellt noch gemäß § 46 Nr. 1 GmbHG. festgestellt worden.

Im Gegensatz zum ersten Richter, der auf die Frage, ob die gegen die Geschäftsführung der Beklagten erhobenen Vorwürfe an sich gerechtfertigt sind, überhaupt nicht eingeht, sondern nur den Nachweis des ursächlichen Zusammenhangs zwischen den gerügten Pflichtverletzungen und dem behaupteten Schaden vermißt, tritt das Berufungsgericht in beschränktem Umfang in eine Prüfung der erhobenen Vorwürfe ein. Es sieht als bisher erwiesen an, daß die Buchführung der Beklagten hinsichtlich der kaufmännischen Kalkulation und der Kontrolle der Wareneingänge und Warenausgänge dem kaufmännisch Gebotenen nicht entsprochen hat; ferner stellt es (ohne Zeitangabe) fest, daß der Beklagte zu 1 aus der Geschäftskasse 3600 *M* zu Unrecht für eigene Zwecke entnommen und später vergleichsweise 1500 *M* zurückgezahlt hat. Sodann ist ausgeführt: Diese Beispiele genügten, um darzutun, daß die Beklagten die ihnen als Geschäftsführern obliegenden Pflichten verletzt hätten; die Pflichtverletzungen seien auch schon vor der Einberufung des Beklagten zu 2 zum Heeresdienst begangen worden; die den ursächlichen Zusammenhang betreffenden Bedenken des ersten Richters könnten nicht geteilt werden, vielmehr sei nach Auffassung des Berufungsgerichts erwiesen, daß der Klägerin ein Schaden entstanden sei und daß dieser Schaden ganz oder teilweise auf schuldhafte Verletzung der Obliegenheiten der Beklagten zurückzuführen sei; diese Verfehlungen seien nicht nur als einzelne zu betrachten, sondern stellten in ihrem Zusammenhang ein einheitliches schuldhaftes Verhalten (ordnungswidrige Geschäftsführung) dar; im Verfahren über den Betrag des Klaganspruchs werde festzustellen sein, in welchen Beziehungen die Geschäftsführung sonst noch ordnungswidrig gewesen sei, ob insbesondere die Verzögerung der Einziehung der von D. geschuldeten 7318,11 *M* den Beklagten zur Last falle und in welcher Höhe der schließlich entstandene Schaden (Geschäftsverlust) durch die ordnungswidrige Geschäftsführung verursacht sei. Weiter legt das Berufungsgericht dar, daß die Frage, ob der Anfang August 1914 zum Heeresdienst einberufene Beklagte zu 2 für die seit seiner Einberufung begangenen Pflichtverletzungen des Beklagten zu 1 hafte, vorerst zweifelhaft sei und daß es in dieser Beziehung auf die Vernehmung eines von dem Beklagten zu 2 benannten Zeugen ankommen werde, daß jedoch dieser Umstand der Erlassung des gegen beide Beklagten gerichteten Grundurteils nicht entgegenstehe, weil jedenfalls die schon jetzt feststehenden Pflichtverletzungen sämtlich schon vor der Einberufung des Beklagten zu 2 begangen seien; ergebe sich demnächst, daß der Beklagte für die nach seiner Einberufung zum Heeresdienst begangenen Pflichtverletzungen des Beklagten zu 1 nicht hafte, so werde noch zu prüfen sein, welche der vorgekommenen Pflichtverletzungen in diese spätere Zeit fielen und welcher Schadensbetrag dadurch verursacht sei. Endlich ist noch bemerkt, das Berufungsgericht könne sein Urteil nicht darauf gründen, daß der Beklagte zu 1 einen Teil seiner Einlage erst im August 1915 eingezahlt habe, auch dieser Punkt bedürfe noch der tatsächlichen Aufklärung, die ungerechtfertigte Verzögerung der Einzahlung werde als weiterer Schaden verursachender Faktor anzusehen sein, der nunmehr aber die Höhe des Anspruchs beeinflusse. Danach gelangt das Berufungsgericht, ohne sich über die sonst noch den Beklagten zur Last gelegten Verfehlungen auszusprechen, zu dem Ergebnisse, daß gegenüber beiden Beklagten ein Grundurteil zu erlassen und die Sache nach § 538 Nr. 3 ZPO. zur Verhandlung über den Betrag des Anspruchs an das Landgericht zurückzuverweisen sei.

Der Ansicht der Revision, daß durch die so begründete Entscheidung § 304 ZPO. (und § 538 Abs. 1 Nr. 3 daselbst) verletzt sei, kann nicht beigetreten werden. Die Klägerin hat die im einzelnen bezeichneten Verfehlungen nicht in der Weise geltend gemacht, daß jede für sich einen Schadensersatzanspruch in dieser oder jener Höhe rechtfertigen soll, sondern sie leitet den Gesamtschaden, der ihr entstanden ist, aus dem Zusammenwirken der mehrfachen Pflichtverletzungen ab. Die Revision geht deshalb fehl, wenn sie meint, es ständen mehrere selbständige Handlungen der Beklagten in Frage, die nur insofern von einem einheitlichen rechtlichen Gesichtspunkt aus zu beurteilen seien, als die Beklagten sie in ihrer Eigenschaft als Geschäftsführer begangen hätten. In dieser Hinsicht hat das Berufungsgericht vielmehr zutreffend bemerkt, daß die den Beklagten vorgeworfenen Verfehlungen nicht nur als einzelne zu betrachten seien, sondern in ihrem Zusammenhang ein einheitliches schuldhaftes Verhalten (ordnungswidrige Geschäftsführung) darstellten. Das von der Revision aus Gruchot Bd. 37 S. 1243 angeführte Urteil des Reichsgerichts betrifft einen Fall, der sich gerade dadurch von dem vorliegenden unterscheidet, daß dort die Frage, ob die mehrfachen Verfehlungen (Verletzungen eines in mehreren zeitlich getrennten Einzelleistungen zu erfüllenden Lieferungsvertrags) zum Schadensersatze verpflichteten, für die einzelnen Vorgänge besonders zu beantworten war. Da dies hier, wo nicht selbständige Einzelhandlungen, sondern ein schädigendes Gesamtverhalten in Frage kommt, nicht zutrifft, stand nichts im Wege, daß das Berufungsgericht auch die Entscheidung darüber, in welchem Umfange Einzelverstöße vorliegen, dem Verfahren über den Betrag des Anspruchs überließ, und zwar auch soweit es sich um die von der Revision besonders hervorgehobene Frage handelt, ob bei dem Beklagten zu 2 die Verantwortlichkeit mit der Einberufung zum Heeresdienst ihr Ende erreicht hat. Bedenken gegen diese Behandlung könnten sich nur etwa dann ergeben, wenn die Rechtskraftwirkung des Urteils zweifelhaft wäre. In dieser Beziehung ist jedoch ein Grund zur Beanstandung nicht erkennbar. Das gilt insbesondere auch insoweit, als nach dem Klaganspruche, den das Berufungsgericht für dem Grunde nach gerechtfertigt erklärt, gesamtschuldnerische Haftung geltend gemacht ist. Die Entscheidungsgründe des angefochtenen Urteils ergeben klar, daß eine gesamtschuldnerische Haftbarkeit für Handlungen, die überhaupt nur einem der Beklagten zuzurechnen sind, nicht festgestellt werden sollte. Daß grundsätzlich gesamtschuldnerische Haftung angenommen ist, entspricht der Vorschrift des § 43 Abs. 2 GmbHG. Der diesen letzteren Punkt betreffende Revisionsangriff, daß die Art der Geschäftsverteilung unter den Beklagten im Wege des § 139 ZPO. hätte klargestellt werden müssen, ist hinfällig, da es Sache der Beklagten gewesen wäre, etwaige Einwendungen, die sie aus einer besonderen Art der Geschäftsverteilung entnehmen wollten, von sich aus geltend zu machen....

---

97. Rechtliche Folgen der Veräußerung von Militärgut ohne die nach der Verordnung vom 23. Mai 1919 erforderliche Ermächtigung des Reichsschatzministeriums.

III. Zivilsenat. Urt. v. 6. März 1923 i. S. H. (Bekl.) w. Oberhessische B.-Industrie (Kl.). III 308/22.

I. Landgericht Gießen. — II. Oberlandesgericht Darmstadt.

Gelegentlich der Demobilmachung des 24. Reservekorps erstand die G.sche Brauerei in Sch. am 16. Januar 1919 von dem Generalkommando dieses Korps, in dessen Namen der Kommandant des Hauptquartiers, Hauptmann R., verhandelte, einen Lastkraftwagen zum Preise von 4000 *M*. Die Brauerei verkaufte den Wagen an den Beklagten, und dieser wieder an die Klägerin. Bei dieser wurde der Wagen demnächst im Auftrage des Reichsschatzministeriums beschlagnahmt und auf Grund der Verordnung vom 23. Mai 1919 im Interesse des Reiches anderweitig verwertet. Die Klägerin klagte daher gegen ihren Verkäufer auf Rückgewähr des Kaufpreises. Sie obsiegte in allen Rechtszügen.

Gründe:

Schon zu Beginn der Demobilmachung war sich die Regierung der hohen Bedeutung des freiwerdenden Heeresgutes für die Volkswirtschaft im allgemeinen und für die Reichsfinanzen im besonderen bewußt und suchte deshalb auf dessen möglichst restlose Erfassung und angemessene Verwertung durch Gesetzesvorschriften hinzuwirken. Zunächst erging die Bekanntmachung der Volksbeauftragten vom 29. November 1918 (RGBl. S. 1343), durch welche die Befugnis zur Veräußerung von Heeresgut ausschließlich „dem im Bereiche des Reichsschatzamts errichteten Verwertungsamte" und dessen Zweiganstalten übertragen wurde. Die folgende Verordnung der Volksbeauftragten vom 14. Dezember 1918 (RGBl. S. 1425) verpflichtete unter Strafandrohung alle „unbefugten" Besitzer von Heeresgut zu dessen Ablieferung binnen bestimmter Frist. Als „unbefugter" Besitzer im Sinne des Gesetzes sollte derjenige angesehen werden, der nicht in der Lage war, sich über den rechtmäßigen Erwerb von Heeresgutsbestandteilen auszuweisen. Im Anschluß hieran gab die Verordnung vom 28. Dezember 1918 (RGBl. S. 1478) den Demobilmachungskommissaren das Recht, nicht rechtzeitig abgeliefertes Heeresgut für verfallen zu erklären. Diese drei Verordnungen verhinderten indessen nicht, daß noch zahlreiches Heeresgerät im Besitze Unberechtigter verblieb. Wie es in der Begründung der Verordnung vom 23. Mai 1919 (Güthe-Schlegelberger, Kriegsbuch Bd. 9 S. 98 flg.) heißt, wurden — abgesehen von Diebstahlsverlusten — immer noch von unbefugten, wenn auch teilweise in bestem Glauben handelnden Personen oder Kreisen in bezug auf Heeresgut Verfügungsbefugnisse in Anspruch genommen, die ihnen tatsächlich nicht zukamen. Dadurch wurde sowohl die Allgemeinheit als auch die Reichskasse empfindlich geschädigt. Diese erhielt entweder nichts oder infolge einer in Unkenntnis über den wahren Wert erfolgenden Veräußerung zu geringe Preise. Diesen Übelständen sollte durch eine Verordnung in grundlegender Weise dadurch abgeholfen werden, daß jeder Eigentumserwerb an Heeresgutsteilen von der Mitwirkung des Reichsschatzministeriums (RSchM.) abhängig gemacht wurde. Es liegt auf der Hand, daß ein durchschlagender Erfolg nur erreicht werden konnte, wenn diesem Grundsatze rückwirkende Kraft beigelegt wurde, wenn, wie in dem drittletzten Absatze der amtlichen Begründung ausgesprochen ist, „die Verordnung allen Personen gegenüber Platz griff, die seit Beginn der Demobilmachung Heeresgut erworben hatten". Diese Rechtsgedanken haben denn auch in der Verordnung vom 23. Mai 1919 (RGBl. S. 477) ihren unzweideutigen Ausdruck gefunden.

In § 3 daselbst ist für alle im Privatbesitze befindlichen Gegenstände, die aus Heeresbeständen stammen oder deren Herkunft aus solchen Beständen den Umständen nach anzunehmen ist, die gesetzliche Vermutung aufgestellt, daß sie zur Zeit ihrer Erfassung seitens des RSchM. noch dem Reiche gehören, daß sie noch Militärgut im Sinne des § 2 a. a. O. sind. Damit ist für alle Besitzer derartiger Sachen die Eigentumsvermutung des § 1006 BGB. beseitigt. Sie haben vielmehr nach dem Schlußsatze des § 3 dem RSchM. den Nachweis zu erbringen, daß diese Sachen nicht mehr Militär-, sondern Privatgut seien, d. h. daß sie oder einer ihrer Vorbesitzer den Erwerb dem § 1 Abs. 1 a. a. O. entsprechend von dem RSchM. selbst oder dessen Bevollmächtigten — so auch schon die VO. vom 14. Dezember 1918 — ableiten. Ihnen kommen aber, da nach § 1 Abs. 2 der VO. vom 23. Mai 1919 an Heeresgut, das durch rechtsgeschäftliche Verfügungen ohne Einverständnis des RSchM. an Dritte gediehen ist, Eigentum überhaupt nicht erworben werden kann, der Natur der Sache nach die bürgerrechtlichen und handelsrechtlichen Vorschriften über den Eigentumsübergang bei gutem Glauben des Erwerbers an das Eigentum (§§ 932 flg. BGB.) oder die Verfügungsbefugnis des Veräußerers (§ 366 HGB.) nicht zugute, vgl. RGZ. Bd. 105 S. 295.

Die Verordnung will also bewußt vor gutgläubigen Übertragungs- und Erwerbsakten nicht Halt machen. Militärgut im Sinne der §§ 2 und 3 soll vielmehr, gleichviel, durch wie viele Hände es gegangen ist, so lange Militärgut und Eigentum des Reiches bleiben oder als solches gelten, bis eine Veräußerung durch das RSchM. oder mit dessen Genehmigung erfolgt oder bis der Besitzer dem RSchM. den ihm in § 3 nachgelassenen Beweis des Eigentumserwerbs führt. Zum Zwecke der erfolgreichen Durchführung der Verordnung war, abgesehen von der im § 5 allen Besitzern von Militärgut (§§ 2 und 3) auferlegten Auskunftspflicht, dem Reiche das Recht verliehen, Militärgut — sowohl das wirkliche als auch das vermutete — zu beschlagnahmen und zu verwerten (§ 4 Satz 1). Freilich steht es dem von der Beschlagnahme Betroffenen frei, dem RSchM. seinen einwandfreien Eigentumserwerb nachzuweisen. Es liegt aber, falls das RSchM. den angetretenen Beweis nicht für genügend erachtet oder vor der endgültigen Entscheidung über das Ergebnis einer etwaigen Beweisaufnahme zu einer Veräußerung schreitet, nicht in seiner Macht, mit Hilfe der Gerichte die Aufhebung der Beschlagnahme oder die Rückgabe der beschlagnahmten Sachen zu erzwingen. Für einen solchen Anspruch ist, da er sich unmittelbar oder mittelbar gegen den Hoheitsakt der Beschlagnahme richtet und ihn seiner Wirkungen zu entkleiden sucht, der Rechtsweg ausgeschlossen (RGZ. Bd. 105 S. 192, 275). Demjenigen, der vor der Beschlagnahme und Veräußerung tatsächlich Eigentum an dem beschlagnahmten Gegenstand erworben hatte, bleibt nur ein im ordentlichen Rechtswege verfolgbarer Anspruch auf den Erlös oder, falls die Voraussetzungen des bürgerlichen Rechts hierfür vorliegen, auf Schadensersatz (§ 4 Satz 2 a. a. O.). Das RSchM. hat also das Recht, Gegenstände, die Militärgut sind oder nach § 3 a. a. O. als solches gelten, dem Besitzer, auch wenn er deren wirklicher Eigentümer geworden ist, dauernd zu entziehen, und eine solche Maßnahme kann, auch wenn es später dem früheren Besitzer gelingt, die zugunsten des Reiches bestehende Eigentumsvermutung zu entkräften, deshalb allein nicht als gesetzwidrig oder als ein Willkürakt bezeichnet werden, denn sie findet in § 4 eine ausreichende rechtliche Grundlage. Das Beschlagnahme- und Verwertungsrecht des Reiches fällt somit, da es auch gegen denjenigen Käufer ausgeübt werden darf, dem gegenüber der Verkäufer seine Verpflichtung zur Eigentumsverschaffung an sich völlig erfüllt hat, unter § 434 BGB. (RGZ. Bd. 102 S. 292, Bd. 105 S. 273).

Von diesen rechtlichen Gesichtspunkten aus bedarf es nicht eines Eingehens auf die Eigentumsfrage. Denn die Klägerin, welche den unstreitig aus Heeresbeständen stammenden Kraftwagen um den 1. November 1920, also nach dem Inkrafttreten der VO. vom 23. Mai 1919 von dem Beklagten gekauft hat, erwarb ihn danach belastet mit dem Beschlagnahme- und Veräußerungsrechte des RSchM.s. Von beiden Rechten hat dieses Gebrauch gemacht. Das Automobil ist von ihm in Besitz genommen und zugunsten des Reiches anderweit verwertet. Das mußte sich die Klägerin gefallen lassen, auch wenn sie durch den mit dem Beklagten geschlossenen Kauf und die Übergabe des Wagens dessen Eigentümerin geworden sein sollte. In diesem Falle rechtfertigen die §§ 434, 440, 323 BGB. den Anspruch auf Rückgewähr des Kaufpreises. Auf die im § 4 Satz 2 der VO. freigegebenen Ansprüche gegen das Reich braucht sie sich nicht verweisen zu lassen. Nur deren Abtretung könnte der Beklagte verlangen. War aber die Klägerin nicht Eigentümerin des Kraftwagens geworden, so liegt ein Rechtsmangel im Sinne des § 433 BGB. vor, den der Beklagte nach § 440 daselbst ebenso vertreten muß, wie einen solchen aus § 434 BGB.

Im übrigen lassen sich aber auch die Gründe, aus denen das Oberlandesgericht den Eigentumserwerb der Klägerin verneint hat, im Hinblick auf die obigen Erwägungen nicht beanstanden. Der Hauptmann R. hat den Wagen am 16. Januar 1919 aus Militärbeständen an die G.'sche Brauerei verkauft. Damals galten bereits die Verordnungen vom 29. November, 14. und 28. Dezember 1918 und bestand bereits das ausschließliche Verwertungsrecht des RSchM. Trotzdem ist der Verdacht einer unlauteren Machenschaft völlig ausgeschlossen. R. hat sich vor dem Verkaufe der Zustimmung des Armee-Oberkommandos versichert und den Erlös ordnungsmäßig an das Reich abgeführt. Das Armee-Oberkommando war aber ebensowenig wie R. zur Veräußerung befugt. Sie gehörten beide zu den Kreisen und Personen, von denen die amtliche Begründung der VO. vom 23. Mai 1919 sagt, daß sie sich im besten Glauben, aber dennoch zu Unrecht Verfügungsbefugnisse angemaßt haben. Gerade solche Verfügungen wollte aber die VO. vom 23. Mai 1919 treffen und durch die ihr beigelegte rückwirkende Kraft für das Reich unschädlich machen. Auch der gute Glauben der Brauerei konnte den Eigentumsübergang auf sie nicht vermitteln, und das RSchM. hätte, wenn der Wagen in ihrem Besitze verblieben wäre, gegen sie ebenso vorgehen können, wie es später gegen die Klägerin vorgegangen ist. Daraus folgt, daß die Brauerei auch ihrerseits kein Eigentum übertragen konnte....

Was die Revision schließlich über Geschäftsführung ohne Auftrag vorbringt, liegt völlig neben der Sache. Für eine solche war nach der Fassung der Verordnungen vom 29. November 1918 und 23. Mai 1919 kein Raum. Sie ließen keinen Zweifel darüber, daß jedes von dem RSchM. nicht gebilligte Handeln eines Dritten für das Reich dieses nicht binden solle und dürfe. Aber auch abgesehen davon könnte § 679 BGB., der eine Ausnahme von der Regel des § 678 daselbst darstellt und den die Revision angewendet wissen will, möglicherweise zwar für die Rechtsbeziehungen zwischen dem Reiche und R. von Bedeutung sein, nicht aber dessen fehlende Vertretungsmacht im Verhältnisse des Reiches zu der Brauerei ersetzen. Ob die Veräußerung vom Januar 1919 den Interessen des Reiches dienlich war, darüber hatte allein das RSchM. zu befinden, und wenn es die Zweckmäßigkeit verneinte und es ablehnte, das ohne seine Genehmigung geschlossene Geschäft gutzuheißen, so kann die Vertragsgegnerin des Geschäftsführers ohne Auftrag, die mit ihm in gutem Glauben verhandelt hatte, dem Reiche gegenüber keine Rechte aus § 679 herleiten noch ihm den Vorwurf der Arglist machen.

Schließlich rügt die Revision noch die Nichtberücksichtigung der Behauptung des Beklagten, die Klägerin hätte die Eigenschaft des Kraftwagens als Militärgut gekannt und gewußt, daß über ihn ohne Genehmigung des RSchM. nicht verfügt werden dürfe. Sie meint, danach hätte der Berufungsrichter die Frage der Nichtigkeit des Geschäfts, der Anwendbarkeit des § 817 Satz 2 BGB. und der Übernahme des Geschäftsrisikos durch die Klägerin prüfen müssen.

Der § 817 Satz 2 BGB. droht einen zivilrechtlichen Nachteil für verwerfliches, unsittliches Handeln an, die VO. vom 23. Mai 1919 bezieht sich aber auf obligatorische Rechtsgeschäfte überhaupt nicht, sie verbietet sie nicht und stellt sie nicht unter Strafe, sie erklärt nur rechtsgeschäftliche Verfügungen über Militärgut durch Unberechtigte, also Eigentumsübertragungen oder die Bestellung anderer Rechte daran, dem Reiche gegenüber für unwirksam. Obligatorische Rechtsgeschäfte über Heeresgut sind daher wie Verträge über fremde Sachen zu behandeln. Sie sind gültig und, wenn der Verkäufer nachträglich das Eigentum vom Reiche erwirbt, schlechthin erfüllbar. Ihr Abschluß hat daher — namentlich unter Umständen, wie sie hier vorliegen — weder die Nichtigkeit des Geschäftes zur Folge, noch vermag er die Anwendung des § 817 Satz 2 BGB. zu rechtfertigen.

Hätten allerdings beide Teile das Beschlagnahme- und Verwertungsrecht des RSchM. gekannt, so wäre an sich die Möglichkeit nicht ausgeschlossen, daß die Klägerin die Gefahr der Ausübung dieser Rechte auf sich genommen hätte. Die Übernahme eines so weitgehenden Risikos, der Verzicht auf das vom Gesetz ihr gegebene Recht des Rückgriffs gegen den Verkäufer, ist jedoch etwas so Ungewöhnliches, daß es der Darlegung besonderer Umstände vor dem Tatrichter bedurft hätte, um ihn zu einer Prüfung nach dieser Richtung zu veranlassen. Der Beklagte hat aber weder die Behauptung einer derartigen Gefahrübernahme durch die Klägerin aufgestellt noch überhaupt etwas vorgetragen, was diese in den Bereich der Wahrscheinlichkeit gerückt hätte. Den Berufungsrichter trifft daher kein Vorwurf, daß er in eine Erörterung der erst von der Revision aufgeworfenen Frage nicht von sich aus eingetreten ist.

---

98. Enthält § 2108 Abs. 2 Satz 1 BGB. einen ergänzenden Rechtssatz oder eine bloße Auslegungsvorschrift?

IV. Zivilsenat. Urt. v. 12. März 1923 i. S. B. (Kl.) w. D. (Bekl.). IV 253/22.

I. Landgericht Bremen. — II. Oberlandesgericht Hamburg.

Der im Jahre 1908 verstorbene Wirt Heinrich W., der erste Ehemann der Beklagten, hat am Tage vor seinem Tode ein Testament errichtet, das folgende Bestimmungen enthält:

§ 1. Meine Ehefrau setze ich zur lebenslänglichen Vorerbin meines Gesamtnachlasses ein mit der Befugnis, Grundstücke zu verkaufen und Hypotheken zu bestellen. Die übrigen Erbberechtigten, nämlich meine Kinder 1. Alma, 2. Johann Diedrich, 3. Alfred Friedrich sollen sich nach dem Ableben meiner Ehefrau das alsdann vorhandene Vermögen gleichmäßig teilen, jedoch sollen Johann Diedrich und Alfred Friedrich zusammen ein Viertel des Vermögens voraus erhalten.

§ 2. Im Falle der Wiederverheiratung meiner Ehefrau soll die Vorerbschaft erlöschen und erhält sie alsdann zur gänzlichen Abfindung in Viertel meines Nachlasses.

Die im § 1 genannte Tochter Alma stammt aus einer früheren Ehe des Erblassers, während die beiden Söhne aus seiner Ehe mit der Beklagten hervorgegangen sind. Die beiden Söhne und zwar zuerst Alfred Friedrich, später auch Johann Diedrich sind im Weltkriege gefallen. Im Mai 1920 hat sich die Beklagte wieder verheiratet.

Die Tochter Alma erhebt auf Grund des Testaments Ansprüche auf den Nachlaß, indem sie den Standpunkt einnimmt, daß sie alleinige Nacherbin ihres Vaters sei und der Beklagten nur ein Vermächtnis in Höhe von einem Viertel des Nachlasses zustehe. Die Beklagte ist dagegen der Ansicht, daß sie gemäß § 2 des Testaments Erbin zu einem Viertel sei und daß ihr als Erbin ihrer gefallenen beiden Söhne gemäß § 2108 BGB. noch weitere Erbansprüche zuständen. Das Landgericht stellte fest, daß die Klägerin zu drei Vierteln, die Beklagte zu einem Viertel Erben des Heinrich W. geworden seien. Das Oberlandesgericht wies den Feststellungsantrag der Klägerin ab. Die Revision der Klägerin hatte Erfolg:

Gründe:

Nach § 2108 BGB. soll, wenn der eingesetzte Nacherbe vor dem Eintritte des Erbfalls stirbt, sein Recht auf seine Erben übergehen, sofern nicht ein anderer Wille des Erblassers anzunehmen ist. Die Beklagte vertritt den Standpunkt, daß bei dem Tode des Alfred Friedrich W. dessen Nacherbenrecht auf sie selbst als seine Mutter und auf seine Geschwister, nämlich auf den Johann Diedrich W. und auf die Klägerin übergegangen sei, und daß sich bei dem darauf erfolgten Tode des Johann Diedrich W. dessen Rechte aus der Nacherbschaft auf die Beklagte und auf die Klägerin vererbt hätten. Die Klägerin ist dagegen der Ansicht, daß sich aus dem Testamente des Erblassers, namentlich aus der Bestimmung des § 2, daß die Beklagte im Falle ihrer Wiederverheiratung zu ihrer gänzlichen Abfindung ein Viertel des Nachlasses erhalten solle, der Wille des Erblassers ergebe, den Abkömmlingen drei Viertel des Nachlasses unverkürzt zukommen zu lassen und demgemäß bei dem Wegfalle eines Nacherben die Beklagte von dessen Erbschaft auszuschließen. Das Landgericht hat sich der Ansicht der Klägerin angeschlossen, das Oberlandesgericht ist dagegen dem Standpunkt der Beklagten beigetreten. Die Entscheidung des Berufungsgerichts beruht auf folgenden Erwägungen:

Es handle sich bei der Bestimmung des § 2108 BGB. um einen ergänzenden Rechtssatz, der nur dann nicht gelte, wenn ein entgegenstehender Wille des Erblassers festzustellen sei. Für die Annahme eines entsprechenden Willens genüge daher nicht, wie in den Fällen der gesetzlichen Auslegungsregeln, die Annahme, daß der Erblasser bei Berücksichtigung der später sich ergebenden wirklichen Sachlage möglicher- und vielleicht verständigerweise die gesetzliche Regelung ausgeschlossen haben würde, sondern es seien tatsächliche Anhaltspunkte dafür erforderlich, daß der Wille des Erblassers wirklich auf den Ausschluß der gesetzlichen Regelung gegangen sei. Anhaltspunkte für einen derartigen Willen des Erblassers fehlten gegenwärtig gänzlich. Das Testament sei erst am Tage vor dem Tode des Erblassers errichtet und lasse nicht erkennen, daß der Erblasser willens oder auch nur in der Lage gewesen sei, sich weitere Möglichkeiten als die im Testament berührten zu vergegenwärtigen und für ihren Fall Vorsorge zu treffen. Dafür, daß der Erblasser den Fall des Ablebens eines seiner Kinder vor Wiederverheiratung seiner Witwe in den Kreis seiner Erwägungen einbezogen habe, liege nach dem Inhalte des Testaments schlechterdings nichts vor. Es könne daher nicht positiv festgestellt werden, daß ein die Regelung des § 2108 BGB. ausschließender Wille des Erblassers vorhanden gewesen sei. Der Erblasser habe eine in ihrem Sinn völlig klare Erklärung abgegeben, ohne sich über die Rechtsfolge, die sie bei dem Eintritt eines von ihm nicht vorgestellten Tatbestandes haben könnte, klar zu sein. Er habe daher einen auf den Ausschluß der gesetzlichen Regel gehenden Willen überhaupt nicht erklärt, und der nicht erklärte Wille könne deshalb auch nicht, wie das Landgericht es versuche, ausgelegt werden, indem man alle psychologischen Momente berücksichtige, die für eine tatsächlich nicht erfolgte Bildung des Willens in dieser Richtung sprechen könnten.

Diese Erwägungen sind nicht frei von Rechtsirrtum.

Das Berufungsgericht legt seinen Erwägungen die Auffassung zugrunde, daß § 2108 BGB. einen ergänzenden Rechtssatz enthalte. Diese im Berufungsurteil nicht näher begründete Ansicht ist rechtsirrig. Der ergänzende Rechtssatz stellt für ein bestimmtes Rechtsverhältnis eine Vorschrift auf, die mangels einer abweichenden Regelung durch den erklärten Parteiwillen zu gelten hat. Die Auslegungsregel hingegen schreibt vor, was bei bestimmten Willenserklärungen mangels einer erkennbaren abweichenden Absicht als Inhalt der Erklärung anzusehen sein soll. Die Vorschrift des § 2108 Abs. 2 Satz 1 BGB. würde hiernach eine ergänzende Rechtsregel enthalten, wenn ihre Anwendung davon abhängig wäre, daß der Erblasser nicht etwas anderes bestimmt hat. Daß zur Ausschließung der Vererblichkeit des Rechtes des Nacherben eine besondere Anordnung des Erblassers erforderlich sein soll, ist aber im § 2108 BGB. nicht zum Ausdruck gelangt, die Vererblichkeit ist vielmehr nur für den Fall festgesetzt, daß nicht ein anderer Wille des Erblassers anzunehmen ist. Danach soll jeder erweisliche abweichende Wille des Erblassers genügen, um die Vererblichkeit des Nacherbenrechts auszuschließen, ohne daß dieser Wille gerade in der Verfügung von Todes wegen erklärt zu sein braucht. Die Bedeutung des § 2108 BGB. geht also dahin, daß im Zweifel die Vererblichkeit des Nacherbenrechts als dem mutmaßlichen Willen des Erblassers entsprechend eintreten, daß aber bei Feststellbarkeit eines abweichenden Willens des Erblassers das Nacherbenrecht nicht auf die Erben des Nacherben übergehen soll. Der § 2108 Abs. 2 Satz 1 BGB. enthält somit eine bloße Auslegungsvorschrift. Damit wird den Ausführungen des Berufungsgerichts, die auf der Auffassung beruhen, daß § 2108 einen ergänzenden Rechtssatz aufstelle, die Grundlage entzogen. Es kommt nicht darauf an, ob in dem Testament eine Erklärung des Willens gefunden werden kann, daß bei dem Tode eines Nacherben vor dem Eintritt des Falles der Nacherbfolge sein Recht nicht auf seine Erben, namentlich nicht auf die Beklagte übergehen soll, sondern es genügt, wenn sich, sei es im Wege der Auslegung des Testaments, sei es aus Umständen, die außerhalb des Testaments liegen, eine derartige Willensrichtung des Erblassers feststellen läßt. Das Landgericht hat einen dahingehenden Willen des Erblassers als erwiesen angenommen. Es hat im § 2 des Testaments, wonach die Beklagte im Falle ihrer Wiederverheiratung zur gänzlichen Abfindung ein Viertel des Nachlasses erhalten und im übrigen die Vorerbschaft erlöschen soll, den Ausdruck des Willens des Erblassers gefunden, daß in dem gesetzten Falle die Beklagte unter allen Umständen nur ein Viertel des Nachlasses behalten und drei Viertel an die Nachkommen des Erblasser herausgeben solle. Von diesem Standpunkt aus ließe sich die Anordnung des Erblassers dahin verstehen, daß Nacherben seine im Zeitpunkt des Eintritts der Nacherbfolge lebenden Abkömmlinge sein sollten, daß sich also erst in diesem Zeitpunkt entscheiden sollte, wer Nacherbe werden würde. Alsdann könnte eine Vererblichkeit des Rechtes der Kinder des Erblassers nicht in Frage kommen, weil sich erst bei dem Eintritte der Nacherbfolge bestimmte, ob und welche der Kinder überhaupt zur Nacherbschaft berufen wurden. Aber auch von der Annahme aus, daß die Kinder des Erblassers mit seinem Tode die Rechtsstellung von Nacherben erlangen sollten, würde in der Anordnung, daß die Beklagte bei ihrer Wiederverheiratung unbedingt drei Viertel des Nachlasses an die Nachkommen des Erblassers herausgeben müsse, eine Ausschließung der Vererblichkeit des Nacherbenrechts zu finden sein. Denn da als Erben der in erster Linie als Nacherben berufenen Kinder auch andere Personen, als Abkömmlinge des Erblassers in Betracht kommen konnten, würde eine im Wege Erbgangs erfolgende Übertragung des Nacherbenrechts zu einem auf ausschließliche Bedenkung seiner Nachkommenschaft gerichteten Willen des Erblassers im Widerspruch stehen und durch diesen Willen als ausgeschlossen anzusehen sein. Es handelt sich bei der Feststellung des Willens im Sinne des landgerichtlichen Urteils nicht um eine ergänzende Auslegung des Testaments, wie das Berufungsgericht angenommen hat.

Eine solche könnte nur in Frage kommen, wenn für die eingetretene Gestaltung der Sachlage im Testament keine Bestimmung getroffen, also insofern die Willenserklärung des Erblassers lückenhaft wäre. Das trifft aber bei der Auslegung, die das Landgericht dem § 2 des Testaments gegeben hat, nicht zu. Denn wenn danach der

Erblasser angeordnet hat, daß bei der Wiederverheiratung der Beklagten diese unter allen Umständen auf ein Viertel des Nachlasses beschränkt sein und drei Viertel an seine Nachkommen fallen sollen, so ist damit auch der Fall des früheren Todes eines oder mehrerer der als Nacherben eingesetzten Kinder, wie vorstehend dargelegt ist, im Sinne einer Ausschließung der Vererblichkeit des Nacherbenrechts geregelt worden. Es ist in dieser Beziehung gleichgültig, ob der Erblasser gerade an die Möglichkeit dieses eingetretenen Falles gedacht hat oder nicht. Der Wille, die Beklagte unbedingt auf ein Viertel des Nachlasses zu beschränken, umfaßt alle Möglichkeiten, auf Grund deren die Beklagte an sich weitere Teile des Nachlasses hätte beanspruchen können, auch wenn sich der Erblasser aller einzelnen in Betracht kommenden Möglichkeiten nicht besonders bewußt gewesen ist, oder sich überhaupt keine sichere Vorstellung darüber gebildet hat, ob eine derartige Möglichkeit in Frage kam. . . .

99. Untersuchungsrecht und Rügepflicht des Käufers nach § 377 HGB.

III. Zivilsenat. Urt. v. 13. März 1923 i. S. H. & L. (Kl.) w. N. & Co. (Bekl.). III 344/22.

I. Landgericht Neuwied. — II. Oberlandesgericht Frankfurt a. M.

Die Klägerin kaufte von der Beklagten 5000 Dosen Apfelmark und erhielt sie in der Zeit vom 25. bis 29. November 1919 geliefert. Sie öffnete probeweise 10 Dosen und stellte in ihnen Ware von vertragsmäßiger Beschaffenheit fest. Im Februar 1920 veräußerte sie 4000 Dosen an die Firma S. & M., welche sie an die B. Hüttenwerke weitergab. Dorthin wurden die Dosen von der Klägerin am 27. und 28. Februar 1920 geliefert. Einige Tage später teilten die B. Werke der Firma S. & M. mit, daß der größte Teil der bisher geöffneten Büchsen übel röche und schmecke, verdorben und für menschlichen Genuß unverwendbar sei. Diese Rüge sandte die Firma an die Klägerin weiter. Demnächst besichtigte einer ihrer Vertreter gemeinschaftlich mit H., dem Mitinhaber der Klägerin, die beanstandeten Dosen auf den B. Werken. Eine von ihnen gab die Klägerin am 17. März einem Chemiker zur Untersuchung. Nach dessen Gutachten vom 24. März befand sich das Mark in einem schwachen Gärungszustande, schmeckte säuerlich, faulig und metallisch und hatte ein unansehnliches, Widerwillen erregendes Ansehen. Von diesem Befunde gab die Klägerin der Beklagten am folgenden Tage Kenntnis.

Die Klägerin wurde von S. & M. auf Zahlung von 84500 ℳ verklagt und rechtskräftig nach dem Klagantrage verurteilt. Sie verlangt nunmehr Erstattung dieser Summe, der ihr erwachsenen Prozeßkosten, des Kaufpreises für die in ihrem Besitze gebliebenen Dosen und von Lagerkosten. Die Vorderrichter wiesen die Klage wegen Verspätung der Mängelrüge ab. Die Revision der Klägerin blieb erfolglos.

Gründe:

Vergeblich sucht die Revision den Entscheidungsgrund des Berufungsrichters zu bekämpfen. Der Handelsverkehr, der die Aufgabe hat, den stets wechselnden Lebens- und Wirtschaftsinteressen nicht nur einzelner Verbraucher, sondern ganzer Völker zu dienen, muß, wenn er sie in befriedigender Weise lösen soll, sich, möglichst wenig beengt durch zwingende Rechtsnormen, im wesentlichen nach seinen eigenen Regeln und Bedürfnissen entwickeln können. Diesen muß auch der Richter durch eine die besondere Gestaltung der Einzelfälle berücksichtigende elastische Auslegung und Anwendung der Rechtsvorschriften Rechnung tragen, um unter allen Umständen zu gerechten und billigen Ergebnissen zu gelangen. Hilfsmittel dazu hat ihm der Gesetzgeber in den §§ 133, 157, 242 BGB. und in dem § 346 HGB. an die Hand gegeben. Aber soweit man auch die Grenzen der Herrschaft von Treu und Glauben, von Gewohnheit und Gebräuchen in dem Bereiche der Handelsgeschäfte stecken mag, auch das HGB. hat Bestimmungen, auf deren strengste Beobachtung die Rechtsprechung halten muß, wenn der gesetzgeberische Zweck nicht vereitelt und in sein Gegenteil verkehrt werden soll. Das gilt insbesondere von der Vorschrift des § 377 HGB., nach der ein Käufer mangels entgegenstehender Vertragsabreden zur Wahrung seiner Ansprüche und zur Vermeidung einer durch keinen Gegenbeweis zu entkräftenden Genehmigungsfiktion erkennbare Mängel „unverzüglich" nach der Ablieferung der Ware und später hervortretende „unverzüglich" nach deren Entdeckung dem Verkäufer anzuzeigen hat. Dieser Rechtsgrundsatz, der im Interesse des Handelsverkehrs, des Handelsstandes und der einzelnen Vertragsparteien eine möglichst rasche, glatte und reibungslose Abwicklung von Handelsgeschäften herbeiführen soll, duldet der Natur der Sache nach keine weitherzige Auslegung und Anwendung. Der Gesetzeszweck und der zweimalige Gebrauch des Wortes „unverzüglich" weisen vielmehr deutlich darauf hin, daß auch schon eine geringe, bei objektiv ordnungsmäßigem Geschäftsgange vermeidbare Lässigkeit in der Erfüllung der Anzeigepflicht für den Käufer die im Abs. 2 a. a. O. angedrohte Rechtsfolge haben muß. Diese ist aber, wie schon hervorgehoben, lediglich an die Versäumung der Mängelanzeige geknüpft. Eine Untersuchungspflicht in dem Sinne, daß auch deren Verletzung wie ein Anerkenntnis der Vertragsmäßigkeit der Ware wirkt, legt § 377 Abs. 1 a. a. O. dem Käufer nicht auf (vgl. RGZ. Bd. 73 S. 169, JW. 1906 S. 262

Nr. 34). Nur ein Untersuchungsrecht räumt er ihm ein, weil eine Untersuchung in der Regel die sicherste und natürlichste Erkenntnisquelle der Mängel bilden wird. Aber dem Rügezweck entspricht nur eine Untersuchung, welche sich auf die Feststellung beschränkt, daß und welche Mängel vorhanden sind. Lediglich die dazu notwendige Zeit darf daher zwischen der Abnahme der Ware und der Absendung der Mängelrüge liegen. Werden noch weitere Ermittlungen, z. B. hinsichtlich der Ursache der Mängel oder der Frage, wann und wo sie entstanden sind, angestellt, so geht das Mehr an Zeit, das eine derartige Untersuchung erfordert, zu Lasten des Käufers und läßt seine Rüge verspätet erscheinen.

Daraus folgt einerseits, daß die Rechtswirksamkeit einer sachlich begründeten Rüge nicht durch eine vorherige Untersuchung bedingt ist, und anderseits, daß bei offen zutageliegenden, auf den ersten Blick erkennbaren Fehlern jede weitere Untersuchung sich erübrigt und eine durch sie veranlaßte Verzögerung der Mängelanzeige die Gewährleistungsansprüche des Käufers zum Erlöschen bringt. Der Verkäufer soll sobald als möglich erfahren, daß und weshalb seine Lieferung beanstandet wird, damit er in die Lage kommt, die zur Wahrnehmung seiner Interessen dienlichen Schritte zu tun. Deshalb verlangt das Gesetz mit gutem Grunde von dem Käufer eine Anzeige nur der Mängel, nicht auch der Mängelursache. Anlaß zur Feststellung der letzteren ist erst dann gegeben, wenn der Verkäufer seine Verpflichtung, die gerügten Mängel zu vertreten, bestreitet, weil sie erst in der Zeit nach dem Übergang der Gefahr auf den Käufer entstanden seien.

Der fristgerechten Rüge wohnt also keine rechtsbegründende, sondern lediglich eine rechtserhaltende Kraft inne. Sie macht nur den Weg für eine sachliche Prüfung von Ansprüchen frei, deren materielle Berechtigung sich nicht auf § 377 HGB., sondern auf die §§ 459, 463, 480 BGB. stützt. Die Frage, ob die Voraussetzungen und Tatbestandsmerkmale dieser Bestimmungen vorliegen, braucht daher erst dann erörtert zu werden, wenn die Rechtzeitigkeit der Mängelanzeige feststeht, und bedarf anderseits bei einer — schlechthin anspruchsvernichtend wirkenden — Versäumung der Rügefrist überhaupt keiner Prüfung.

Ein Untersuchungsrecht in dem oben erörterten Umfange steht dem Käufer aber auch nur in unmittelbarem Anschluß an die Ablieferung der Ware zu (§ 377 Abs. 1 HGB.). Erst später sich zeigende Mängel müssen dagegen unmittelbar nach der Entdeckung angezeigt werden. Löst also nach dem klaren Wortlaute des § 377 Abs. 3 a. a. O. die Entdeckung, d. h. das Zutagetreten, das zweifellose Erkennen solcher Fehler, die Pflicht aus, sie ohne Verzug zu rügen, so ist für eine Untersuchung nach ihrer Entdeckung begrifflich kein Raum mehr.

Von diesen rechtlichen Gesichtspunkten aus kann der Klägerin der Vorwurf unentschuldbarer Säumigkeit nicht erspart werden. Nicht zu beanstanden ist zunächst die Bezeichnung der erst im März 1920 entdeckten Mängel als verborgener im Sinne des § 377 Abs. 3 HGB., da sie bei der unmittelbar nach der Abnahme der Dosen durch die Klägerin erfolgten Stichprobenuntersuchung noch nicht vorhanden, jedenfalls nicht auffindbar waren. Die Rüge vom 25. März war verspätet, denn spätestens am 16. März hatte H. festgestellt, daß das Apfelmark, wie B.'er Angestellte bekunden, nicht nur „ein Widerwillen erregendes Aussehen" hatte, sondern auch „wie Mist und Jauche roch" und „metallisch und ekelhaft schmeckte". Damit erwuchs für die Klägerin, wenn sie dem § 377 Abs. 3 a. a. O. genügen wollte, die unerläßliche Pflicht, diese Mängel der Beklagten umgehend mitzuteilen, ohne das Ergebnis der von ihr veranlaßten chemischen Untersuchung abzuwarten. Tat sie es doch, so bedeutete das eine schuldhafte Zögerung im Sinne der genannten Vorschrift.

Sollte die Klägerin geglaubt haben, sie müsse zugleich mit der Rüge der Beklagten die Ware zur Verfügung stellen und sich deshalb vorher Gewißheit über die Berechtigung dieses Schrittes verschaffen, so wäre diese Auffassung rechtsirrig. Das Gesetz verlangt nichts weiter als eine Mängelanzeige, aber eine rechtzeitige, d. h. eine unverzügliche. Etwaige Zweifel darüber, ob der Verderb der Ware auf Fabrikationsfehler oder auf unsachgemäße Lagerung zurückzuführen sei, durfte die Klägerin daher nicht davon abhalten, der Beklagten von dem festgestellten mangelhaften Zustande des Apfelmarks noch am 16. März oder spätestens am folgenden Tage Nachricht zu geben. Über die auf Grund der angezeigten Mängel zu erhebenden Ansprüche brauchte sie sich im Augenblick und im Rahmen der Mängelrüge noch nicht schlüssig zu machen und zu äußern. Ein Rechtsirrtum in dieser Hinsicht vermag die Folgen einer Rügeverspätung nicht auszugleichen oder rückgängig zu machen.

Der durch die chemische Untersuchung entstandene Zeitverlust würde somit für die Klägerin nur dann unschädlich sein, wenn der Beklagten Arglist zur Last fiele (§ 377 Abs. 5 HGB.) oder wenn die Schreiben der Klägerin vom 29. November und 13. Dezember 1919 bereits eine die hier in Rede stehenden Mängel deckende Rüge enthielten. (Wird verneint). . . .

---

100. Welche Grundsätze sind auf die Verträge anzuwenden, die von den Filmherstellern mit solchen Unternehmern geschlossen werden, die die Filme gegen Entgelt an die Besitzer von Lichtspieltheatern zur Vorführung überlassen?

I. Zivilsenat. Urt. v. 14. März 1923 i. S. H. M. Film-Ges. (Kl.) w. Chr. (Bekl.). I 367/22.

I. Landgericht I Berlin, Kammer für Handelssachen. — II. Kammergericht daselbst.

Die Klägerin ist Herstellerin des Films „Tausend und eine — Frau". Durch Vertrag vom 18. Juni 1918 übertrug sie der Beklagten auf die Dauer von drei Jahren das Monopolrecht des Films für Österreich-Ungarn zum Preise von 4,20 ℳ für das Meter jeder Filmkopie. Sechs Kopien sollten geliefert werden. Die Beklagte sollte eine Anzahlung von 10000 ℳ leisten und verpflichtete sich, die Filme nur in ihrem Monopolbezirk zu zeigen, zu verkaufen, zu verleihen oder sonst irgendwie zu verbreiten. Die Klägerin übernahm es, der Beklagten das Reklamematerial, einschließlich Klischees, Vorbroschüren und sämtlicher Notizen, zu den der Marktlage entsprechenden Preisen zur Verfügung zu stellen. Die Beklagte sollte den Musterfilm innerhalb 14 Tagen nach Erhalt zensieren lassen. Für den Fall, daß der Film in einzelnen Kronländern — etwa in Böhmen, oder auch in Wien — nicht genehmigt würde, sollte sich ihre Abnahmeverpflichtung entsprechend ermäßigen.

Die Anzahlung von 10000 ℳ wurde geleistet und der Musterfilm der Beklagten im Oktober 1918 zugesandt. Durch Schreiben vom 4. Dezember 1918 trat aber die Beklagte vom Vertrage zurück, weil die Abwicklung des Geschäfts durch den Zerfall Österreichs-Ungarns unmöglich gemacht worden sei. Die Klägerin bestand auf Erfüllung des Vertrags und verlangte mit der Klage für sämtliche Filme die Zahlung von noch 42436,94 ℳ nebst Zinsen.

Beide Vorinstanzen wiesen die Klage ab. Die Revision der Klägerin hatte Erfolg.

Gründe:

Dem Klaganspruche hat die Beklagte den Einwand entgegengesetzt, daß der Klägerin die Vertragserfüllung insofern unmöglich geworden sei, als sie der Beklagten für die Verwertbarkeit des Films in Österreich-Ungarn habe einstehen müssen und die Möglichkeit zur Vorführung des Films infolge der Auflösung von Österreich-Ungarn im größten Teile der früher in diesem Staatswesen vereinigten Länder fortgefallen sei. Die Ausführungen, mit denen das Berufungsgericht den Einwand für begründet erklärt, erscheinen nicht frei von Rechtsirrtum.

Der Vorderrichter bezeichnet den Vertrag als einen mietähnlichen. Daraus entnimmt er, ohne für seine Folgerung nähere Gründe anzugeben, daß die Klägerin der Beklagten für die Verwertbarkeit des Films innerhalb der Vertragszeit habe einstehen müssen. Die Verwertbarkeit hält er aber für ausgeschlossen, da der geographische Bereich Österreich-Ungarn mit dem Zerfall dieses Reichs aufgehört habe zu bestehen und die Klägerin nicht in der Lage sei, der Beklagten für die Nachfolgestaaten, deren Gebiete sich mit dem Österreich-Ungarns nicht deckten, ein Vorführungsrecht zu gewähren.

Mit Recht wendet sich die Revision zunächst gegen die Annahme des Vorderrichters, daß der Vertrag einen mietähnlichen Charakter habe. Es handelt sich hier um einen Vertrag, wie er sehr häufig von den Herstellern von Filmen zu deren Verwertung mit sogenannten Filmverleihern, d. h. solchen Personen, die die Filme an die Theaterbesitzer gegen Entgelt zur Vorführung überlassen, geschlossen wird. Die Filmhersteller treten, da es ihnen in der Regel an einer entsprechenden Geschäftseinrichtung fehlt, im allgemeinen nicht unmittelbar mit den Theaterbesitzern in Verbindung, sondern teilen das gesamte Absatzgebiet in sogenannte Monopolbezirke ein und übertragen für jeden Bezirk einem Unternehmer, dem Filmverleiher, das ausschließliche Recht zur Verwertung des Films und zum Abschluß der Vorführungsverträge mit den Theaterbesitzern. Hierbei wird der Verleiher im eigenen Namen und für eigene Rechnung tätig. Er überläßt den Theaterbesitzern zur Vorführung Kopien, die er meist vom Hersteller bezogen und entsprechend der Meterzahl der Filmrolle bezahlt hat (Urt. RG. vom 30. Juni 1920 I 49/20 i. Markenschutz und Wettbewerb 1920/21 S. 35; **Goldbaum**, Urheberrecht S. 98).

Ein Vertrag, der mit dem eben geschilderten Inhalt zwischen dem Hersteller und Verleiher abgeschlossen wird, äußert seine Wirkung vor allem auf urheberrechtlichem Gebiet. Daß Filme für Lichtspielaufführungen urheberrechtlichen Schutz genießen, ergibt sich zweifelsfrei aus § 15a KunstUG., der vorschreibt:

> Ist ein im Wege der Kinematographie oder eines ihr ähnlichen Verfahrens hergestelltes Werk wegen der Anordnung des Bühnenvorganges oder der Verbindung der dargestellten Begebenheiten als eine eigentümliche Schöpfung anzusehen, so erstreckt sich das Urheberrecht auch auf die bildliche Wiedergabe der dargestellten Handlung in geänderter Gestaltung. Der Urheber hat die ausschließliche Befugnis, das Werk öffentlich vorzuführen.

Inwieweit neben diesem Schutze auf Grund des KunstUG. Filme auch noch auf Grund des § 1 LitUG. Schutz genießen können (vgl. **Kohler** i. Gew. Rechtsschutz und Urheberrecht 1920 S. 1flg., **Goldbaum** S. 6flg.), bedarf hier keiner näheren Erörterung. Denn für die Würdigung der in Rede stehenden Vertragsform genügt die Feststellung, daß die Filme überhaupt urheberrechtlichen Schutz genießen. Aus dem Bestehen dieses Schutzes folgt, daß der rechtmäßige Besitzer einer Filmkopie nicht schon auf Grund der Tatsache des körperlichen Besitzes das Recht zur öffentlichen Vorführung des Werks für sich in

Anspruch nehmen kann, sondern daß er hierzu des Erwerbs der urheberrechtlichen Befugnisse bedarf. Nur wenn der Filmhersteller, der im Zweifel als der Träger des Urheberrechts anzusehen ist, sein Recht beschränkt oder unbeschränkt auf eine andere Person übertragen hat, ist diese zur Vorführung des Films befugt. Um das Recht der Vorführung, und zwar nicht nur um den Erwerb dieses Rechts für sich selbst, sondern auch um die Befugnis, das Recht auf die Theaterbesitzer weiter übertragen zu können, ist es dem Filmverleiher bei Eingehung des Monopolvertrags vor allem zu tun. Der Bezug von Kopien des Films ist zwar für ihn zur Vorführung des Werks unerläßlich; er bildet aber nicht den Hauptinhalt des Vertrags, sondern nur einen, wenn auch bedeutsamen, Nebenbestandteil. Für das Wesen des Vertrags ist in erster Reihe sein urheberrechtlicher Inhalt entscheidend.

Deshalb ist es abwegig, wenn das Berufungsgericht den Vertrag der Parteien als einen mietähnlichen ansieht. Ein Mietvertrag hat nach § 535 BGB. den Gebrauch einer Sache, also eines körperlichen Gegenstandes (§ 90), zum Inhalt. Der bloße Gebrauch der Filmkopien ohne das Recht zur Vorführung, also ohne den Genuß urheberrechtlicher Befugnisse, hatte für die Beklagte keinen Wert. Diese wollte vielmehr das Vorführungs- und Vertriebsrecht an dem in Rede stehenden Film erwerben. Der von ihr mit der Klägerin geschlossene Vertrag unterscheidet sich in keinem wesentlichen Punkte von der oben erörterten üblichen Art der Verträge zwischen Herstellern und Verleihern. Nicht einmal hinsichtlich der Kopien kann ein mietähnliches Rechtsverhältnis in Betracht kommen, da die Beklagte an den ihr gelieferten Kopien das Eigentum erwerben sollte. Irrtümlich ist ferner die Ansicht des Berufungsgerichts, daß eine zeitlich und örtlich beschränkte Übertragung des Urheberrechts nicht stattfinden könne. In § 10 Abs. 3 KunstUG. ist — ebenso wie in § 8 Abs. 3 LitUG. — ausdrücklich hervorgehoben worden, daß die Übertragung des Urheberrechts mit der Beschränkung auf ein bestimmtes Gebiet geschehen kann. Ebensowenig bestehen irgendwelche rechtliche Bedenken gegen eine Beschränkung in zeitlicher Hinsicht; ist das Urheberrecht nur auf bestimmte Zeit übertragen worden, so fällt es mit ihrem Ablauf ohne weiteres an den Urheber zurück (Allfeld Urheberrecht an Werken der Literatur, § 8 Anm. 10 B bb S. 93). Die zeitliche und örtliche Beschränkung läßt sich daher keineswegs, wie das Berufungsgericht es will, als Beweisgrund gegen die Annahme verwenden, daß der Vertrag der Parteien die Übertragung urheberrechtlicher Befugnisse zum Gegenstande habe.

Seinem ganzen Inhalte und Zwecke nach weist dieser Vertrag — ebenso wie der zwischen Hersteller und Verleiher allgemein übliche Vertrag — wesentliche Übereinstimmung mit einem Lizenzvertrag über patentrechtlich geschützte Gegenstände auf. Die Einräumung einer Lizenz hat im Patentrecht die Bedeutung, daß der Patentinhaber einem Dritten das Recht zur Ausnutzung der geschützten Erfindung überträgt. Dies kann in zweierlei Form geschehen. Entweder überträgt der Patentinhaber dem Lizenznehmer die Gesamtheit der aus dem Patent folgenden Rechte für einen räumlich, zeitlich oder sachlich abgegrenzten Bereich dergestalt, daß er weitere Lizenzen einräumen, jedem anderen den Eingriff in seinen Bereich untersagen und wegen etwaiger Verletzung seiner Rechte selbständig klagen kann (ausschließliche Lizenz); oder die Übertragung beschränkt sich auf die bloße Erlaubnis zur Benutzung des Patents, indem der Patentinhaber dem Lizenznehmer verspricht, ihm gegenüber von seinem Verbietungsrechte keinen Gebrauch zu machen (einfache Lizenz), vgl. RGZ. Bd. 57 S. 38, Bd. 75 S. 402. Im vorliegenden Falle besteht Wesensübereinstimmung mit der ersteren Lizenzart. Die Klägerin hat als Inhaberin des Urheberrechts an dem Film auf die Beklagte das ausschließliche Recht übertragen, in einem räumlich begrenzten Bezirk (Österreich-Ungarn) und auf bestimmte Dauer (drei Jahre) über den Film durch Weiterabtretung ihrer Rechte, durch entgeltliche Überlassung des Vorführungsrechts oder durch sonstige Verbreitung zu verfügen und gegen dritte Personen, die eine Filmkopie in den Monopolbezirk zur Vorführung hineinbringen, Beschlagnahmen auszubringen und klagbar zu werden. Die Befugnisse der Beklagten entsprechen hiernach durchaus der rechtlichen Stellung des Inhabers einer ausschließlichen Lizenz im Patentrechte. Da ferner die Ausnutzung der Urheberschutzrechte an einem Film auch wirtschaftlich mit der Ausbeutung eines Patents auf die gleiche Stufe zu stellen ist, erscheint es geboten, auf den Vertrag der Parteien die Grundsätze anzuwenden, die in der Rechtsprechung des Reichsgerichts für den Lizenzvertrag Anerkennung erlangt haben.

Dazu gehört vor allem der Grundsatz, daß der Lizenzgeber zwar für die technische Ausführbarkeit der patentierten Erfindung, also für den Mangel der Erfindung selbst, nicht aber für die gewerbliche Verwertbarkeit, also für die Möglichkeit, die Erfindung nutzbringend auszubeuten, haftet (RGZ. Bd. 75 S. 402, Bd. 82 S. 157). Für den vorliegenden Fall bedeutet das, daß der Klägerin zwar die Haftung für technische Mängel des Films, nicht aber für dessen nutzbringende Verwertung, besonders dessen Anziehungskraft und günstige Aufnahme durch die Theaterbesucher, obliegt. Würde es sich bei dem Streit der Parteien lediglich darum handeln, ob infolge des Zerfalls von Österreich-Ungarn und der hierdurch herbeigeführten Verschlechterung der wirtschaftlichen Verhältnisse in jenen Gebieten die Nachfrage nach dem Film und das bei seiner Vorführung erzielte Kassenergebnis wesentlich zurückgegangen seien, so würde es sich hierbei um Schädigungen handeln, die in das Gebiet der nutzbringenden Verwertbarkeit fallen und deshalb von der Beklagten getragen werden müßten.

So liegt aber der Streitfall nicht. Die Beklagte behauptet, daß der Zerfall Österreich-Ungarns die Verleiher deutscher Filme mindestens ein Jahr lang in die Unmöglichkeit versetzt habe, ihre Filme in den nicht deutschen Gebietsteilen des früheren Staatswesens unterzubringen. Diese Behauptung, die das Berufungsgericht auf Grund der Auskunft der Handels- und Gewerbekammer in Wien als erwiesen ansieht, betrifft nicht lediglich die gewerbliche Verwertbarkeit des Films, sondern zugleich die Frage, ob damit nicht der Vertrag in seinen wesentlichen Grundlagen erschüttert wird. In letzterer Hinsicht ist hervorzuheben, daß die Parteien von vornherein die Auffassung gehabt haben, die Beklagte solle zur Abnahme von Filmen nur soweit verpflichtet sein, als sich der Vorführung nicht unüberwindliche Hindernisse entgegenstellten. Ausdrücklich geregelt haben sie nur den Fall des Zensurverbots, indem sie vereinbart haben, die Verpflichtung der Beklagten zur Abnahme von Filmkopien solle sich entsprechend verringern, je nachdem in einzelnen Staatsgebieten die Vorführung des Films verboten würde. Hierin tritt der Wille der Parteien zutage, daß die Beklagte nicht in höherem Maße gebunden sein sollte, als ihr die Möglichkeit zur Versorgung der einzelnen Landesteile mit den Filmkopien offen stand. Daß die Parteien sich über die Folgen einer etwaigen Auflösung Österreich-Ungarns für den Bestand des Vertrags nicht ausdrücklich verständigt haben, läßt sich, wie das Berufungsgericht einwandfrei ausführt, unschwer damit erklären, daß man zur Zeit des Vertragsschlusses noch in weiten Kreisen auf einen vollen Sieg des deutschen Heeres hoffte und den Zerfall der österreich-ungarischen Monarchie nicht ernstlich in Erwägung zog. Anderseits fällt ins Gewicht, daß für die Beklagte, wie das allgemein bei Verträgen der fraglichen Art üblich ist (Goldbaum S. 110), nicht nur das Recht, sondern auch die Pflicht zum Vertriebe und zur Vorführung des Films bestand. Dies ergibt sich daraus, daß die Beklagte sich verpflichten mußte, für den Film unter Hervorhebung der Namen des Hauptdarstellers und des Regisseurs eine großzügige Reklame zu entfalten und auf den von ihr zu beschaffenden Plakaten die Fabrikschutzmarke deutlich sichtbar anbringen zu lassen, auch die Filme nur mit Titeln und Untertiteln, auf denen sich die Fabrikschutzmarke der Klägerin befindet, zu zeigen und zu verleihen. Die Klägerin legte also besonderen Wert darauf, daß der Film bei den Besuchern von Lichtspielen nicht unbeachtet blieb und ihre Firma als Hersteller des Films in weiten Kreisen bekannt wurde. Hiernach widersprach es den Absichten der Parteien und den von ihnen beim Vertragsschluß verfolgten Zwecken, wenn die Vorführung des Films in dem bei weitem größten Teile des Monopolbezirks infolge Veränderung der politischen Verhältnisse für längere Zeit — wie die Handels- und Gewerbekammer angibt, etwa ein Jahr hindurch — verhindert wurde. Dadurch wurden die Grundlagen des Vertrags so wesentlich umgestaltet, daß der Beklagten nach Treu und Glauben und mit Rücksicht auf die Verkehrssitte, die auch in der Erklärung des Bundes der Kinoindustriellen Österreichs vom 22. November 1918 zum Ausdruck gelangt, das Festhalten am Vertrage nach § 242 BGB. nicht zugemutet werden kann und ihr das Recht zum Rücktritt vom Vertrage zuzubilligen ist. Diese Auslegung des Vertrags steht auch nicht etwa im Widerspruch mit dem Urteil des Senats vom 2. Oktober 1920 I 126/20 (Musterschutz und Wettbewerb 1920/21 S. 88). Zwar handelte es sich in dem dort entschiedenen Falle auch um einen Lizenzvertrag, der von einem Filmhersteller mit einem Verleiher im Juni 1918 für den Monopolbezirk Österreich-Ungarn geschlossen wurde. Wenn damals das Berufungsurteil, das den Verleiher an den Vertrag für gebunden erklärte, aufrechterhalten wurde, so lag das daran, daß das Berufungsgericht die für das Revisionsgericht verbindliche Feststellung getroffen hatte, daß der Verleiher mit Schwierigkeiten von der Art, wie sie schließlich eingetreten sind, gerechnet und die infolgedessen mit dem Vertragsschlusse verbundene Gefahr auf sich genommen hatte.

Hiernach würde die auf Klagabweisung lautende Entscheidung der Vorinstanz, wenn auch aus anderen Gründen, in ihrem Ergebnis zu bestätigen sein, sofern die Feststellung des Vorderrichters, daß der Klägerin die Verschaffung der Vertragsrechte an die Beklagte infolge des Zusammenbruchs der österreich-ungarischen Monarchie unmöglich geworden ist, einwandfrei wäre. Das trifft aber nicht zu. Die vom Berufungsrichter in den Vordergrund gestellte Tatsache, daß die Gebiete der Nachfolgestaaten sich mit dem Österreich-Ungarns nicht decken, erscheint nicht von wesentlicher Bedeutung. Denn da der Umfang des alten Staatswesens genau festzustellen ist, läge für die Beklagte kein Hindernis in der Verwertung des Films und demgemäß auch kein Rücktrittsrecht vor, wenn die Vorführung des Films in den früher zu Österreich-Ungarn gehörigen Gebietsteilen der Nachfolgestaaten unter den gleichen Voraussetzungen wie früher oder wenigstens ohne erhebliche Vergrößerung der Schwierigkeiten von Wien aus hätte erfolgen können. Entscheidend ist allein der oben erörterte Gesichtspunkt, ob die Umgestaltung der politischen Verhältnisse eine Verhinderung der Filmvorführung in einem großen Teil des Monopolbezirks auf lange Zeit zur Folge hatte. Hierfür spricht zwar die Auskunft der Handels- und Gewerbekammer vom 31. Mai 1920. Die Klägerin hatte aber unter Antritt von Gegenbeweis und unter Anführung bestimmter Tatsachen geltend gemacht, daß schon kurze Zeit nach dem Zusammenbruch Filme von Wien aus nach allen früheren Kronländern, besonders auch nach Böhmen und der übrigen Tschechoslowakai, unbehindert vertrieben und dort in zahlreichen Lichtspieltheatern vorgeführt worden seien. Die Vernehmung des hierfür benannten Zeugen H. hätte der Vorderrichter nicht ablehnen dürfen. (Wird näher ausgeführt.)

---

101. 1. Unter welchen Voraussetzungen haftet die Eisenbahn für das vom Reisenden einem Gepäckträger übergebene Handgepäck?
2. Zur Haftung der Eisenbahn für Kostbarkeiten beim Handgepäck.

I. Zivilsenat. Urt. v. 14. März 1923 i. S. P. (Kl.) w. Reichseisenbahnfiskus (Bekl.). I 482/22.

I. Landgericht I Berlin. — II. Kammergericht daselbst.

Am 23. April 1920 übergab der Kläger, nachdem er mit einem Kraftwagen am Lehrter Bahnhof in Berlin angekommen war, einem dort tätigen Gepäckträger eine Reisetasche mit Inhalt und beauftragte ihn, das Gepäckstück in den D-Zug nach Hamburg zu bringen und für ihn in einem Abteil zweiter Klasse einen Platz zu belegen. Der Kläger selbst bezahlte den Führer des Kraftwagens und begab sich sodann an den Zug. Der Gepäckträger war vorausgegangen und hatte mit der Reisetasche einen Platz in einem Abteil zweiter Klasse des Zuges belegt. Sofort nach Niederlegung der Reisetasche verließ er den Zug und ging auf dem Bahnsteig nach der Sperre zu. Auf diesem Wege traf er den Kläger etwa $1^1/_2$ Wagenlänge von dem Abteil entfernt, in dem er die Reisetasche niedergelegt hatte. Er führte nunmehr den Kläger zu dem ausgewählten Abteil. Aus diesem war aber inzwischen die Reisetasche verschwunden. Sofortige Nachforschungen blieben ohne Erfolg. Eine in der Reisetasche befindlich gewesene Krawattennadel mit Brillanten wurde später in einem Juweliergeschäft vorgefunden, beschlagnahmt und dem Kläger ausgehändigt.

Dieser macht den beklagten Reichseisenbahnfiskus für den Verlust der Reisetasche nebst Inhalt, abgesehen von der Krawattennadel, verantwortlich und hat auf Schadensersatz geklagt.

Das Landgericht gab der Klage teilweise statt. Das Oberlandesgericht wies sie ab. Die Revision des Klägers hatte Erfolg.

Gründe:

1. Nach § 38 der Eisenbahn-Verkehrsordnung vom 23. Dezember 1908 haftet die Eisenbahn für Handgepäck insoweit, als es einem von ihr bestellten Gepäckträger übergeben ist, um es innerhalb des Bahnhofsbereichs nach einer von dem Reisenden bezeichneten Stelle zu bringen.

Es beschränkt sich also die Tätigkeit des Gepäckträgers, für welche die Eisenbahn einzustehen hat, grundsätzlich auf die Beförderung des Gepäcks innerhalb des Bahnhofsbereichs nach Anweisung des Reisenden. Diese Beförderung des Gepäcks erschöpft sich aber nicht, wie das Berufungsgericht meint, in dem bloßen körperlichen Verbringen des Gepäcks von einem Ort zum anderen. Das Berufungsgericht weist selbst darauf hin, daß die von der Haftung der Eisenbahn gedeckte Beförderung des Gepäcks durch den Gepäckträger nicht immer in Begleitung des Reisenden erfolgen kann. Vielmehr entspricht es den Erfordernissen des täglichen Lebens und der allgemeinen Verkehrssitte, daß der Reisende dem Gepäckträger das Handgepäck am Bahnhof übergibt mit dem Auftrage, es an oder in einen bestimmten Zug zu bringen, während der Reisende erst seine Fahrt zum Bahnhof mit Wagen oder Kraftwagen bezahlt oder eine Eisenbahnfahrkarte löst usw., bevor er sich auf den Bahnsteig und in den Zug begibt. Bei einer solchen Gepäckbeförderung gehört es zu den damit notwendig verbundenen und vom Gepäckträger im Rahmen des Beförderungsauftrags nach den Grundsätzen von Treu und Glauben gemäß § 242 BGB. zu leistenden Verrichtungen, daß der Gepäckträger das ihm anvertraute Gepäck solange in seine Obhut nimmt, als der Reisende selbst in verkehrsüblicher und dem jeweiligen Beförderungsvertrag entsprechender Weise an der Ausübung dieser Obhut verhindert ist. So wird denn auch der zwischen dem Reisenden und dem Gepäckträger in Gemäßheit von § 38 Abs. 4 EVO. abgeschlossene Beförderungsvertrag in Schrifttum und Rechtsprechung durchweg als Frachtvertrag bezeichnet. Dem Wesen eines Frachtvertrags entspricht es aber, daß der Frachtführer das ihm übergebene Gut auch ordnungsmäßig an den Empfänger wieder abliefert (§ 429 HGB. §§ 38, 35, 76 EVO.). Diese Ablieferungspflicht schließt grundsätzlich eine gewisse, für die ordnungsmäßige Erfüllung erforderliche Obhutspflicht in sich. Die Haftung der Eisenbahn erstreckt sich daher auf alles, was in dem oben dargelegten Sinne zur Beförderung des dem Gepäckträger gemäß § 38 EVO. übergebenen Gepäcks gehört. Hieran wird auch nichts geändert, wenn der Reisende den Gepäckträger beauftragt hat, mit dem Gepäckstück einen Platz in einem bestimmten Zuge zu belegen. Dieser Auftrag überschreitet allerdings den Rahmen des von der Eisenbahn gedeckten Beförderungsvertrags. Demgemäß hat die Eisenbahn für alles, was mit der Ausführung der Platzbelegung als solcher zusammenhängt, nicht einzustehen. Dagegen bleibt ihre Haftung für die zum Beförderungsvertrage gehörende Obhutspflicht des Gepäckträgers unberührt. Denn auf diese Obhutspflicht wird nicht etwa seitens des Reisenden durch den bloßen Auftrag zur Platzbelegung in dem Sinne verzichtet, daß die Ausführung dieser Belegung die Ablieferung des Gepäcks seitens des Gepäckträgers an den Reisenden schlechthin ersetzt. Dies ergibt sich schon daraus, daß ein beliebiges Entfernen des Gepäckträgers nach der Platzbelegung den Reisenden zum mühsamen Aufsuchen des mit dem Gepäck belegten Abteils ohne Hilfe des Gepäckträgers zwingen würde, was weder verkehrsüblich ist noch der Gepflogenheit entspricht, den Gepäckträger erst bei Nachweisung des mit dem Gepäck belegten Abteils im Zuge zu bezahlen.

Hat daher, wie hier, der Gepäckträger von dem Reisenden den Auftrag erhalten, das ihm übergebene Gepäck nicht nur in einen bestimmten Zug zu bringen, sondern auch dort einen Platz mit diesem Gepäck oder einem Teile desselben zu belegen, und ist dieser Auftrag unter Umständen erteilt, die auf ein alsbaldiges Nachkommen des Reisenden hinweisen, so gehört es grundsätzlich zur Ausführung des eigentlichen Beförderungsvertrags, daß der Gepäckträger das Gepäckstück an dem Orte, wohin es gebracht werden sollte, d. h. in dem Zuge — einerlei, ob er einen Platz belegt hat oder nicht — dem Reisenden abliefert und bis zu dieser Ablieferung unter Aufsicht hält. Diese Verpflichtung dauert regelmäßig solange, bis das Eintreffen des Reisenden im Zuge zu erwarten ist unter Berücksichtigung der Verzögerung, welche durch die verkehrsüblich in Fällen der fraglichen Art von dem Reisenden vorzunehmenden Geschäfte usw., als Bezahlung des Wagenführers, der ihn zum Bahnhof gefahren hat, Lösen einer Fahrkarte oder dergleichen, sowie durch besondere mit dem Bahnhofsverkehr zusammenhängende Umstände einzutreten pflegt. Die Frage, ob nach fruchtlosem Ablauf dieser Frist der Gepäckträger im Rahmen des von der Eisenbahn gedeckten Beförderungsvertrags das Gepäck im Zuge liegen lassen darf oder wieder an sich nehmen muß, kann hier dahingestellt bleiben. Denn nach den Feststellungen des Berufungsgerichts hat der Gepäckträger den Ablauf jener Frist gar nicht abgewartet, vielmehr die ihm nach obigem obliegende Obhut vorzeitig aufgegeben. Das von ihm gewählte Verfahren, daß er nämlich sofort nach der durch Niederlegung des Gepäcks vollzogenen Belegung des Platzes im Zuge den Eisenbahnwagen verlassen und sich nach der Bahnsteigsperre zu begeben hat, war bei der gegebenen Sachlage schon um deswillen unzulässig, weil er so den Reisenden leicht verfehlen konnte, dem er den Niederlegungsort des Gepäcks zeigen mußte. Durch das vertragswidrige Verhalten des Gepäckträgers bei Ausführung der von ihm übernommenen Beförderung des Gepäcks innerhalb des Bahnhofsbereichs ist nach den tatsächlichen Feststellungen des Berufungsgerichts der Verlust des Gepäckstücks eingetreten. Für den dadurch dem Kläger verursachten Schaden haftet die Eisenbahn nach § 38 EVO.

2. Die Frage, ob das abhanden gekommene Gepäckstück eine Kostbarkeit im frachtrechtlichen Sinne ist, und ob und in welchem Umfange

die Haftpflicht der Eisenbahn dadurch berührt wird, hat das Berufungsgericht nicht geprüft. Nun schreibt § 38 Abs. 4 EVO. vor, daß für das den Gepäckträgern nach Abs. 1 ebenda übergebene Gepäck die Eisenbahn wie für das ihr zur Beförderung übergebene Gepäck haftet. Die für die letzterwähnte Beförderung geltenden Vorschriften enthalten hinsichtlich der Beförderung von Kostbarkeiten Bestimmungen, die zum Teil bei der Beförderung von Handgepäck durch Gepäckträger innerhalb des Bahnhofsbereichs kaum zu erfüllen und jedenfalls nicht verkehrsüblich sind. Es kann aber keinem Zweifel unterliegen, daß die Anwendbarkeit dieser Vorschriften auf die mehrerwähnte Beförderung von Handgepäck durch Gepäckträger nur insoweit vorgeschrieben ist, als dies mit dem Wesen und Zweck jener besonderen Beförderungsart vereinbar ist. Des weiteren ist zu beachten, daß hier, wo es sich um Handgepäck handelt, die Frage, ob eine Kostbarkeit im frachtrechtlichen Sinne vorliegt, nach anderen Gesichtspunkten zu beurteilen ist, als sie in RGZ. Bd. 100 S. 110 für Frachtgut dargelegt sind. Bei derartigem Handgepäck, wo regelmäßig Gebrauchsgegenstände von ganz verschiedener Art und ganz verschiedenem Wert zusammengepackt sind, oft auch das Beförderungsmittel, die Handtasche, der Koffer usw., für sich allein einen eigenen erheblichen Wert hat und eine Feststellung des Gesamtgewichts des Gepäckstücks beim Abschluß des Beförderungsvertrags nicht stattfindet, ist für den Kostbarkeitsbegriff nicht das ganze Frachtstück als solches, sondern jeder einzelne Gegenstand in Betracht zu ziehen. Soweit danach eine oder mehrere Kostbarkeiten in Frage kommen, ist in entsprechender Anwendung der Vorschriften für das der Eisenbahn zur Beförderung übergebene Gepäck zur Begründung einer Haftbarkeit der Bahn nach § 38 Abs. 1 u. 4 EVO. erforderlich, daß der Reisende den Gepäckträger bei Abschluß des Beförderungsvertrags auf das Vorhandensein von Kostbarkeiten ausdrücklich aufmerksam gemacht hat....

---

102. Haften die Verwandten der Ehefrau für deren Unterhalt auch dann vor dem Ehemann, wenn dieser zur Unterhaltsgewährung wegen der ihm gegenüber seinen unehelichen Kindern obliegenden Unterhaltsverbindlichkeiten außerstande ist?

IV. Zivilsenat. Urt. v. 15. März 1923 i. S. H. (Bekl.) w. H. (Kl.). IV 482/22.

I. Landgericht I Berlin. — II. Kammergericht daselbst.

Die Streitteile sind Eheleute, leben aber getrennt. Die Klägerin erhebt Unterhaltsansprüche, denen der Beklagte unter anderem entgegenhält, daß die erwachsene Tochter der Streitteile nach Lage der Sache vor ihm unterhaltspflichtig gegenüber der Klägerin sei, da seine eigenen Mittel durch die ihm gegenüber zwei unehelichen Kinder obliegende Unterhaltspflicht erschöpft würden. Die Vorinstanzen haben der Klage stattgegeben. Die Revision des Beklagten hatte Erfolg.

Aus den Gründen:

Die Unterhaltspflicht der Tochter der Parteien geht der des beklagten Ehemannes dann vor, wenn er bei Berücksichtigung seiner sonstigen Verpflichtungen außerstande ist, ohne Gefährdung seines standesgemäßen Unterhalts der klagenden Ehefrau die jetzt verlangte Rente zu gewähren (§ 1608 Abs. 1 Satz 2 BGB.). Als solche Verpflichtungen sind, entgegen der Annahme des Berufungsgerichts, auch seine Unterhaltsverbindlichkeiten gegenüber seinen unehelichen Kindern anzusehen, da es sich hier um reine Forderungsrechte handelt. Es ist zwar richtig, daß in einem solchen Falle die ehelichen unverheirateten minderjährigen Kinder schlechter als die unehelichen gestellt sind, weil erstere nach § 1609 Abs. 2 BGB. nur gleiche Rechte mit dem Ehegatten haben. Diese einen familienrechtlichen Anspruch voraussetzende Vorschrift aber auf das reine Gläubigerrecht der unehelichen Kinder anzuwenden, ist bei dem Mangel einer ausdrücklichen Bestimmung nicht angängig. Auch der Hinweis auf § 850 Abs. 4 ZPO., wonach in bestimmten Grenzen bei der Zwangsvollstreckung der Unterhaltsanspruch des Ehegatten dem des unehelichen Kindes vorgeht, vermag hieran nichts zu ändern. Denn daß der Anspruch der Klägerin vor dem der unehelichen Kinder erzwingbar ist, kann nicht entscheidend für die Frage sein, ob ein solcher Anspruch nach bürgerlichem Recht überhaupt gegen den Beklagten und nicht vielmehr gegen einen Dritten (die Tochter) besteht.

---

103. Sind die Angestellten der Kriegsgesellschaften m. b. H. als Beamte im Sinne des Reichshaftungsgesetzes vom 22. Mai 1910 anzusehen? Haftet für sie die Kriegsgesellschaft m. b. H. selbst?

III. Zivilsenat. Urt. v. 16. März 1923 i. S. Reichsstelle für Gemüse und Obst, Geschäftsabteilung G. m. b. H. (Bekl.) w. R. (Kl.). III 638/22.

I. Landgericht Hamburg. — II. Oberlandesgericht daselbst.

Die Beklagte beschlagnahmte im April 1917 eine für die Klägerin bestimmte Sendung Pinienkerne und veräußerte sie. Der Schadensersatzanspruch der Klägerin wurde von den Vorinstanzen dem Grunde nach für berechtigt erklärt; die Revision der Beklagten blieb erfolglos.

Aus den Gründen:

Die Klägerin hatte nicht nur die Zulässigkeit der Beschlagnahme angegriffen, sondern auch Vorsatz oder Fahrlässigkeit der Beklagten unter Anrufung des § 839 BGB. geltend gemacht, und nur insoweit hat der Berufungsrichter mit Recht in Übereinstimmung mit der Rechtsprechung des Reichsgerichts den Rechtsweg für zulässig erachtet.

Daß die Beklagte für Sorgfalt bei ihren Maßnahmen einzustehen hat und aus Verletzung dieser Sorgfaltspflicht den dadurch Geschädigten haftet, haben schon die vom Berufungsrichter angezogenen Entscheidungen des Reichsgerichts vom 9. Dezember 1920, IV 367/20 und vom 3. Juni 1921, VII 585/20, angenommen, und dem ist mit dem Berufungsrichter beizutreten. Derartige Kriegsgebilde, wie die durch die Bekanntmachung vom 18. Mai 1916 gegründete Reichsstelle für Gemüse und Obst, sind auch soweit sie — wie die Geschäftsabteilung G. m. b. H. dieser Reichsstelle — in einer privatrechtlichen Form, der einer Gesellschaft m. b. H., geschaffen und damit den privatrechtlichen Rechtsregeln unterworfen wurden, von ihrem Ursprunge — Gründung durch das Reich — und von ihrem Zwecke — Abhilfe allgemeiner wirtschaftlicher Kriegsschädigungen (§ 3 des Ermächtigungsgesetzes vom 4. August 1914) — nicht ablösbar. Die zulässige und notwendige freie Würdigung dieser Gebilde ergibt, daß sie nur Abteilungen und Absplitterungen der Reichsgewalt darstellen. Schon das Urteil des II. Zivilsenats des Reichsgerichts vom 14. Juli 1922, II 840/21, kennzeichnet sie als Hilfsorgane der staatlichen Behörden, an deren Maßnahmen, soweit es sich um die Frage der Widerrechtlichkeit der angewandten Mittel handelt, kein anderer Maßstab anzulegen sei, als wenn die zunächst berufenen staatlichen Verwaltungsbehörden selbst eingegriffen hätten. Folgeweise müssen die in derartigen Reichs-Kriegsstellen beschäftigten Personen, welche nicht Reichsbeamte sind, insbesondere also die Angestellten der Kriegsgesellschaften m. b. H., als beamtenähnlich, als in der Eigenschaft von Beamten tätig erachtet werden, vgl. auch die Bekanntmachung vom 3. Mai 1917 über die in kriegswirtschaftlichen Organisationen beschäftigten Personen, und zwar für alle ihre Funktionen, nicht bloß zum Betreff der von ihnen vorgenommenen Zwangsmaßnahmen, sondern auch in ihren an sich rein privatrechtlichen Handlungen. Daraus ergibt sich die entsprechende Anwendung des § 839 BGB. auf die Angestellten der Kriegsgesellschaften m. b. H.; auch diese haften wie Beamte, und an ihrer Stelle ist in entsprechender Ausdehnung des im Reichshaftungsgesetz vom 22. Mai 1910 ausgeprägten Rechtsgedankens die Kriegsgesellschaft m. b. H. selbst, die sie mit dieser Ausübung der öffentlichen Gewalt betraut hat, verantwortlich zu machen. Dagegen muß die unmittelbare Anwendung des Reichshaftungsgesetzes auf die Angestellten der Kriegsgesellschaften oder auf diese selbst ausgeschlossen bleiben, denn dieses Gesetz beschränkt sich auf die wirklichen Reichsbeamten (§ 1 RBG.). Auch ohne dies steht übrigens das Reich hinter den von ihm gegründeten Kriegsgesellschaften, wie denn auch gerade die Beklagte im Oktober 1922 vom Reich mit Aktiven und Passiven übernommen worden ist.

---

104. 1. Steht das Zwischenbenutzungsrecht des § 7 Abs. 1 des Gesetzes betr. eine verlängerte Schutzdauer bei Patenten usw. vom 27. April 1920 (RGBl. S. 675) nur demjenigen zu, der die Erfindung vor dem Erlöschen des Schutzrechts noch nicht benutzt hat?

2. Zur Frage der entsprechenden Anwendung des § 7 Abs. 2 desselben Gesetzes bei rechtswidriger Benutzung einer Erfindung während verlängerter Schutzdauer, wenn schon vor dem Erlöschen des Schutzrechts eine rechtswidrige Benutzung stattgefunden hat.

I. Zivilsenat. Urt. v. 17. März 1923 i. S. F. (Kl.) w. D. (Bekl.). I 151/22.

I. Landgericht Leipzig. — II. Oberlandesgericht Dresden.

Für den Mitinhaber der Klägerin F. B. ist auf Anmeldung vom 18. August 1913 unter Nr. 603667 ein Gebrauchsmuster, ein herausnehmbares Etagengitter für Brat- und Backöfen von Koch- und Grubeherden und dergleichen betreffend, in die Gebrauchsmusterrolle eingetragen worden. Die ausschließliche Ausnutzung hat B. der Klägerin übertragen. Das Gebrauchsmuster war mit dem 18. August 1919 durch Zeitablauf erloschen, ist jedoch später auf Grund des Gesetzes vom 27. April 1920 verlängert worden. Die Klägerin behauptet, daß die Beklagte das Gebrauchsmuster wissentlich oder grob fahrlässig verletzt habe, und verlangt von ihr mit der Klage Rechnungslegung und Schadensersatz.

Das Landgericht erkannte durch Teilurteil über den Anspruch auf Rechnungslegung und verurteilte die Beklagte unter Abweisung des weitergehenden Klagantrags, der Klägerin für die Zeit vom 19. August 1916 bis zum 18. August 1919 (dem Tage des Erlöschens des Gebrauchsmusters durch Fristablauf) und seit dem 14. Mai 1920 (dem Tage des Inkrafttretens des Gesetzes vom 27. April 1920) Rechnung zu legen. Dagegen erklärte das Oberlandesgericht auf Berufung der Beklagten den Rechnungslegungsanspruch für die Zeit vom 29. April 1919 bis zum 18. August 1919 für erledigt und änderte im übrigen das landgerichtliche Urteil dahin, daß es diesen Anspruch für die Zeit vom 19. August 1919 ab vollständig abwies und auf einen Eid für den gesetzlichen Vertreter der Beklagten erkannte. Er soll schwören, er habe vor dem Zugehen des Warnungsschreibens vom 28. April 1919 keine Kenntnis davon gehabt, daß die Klägerin für das von ihr vertriebene herausnehmbare Etagengitter ein Gebrauchsmuster besitze. Bei Leistung dieses Eides soll die Klage auf Rechnungslegung gänzlich abgewiesen, bei Verweigerung der Eidesleistung soll die Beklagte für die Zeit vom 19. August 1916 bis zum 29. April 1919 zur Rechnungslegung verurteilt werden. Die Revision der Klägerin hatte Erfolg.

Gründe:

Die Beklagte bestreitet nicht, in der Zeit vom 19. August 1916 bis zum 29. April 1919, dem Tage, an dem ihr das Warnungsschreiben vom 28. April 1919 zugegangen ist, das klägerische Gebrauchsmuster in Benutzung genommen zu haben, stellt aber in Abrede, daß dies wissentlich oder aus grober Fahrlässigkeit geschehen sei. Das Oberlandesgericht nimmt an, daß grobe Fahrlässigkeit nicht vorgelegen habe. Der hiergegen gerichtete Revisionsangriff ist nicht begründet. (Wird ausgeführt.)

Der Klaganspruch für die Zeit vom 29. April bis zum 18. August 1919 hat, wie die Parteien einig sind, im Laufe des Rechtsstreits seine Erledigung gefunden. Zu prüfen war er nur noch für die Zeit seit dem 14. Mai 1920, da er im übrigen schon im ersten Rechtszuge abgewiesen worden war. Insoweit hat ihn das Oberlandesgericht für unbegründet erachtet, weil der Beklagten das Zwischenbenutzungsrecht nach § 7 Abs. 1 des Gesetzes vom 27. April 1920 zustatten komme und zwar auch dann, wenn sie, wie bei Verweigerung des ihr auferlegten Eides feststehen würde, das Gebrauchsmuster während seiner ursprünglichen Schutzdauer bösgläubig benutzt habe. Dem kann nicht beigetreten werden.

§ 7 Abs. 1 regelt den Fall, daß jemand, der eine Erfindung vorher weder benutzt noch Veranstaltungen zu ihrer Benutzung getroffen hat, sie nach dem Erlöschen des Schutzrechts im Inlande in Benutzung genommen oder die zur Benutzung erforderlichen Anstalten getroffen hat. Er soll auch nach Verlängerung der Schutzdauer berechtigt sein, die Erfindung für die Bedürfnisse seines eigenen Betriebes weiter zu benutzen. Dieser Auslegung steht der Wortlaut jedenfalls nicht entgegen, sie rechtfertigt sich aber auch aus folgenden Erwägungen: § 7 Abs. 2 verpflichtet denjenigen, der die im Abs. 1 bezeichneten Veranstaltungen vor dem Erlöschen des Schutzrechts getroffen hat, dem Patentinhaber eine angemessene Vergütung zu gewähren. Diese Bestimmung setzt, wie ihr Zusammenhang mit Abs. 1 ergibt, voraus, daß das Schutzrecht erloschen war, daß jemand, bevor das eintrat, Veranstaltungen zur Benutzung der Erfindung getroffen und dann nach dem Erlöschen des Schutzrechts diese fortgesetzt oder die Erfindung im Inlande in

Benutzung genommen hat. Dieser Frage näher zu treten, hatte der Senat in seinem Urteil vom 8. März 1922 I 400/20 keine Veranlassung; sie ist dort auch nicht entschieden worden.[1] § 7 Abs. 2 verpflichtet also denjenigen zur Zahlung einer Vergütung, der Zwischenbenutzer im Sinne des Abs. 1 ist, aber schon, bevor das Schutzrecht erloschen war, die zur Benutzung der Erfindung erforderlichen Veranstaltungen getroffen hat. § 7 Abs. 2 trifft daher nicht den Fall, daß es vor dem Erlöschen des Schutzrechts nicht bei bloßen Veranstaltungen zur Benutzung geblieben, sondern die Erfindung schon benutzt worden ist. Wenn bei dieser Sachlage dem Patentinhaber eine angemessene Vergütung zu gewähren ist, so müßte derjenige erst recht dazu verpflichtet sein, der die Erfindung vor dem Erlöschen des Schutzrechts rechtswidrig benutzt hat, zumal wenn diese Rechtsverletzung aus grober Fahrlässigkeit oder sogar wissentlich geschehen ist. Das Gesetz würde es daher keinesfalls unterlassen haben, die Verpflichtung zur Gewährung einer Vergütung auch für diesen Fall auszusprechen, wenn es das Recht des Zwischenbenutzers auch dem hätte zubilligen wollen, der seine während bestehenden Schutzrechts rechtswidrig erfolgte Benutzung der Erfindung nach dem Erlöschen des Schutzrechts fortgesetzt hat. Aus allgemeinen Rechtsgründen läßt sie sich nicht herleiten. Das spricht entscheidend gegen die Ansicht des Oberlandesgerichts. Damit steht auch die Entstehungsgeschichte des Gesetzes durchaus im Einklang. Während nach § 2 Satz 2 des Grünewald'schen Entwurfs der Patentinhaber jedem Zwischenbenutzer gegenüber den Anspruch auf angemessene Vergütung haben sollte, fehlte eine solche Bestimmung in der Fassung der Beschlüsse des Ausschusses vollständig. § 7 Abs. 2 beruht auf einem Antrage des Abgeordneten Burlage, zu dessen Begründung ausgeführt wurde: „In § 7 werden getroffen einmal diejenigen, die das Schutzrecht in Benutzung genommen haben, und zweitens auch diejenigen, welche die zur Benutzung erforderlichen Veranstaltungen getroffen haben. Zwischen diesen beiden Fällen muß man eine Unterscheidung treffen. Das Patent benutzen darf selbstverständlich nur derjenige, der sich überzeugt hält und nachweisen kann, daß das Patent erloschen ist; aber Veranstaltungen für die Benutzung treffen kann auch schon derjenige, der damit rechnet, daß in kurzer Frist das Patent erlöschen wird. Es ist durchaus loyal und mit dem Patentgesetz nicht in Widerspruch, wenn jemand in der Erwartung, daß das Patent z. B. in einem halben Jahre ablaufen wird, noch vor dem Ablauf dieses halben Jahres Veranstaltungen trifft, um das Patent in Benutzung zu nehmen, sobald es erloschen sein wird.... Nun würde es doch offenbar recht unbillig sein, wenn die Vergünstigung,

[1] Vgl. M. Seligsohn, ZfIndR. 1922 S. 61.

die im § 7 ausgesprochen wird, sich zwar auf diejenigen beziehen soll, die die Veranstaltung getroffen haben, nachdem das Schutzgesetz erloschen ist, aber nicht auf diejenigen, welche die Veranstaltungen getroffen haben in der Erwartung, daß das Schutzrecht in der nächsten Zeit erlöschen werde. Demgemäß muß man zwischen jenen beiden Fällen unterscheiden ..." (National-Vers. 166. Sitzung Bd. 333 S. 5268). Hiernach ist der Antragsteller offensichtlich von der Anschauung ausgegangen, daß, wer die Erfindung vor dem Erlöschen des Schutzrechts bereits benutzt und die Benutzung dann später fortgesetzt hat, des Zwischenbenutzungsrechts nicht teilhaftig werden sollte, und eine andere Auffassung ist auch bei der Beratung des Antrags nicht zutage getreten. Die Regelung, die hiernach in § 7 getroffen worden ist, ist auch nicht unbillig. Nachdem man sich trotz der von vielen Seiten dagegen erhobenen Bedenken dazu entschlossen hatte, die Dauer solcher Patente und Gebrauchsmuster zu verlängern, die während des Krieges nicht in einer ihrer wirtschaftlichen und technischen Bedeutung entsprechenden Weise ausgenutzt werden konnten, forderte die Billigkeit eine Einschränkung dieses Schutzes nur insoweit, als jemand in der schutzlosen Zwischenzeit die Erfindung in gutem Glauben in Benutzung genommen oder vor Ablauf der Schutzzeit die zur Benutzung erforderlichen Veranstaltungen getroffen hatte. Keinesfalls einer Berücksichtigung wert konnte der erscheinen, der die Erfindung schon vorher in grob fahrlässiger oder wissentlicher Weise rechtswidrig benutzt hatte. Und auch wo dies gutgläubig geschehen war, bestand kein ausreichender Anlaß zu besonderen gesetzgeberischen Maßnahmen; denn rechtswidriges Handeln verdient grundsätzlich keine Berücksichtigung. Freilich hörte die Benutzung mit dem Ablauf der Schutzfrist auf, eine rechtswidrige zu sein; aber in solchen Fällen fortgesetzter Benutzung kann naturgemäß niemals mit einiger Sicherheit festgestellt werden, inwieweit das, was aus der Benutzung der fremden Erfindung an Vermögenswerten erzielt worden ist, auf rechtswidrige oder befugte Tätigkeit zurückzuführen ist. Danach rechtfertigt sich die in § 7 getroffene Regelung auch aus dem Gesichtspunkte der Billigkeit und Zweckmäßigkeit. Ob zur Begründung dieser Ansicht auch § 8 Ges. v. 27. April 1920 herangezogen werden kann[1], mag auf sich beruhen; jedenfalls paßt sie zwanglos zu der Ordnung, die das Recht des Lizenznehmers an jener Gesetzesstelle gefunden hat. Denn während die Meinung des Oberlandesgerichts die Frage entstehen läßt, ob der Lizenznehmer außer dem ihm in § 8 verliehenen Recht auf Lizenzverlängerung auch das kostenfreie Weiterbenutzungsrecht aus § 7 Abs. 1 hat, kann sich dieser Zweifel

[1] Vgl. Isay, GewR. u. UrhR. 1921 S. 61 und dagegen M. Seligsohn daselbst S. 97.

bei der hier vertretenen Ansicht jedenfalls dann nicht erheben, wenn der Lizenznehmer die Erfindung schon vor Ablauf der Schutzfrist benutzt hat, da die Voraussetzungen des § 7 dann auf ihn nicht zutreffen. Daß der Lizenznehmer dabei, wie das Oberlandesgericht meint, schlechter gestellt sein würde als ein Dritter, dem das Zwischenbenutzungsrecht des § 7 zustatten kommt, ist für alle Regel nicht zuzugeben. Es ist dabei in Betracht zu ziehen, daß die von ihm nach § 8 Abs. 2 zu zahlende Gegenleistung unter Berücksichtigung der Rechte etwaiger Zwischenbenutzer festzusetzen ist, daß diese Rechte nach Inhalt und Umfang auf die Bedürfnisse des eigenen Betriebes beschränkt sind, und daß der Lizenznehmer durch die in der Schutzzeit mit Unterstützung des Patentinhabers betriebene Ausbeutung der Erfindung im gewerblichen Kampf Zwischenbenutzern gegenüber meist in erheblichem Vorteile ist. Auch die übrigen Erwägungen des Oberlandesgerichts sind nicht durchschlagend. Den Vorzug der mit einer klaren einfachen Regelung verbundenen Rechtssicherheit kann die hier vertretene Meinung ebenfalls für sich in Anspruch nehmen; sie entspricht aber dem, was im Gesetze selbst zum Ausdruck gekommen ist, und der Billigkeit in höherem Grade als die des Oberlandesgerichts. Daß sie die Interessen der Schutzrechtsinhaber einseitig berücksichtige, wird man ihr nicht vorwerfen können. Jedenfalls kann der vorhandene Widerstreit der Interessen nur vom Standpunkt des Gesetzes aus geschlichtet werden, wenn dieser ausreichend erkennbar ist; und letzteres trifft nach dem Gesagten zu. Daß auch hierbei, wenn die Verhältnisse besonders liegen, Unbilligkeiten eintreten können, ist allerdings richtig. Das ist, wie das Oberlandesgericht mit Recht bemerkt, bei einem Ausgleich, wie ihn das Gesetz vornehmen mußte, unvermeidbar. Auch die im Schrifttum und Rechtsprechung für die gegenteilige Ansicht herangezogenen weiteren Gründe sind nicht überzeugend. Meist wird dabei auf die nach dem Gesagten wesentliche Bestimmung in § 7 Abs. 2 überhaupt nicht eingegangen. Das gilt z. B. auch von dem Urteil des Oberlandesgerichts Celle vom 16. Januar 1921 (Gew-R. und Urh-R. 1921 S. 66), das im wesentlichen lediglich damit begründet ist, daß das Gesetz ein Ausnahmegesetz zugunsten der Patentinhaber sei und deshalb eng ausgelegt werden müsse. Aber auch die hier gebilligte Ansicht hat ihre Vertreter gefunden.[1]

[1] Vgl. Ephraim, GewRuUrhR. 1921 S. 131; Ohnesorge, daselbst 1922 S. 185; Danziger, daselbst 1921 S. 73 u. 142; Isay, daselbst 1921 S. 61 u. 90; Dillan, Aumund, Stern, daselbst 1921 S. 90; Starck, Mitteilungen 1920 S. 126; Stern, daselbst 1920 S. 80. Anderseits A. Seligsohn, GewRuUrhR. 1921 S. 90; M. Seligsohn, daselbst 1921 S. 96 u. 53, ZfIndR. 1922 S. 61; Mitteil. 1920 S. 123; Wassermann, GewRuUrhR. 1921 S. 98; Boshart, daselbst S. 30; Wirth, daselbst 1922 S. 25 u. Mitteil. 1920 S. 81; Kent, JW. 1921 S. 1498.

Nun ist freilich der an den Eingang der vorstehenden Erörterungen gestellte Satz über die Bedeutung des § 7 Abs. 1 nicht in dem Sinne wörtlich zu nehmen, daß jede vor dem Erlöschen des Schutzrechts erfolgte rechtswidrige Benutzung der Erfindung das Zwischenbenutzungsrecht stets ausschlösse. Die Verhältnisse können so liegen, daß eine rechtswidrige Benutzung stattgefunden hat, dann aber infolge eines Warnungsschreibens oder aus anderen Gründen eingestellt worden ist, und daß man die Erfindung erst nach dem Erlöschen des Schutzrechts wieder in Benutzung genommen hat. Ob in einem solchen Fall das Zwischenbenutzungsrecht zu versagen oder anzuerkennen ist, richtet sich nach den jeweiligen Umständen. Nach dem Zweck des Gesetzes wird hierfür entscheidend sein müssen, ob die Benutzung in der schutzfreien Zwischenzeit sich als eine neue oder als eine Fortsetzung der früheren Benutzung darstellt. Trifft ersteres zu, so ist es auch nicht völlig ausgeschlossen, jemanden das Zwischenbenutzungsrecht zu gewähren, der vielleicht vor Jahren und ganz vorübergehend das Schutzrecht schuldhaft verletzt hat. Im anderen Falle, wo möglicherweise jahrelang rechtswidrige Benutzung erfolgt ist und diese dann erst kurz vor Ablauf der Schutzfrist notgedrungen eingestellt wird, um später, womöglich unter Anwendung der schon früher benutzten Werbemittel und unter Vertrieb der während der Schutzdauer hergestellten Erzeugnisse, alsbald wieder aufgenommen zu werden, würde sich das nicht rechtfertigen lassen. Es handelt sich dann wohl meist um nichts anderes als um die Fortsetzung eines nur zeitweilig unterbrochenen früheren und damals rechtswidrigen Betriebes. In dieser Beziehung wird das Oberlandesgericht noch die erforderlichen Feststellungen zu treffen haben. Dabei ist davon auszugehen, daß die rechtswidrige Benutzung einer Erfindung vor Erlöschen des Schutzrechts regelmäßig der Entstehung eines Zwischenbenutzungsrechts hindernd entgegensteht, daß es daher Sache der Beklagten ist, nachzuweisen, daß die Benutzung der klägerischen Erfindung nach dem 18. August 1919 nicht eine Fortsetzung ihrer früheren rechtswidrigen Benutzung bildet, und daß diese Frage im Zweifel zu ihren Ungunsten beantwortet werden muß.

Steht der Beklagten das Recht eines Zwischenbenutzers nicht zu, so würde — die Rechtsbeständigkeit des klägerischen Gebrauchsmusters vorausgesetzt — die Schadensersatzpflicht der Beklagten vom Beginn der verlängerten Schutzfrist an jedenfalls unter den Voraussetzungen des § 9 GebrMG., d. h. dann gegeben sein, wenn sie das Muster wissentlich oder aus grober Fahrlässigkeit benutzt hätte. Aber auch, wenn sie nicht schuldhaft gehandelt hat, ist ihr für diese Zeit die Verpflichtung zur Zahlung einer angemessenen Vergütung aufzuerlegen. Dazu führt die entsprechende Anwendung des § 7 Abs. 2 Ges. vom 27. April 1920. Denn wenn danach schon der zur Benutzung der

Erfindung berechtigte Zwischenbenutzer, sofern er nur die zur Benutzung erforderlichen Veranstaltungen vor dem Erlöschen des Schutzrechts getroffen hat, eine solche Vergütung zu gewähren hat, so muß das erst recht für die Beklagte gelten, die die klägerische Erfindung schon vor dem Erlöschen des Schutzrechts rechtswidrig benutzt hat, wenn ihre Benutzung nach der Verlängerung der Schutzdauer eine widerrechtliche ist.

---

105. Bezieht sich die Vorschrift des § 1369 BGB. auch auf einen Erwerb, den die Frau vor der Eingehung der Ehe macht?

IV. Zivilsenat. Urt. v. 19. März 1923 i. S. H. (Bekl.) w. U. (Kl.). IV 313/22.

I. Landgericht III Berlin. — II. Kammergericht daselbst.

Die Eheleute B. haben in ihren insoweit gleichlautenden Testamenten vom 14. Dezember 1913 sich gegenseitig als Erben und ihre Kinder als Nacherben eingesetzt und weiter bestimmt:

> Was meine Töchter als Nacherbteil, Erbteil oder Pflichtteil aus meinem Nachlaß erhalten, soll Vorbehaltsgut sein und der Verwaltung und Nutznießung ihrer Ehemänner nicht unterliegen.
>
> Meinen Töchtern bestimme ich zu Nacherben ihre ehelichen Nachkommen . . .
>
> Ich setze einen Testamentsvollstrecker zu folgenden Zwecken ein. Er hat bis zum Eintritt der beiden Nacherbfolgen die Rechte der Nacherben auszuüben und deren Pflichten zu erfüllen; sodann hat er die Verwaltung des Vorbehaltsguts meiner Töchter zu übernehmen, solange diese verheiratet sind. Verheiratet sich eine meiner Töchter nochmals, so soll die Testamentsvollstreckung wieder aufleben und der Testamentsvollstrecker die Verwaltung des von mir herrührenden Vermögens wieder besorgen. Zu dem Zweck hat meine Tochter ihm das Erbteil wieder herauszugeben.

Der Ehemann B. ist 1914, die Ehefrau 1916 gestorben. Zur Zeit der Errichtung des Testaments und zur Zeit des Ablebens der Genannten war die eine ihrer beiden Töchter verwitwet; sie hat sich im Februar 1917 mit dem Beklagten verheiratet und lebt mit ihm im gesetzlichen Güterstande. Über die Frage, ob der Ehemann oder der Testamentsvollstrecker das ererbte Vermögen der Frau in Besitz zu nehmen habe, entstanden Meinungsverschiedenheiten. Im April 1919 hat der damalige Testamentsvollstrecker das Vermögen dem Ehemann übergeben, der es jetzt im Besitz hat. Der jetzige Testamentsvollstrecker vertritt den Standpunkt, daß er zur Verwaltung und zum Besitze des

Nachlaßvermögens berechtigt sei, und hat gegen den Ehemann Klage auf Herausgabe des in seiner Verwaltung befindlichen elterlichen Erbteils seiner Frau, sowie auf Rechenschaftslegung und Auskunftserteilung erhoben. Das Landgericht wies die Klage ab, das Kammergericht verurteilte den Beklagten durch Teilurteil zur Vorlegung eines Bestandsverzeichnisses und zur Rechenschaftslegung über die Verwaltung. Die Revision des Beklagten blieb ohne Erfolg.

Gründe:

Hinsichtlich des Erbteils der Tochter K., die zur Zeit der Errichtung des Testaments und zur Zeit des Erbfalls Witwe war und sich erst später mit dem Beklagten verheiratete, sagt das Berufungsurteil — unter Verweisung auf ein früheres Kammergerichtsurteil Rspr. d. OLG. Bd. 33 S. 339 —, es erscheine ihm fraglich, ob der § 1369 BGB. dahin verstanden werden müsse, daß er auf eine vor der Eheschließung erfolgte Zuwendung nicht anwendbar sei; da jedoch ein Urteil des Reichsgerichts in diesem Sinne vorliege (RGZ. Bd. 65 S. 367), so lasse es die Frage dahingestellt. Es gewinnt seine Entscheidung auf der Grundlage, daß auch dann, wenn das fragliche Nachlaßvermögen nicht Vorbehaltsgut geworden sei, die weiter getroffene Anordnung der Erblasser über die Testamentsvollstreckung wirksam geworden sei und den Klaganspruch rechtfertige.

Der Senat hat die Frage, ob nach § 1369 BGB. auch bei Zuwendungen, die vor der Ehe erfolgen, der Zuwendende wirksam anordnen kann, daß der Erwerb bei der Eheschließung Vorbehaltsgut werden soll, einer neuerlichen Prüfung unterzogen, und ist zu ihrer Bejahung gelangt. Aus dem Wortlaute der Vorschrift und aus ihrer Vergleichung mit anderen Vorschriften des ehelichen Güterrechts ergibt sich ein zwingender Schluß weder in dem einen noch in dem anderen Sinne, ebensowenig aus der Entstehungsgeschichte der Vorschrift. Als hauptsächlichster sachlicher Grund für die Ausschließung der Möglichkeit, schon vor der Ehe zukünftiges Vorbehaltsgut zu begründen, ist in dem Urteil RGZ. Bd. 65 S. 367 angeführt, daß dem Manne das Recht zugebilligt werden müsse, schon vor Eingehung der Ehe Gewißheit über die Vermögensverhältnisse der Frau, namentlich über den Umfang etwa vorhandenen Vorbehaltsguts, zu haben. Dieser Grund kann nicht als maßgebend anerkannt werden. Der Mann, der sich vor der Ehe über die Vermögensverhältnisse der Frau zu vergewissern sucht, wird immer mit der Gefahr zu rechnen haben, daß er nicht zu einem unbedingt zuverlässigen Ergebnis gelangt; so wenig er einen Schutz dagegen hat, daß ihm über die Höhe des Vermögens unrichtige Angaben gemacht werden, ebensowenig kann er einen besonderen Schutz nach der Richtung beanspruchen, daß nicht seine Berechnungen durch das Vorhandensein von Vorbehaltsgut und die etwa unterbliebene

Mitteilung hierüber beeinträchtigt werden. Jedenfalls entspricht es nicht dem heutigen Rechtsempfinden, die Interessen des Mannes derart in den Vordergrund zu stellen. Richtig ist soviel, daß die Frau eines Schutzes in der fraglichen Richtung um deswillen nicht unbedingt bedürfte, weil sie das Vermögen, das sie zur Zeit der Eheschließung besitzt, selber auf dem Wege des Ehevertrags zum Vorbehaltsgut machen kann. Aber in vielen Fällen mag es der Braut nicht leicht fallen, dem Bräutigam mit dem Verlangen nach Abschluß eines solchen Vertrags gegenüberzutreten, während sie sich vielleicht die von einer anderen Person ausgegangene Fürsorge gerne zu Nutzen machen wird. Weiterhin kommt aber auch wesentlich das Interesse des Zuwendenden in Betracht, der für seinen Entschluß, das Zugewendete nur als Vorbehaltsgut zu geben, berechtigte Gründe haben kann, sei es mit Rücksicht auf die Person der Bedachten, sei es mit Rücksicht auf gemachte Erfahrungen. Es ist nicht abzusehen, warum dieses Interesse des Zuwendenden nur dann Berücksichtigung finden soll, wenn es sich gerade auf die Erfahrungen hinsichtlich einer bereits bestehenden Ehe gründet. Für letztwillige Zuwendungen haben derartige Interessen des Zuwendenden im Gesetz eine ausdrückliche Anerkennung gefunden durch die in § 2209 BGB. gewährte Möglichkeit, das zugewendete Vermögen dauernd der Verwaltung eines Testamentsvollstreckers zu unterstellen und auf diese Weise dem künftigen Ehemann die Verwaltung vorzuenthalten. In gleicher Weise sind aber jene Interessen des Zuwendenden für den ganzen Umfang des § 1369 anzuerkennen.

Die in dem Urteil RGZ. Bd. 65 S. 367 erwähnte Möglichkeit, daß ein schon vor der Ehe als künftiges Vorbehaltsgut zugewendetes Vermögen in der Zeit bis zur Eheschließung Wandlungen im Sinne des § 1370 BGB. durchmachen und so seine Feststellung erschwert werden könne, besteht allerdings, liegt aber doch recht fern. Ein wesentlicher Grund gegen die Zulassung derartiger Zuwendungen kann aus ihr nicht entnommen werden.

Nach alledem ist die Anordnung der Erblasser, daß der der Tochter K. zufallende Erbteil Vorbehaltsgut werden solle, als gültig anzuerkennen, und der Beklagte kann deshalb aus § 1373 BGB. kein Recht auf den Besitz dieses Vermögens herleiten. . . .

---

106. Kann eine Stadtgemeinde ohne besondere Vereinbarung von dem Eisenbahnfiskus Ersatz ihrer Auslagen für die Unterbringung und Verpflegung der in der Revolutionszeit zum Schutze des Bahnhofs eingerückten militärischen Mannschaft fordern?

VI. Zivilsenat. Urt. v. 19. März 1923 i. S. Stadtgemeinde R. (Kl.) w. das Deutsche Reich (Bekl.). VI 624/22.

I. Landgericht Dresden. — II. Oberlandesgericht daselbst.

Mitte November 1918 wurde dem oberen Bahnhof der Stadt R. auf Veranlassung ihres Arbeiter- und Soldatenrats vom Garnisonskommando in P. oder von dem dortigen Soldatenrat eine größere militärische Schutzwache beigegeben. Deren Aufgabe bestand im wesentlichen darin, die beladenen Güterwagen gegen Plünderungen durch heimkehrende Truppen zu schützen und den Schleichhandel zwischen durchfahrenden Soldaten und den am Bahnhof beschäftigten Personen zu verhindern. Für Unterkommen und Verpflegung der Wachmannschaft sorgte die Klägerin, der hierdurch nach ihrer Behauptung bis 22. Februar 1919 18401,62 ℳ Kosten erwuchsen. Diesen Betrag verlangt sie von dem Beklagten. Zur Begründung des Anspruchs war in der Klage behauptet, das Kommando sei von dem Oberbahnhofsvorsteher beim Soldatenrat in R. „angefordert" worden, und ausschließlich im Interesse der Eisenbahn tätig gewesen. Daraus habe sich für den Beklagten die Pflicht zur Unterbringung und Verpflegung der Mannschaft ergeben. Deshalb sei er um den von der Klägerin ausgelegten Betrag grundlos bereichert. Beide Vorinstanzen haben die Klage abgewiesen. Auch die Revision der Klägerin blieb erfolglos.

Aus den Gründen:

Das Berufungsgericht hat die Behauptung der Klägerin, daß der Oberbahnhofsvorsteher die Militärwache „angefordert" habe, für belanglos erklärt. Eine Bereicherung des Beklagten, meint ersichtlich das angefochtene Urteil, sei daraus nicht herzuleiten. Der Vorgang, aus dem der Klägerin nach ihrer Auffassung ein Bereicherungsanspruch gegen den Beklagten erwachsen sein solle, habe ausschließlich in der Unterbringung und Verpflegung der in R. eingerückten bewaffneten Mannschaft bestanden. Dadurch habe die Klägerin nach § 2 Abs. 2 und § 3 Nr. 1 und 2 des Kriegsleistungsgesetzes vom 13. Juni 1873 (RGBl. S. 129) und 16. November 1918 (RGBl. S. 1315) gegen den Reichsmilitärfiskus einen Anspruch auf Vergütung ihrer Auslagen erlangt, der aber nicht vor die ordentlichen Gerichte gehöre, und der sich auch nicht in der Richtung gegen den beklagten Eisenbahnfiskus, wie die Klägerin irrtümlich annehme, als privatrechtlicher, der Zuständigkeit der ordentlichen Gerichte unterliegender Bereicherungsanspruch betrachten lasse.

Die Revision rügt Verletzung des § 13 GVG. und des § 286 ZPO. Aus dem Kriegsleistungsgesetz sei nicht geklagt. Daher könne es dahin gestellt bleiben, ob für eine solche Klage der Rechtsweg zulässig sei. Die Klage richte sich gegen das Deutsche Reich nicht als

Militärfiskus, sondern als Eisenbahnfiskus, in welcher Eigenschaft das Reich auf Grund des als Gesetz verkündeten Staatsvertrags vom 31. März 1920 (RGBl. S. 773flg.) seit 1. April 1920 an die Stelle des verklagten sächsischen Eisenbahnfiskus getreten sei. Klagegrund sei die geltend gemachte Bereicherung.... Für die Bereicherungsklage habe der Klägerin der Rechtsweg offen gestanden.

Diese Ausführungen vermögen der Revision nicht zum Erfolg zu verhelfen. Sie laufen im Ergebnis auf das Bestreben hinaus, einen Anspruch, dem der Rechtsweg verschlossen ist, wenn auch gegen einen anderen Fiskus, im Gewande einer Bereicherungsklage vor die ordentlichen Gerichte zu bringen (vgl. RGRKomm. BGB. 3. Aufl. Vorbemerkung 2 vor § 812). Die Annahme des Vorderrichters, daß über den Anspruch der Klägerin auf Vergütung ihrer dem Kriegszweck dienenden Aufwendungen für die Unterbringung und Verpflegung der Soldaten (Hirsch KLG. § 1 Anm. 2) zunächst im Verwaltungsverfahren, nicht von den Gerichten, zu entscheiden sei, steht mit der Rechtsprechung des Reichsgerichts im Einklang (RGZ. Bd. 92 S. 97; Bd. 101 S. 129).

Aber auch darin, daß die Klägerin unabhängig von diesem ihr etwa gegen den Reichsmilitärfiskus zustehenden Anspruch einen privatrechtlichen Bereicherungsanspruch gegen den Eisenbahnfiskus dargetan habe, kann der Revision nicht beigetreten werden. Vertragliche Beziehungen zwischen den Streitteilen hat die Klägerin nicht behauptet. In welchem Sinne die sächsische Eisenbahnverwaltung die militärische Schutzwache „angefordert" haben soll, hat sie nicht näher dargelegt. Jedenfalls will sie nicht behaupten, daß die sächsische Eisenbahnverwaltung durch dieses Anfordern Schuldnerin des Reichsmilitärfiskus geworden sei. Doch sollen der Eisenbahnverwaltung durch das Eingreifen der militärischen Schutzwache die Kosten für eine größere Anzahl von „Nicht Militärs" erspart worden sein, die sie nach der Anschauung der Klägerin hätte einstellen müssen, um gegenüber den von den durchkommenden Soldaten drohenden Gefahren ihrer Verpflichtung zur Aufrechterhaltung der Bahnpolizei genügen zu können. Diese Erwägung geht fehl. Denn die Bahnpolizei, die von der Eisenbahn durch ihre eigenen Beamten und Angestellten ausgeübt wird, hat im wesentlichen nur die Sicherung der auf den Bahnhöfen und Übergängen verkehrenden Personen und Güter gegen die dem Eisenbahnbetrieb eigentümlichen Gefahren, und die Bewachung des der Eisenbahn anvertrauten Frachtguts im Rahmen der ihr zugemessenen Haftung (§ 456 HGB.) zum Gegenstand. Diese Haftung hat durch den Krieg keine Erweiterung erfahren. Plünderungen von Güterwagen durch heimkehrende Truppen waren auch im Kriege für die Eisenbahnverwaltung „höhere Gewalt", der sie keineswegs bei Meidung eigener Haftung durch die Bereithaltung einer solchen Angriffen gewachsenen Schutzwache zu begegnen verpflichtet war. Die Unterdrückung und Bekämpfung von Verbrechen gegen das Leben, den Staat oder fremdes Eigentum war im Krieg wie im Frieden auch innerhalb der Bahnhöfe die Aufgabe der Sicherheitspolizei, der Landes- wie der Ortspolizei, die zu den Bahnhöfen — unbeschadet der auf den besonderen Geschäftskreis der Eisenbahnbehörde und auf die Sicherheit des Eisenbahnverkehrs zu nehmenden Rücksicht — freien Zutritt hatten. Die Hilfe der Sicherheitspolizei und, wo es sich um den Schutz gegen Soldaten handelte, auch die Hilfe der Militärbehörde anzurufen, stand den Beamten der Eisenbahnverwaltung frei. Sie waren dazu genötigt, um dem Fiskus gegen Ansprüche aus § 456 HGB. den Einwand der höheren Gewalt zu sichern. Damit übernahmen sie für ihre Verwaltung nicht die Verpflichtung zur Erstattung der der angerufenen Stelle durch die von ihr getroffenen Abwehrmaßnahmen erwachsenen Kosten.

Abgesehen davon war es nicht die Klägerin, sondern die militärische Schutzwache, die durch ihre Tätigkeit der Eisenbahnverwaltung die behauptete Kostenersparnis gebracht hat. Aus dem Vermögen der Klägerin ist, wie schon der erste Richter zutreffend bemerkt hat, nichts in das der Eisenbahnverwaltung gekommen. Der Vergleich der Klägerin mit dem Füttern fremder Tiere, durch das der Eigentümer der Tiere bereichert werde, ist abwegig. Hat ein Gastwirt fremde Arbeiter verköstigt, so kann er nicht ohne weiteres von ihrem Arbeitgeber für unbezahlt gebliebene Mahlzeiten Entschädigung aus dem Gesichtspunkt der ungerechtfertigten Bereicherung verlangen. Von einem „einheitlichen Vorgang", der zur Verminderung des einen Vermögens und zur Vermehrung des anderen geführt hat, ist hier keine Rede (RGRKomm. BGB. § 812 Anm. 3). . . . (Folgen Erörterungen über Geschäftsführung ohne Auftrag.)

---

107. Können die Spediteure und Fuhrunternehmer eines bestimmten Bezirks sich in ihrer Gesamtheit von der Haftung für eigenes Verschulden oder für Verschulden ihrer leitenden Angestellten freizeichnen, wenn sie sich erbieten, auf Kosten der Auftraggeber das Gut zu versichern?

I. Zivilsenat. Urt. v. 21. März 1923 i. S. Südd. Transp. Vers. A.-G. (Kl.) w. W. (Bekl.). I 203/22.

I. Landgericht I Berlin. — II. Kammergericht daselbst.

Die Beklagte übernahm am 18. Februar 1920 im Auftrage der Firma A. Sch. in Berlin die Spedition einer Eilgutsendung nach L.

Auf dem Wege von der Firma A. Sch. zum Lager der Beklagten wurden zwei Ballen vom Rollwagen gestohlen. Die Klägerin, der die Rechte der Firma A. Sch. abgetreten sind, verlangt Schadensersatz. Die Beklagte beruft sich auf die Berliner Spediteurbedingungen, nach deren § 8 sie für jedes verlorene Kilogramm nur 1,20 ℳ zu ersetzen habe. Diesen Betrag hat sie bezahlt, im übrigen beantragt sie Klagabweisung. Die Klägerin erwidert, der § 8 der Spediteurbedingungen sei insoweit sittenwidrig und nichtig, als er die Haftung des Spediteurs wegen seines eigenen Verschuldens beschränke. Eigenes Verschulden liege vor, da die Beklagte dem Rollkutscher keinen Begleiter mitgegeben habe.

In beiden Vorinstanzen wurde die Klage abgewiesen. Die Revision der Klägerin hatte Erfolg.

Gründe:

Es handelt sich nur um die Frage, ob die Haftungsbeschränkung der Spediteure, die in jenen Bedingungen ausgesprochen ist, ganz oder teilweise wegen Verstoßes gegen die guten Sitten nichtig ist.

Der § 8 der „Geschäftsbedingungen der Spediteure Groß-Berlins" setzt fest: Falls der Wert des Gutes in den Begleitpapieren angegeben wird, so versichert der Spediteur das Gut gegen das örtliche Risiko und berechnet dafür die von den vereinigten Berliner Spediteuren jeweils festgesetzten Gebühren. Wird der Wert des Gutes nicht angegeben oder die Versicherung nicht gewünscht, so beschränkt sich die Haftung des Spediteurs auf den Höchstbetrag von 1,20 ℳ für das Bruttokilo. Aus dieser Bestimmung ergibt sich, daß die Haftungsbeschränkung auch dann eintreten soll, wenn nicht ein Verschulden eines Angestellten, sondern ein eigenes Verschulden des Spediteurs selbst vorliegt. Das ist in § 12 der Geschäftsbedingungen auch noch ausdrücklich hervorgehoben.

Das Berufungsgericht hat angenommen, eine unzulässige „Knebelbestimmung" liege nicht vor. Die Haftungsbeschränkung sei durch die Verhältnisse der Nachkriegszeit, insbesondere die Unzuverlässigkeit der Angestellten gerechtfertigt. Durch diese Verhältnisse seien die Spediteure gezwungen worden, ihre Haftung herabzumindern, wenn sie überhaupt noch zu erträglichen Sätzen Speditionsaufträge übernehmen wollten. Den Interessen des Auftraggebers werde dadurch Genüge getan, daß der Spediteur erkläre, bei Angabe des Wertes der Güter werde er Versicherung nehmen. Dann trete die volle gesetzmäßige Haftung ein. Da die Versicherungsprämie im Verhältnis zu der gewonnenen Sicherheit gering sei, laufe die Bestimmung im Endergebnis nur auf eine Erhöhung der Speditionssätze hinaus. Deshalb könne nicht von einer unsittlichen Ausnutzung einer Monopolstellung die Rede sein.

Die Revision rügt, daß diese Ausführungen der reichsgerichtlichen Rechtsprechung, insbesondere dem Urteile Bd. 103, S. 82, widersprächen. Diese Rüge muß für berechtigt erachtet werden.

In dem erwähnten Urteile ist dargelegt, daß, wenn Gewerbeunternehmer, die ein für den Verkehr unentbehrliches Gewerbe betreiben, sich zusammentun und dadurch gewissermaßen eine Monopolstellung einnehmen, sie nicht für sich besondere, mit der Rechtsauffassung unvereinbare Vorteile ausbedingen dürfen, durch die dem Verkehr besondere Fesseln aufgezwungen werden. Als eine solche unzulässige Maßnahme ist es angesehen, wenn die Spediteure, Frachtführer, Güterbestätter usw. eines Ortes sich von der Haftung für eigenes Verschulden oder für Verschulden ihrer leitenden Angestellten freizeichnen. Eine derartige Freizeichnung ist für sittenwidrig und deshalb für unwirksam erachtet worden. Vorliegenden Falles handelt es sich darum, ob die Sache anders liegt, also die Freizeichnung zulässig wird, wenn der Gewerbeunternehmer sich erbietet, Versicherung zu nehmen gegen Berechnung einer von den vereinigten Berliner Spediteuren festgesetzten Gebühr. Das Reichsgericht vermag diese Frage nicht mit dem Kammergericht zu bejahen. Die Sachlage ist nicht so, daß es sich nur um eine reine Geldfrage handelt. Dem Interesse des Auftraggebers ist in den meisten Fällen nicht damit gedient, daß er, anstatt über seine Ware verfügen zu können, auf eine Forderung gegen eine Versicherungsgesellschaft verwiesen wird. In aller Regel ist es ihm um seine Ware zu tun und nicht um eine Schadensersatzforderung. Er kann deshalb verlangen, daß der Spediteur die durch die Umstände gebotenen Maßregeln trifft, um die Ware vor Beschädigung oder vor Verlust zu behüten. So zu verfahren, ist die Pflicht des Spediteurs; von dieser kann er weder sich selbst noch seine leitenden Angestellten freizeichnen, indem er sich zur Versicherungsnahme erbietet. Diese grundsätzliche Rechtsanschauung wird, wie zutage liegt, auch nicht etwa dadurch erschüttert, daß der Auftraggeber, falls der Spediteur die Erfüllung seiner Pflicht versäumt, doch wieder auf einen Schadensersatzanspruch gegen den letzteren angewiesen ist. Denn einmal kann dieser Anspruch erheblich weiter greifen, als der Ersatzanspruch gegen die Versicherung, und sodann kann die Erwägung, daß der Schadensersatzanspruch in der Regel auf Geldersatz geht, überhaupt nicht dahin führen, die grundlegende, von der allgemeinen Rechtsüberzeugung geforderte Sorgfaltspflicht des Spediteurs in der Weise wieder zu beseitigen, daß der Spediteur diese seine Pflicht durch einen Anspruch gegen eine Versicherungsgesellschaft von vornherein ablösen darf.

108. Bedeutung der Bestimmung des § 1 Abs. 2 des durch Reichsgesetz vom 30. April 1920 genehmigten Staatsvertrags über den Übergang der Staatseisenbahnen auf das Reich, wonach das Reich das Eisenbahnunternehmen jedes Landes als Ganzes mit allen damit verbundenen Rechten und Pflichten übernimmt.

VI. Zivilsenat. Urt. v. 22. März 1923 i. S. R. (Kl.) w. Bayer. Staat u. Deutsches Reich (Bekl.). VI 489/22.

I. Landgericht München I. — II. Oberlandesgericht daselbst.

Im Jahre 1918 war von der Station Schleißheim der bayerischen Staatseisenbahn ein Militärgeleis zur Munitionsanstalt an der Staatsstraße München-Ingolstadt mit Abzweigungen nach der Fliegerstation Schleißheim gelegt worden. Über die Unterhaltung und Benutzung hatten die Verwaltung der Staatseisenbahnen und die Militärverwaltung eine Vereinbarung getroffen.

Der Sohn der Klägerin, der damals der Betriebskompagnie der Fliegerabteilung Schleißheim angehörte, benutzte am 22. März 1919 ein militärisches Lastauto, das von Schleißheim nach München zurückfuhr. Als dieses bei Posten 8, wo die Staatsbahn dicht neben dem Militärgeleise herläuft, die Bahn überquerte, wurde es von einem Militärzug erfaßt. R. wurde getötet.

Klägerin erhob in erster Linie aus dem RHpflG., dann aber auch aus Verschulden der Beklagten nach Art. 58 AG. z. BGB. Schadensersatzansprüche. Sie verlangte Ersatz der Beerdigungskosten und Feststellung, daß Beklagte verpflichtet seien, ihr Schadensersatz so weit zu leisten, als der Getötete, der ihr gegenüber unterhaltspflichtig gewesen, ihr gegenüber während der mutmaßlichen Dauer seines Lebens zum Unterhalte verpflichtet gewesen sein würde.

Gegen das der Klage stattgebende Urteil des Landgerichts legten der bayerische Fiskus und der Reichseisenbahnfiskus, sowie der Vertreter der Militärverwaltung namens des bayerischen Staatsärars Berufung ein.

Das Oberlandesgericht hat die Berufung des bayerischen Staates zurückgewiesen, die des Reichs als unzulässig verworfen.

Die Revision der Beklagten hatte Erfolg.

Gründe:

Das Berufungsgericht geht davon aus, daß sowohl die Militär-, als auch die Eisenbahnverwaltung zur Vertretung des bayerischen Staates legitimiert seien. Wenn auch beide als Vertretungen des Fiskus in Anspruch genommen seien und in der Lage sein müßten, im Prozesse tätig zu werden, so handle es sich gleichwohl um eine Berufung des bayerischen Staates.

Dieser habe auch die Bahn im Sinne des § 1 RHG betrieben, gleichgültig, ob die die Betriebshandlungen ausübenden Organe der bayerischen Militärverwaltung, der Eisenbahnverwaltung oder beiden angehört hätten. Die Vereinbarung über die Benutzung und Unterhaltung des Militärgeleises ergebe, daß es sich hierbei um eine Angelegenheit gehandelt habe, an der sowohl die Eisenbahn- als auch die Militärverwaltung beteiligt gewesen seien. Zu ihrer Vertretung seien die in Anspruch genommenen Stellen zuständig. Sachlich sei die Berufung unbegründet. Der mit dem Reichsgesetze vom 30. April 1920 (RGBl. S. 773) und dem bayerischen Gesetz vom 30. März 1920 (GVBl. S. 173) genehmigte Staatsvertrag über den Übergang der Staatseisenbahnen auf das Reich sei zur Sache ohne Belang. Danach gingen zwar alle mit dem Eisenbahnunternehmen verbundenen Pflichten auf das Reich über, aber diese Bestimmung habe nur Bedeutung für das Verhältnis der Vertragschließenden untereinander, wie sich durch Vergleichung des Satzes 1 mit Satz 2 des § 1 Abs. 2 des Staatsvertrags ergebe, der bestimme, inwieweit die Übernahme gegen Dritte wirke, diese Wirkung aber auf Verhälnisse aus laufenden Verträgen beschränke.

Ohne Belang für die Entscheidung sei auch das Reichsversorgungsgesetz vom 12. Mai 1920 (RGBl. S. 989). Nach dessen § 86 hätten allerdings die nach ihm versorgungsberechtigten Personen gegen das Reich nur die auf dem RVersorgG. beruhenden Ansprüche. Hier handle es sich aber um einen Anspruch gegen den bayerischen Staat. Der Reichsfiskus sei nicht formell Prozeßpartei und könne deshalb ein Rechtsmittel nicht einlegen; seine Berufung sei unzulässig.

Welche Stellung das Reich und der bayerische Staat im Rechtsstreite und zu den Ansprüchen der Klägerin einnehmen, ist zu entnehmen aus dem Staatsvertrage, insbesondere § 1 Abs. 2, der besagt:

> „Das Reich übernimmt das Eisenbahnunternehmen jedes Landes als Ganzes mit allem Zubehör und allen damit verbundenen Rechten und Pflichten. Der Eintritt des Reichs in die laufenden Verträge hat Rechtswirkung gegenüber den bisherigen Vertragsgegnern der Länder."

Daraus ergibt sich zunächst, daß die Eisenbahnen des Staates Bayern, gleichgültig, ob sie von dem Eisenbahn- oder Militärfiskus oder von einer anderen Verwaltungsstelle betrieben worden sind, also auch die hier in Betracht kommende Haupt- und die an sie angeschlossene Militärstrecke mit dem 1. April 1920 in das Eigentum des Reichs übergegangen sind. Die Bedeutung des weiteren Inhalts der Bestimmung ist aus dem Zwecke zu entnehmen, den man mit dem Abschlusse des Staatsvertrags verfolgt hat. Hierzu ist zu bemerken: Der durch den Zusammenbruch und die Umwälzung von 1918 gelockerte Verband des

Reichs ließ es politisch und staatsrechtlich notwendig erscheinen, die einzelnen Staaten unter sich und mit dem Reiche fester zusammenzuschließen, die Reichseinheit zu fördern und die Reichsgewalt zu stärken. Als ein geeignetes Mittel hierzu kam u. a. die Übernahme einzelner Verwaltungsaufgaben, wie z. B. des Finanz- und Verkehrswesens, durch das Reich in Betracht und zwar in der Weise, daß sie unter Aufhebung der Selbständigkeit der Länder auf diesen Gebieten als Hoheitsrechte auf das Reich übertragen wurden. Insbesondere hielt man die bisherige Zersplitterung des Verkehrswesens weder politisch noch wirtschaftlich länger für erträglich und die Vereinigung der auf ihre Beseitigung hinzielenden Aufgaben in einer Hand, der des Reichs, zwecks einheitlicher und selbständiger Durchführung und Regelung des Verkehrs für geboten. In den Vordergrund trat der bereits in früheren Jahren erwogene Gedanke der Übernahme der Eisenbahnen der Länder auf das Reich und fand seinen Niederschlag in den Art. 89 flg., 171 RV. dahin, daß die dem allgemeinen Verkehre dienenden Eisenbahnen in das Eigentum des Reichs übernommen und von ihm als einheitliche Verkehrsanstalt verwaltet werden sollten. Damit sollten auch die staatlichen Hoheitsrechte, die sich auf das Eisenbahnwesen beziehen, auf das Reich übergehen. Als Übernahmetermin war zunächst der 1. April 1921 vorgesehen. Aus grundsätzlich nichts ändernden und deshalb hier nicht näher zu erörternden Gründen — z. B. Übergang der Steuerhoheit auf das Reich mit dem 1. April 1920 und Verkehrsschwierigkeiten im Herbste 1919 — wurde nachträglich die Übernahme auf den 1. April 1920 festgelegt und mit Wirkung von diesem Tage vollzogen.

Mit dem Übergange der Eisenbahnen auf das Reich sollte also ein scharfer Trennungsstrich zwischen der Zeit vor und nach ihm gezogen werden. Zwar sollten die einzelnen Unternehmen weitergeführt werden, aber sie sollten jeweils als Ganzes, d. h. wie sie am Stichtage lagen und standen, der Verfügungsgewalt der Länder entzogen und alle zusammengefaßt als eine Verkehrseinrichtung der des Reichs unterstellt werden. Aber nicht etwa so, daß das Reich nun die einzelnen Verfügungsgewalten der sieben Eisenbahnländer nebeneinander in seiner Hand vereinigen sollte, sondern so, daß die einzelnen Gewalten in eine einzige zusammenflossen, die dann von dem Reiche einheitlich als Verkehrshoheit ausgeübt werden sollte.

Dies bedeutete naturgemäß eine vollständige Ausschaltung der einzelnen Länder für die Zeit nach der Übernahme, mit der anderseits eine völlige Befreiung von sämtlichen am Übernahmetag vorhandenen Verpflichtungen Hand in Hand gehen mußte. Ansprüche an die Eisenbahnunternehmen der Länder gingen also mit der Übernahme und zwar mit befreiender Wirkung für die Länder ohne weiteres auf das Reich über.

Galt dieser in § 1 Abs. 2 StV. ausgesprochene Grundsatz zunächst nur für die Vertragschließenden, so wurde ihm — was das Berufungsgericht verkannt hat — Wirkung gegen Dritte beigelegt durch die Bestimmung des Gesetzes vom 30. April 1920, daß der Vertrag unbeschadet seiner Eigenschaft als Vertrag mit Wirkung vom 1. April 1920 als Gesetz in Kraft treten solle. Danach konnten auch Dritte von diesem Tage ab Ansprüche nur noch gegen das Reich erheben, es allein war für sie, auch wenn sie bereits vor der Übernahme entstanden waren, passiv legitimiert.

Hiernach konnte der mit vorliegender Klage vor dem 1. April 1920 erhobene und auf einen Betriebsunfall gestützte Anspruch der Klägerin nach dem 1. April 1920 nicht mehr gegen den Staat Bayern, sondern nur noch gegen das Reich verfolgt werden und dieses war berechtigt, als Rechtsnachfolger des ursprünglichen, nicht mehr passiv legitimierten Beklagten als Hauptpartei in den Prozeß einzutreten. Einer Einwilligung der Klägerin hierzu bedurfte es nicht. Seinen Eintritt in den Rechtsstreit hat das Reich rechtswirksam dadurch erklärt, daß es gegen das Urteil des Landgerichts Berufung eingelegt hat. Damit war es Partei geworden und die Auffassung des Berufungsgerichts, die Berufung sei nicht zulässig, weil es nicht formell Prozeßpartei sei, ist irrig.

---

109. 1. Erfordernisse der Quasipupillarsubstitution.
2. Wie ist eine dem Fiduziar auferlegte Beschränkung in bezug auf den Verbrauch des zum Unterhalt Vermachten unter dem Einfluß der Geldentwertung zu beurteilen?

IV. Zivilsenat. Urt. v. 22. März 1923 i. S. M. (Kl.) w. M. (Bekl.). IV 571/22.

I. Landgericht Frankfurt a. M. — II. Oberlandesgericht daselbst.

Am 7. April 1899 verstarb in Frankfurt a. M. der Kaufmann M. M. mit Hinterlassung eines Testaments vom 29. Juli 1894, in dem er sein einziges Kind, den Ingenieur J. M., als seinen Universalerben unter Substituierung der gesetzlichen Nachkommen, und in § 2 für den Fall, daß der genannte Sohn ledigen Standes und kinderlos vor ihm versterben sollte, die Geschwister und Geschwisterabkömmlinge vorverstorbener Geschwister sowohl von ihm selbst als von seiner vorverstorbenen Ehefrau nach Kopfteilen zu seinen Erben eingesetzt hat. Dieser Bestimmung ist wörtlich folgender Satz beigefügt: „und selbst, wenn mein vorgenannter Sohn mich überleben und ledig bleiben sollte, so soll es nach dessen Ableben wie obsteht gehalten werden, ohne daß ich jedoch in die Rechte meines Sohnes, wenn derselbe dispositionsfähig ist, selbständig zu testieren, eingreifen will." In § 4 des Testaments hat der Erblasser mit Rücksicht darauf, daß Dispositionsunfähigkeit seines mit einem nervösen Kopfleiden behafteten Sohnes eintreten könne, für den Fall, daß sein Sohn sein Erbe wird, die Einsetzung eines gerichtlichen Nachlaßkurators angeordnet, der jedoch zum Unterhalt des Sohnes nur die Zinsen vom „gesamten Nachlaß" (abzüglich der Verwaltungskosten) und nur in ganz außerordentlichen Fällen, wie bei einer schweren Krankheit oder einem notwendigen Kurgebrauche, einen Kapitalbetrag bis 600 *M* jährlich soll verwenden dürfen. J. M. ist inzwischen wegen Geisteskrankheit entmündigt worden. Nach den Angaben seines jetzigen Vormundes hat sich der Nachlaß nach der für Ende 1920 aufgestellten Rechnung um eine viel größere Summe vermindert, als sie bei Innehaltung des im Testament gestatteten Kapitalverbrauchs (selbst wenn die quarta Trebelliana zugunsten des Mündels berücksichtigt wird) hätte betragen dürfen. Von dem Standpunkt aus, daß die als Erben eingesetzten Geschwister und Geschwisterabkömmlinge als Nacherben des Erblassers anzusehen sein möchten, hat das Vormundschaftsgericht wegen Ungewißheit, wer die als Nacherben berufenen Personen seien, für die unbekannten Nacherben in der Person des Beklagten einen Pfleger bestellt, welcher einem über die Testamentsbestimmung hinausgehenden Kapitalverbrauch widersprochen hat.

Der Vormund hat deshalb gegen ihn auf Feststellung geklagt, daß er zu derartigen Verfügungen über das Kapital seine Zustimmung geben müsse, sofern die Verfügung von dem Vormund und dem Vormundschaftsgericht als im Interesse des Mündels notwendig bezeichnet werde. Das Landgericht gab der Klage statt; das Oberlandesgericht erkannte auf Abweisung der Klage. Der Revision des Klägers ist stattgegeben worden.

Gründe:

Die Entscheidung des Rechtsstreits hängt in erster Reihe davon ab, ob die im Testament für den tatsächlich eingetretenen Fall des Überlebens und Ledigbleibens des Mündels ausgesprochene Erbeinsetzung der Geschwister und Geschwisterabkömmlinge der Eltern mit dem Landgericht als Quasipupillarsubstitution zu beurteilen ist. Ist diese Beurteilung zutreffend, so ist der hierauf bezügliche Testamentsinhalt mit Inkrafttreten des Bürgerlichen Gesetzbuchs hinfällig geworden. Nach gemeinem Recht war den Aszendenten gestattet, ihrem wahnsinnigen Deszendenten, wenn sie ihm mindestens den Pflichtteil hinterließen, einen Erben zu ernennen. Eine derartige Einrichtung, daß jemand ermächtigt ist, über den Nachlaß eines anderen letztwillig zu verfügen, kennt das Bürgerliche Gesetzbuch nicht. Die von dem Erblasser aus eigenem Recht, wenn auch mit Wirkung für den Nachlaß des Kindes, errichtete Quasipupillarsubstitution — die als ein Testament über den eigenen Nachlaß das Kind in dem Rechte, über den Nachlaß unter Lebenden zu verfügen, überhaupt nicht beschränken konnte — hat daher seit dem 1. Januar 1900 ihre Wirksamkeit vollständig verloren (RGZ. Bd. 88 S. 156), und es ist damit, da seit dieser Zeit Rechte der quasi pupillariter substituierten Geschwister und Geschwisterabkömmlinge nicht mehr bestehen, auch jede Berechtigung des in der Person des Beklagten bestellten Pflegers zur Vertretung der unbekannten „Nacherben" und insbesondere zur Widerspruchserhebung in ihrem Namen wegen des Kapitalverbrauchs weggefallen.

Abweichend von dem Landgericht hat das Oberlandesgericht über die Frage, ob eine Quasipupillarsubstitution vorliegt, sich nicht ausgelassen. Es verneint anscheinend diese Frage, da es sonst nicht zur Abweisung der Klage hätte gelangen können, gibt aber hierfür keinerlei Begründung. Dieser Mangel muß zur Aufhebung des Urteils führen. Daß nach dem Testamentsinhalt von vornherein die Annahme einer Quasipupillarsubstition aus Rechtsgründen ausgeschlossen sei, läßt sich nicht sagen. Wenn der Erblasser in § 2 des Testaments in unmittelbarem Anschluß an die seinen eigenen Nachlaß betreffende Bestimmung, daß die Geschwister und die Geschwisterabkömmlinge seinem Sohne als Ersatzerben substituiert werden, die weitere Verfügung trifft, daß es wie obsteht, auch gehalten werden solle, wenn sein Sohn ihn überleben und ledig bleiben sollte, so hindert diese Verbindung mit der Vulgarsubstitution nicht, die weitere Verfügung als Quasipupillarsubstitution aufzufassen (vgl. Windscheid-Kipp, Pandektenrecht § 559 Anm. 10; Arndts, Pandekten § 497 Anm. 5). Diese Auffassung wird auch nicht dadurch gehindert, daß bei der Vulgarsubstitution die Geschwister und Geschwisterabkömmlinge als Erben des M. M. bezeichnet sind, was auch bedeuten kann, daß die Erbeinsetzung von dem Erblasser M. M. ausgegangen ist, und demgemäß dahin verstanden werden kann, daß die Substitution den ganzen Nachlaß des Sohnes, nicht nur das vom Vater hinterlassene Vermögen ergreifen soll (vgl. Windscheid-Kipp, § 558 Abs. 2). Für die Annahme einer Quasipupillarsubstitution spricht hauptsächlich die Bestimmung am Schluß des § 2 des Testaments, daß „in die Rechte des Sohnes, wenn er dispositionsfähig ist, selbständig zu testieren, nicht eingegriffen werden soll". Zuzugeben ist allerdings, daß die Erbeinsetzung mit den Regeln der Quasipupillarsubstitution insofern nicht ganz übereinstimmt, als diese nur für den Fall angeordnet werden kann, daß der Deszendent im Wahnsinn stirbt, während hier die Substitution als eine sofort wirksame vorgeschrieben ist, auch nach § 3 des Testaments die Rechte aus der Substitution bei Wiedererlangung der Dispositionsfähigkeit des Sohnes nicht ohne weiteres erlöschen, sondern der Sohn nur das

Recht erhalten soll, selbständig zu testieren, also die wegen der Substitution getroffenen Bestimmungen wieder aufzuheben. Diese abweichende Ausdrucksweise braucht jedoch nicht unbedingt entscheidend zu sein.

Falls das Berufungsgericht dazu kommt, die Annahme einer Quasipupillarsubstitution abzulehnen, ist damit der Rechtsstreit noch nicht erledigt. Es wird weiter zu prüfen sein, in welchem Sinne die Anordnung des Erblassers, daß für den Unterhalt des Sohnes auch in ganz außerordentlichen Fällen von dem Kapital nicht mehr als 600 ℳ jährlich verbraucht werden dürfen, zu verstehen ist, ob hierbei das Interesse der Fideikommissare (der Nacherben) oder das Interesse des Fiduziars (des Sohnes) vorherrschend gewesen ist. Das Interesse der ersteren spielt insofern eine Rolle, als bei Einhaltung der Beschränkung des Kapitalverbrauchs ihnen eine gewisse Sicherheit dafür gewährt ist, daß ein Teil des Nachlasses für sie übrig bleibt. Zu berücksichtigen ist dabei, daß als Fideikommissare nicht entfernte Verwandte, sondern Geschwister und deren Abkömmlinge bedacht sind, und daß dem Erblasser, wenn der Sohn in völlige Verblödung verfiel, die ihm ein Verständnis für die Wohltaten des Erblassers unmöglich machte, mehr daran gelegen sein konnte, einen Teil des Vermögens der Familie zu erhalten, als für ausreichende Anstaltspflege des geisteskranken Sohnes zu sorgen. Die Sachlage kann aber sehr wohl eine andere gewesen sein. Der Erblasser kann zu der Beschränkung hinsichtlich des Kapitalverbrauchs wesentlich durch das Interesse des Sohnes bestimmt worden sein, indem er durch die sparsame Verwendung des Kapitals nur erreichen wollte, daß dem Sohne die Mittel zum Unterhalt auch in späterer Zeit gesichert blieben. Kann festgestellt werden, daß die Verfügung in diesem Sinne getroffen ist, so ist auch für das gemeine Recht die Möglichkeit gegeben, die den Fideikommissaren gewährte Vergünstigung als nach den eingetretenen Verhältnissen mit dem wahren Willen des Erblassers in Widerspruch stehend in Wegfall zu bringen.

Das Bürgerliche Gesetzbuch gestattet nach § 2078 allgemein die Anfechtung einer letztwilligen Verfügung, wenn anzunehmen ist, daß der Erblasser zu der Verfügung durch die irrige Annahme oder Erwartung des Eintritts oder Nichteintritts eines Umstandes bestimmt worden ist. Eine derartige Anfechtung wegen Irrtums kennt das gemeine Recht nicht. Es läßt aber bei Ermangelung der auf einen vergangenen oder gegenwärtigen Umstand gerichteten Voraussetzung das dem Willen des Erblassers nicht oder nicht mehr entsprechende Vermächtnis unwirksam werden, was meist mit dem Gesichtspunkt der exceptio doli gerechtfertigt wird, aber auch in anderen Fällen zugelassen wird, indem wegen Ungültigkeit des Vermächtnisses eine Klage auf Rückgabe des Geleisteten gewährt wird (vgl. Windscheid-Kipp

§ 636 Anm. 2, § 633 Anm. 22; l. 27 Dig. 33, 2, l. 72 § 6 Dig. 35, 1: plerumque doli exceptio locum habebit, si probetur, alias legaturus non fuisse). Anerkannt ist die Unwirksamkeit des Vermächtnisses namentlich in dem Falle, daß nach Errichtung des Vermächtnisses eine unversöhnliche Feindschaft (capitales inimicitiae) zwischen dem Vermächtnisgeber und dem Vermächtnisnehmer entstanden ist (l. 3 § 11 Dig. 34, 4). Es wird der Erörterung bedürfen, ob eine gleiche Unbilligkeit nicht auch dann vorliegt, wenn eine dem Fiduziar auferlegte Beschränkung, die ihn gegen künftige Verarmung schützen soll, bei wortgetreuer Ausführung der Bestimmung unter den durch die Geldentwertung veränderten Verhältnissen den dem Willen des Erblassers gerade entgegengesetzten Erfolg hat, die sofortige Verarmung des Fiduziars herbeizuführen, und ob nicht diese Unbilligkeit dazu zwingt, auf die durch Einhaltung der Kapitalbeschränkung dem Fideikommissar gemachte Zuwendung die vorstehend mitgeteilten Grundsätze über Vermächtnisse entsprechend zur Anwendung zu bringen.

---

110. Kann ein Abfindungsvergleich, der zwischen einem unehelichen Kinde und seinem Erzeuger gemäß § 1714 Abs. 1 BGB. zustande gekommen und durch Zahlung der Abfindungssumme erfüllt ist, wegen der nachträglich eingetretenen Geldentwertung angefochten werden?

VII. Zivilsenat. Urt. v. 23. März 1923 i. S. H. (Kl.) w. M. (Bekl.). VII 147/22.

I. Landgericht I Berlin. — II. Kammergericht daselbst.

Der Beklagte ist der uneheliche Erzeuger des am 16. Juni 1912 geborenen Klägers. Am 20. August 1918 schlossen die Parteien einen privatschriftlichen und sodann vormundschaftsgerichtlich genehmigten Vergleich, inhalts dessen sich der Beklagte zur Abgeltung aller Unterhaltsansprüche des Klägers zur Zahlung von 10000 *M* verpflichtete. Die 10000 *M* zahlte der Beklagte, und es wurden davon 7000 *M* in deutscher Reichs- (Kriegs-) Anleihe angelegt. Mittels Schreibens vom 31. Januar 1921 wurde seitens des Klägers in Rücksicht auf die Verteuerung aller Lebensbedürfnisse der Vergleich als unwirksam angefochten. Da der Beklagte jeden weiteren Anspruch des Klägers ablehnte, begehrte dieser mit der Klage Feststellung, daß der Vergleich unwirksam geworden sei. Das Landgericht entsprach dem Klageverlangen. Das Berufungsgericht wies dagegen die Klage ab. Die Revision des Klägers blieb ohne Erfolg.

Gründe:

Am 20. August 1918, als der vom Beklagten außerehelich erzeugte Kläger 6 Jahre 2 Monate alt war, kam zwischen seinem

Vormunde und dem Beklagten ein Vergleich des Inhalts zustande: „Zur Abgeltung aller Ansprüche, welche dem Kinde gegen seinen unehelichen Vater zustehen, zahlt der letztere die Summe von 10000 *M* z. H. des Vormundes; die bisher bewirkten Leistungen werden nicht darauf angerechnet." Der Vergleich ist vom Vormundschaftsgericht genehmigt und vom Beklagten durch Zahlung der 10000 *M* erfüllt worden, die größtenteils, nämlich in Höhe von 7000 *M* in deutscher Kriegsanleihe angelegt wurden. Mit den 10000 *M* wurden alle Unterhaltsansprüche des Klägers gegen den Beklagten abgegolten, sowohl der ordentliche bis zur Vollendung des 16. Lebensjahres des Berechtigten laufende Anspruch aus § 1708 Abs. 1 BGB., als auch der durch Vorhandensein eines körperlichen oder geistigen Gebrechens des Berechtigten bedingte weiterreichende außerordentliche Unterhaltsanspruch aus dem Abs. 2 jener Vorschrift. Ersichtlich hat man sich indes für die Bemessung der Abfindungssumme nicht irgendwie erheblich durch die Rücksicht beeinflussen lassen, daß sich die gesetzlichen Ansprüche des Klägers auf einen solchen außerordentlichen Unterhaltsanspruch möglicherweise erstrecken würden. Denn einerseits ist im Rechtsstreit nirgends von einem Gebrechen des Klägers die Rede, und anderseits ist in einem vorinstanzlichen Schriftsatze des Klägers ausdrücklich ausgeführt, aus der Abfindungssumme solle das Kind seinen Unterhalt bis zum 16. Lebensjahre entnehmen. Wenn sodann die Revision davon ausgehen will, bei Abschluß des Vergleichs seien die damals für die Zukunft von dem Beklagten noch geschuldeten regelmäßigen jährlichen Unterhaltsrenten unter Zugrundelegung der damaligen wirtschaftlichen Verhältnisse kapitalisiert worden, so ist ihr nicht schlechthin zu folgen. Um die Zeit des Vergleichs und der Zahlung der Vergleichssumme war die Kaufkraft der deutschen Mark, wie auch in der Klageschrift anerkannt ist, noch nicht erheblich herabgemindert. Der innere Wert der 10000 *M* entsprach noch einem Friedenswerte von mindestens dreiviertel der Summe, und nach den damals herrschenden Geldwertverhältnissen und insbesondere den damals noch mäßigen üblichen Unterhaltssätzen für uneheliche Kinder bedeuteten die 10000 *M* ein Kapital, welches die Beträge überstieg, die zur Deckung der voraussichtlichen gesetzlichen regelmäßigen Unterhaltsrenten des Klägers erforderlich und ausreichend erschienen. Auszugehen ist somit davon, daß hier die Vergleichssumme zur Abgeltung der dem unehelichen Vater gemäß §§ 1708 flg. BGB. obliegenden Unterhaltspflichten in vollem Umfange dienen sollte, und daß sie nach Lage der Verhältnisse um die Zeit ihrer Zahlung eine reichlich bemessene Abfindung darstellte.

Ende Januar 1921 ist nun seitens des Klägers der Vergleich wegen der inzwischen eingetretenen starken Geldentwertung als unwirksam angefochten worden. Eine Reihe von Gesichtspunkten, die zur

Unterstützung des mit der Klage verfolgten Anfechtungsanspruchs geltend gemacht oder angedeutet wurden, sind kurz auszuscheiden. § 323 Abs. 4 ZPO. in der Fassung der Novelle vom 13. August 1919 kann schon deshalb weder unmittelbare noch entsprechende Anwendung finden, weil der Beklagte keine Leistungen der im § 323 Abs. 1 bezeichneten Art, nämlich nicht künftig fällig werdende wiederkehrende Leistungen übernommen hat. Zur Anwendung des § 779 BGB. wäre erforderlich, daß die Vertragschließenden bei Abschluß des Vergleichs davon als feststehendem Sachverhalt ausgegangen wären, daß nicht eine solche Umwälzung der wirtschaftlichen Verhältnisse und eine solche Geldentwertung eintreten werde, wie sie tatsächlich eingetreten ist, und daß bei Kenntnis dieser zukünftigen Sachlage der durch den Vergleich beseitigte Streit nicht entstanden wäre. Diese Voraussetzungen sind hier aber nicht gegeben. Die Frage, ob es zu einer ungünstigen Umwälzung der allgemeinen Wirtschaftslage kommen werde oder nicht kommen werde, ist bei Abschluß des Vergleichs gar nicht in Betracht gezogen worden. Als feststehender Sachverhalt lag, wie man annehmen darf, dem Vergleich lediglich die Tatsache der Vaterschaft des Beklagten und die sich daraus ergebende Unterhaltspflicht zugrunde. Der Streitpunkt, der durch den Vergleich beseitigt werden sollte und wurde, betraf den Umfang der zur Abgeltung der Unterhaltsansprüche des Klägers dienenden Geldleistung. Diesen Streit will die Klage mit Hinweis auf veränderte Verhältnisse wieder aufrollen. Dafür bietet § 779 keine Handhabe. Auch eine Anfechtung wegen Irrtums gemäß § 119 BGB. kann nicht Platz greifen. Beide Vertragsteile haben den Vergleich mit dem Inhalte, den er tatsächlich hat, abschließen wollen. Der Grund zur Anfechtung des Vergleichs wird hier seitens des Klägers nicht einem bei Abschluß des Vergleichs unterlaufenen Irrtum, sondern nachträglich eingetretenen schadenbringenden Ereignissen entnommen.

Es kann sich ernstlich nur fragen, ob in Anwendung der Grundsätze der sog. clausula rebus sic stantibus unter Berücksichtigung des § 242 und etwa noch des § 157 BGB. dem Kläger eine Befreiung von der Bindung an den Vergleich mit der Folge einzuräumen ist, daß ihm noch Nachforderungen an den Beklagten offen stehen.

Der erkennende Senat hat sich in der zum Abdruck bestimmten[1] Entscheidung vom 26. Januar d. J., VII 754/22, zugunsten der Rechtsnachfolger (Frau und Tochter) ihres im Eisenbahnbetriebe tödlich verunglückten Erblassers ausgesprochen, die im August 1919 durch Vergleich mit der Eisenbahnverwaltung gegen Gewährung einer gewissen laufenden Rente auf alle weitergehenden Ansprüche wegen jenes

[1] Seite 233 dieses Bandes.

Unfalles verzichtet hatten, mit der Klage aber wegen Änderung der Verhältnisse, die für die Bemessung der Rente maßgebend waren, Anspruch auf Erhöhung der Rente auf das Fünffache erhoben. Der Senat hat damals entgegen den Vorinstanzen mit Rücksicht auf die unvorhersehbar seit dem Vergleich eingetretene, fortschreitende Geldentwertung den Klaganspruch dem Grunde nach für gerechtfertigt erklärt. Eine Übertragung dieses Standpunktes auf den vorliegenden Fall wird indes, ganz abgesehen davon, daß hier der Klagantrag auf Feststellung der Unwirksamkeit des Vergleichs gerichtet ist, durch die sonstige wesentliche Verschiedenheit beider Fälle ausgeschlossen. Im Falle des Urteils vom 26. Januar handelte es sich auch nach dem Vergleiche vom August 1919 um eine Dauerverpflichtung zu fortlaufenden Geldleistungen, die in ihrem Werte durch die ungünstige Entwicklung der allgemeinen Wirtschaftslage sehr wesentlich beeinflußt wurden. Hier ist dagegen das Verpflichtungsverhältnis durch Zahlung einer angemessenen und sogar reichlich erscheinenden Abfindungssumme zur Auflösung gebracht worden. Allerdings haben Philipp in der Zeitschr. f. Rechtspfl. in Bayern, 1921 S. 81, und Czolbe in der Leipz. Zeitschr. 1921 Sp. 364, die Meinung vertreten, der im Abfindungsvertrage enthaltene Verzicht des unehelichen Kindes auf Unterhaltsansprüche werde fortlaufend gegenüber den fortlaufend neu entstehenden gesetzlichen Unterhaltsforderungen wirksam und könne nicht für diejenigen künftigen Unterhaltsforderungen gelten, die infolge der Geldentwertung auf einen viel höheren Betrag zu bemessen wären, als bei dem Abfindungsvertrage voraussehbar gewesen sei. Hierfür haben sich die Genannten unter anderem auf den § 1714 Abs. 2 BGB. berufen. Ihr Standpunkt hat vielfach Anklang gefunden. Auf ihm fußen auch Fraeb in der Jur. Wochenschr. 1922 S. 426 und die seine Ausführungen billigende Revision. Beide sprechen mit Bezug auf die durch die Geldentwertung verursachte Steigerung des Nennbetrages von Unterhaltszahlungen von einem Unterhaltszuwachs und folgern, daß insoweit der Verzicht auf künftige Unterhaltsleistungen, der in einem vor jener Steigerung liegenden und sie nicht berücksichtigenden Abfindungsvergleich enthalten ist, als ein unentgeltlicher Verzicht auf zukünftigen Unterhalt aufgefaßt und darum gemäß § 1714 Abs. 2 BGB. als nichtig beurteilt werden muß. Alle diese angedeuteten Meinungsäußerungen sind jedoch für den vorliegenden Rechtsfall abzulehnen. Unbedenklich ist zunächst zu verneinen, daß in dem Vergleich vom 20. August 1918 ein zum Teil unentgeltlicher Verzicht auf zukünftigen Unterhalt liege. Ob ein Vertrag ein entgeltliches oder, sei es im ganzen, sei es zum Teil, ein unentgeltliches Geschäft ist, darf nur nach den Verhältnissen zur Zeit seines Abschlusses beurteilt werden. Hier hat der Kläger gegen Aufgabe aller ihm gesetzlich gegen den Beklagten zustehenden Ansprüche eine Barvergütung erhalten, die bei Abschluß des Vergleichs einen angemessenen und sogar reichlich bemessenen Gegenwert für die von ihm aufgegebenen Rechte darstellte. Der Vertrag ist auf seiten des Klägers zweifellos auch nicht zum Teil unentgeltlich, sondern im ganzen entgeltlich abgeschlossen worden, und daran kann nichts ändern, daß nachträglich Ereignisse eingetreten sind, die eine teilweise Entwertung der vom Kläger erworbenen Vorteile mit sich brachten. Im übrigen ist vor allem wichtig und zu betonen, daß das Bürgerliche Gesetzbuch zwar grundsätzlich von der Annahme eines familienrechtlichen Charakters der Unterhaltspflicht des Vaters eines unehelichen Kindes ausgeht, aber gerade bei der Vorschrift des § 1714 Abs. 1, welche Vereinbarungen zwischen dem Vater und dem Kinde über den Unterhalt für die Zukunft oder über eine an Stelle des Unterhalts zu gewährende Abfindung zuläßt, an jenem Grundsatze nicht streng festgehalten hat. Dazu interessiert aus den Motiven zum ersten Entwurf des BGB. Bd. IV S. 905 die Ausführung: „Die Zulassung derartiger Verträge liegt sowohl im Interesse des unehelichen Kindes als desjenigen, welcher als Vater in Anspruch genommen ist, und führt zu einer Verminderung der Zahl der Alimentenprozesse. Dem als Vater in Anspruch Genommenen liegt oft viel daran, durch Zahlung einer Abfindungssumme von der sonst lange Jahre sich hinziehenden, seine freie Bewegung hindernden und vielleicht mit Störung seiner Familienverhältnisse verbundenen Unterhaltspflicht sich befreien zu können; anderseits ist aber auch für das Kind der Empfang einer Abfindungssumme oft in hohem Grade erwünscht. . . .“ Mit vollem Recht bestreitet das Berufungsurteil, daß die Abfindungssumme lediglich die vorweggenommene Unterhaltszahlung sei, und zutreffend macht das Urteil geltend, der Abfindungsvertrag habe darüber hinaus den Zweck, die Rechtsbeziehungen zwischen beiden Teilen endgültig zu lösen. Insbesondere kann für den vorliegenden Fall, wo der Beklagte eine nach den damaligen Verhältnissen reichlich bemessene Abfindung zahlte, an dem Vertragswillen des Beklagten, damit sein Verpflichtungsverhältnis zu seinem unehelichen Kinde endgültig abschließend zu erledigen, kein Zweifel bestehen. Der Vertrag ist auch einerseits durch die Zahlung des Beklagten, anderseits durch die mit der Empfangnahme des Geldes seitens des Vertreters des Kindes bekundete Verzichtleistung auf alle Ansprüche gegen den unehelichen Vater tatsächlich und rechtlich vollkommen erfüllt worden. Es ist nicht richtig, daß der Verzicht gegenüber fortlaufend in Zukunft neu entstehenden Unterhaltsansprüchen des Klägers immer wieder von neuem in Wirksamkeit trat. Die periodischen Unterhaltsforderungen bilden nur Ausflüsse des als ihr Stammrecht begründeten Unterhaltsrechts. Der Verzicht hat hier aber das Stammrecht getroffen und erledigt mit der Wirkung, daß es zu weiteren, periodischen Unterhaltsforderungen überhaupt nicht mehr kommen konnte. Dem Verzicht standen die nach dem vom Gesetze zugelassenen Abfindungsvergleiche zu zahlenden und gezahlten 10000 *M* als vollwertige Gegenleistung gegenüber. Erst in der Besitzzeit des Klägers, und nachdem dieser für den größten Teil der Abfindung durch Anlage in Kriegsanleihe im Deutschen Reich einen neuen Schuldner erhalten hatte, trat als Folge allgemeiner, das Reich und seine Angehörigen belastender unglücklicher Verhältnisse eine starke und immer fortschreitende Entwertung des auf dem Vergleich beruhenden Erwerbs des Klägers ein. Dabei war diese Folge nicht einmal als notwendig anzusehen. Es war objektiv nicht unmöglich, daß für das der freien Verfügung des Vormundes des Klägers unter Aufsicht des Vormundschaftsgerichts zur bestmöglichen Verwaltung überlieferte Abfindungskapital eine Anlage gewählt wurde, die der bei der deutschen Papiermark und deutschen Wertpapieren eintretenden Entwertung entzogen war. Gewiß gereicht es dem Vormund nicht zum Verschulden, wenn er eine solche Anlage nicht gewählt hat. Es ist dann aber bei dem Stande der Gesetzgebung lediglich zu folgern, daß die Geldentwertung vom Kläger ebenso wie von zahllosen anderen Eigentümern und Gläubigern als ein unverschuldetes Unglück hingenommen und getragen werden muß. Rechtlich unmöglich erscheint ein Rückgriff des Klägers auf seinen früheren Schuldner, der seiner Schuldverbindlichkeit vollkommen genügt hat. Es geht nicht an, mit Hinweis auf den § 242 BGB., den die Rechtsprechung bei nicht erfüllten Verträgen vielfach zur Rechtfertigung des Einwandes aus der sog. clausula rebus sic stantibus angewendet hat, den rechtmäßig abgeschlossenen und erledigten Vergleich rückwärts zur Aufhebung zu bringen. Hier steht die Vertragserfüllung nicht noch aus, sondern sie ist, und zwar bedenkenfrei unter Wahrung der Anforderungen von Treu und Glauben und der Verkehrssitte, erfolgt. Damit ist der Beklagte von seinen Schuldverbindlichkeiten gegenüber dem Kläger endgültig befreit (vgl. auch Mügel, JW. 1921 S. 1274 u. 8, Stahl ebenda S. 1306, Schmidt-Ernsthausen, JW. 1922 S. 717 zu Nr. 1, Böckel, JW. 1923 S. 133 zu Nr. 3, und Kramer, JW. 1922 S. 1503, ungenannten Verfasser, Leipz. Zeitschr. 1922 Sp. 61, Pick, ebenda Sp. 672).

Weiterhin ist im Schrifttum vielfach zugunsten unehelicher abgefundener Kinder mit im übrigen verschiedener Begründung der Weg der Vertragsauslegung (§ 157 BGB.) eingeschlagen (vgl. namentlich die schon erwähnten Aufsätze Philipps und Czolbes, Behrend, JW. 1922 S. 1303 und Gotthard, D. Richterz. 1922 S. 77, Rosenthal und Dove, JW. 1921 S. 1086flg. zu Nr. 1, Krückmann, JW. 1922 S. 37 zu Nr. 2, Güntzer, ebenda S. 571,

Rosenthal, ebenda S. 1213 zu Nr. 1). In den Erwägungen nach dieser Richtung tritt besonders der Gesichtspunkt hervor, bei dem Abfindungsabkommen sei von keiner Seite an die Möglichkeit der nachträglich tatsächlich eingetretenen katastrophalen Änderung der allgemeinen Wirtschaftslage gedacht und damit gerechnet worden; insofern enthalte der zur Versorgung des Kindes abgeschlossene Vertrag eine Lücke, die durch richterliche Auslegung derart auszufüllen sei, daß dem Kinde noch Unterhaltsansprüche insoweit verblieben, als die Kapitalabfindung infolge der nicht voraussehbaren Geldentwertung zur Deckung des Unterhalts nicht zureiche. Es ist zuzugeben, daß bei den bis in das Jahr 1919 hinein geschlossenen Abfindungsverträgen die Möglichkeit einer Geldentwertung, wie diese seitdem eintrat, regelmäßig nicht in Rechnung gezogen sein wird, und darin mag auch für manche Vertragsfälle, namentlich, wenn die Abfindung des unehelichen Kindes nachweislich einfach durch Kapitalisierung der gesetzlichen bis zur Vollendung des sechzehnten Lebensjahres reichenden Rente gefunden ist, ein geeignetes Mittel liegen, dem durch die Geldentwertung benachteiligten Kinde auf dem Wege ergänzender Vertragsauslegung zu helfen. Der vorliegende Rechtsfall läßt jedoch diesen Weg nicht zu. Nachdem oben nachgewiesen ist, daß der Vertrag vom 20. August 1918 über den Zweck, den Kläger zu versorgen, hinaus auf endgültige Erledigung des Verpflichtungsverhältnisses des Beklagten gegenüber dem Kläger abzielte, und daß dieser rechtlich zulässige Vertrag auch gesetzmäßig erfüllt worden ist, bleibt überhaupt kein Raum mehr, mit einer ergänzenden Vertragsauslegung fortdauernde Verpflichtung des Beklagten gegenüber dem Kläger nachzuweisen. Sodann ließe sich auch eine Ermittlung weiterer Verpflichtungen des Beklagten, die im Wege einer Auslegung des Abfindungsvergleiches geschieht, nicht gut mit der Richtung des Klagantrags vereinen, der festgestellt wissen will, daß der Vergleich unwirksam geworden sei. Wollte man aber auch von diesen Bedenken absehen, so bliebe doch eine ergänzende Vertragsauslegung immer nur auf die Ermittlung beschränkt, welchen Inhalt die Vertragschließenden ihrem Abkommen gegeben haben würden, wenn sie die spätere Geldentwertung vorausgesehen hätten. Insbesondere fragt sich, ob sie für diesen Fall eine höhere Abfindungssumme vereinbart oder dem Kläger Nachforderungen vorbehalten haben würden. Die Frage läßt sich aber eher verneinen als bejahen. Dem Beklagten war zweifellos nicht zuzumuten, sich im Hinblick auf spätere Geldentwertung zur Zahlung von mehr als den 10000 *M* zu verstehen, die einen reichlich bemessenen Wert zur Ablösung seiner Verpflichtungen darstellten, oder sich auf den Vorbehalt von Nachforderungen bei diesem zur endgültigen Auseinandersetzung bestimmten Geschäfte einzulassen. Er konnte ohne Verstoß gegen Treu und Glauben dem Vormunde des Klägers überlassen, die Abfindungssumme in Werten anzulegen, die der fortschreitenden Geldentwertung entzogen waren, und diese Zumutung darf auch der Richter bei der Frage, wie die Beteiligten im Falle der Voraussicht der Geldentwertung ihr Abkommen gestaltet hätten, an den Vormund stellen. So kann man auch vom Standpunkte einer ergänzenden Vertragsdeutung aus nicht zu der Annahme gelangen, daß im Sinne des vorliegenden Abfindungsvergleichs wegen der inzwischen eingetretenen Änderung der Verhältnisse dem Kläger noch über die empfangenen 10000 *M* Forderungen gegen den Beklagten zustehen. Der nicht einmal auf ergänzende Änderungen, sondern auf gänzliche Beseitigung des Abfindungsvergleichs gerichtete Klagantrag ist vollends haltlos.

Unterstützend mag bemerkt werden: Die eigentlichen Zweifel für die Beurteilung des Falles lagen in der Frage der Anwendbarkeit der clausula rebus sic stantibus. Das Reichsgericht schließt die Anwendung der Grundsätze dieser clausula bei Geschäften mit stark spekulativem Einschlag in ständiger Rechtsprechung aus. Solchen Geschäften sind aber Abfindungsverträge von der Art des zur Beurteilung stehenden Vergleichs zuzuzählen. Es konnten nach dem Abschlusse mancherlei Umstände eintreten, die den vereinbarten Betrag von dem Standpunkte nachträglicher Betrachtung aus entweder als unangemessen hoch oder unangemessen niedrig erscheinen ließen. Der kammergerichtliche Beschluß JW. 1921 S. 1086 bringt hierfür Beispiele. Es handelt sich um Gefahren von zum Teil bedeutender Tragweite, die mit dem gewagten Geschäftsabschlusse verknüpft sind und bei Verwirklichung von der Partei, zu deren Nachteil sie ausschlagen, getragen werden müssen. Nicht wesentlich anders steht es um die unvorhergesehene Geldentwertung. Dem Kläger muß zugemutet werden, diesen Schaden als Folgeerscheinung des Abfindungsvergleichs zu tragen.

---

111. Kann die eingetragene Genossenschaft mit beschränkter Haftpflicht Mitgliedern, die ihren Geschäftsanteil voll eingezahlt haben, zur Deckung von Geschäftsverlusten weitere Einzahlungen auferlegen, ohne die Geschäftsanteile zu erhöhen?

II. Zivilsenat. Urt. v. 23. März 1923 i. S. Solidarität, eing. Genossenschaft m. b. H. i. Liqu. (Kl.) w. Sch. (Bekl.). II 318/22.

I. Landgericht I Berlin. — II. Kammergericht daselbst.

Der Beklagte war im Dezember 1919 der „Solidarität“, Einkaufsgenossenschaft der Zigarettenfabriken Deutschlands, e. G. m. b. H., in Berlin unter Übernahme von 4 Geschäftsanteilen zu je 3000 *M* als Genosse beigetreten und hatte den Betrag der Geschäftsanteile voll eingezahlt. Nachdem in der Generalversammlung vom 1. März 1921 die Bilanz genehmigt und zwecks Deckung der entstandenen Verluste die Abschreibung der Geschäftsguthaben sämtlicher Genossen beschlossen worden war, fand am 21. März 1921 wiederum eine Generalversammlung statt. In dieser wurde von den erschienenen 35 Genossen mit allen gegen 2 Stimmen die Auflösung der Genossenschaft im Wege der Liquidation und die Neueinzahlung der Geschäftsanteile in voller Höhe bis zum 15. April 1921 beschlossen. Mittels Einschreibebriefes der Liquidatoren vom 24. März 1921 wurde der Beklagte hiervon in Kenntnis gesetzt und zur Neueinzahlung seiner Geschäftsanteile aufgefordert. Da er nicht zahlte, erwirkte die Klägerin gegen ihn einen Zahlungsbefehl über 12000 *M* nebst Zinsen und Kosten und unter dem 1. Juni 1921 einen Vollstreckungsbefehl. Er legte Einspruch ein und beantragte, nachdem der Rechtsstreit an das Landgericht verwiesen worden war, den Vollstreckungsbefehl aufzuheben, wogegen die Klägerin die Aufrechterhaltung des Vollstreckungsbefehls verlangte.

Land- und Kammergericht erkannten auf Abweisung der Klägerin. Die Revision wurde zurückgewiesen.

Aus den Gründen:

Die angefochtene Entscheidung beruht auf der in dem Urteile des I. Zivilsenats des Reichsgerichts vom 1. Februar 1908 (RGZ. Bd. 68 S. 93flg.) vertretenen Rechtsauffassung, daß die Mitglieder einer eingetragenen Genossenschaft mit beschränkter Haftpflicht, wenn sie ihre Geschäftsanteile voll eingezahlt haben, gegen ihren Willen zu weiteren Einzahlungen auf diese Geschäftsanteile auch im Fall einer Verringerung ihres Geschäftsguthabens durch Verluste der Genossenschaft weder ohne weiteres noch auf Grund eines Mehrheitsbeschlusses der Generalversammlung angehalten werden können (§§ 7 Nr. 2, 19 GenGes., § 707 BGB.). Diese Rechtsauffassung ist trotz der von Parisius-Crüger (Kommentar zum GenGes. § 7 Anm. 30, 8. Aufl. S. 100flg.) gegen sie erhobenen Bedenken für zutreffend zu erachten. Aus der Begründung des 2. Entwurfs zum Genossenschaftsgesetz, in der es (S. 63) heißt:

„Da Einlagen über den Geschäftsanteil hinaus unzulässig sind, so ergibt sich, daß auch die obligatorischen Einzahlungen zessieren müssen, falls etwa schon vor der vollen Deckung derselben das Geschäftsguthaben des Genossen durch Gewinnzuschreibungen den Geschäftsanteil erreicht. In diesem Falle beginnt jedoch die Einzahlungspflicht wieder, wenn durch Verlustabschreibungen eine Minderung des Guthabens eingetreten ist."

läßt sich ebensowenig, wie aus § 19 GenGes. folgern, daß die Einzahlungspflicht der Genossen eine dauernde Verpflichtung darstelle, die zwar, sobald das Geschäftsguthaben den Betrag des Geschäftsanteils durch Gewinnzuschreibung erreicht habe, einstweilen aufhöre, die aber mit jeder Verminderung des Geschäftsguthabens durch Verlustabschreibung wieder beginne. Nur soweit der aus Gewinnzuschreibung herrührende Teil des Geschäftsguthabens wieder verloren geht, ist der Genosse verpflichtet, den Verlust durch weitere Einzahlungen zu ersetzen; soweit dagegen der Verlust den durch Einzahlungen gebildeten Teil des Geschäftsguthabens ergreift, besteht eine Einzahlungspflicht nicht mehr. Der § 19 GenGes. läßt eine Gewinnzuschreibung nur so lange als Einzahlung gelten, wie sie nicht durch eine Verlustabschreibung wieder beseitigt wird; die Zuschreibung eines Gewinnes, der satzungsgemäß nicht bar ausbezahlt werden darf, sondern dem Geschäftsguthaben zugeschrieben werden muß, bewirkt also keine endgültige Befreiung des Genossen von der Einzahlungspflicht, während eigentliche Einzahlungen, mögen sie auch aus bar auszahlbaren Gewinnen geleistet werden, die Einzahlungspflicht ein für allemal zum Erlöschen bringen (§ 707 BGB., vgl. Art. 92, 252 Abs. 2 ADHGB.). Es würde dem Wesen der eingetragenen Genossenschaft mit beschränkter Haftpflicht geradezu widersprechen, wollte man annehmen, daß der Genosse zwar nur in Höhe der satzungsmäßig bestimmten Haftsumme (§§ 2 Nr. 3, 131 GenGes.) haftpflichtig sei, daß er aber auf Grund eines Mehrheitsbeschlusses der Generalversammlung oder sogar ohne einen solchen Beschluß genötigt werden könne, die auf seinen Geschäftsanteil bereits geleisteten wirklichen Einzahlungen in jedem Verlustfall erneut zu leisten. Dem kann füglich nicht entgegen gehalten werden, daß nach dem Gesetze der einzelne Genosse es sich gefallen zu lassen hat, wenn die Generalversammlung mit einer Mehrheit von drei Vierteilen der erschienenen Genossen und unter Beobachtung der in der Satzung etwa sonst noch aufgestellten Erfordernisse die Erhöhung des Geschäftsanteils (§ 16) und der Haftsumme (§ 132, 131) oder die Umwandelung der eingetragenen Genossenschaft mit beschränkter Haftpflicht in eine solche mit unbeschränkter Haftpflicht oder mit unbeschränkter Nachschußpflicht (§ 144) beschließt, und daß ein derartiger Beschluß den einzelnen Genossen auch dann bindet, wenn infolge von Verlusten der Genossenschaft die sämtlichen Geschäftsguthaben abgeschrieben werden mußten. Denn daraus ergibt sich nur, daß die einzelnen Genossen (solange nicht die Auflösung der Genossenschaft beschlossen worden ist) in den vom Gesetze besonders bestimmten Fällen und unter den für diese Fälle vorgesehenen Garantien noch mit anderen als den von ihnen freiwillig übernommenen Verpflichtungen belastet werden können, sowie daß diese Neubelastung auch zu dem Zwecke beschlossen werden kann, die in Not geratene Genossenschaft zu sanieren. Dagegen folgt daraus nicht, daß das Gesetz die Heranziehung der Genossen einer eingetragenen Genossenschaft mit beschränkter Haftpflicht zu neuen Beiträgen zum Zwecke der Sanierung allgemein gestattete, und vollends nicht, daß es nach Eintritt der Liquidation die Heranziehung der Genossen zu Neueinzahlungen auf bereits voll eingezahlte Geschäftsanteile zwecks Vermeidung der Konkurseröffnung zuließe. Es mag sein, daß unter Umständen weder den Genossen, noch den Genossenschaftsgläubigern mit der Durchführung des langwierigen und kostspieligen Konkursverfahrens gedient sein würde, dann nämlich, wenn es den Liquidatoren gelingen müßte, nach Einziehung einer die Haftsumme nicht übersteigenden Neueinzahlung die Gläubiger voll zu befriedigen. Diese Erwägung vermag aber gleichfalls die Heranziehung der Genossen zur Neueinzahlung nicht zu rechtfertigen; ihre Haftpflicht würde keinesfalls schon mit der Neueinzahlung erlöschen, sie würden also stets der Gefahr ausgesetzt sein, auf im ganzen mehr als den Betrag des Geschäftsanteils und der Haftsumme in Anspruch genommen zu werden.

Hiernach stellt sich der Einforderungsbeschluß vom 21. März 1921, weil außerhalb der Befugnisse der Generalversammlung liegend, als nichtig dar; einer Anfechtung des Beschlusses nach § 51 GenGes. bedurfte es nicht....

---

112. Ist die Erhebung einer Schadensersatzklage gegen das Reich wegen Beamtenverschuldens bei der Verfallerklärung und Behandlung eingeführter Waren nach § 3 Abs. 4 der Verordnung zur Änderung der Verordnung über die Regelung der Einfuhr vom 16. Januar 1917 (RGBl. S. 41) vom 22. März 1920 (RGBl. S. 334) nur zulässig, wenn das Reichswirtschaftsgericht die Verfallerklärung für unrechtmäßig erklärt hat?

III. Zivilsenat. Urt. v. 23. März 1923 i. S. Deutsches Reich (Bekl.) w. S. (Kl.). III 339/22.

I. Landgericht I Berlin. — II. Kammergericht daselbst.

Am 25. April 1920 wurde ein für die Klägerin bestimmter Eisenbahnwagen Apfelsinen von der Kontrollstelle des Beklagten in D. beschlagnahmt, die Ladung demnächst für verfallen erklärt und verkauft. Der Erlös wurde der Klägerin am 20. Dezember 1920 ausgezahlt. Die Klägerin behauptet, daß die ordnungsmäßige Bewilligung zur Einfuhr der Ladung vorhanden gewesen, die Verfallerklärung zu Unrecht erfolgt sei und die Beamten des Beklagten die ihnen obliegende Amtspflicht fahrlässig verletzt hätten. Sie fordert den Ersatz des ihr hierdurch entstandenen Schadens von dem beklagten Reich. Der Beklagte erhob die Einrede der Unzulässigkeit des Rechtswegs. Beide Vorderrichter verwarfen diese Einrede. Auch die Revision hatte keinen Erfolg.

Gründe:

Der Beklagte leitet die Unzulässigkeit des Rechtswegs aus der Vorschrift des Art. I § 3 Abs. 4 der VO. des Reichswirtschaftsministers zur Änderung der VO. über die Regelung der Einfuhr vom 16. Januar 1917 vom 22. März 1920 her, wonach über die Rechtmäßigkeit der Verfallerklärung und die Festsetzung einer Entschädigung auf Beschwerde der Betroffenen endgültig das Reichswirtschaftsgericht entscheidet. Diese Vorschrift vermag jedoch die Einrede des Beklagten nicht zu begründen.

Wenn durch § 3 Abs. 4 dem Reichswirtschaftsgericht die Entscheidung über die Rechtmäßigkeit der Verfallerklärung mit der Wirkung übertragen werden sollte, daß seine Entscheidung für die ordentlichen Gerichte bindend sei auch bei der Prüfung von Schadensersatzansprüchen wegen Verschuldens von Reichsbeamten bei Ausübung der ihnen anvertrauten öffentlichen Gewalt, so würde die Vorschrift nach Art. 131 Abs. 1 Satz 3 der Reichsverfassung der Rechtswirksamkeit entbehren.

Art. 131 Abs. 1 Satz 3 ordnet an, daß für die in Satz 1 bezeichneten Ansprüche der ordentliche Rechtsweg nicht ausgeschlossen werden darf. Dieses Verbot ist maßgebend auch für die zuständige Reichs- und Landesgesetzgebung, der im Abs. 2 die nähere Regelung übertragen ist. Um den ordentlichen Rechtsweg auszuschließen, bedarf es eines verfassungändernden Gesetzes. Das Verbot des Art. 131 Abs. 1 Satz 3 trifft nicht nur die völlige Ausschließung der ordentlichen Gerichte von der Entscheidung über den Anspruch, sondern auch eine solche Regelung, welche die Entscheidung über eine Vorfrage einer anderen Behörde als den ordentlichen Gerichten überträgt und die gerichtliche Geltendmachung des Anspruchs nur in dem Falle zuläßt, daß die Vorfrage in einem für den Schadensersatzfordernden günstigen Sinne beantwortet wird, andernfalls aber den Anspruch endgültig erledigt. Dies hat der erkennende Senat in den Gründen seines gemäß Art. 13 Abs. 2 RVerf. und des AusfG. vom 8. April 1920 auf Antrag des preußischen Staatsministeriums erlassenen Beschlusses vom 20. Februar 1923 (RGZ. Bd. 106 S. 34) ausgesprochen und demgemäß auch den § 5 des preußischen Staatshaftungsgesetzes vom 1. August 1909 für nicht vereinbar mit Art. 131 Abs. 1 Satz 3 RVerf. erklärt. Diese Entscheidung hat nach § 3 Abs. 3 des Gesetzes vom 8. April 1920 Gesetzeskraft. Was dort für § 5 des preußischen Gesetzes vom 1. August 1909 und die darin in Bezug genommene Vorschrift des § 6 des Gesetzes über die Zulässigkeit des Rechtswegs in

Beziehung auf polizeiliche Verfügungen vom 11. Mai 1842 ausgeführt ist, müßte auch für die Vorschrift des § 3 Abs. 4 der VO. vom 22. März 1920 gelten, wenn sie dahin zu verstehen wäre, daß die Erhebung eines Schadensersatzanspruchs wegen Beamtenverschuldens bei der Behandlung eingeführter und für verfallen erklärter Waren vor den ordentlichen Gerichten nur zulässig sein solle, wenn das Reichswirtschaftsgericht die Verfallerklärung für unrechtmäßig erklärt hat. Auch das enthielte eine dem Art. 131 Abs. 1 Satz 3 RVerf. widersprechende Ausschließung des ordentlichen Rechtswegs.

Daran ändert auch nichts, daß die Entscheidung über die Rechtmäßigkeit der Verfallerklärung gerade dem Reichswirtschaftsgericht übertragen worden ist. Zunächst kann der Meinung des Beklagten nicht beigetreten werden, daß die Vorschrift des Art. 131 Abs. 1 Satz 3 RVerf. durch die des Art. 107 eingeschränkt werde und daß es danach zulässig sei, die Entscheidung über die Rechtmäßigkeit von Amtshandlungen auch insoweit, als von der Frage ihrer Rechtmäßigkeit die Entscheidung über einen auf Art. 131 RVerf. in Verbindung mit § 839 BGB. gestützten Schadensersatzanspruch abhängt, einem mit aller Gewähr für eine unabhängige Rechtsprechung ausgestatteten Verwaltungsgericht zu übertragen. Wie bereits in den Gründen des oben erwähnten Beschlusses vom 20. Februar 1923 ausgeführt worden ist, gibt Art. 107 RVerf. keinen Anhalt dafür, daß der Schutz gegen Anordnungen und Verfügungen der Verwaltungsbehörden ausschließlich den Verwaltungsgerichten übertragen und die Prüfung der objektiven Gesetzmäßigkeit der Verwaltungsbehörden den ordentlichen Gerichten entzogen sei. Art. 131 Abs. 1 Satz 3 aber spricht den Satz, daß der Rechtsweg für die dort bezeichneten Ansprüche nicht ausgeschlossen werden darf, uneingeschränkt aus und entzieht damit der Gesetzgebung die Befugnis, den Rechtsweg durch Übertragung der Entscheidung — sei es über den Anspruch als solchen, sei es über einzelne Fragen, von deren Beantwortung die Verfolgung des Anspruchs vor den ordentlichen Gerichten abhängen soll — an ein Verwaltungsgericht auszuschließen.

Ohne Bedeutung für die zu entscheidende Frage ist auch, ob man das Reichswirtschaftsgericht als ein Verwaltungsgericht oder als Sondergericht anderer Art ansieht. Der ordentliche Rechtsweg wird ausgeschlossen, wenn die Entscheidung anderen Behörden oder Gerichten übertragen wird, als den Gerichten der ordentlichen Gerichtsbarkeit, die nach Art. 103 RVerf. ausgeübt wird durch das Reichsgericht und die Gerichte der Länder, und er wird gleichermaßen ausgeschlossen, wenn das Verfahren anders als in der Zivilprozeßordnung geregelt wird. Übrigens vermag der erkennende Senat der in dem Urteil des VII. Zivilsenats vom 28. Oktober 1921, RGZ. Bd. 103 S. 102, ausgesprochenen, auch vom Beklagten vertretenen Auffassung nicht beizupflichten, daß das Reichswirtschaftsgericht nicht ein Verwaltungsgericht, sondern ein zur Entscheidung bürgerlichrechtlicher Streitigkeiten berufenes Sondergericht gleich den Kaufmanns- und Gewerbegerichten sei. Wie die Zusammenstellung der dem Reichswirtschaftsgericht übertragenen Entscheidungen ergibt — vgl. Müller und Wiedersum Anm. 2 zu § 2 der VO. über das Reichswirtschaftsgericht vom 21. Mai 1920 —, liegt seine Tätigkeit zum mindesten so überwiegend auf dem Gebiete des öffentlichen Rechts, daß es seinem Wesen nach als ein Verwaltungsgericht, als ein Verwaltungs-Sondergericht angesehen werden muß. Daß es sich bei den dem Reichswirtschaftsgericht zugewiesenen Streitigkeiten zum größten Teile um vermögensrechtliche Ansprüche handelt, steht dem nicht entgegen; denn keineswegs sind, wie dies im Schrifttum gelegentlich angenommen wird, vermögensrechtliche Ansprüche notwendig auch privatrechtliche. Vielmehr sind diejenigen vermögensrechtlichen Ansprüche, welche ihrem Wesen nach auf dem öffentlichen Rechte beruhen, auch ihrerseits als öffentlichrechtliche anzusehen, wenn sie auch zum Teil nach der geschichtlichen Entwicklung als bürgerlichrechtliche im Sinne des § 13 GVG. anzuerkennen sind (vgl. besonders RGZ. Bd. 99 S. 41 (45), Bd. 102 S. 251 (252), Bd. 103 S. 52 (56), Bd. 104 S. 251 (252)). Die vorstehende Kennzeichnung des Reichswirtschaftsgerichts als eines Verwaltungsgerichts entspricht der im Schrifttum ganz überwiegend, und insbesondere auch von Mitgliedern des Reichswirtschaftsgerichts selbst, vertretenen Auffassung; vgl. Urteil des Reichswirtschaftsgerichts vom 27. Oktober 1921, JW. 1922 S. 1426 Nr. 1; Lucas das. S. 662, Dochow das. S. 696; Waldecker das. S. 665; Köppel JW. 1921 S. 311; Stein das. S. 1138 Anm. 3, Klinger, die Zuständigkeitsgebiete des Reichswirtschaftsgerichts (Heft IV von „Wirtschaftsgericht und Wirtschaftspflege") S. 62 Anm. 6. Insbesondere ist die Frage, deren Entscheidung in § 3 Abs. 4 der VO. vom 22. März 1920 dem Reichswirtschaftsgericht übertragen ist, ob die von dem Reichsbeauftragten für die Überwachung der Ein- und Ausfuhr, seinen Bevollmächtigten oder der Zollverwaltung ausgesprochene Verfallerklärung von Waren rechtmäßig ist oder nicht, zweifellos eine solche des öffentlichen Rechts.

Die Einrede der Unzulässigkeit des Rechtswegs ist somit zu Recht von den Vorderrichtern verworfen worden. Aber auch die Unzuständigkeit der ordentlichen Gerichte ist nicht gegeben, denn nur diese, nicht irgendwelche Sondergerichte, haben nach Art. 131 RVerf. und den Bestimmungen des Gerichtsverfassungsgesetzes über den Schadensersatzanspruch zu entscheiden.

Wenn hiernach die ordentlichen Gerichte im Rechtsstreit über den Schadensersatzanspruch wegen Beamtenverschuldens auch die Frage der Rechtmäßigkeit der Verfallerklärung zu entscheiden haben, ohne durch die etwa hierüber ergangene Entscheidung des Reichswirtschaftsgerichts rechtlich gebunden zu sein, so entbehrt damit doch eine solche Entscheidung des Reichswirtschaftsgerichts keineswegs einer schwerwiegenden Bedeutung auch für den Schadensersatzanspruch. In ständiger Rechtsprechung pflegt das Reichsgericht ein Verschulden des Beamten zu verneinen, wenn es zwar selbst die Handlung des Beamten für objektiv unrechtmäßig und deshalb auch objektiv pflichtwidrig erachtet, das Landgericht oder Oberlandesgericht aber seine Handlung für objektiv berechtigt erklärt hat. Wenn die Frage der Rechtmäßigkeit einer Handlung derart zweifelhaft ist, daß ein Kollegialgericht nach mündlicher Verhandlung und der gebotenen sorgfältigen Prüfung die gegen die Rechtmäßigkeit der Handlung eines Beamten erhobenen Angriffe für unbegründet erklärt, so wird es dem Beamten selbst, und insbesondere einem Beamten, dessen Tätigkeit eine schnelle Entschließung fordert, regelmäßig nicht zum Verschulden angerechnet werden können, wenn auch er, wie das Instanzgericht, seine Handlung irrtümlich für rechtmäßig erachtete. In erhöhtem Maße muß dies gelten, wenn das Reichswirtschaftsgericht die Beamtenhandlung — die Verfallerklärung — für rechtmäßig erklärt hat. Nach der Art der Zusammensetzung und der Tätigkeit des Reichswirtschaftsgerichts kommt seiner Rechtsprechung eine ganz besondere Bedeutung zu. Seine Erfahrung auf den besonderen ihm zugewiesenen Gebieten versetzt es in die Lage, seine Entscheidungen so zu fällen und zu begründen, daß sie auch auf die Rechtsprechung der ordentlichen Gerichte einen höchst wesentlichen Einfluß ausüben müssen. Sollten selbst einmal im Einzelfalle die ordentlichen Gerichte, und insbesondere auch das Reichsgericht, die Frage der Rechtmäßigkeit der Verfallerklärung anders beurteilen als das Reichswirtschaftsgericht, so wird doch die Billigung der Verfallerklärung durch das Reichswirtschaftsgericht grundsätzlich zur Verneinung der Schuldfrage des Beamten führen müssen. Nur bei einer außerordentlich ungewöhnlichen, durchaus unvorhersehbaren und sehr seltenen Sachlage könnte der Betroffene vielleicht einen Erfolg von der Schadensersatzklage erhoffen, wenn das Reichswirtschaftsgericht die Verfallerklärung für rechtmäßig erklärt hat.

Hierzu kommt, daß das öffentliche Wohl eine strenge Durchführung der Einfuhrverbote erheischt und die damit beauftragten Beamten deshalb im Zweifelsfalle gehalten sein werden, die Verfallerklärung oder doch gemäß § 3 Abs. 2 der VO. die vorläufige Sicherstellung der Waren zu veranlassen. Der sichere Weg, den in zweifelhaften Fällen der Beamte wie der Rechtsanwalt usw. einzuschlagen hat, wird hier grundsätzlich derjenige sein, welcher der Wahrung der öffentlichen Interessen dient. Selbst da, wo die Verfallerklärung offenbar objektiv unrechtmäßig ist, wird deshalb die Behauptung eines Verschuldens des

Beamten einer besonderen Begründung bedürfen. Die Rechtsprechung der ordentlichen Gerichte muß dem Gesichtspunkt Rechnung tragen, daß die Entschlossenheit und Tatkraft des Verwaltungsbeamten, insbesondere auch der hier in Betracht kommenden mit der Überwachung der Einfuhr betrauten Beamten, nicht durch die Sorge vor leichthin erhobenen Schadensersatzansprüchen gelähmt wird. Hier wird ihr die Rechtsprechung des Reichswirtschaftsgerichts eine wirksame Stütze sein und einer übertrieben peinlichen Beurteilung vorbeugen. Es ist zu erwarten, daß die von einer Verfallerklärung Betroffenen im eigenen Interesse, ehe sie den langwierigen und kostspieligen Rechtsweg beschreiten, die Entscheidung des Reichswirtschaftsgerichts über die Rechtmäßigkeit der Verfallerklärung anrufen werden, sofern die Verwaltungsbehörde nicht selbst deren Unrechtmäßigkeit anerkennt. Fällt diese Entscheidung dahin, daß die Verfallerklärung rechtmäßig sei, so müssen die Betroffenen damit rechnen — und demgemäß werden sie von dem Anwalt zu beraten sein —, daß auch eine Schadensersatzklage wegen Beamtenverschuldens regelmäßig selbst dann keinen Erfolg haben kann, wenn die Gerichte im Gegensatz zum Reichswirtschaftsgericht die Verfallerklärung für objektiv unrechtmäßig erachten sollten.

---

113. Fallen unter § 10 Abs. 2 des Gerichtskostengesetzes in der Fassung vom 21. Dezember 1922 Rentenansprüche auf Grund der §§ 843, 844 BGB., §§ 3, 3a, 7 HaftpflG.?

VI. Zivilsenat. Beschl. v. 26. März 1923 i. S. L. (Kl.) w. Stadt B. (Bekl.). VI 1323/22.

Das Reichsgericht hat die Frage verneint.

Gründe:

Der am 2. August 1851 geborene Kläger hat wegen eines Straßenbahnunfalls, den er am 16. Januar 1920 erlitten hat, von der Beklagten wegen Verdienstentgangs eine monatliche Rente von 400 *M* bis zum vollendeten 75. Lebensjahre, d. i. bis zum 2. August 1926, sowie 10000 *M* Schmerzensgeld verlangt.

Nach der Übergangsvorschrift des Art. VIII Abs. 2 des Gesetzes zur Änderung des GKG. vom 21. Dezember 1922 (RGBl. 1923 S. 1) finden auf die vor dem Inkrafttreten dieses Gesetzes, dem 15. Februar 1923, anhängig gewordenen bürgerlichen Rechtsstreitigkeiten die Bestimmungen des neuen Gesetzes Anwendung. In Betracht kommt der Abs. 2 des § 10, der an die Stelle des § 9a alten Ges. getreten ist.

§ 9a Abs. 2 lautete:

Bei Ansprüchen auf Alimente, welche auf gesetzlicher Vorschrift beruhen, wird der Wert des Rechts auf die wiederkehrenden Leistungen, falls nicht der Gesamtbetrag der geforderten Leistungen geringer ist, auf den fünffachen Betrag des einjährigen Bezugs berechnet. Das gleiche gilt bei Ansprüchen auf Entrichtung einer Geldrente, welche nach den §§ 843, 844 BGB. oder nach den §§ 3, 3a, 7 HaftpflG. erhoben werden.

§ 10 Abs. 2 des neuen Gesetzes bestimmt:

Bei Ansprüchen auf Erfüllung einer auf gesetzlicher Vorschrift beruhenden Unterhaltspflicht wird der Wert des Rechts auf die wiederkehrenden Leistungen, falls nicht der Gesamtbetrag der geforderten Leistungen geringer ist, auf den Betrag des einjährigen Bezugs berechnet.

Der Satz 2 ist weggefallen. Daraus folgt, daß bei den in diesem Satz bezeichneten Ansprüchen gemäß § 9 des neuen Gesetzes die Vorschrift des § 9 ZPO. hier Platz greift, wonach bei bestimmter Dauer des Bezugsrechts der Gesamtbetrag der künftigen Bezüge Maß gibt, wenn er geringer ist als ihr 25facher Betrag.

Nun heißt es aber in der Begründung zur Abänderung des § 9a alten GKG.:

Bei Ansprüchen auf Erfüllung einer auf gesetzlicher Vorschrift beruhenden Unterhaltspflicht wie der durch Verwandtschaft, unerlaubte Handlung, Unfallhaftung begründeten, wird der Streitwert zurzeit auf den fünffachen Betrag des einjährigen Bezugs berechnet. Bei der durch das fortschreitende Sinken des Geldwerts verursachten Erhöhung der Unterhaltsrenten ergeben sich bei dieser Berechnungsart Streitwerte, die eine unbillig starke Belastung der Beteiligten mit Gebühren zur Folge haben. Der Entwurf schlägt hier eine Abhilfe in der Weise vor, daß künftig für die Berechnung des Streitwerts nur der Betrag des einjährigen Bezugs maßgebend sein soll.

(Vgl. hierzu auch Jonas GKG. § 10 A 2).

Hiernach hat der Entwurf beabsichtigt, auch bei den in § 9a Abs. 2 S. 2 a. F. genannten Ansprüchen den Betrag des einjährigen Bezugs als Streitwert gelten zu lassen.

Diese Absicht ist jedoch im Gesetz selbst nicht zum Ausdruck gelangt. Die Schadensersatzansprüche auf Grund der §§ 843, 844 BGB., 3, 3a, 7 HPflG. sind nach Rechtsgrund, Voraussetzung, Umfang und Ziel durchaus verschieden von den Ansprüchen auf Erfüllung einer gesetzlichen Unterhaltungspflicht und können in keiner Art hierunter eingereiht werden. Die §§ 843 Abs. 4 BGB., 850 Abs. 1 Nr. 2, Abs. 3 ZPO. halten sie ausdrücklich auseinander. Der § 10 Abs. 2 neuen Ges. wiederholt im Eingang lediglich den § 9a Abs. 2 S. 1. Ansprüche auf Alimente sind dasselbe wie Ansprüche auf Erfüllung einer gesetzlichen Unterhaltungspflicht. Würden hierunter Schadensersatzansprüche aus §§ 843, 844 BGB. und dem HPflG. fallen, so wäre der Satz 2 des § 9a überflüssig.

Das Reichsgericht sieht sich außerstande, das Gesetz angesichts seines unzweideutigen Wortlauts nach dem vielleicht sachlich zu billigenden Willen des Entwurfs zu ergänzen, zumal keineswegs ausgeschlossen ist, daß § 10 gerade wegen seiner jetzigen Fassung die Billigung der gesetzgebenden Körperschaften oder einer von ihnen gefunden hat.

Der Streitwert der eingeklagten Geldrente war hiernach auf das $6^1/_2$ fache des einjährigen Betrags von 4800 *M* festzusetzen, wozu das geforderte Schmerzensgeld tritt.

---

114. Inwieweit braucht der Einkaufskommissionär eine an sich etwa erforderliche Großhandelserlaubnis?

VII. Zivilsenat. Urt. v. 27. März 1923 i. S. F. (Bekl.) w. H. (Kl.). VII 202/22.

I. Landgericht Ulm. — II. Oberlandesgericht Stuttgart.

Auf Grund eines im Dezember 1920 abgeschlossenen Vertrages hat der Kläger bei Landwirten seiner Umgebung für den Beklagten, aber im eigenen Namen, Linsen aufgekauft. Der Beklagte hat die Abnahme der ihm vom Kläger angebotenen Linsen abgelehnt, weil sie nicht vertragsmäßig seien. Der Kläger erhob Klage auf Zahlung der verauslagten Beträge und seiner Provision. Nachträglich einigten sich die Parteien über den Verkauf der Ware und der Kläger verlangte nunmehr nur die verauslagten Beträge abzüglich des Verkaufserlöses. Das Landgericht verurteilte im wesentlichen nach dem Klagantrage. Der Beklagte legte Berufung ein und erhob den neuen Einwand, daß der Vertrag der Parteien von vornherein nichtig gewesen sei, weil dem Kläger die Großhandelserlaubnis gefehlt habe. Das Oberlandesgericht ist dem nicht beigetreten. Die Revision des Beklagten hatte Erfolg.

Aus den Gründen:

... (Es wird dargelegt, daß das Rechtsverhältnis zwischen den Parteien nach den Regeln des Kommissionsvertrages zu beurteilen ist). Der Abschluß eines Kommissionsvertrages, der Nahrungs- oder Futtermittel, z. B. Linsen, zum Gegenstand hat, stellt für sich noch keinen „Handel" mit Linsen dar. In einem solchen Fall soll der „Handel" erst hinterher beginnen. Die dazu etwa erforderliche Großhandelserlaubnis kann sich der Kommissionär noch nachträglich besorgen, bevor er seinen Handel anfängt. Der von den Parteien abgeschlossene Kommissionsvertrag ist daher für gültig zu erachten. Insoweit kann der Revision nicht beigetreten werden.

Handel treibt der Einkaufskommissionär aber, wenn er die Ware einkauft und wenn er sie durch das sogenannte Abwickelungsgeschäft auf den Kommittenten überträgt. Der Gewerbebetrieb der Kommissionäre gehört nach § 1 Abs. 2 Nr. 6 HGB. zu den Handelsgewerben. Mit Recht hat deshalb das Reichsgericht (RGSt. Bd. 50 S. 411) die Einkaufskommissionäre als unter die Bundesratsverordnung zur Fernhaltung unzuverlässiger Personen vom Handel vom 23. September 1915 (RGBl. S. 603) fallend angesehen. . . .

Um ein Geschäft des Klägers mit einem der Verkäufer von Linsen handelt es sich im gegenwärtigen Rechtsstreit nicht. Aber es handelt sich darum, daß der Kläger die für den Beklagten eingekauften Linsen dem Beklagten angeboten hat. Aus der Nichtabnahme der Linsen leitet der Kläger die mit der Klage verfolgten Ansprüche her. Er will also das sogenannte Abwickelungsgeschäft zwangsweise zur Ausführung bringen. Nach dem oben Dargelegten kann er das nur, wenn er damals, als er dem Beklagten die Linsen anbot, eine etwa erforderliche Großhandelserlaubnis auch wirklich besaß. Der § 4b BRVO. vom 23. September 1915, eingefügt durch die Verordnung der Reichsregierung über Wuchergerichte vom 27. November 1919 (RGBl. S. 1909), erklärt jedes ohne die erforderliche Großhandelserlaubnis vorgenommene Geschäft für nichtig. War das Anbieten der Linsen nichtig, so dürfen Rechte daraus nicht hergeleitet werden.

Das Oberlandesgericht durfte hiernach die Frage nicht offen lassen, ob der Kläger als Einkaufskommissionär des Beklagten die Großhandelserlaubnis brauchte, . . . und ob etwa der Wandergewerbeschein, den der Kläger gehabt zu haben behauptet, genügte, § 3 Abs. 3 BRVO. v. 23. September 1915.

---

115. Bitte um Gegenbestätigung. Wie ist die Rechtslage, wenn der Vertragsgegner die Bitte um Gegenbestätigung unbeantwortet läßt?

II. Zivilsenat. Urt. v. 27. März 1923 i. S. E.-J. (Kl.) w. S. K. (Bekl.) II 166/22.

I. Landgericht Hamburg, Kammer f. Handelssachen. — II. Oberlandesgericht das.

Am 17. September 1918 erschienen in Begleitung des Maklers H. M. die Prokuristen der Beklagten P. und N. (beide Finnländer) im Kontor der Klägerin in Hamburg und kauften dort verschiedene Partien Kurzwaren (Messer, Scheren usw.). Noch am gleichen Tage wurden ihnen die Bestätigungsschreiben in das Hotel nachgesandt. Es handelte sich um ausgefüllte Formulare, die u. a. am Schluß den Vordruck enthielten: „Gefl. umgehende Bestätigung auf anhängendem Abschnitt erbeten." Der den ausgefüllten Vordruck der Gegenbestätigung enthaltende Abschnitt hing an durchlochter Linie mit dem Schreiben zusammen. Die Gegenbestätigung erfolgte nicht. Die Finnländer fuhren nach Berlin. Am 27. September kam P. wieder und kaufte nochmals mehrere Partien gleichartiger Ware. Dieses Mal sind Bestätigungsschreiben unmittelbar an die Beklagte nach Helsingfors gesandt worden. Die in dem Schreiben vom 17. September enthaltene Rubrik „Besondere Bedingungen" wies nur in einem der Schreiben eine hier nicht interessierende Klausel. auf. Von den Waren ist nur eine Teilpartie geliefert und bezahlt worden. Für die übrigen Waren erhielt die Beklagte die Einfuhrerlaubnis nicht; sie lehnte deren Einlösung ab mit der Behauptung, der Kauf sei von der Bedingung der Erteilung jener Erlaubnis abhängig gemacht worden. Die Klägerin bestreitet das; sie hat der Beklagten Nachfrist gesetzt und beansprucht Ersatz des entstandenen Schadens.

Beide Vorinstanzen wiesen die Klage ab. Die Revision der Klägerin hatte Erfolg.

Gründe:

Der Vorderrichter ist auf Grund der Beweisaufnahme zu der Feststellung gelangt, daß die Parteien, als sie den Vertrag schlossen, sich gegenseitig mißverstanden haben. Der eine habe eine unbedingte, der andere eine bedingte Vertragserklärung abgegeben; nur vermeintlich sei man sich einig geworden, weil man in verschiedenen Sprachen verhandelt habe. Danach stand die Beweislast überhaupt nicht mehr in Frage, und der Vorderrichter kann nicht wohl über ihre Verteilung geirrt haben.

Dagegen irrt der Vorderrichter in der Beurteilung des Umstandes, daß die Klägerin die Kaufabschlüsse schriftlich bestätigt hat und daß die Beklagte und ihre Vertreter dem Bestätigungsschreiben einerseits nicht widersprochen, anderseits aber auch die erbetene Gegenbestätigung nicht gegeben haben. Das Urteil führt aus, die Beklagte habe sich sagen dürfen, daß die Klägerin keine stillschweigende, sondern eine ausdrückliche Annahme erwarte; damit sei zwar das Bestätigungsschreiben und dessen schweigende Hinnahme nicht ganz bedeutungslos geworden; nach Treu und Glauben wäre die Beklagte z. B. dann, wenn offensichtliche Abweichungen im Preise oder im Quantum vorgelegen hätten, zu sofortiger Richtigstellung verpflichtet gewesen; dagegen habe sie sich sagen können, daß sie die von der Klägerin entworfenen spezialisierten Bedingungen zu prüfen und sich durch ausdrückliche Annahme für verbindlich zu erklären habe; sie habe der Auffassung sein können, daß sie zunächst die Frage klären wolle, ob die Bedingung erfüllt werde, und daß sie erst dann ihr Einverständnis durch die Gegenbestätigung zu erklären brauche. Das ist unrichtig. Welche Bedeutung dem Schweigen beizumessen ist, wenn um Gegenbestätigung gebeten wird, läßt sich allgemein nicht entscheiden. Wie der erkennende Senat im Urteil RGZ. Bd. 104 S. 201 ausgesprochen hat, muß das ganz aus der Lage des einzelnen Falles heraus entschieden werden. Namentlich da, wo unter den Parteien kein Zweifel bestehen kann, daß der Vertrag in allen Einzelheiten mündlich fest zum Abschluß gekommen ist, kann die Bitte um Gegenbestätigung sehr wohl auch lediglich dem Wunsche entsprungen sein, in dem Schriftstück des Gegners den urkundlichen Beweis und zugleich die Gewähr zu besitzen, daß die eigene Bestätigung in die Hände des Gegners gelangt ist. Der Vorderrichter meint, P. hätte ausdrücklich widersprechen müssen, wenn die Preise oder das Quantum im Bestätigungsschreiben nicht gestimmt hätten. Das ist vollkommen richtig. Denn soll das Schweigen überhaupt Ablehnung bedeuten, so bedeutet es mangels näherer Erklärung Ablehnung schlechthin. Weshalb das hier anders sein soll, wo eine vereinbarte Bedingung gefehlt hat, ist nicht zu verstehen. Auch hier hat es P. vollkommen ferngelegen, an dem Abschluß des Vertrags zu rütteln. Gänzlich abzulehnen aber ist der Gedanke, daß die Beklagte mit der Gegenbestätigung hätte warten können, bis etwa die Bedingung sich entschieden haben würde, um dann je nachdem zu bestätigen oder zu widersprechen. So darf der Kaufmann diese Dinge am allerwenigsten behandeln.

Vor allem aber verkennt der Vorderrichter die Bedeutung des Vorganges, daß P. zehn Tage nach Empfang des ersten Bestätigungsschreibens der Klägerin wieder bei dieser erschienen ist, wiederum eingekauft und auch jetzt noch nichts von einem Widerspruch gegen die Bestätigungsschreiben hat verlauten lassen. Dieser Vorgang bedarf noch der näheren Aufklärung. Die Parteien sind sich darin einig, daß die neuen Verträge unter den gleichen Bedingungen, wie die früheren geschlossen worden sind. Aber wie das gekommen, ob von den Bedingungen überhaupt gesprochen worden und dabei etwa wiederum das gleiche Mißverständnis unterlaufen ist, darüber verlautet nichts. Das wird aufzuklären und es wird zu erwägen sein, ob nicht P., der die früheren Bestätigungen gelesen und dabei das Fehlen der Bedingung der Einfuhrerlaubnis beachtet hatte, nunmehr unter allen Umständen zur Erklärung verpflichtet war und ob er nicht annehmen mußte, daß die Klägerin, wenn er jetzt schwieg, ihn nur so verstehen konnte, als wolle er nicht bloß die neuen sondern auch die früheren Ankäufe bedingungslos abschließen.

116. Sind die deutschen Staatsvertreter an den gemischten Schiedsgerichtshöfen nur dann befugt, von den deutschen Gerichten Rechtshilfe in Anspruch zu nehmen, wenn sie auf Grund einer Anordnung des Schiedsgerichtshofs handeln?

IV. Zivilsenat. Beschl. v. 28. März 1923 in einer Rechtshilfesache. IV B 4/23.

I. Amtsgericht Karlsruhe. — II. Oberlandesgericht daselbst.

Die Frage ist verneint worden aus folgenden

Gründen:

Beim französisch-deutschen gemischten Schiedsgerichtshofe schwebt ein Rechtsstreit zwischen einer französischen Gesellschaft auf der einen und einer deutschen Aktiengesellschaft sowie dem Deutschen Reiche auf der anderen Seite. Im Zusammenhange mit diesem Rechtsstreit ersuchte die deutsche Staatsvertretung am genannten Schiedsgerichtshofe, Geschäftsstelle Berlin, gestützt auf Art. I § 2 des Gesetzes zur Ausführung der Bestimmungen des Friedensvertrags über gemischte Schiedsgerichtshöfe und die Vollstreckung ausländischer Urteile vom 10. August 1920 (RGBl. S. 1569), das Amtsgericht in Karlsruhe um eidliche Vernehmung eines sachverständigen Zeugen. In dem zur Vernehmung des Zeugen bestimmten Termine stellte der Vertreter der deutschen Aktiengesellschaft den Antrag, dem Ersuchen nicht stattzugeben, da die deutsche Staatsvertretung nach dem bezeichneten Gesetze nur im Rahmen und zur Ausführung eines Beweisbeschlusses des Schiedsgerichtshofs Rechtshilfe in Anspruch nehmen dürfe, ein Beweisbeschluß des Schiedsgerichtshofs aber im vorliegenden Falle nicht ergangen sei. Die deutsche Staatsvertretung widersprach, und das Amtsgericht lehnte den Antrag ab, da aus Art. I § 2 des Gesetzes die vom Antragsteller vertretene enge Auslegung nicht herausgelesen werden könne. Der Vertreter der deutschen Aktiengesellschaft erklärte, er lege gegen die Ablehnung seines Antrags Beschwerde ein. Der Zeuge wurde trotzdem vernommen, seine Beeidigung wurde aber bis zur Entscheidung auf die Beschwerde ausgesetzt. Das Oberlandesgericht, dem die Beschwerde dann vorgelegt wurde, erklärte, indem es dem vom Vertreter der deutschen Aktiengesellschaft eingenommenen Standpunkte beitrat, das Rechtshilfeersuchen der deutschen Staatsvertretung für unzulässig. Gegen diesen Beschluß richtet sich die Beschwerde der deutschen Staatsvertretung. Sie ist, da (vgl. insoweit RGZ. Bd. 33 S. 426 Abs. 2 und Bd. 64 S. 180 oben) die deutsche Staatsvertretung dem Oberlandesgericht in Karlsruhe nicht untersteht, nach Art. I § 2 Abs. 1 Satz 2 des Gesetzes vom 10. August 1920 in Verbindung mit § 160 GVG. zulässig und mußte auch als begründet angesehen werden.

Nach Art. I § 2 des Gesetzes haben die Gerichte und Verwaltungsbehörden innerhalb ihrer Zuständigkeit den Ersuchen der gemischten Schiedsgerichtshöfe und der bei diesen bestellten Vertreter des Deutschen Reichs (deutsche Staatsvertreter) um Amtshilfe zu entsprechen. Soweit Rechtshilfe durch Beweiserhebung in Frage kommt, kann kein Zweifel darüber bestehen, daß das Gesetz in erster Reihe an die Fälle denkt, in denen ein gemischter Schiedsgerichtshof eine Beweiserhebung angeordnet und zum Zwecke der Durchführung seiner Anordnung die Vermittelung der deutschen Staatsvertretung in Anspruch genommen hat. Das läßt sich aus der Begründung des Gesetzentwurfs (Reichstagsdrucksachen I 1920 Nr. 333) und namentlich aus der sich dort findenden Bezugnahme auf Art. 304 Buchst. f des Versailler Vertrags entnehmen, wo sich die vertragschließenden Teile verpflichtet haben, durch ihre Gerichte und Behörden „den gemischten Schiedsgerichtshöfen" jede irgend mögliche Rechtshilfe, so auch bei der Beweiserhebung, gewähren zu lassen. Eine Einschränkung auf diese Fälle hat aber weder im Gesetze noch in der Begründung Ausdruck gefunden und kann daher um so weniger als im Sinne des Gesetzes liegend angesehen werden, als recht wohl auch in anderen Fällen für die deutsche Staatsvertretung das Bedürfnis hervortreten kann, das Sachverhältnis durch Verlangen von Rechtshilfe, vor allem durch Erzwingung eidlicher Zeugenaussagen, zu klären. Auch das Oberlandesgericht erkennt ein solches Bedürfnis als unter Umständen gegeben an, meint aber, ein gleiches Interesse bestehe häufig genug für die Partei auch in sonstigen Rechtsstreitigkeiten und doch trage unser Recht diesem Interesse, möge es selbst beim Staate bestehen, sonst nirgends Rechnung. Dabei beachtet jedoch das Oberlandesgericht nicht genügend, daß es sich bei den Bestimmungen des Versailler Vertrags, deren Ausführung das Gesetz vom 10. August 1920 regelt, um Verhältnisse ganz außergewöhnlicher Art handelt, die die Gewährung außergewöhnlicher Mittel nicht auffallend erscheinen lassen. Zudem sind die Staatsvertreter bei den gemischten Schiedsgerichtshöfen, namentlich die beim französisch-deutschen Schiedsgerichtshofe, nicht bloße Parteivertreter, sondern sie haben, auch in Rechtsstreitigkeiten, in denen ihr Land Partei ist, darüber hinausgehende Aufgaben (vgl. z. B. die Prozeßordnung des französisch-deutschen gemischten Schiedsgerichtshofs vom 2. April 1920 — RGBl. S. 525 — Art. 36 Abs. 2, Art. 52, Art. 53, Art. 62 Abs. 5, Art. 64 Abs. 4, Art. 65 Abs. 4, Art. 73 Abs. 2, Art. 76, Art. 85); sie vertreten nicht nur vermögensrechtliche, sondern zugleich rein staatliche Belange ihres Landes, sie sind nicht nur Parteivertreter, sondern auch Regierungsvertreter („agents des gouvernements").

Indessen selbst wenn Art. I § 2 des Gesetzes vom 10. August 1920 nur die Fälle im Auge hätte, in denen der deutsche Staatsvertreter auf Grund eines vom gemischten Schiedsgerichtshof erlassenen Beweisbeschlusses handelt, würde die Entscheidung des Oberlandesgerichts dennoch nicht zu billigen sein. Nach § 2 Abs. 1 Satz 2 gelten für die dem deutschen Staatsvertreter von den Gerichten zu leistende Rechtshilfe die §§ 158 bis 162, § 165 Abs. 2, § 166 GVG. entsprechend. Die entsprechende Anwendung des § 159 muß dahin führen, den deutschen Staatsvertreter einem im Instanzenzuge nicht vorgesetzten Gerichte gleich zu behandeln. Das Rechtshilfeersuchen eines deutschen Staatsvertreters kann infolgedessen nur abgelehnt werden, wenn dem ersuchten Gerichte die örtliche Zuständigkeit mangelt oder wenn die vorzunehmende Handlung nach dem Rechte des ersuchten Gerichts verboten ist. Keiner dieser beiden Ausnahmefälle ist hier gegeben. Ebensowenig aber wie auf dem eigentlichen Anwendungsgebiete des § 159 das Rechtshilfeersuchen eines ordentlichen Gerichts mit der Begründung abgelehnt werden darf, dem ersuchenden Gerichte fehle im Einzelfalle die Zuständigkeit, das Ersuchen beruhe auf einem unrichtigen Verfahren oder dergl., darf bei der entsprechenden Anwendung des § 159 das ersuchte Gericht dem deutschen Staatsvertreter entgegenhalten, es mangele an einem Beweisbeschlusse des gemischten Schiedsgerichtshofs. Dem ersuchten Gerichte muß genügen, daß der deutsche Staatsvertreter überhaupt befugt ist, Rechtshilfe von ihm in Anspruch zu nehmen. Ob im gegebenen Falle die Voraussetzungen vorliegen, unter denen er Rechtshilfe in Anspruch nehmen darf, hat es nicht nachzuprüfen; das ist ausschließlich Sache der Verantwortlichkeit des Staatsvertreters. Ablehnen kann es das Rechtshilfeersuchen auch dann nicht, wenn, wie hier, feststeht, daß ein Beweisbeschluß des gemischten Schiedsgerichtshofs nicht ergangen ist.

---

117. Zum Begriff „Sammelladung“ in § 413 Abs. 2 HGB. und zur Haftung des Spediteurs für die Beförderung der in der Sammelladung vereinigten Güter.

I. Zivilsenat. Urt. v. 7. April 1923 i. S. B. & R. (Bekl.) w. Bl. (Kl.). I 109/22.

I. Landgericht Bielefeld. — II. Oberlandesgericht Hamm.

Die Beklagte hat im November 1917 eine größere Anzahl Kisten Zigarren verschiedener Lieferanten, darunter 46 Kisten der Klägerin, in Löhne in einen Eisenbahnwagen verladen und die Versendung dieser gesamten Ladung auf Grund eines für ihre Rechnung mit der Eisenbahn geschlossenen Frachtvertrags an das Proviantdepot in Düsseldorf bewirkt. Bei der Ausladung der Ware in Düsseldorf stellte sich heraus,

27*

daß von der Sendung der Klägerin 13 Kisten fehlten. Die Klägerin macht dieserhalb die Beklagte verantwortlich und verlangt von ihr die Erstattung des Fakturenwerts der abhanden gekommenen Zigarren mit 9100 ℳ nebst Zinsen.

Die Vorinstanzen gaben der Klage statt. Die Revision der Beklagten hatte keinen Erfolg.

Gründe:

Das Berufungsgericht hat ausgeführt, daß zwischen den Parteien ein Speditionsvertrag abgeschlossen sei, inhalts dessen die Beklagte es übernommen habe, für die Klägerin die Beförderung der streitigen Güter zu besorgen. Die Revision erhebt gegen diese Feststellung keine Einwendungen, wendet sich aber gegen die weitere Annahme des Berufungsgerichts, daß die Beklagte auf Grund jenes Speditionsvertrags in Gemäßheit des § 413 Abs. 2 HGB. die Versendung der Güter zusammen mit Gütern anderer Versender als Sammelladung bewirkt habe. Es kann aber der von der Revision erhobene Vorwurf, daß das Berufungsgericht den Begriff der Sammelspedition verkannt habe, für zutreffend nicht erachtet werden.

Das Berufungsgericht führt in dieser Beziehung folgendes aus:

Die Beklagte habe auf Grund eines für ihre Rechnung mit der Eisenbahn abgeschlossenen Frachtvertrags die Versendung der streitigen Güter zusammen mit den Gütern anderer Versender in einem von der Beklagten beladenen und an das Proviantdepot in Düsseldorf verfrachteten Eisenbahnwagen bewirkt. Wenn dabei die Beklagte ihrer Angabe nach auf Grund einer allgemeinen Abmachung der Klägerin ihren tatsächlichen Frachtanteil zuzüglich 40 ₰ für 100 kg berechnet habe, so erkläre sich dieser billige Satz aus der großen Menge der damals von der Beklagten in gleicher Weise zu erledigenden Sendungen und sei als der angemessene Frachtsatz im Sinne des § 413 Abs. 2 HGB. zu erachten. Daß die Güter der verschiedenen Versender auch für verschiedene Empfänger bestimmt seien, sei für den Begriff der Sammelladung nach § 413 Abs. 2 nicht erforderlich.

Diese Ausführungen lassen einen Rechtsirrtum nicht erkennen. Insbesondere setzt die Anwendbarkeit des § 413 Abs. 2 nicht voraus, daß der Spediteur die als Sammelladung beförderten Güter der verschiedenen Versender selbst zusammengebracht und zu einer Sendung zusammengestellt hat. Auch wenn, wie die Revision behauptet, die „Transporte der einzelnen Fabrikanten (Versender) von der Tabakzentrale planmäßig der Beklagten zugeleitet sind", bleiben es Güter verschiedener Versender, deren weitere Beförderung nach den Feststellungen des Berufungsgerichts nunmehr von der Beklagen als Sammelladung auf Grund eines für ihre Rechnung geschlossenen Frachtvertrags bewirkt worden ist. Welche Vergütung die Beklagte hierfür innerhalb des in

§ 413 Abs. 2 Satz 2 gesteckten Rahmens verlangte, ist für das Wesen der Sammelspedition ebenso unerheblich wie der Umstand, daß die Sammelladung nicht an mehrere sondern nur einen Empfänger gerichtet war.

Danach hat das Berufungsgericht mit Recht angenommen, daß die Beklagte wie ein Frachtführer gemäß § 429 HGB. für den Verlust der streitigen Güter in der Zeit von ihrer Annahme bis zur Ablieferung haftbar ist, es sei denn, daß der Verlust auf Umständen beruht, welche durch die Sorgfalt eines ordentlichen Frachtführers nicht abgewendet werden konnten. Der Nachweis, daß dies letztere der Fall ist, liegt der Beklagten ob. In eingehender Begründung hat das Berufungsgericht dargelegt, daß dieser Nachweis nicht gelungen sei. Die gegen diese, im wesentlichen auf tatsächlichem Gebiet liegenden Ausführungen von der Revision erhobenen Einwendungen sind unzutreffend. Die Revision beruft sich vornehmlich darauf, daß nach den Feststellungen des Berufungsgerichts die Verladung der Güter in den Eisenbahnwagen ordnungsmäßig vor sich gegangen sei, und daß, da der Frachtbrief unmittelbar nach der Einladung an die Bahn übergeben worden sei, bis zu diesem Zeitpunkt die späterhin fehlenden Güter nicht gestohlen sein könnten. Hieran anknüpfend meint die Revision, daß mit der Übergabe des Frachtbriefs an die Eisenbahn die Tätigkeit der Beklagten, soweit sie eine solche überhaupt habe entwickeln können, abgeschlossen gewesen sei und nunmehr die Tätigkeit der Eisenbahn eingesetzt habe, auf welche die Beklagte ihrerseits nicht habe einwirken können und hinsichtlich welcher daher der Beklagten auch kein Verschulden zur Last falle. Dabei wird übersehen, daß die Beklagte, die ja wie ein Frachtführer für die ganze Beförderung bis zur Ablieferung der Güter an den im Frachtbrief bezeichneten Empfänger haftet, gemäß §§ 431, 432 HGB. auch für ein etwaiges Verschulden der Eisenbahn der Klägerin gegenüber einzustehen hat, wie denn auch wegen eines solchen Verschuldens die Klägerin aus dem zwischen der Beklagten und der Eisenbahn geschlossenen Frachtvertrage gegen die letztere an sich keine Rechte herleiten kann, sondern sich dieserhalb grundsätzlich gemäß § 413 Abs. 2 HGB. an die Beklagte halten muß. Die Gründe des Berufungsurteils lassen nicht klar erkennen, ob sich das Berufungsgericht diese Rechtslage in jeder Beziehung vor Augen gehalten hat, sie reichen aber in tatsächlicher Hinsicht aus, um das Urteil im Rahmen der eben angeführten Rechtsgrundsätze zu tragen.

118. 1. Geht der im Lieferungsverzuge befindliche Verkäufer schlechthin des Rechts verlustig, sich auf eine nachträglich eingetretene Geldentwertung zu berufen?

2. Kann die Geldentwertung in der Revisionsinstanz berücksichtigt werden, wenn der zur Lieferung des Kaufgegenstandes Zug um Zug gegen Zahlung des Vertragspreises verurteilte Verkäufer in den Vorinstanzen die Aufwertung des Kaufpreises nicht ausdrücklich geltend gemacht hat?

Feriensenat. Urt. v. 6. August 1923 i. S. F. (Bekl.) w. L. (Kl.). II 215/23.

I. Landgericht Hamburg. — II. Oberlandesgericht daselbst.

Der Beklagte hat dem in Naestoed in Dänemark wohnhaften Kläger im August 1922 einen gebrauchten Opel-Wagen zum Preise von 1000000 ℳ verkauft unter der Vereinbarung „frei nach Naestoed mit Ein- und Ausfuhr". Der Beklagte hatte die Ausfuhrbewilligung auf seine Kosten zu beschaffen. Als der Kläger am 9. September 1922 Übereignung des Wagens in Hamburg gegen Zahlung des Kaufpreises forderte, verweigerte der Beklagte die Lieferung mit der Begründung, daß er die Ausfuhrbewilligung noch nicht habe beschaffen können. Der Kläger klagte im September 1922 auf Lieferung des Wagens. Der Beklagte machte geltend, der Kaufvertrag sei durch die Erteilung der Ausfuhrbewilligung, die noch nicht erfolgt sei, bedingt; er weigere sich nicht, zu liefern, sobald die Ausfuhr bewilligt worden sei; ein Anspruch auf Lieferung im Inland ohne Ausfuhrbewilligung stehe dem Kläger nicht zu. Demnächst hat der Beklagte folgende Einwendungen erhoben: Die Ausfuhrbewilligung sei abgelehnt worden; deshalb bestehe eine Lieferungspflicht des Beklagten überhaupt nicht. Durch die Lieferung des Wagens im Inlande würde der Zweck der Verordnung vom 20. Dezember 1919 vereitelt werden. Es sei bei Kaufabschluß außerdem ausdrücklich abgemacht worden, daß der Beklagte über den Wagen frei verfügen könne und an den Vertrag nicht gebunden sei, falls die Ausfuhrbewilligung nicht erteilt würde. Die Festsetzung des Kaufpreises in Reichsmark verstoße gegen die Vorschriften der Bekanntmachung vom 16. Januar 1917 und gegen Art. I § 2 der Verordnung vom 22. März 1920; der Kaufvertrag sei deshalb nichtig. Der Kläger habe die ihm vertragsmäßig obliegende Verpflichtung, den Kaufpreis sofort nach Kaufabschluß, spätestens bis zum folgenden Tage, dem Bankkonto des Beklagten zu überweisen, nicht erfüllt. Der Beklagte habe beim Ankauf des Wagens seinem Verkäufer R. gegenüber die Verpflichtung übernommen, den Wagen nicht ohne Genehmigung der Ausfuhr an einen Ausländer oder in das Ausland zu verkaufen; diese Verpflichtung verbiete ihm die Lieferung des Wagens an den Kläger im Inlande, nachdem die Ausfuhrbewilligung versagt worden sei.

Der Kläger erklärte, er verlange die Lieferung des Wagens in Hamburg. Um die Ausfuhrbewilligung werde er sich selbst bemühen und dem Beklagten die Kosten der Ausfuhrbewilligung am Kaufpreise kürzen; eine Ablehnung der Ausfuhrbewilligung sei nicht erfolgt.

Nachdem sodann der streitige Wagen auf Grund einer vom Kläger erwirkten einstweiligen Verfügung an das Gerichtsvollzieheramt in Hamburg als Sequester herausgegeben worden war, hat der Kläger seinen Klagantrag geändert und beantragt, den Beklagten zur Einwilligung in die Herausgabe des Wagens an den Kläger gegen Zahlung des Kaufpreises zu verurteilen. Den Zusatz „gegen Zahlung des Kaufpreises" hat der Kläger in seinen Antrag erst aufgenommen, nachdem der Beklagte geltend gemacht hatte, daß er die verlangte Einwilligung eventuell nur Zug um Zug gegen Zahlung des Kaufpreises abzugeben verpflichtet sei.

Das Landgericht hat dem Klagantrage entsprochen.

Am 13. Februar 1923, während der Rechtsstreit in der Berufungsinstanz schwebte, hat der Kläger den vom Reichsschatzminister verlangten Auslandsaufschlag auf den vereinbarten Kaufpreis bezahlt und darauf die Ausfuhrbewilligung erhalten. Diese Ausfuhrbewilligung ist demnächst auf Betreiben des Beklagten zurückgenommen worden. Für ihre Erlangung hat der Kläger 44000 *M* aufgewendet. Um diesen Betrag hat der Kläger den zu zahlenden Kaufpreis gekürzt und seinen Klagantrag demnächst dahin geändert: 1. den Beklagten zur Einwilligung in die Herausgabe des Wagens an den Kläger gegen Zahlung von 956000 *M* zu verurteilen; 2. festzustellen, daß der Beklagte verpflichtet sei, dem Kläger die Transportkosten für den Wagen von Hamburg bis Naestoed und die Kosten der Einfuhr nach Dänemark zu ersetzen. Hilfsweise beantragte der Kläger noch, festzustellen, daß der Beklagte verpflichtet sei, den Wagen nach Erteilung der Ausfuhrbewilligung zu liefern.

Das Oberlandesgericht hat dem geänderten Hauptklagantrage gemäß erkannt, indes mit der Maßgabe, daß die Verpflichtung des Beklagten zur Erstattung der Transport- und Einfuhrkosten nur für den Fall der Erteilung der Ausfuhrbewilligung für den Kläger festgestellt wurde.

Die Revision des Beklagten hatte Erfolg.

Aus den Gründen:

Das Berufungsgericht unterstellt, daß der Kaufvertrag unter der Bedingung der Erteilung der Ausfuhrbewilligung geschlossen worden sei, nimmt jedoch an, der Beklagte habe den Eintritt der Bedingung wider Treu und Glauben vereitelt, sodaß die Bedingung als eingetreten zu gelten habe (§ 162 Abs. 1 BGB.).

(Es folgen nähere Ausführungen hierzu)....

Danach erweist sich die Entscheidung des Berufungsgerichts, abgesehen vom letzten Revisionsangriff, als zutreffend.

An letzter Stelle rügt die Revision nicht ohne Grund die Nichtberücksichtigung des sich aus der jetzigen Markentwertung ergebenden Mißverhältnisses der beiderseitigen Leistungen, das dem Beklagten das Recht gebe, die Lieferung des Wagens gegen Zahlung nur des Vertragspreises zu verweigern. Zwar ist es richtig, daß der Beklagte — worauf der Kläger diesem Vorbringen gegenüber hinweist — in den Vorinstanzen die Lieferung des Wagens nicht ausdrücklich aus dem angegebenen Grunde verweigert hat, aber er hat doch, freilich in anderem Zusammenhang, insbesondere darauf hingewiesen, daß er sich bei Lieferung des Wagens gegen Zahlung des Kaufpreises von 1000000 *M* für diesen Betrag kaum die Reifen eines Kraftwagens kaufen könne, während der Kläger durch den Empfang des Kaufobjekts, das nunmehr das Zwanzigfache wert sei, einen ganz erheblichen Gewinn machen würde. Da das Berufungsgericht den Beklagten zur Lieferung des verkauften Autos gegen Zahlung nur des Vertragspreises nicht verurteilen durfte, wenn dies gegen Treu und Glauben verstößt, so konnte es sich angesichts des Vorbringens des Beklagten über die bald nach Vertragsschluß eingetretene weitere starke Markentwertung und über die Nichtzahlung des Kaufpreises durch Überweisung auf das Bankkonto des Beklagten einer Würdigung des jetzt von der Revision erhobenen Einwandes um so weniger entziehen, als der zur Zeit des Erlasses des angefochtenen Urteils in Schrifttum und Rechtsprechung vielfach erörterte, sozusagen in der Luft liegende Einwand in der Weigerung zur Lieferung des Wagens überhaupt nach dem vorliegenden Sachverhalt eingeschlossen war.

Der Einwand ist auch nicht ohne weiteres um deswillen hinfällig, weil der Beklagte sich später, etwa seit dem 9. November 1922, im Lieferungsverzuge befunden hat.

Zunächst kommt für den Einwand die Markentwertung in der Zeit vom Kaufabschluß bis zu dem nicht festgestellten Zeitpunkt des Eintritts des Lieferungsverzugs des Beklagten in Betracht. Für diese Zeit war nach den in der Rechtsprechung des Reichsgerichts feststehenden Grundsätzen die Nichtzumutbarkeit der Sachleistung gegen Zahlung nur des Vertragspreises gemäß § 242 BGB. jedenfalls zu prüfen, mag man dabei auf eine erhebliche Störung der beim Vertragsschluß vorausgesetzten Äquivalenz zwischen Leistung und Gegenleistung (RGZ. Bd. 103 S. 328) oder auf das Wesen des Synallagma (RGZ. Bd. 103 S. 177) oder mit G e i l e r auf die Berücksichtigung der bei Vertragsschluß vorhandenen „ursprünglichen Proportionalität" (vgl. Abraham und von der Trenck die „Geldentwertung in der Praxis des deutschen Rechtslebens", Berlin 1923, S. 39) abstellen.

Durch den späteren Eintritt des Lieferungsverzugs des Beklagten sodann ging dieser des Rechts, sich auf die eingetretene Markentwertung zu berufen, keineswegs schlechthin verlustig. Der § 287 BGB. bestimmt, daß der im Verzuge befindliche Schuldner auch für die durch Zufall eintretende Unmöglichkeit der Leistung aufzukommen hat, es sei denn, daß der Schaden auch bei rechtzeitiger Leistung eingetreten sein würde. Soll danach der Gläubiger durch den Verzug des Schuldners keinerlei Schaden erleiden, so soll er doch anderseits durch ihn auch nicht bereichert werden. Wenn der Kläger im vorliegenden Falle ziffermäßig jetzt mehr an Mark zur Abdeckung seiner Kaufschuld aufwenden soll, so ist das, wirtschaftlich betrachtet, nicht ohne weiteres ein ihm durch den Schuldnerverzug zugefügter Schaden. Das würde nur dann zutreffen, wenn die Mark vom März 1923 auch wirtschaftlich noch die Mark vom August 1922 sein würde. Dieser Auffassung kann aber ebensowenig beigetreten werden wie der Annahme, die wirtschaftliche Entwicklung, wie wir sie insbesondere im letzten Jahre durchgemacht haben, sei im August 1922 voraussehbar in dem Sinne gewesen, daß die Vertragschließenden ohne weiteres das sich aus ihr ergebende Risiko auf sich genommen hätten (vgl. Abraham und von der Trenck a. a. O. S. 87 flg. und S. 115 flg.). Ging aber der Beklagte durch seinen Lieferungsverzug des Rechts, sich auf die nachträgliche Markentwertung zu berufen, nicht schlechthin verlustig, wenn auch dieses Recht keinesfalls zu einer Schädigung des Gläubigers führen darf, so bleibt nach dem Dargelegten kein stichhaltiger Grund für die Nichtberücksichtigung des Einwands des Beklagten. Das angefochtene Urteil unterliegt deshalb der Aufhebung.

Anhang:

Entscheidung des Staatsgerichtshofs.

119.

In der verfassungsrechtlichen Streitigkeit

zwischen dem Lande Oldenburg und dem Deutschen Reiche

hat der Staatsgerichtshof in seiner Sitzung vom 15. Juni 1923 einen Antrag des Landes Oldenburg,

> das Reich für verpflichtet zu erklären, ihm die Bezüge eines in den Landesdienst zurückgetretenen und nach § 29 StV. in den einstweiligen Ruhestand versetzten Beamten nach den Sätzen einer höheren Besoldungsgruppe des Landes, in die der Beamte im Falle seiner Versetzung in ein anderes Amt des Landesdienstes eingereiht worden wäre, zu erstatten,

zurückgewiesen aus folgenden

Gründen:

Mit der Übernahme der Oldenburgischen Staatseisenbahnen auf das Reich gemäß Staatsvertrag vom 31. März / 29. April 1920 (StV.) — RGBl. S. 773 — ist der Geheime Oberbaurat R., der im oldenburgischen Eisenbahndienste stand und die Stelle des technischen vortragenden Rates im Ministerium des Verkehrs inne hatte, in den Reichsdienst übernommen und in Besoldungsgruppe XII eingereiht worden. Zunächst gemäß § 27 Abs. 1 StV. für Zwecke der Restabwicklung im Dienste des Landes belassen, dann aber am 1. November 1921 der Reichseisenbahnverwaltung wieder zur Verfügung gestellt, hat er am 31. Januar 1922 von seinem Rücktrittsrechte aus §§ 26, 27 Abs. 1 Satz 2 StV. Gebrauch gemacht und ist, da seine Versetzung in ein anderes Amt des Landesdienstes nicht möglich war, zum ersten möglichen Termine, dem 1. März 1922, in den einstweiligen Ruhestand versetzt worden.

Unter den Streitteilen bestehen nun Meinungsverschiedenheiten darüber, ob das vom Reiche zu erstattende Diensteinkommen R.'s für Februar 1922 und seine Ruhegehaltsbezüge vom 1. März 1922 ab nach den Sätzen der Besoldungsgruppe XIII, wie Antragsteller, oder nach denen der Besoldungsgruppe XII, wie Antragsgegner aufstellt, zu berechnen sind.

Der Antragsteller hat vorgetragen:

Die Einstufung vom 1. Dezember 1920 könne als Grundlage für die Berechnung der Bezüge nicht herangezogen werden. Sie sei nur eine vorläufige gewesen. Wenn er, Antragsteller, gegen sie, soweit sie R. in Besoldungsgruppe XII einstufe, auch einen Widerspruch nicht erhoben habe, so könne ihr doch bindende Kraft nicht beigemessen werden. Das Reich sei später mit der Hebung der Beamten vorgegangen und er habe folgen müssen. Auf keinen Fall hätten durch sie Rechte eines Beamten geschmälert werden dürfen.

Durch das Oldenburgische Abänderungsgesetz vom 4. August 1921 zum Beamtendiensteinkommengesetze vom 21. August 1920 seien die vortragenden Räte in Oldenburg mit Wirkung vom 1. April 1920 als Ministerialräte in die Gruppen XII und XIII und zwar nach dem Voranschlage für 1921 je zur Hälfte eingereiht worden; jetzt befänden sich sogar zwei Drittel in Gruppe XIII. Diese letzteren Stellen seien keine Beförderungs-, sondern lediglich Aufrückestellen, in die im Falle des Freiwerdens der jeweils Dienstälteste der Gruppe XII einzurücken einen Anspruch habe.

Beim Verbleiben im oldenburgischen Staatsdienste würde R. bereits am 1. März 1920 in die Gruppe XIII aufgerückt sein. Da er mit seinem Rücktritte wieder Landesbeamter geworden sei, sei er selbstverständlich in eine Stelle dieser Gruppe eingetreten und aus ihr in den einstweiligen Ruhestand zu versetzen gewesen. Das Rücktrittsrecht sei den Beamten hauptsächlich im Hinblick darauf eingeräumt worden, daß zur Zeit des Abschlusses des Staatsvertrags noch nicht klar gewesen sei, ob ein Landesbeamter nach der Einstufung in die Reichsbesoldungsordnung unter Umständen sich nicht schlechter stellen werde, als nach der Einstufung, die er beim Verbleiben im Landesdienste nach der Landesbesoldungsordnung erfahren haben würde.

Hiernach seien R. das Diensteinkommen für den Monat Februar 1922 und das Ruhegehalt vom 1. März 1922 ab nach den Sätzen der Gruppe XIII mit Recht gewährt worden und von dem Antragsgegner in voller Höhe zu erstatten. Er beantrage:

der Staatsgerichtshof wolle entscheiden, daß das Reich verpflichtet sei, dem Lande Oldenburg für die Zahlungen an den Geheimen Oberbaurat R. zu Oldenburg an Diensteinkommen für den Monat Februar 1922 und an Ruhegehalt für die Zeit seit dem 1. März 1922 den Unterschied zu erstatten, der sich aus der Berechnung nach den Sätzen der XII. und XIII. Gehaltsgruppe ergebe, ferner dem Reiche die Kosten des Verfahrens zur Last zu legen.

Der Antragsgegner hat geltend gemacht:

N. sei mit dem 1. April 1920 Reichsbeamter geworden. Seine Einstufung in Besoldungsgruppe XII sei ohne Widerspruch des Antragstellers auf Grund von Verhandlungen im Sinne der Ziff. 2 des Schlußprotokolls zu § 36 StV. erfolgt und den Ansprüchen, die N. am 31. März 1920, dem Stichtage des Staatsvertrags, zugestanden hätten, vollkommen gerecht geworden. Nachträglich vom Lande Oldenburg erlassene Gesetze müßten außer Betracht bleiben. Nach dem Rücktritte N.'s in den Landesdienst habe das Land Oldenburg ihn in ein anderes Amt des Landesdienstes versetzen und dabei selbstverständlich auch in eine höhere Besoldungsgruppe einreihen können. Für den Fall der Versetzung in den Ruhestand aber sei diese letztere Möglichkeit nicht gegeben, könne es auch nicht sein, da sonst die Länderregierungen in der Lage seien, zurückgetretene und in den Ruhestand zu versetzende Beamte, deren Ruhegehalt das Reich tragen müsse, auf dessen Kosten zu befördern. Diensteinkommen für Monat Februar 1922 und Ruhegehalt seien danach nur aus der von N. zuletzt innegehabten Reichshaushaltungsplanstelle der Besoldungsgruppe XII zu berechnen. Wenn das Land Oldenburg sie nach den Sätzen der Gruppe XIII berechnet habe und zahle, so könnten sie insoweit dem Reiche nicht zur Last fallen. Sei aber N. eine im Haushalte des Staates Oldenburg freie Planstelle der Besoldungsgruppe XIII verliehen worden, so habe das Reich überhaupt nichts zu erstatten. Er beantrage:

der Staatsgerichtshof wolle entscheiden, daß das Reich nur dann verpflichtet sei, das Diensteinkommen für den Geheimen Oberbaurat N. für Februar 1922 und dessen Ruhegehalt ab 1. März 1922 zu tragen, wenn Diensteinkommen und Ruhegehalt nach den Sätzen der Besoldungsgruppe XII berechnet werden, ferner dem Lande Oldenburg die Kosten des Verfahrens zur Last zu legen.

Die Zuständigkeit des Staatsgerichtshofs zur Entscheidung der vorliegenden Streitigkeit ergibt sich aus § 17 Ziff. 3 des Gesetzes über den Staatsgerichtshof vom 9. Juli 1921 — RGBl. S. 905 — in Verbindung mit § 43 des Staatsvertrags.

Ehe auf den eigentlichen Streitpunkt eingegangen wird, sind zwei Fragen vorweg zu erledigen, die für die Entscheidung von grundlegender Bedeutung sind.

Zunächst hat der Antragsgegner in Zweifel gezogen, ob eine Erstattungspflicht des Reichs überhaupt gegeben, ob es nicht vielmehr durch eine Versetzung N.'s in ein anderes Amt des Landesdienstes von jeder Verpflichtung frei geworden sei. Sie erledigt sich ohne weiteres in verneinendem Sinne, da aus der nicht ernsthaft bestrittenen Erklärung des Antragstellers in Verbindung mit dem Inhalte der Personalakten N.'s sich ergibt, daß eine solche Versetzung nicht erfolgt ist.

Anderseits greift der Antragsteller die Einstufung N.'s in Besoldungsgruppe XII, die auf Grund von Verhandlungen im Sinne der Ziff. 2 des Schlußprotokolls zu § 36 StV. vorgenommen worden ist und als Grundlage der Berechnung in Betracht kommt, an. Sie sei Diktat und nur eine vorläufige gewesen und könne für die Berechnung nicht maßgebend sein. Der Einwand ist unbegründet.

Ganz abgesehen davon, daß der Antragsteller, wie er selbst zugibt, gegen die erfolgte Einstufung N.'s in Besoldungsgruppe XII keinen Widerspruch erhoben hat und daß damit diese als eine endgültige zu erachten ist, müßte dem Angriffe auch dann der Erfolg versagt werden, wenn er widersprochen hätte, weil eben diese Einstufung den im Staatsvertrag aufgestellten Grundsätzen durchaus entspricht. Nach § 31 StV. hatte nämlich N. an regelmäßigem Diensteinkommen den Betrag zu beanspruchen, den er bezogen haben würde, wenn er in seiner Stellung im Landesdienste verblieben und nach Maßgabe der für diesen am 31. März 1920 geltenden Besoldungsgrundsätze in seinem Diensteinkommen aufgerückt wäre. Hierbei sind nach dem 31. Dezember 1919 erlassene, allgemeine Besoldungsgesetze der Länder nicht zu berücksichtigen. Stichtag war danach der 31. März 1920. An ihm stellte sich das Höchstgehalt der vortragenden Räte im Staatsministerium in Oldenburg auf Grund des Besoldungsgesetzes vom 10. April 1911 (GS. XXXVII S. 862) in Verbindung mit der durch die Bekanntmachung des Staatsministeriums vom 11. Januar 1913 (GS. XXXVIII S. 381) abgeänderten Besoldungsordnung für den Zivildienst des Großherzogtums auf 8500 *M.* Inwieweit dazu während und nach dem Kriege Teuerungszulagen getreten sind, kann dahingestellt bleiben. Es bedarf keiner weiteren Darlegung, daß mit der Einreihung N.'s in die Besoldungsgruppe XII der Reichsbesoldungsordnung vom 30. April 1920 (RGBl. S. 805) mit ihren bedeutend erhöhten Sätzen ihm zum mindesten der Betrag zugebilligt worden ist, den er auf Grund des Staatsvertrags zu beanspruchen hatte. Jeder Zweifel hieran wird durch die Erwägung beseitigt, daß die Einstufung der im oldenburgischen Landesdienste verbliebenen vortragenden Räte, nunmehr Ministerialräte, in eine der Gruppe XII des Reichs gleichgestellte Gruppe XII des Landes erst durch das Beamtendiensteinkommensgesetz für den Freistaat Oldenburg vom 11. August 1920 (GS. Bd. XL S. 963) mit Wirkung vom 1. April 1920 erfolgt ist.

Hiernach war also die Einstufung N.'s in Besoldungsgruppe XII der Reichsbesoldungsordnung zu Recht geschehen. Das von dem Antragsteller angezogene Gesetz für den Freistaat Oldenburg vom 4. August 1921 wegen Abänderung des Beamtendiensteinkommengesetzes vom 11. August 1920 (GS. XLI S. 459), das mit Wirkung vom 1. April 1920 die Ministerialräte nach Angabe des Antragstellers je zur Hälfte in

Gruppe XII und XIII einstufte, konnte hieran nichts ändern. Es berührte die Besoldungsverhältnisse R.'s als Reichsbeamten nicht, da es als ein nach dem 31. Dezember 1919 erlassenes allgemeines Landesbesoldungsgesetz nach der ausdrücklichen Vorschrift des § 31 StV. nicht zu berücksichtigen war.

Sonach ist festzustellen, daß R. bei seiner Übernahme als Reichsbeamter zutreffend in Gruppe XII der Reichsbesoldungsordnung aufgenommen und weiter zu Recht bis zu seinem Rücktritte in den Landesdienst darin belassen worden ist.

Was nun den eigentlichen Streitpunkt, die Höhe des Diensteinkommens R.'s für den Monat Februar 1922 und der Ruhegehaltsbezüge angeht, so ist zunächst festzustellen, daß er mit dem Übergange der Staatseisenbahnen auf das Reich zwar Reichsbeamter geworden ist, — § 25 StV. —, daß er aber mit dem Tage seiner Rücktrittserklärung wieder in den Landesdienst zurückgetreten ist. Dies letztere ergibt sich zweifelsfrei aus dem Wortlaute des § 26 StV., der von „Rücktritt in den Landesdienst" spricht.

Dieser Wechsel konnte aber eine Erhöhung der Verpflichtungen des Reichs über die ihm im Staatsvertrag auferlegten Verpflichtungen hinaus nicht zur Folge haben. Sie waren durch dessen Bestimmungen mit dem 31. März 1920 als Stichtag erschöpfend geregelt und spätere Verfügungen der Länder waren nicht imstande, dem Reiche weitere Belastungen aufzuerlegen. Mit Recht weist der Antragsgegner darauf hin, daß andernfalls die Länder auch nach dem Übergange der Staatseisenbahnen noch Beförderungen und dergl. auf Kosten des Reiches hätten vornehmen können, eine Annahme, die weder mit den einzelnen Bestimmungen, noch mit der Absicht und dem Zwecke des Staatsvertrags vereinbar ist.

Welche Verpflichtungen im einzelnen in Frage kommen, ergibt § 29 StV. Er bestimmt, daß das Reich das Diensteinkommen des betreffenden Beamten bis zum Zeitpunkte des Eintritts in den Ruhestand zu tragen, also dem Lande zu erstatten hat, und verweist wegen der Tragung der Bezüge nach Versetzung in den Ruhestand auf § 28 a. a. O.

Unter dem Diensteinkommen eines im Reichsdienste befindlichen Beamten, das ihm nach seinem Rücktritte in den Landesdienst weitergewährt werden soll, kann nur das Einkommen verstanden werden, das er in seiner Stelle als Reichsbeamter zur Zeit des Rücktritts bezieht. Dies ist die einzige natürliche und zwanglose Auslegung des Begriffs. Wäre damit ein anderes, etwa nach dem Rücktritte in den Landesdienst von der Landesregierung neu festzusetzendes Einkommen, das begrifflich auch die Verleihung einer anderen Stelle zur Grundlage haben müßte, gemeint, so wäre dies im Staatsvertrage zum Ausdruck gekommen.

Diese Auffassung bestätigt aber auch der Inhalt des Staatsvertrags. Der § 31 gibt ausdrücklich eine Erläuterung, wie er das Wort verstanden wissen will. Er bezeichnet als Diensteinkommen das vom Reiche zu gewährende, nach festbestimmten Grundsätzen zu berechnende Einkommen des Beamten, also das der Stellung, die er im Reichsdienst inne hat. Und § 26 Ziff. 2, der dem Reiche die Erstattung des Diensteinkommens von in den Reichsdienst überführten, aber bereits in den Landesdienst wieder zurückgetretenen und trotzdem im Reichsdienste weiter beschäftigten Beamten an die Länder auferlegt, kann damit nur die Weiterzahlung der bisherigen letzten Bezüge dieser Beamten in ihrer Stellung als Reichsbeamte gemeint haben. Wenn damit ein anderer Sinn hätte verbunden sein sollen, so wäre dies von den Vertragschließenden ohne Zweifel ausdrücklich gesagt worden.

Derselben Bezeichnung in § 29 StV. eine andere Bedeutung beizulegen, als sie in den vorgenannten Paragraphen hat, liegt kein Anlaß vor. Danach kann der Antragsteller als Maximum vom Reiche nur Erstattung des Diensteinkommens verlangen, das R. in seiner Stellung als Reichsbeamter bezogen hat, nämlich das nach den Sätzen der Gruppe XII der Reichsbesoldungsordnung zuständige. Ein weitergehender Anspruch ist nicht begründet und wenn R. von dem Antragsteller mehr bewilligt und gezahlt erhalten haben sollte, hat das Reich dafür nicht aufzukommen.

Wegen der Tragung der Ruhestandsbezüge verweist § 29 auf § 28 StV. Dieser letztere bezieht sich aber nur auf die Beamten der Länder, die bereits vor dem 1. April 1920 in den Ruhestand getreten waren, also überhaupt nicht Reichsbeamte geworden sind. Auch § 29 sollte wohl in erster Linie die Beamten erfassen, die bereits vor dem Übergange der Staatseisenbahnen auf das Reich, vor dem 1. April 1920 erklärt hatten, nicht in den Reichsdienst übertreten zu wollen, also auch die Eigenschaft von Reichsbeamten nicht erlangt hatten. Dadurch, daß die Überführung der Beamten in den Reichsdienst vor den Abschluß des Vertrags gelegt wurde, ist die Bestimmung nicht praktisch geworden. Aus diesen beiden Paragraphen kann also nur grundsätzlich die Erstattungspflicht des Reichs den Ländern gegenüber hergeleitet werden. Auch die Höhe der Ruhestandsbezüge der bereits im Reichsdienste gestandenen, in den Landesdienst zurückgetretenen und von den Ländern in den Ruhestand versetzten Beamten aus ihnen zu entnehmen, ist nicht angängig. Sie bestimmt sich aus § 32 StV., der für diese Beamten für den Betrag des Ruhegehalts ebenso maßgebend ist, wie § 31 a. a. O. für den des Diensteinkommens.

Nun setzt § 32 StV. nur ein Minimum fest. Als Ruhegehalt soll mindestens das Gesamteinkommen gewährleistet sein, das nach den am 31. März 1920 als Stichtag geltenden Bestimmungen und Besoldungssätzen der Länder zu gewähren sein würde, wenn der Beamte am Tage der Versetzung in den Ruhestand noch im Landesdienste gestanden haben würde. Nach dem 31. Dezember 1919 erlassene allgemeine Besoldungsgesetze der Länder sind auch hier nicht zu berücksichtigen.

Anderseits sind die im Reichsdienste gewesenen Beamten grundsätzlich nach den reichsrechtlichen Vorschriften zu behandeln und das aus ihnen errechnete Ergebnis stellt die dem Reiche obliegende Verpflichtung dar, die nur dann überschritten werden kann, wenn das obenerwähnte Minimum darüber hinausgeht. Es sind also die nach § 31 StVO. anzuwendenden Bestimmungen und Besoldungssätze der Länder den zur Zeit der Versetzung des Beamten in den Ruhestand geltenden Bestimmungen und Sätzen des Reichs gegenüberzustellen und das so gewonnene dem Beamten günstigere Ergebnis bestimmt die Höhe seiner Ruhegehaltsbezüge, aber auch die Grenze der Erstattungspflicht des Reichs gegenüber den Ländern.

Nach § 42 des Reichsbeamtengesetzes hat nun das von den Beamten zuletzt bezogene Diensteinkommen, im vorliegenden Falle also das der Reichsbesoldungsgruppe XII, die Grundlage für die Berechnung des Ruhegehalts R.'s zu bilden und stellt, da es bei den erhöhten Sätzen der Reichsbesoldungsordnung das aus § 32 StV. zu bemessende Minimum unzweifelhaft übersteigt, gleichzeitig die oberste Grenze der Leistungs- und Erstattungspflicht des Reichs dar. Mit der Erstattung des sich so ergebenden Betrags an das Land Oldenburg wird das Reich, auch wenn der Antragsteller mehr bewilligt haben und bezahlen sollte, seinen ihm im Staatsvertrag auferlegten Verpflichtungen vollauf gerecht und weitergehende Ansprüche des Antragstellers entbehren der Begründung.

Der gestellte Antrag war hiernach in vollem Umfange zurückzuweisen, die Kosten des Verfahrens hat der Antragsteller zu tragen.

Register.

Die Zahlen bedeuten die Seiten.

A. Sachregister.

A

B

T

U

V

B. Gesetzesregister.

1. Reichsgesetze.

a. Bürgerliches Gesetzbuch.

n. Einzelne Gesetze und Verordnungen.

2. Landesrecht.

Baden.

Bayern.

Hessen.

Sachsen-Gotha.

Württemberg.

3. Gemeines Recht.

Pandekten.

4. Ausländisches Recht.

Polen.

Schweiz.

C. Zusammenstellung der Entscheidungen nach der Zeitfolge.

Entscheidung des Staatsgerichtshofs.

Zusammenstellung

der

im 106. Bande

mitgeteilten Entscheidungen

nach

Oberlandesgerichtsbezirken.

(Die Zahlen bezeichnen die Nummern der Entscheidungen.)

Berlin	7. 9. 13. 14. 23. 25. 28. 29. 31. 34. 36. 39. 42. 44. 45. 46. 52. 58. 59. 61. 64. 66. 78. 79. 80. 82. 83. 85. 91. 100. 101. 102. 105. 107. 110. 111. 112.
Braunschweig	87. 90.
Breslau	15. 54.
Celle	6. 20. 33. 35. 65. 89. 96.
Darmstadt	12. 97.
Dresden	17. 62. 70. 72. 73. 76. 104. 106.
Düsseldorf	2. 8. 18. 30. 68. 94.
Frankfurt a.M.	63. 84. 86. 99. 109
Hamburg	24. 26. 27. 51. 53. 55. 69. 75. 81. 98. 103. 115. 118.
Hamm	5. 48. 57. 71. 117.
Jena	37. 88.
Karlsruhe	22. 77.
Kiel	1. 4. 19. 74.
Köln	41. 60.
Königsberg	50.
Marienwerder	3. 16.
München	108.
Naumburg a. S.	38. 49.
Nürnberg	93.
Rostock	67.
Stettin	10. 43. 47. 92.
Stuttgart	32. 40. 114.

Reichspatentamt	56.
Reichsgericht unmittelbar	11. 21. 95. 113. 116.
Staatsgerichtshof	119.

Berichtigungen.

Hundertundvierter Band.

S. 34	Z. 22	v. o.	statt „zulässig"	lies „unzulässig".
„ 35	„ 16	v. u.	statt „her"	lies „hier".
„ 105	„ 3	v. u.	statt „besetze"	lies „besetzte".
„ 125	„ 16	v. u.	statt „uf"	lies „auf".
„ 136	„ 15	v. o.	statt „."	lies „,".
„ 147	„ 3	v. o.	statt „liege"	lies „liegt".

FSC
www.fsc.org
MIX
Papier | Fördert
gute Waldnutzung
FSC® C083411

Kolibri 360 GmbH
Ferdinand-Jühlke-Straße 7
99095 Erfurt, Deutschland
produktsicherheit@kolibri360.de